Hamburger Edition
Institut für Sozialforschung

Christian Schneider · Cordelia Stillke
Bernd Leineweber

DAS ERBE DER NAPOLA

Versuch einer Generationengeschichte des Nationalsozialismus

Hamburger Edition

Hamburger Edition HIS Verlagsges. mbH
Mittelweg 36
20148 Hamburg

Redaktion: Bernhard Gierds
Umschlaggestaltung: Wilfried Gandras
Herstellung: Jan Enns
Satz: Berling und Frutiger (Linotronic 500)
Gesamtherstellung: Clausen & Bosse, Leck
Printed in Germany
ISBN 3-930908-25-5
1. Auflage April 1996

Die Deutsche Bibliothek – CIP-Einheitsaufnahme
Schneider, Christian:
Das Erbe der Napola : Versuch einer Generationengeschichte des Nationalsozialismus / Christian Schneider ; Cordelia Stillke ; Bernd Leineweber. – 1. Aufl. – Hamburg : Hamburger Ed., 1996
ISBN 3-930908-25-5

Inhalt

Danksagung 7

Einleitung 9

Teil 1: Das System

Die »Nationalpolitischen Erziehungsanstalten«. Institution und Geschichte 33

Schule des Terrors. Elemente der totalen Erziehung 47

Teil 2: Die Prägung

Hinter dem Schleier der Geschichte: Robert Teschner 95

Der Einflieger: Harald Völklin 133

Drei Szenen und ein Gegenbild: Lothar Fischer und die Erziehung des Gefühls 150

Botschaften von der glücklichen Insel: Gerhard Iddel 159

Hitlers Schwäche und die Macht der Bilder: Frank Ossendorfs Trauma 178

Zwischenbemerkung 189

Teil 3: Folgen in der zweiten Generation

Der »intergenerationelle Traumtext«: Zur psychischen Struktur des Generationenzusammenhangs 195

Aus dieser Welt können wir fallen: Burkhard Ossendorf und seine Geschwister 213

Landen in Deutschland: Günther Völklin 232

Die treue Tochter: Anna Schwarzbacher 252

Die rebellische Tochter: Monika Kramers Auszug in die Fremde 269

Der geschichtsverrückte Genealoge: Peter Teschner 290

Teil 4: Zur Generationengeschichte des Nationalsozialismus

Projizierte Negativität im Generationenverhältnis 321

Eine transgenerationelle Motivstudie: Das Beispiel der Familie T. 337

Die dritte Generation: Ein Ausblick 354

Epilog 377

Auswahlbibliographie 379

Danksagung

Der Versuch einer Generationengeschichte des Nationalsozialismus, die drei Generationen umfaßt, ist ohne Vorbild. Wir hätten ihn ohne die großzügige Finanzierung unserer Forschung durch die Hamburger Stiftung zur Förderung von Wissenschaft und Kultur, der wir an dieser Stelle danken möchten, nicht unternehmen können. Er wäre aber auch nicht denkbar ohne die Unterstützung und Hilfe, den Rat und die Kritik einer Vielzahl von Kollegen und Freunden, die in ganz unterschiedlicher Weise zu unserem Projekt beigetragen haben.

Unser Dank gilt unseren psychoanalytischen Supervisoren Werner Bohleber, Heinrich Deserno, Ilany Kogan und Horst-Eberhard Richter. Norbert Spangenberg und Karl Erich Wolff haben uns mit ihrer Begleitforschung wertvolle Dienste bei der methodischen Kontrolle und Auswertung der Daten geleistet. Viele Anregungen verdanken wir den Diskussionen im Arbeitskreis Sozialpsychologie des Hamburger Instituts für Sozialforschung, in der Arbeitsgruppe »Folgen der Naziverfolgung« und im Dienstags-Jour fixe am Sigmund-Freud-Institut. Zu danken haben wir ebenfalls dem Publikationsbeirat der Hamburger Edition, hier insbesondere Wolfgang Bonß. Karola Brede, Hans Joachim Busch, Bela Grunberger und Mario Muck haben in verschiedenen Phasen des Projekts wichtige Impulse für unsere Arbeit gegeben; Marianne Leuzinger-Bohleber und Heinz Steinert Akzente für ihre Schlußgestaltung gesetzt. Ein besonderer Dank gilt Kathrin Scheerer und Jan Philipp Reemtsma dafür, daß sie, während des gesamten Projektverlaufs, unnachgiebig die Schwachstellen unseres Vorhabens kritisiert und zugleich hinter ihm gestanden haben. Ohne die Hilfe von Christa Schlierf und Zoltan Erdely schließlich wäre dieses Buch nicht zustande gekommen.

Wenn wir sagen, unser Versuch einer Generationengeschichte des Nationalsozialismus sei ohne Vorbild, so ist das im Hinblick auf das Untersuchungsdesign zweifellos richtig. Allerdings gibt es eine Studie, die für uns in ihrem Erkenntnisinteresse und ihrer wissenschaftlichen Haltung Vorbildcharakter hat. Alexander und Margarete Mitscherlichs »Die Unfähigkeit zu trauern« bezeichnet die Tradition, in die wir unseren Versuch, zu einer

Psychohistorie der Deutschen im Zeichen des Zivilisationsbruchs beizutragen, stellen möchten. Vielleicht ist es, aus dieser Perspektive gesehen, kein Zufall, daß es zwei Personen sind, die ganz unterschiedlichen Generationen und Lebenswelten angehören, mit denen wir unsere Danksagung beschließen wollen: Margarete Mitscherlich und Ilany Kogan haben, jede auf ihre Weise, mehr für das Zustandekommen dieses Buchs getan, als sie ahnen.

Einleitung

»War es denn ergiebig?« fragten uns die Gesprächspartner nach den Interviews, auf denen dieses Buch basiert, am häufigsten. Immer lag in dieser Frage Selbstzweifel, mindestens ein Staunen darüber, daß Auskünfte über die eigene Lebensgeschichte für so wichtig gehalten werden können, daß Interviewer dafür lange Reisen auf sich nehmen und den Wunsch äußern, jedes Wort des Gesprächs aufzuzeichnen. Ein biographisches Interview hat für die Befragten immer etwas von einer Prüfung. Bei manchen von ihnen wirkte die zweifelnde Frage nach der »Ergiebigkeit« wie die diskrete Verhüllung der radikaleren: »Bin ich es eigentlich wert?«

In der neueren deutschen Geschichte hat das Individuum so wenig gegolten, daß ein Interesse an der individuellen Lebensgeschichte offenbar noch immer Überraschung hervorruft. Dabei sollte man, angesichts des gesteigerten Interesses, das heute der Biographieforschung zukommt, meinen, es sei längst anders. Die »biographietheoretische Wende« und die Abkehr vom Ideal »repräsentativer« Samples in den Sozialwissenschaften deuten auf eine Verschiebung der Perspektive, unter der das Verhältnis von Individuellem und Allgemeinem wahrgenommen wird. Darin spiegelt sich auch eine gesellschaftliche Tendenz. Seit geraumer Zeit wird jedenfalls im Feld der Verhaltenswissenschaften die biographische Betrachtungsweise nicht mehr nur als Ergänzung einer rationalen Rekonstruktion von Gesellschaftsgeschichte bewertet, sondern als eigenständige Forschungsstrategie akzeptiert. Versuchen die geläufigen Methoden historischer Rekonstruktion mittels »objektiver« Quellen den Rahmen von Verhaltensmöglichkeiten unter den gegebenen Bedingungen herauszuarbeiten, so bildet die biographische Vorgehensweise einen anderen Fokus: Sie untersucht Verhalten aus der Perspektive bestimmter lebensgeschichtlicher Verlaufsformen, um von hier aus ihr Augenmerk auf die bedingenden (ökonomischen, sozialen, psychologischen) Momente zurückzuwenden.

Diese am Einzelfall orientierte Forschungsweise konterkariert jede Form der Geschichtsbetrachtung, die mit »historischen Gesetzen« oder geschichtsphilosophisch abgeleiteten Notwendigkeiten operiert. Als Forschungsstrategie unternimmt sie den Versuch, das heroische Abstraktum »Geschichte« zu entmystifizieren. Sie macht sich bewußt der Naivität schuldig, Geschichte gleichsam als »Kontingenzfaktor« eines lebensgeschichtlichen Entwurfs anzunehmen. Ist aus dieser Sicht Geschichte zunächst nichts anderes als die kollektive Projektion von Lebensgeschichten, so wird sie mit dem zweiten Schritt als der transzendentale und zugleich opake Handlungsrahmen restituiert, der *jede* Biographie einfaßt, der ihr Grenzen setzt und sie spezifisch »imprägniert«. Es ist unnötig zu betonen, daß dies a priori als ein implizites Wissen den Blick des Biographieforschers leitet.

Der historische Kontingenzfaktor Lebensgeschichte gewinnt eine besondere Bedeutung bei dem Versuch, ein Stück Geschichte reflexiv einzuholen, in dem der Betrachter mit einem Höchstmaß menschlicher Destruktivität konfrontiert ist. Wer sich der Geschichte des Nationalsozialismus auf dem Wege der biographischen Recherche nähert, gerät, was immer er untersucht, in gleichsam familiäre Nähe zur Unmenschlichkeit. Um es zu pointieren: Seit dem Zivilisationsbruch gibt es keine »unschuldigen« deutschen Biographien mehr. Wer vor 1930 geboren ist, steht unter einem meist unausgesprochenen Verdacht. Was hat er oder sie »damals« getan: als Frontsoldat oder Blockwart, als Parteiangestellte oder Mutter? Auf diesem Hintergrund, der für alle Nachgeborenen mehr oder minder explizit der ihrer eigenen Lebensgestaltung ist, stellt sich die Frage: »Wie war es möglich?« – wie wurden Auschwitz, Bjelaja Zerkow, Oradour möglich? – als Herausforderung einer Selbstreflexion, die notwendig die eigene Lebensgeschichte retrospektiv erweitert. Die vielleicht wichtigste »deutsche Frage« für die Gegenwart steht vor dem Hintergrund dieser Geschichte im Irrealis der Vergangenheit. Sie lautet: »Was hätte *ich* damals getan?« Die Antwort liegt in der Perspektive einer »unmöglichen« Konfrontation von historischer Vergangenheit und biographischer Aktualität.

Die möglicherweise wichtigste Funktion einer biographischen Rekonstruktion, die sich an der Erlebnisperspektive von historischen Akteuren und Zeitzeugen orientiert, besteht darin, »vergangene« Phasen der Lebensgeschichte in ihrer prägenden Bedeutung zu erkennen und anzuerkennen, denn sie sind psychisch keineswegs »untergegangen«. Daraus ergibt sich für die unmittelbar nachgeborene Generation die Konsequenz, daß sie in dem Maße, wie sie den biographischen Zusammenhang mit der Lebensgeschichte der Eltern herstellt, selbst Teil jener vergangenen, aber nicht untergegangenen Geschichte wird. Damit verändert sich der Horizont der biographischen Rekonstruktion. Vergangene Ereigniszusammenhänge wollen dann bearbeitet werden wie »Projekte«: als situativ unfertige, mit unwägbaren Chancen versehene Pläne und Wünsche. Erst in dieser Betrachtungsweise realisiert sich die nachträgliche Frage: »Wie hätte ich gehandelt?« als »epignostische«.

Der Versuch, vergangene Geschichte aus der biographischen Perspektive von Akteuren zu rekonstruieren, die wesentliche Erfahrungen der eigenen Elterngeneration teilen, führt notwendigerweise in jenes biographische Terrain von Wünschen und Verboten, die sich im Generationskonflikt mit den Eltern gebildet haben. Auf diesem Weg mutiert die wissenschaftliche Strategie der »biographischen Rekonstruktion« zur Generationengeschichte. Sie reflektiert die Modi, in denen zwischen den Generationen die Weitergabe, die Annahme, die Ausschlagung eines geschichtlichen »Erbes« ausgehandelt wird. Der Terminus Generationengeschichte ist äquivok. Er bezeichnet ebenso den realen Vorgang wie den Versuch, ihn darzustellen. Für ein solches Unterfangen gibt es bis jetzt keine verbindlichen Kriterien, weder theoretisch noch methodisch und schon gar nicht hinsichtlich der Darstellungs*form*.

Das vorliegende Buch ist ein erster Versuch, die Konturen einer solchen generationengeschichtlichen Forschung theoretisch und empirisch zu umreißen. Es dokumentiert einen Forschungsprozeß, der an zwei zentralen Fragestellungen orientiert war. *Zum einen* haben wir die Lebensgeschichte einzelner untersucht, denen eine spezifische institutionelle Prägung gemeinsam ist, die sie als Schüler der »Nationalpolitischen Erziehungsanstalten«, kurz »Napolas« genannt, erworben haben. Die Napolas waren Eliteinternate des NS-Staats, die den Auftrag hatten, Führungsnachwuchs heranzubilden, der das »dritte« wirklich zu einem »tausendjährigen« Reich machen sollte. Die Schüler wurden seit ihrem elften Lebensjahr systematisch dazu erzogen, Schlüsselpositionen in Wirtschaft und Gesellschaft einzunehmen.

Das geschah mittels einer »totalen Pädagogik«, die alle Facetten des Alltagslebens der Zöglinge durchdrang. Sie folgte in einzelnen Aspekten den Vorbildern der englischen Public Schools und der preußischen Kadettenanstalten, insofern sie eine vielfältige sportlich-technische Ausbildung, die vom Reiten übers Skifahren und Segelfliegen bis zum Autofahren reichte, mit einem extremen körperlichen Drill verband. Beides wurde mit einer permanenten nationalsozialistischen Indoktrination amalgamiert, die das vulgärdarwinistische Motiv der Auslese als exklusives Prinzip der Elitebildung in den Vordergrund stellte.

In unseren biographischen Gesprächen mit ehemaligen Absolventen dieser Schulen ging es uns darum, Wirkung und Folgen einer Erziehungspraxis zu untersuchen, die das erklärte Ziel hatte, einen neuen Menschentyp nach dem Rasse- und Verhaltensideal des Nationalsozialismus zu formen. Als auserwählte Gruppe »reinrassiger«, ausschließlich nach der NS-Weltanschauung erzogener Nationalsozialisten sollten die Absolventen der Napolas die Fortsetzung und Konsolidierung der nationalsozialistischen Herrschaft sichern. Mit dem Projekt Napola sind – im Sinne eines »positiven« Erziehungsprogramms – die Ideen von Zucht, Reinheit und Selektion verbunden, die negativ an der Rampe von Auschwitz vollstreckt wurden. Insofern gehören beide zusammen: Eliteinternat und KZ sind, als totale Institutionen, die beiden Extreme eines Systems, das die individuelle Berechtigung zum Leben an die Zurechenbarkeit zu einer Nation, einer Rasse, einem Typus, einer Einstellung band. Die Napola war die reinste Umsetzung dieser Vorstellung in ein pädagogisches Konzept. Sie war das größte Menschenexperiment des NS-Staats, das nicht auf Destruktion, sondern auf Produktion angelegt war.

Unsere Frage nach der *Wirkung* dieser pädagogischen Prägung hat die besondere Pointe, daß ein nicht geringer Teil der ehemaligen Napola-Schüler tatsächlich Elitepositionen einnehmen konnte. Allerdings nicht im NS-Staat, sondern in der Bundesrepublik. Haben die Napola-Absolventen also ihren Eliteauftrag unter veränderten historischen Bedingungen erfüllt, so richtet sich das Interesse darauf, was aus der anderen Seite ihrer Erziehung, der Identifikation mit dem völkischen Ideal, elitärem Herrenmenschentum und rassischer Überlegenheit geworden ist.

Unsere *zweite* Frage betrifft die längerfristigen *Folgen* der Napola-Erziehung. Sie lautet: Gibt es – möglicherweise den Akteuren selbst nicht bewußte – Konsequenzen ihrer pädagogischen Zurichtung, die über die eigene Lebensgeschichte hinausweisen; Konsequenzen, die sich noch in den Biographien ihrer Nachkommen abbilden? Unsere Gespräche mit Kindern und Kindeskindern ehemaliger Napola-Schüler, in denen es letztlich um die Bedeutung der Geschichte ihrer Väter für ihr eigenes Leben ging, führten wir, um eine Antwort auf diese Frage zu finden. In diesem Zusammenhang wurde uns die Anschlußfrage wichtig, wieweit die Napola-Erziehung für die ihr Unterworfenen, vor allem aber in ihrer Weiterwirkung auf die zweite Generation, traumatischen Charakter hatte. Dieser Problemzusammenhang betrifft die besonderen Modi der Weitergabe von Einstellungen und Verhaltensweisen,

Urteilsstrukturen und Werten; die Folgen, wenn man so will, das »Nachleben« des Nationalsozialismus.

Unsere Untersuchung der Wirkungen und Folgen der Napola ist auf das Erfahrungskontinuum gerichtet, das im Mikrokosmos einzelner Lebensgeschichten und ihrer Fortschreibung in den Generationen der Nachkommen die implizite Grundlage von Geschichte bildet. Die Einsicht in das Weiterwirken spezifischer biographischer Prägungen könnte auf diese Weise einen Zugang zum Verständnis unbewußter Dispositive aktueller Geschichte eröffnen, denen eine viel allgemeinere Bedeutung zukommt.

Generationengeschichtliche Forschung verbindet in diesem Sinne die klassische geschichts- und sozialwissenschaftliche Frage: »Wie prägen historische Konstellationen Biographien?« mit der komplementären: »Wie hat die Lebensgeschichte einzelner Einfluß auf das, was wir Geschichte nennen?« Diese zweite, aus der Perspektive der Psychologie gestellte Frage betrifft nicht etwa den Einfluß »bedeutender Persönlichkeiten« auf den Geschichtsverlauf, sondern ist darauf gerichtet, wie bestimmte psychische Formationen ihren ursprünglichen Entstehungszusammenhang transgenerationell überdauern und als unbewußte Verhaltensmatrix auf die aktuelle Geschichte zurückwirken. Untersucht man solche psychischen Kontinuitätsphänomene an Einzelfällen, so setzt man sich notwendig dem Vorwurf aus, vom Einzelnen auf Allgemeines zu schließen. Tatsächlich gehört diese, von der klassischen Logik verabscheute Schlußform ebenso zum Inventar einer Generationengeschichte wie der ständige Wechsel zwischen disziplinären Perspektiven. Wer den Versuch macht, den verschlungenen Identifikationsschicksalen nachzugehen, die gerade in Deutschland das Generationenverhältnis so nachhaltig prägen, ist genötigt, sich im Grenzgebiet verschiedener wissenschaftlicher Disziplinen zu bewegen. Generationengeschichte ist im Schnittpunkt von Geschichte, Soziologie und Psychologie angesiedelt. Das mag prima vista an das Programm Horkheimers von 1932 erinnern, der hoffte, aus der Verbindung von »Geschichte und Psychologie« – für ihn Synonyma von historischem Materialismus und Psychoanalyse – eine Form kritischer Theorie entwickeln zu können, die die Rätsel der Moderne zu lösen vermöchte. Als deren größtes zeichnete sich schon zum Zeitpunkt der Formulierung dieser Programmatik der Sieg des Nationalsozialismus in Deutschland ab. Sosehr wir uns der Tradition einer solchen kritischen Theorie verpflichtet fühlen und insbesondere die Verbindung von Psychoanalyse und Soziologie für einen nach wie vor paradigmatischen Ansatz interdisziplinärer Forschung halten, so wenig beanspruchen wir mit unserem Versuch einer Generationengeschichte des Nationalsozialismus eine erschöpfende »Erklärung« seiner psychischen Bedingungen und Folgen leisten zu können. Ansprüche dieser Art empfinden wir nicht nur als hybrid, sondern für die weitere Entwicklung sozialwissenschaftlicher Forschung sogar hinderlich. Was uns dagegen notwendig für ein Verstehen »unserer« Geschichte scheint, ist, die fortwirkende Macht unserer »Ursprünge« anzuerkennen: die Macht sozialer Prägungen, die in der Elterngeneration geschaffen wurden, und die wir nicht nur in uns spüren, sondern offenbar bis zu einem gewissen Grade gezwungen sind, an die folgende Generation weiterzugeben. Wenn wir vom Verhältnis von Geschichte und Lebensgeschichte reden, so geht es uns um die Typologie von Prägungen, die wir im Kontext der Napola als einem idealtypischen Fall studiert haben. Noch immer läßt sich am Extrem das Schicksal der Normalität am besten erfassen. Zu dieser Normalität zählt in der deutschen Geschichte die Tatsache, daß der Zivilisationsbruch auch das generationelle Erfahrungskontinuum zerstört hat. Die generationengeschichtliche Forschung zeigt, daß historische Traumata im Verhältnis der Generationen als Beziehungsabbrüche manifest werden. Unter den besonderen Bedingungen der deutschen Geschichte kommt ihr möglicherweise sogar eine eminent »praktische« Funktion zu: Sie eröffnet nicht nur den Zugang zur Vergangenheit der Vorfahren, sondern schafft auch die Bedingung der Möglichkeit, den Bruch zwischen den Generationen für die Nachgeborenen reflexiv zu machen. Erst wer die geschichtlich gesetzte »Störung« des Generationenverhältnisses nicht als Schicksal begreift, sondern einzusehen vermag, daß er, als unschuldiger Nachgeborener, aktiv daran mitwirkt, ist auch fähig, die lebensgeschichtliche Dimension von »Verantwortung« für vergangene Geschichte anzuerkennen. Es gibt keine Gnade der späten Geburt.

Die Folgen nationalsozialistischer Zurichtungspraktiken zu untersuchen hat bei Forschern, die direkte Nachkommen der sogenannten NS-Tätergeneration sind, Konsequenzen, die unmittelbar in das Design ihrer Forschung hineinreichen. Ein wichtiger Antrieb für unseren Versuch, bei einem geradezu idealtypischen Sample die Folgen einer »nationalsozialistischen Imprägnierung« zu studieren, ist zweifellos der heimliche Selbstverdacht gewesen, »irgend etwas« vom »Nazi-Erbe« der Eltern sei auch in einem selbst noch wirksam.

Der Versuch, Generationengeschichte zu schreiben, macht es notwendig, die vornehme Zurückhaltung des Wissenschaftlers, der sich in der Darstellung seiner Überlegungen so gerne des Pluralis modestiae bedient, aufzugeben. Das gilt um so mehr, wenn es sich um Generationen handelt, die in je unterschiedlicher Weise an der Geschichte des Zivilisationsbruchs, des nationalsozialistischen Terrors Anteil hatten. Wer in Deutschland versucht, sich über die psychische Dynamik und die unbewußten Komponenten der »Generationenspannung« zwischen Akteuren des Nationalsozialismus und ihren Nachkommen zu verständigen, ist gezwungen, Wissenschaft in erster Person zu treiben. Auch wenn wir Peter L. Bergers Einschätzung grundsätzlich teilen, biographische Erörterungen im Vorwort eines Buches deuteten im allgemeinen darauf hin, daß der Autor sich zu ernst nehme, sie seien ein Zeichen für Eitelkeit und mangelnden Sinn für Humor (Berger 1992, 7), so bleibt uns doch keine andere Wahl, als dieses Buch einzuleiten, indem wir über uns selbst sprechen.

Im Sommer 1992 trug die Forschergruppe die ersten Hypothesen und Ergebnisse über die zweite Generation unseres Samples auf einem wissenschaftlichen Kongreß vor – und zerbrach, sozusagen coram publico. Das Referat war schlecht vorgetragen und noch schlechter aufgenommen worden. Im Auditorium herrschte, so jedenfalls schien es uns, eine aggressive, fast feindselige Atmosphäre; kaum eine Möglichkeit, uns mißzuverstehen, wurde ausgelassen. In der Diskussion geriet die Gruppe schnell in die defensive Position, die verbleibt, wenn man sich genötigt fühlt, bei allen Nachfragen oder Kritiken zuerst die Mißverständnisse auszuräumen, auf denen sie beruhen. Dieses Mißverstehen wiederum war kaum mit der rhetorisch schlechten Präsentation des Vortrags zu erklären. Auch nicht daraus, daß unmittelbar vor uns eine israelische Kollegin über die psychischen Probleme der zweiten Generation von Holocaust-Überlebenden referiert hatte und durch diese Konstellation die in Deutschland bis jetzt kaum rational verhandelbare Problematik eines Vergleichs zwischen Täter- und Opferseite des Nationalsozialismus »im Raum« war. Sie war es wirklich, mitsamt der ihr eigenen destruktiven Dynamik, in der das Vergleichen so leicht mit Gleichsetzen und der Versuch, auch Verhalten zu verstehen, dem man keine moralische Deckung erteilt, mit Verständnis im Sinne des »tout comprendre c'est tout pardonner« verwechselt wird.

Wie auch immer: Die Kritiken unserer überwiegend gleichaltrigen Kollegen taten wohl deshalb so weh, weil sie sich zumeist der generationstypischen wissenschaftlichen und politischen Argumentationsklischees bedienten, die wir mit unserem zaghaften Versuch, einen anderen Blick auf das Generationenverhältnis in Deutschland zu werfen, interpretativ in Frage stellen wollten. Noch geraume Zeit nach dieser deprimierenden Vorstellung suchten wir uns den Eklat damit zu erklären, daß wir gegen ein generationstypisches Tabu verstoßen hätten: So blieb uns wenigstens die Aura der »wissenschaftlichen Märtyrer«. Erst viel später konnten wir das als Rationalisierung durchschauen.

In der Situation stand uns noch nicht einmal diese Rationalisierung zu Gebote. Schon deswegen nicht, weil es »uns« nicht mehr gab: Unsere Forschergruppe zerfiel im Augenblick dieser wissenschaftlichen Niederlage in ihre Bestandteile. Keiner war mehr für das Referat »zuständig« – was nicht ganz der Konsequenz entriet, weil die Form, in der es vorgetragen wurde, Ausdruck eines Kompromisses zwischen verschiedenen Deutungslinien war. Jeder hatte seinen eigenen Standort, der nicht mehr durch das Projekt repräsentiert war.

Tatsächlich ist es für eine mit den Mitteln der Hermeneutik operierende Forschung die größte denkbare Niederlage, wenn das eigene Verstehen von anderen nicht verstanden wird, keine Resonanz findet. In unserem Fall hat das eine besondere Pointe: Der betreffende Vortrag war das Resultat eines Resonanzverlusts innerhalb der Forschergruppe. Der Zerfall der Gruppe in der wissenschaftlichen Öffentlichkeit war lediglich der Endpunkt eines internen Konflikts, der in unserer Forschung in dem Moment virulent wurde, als wir uns der zweiten Generation unseres Samples zuwandten. Was war geschehen?

Das ganze Napola-Projekt stand erklärtermaßen unter der Perspektive eines nachgeholten Dialogs, einer Auseinandersetzung der Untersucher mit ihren Vätern über deren Vergangenheit, die aus einer Reihe von Gründen keinen angemessenen Platz in ihrer Biographie gefunden hatte. Es gehört zu den Eigenheiten der Generationendynamik der alten Bundesrepublik, daß das charakteristische Schweigen über die Nazi-Zeit keineswegs nur das Resultat eines Ausweichens der Alten vor den Fragen ihrer Kinder, sondern tatsächlich Ergebnis eines eigenartigen Pakts zwischen den Generationen war: Hatte die Jugend der fünfziger Jahre im stillen Konsens mit den Eltern wohl tatsächlich weitgehend aufs Fragen verzichtet, so fand die erste politisch artikulierte, rebellische Generation gegen Ende der sechziger Jahre keine Form der Frage, die wirklich eine Antwort ermöglicht hätte. Das Schweigen wurde dadurch zementiert, daß der Wunsch nach politischer Aufklärung den Gestus der Anklage annahm. In der Protestbewegung von 1968 wurde der eine Generation vorher bürokratisch erstickte Prozeß der »Entnazifizierung« politisch wiederaufgelegt. Politisch und »persönlich«: In vielen Familien entstand die Atmosphäre eines Tribunals, in der die jugendlichen Ankläger Fragen stellten, die der Überführung dienen sollten und deshalb in die Falle des forensischen Leerlaufs gerieten. Es geht hier nicht darum, diesen Vorgang politisch oder psychologisch zu bewerten. Jedoch bleibt festzuhalten, daß sich in diesem Klima keine kommunikative Rationalität zwischen den Generationen entwickeln konnte. Der aggressiven »Aussageverweigerung« der einen entsprach eine verzweifelte Radikalität der anderen Seite, für die die Vorstellung einer Versöhnung mit den schuldbeladenen Eltern unmöglich war. Insofern gab es keinen Anlaß, eine »Kunst des Fragens« zu entwickeln, die das Schweigen hätte brechen können. Noch weniger gab es wohl einen Grund – womöglich wären die hervorgelockten »Geständnisse« unerträglich gewesen...

Für die Angehörigen der Protestbewegungsgeneration spielt der Wunsch nach einem »unschuldigen« Ursprung eine zentrale Rolle. Er fand Ausdruck im sorgfältig gehegten Mythos einer politischen Parthenogenese: Der Protest war der Versuch der Autopoiesis einer Generation, die mit der vorherigen bei aller Differenz den Wunsch nach einem Ungeschehenmachen der NS-Zeit teilte. Die schroffe Trennungsgebärde gegenüber den Eltern war der Statthalter dieses Wunsches. Auch er war noch am ehesten im Schweigen unterzubringen. An diesem Punkt berühren sich die Strategien der nachgeborenen Teilgenerationen. Der stille Konsens der fünfziger und der lautstarke Dissens der sechziger und siebziger Jahre verhalten sich zueinander wie generationstypische Ausdrucksformen desselben Problems.

Die Autoren dieses Buchs sind der Protestbewegungsgeneration zuzurechnen. Mit ihr teil(t)en sie nicht nur die ethische Intransigenz im Umgang mit dem Nationalsozialismus und der Generation der Täter und Väter, sondern auch die darauf basierende kategorische Urteilsstruktur in politischen Fragen – und schließlich die heimliche Angst, vom Erbe der Väter »kontaminiert« zu sein. Für das Verhältnis zu ihren wirklichen Vätern, die als Angehörige der Jahrgänge 1904, 1913 und 1920 einen nahezu klassischen Querschnitt der NS-Tätergeneration repräsentieren, ist deren plötzlicher und vergleichsweise früher Tod von Bedeutung: Bei allen dreien fällt er in die Mitte ihres dritten Lebensjahrzehnts.

Die Möglichkeit, ausgebliebene oder in der fragwürdigen Form des Tribunals geführte Gespräche mit dem Vater zu einem späteren Zeitpunkt und vielleicht aus einer anderen Perspektive, nachzuholen, war keinem von uns gegeben. Wir haben keinen Zweifel daran, daß die zentrale methodische Vorentscheidung des Forschungsprojekts, nämlich die Datenerhebung auf das Mittel des Interviews zu konzentrieren, auch damit zusammenhängt. Daß sich in der Begegnung mit den Napola-Absolventen Teile unserer jeweiligen Vaterbeziehung reaktualisieren würden, war uns bei der Konzeption des Projekts nicht nur bewußt, sondern bildete die Grundlage unserer methodischen Überlegungen. Ähnlich wie sich im Übertragungsgeschehen des psychoanalytischen Prozesses eine Neuauflage der individuellen Geschichte konstelliert, würde, so unsere Hypothese, in der Beziehung zu den ehemaligen Napola-Schülern sich ein Stück des Generationenkonflikts abbilden, der mit den eigenen Vätern nicht zu lösen war. Wesentlich für das Gelingen unseres Vorhabens schien uns zum einen eine Art der Gesprächsführung, die Raum für die Entwicklung von Übertragungsprozessen läßt, zum anderen eine möglichst facettenreiche Kontrolle der Beziehungsstrukturen im Interview und in der anschließenden Interpretation durch die Forschergruppe.

Wir hatten mit beidem recht. Aber wir hatten keine Ahnung, was das implizierte. Solange es um die affektive Wiederauflage der Vaterbeziehung ging, erwies sich unser Verfahren als anstrengend, aber gewinnbringend. Wir hatten mit unseren »Napola-Vätern« alle möglichen Mißverständnisse, Kollusionen und Verständigungsprobleme, die in der Gruppeninterpretation als Deutungskonflikte wiederauftauchten; aber sie blieben »aushandelbar«. Schnell wurde deutlich, wie sehr unsere Erwartung eintraf: Buchstäblich jedes Interview hatte ein ermittelbares »Vater-Bias« und enthielt Elemente, die sich aus der spezifisch präformierten Interaktionsdynamik ergaben, die der Interviewer ins Spiel brachte. Gerade das machte sie vergleichbar und erbrachte das wertvollste Material für eine Interpretation der »Generationenspannung«. In der Forschergruppe herrschte ein Klima, das es jedem von uns leichtmachte, seine Schwierigkeiten und »Fehler« im Interview vorbehaltlos zur Diskussion zu stellen. Es entstand eine Deutungskultur, die zuließ, sich von zweifelhaften Idealstandards der Gesprächsführung zu lösen und wirklich den Einzelfall ins Zentrum der Interpretation zu stellen.

All dies änderte sich – aber zunächst nahm es keiner von uns wahr –, als wir die Kinder unserer »Ersatzväter« in die Untersuchung einbezogen. Tatsächlich waren die emotionalen Verwicklungen mit den Gesprächspartnern aus der zweiten Generation eher noch heftiger als mit ihren Eltern.[1] Neben fast überstarken Identifikationen standen auf seiten der Interviewer mitun-

1 Wo die Möglichkeit bestand, haben wir auch die Ehefrauen der Napola-Schüler be-

ter heftige Ablehnungen und Entwertungen dieser »Napola-Kinder« und ihrer Lebensentwürfe. Der simple Schluß, daß uns das Wiederaufleben von Vaterübertragungen in der Beziehung zu ihren Vätern zugleich in eine imaginäre Geschwisterreihe mit ihnen brachte, war uns jedoch lange Zeit nicht möglich. Daß wir uns in einigen Fällen in Rivalitätskonflikte mit den Probanden der zweiten Generation begaben, bezeichnet indes nicht die entscheidende neue Qualität dieses Forschungsabschnitts. Unser interner Konflikt entwickelte sich da, wo wir im Kontakt zu den »Kindern« mit Verhaltensmustern konfrontiert wurden, die sich unserem (gemeinsamen) generationellen Verstehensklischee nicht fügten. Wir, die die Beziehung zu unseren Vätern spätestens seit der Zeit der Revolte in den späten sechziger Jahren nie mehr als eine »Privatsache« verstehen konnten, für die noch die intimsten Regungen im Verhältnis zu den Eltern gleichsam unter dem Vorbehalt und im Schatten einer historischen Schuld standen, waren von der Art, wie einige Probanden das Generationenproblem für sich gelöst hatten, stark irritiert. Sich einfach als Kind eines Vaters, dessen Prägung durch den Nationalsozialismus außer Frage stand, begreifen und identifizieren zu können, war als Inbegriff des Verbotenen zugleich von verführerischer Attraktivität. An der »geschwisterlichen« Rivalität mit einigen »Napola-Kindern« entzündete sich eine Kontroverse in der Interpretengemeinschaft, die unser bislang unbefragtes generationelles Interpretationsschema zerbrechen ließ. Nicht zufälligerweise waren die Ingredienzien dieses Konflikts:

– ein »Napolaner« (wie sich die ehemaligen Schüler selber gerne nennen), bei dem sich eine unzweifelhaft reaktionäre Gesinnung mit der »Verführungsqualität« einer aufgeschlossenen, kommunikationsbereiten und ebenso unzweifelhaft sympathischen Seite seiner Person mischte, die bei näherer Betrachtung Spuren einer Traumatisierung erkennen ließ,

– eine Tochter, die im Bestreben, den Vater zu »schonen«, alle Ansprüche auf Selbstbehauptung und Kritik zurückgestellt und ihre uneingelösten rebellischen Impulse auf ihre Kinder verschoben hatte, und

– eine Form der »Einigung« zwischen Vater und Tochter von so hochgradiger Ambivalenz, daß »eindeutige« Interpretationen gleichsam automatisch die Gegenposition auf den Plan riefen.

Darüber, ob die Art, wie die Tochter die Vergangenheit ihres Vaters als Bezugsgröße der eigenen Biographie verstand, nun ein besonders abschrek-

fragt. Allerdings haben wir ihren Einfluß auf die »zweite Generation« – entsprechend unserem Untersuchungsschwerpunkt – nicht systematisch untersucht.

kendes Beispiel der Geschichtsverleugnung sei oder aber Elemente einer »gelungenen« Form der schwierigen Versöhnung mit einem Elternteil enthalte, das fraglos und nachhaltig von der NS-Erziehung geprägt worden war, schieden sich in der Forschergruppe die Geister. Zum ersten Mal wurde der bislang nicht oder nicht hinreichend in Frage gestellte Untergrund unserer kategorischen Urteilsstruktur brüchig. Zum ersten Mal wurden an diesem Fall – und in den kontroversen Diskussionen über ihn auch an anderen – die Identifikationen mit einigen unserer Gesprächspartner (beider Generationen) zum Gegenstand der Kritik. Die Forschergruppe begann, unterschiedliche Biographien, Personen und individuell verschiedene Verarbeitungsformen nicht nur miteinander zu vergleichen, sondern sie gegeneinander auszuspielen – und dies durchaus nicht nach den vorher in der Gruppe festgelegten Konventionen, sondern mit der Leidenschaft, die bei emotional wichtigen Objektwahlen eine Rolle zu spielen pflegt. Mit anderen Worten: Wir zerstritten uns heftig, tatsächlich bis hin zu wechselseitigen Unterstellungen und Vorwürfen, mit »alten Nazis« zu sympathisieren oder sich von ihnen manipulieren zu lassen. In der Gruppe entstand ein paranoides Klima mit der typischen Folge, daß alle eigenen Ängste und Befürchtungen projiziert werden konnten. Wir ließen nichts aus – und verstanden es, jeder für sich, fast alles zu rationalisieren. Denn selbstverständlich blieben wir bei alledem Wissenschaftler, das heißt, wir benutzten unser theoretisches Repertoire, um Standpunkte zu substantiieren, die längst außerhalb wissenschaftlichen Terrains lagen.

In den geschwisterlich strukturierten Beziehungen zur zweiten Generation bildeten sich unkontrolliert die Ängste ab, die wir auf dem Hintergrund unseres generationellen Deutungsschemas im Verhältnis zur Vätergeneration meinten kontrollieren zu können. Hier konnten wir uns in unsere Gesprächspartner verlieben, sie hassen, uns ihnen unterwerfen oder über sie triumphieren: Immer blieben wir dabei im schützenden Bereich einer Nachträglichkeit, die das gemeinsame Schicksal der »Vaterlosigkeit« der Forscher abbildete und reflexiv zugänglich machte. Im Umgang mit der zweiten Generation dagegen gab es eine Aktualität des Vergleichs, die schwer kontrollierbar war, weil sie den Aspekt der *Potentialität* von Lebensentwürfen, eine mögliche Zukunft, in den Mittelpunkt stellte. Durch den Kontakt mit den »Kindern« wurde uns eine Realität eindringlich vor Augen geführt, die wir in gewisser Weise bereits hinter uns gelassen hatten: den sozusagen leiblich präsenten Einfluß der Väter auf ihre Nachkommen. Mit der zweiten Generation kamen wir in Konflikte über das Problem der Abhängigkeit von der vorigen, das wir – auch darin Angehörige der Protestbewegungsgeneration – meinten gelöst zu haben.

Die Geschichte der Frau Schwarzbacher, die wir auf dem Kongreß vortrugen, wurde deshalb der Anlaß, an dem der schwelende Gruppenkonflikt explodierte, weil sie das für uns schlechthin Tabuisierte tat: Sie machte bei ihrem Vater das zum Gegenstand der Einfühlung, was bei unserer Generation die härtesten Gegenidentifikationen ausgelöst hatte. Frau Schwarzbacher versuchte ihren Vater auch da zu verstehen, wo er »Nazi« war. Unser Konflikt drehte sich darum, ob ein solches Verstehen *möglich* ist, ohne daß sich dessen Subjekt als moralische Person selbst aufgibt, gleichsam vom Objekt des Verstehens korrumpiert wird.

Die Perspektive der Protestbewegung basierte auf der Annahme einer strikten Kausalität von Verstehen und Verzeihen. Die daraus abgeleitete »Ethik der Trennungen« wurde für uns in dem Moment brüchig, als die Interviewerin sich mit Frau Schwarzbachers verstehendem Verhalten gegenüber dem Vater identifizieren konnte und damit die Forschergruppe konfrontierte. Die Gruppe zerbrach gewissermaßen am Verstehen eines verbotenen Verständnisses; daran, daß eines ihrer Mitglieder sich von einem »Napola-Kind« dazu hatte verführen lassen, dessen Verstehensposition gegenüber dem Vater zu teilen. Auch das bedeutete nicht, das Verhalten des Vaters zu billigen, aber es bedeutete einen Schritt in den Bereich zu tun, der für uns aus unserer Generationserfahrung »unbetretbar« war.

Überdies standen wir vor dem Paradox – war es eines? –, daß die »treue Tochter«, die selber ihren Mangel an Unabhängigkeit vom Vater beklagte, bei der Erziehung ihrer Kinder nicht nur liberale Grundsätze predigte, sondern praktizierte. Wie paßte das zusammen? Dem Eindruck der Interviewerin, daß es sich um einen gerade durch die Einfühlung in das väterliche Trauma der Napola-Erziehung ermöglichten wirklichen Fortschritt handelte, stand die Ansicht gegenüber, daß das liberale Erziehungsmodell lediglich »aufgesetzt«, die Vateridentifikation hingegen genuin und psychodynamisch weitaus wirksamer sei. Es ging in diesem Streit um das Machtgefälle zwischen den Generationen. In der einen Deutung blieb die zweite Generation abhängig, substanzlos, aufs Unauthentische fixiert. Die andere hingegen behauptete die Möglichkeit einer substantiellen Veränderung, eines Fortschritts in der Generationenfolge. Erst sehr viel später konnten wir begreifen, daß der Konflikt, der die Gruppe zerbrechen ließ und die gemeinsame Arbeit über Monate blockierte, um die Macht der Väter und unsere eigene Ohnmacht ging; um den Selbstverdacht der »Substanzlosigkeit« und den bemerkenswerten Selbsthaß vieler Angehöriger der Protestbewegungsgeneration, der heute die Häme ihrer Kritiker geradezu herausfordert. Damals wußten wir nicht, wie sehr dieser Selbsthaß mit der Geschichte der Väter zusammenhängt. Im Konflikt unserer Forschergruppe wurde immerhin deutlich, daß hier zwei Teilgenerationen aufeinandertrafen, die dieselbe Generationserfahrung aus anderen Perspektiven beurteilten.[1]

Weniger unser Verdienst als das unserer Supervisoren ist wahrscheinlich, daß die Gruppe schließlich doch wieder zusammenfand. Sie machten uns deutlich, daß der – teilweise heillos ins Persönliche abgeglittene – Konflikt tatsächlich Strukturen unseres Forschungsgegenstandes abbildete. Hatten uns nicht schon vor Projektbeginn psychoanalytisch erfahrene Kollegen eindringlich darauf hingewiesen, daß bei unserem Vorgehen die im Nationalsozialismus enthaltene Destruktivität sich in den Beziehungen der Untersucher zueinander spiegeln würde? Es gehört zur Logik jeder psychoanalytisch inspirierten Sozialforschung, daß sich etwas von der sozialen Beziehungsdynamik ihres Gegenstandes in ihr abbildet. In der Tat war unser Unterfangen ja darauf gerichtet, die affektive Dimension, die gefühlsprägende Wirkung der Napola-Erziehung einzufangen. Unsere Entscheidung für das Mittel des Interviews als Methode und den Einzelfall als Erkenntnisform war Ergebnis von Überlegungen darüber, welche Forschungsweise einem Projekt angemessen ist, das in der kontrollierten Neuauflage eines Generationenkonflikts versucht, die (Psycho-)Logik transgenerationeller Übergabeprozesse zu ermitteln. Ein fallbezogenes methodisches Vorbild gab es nicht. Wohl aber eine Methodenkritik, die uns auf wesentliche Probleme unseres Vorhabens vorbereitete. Aus der Erfahrung seiner ethnopsychoanalytischen Feldforschung hat Georges Devereux präzise die Fehler beschrieben, die sich beim Versuch, fremdes Verhalten zu verstehen, nahezu systematisch einstellen. Seine Beobachtungen gehen von den Verstehensproblemen aus, die

1 Zwei der Autoren sind 1951 geboren. Sie erlebten die Zeit des heftigen öffentlichen Protests gegen die »Nachkriegsordnung« als Adoleszente an der Schwelle zwischen Schule und Universität. Der dritte Projektteilnehmer, Jahrgang 1943, gehörte zum Kern der Studentenbewegung. Eine wichtige Rolle in Genese und Austragung des Konflikts spielte darüber hinaus die Tatsache, daß bei dem umstrittenen Fall unverkennbar Probleme des Umgangs mit der Geschlechterdifferenz hinzutraten. Es ging um eine »Napola-Tochter«, die von einer Frau interviewt worden war: Der Vorwurf der »Substanzlosigkeit« gegenüber Frau Schwarzbacher schien der Interviewerin immer auch an sie selbst adressiert. Auch dies konnte erst lange Zeit nach dem Zerwürfnis diskutiert und geklärt werden.

kulturell different kodiertes Verhalten hervorruft. Bei der Feldforschung in fremden Kulturen sei der Forscher oft gezwungen, »Material zu beobachten, das er selbst verdrängt. Diese Erfahrung löst nicht nur Angst aus, sondern wird zugleich auch als ›Verführung‹ erlebt« (Devereux 1967, 67). Tatsächlich trifft das unsere Forschungssituation recht genau. Für uns war die Napola eine fremde Kultur und zugleich etwas ›Familiäres‹, in mehrfacher Hinsicht Vertrautes. Um nur ein Beispiel zu geben: Der Nationalsozialismus war in entscheidenden Dimensionen seiner psychosozialen Faktur – und nicht zuletzt in der Selbstwahrnehmung vieler seiner (ehemaligen) Anhänger – eine *Jugendbewegung*, eine Jugend*revolte*, die das »epater le bourgeois« ebenso auf ihre Fahnen geschrieben hatte wie die Protestbewegung der späten sechziger Jahre. Es ist, so meinen wir, nicht nötig, auf die Differenzen zwischen diesen beiden Ereigniszusammenhängen zu verweisen. Zu den Gemeinsamkeiten zählt, daß aus beiden Bewegungen ein Typus des »ewigen Jugendlichen« hervorgegangen ist, der hinsichtlich seiner psychischen Konstitution die Zeit der politischen Aktivität überdauert. Diesen Sachverhalt anzuerkennen, heißt für Forscher, die die Zeit der Protestbewegung als prägende Lebensphase empfinden, eine Ähnlichkeit mit ihren »Forschungsobjekten« festzustellen, die nicht nur schambesetzt ist, sondern Angst auslöst. Wir behaupten: *Jede* Forschung über den Nationalsozialismus löst bei den Forschern – insbesondere, wenn es sich um Deutsche handelt, deren Eltern in dieser Zeit Erwachsene waren – massive Ängste aus. Diese Ängste sind ein zentraler Gegenstand der intergenerationellen Forschung. Will man sie verstehen, dann gilt, daß der *Forscher* selbst in seinen Reaktionen auf die von ihm erhobenen »Daten« das verläßlichste Wahrnehmungsinstrument ist. Eben davon geht Devereux' Methodenkritik aus. Ihr verdanken wir die fundamentale Einsicht, Ereignisse nur am Beobachter beobachten zu können. Beobachten wir den Beobachter, stellen wir fest, daß ein Großteil der methodischen Vorkehrungen im Bereich verhaltenswissenschaftlicher Forschung vor allem den Sinn hat, die Ängste abzuwehren, die durch die erhobenen Daten ausgelöst werden. Infolgedessen wird die Verhaltensstruktur des Forschers in der Konfrontation mit angstauslösenden oder »verführerischen« Objekten zum primären Forschungsgegenstand und -mittel. Devereux schreibt:

»Die wissenschaftliche Erforschung des Menschen

(1) wird durch die angsterregende Überschneidung von Objekt und Beobachter behindert,

(2) was eine Analyse von Art und Ort der Trennung zwischen beiden erfordert;
(3) muß die Unvollständigkeit der Kommunikation zwischen Objekt und Beobachter auf der Ebene des Bewußtseins kompensieren,
(4) muß aber der Versuchung widerstehen, die Vollständigkeit der Kommunikation zwischen Objekt und Beobachter auf der Ebene des Unbewußten zu kompensieren,
(5) was Angst und infolgedessen Gegenübertragungsreaktionen hervorruft,
(6) die wiederum die Wahrnehmung und Deutung von Daten verzerren
(7) und Gegenübertragungswiderstände hervorbringen, die sich als Methodologie tarnen und somit weitere Verzerrungen verursachen« (Devereux 1967, 17).

Mit dem Terminus der Gegenübertragung schlägt Devereux die Brücke von der Ethnologie zur Psychoanalyse. Für sie ist Gegenübertragung die affektive Antwort des Psychoanalytikers auf seinen Analysanden, speziell auf dessen Übertragung. Sie enthält mithin die Summe aller Verzerrungen, die dadurch zustande kommen, daß sich der Analytiker in eine ihm selbst unbewußte Komplementärposition zu den Übertragungsphantasien des Analysanden begibt.

Indem Devereux nicht die »Übertragung«, das heißt die Wiederauflage lebensgeschichtlich wichtiger Beziehungsstrukturen, die der Analysand gegenüber dem Analytiker ins Spiel bringt, ins Zentrum seiner Reflexion setzt, geht er erkenntnistheoretisch über Freud hinaus. Es sind gerade die interaktionell ausgelösten Störungen, Trübungen und Verzerrungen der Wahrnehmung des »Erkenntnissubjekts«, die, wenn sie selbstreflexiv gewendet werden, die wichtigsten Aufschlüsse über seinen »Gegenstand« erbringen. Gegenübertragungsanalyse bedeutet immer Analyse der *Beziehung* zweier Personen unter Einschluß der Phantasien, die diese Beziehung beim Beobachter auslöst. Das Verfahren der Gegenübertragungsanalyse hält Devereux für den Königsweg des Verstehens von Fremdpsychischem auch außerhalb des klassischen analytischen Settings. In unserem Forschungsmodell sind wir diesem Gedanken gefolgt. Freilich muß man sich Rechenschaft darüber ablegen, welche Veränderungen des Konzepts mit dem veränderten Setting gegeben sind. Wenn wir im Zusammenhang unseres Projektes von Gegenübertragung reden, so meinen wir damit

– zum einen die Summe von Gefühlen, Affekten und Motiven, die wir – als Interviewer – unmittelbar in der Gesprächssituation erleben;

– zum andern aber auch unsere »sekundären« Reaktionen: die Gefühle und Motive, die in der nachträglichen Deutung des schriftlich fixierten Gesprächstextes durch das Forscherkollektiv virulent sind.

Schließlich rechnen wir zu den Gegenübertragungsphänomenen selbst noch die theoretischen Konzepte, mit denen wir unsere Erfahrungen zu verallgemeinern suchen.[1]

Bei den psychoanalytisch orientierten Interviews, die weniger auf biographische Vollständigkeit als auf die »Affektlogik« und die Analyse der Beziehungen ausgerichtet sind, kam es uns primär darauf an, eine Situation zu schaffen, in der unsere Gesprächspartner die Chance haben sollten, möglicherweise längst verschüttete Gefühlslagen bestimmter lebensgeschichtlicher Abschnitte wiederzubeleben. Wir haben deshalb auf einen systematisch verwendeten »Erzählstimulus« verzichtet und die in der brieflichen Kontaktaufnahme mit unseren Interviewpartnern erwähnte Frage »Wie haben Sie die Napola erlebt?« als Gesprächsfokus verwendet. Die Aufmerksamkeit der Interviewer galt vorwiegend dem affektiven Tonus der Mitteilungen und der Beziehung zwischen den Gesprächspartnern. Wo emotionale »clips« im Interview deutlich wurden, die auf unverarbeitete Konflikte unserer Gesprächspartner verwiesen, wurden deutende und konfrontierende Interventionen nicht gescheut.

Die Entscheidung für das »egalitäre« Forschungsmittel des Interviews hatte freilich auch eine »forschungsethische« Seite. Nach unseren Vorstudien hatten wir die Hypothese, daß die Napola-Erziehung für den Großteil der ihr Unterworfenen die Qualität eines Traumas besaß. Wir waren uns darin einig, daß unser Versuch, diese Erziehung und ihre Folgen zu verstehen, für die von uns untersuchten Personen die Möglichkeit implizieren sollte, sich ein Stück weit neu über ihre Vergangenheit zu verständigen. Die Idee, durch den Forschungsprozeß unseren Gesprächspartnern einen »Möglichkeitsraum« zu eröffnen, der die wiederauftauchenden Bilder und Erinnerungen vielleicht noch einmal einer neuen psychischen Bearbeitung zuführen könnte, hat für uns eine wesentliche Rolle gespielt. Wir wollten es nicht mit Forschungsobjekten oder Versuchspersonen, sondern wirklich mit Gesprächspartnern zu tun haben. Alle anderen Verfahren hätten nach unse-

1 Daß wir uns dazu entschieden haben, die generationenübergreifende Wirkung der Napola mit dem Mittel psychoanalytisch orientierter Interviews zu erforschen, ist eine eigene Diskussion wert. Vgl. dazu das demnächst erscheinende Buch »Trauma und Kritik«, in dem die Verfasser dieser Studie versuchen, neben den methodischen vor allem die methodologischen, also die die wissenschaftslogischen Verbindungslinien zwischen der Sozial- und Geschichtswissenschaft auf der einen und der Psychoanalyse auf der anderen Seite betreffenden Probleme einer »Generationengeschichte des Nationalsozialismus« systematisch zu diskutieren.

rem Verständnis die prinzipielle »Symmetrie« der an der Forschungssituation Beteiligten zerstört.

Methodisch schien uns entscheidend, das im Interview erhobene Material möglichst facettenreich aufzubereiten und zu »kontrollieren«. Ein wichtiges Instrument dafür war das »Notat«, in dem jeweils unmittelbar nach den Interviews die Eindrücke der Interviewer festgehalten wurden. Die Notate wurden ebenso wie das Primärmaterial – Mitschnitt und Transkript der Interviews – Gegenstand der Auswertung. Sie erfolgte intern in der Interpretengruppe, extern in der Supervision durch Psychoanalytiker. Hinzu kam ferner eine Begleitforschung, die die »psychischen Voraussetzungen« sowohl der einzelnen Forscher als auch der Forschergruppe ermittelte. Zu diesem Zweck hatte jeder von uns *vor* Beginn der Feldphase ein (fiktives) Porträt des »idealen Napolaners« und seiner Familie verfaßt, das gleichsam die Summe unserer Vorstellungen, Affekte, Ängste enthielt, die wir den »Forschungsobjekten« entgegenbrachten. Diese Porträts wurden, nach der von Spangenberg und Wolff entwickelten Methode, zu »Repertory Grids« verarbeitet, die nach dem Modell der »formalen Begriffsanalyse« ausgewertet wurden.[1] Damit wurde es möglich, die initialen Übertragungen der Forscher mit der »Gegenübertragungsstruktur« im Forschungsprozeß zu vergleichen und daraus ein Bild ihrer Veränderungen zu gewinnen.

Vor Beginn der zweiten Feldphase, den Interviews mit den Kindern des Primärsamples, führten wir »Selbstinterviews« durch. Junge Sozialwissenschaftler, die zu uns in einer ähnlichen Altersdifferenz standen wie wir zu den ehemaligen Napola-Schülern, machten mit uns biographische Interviews, die ebenfalls Material der Interpretation unserer »Verstehensvoraussetzungen« wurden.

All diese Reflexionsformen unserer Datenerhebung hatten wesentlich den Sinn, die bewußt auf das idiosynkratische Vermögen der Interviewer gegründete Methode einer intersubjektiven Kontrolle zu unterziehen. Eine besondere Bedeutung kommt dabei – zumal bei unserem Forschungsgegenstand – der psychoanalytischen Supervision zu: Die generationsspezifische Gegenübertragungsstruktur der Forschergruppe läßt sich nur dann in ein

1 Die Technik des »Repertory Grid« beruht auf der Annahme, daß es möglich ist, die anhand der Interviewtexte vorgenommenen Interpretationen durch Rückgriff auf die formale Begriffsanalyse methodisch zu sichern. Das Ziel ist die Gewinnung einer Interpretationssprache, die die Objektivierung und Vergleichbarkeit der Daten nach streng operationalisierbaren Regeln ermöglicht (vgl. Spangenberg/Wolff 1988 und 1993).

Erkenntnismittel transformieren, wenn es gelingt, ihre Abwehrseite zu analysieren. Geschieht das, ist es auch möglich, die Interviewsituation mit »gefährlichen Objekten« als die uns die Napola-Schüler auf dem Hintergrund unseres generationstypischen »Vater-Bias« erschienen, so weit zu dekontextualisieren, daß das Übertragungsgeschehen sich frei entfalten kann. Gerade dann freilich kommt ein Aspekt der »Verführung« ins Spiel, der bei den Forschern mit der Angst verknüpft ist, zum »Komplizen« zu werden.

Bei unserer Forschung war auffällig, daß im Interview auftretende Anwandlungen von Angst und Aggression bei uns wohl selbstreflexiv einholbar waren, kaum jedoch affektive Regungen der Zuneigung, die als Verführung erlebt wurden. Solche Regungen gegenüber Interviewpartnern, die offenkundig noch mit dem Nationalsozialismus identifiziert waren, waren so tabuiert, daß sie sogar in der Gruppendiskussion kaum bearbeitet werden konnten. Interpretationen und Deutungsversuche lassen sich in diesem Fall nicht auf der Ebene eines gleichberechtigten, »horizontalen« Diskurses verarbeiten. Erst die Supervision, die bei aller Kollegialität doch durch eine »vertikale«, das heißt tendenziell »autoritäre« Struktur gekennzeichnet ist, läßt die Verstrickung in »Verführungssituationen« als Teil eines stark abgewehrten Wunsches deutlich werden, der an eine generationstypische Angst rührt. In dieser Dimension sind Verführung und Angst eins. Devereux schildert die »unauffälligen« Bearbeitungsversuche, die eine solche Situation auslöst: »Der Wissenschaftler, der sich mit dieser Art von Material beschäftigt, sucht sich im allgemeinen gegen die Angst zu schützen, indem er bestimmte Teile seines Materials unterdrückt, entschärft, nicht auswertet, falsch versteht, zweideutig beschreibt, übermäßig auswertet oder neu arrangiert« (1967, 67). Eine Bearbeitung der Gegenübertragungsstruktur durch die in der Interviewsituation ausgelösten wirklichen Gefühle ist dann möglich, wenn deren »Legitimität« »öffentlich«, das heißt von der Gruppe der Forscher und Supervisoren anerkannt wird. Tatsächlich ist es letztendlich die Gruppenstruktur, die darüber entscheidet, welche Gegenübertragungsreaktionen kommunizierbar werden, das heißt auch, ob und wieweit die Gegenübertragungsstruktur analysierbar und korrigierbar wird.

Insofern bildet die Forschergruppe in der Supervision das wesentliche Korrektiv der »Öffentlichkeit« ab.

Den Kontakt zur ersten, die Jahrgänge von 1920 bis 1930 umfassenden Generation unseres Samples haben wir durch Suchanzeigen in überregionalen Zeitungen hergestellt. Einige wenige Namen von ehemaligen Napolanern wurden uns durch Kollegen genannt. Nach einer ersten Interviewrunde haben wir in den Fällen, die uns besonders aussagekräftig zu sein schienen, Zweitinterviews (in einigen Fällen auch mehr) geführt und die Kinder sowie, wo das möglich war, die Enkel der ehemaligen Napola-Schüler in die Befragung einbezogen. Im Rahmen des Projekts haben wir mit mehr als 40 Personen Interviews geführt.

In diesem Buch legen wir zehn Geschichten vor, die jeweils einen »Napola-Vater« und eines seiner Kinder genauer vorstellen. Keine von ihnen erhebt Anspruch darauf, eine Lebensgeschichte vollständig abzubilden oder gar die letztgültige »Lebenskonstruktion« ihres Autors offenzulegen. Nicht zuletzt deshalb haben die hier dokumentierten Geschichten auch keine einheitliche Form. Motivgebundene Einblicke in Lebensgeschichten stehen neben breiter angelegten Darstellungen, die den Identifikationsschicksalen deutscher Schlüsselgenerationen nachgehen. In einem Fall ist diese Geschichte bis in die dritte Generation fortgeschrieben worden. In allen Fällen wurde die Art der Darstellung – aus Gründen, die oben skizziert wurden – den einzelnen Autoren dieses Bandes überlassen. Damit hängt eine gewisse Unentschiedenheit, wie diese »Geschichten« zu titulieren seien, zusammen, die die Forschergruppe bis zuletzt bewegt hat: Sosehr ihr der klinische Terminus der »Fallgeschichte« in diesem Kontext unzutreffend scheint, sowenig kann sie sich letztlich mit dem Modewort des »Porträts« befreunden, das die biographietheoretische Wende der Soziologie mit einer Darstellungsform versehen möchte, die ihr nicht zukommt.

Unsere Einzelfalldarstellungen sind keine »klinischen Fallgeschichten«. Auch wenn sie terminologisch an die Sprache der Psychoanalyse anschließen und auf analytischem Wissen gründen, erheben sie keineswegs einen »nosologischen« Anspruch. Die Autoren fühlten sich zutiefst mißverstanden, wenn ihnen die Intention unterstellt würde, am Einzelfall Geschichte »pathologisieren« zu wollen. Ebendeshalb sei hervorgehoben: Bei aller kritischen Betrachtung der Verhaltensstrategien der hier vorgestellten Personen haben wir niemals vergessen, welche schwierigen psychischen Integrationsleistungen sie unter den gegebenen Bedingungen haben vollbringen müssen. Dafür gehört ihnen unser Respekt. Das gilt insbesondere für die Angehörigen der ersten Generation, die sich für die Auswirkungen und Folgen des historischen Traumas, das sie persönlich geprägt hat, nicht blind gemacht haben. Und es gilt in anderer Weise den Angehörigen der »zweiten Generation« – womöglich aus keinem anderen Grund als dem Gefühl, mit ihnen ein gemeinsames Leiden zu teilen.

Teil 1
Das System

Die »Nationalpolitischen Erziehungsanstalten«. Institution und Geschichte

Mit der »Nationalpolitischen Erziehungsanstalt« (NPEA oder, wie das allgemein gebräuchliche umgangssprachliche Kürzel lautet, Napola) suchte der nationalsozialistische Führerstaat ein Instrument zur Auslese von geeignetem Nachwuchs für Führungspositionen in den zivilen Bereichen der Gesellschaft, Wirtschaft, Verwaltung, in den freien Berufen und für das Militär zu schaffen. Sie sind zu unterscheiden von der anderen Neugründung im schulischen Bereich, den »Adolf-Hitler-Schulen« (AHS), in denen der Führungsnachwuchs für parteiamtliche Laufbahnen sowie die nationalsozialistischen Massenorganisationen herangezogen werden sollte.

Die Funktionsbestimmung der Napolas war von Anfang an widersprüchlich. Die kurze Dauer der Friedenszeit des Regimes und der rasche und hektische Wandel der Machtverhältnisse verhinderten eine schrittweise Entwicklung von Erziehungszielen, Unterrichtsplänen und organisatorischen Strukturen des Anstaltslebens. Ungelöst blieb vor allem die Frage, wie sich die pragmatische Aufgabenbestimmung einer Eliteschule in einer modernen Industriegesellschaft zu dem politischen Ziel des nationalsozialistischen Herrschaftsapparates verhielt, das gesellschaftliche Leben völlig umzuformen und vornehmlich auf dem Wege der »Erziehung« den »neuen Typ« des »NS-Menschen« zu schaffen. Diese widersprüchlichen Anforderungen reproduzierten sich auf der institutionellen Ebene. Während der staatliche Träger der Napolas, das »Reichs- und Preußische Ministerium für Wissenschaft, Erziehung und Volksbildung« unter Bernhard Rust, an traditionellen Effektivitäts- und Leistungsmaßstäben für die Ausbildung an einer Eliteschule festhielt, suchten Parteiorgane und parteiabhängige Gliederungen wie zunächst die SA und später die SS mit dem Anspruch auf das Monopol der politischen Erziehung auf die Schulen Einfluß zu gewinnen. Deutlich zeigt sich dieser Konflikt zwischen staatlichen Organen und Parteiapparat in dem Ausspruch von Martin Bormann, dem Leiter der Parteikanzlei, daß der »Erziehungsminister« Rust in seinen Augen nur »Unterrichtsminister« sei (Scholtz 1973, 37). Die »Parteiorganisation« besitzt »zusammen mit dem nationalsozialistischen Staat«, heißt es in R. Benzes »Erziehung im Großdeutschen Reich« (in: Gamm 1964, 83), »allein die Erziehungshoheit«. In Parteikreisen galt die »Bildung des Staatswillens« als Sache der Partei, während die Staatstätigkeit auf Verwaltungsaufgaben beschränkt sein sollte. Rust mußte dies anerkennen: »Wenn die Parteiorganisationen die weltanschauliche Schulung verantwortlich betreiben, so ist die Erziehung zu Charakter und Kameradschaftsgeist vornehmlich Aufgabe der Kolonne und des Lagers, in denen HJ, SA, SS und Arbeitsdienst sich formieren. Die staatliche Erziehung erstrebt die Erzeugung derselben Wirkungen mit ihren Mitteln« (1935, zitiert nach Scholtz 1973, 40).

Die ersten Napolas (Plön, Potsdam und Köslin) gingen 1933 aus ehemaligen Kadettenanstalten hervor, die 1920 in »Staatliche Bildungsanstalten« (Stabila) umgewandelt worden waren. Formal am Vorbild der Kadettenanstalten und der englischen Public Schools orientiert, sollten diese Anstalten nach den Worten des ersten Leiters der »Landesverwaltung der NPEA in Preußen«, Joachim Haupt, »Zöglinge« aufnehmen, die »ihrer Herkunft und Gesinnung nach besonders geeignet« wären, »aktive Mitkämpfer und Führer im Kampfe um die Vollendung der nationalsozialistischen Revolution zu werden« (1933, zitiert nach Scholtz 1973, 61). Mit den Erziehungsmitteln Musik, Gymnastik und Politik, die auf »Gemeinschaftsleben und Körperschulung« ausgerichtet und dem Bild von einer »griechisch-nordischen Kulturgemeinschaft« (so Haupt wie auch Rust 1934 unter Bezugnahme auf W. Jaegers »Paideia«) entlehnt waren, sowie durch die Aufwertung »deutschkundlicher« Fächer (Deutsch, Erdkunde, Geschichte, Biologie), nationalpolitische AG, Leibesübungen, Wehrsport (Autosport, Segelfliegen usw.) und die Zurückstufung von Fremdsprachen, Mathematik und Religion sollten »wissenschaftliche Ausbildung, körperliche Ertüchtigung, wehrsportliche Durchbildung und weltanschauliche Schulung« (Scholtz 1973, 59) gleichwertig betrieben werden. Von diesen Erziehungszielen versprach sich Haupt, den Scholtz als eine »deutsche Variante des Desperado« und dessen Geisteshaltung er als ein »Gebräu aus historischen Reminiszenzen, Kulturmüdigkeit und Neuheidentum« (Scholtz 1973, 50f.) charakterisiert, eine musterhafte »Naturordnung des deutschen Geistes«, die der »Bewegung« näher stünde als der »Belehrung«. Nicht Bildung, sondern das Erlernen eines Gesellschaftsbildes im Zeichen der »völkischen Versöhnung« galt als die eigentliche Aufgabe dieser Art von »Erziehung«. An den Anstalten sollten »Nationalsozialisten« erzogen werden, so der Vizeinspekteur der Napolas, Otto Calliebe (1940), »die Gewähr dafür bieten, daß sie das Leben des deutschen Volkes, das erst in der Nationalsozialistischen Revolution seine Einheit fand, wirksam mitgestalten und zu ihrem Teile dafür sorgen, daß Deutschland niemals mehr sich innerlich spaltet oder gar auseinanderfällt« (in: Gamm 1964, 403). Im Zentrum dieser Erziehung stand das persönliche »Führer- und Gefolgschaftsverhältnis«, die klassen- und generationenübergreifende »Gefolgschaft« und »Kameradschaft« zwischen Erziehern und Schülern. Für Erziehungsfunktionen, die von den Schülern selbst wahrgenommen wurden, ließ man anfangs noch einen Spielraum im Sinne des bündischen Prinzips »Jugend erzieht Jugend« (Scholtz 1973, 54 ff.).

Die Schulen fanden zunächst großen Zulauf. In Plön gingen nach der Umwandlung 1933 über 1000 Bewerbungen ein. Zu den Bedingungen für die Aufnahme zählten »arische Abstammung, einwandfreie Charaktereigenschaften, Erbgesundheit, volle körperliche Leistungsfähigkeit, überdurchschnittliche geistige Begabung. Söhne von alten und bewährten Kämpfern der Bewegung und von Frontkämpfern und Jungen aus kinderreichen Familien werden bei gleicher Tauglichkeit bevorzugt« (Aufnahmebedingungen der NPEA Naumburg 1935, zitiert nach Scholtz 1973, 59). In einem »Merkblatt für die Aufnahme in Nationalpolitische Erziehungsanstalten« hieß es:

»Als Stätten nationalpolitischer Gemeinschaftserziehung haben die Nationalpolitischen Erziehungsanstalten die Aufgabe, durch eine besonders vielseitige, aber auch besonders harte, jahrelange Erziehung dem deutschen Volke Männer zur Verfügung zu stellen, die den Anforderungen gewachsen sind, die an die *kommende Führergeneration* gestellt werden müssen... Aus dem Besitz des Reifezeugnisses einer Nationalpolitischen Erziehungsanstalt kann ein *Anspruch* auf die Offiziers- oder Führerlaufbahn in der Partei *nicht* hergeleitet werden« (in: Gamm 1964, 408, 411).

Und in den »Aufnahmebedingungen der Nationalpolitischen Erziehungsanstalt Bensberg bei Köln a. Rh.« wurde ausgeführt:

Die Nationalpolitischen Erziehungsanstalten »haben durch ihre besondere Form der Ausbildung die Aufgabe, eine Jugend im Geiste des Nationalsozialismus heranzubilden, welche sich zu Führern auf allen Gebieten des Lebens entwickeln kann... Die Nationalpolitische Erziehungsanstalt ist eine neue Schulart, die vom Nationalsozialistischen Staat errichtet worden ist, um die Besten der deutschen Jugend zu fanatischen Nationalsozialisten zu erziehen. Sie bereitet nicht auf einen bestimmten Beruf vor, auch nicht ausschließlich für den Dienst in der Wehrmacht. Sie ist also: Kein ›Erziehungshaus‹ für mißratene Kinder, keine ›Bewahranstalt‹ für Jungen ohne Elternhaus, keine ›Höhere Schule‹ im alten Sinne, die nur geistig unterrichtet, keine ›Führerschule‹, die Berechtigungsscheine für ›Führerstellen‹ ausgibt. Sie ist eine Gemeinschaft, eine Formation des Dritten Reiches, in der an Körper und Seele gesunde und geistig begabte Jungen in harter Zucht unter besonders hohen Anforderungen für den Dienst an Volk und Staat geschult werden... Als politischer Soldat des Führers muß er [der Jungmann, d. A.] später ein unbedingter und rücksichtsloser Vertreter der nationalsozialistischen Weltanschauung sein. Er muß daher... politischen Instinkt und politisches Interesse besitzen. Auf den Nationalpolitischen Erziehungsanstalten sind die Jungmannen 9 Jahre lang jede Minute im Dienst und in Uniform; alles, was sie lernen, lernen sie für unseren Staat... Aufgenommen werden nur Jungen, die für den Nationalsozialismus so begeistert sind, daß sie auf Pennäleraufassungen und -Späße verzichten und ein neues Leben führen wollen. Die Nationalpolitische Erziehungsanstalt soll eine Gemeinschaft sein für eine Auslese der Tüchtigsten, Härtesten und Begabtesten!«

Der Schulalltag war bis ins kleinste durchorganisiert. Auf den fachlichen Unterricht am Vormittag, dessen Aufsicht einem »Unterrichtsleiter« (Ulei) oblag, folgte nachmittags der »Dienst«, für den der in der Regel mit dem Internatsleben nicht vertraute, sondern eher an militärischen Vorbildern orientierte »Anstaltsleiter« (Alei) (Scholtz 1973, 73) verantwortlich war: Hausaufgaben, Sport und Wehrsportübungen, Abendappell. Die Organisation des Anstaltslebens, die disziplinären und hierarchischen Strukturen, die anstaltsoffizielle Bewertung der Unterrichts- und Ausbildungsziele sowie der politischen Schulung und des Verhältnisses zu nationalsozialistischen Organisationen war je nach Schule verschieden. Auch wirkten vorhandene Schultraditionen wie die der ehemaligen Kadettenanstalten oder, beispielsweise in Schulpforta, die eines alten und renommierten humanistischen Elitegymnasiums nach.

Die Ausbildung war vielseitig. Durch Angebote zum Unterricht im Segelfliegen, Skifahren, Rudern, Motorradfahren, Fechten, Boxen, Kleinkaliberschießen, Reiten und in verschiedenen Handwerken wurden die Napolas zu attraktiven Ausbildungsstätten. In ihnen wurde nach Ansicht von Scholtz ein den politischen Absichten eher abträgliches »Herrenbewußtsein« der Schüler gefördert, »das seine Berechtigung aus einer privilegierten Ausbildung, vielseitig-oberflächlichem Können und politischer Informiertheit sowie aus einem jugendlich-militärischen Schliff zog« (Scholtz 1973, 61). Die privilegierte Ausbildungssituation konnte wohl als traditionelle Elitenförderung wahrgenommen werden und den politischen Auftrag der Anstalten im Bewußtsein der Schüler in den Hintergrund treten lassen. Hier mag ein Grund vorliegen für die im übrigen freilich höchst interpretationsbedürftige Behauptung des größten Teils der von uns interviewten ehemaligen Napola-Schüler, daß es sich bei den Anstalten nur am Rande um politische Einrichtungen gehandelt habe.

Dem steht in einem, wie wir sehen werden, nur scheinbaren Gegensatz die offizielle Auffassung entgegen, daß »jede echte Erziehung zum wirklichen Leben... politische Erziehung« sei (Calliebe, in: Gamm 1964, 405). Die »Gesamterziehung der Nationalpolitischen Erziehungsanstalten«, so heißt es in einer Festschrift der Napola Stuhm (Westpreußen) von 1938, »hat die Aufgabe, den politischen Menschen zu formen, der von seinem nationalsozialistischen Glauben und von seinem Wissen her in der Lage ist, später auch in den schwierigen Lagen richtig politisch zu urteilen und zu handeln« (in: Ueberhorst 1969, 190). Durch »praktisch-politischen Einsatz« in der HJ oder auf dem Land, in Bergwerken oder Industriebetrieben, bei Auslandsfahrten oder längeren Auslandsaufenthalten sollte man zu »eigener politischer Erfahrung« gelangen. Als »Aktivist unserer Weltanschauung« sollte der »Jungmann« über ein »geschlossenes nationalsozialistisches Weltbild« verfügen.

Die politische Schulung fand neben der entsprechenden Ausrichtung des Fachunterrichts vor allem in zwei Formen statt: durch Vorträge von führenden Vertretern von Partei und Staat, Wehrmacht und Wirtschaft und durch politische Arbeitsgemeinschaften. Durch Aufenthalte an ausländischen Schulen sollten die »Jungmannen« in die Lage versetzt werden, sich mit dem »politischen Gegner« zu messen, sich mit seinen »Zielen und seinen Kampfmethoden« vertraut zu machen und »selbst über die Widerlegung der gegnerischen Weltanschauung nachzudenken, mag es sich nun um Judentum oder Bolschewismus, Freimaurerei oder Liberalismus, politische Kirche oder Reaktion handeln« (in: Ueberhorst 1969, 192).

Was die Bewertung des politischen Charakters der Schulen durch unsere Interviewpartner angeht, so gehört es zur Wirkungsgeschichte der Napola, daß ihre Absolventen sich mehrheitlich einer Bildungselite zurechnen, die über die politischen Systeme hinweg eine Sonderstellung innehat. Der berufliche Erfolg und manche Spitzenkarriere von Napola-Absolventen in der Bundesrepublik werden als Beweise für die pädagogische Überlegenheit der Schulen und gegen ihren Ruf als »politische Kaderschmieden« ins Feld geführt. Auch W. Klose bescheinigt den Napolas einen hohen Ausbildungsstand. Unter den Erziehern habe es nicht nur politische Karrieristen gegeben. Was die Schüler angeht, so hätten sich, »als bei den Überlebenden die politische Überfremdung abgestreift wurde, ... die meisten weiterhin überdurchschnittlich bewährt« (Klose 1964, 205).

Die Schüler kamen tatsächlich aus fast allen sozialen Schichten, freilich auch hier, im Unterschied zur offiziellen Propaganda, mit der für solche

Einrichtungen typischen ungleichen Verteilung. Stark überrepräsentiert waren Schüler aus Beamtenfamilien und nur wenige kamen aus Arbeiterfamilien. Viele waren Söhne von ehemaligen Offizieren. Das Schulgeld war gering und entsprechend der elterlichen Einkommenslage abgestuft. Es gab auch eine erhebliche Anzahl von Freistellen. Fast die Hälfte der von uns befragten ehemaligen Napolaner kamen aus geschiedenen Elternhäusern oder waren Halbwaisen. Daher ist auch unter dem sozialen Aspekt der Schülerrekrutierung der Begriff »Erziehungsanstalt« mehrdeutig. Unter anderem sollte er zum Ausdruck bringen, daß die nationalsozialistische Elite nicht aus den traditionell privilegierten Schichten kommen sollte. Hinter der offiziellen Auskunft, daß bei der Auswahl der Schüler die soziale Herkunft keine Rolle spielen sollte, ist unschwer die Absicht zu erkennen, für die Auslese der künftigen Spitzenkräfte des Großdeutschen Reiches um der maximalen Formbarkeit willen vorzugsweise solche Kinder und Jugendliche zu berücksichtigen, die einem bestimmten, für Zwecke der Auslese psychosozial günstigen familiären Milieu entstammten. Je weniger die Jungen durch die Familie geprägt waren und Loyalitäten sowie emotionale Bindungen zu ihren Elternhäusern hatten, je weniger diese auch in die schulische Erziehung hineinredeten, desto mehr konnte die Internatserziehung wirken und die Anstalt zur eigentlichen »Familie« für die Jungen werden. Schon frühzeitig wurde dementiert, daß »diese Bildungsanstalten ... Fürsorgestätten« wären, »wo mißratene Jungens in Zucht und Ordnung gebracht werden sollen«. Dennoch könnten »eigenartige und schwierige Charaktere Aufnahme finden. Sie sind sogar zu bevorzugen ... Nur keine bequemen Schüler, die Lieblinge jener Lehrer, die den trotzigen, selbstbewußten, ›frechen‹, kämpferischen Jungen nicht lieben, weil er die uniformierte Ordnung der Mittelmäßigen, der Streber und Schmuser stört ...« (Kloppe, in: Ueberhorst 1969, 80).

Auf der programmatischen Ebene der Unterrichtsgestaltung versprach man sich von den Prinzipien der Vielseitigkeit des Angebots und der Flexibilität der Unterrichtsorganisation die gewünschten Erfolge bei der totalen pädagogischen Erfassung der Jungen. Um »dem Ziele totalitärer Erziehung auch von der organisatorischen Seite her näherzukommen«, heißt es in der Stuhmer Festschrift von 1938, sei anstelle des »Stundenplanes« der »alten Penne« ein »Erziehungplan« getreten, in dem im Sinne einer »gleichwertigen erzieherischen Erfassung und Betreuung von Körper, Seele und Geist« der Fachunterricht mit sportlichen und musischen Aktivitäten in jeweils kurzen Zeiteinheiten abwechsele: morgens zwei Einzelstunden oder eine Blockstunde Unterricht, dann drei »Dienststunden« als »Geländedienst«, Reit-, Segel- oder Kraftfahrunterricht, am Nachmittag musische Ausbildung in handwerklichen Arbeiten, Laienspiel oder Instrumentenspiel. »So tritt im bunten Wechsel tagtäglich neben die geistigen Erfordernisse etwa des Deutschunterrichts die Erziehung zu schnellem Entschluß (etwa beim Segeln), neben die höchste Anspannung zu körperlicher Leistung im Sport das besinnliche ›Begreifen‹ eines selbst aus Ton modellierten Kopfes einer Marionettenfigur im handwerklich-künstlerischen Unterricht, eines wie das andere ein gleichwertiges Element einer Erziehung, die den ganzen Menschen erfassen und formen will« (in: Ueberhorst 1969, 193). Um im Wechsel der Anforderungen die Leistungsbereitschaft zu erhöhen, wurde von den Erziehern die Fähigkeit zur Anpassung und Flexibilität im Umgang mit den Jungen verlangt. Sie sollten in der Lage sein, »wertvolle Charakteranlagen« zu erkennen und zu fördern und die Vorschriften persönlich auszulegen und zu vertreten, damit die »Führerschule« keine »Kaserne« würde, »wo die jungen Menschen von früh bis abends wie Automaten arbeiten« (in: Ueberhorst 1969, 186).

Eine besondere Bedeutung im Konzept der totalen Erziehung kam der musischen Bildung zu. Da als eine der »Lehren« des Weltkriegs und als eine »Grunderkenntnis« des Nationalsozialismus galt, »daß die letzte Entscheidung im Lebenskampf immer bei der seelischen Kraft und dem inneren Reichtum der Menschen liegt«, sollte »gerade die musische Erziehung mit ihrer Aufschließung aller gemeinschaftsbildenden Kräfte zu einem wichtigen Teil jeder wahrhaft politischen und soldatischen Erziehung« werden und die »gesamte Arbeit« in der Anstalt »durchdringen« (in: Ueberhorst 1969, 195). Dazu gehörten das »Anstaltssingen« am Montagmorgen, die »feierliche Flaggenparade« und das »fröhliche Marschlied« am Schluß des Mittagssports ebenso wie der Blick vom Appellplatz ins weite Land, die »durchgestalteten Gegenstände« des täglichen Gebrauchs, das Fresko in der großen Diele oder der Besuch von Konzerten.

Zum Erziehungsstil an den Napolas gehörte auch die Stärkung des Korpsgeistes durch Sportwettkämpfe und andere Leistungswettbewerbe. Einsätze der Schüler in Bergwerken, Industrie- und landwirtschaftlichen Betrieben oder auf Höfen von umgesiedelten »Volksdeutschen« sollten das soziale Weltbild der künftigen Elite im Sinne der »Volksgemeinschaft« und der Solidarität des »Arbeiters der Stirn« mit dem der »Faust« formen. Von den von uns Befragten weist allerdings nur einer zustimmend auf den erzieherischen Wert, den die Landeinsätze gehabt haben sollen, hin.

Zu den wichtigsten Erziehungsmitteln des Nationalsozialismus gehörte das »Lager«. Auch Napola-Schüler wurden zu HJ-Diensten in Jugendlagern und zu Führungsdiensten bei der sogenannten Kinderlandverschickung (KLV), die Jugendlager für Kinder aus bombengefährdeten Gebieten organisierte, herangezogen. Die Institution des »Lagers« hatte für die nationalsozialistische »Pädagogik« große Bedeutung, weil es hier möglich war, HJ-Dienst und Schule miteinander zu verbinden und zugleich Erziehungs- und Führungsaufgaben in einem schulfremden Umfeld wahrzunehmen, das von äußeren Einflüssen, etwa denen des Elternhauses, abgeschirmt war. »Die Einrichtung der KLV-Lager bietet die Möglichkeit, Jugendliche in großem Rahmen und für längere Zeit total zu erziehen. Schulische Arbeit, HJ-Dienst und Freizeit lassen sich hier erzieherisch gleichmäßig beeinflussen« (Das junge Deutschland, in: Klönne 1982, 54).

Die ideologische Prominenz des »Lagers« machte sich auch in den ersten Versuchen zur Funktionsbestimmung der Napola geltend. So war von Rust die Auffassung vertreten worden, daß eine politische Erziehung, die diesen Namen verdiente, nicht durch die Schule, sondern nur durch »Lager und Kolonne« betrieben werden könnte. Diese Elemente der »politischen Erziehung« waren nach Rust im Konzept der Napola enthalten, und so verdankte diese ihre hervorragende pädagogische Stellung der Möglichkeit, »zu erziehen aus dem Geist, in dem die Jugend in den Kolonnen und Lagern lebt« (Rust 1936, zitiert nach Scholtz 1973, 42). Praktisch scheiterte diese Konstruktion jedoch weitgehend am bildungselitären Anspruch der Napolas, zum Beispiel wenn es um die Zusammenarbeit mit HJ-Führern in den KLV-Lagern ging.

Die im Lager mögliche Verbindung von Schulunterricht und HJ-Dienst wurde als der Königsweg der vom Nationalsozialismus angestrebten »Einheit der Erziehung« (Scholtz 1985, 176) angesehen. Einheit, die faschistische Formel für die Lösung sozialer Konflikte und als solche auch Voraussetzung des völkischen Rassismus, ließ sich nach nationalsozialistischer Auffassung nur langfristig, als »permanente Revolution durch Erziehung« (Auftrag Hitlers an die SA, 1933, zitiert nach Scholtz 1973, 66) und »Züchtung« herstellen. Mithin sind die nationalsozialistischen Erziehungsvorstellungen kein beliebiger Teil der nationalsozialistischen Ideologie.

In der nationalsozialistischen Erziehungsideologie galt der Begriff der »Generation« als aktives Gliederungsprinzip im Rahmen ihrer rassistischen Umdefinition des Zeugungszyklus zum Zuchtzyklus. »In zwei bis drei Generationen« würde der »neue Mensch« fertig sein. Hier bildete sich nicht mehr eine Generation zu einem »Zusammenhang« und einer »Einheit« (Mannheim 1928), sondern sie wurde zur Einheit zwangsmäßig gebildet, zur »Generation im Gleichschritt« (Klose 1964). Generation im politisch aktiven Sinn des Nationalsozialismus ist die Jugend. Durch Erziehung wird ein Gesellschafts- und Menschenbild in der Wirklichkeit generiert und dessen Planungsfortschritt an immer neu zu erziehende Generationen gebunden. Der Reife- und Alterungsprozeß innerhalb einer Generation und das Nebeneinander verschiedener Generationen haben im nationalsozialistischen Gesellschaftsbild keine Bedeutung. Hatte das bürgerlich-liberale Erziehungsideal Jugend als transitorische Strecke zur Reife und die Lebensspanne als »Zyklus« verstanden, der im Alter seinen Abschluß findet, setzte der Nationalsozialismus dagegen die Vorstellung von einer permanenten, unabgeschlossenen, kollektiv-teleologischen Erziehung, in der es die Reife eines abgerundeten Lebens nicht gab. Die permanente Revolution zur Vollendung des »NS-Menschen« war zwangsläufig die permanente Jugendrevolte, die die schnellsten Zuchterfolge bringen würde. Nicht die Partei, sondern die »Jugend« hat »immer recht«, sagte Reichsjugendführer Baldur von Schirach (1934, in: Gamm 1964, 332). Die Macht der Jugend, auf die der Nationalsozialismus seine Macht vorrangig stützte, war eine Macht, in der niemand zur Besinnung kommen sollte, damit das kollektive Hochgefühl, das als Form der Loyalität zum System angestrebt wurde, nicht zum Erliegen kam. Jugendbewegung war in dieser Programmatik das Bewegungsmuster der Gesellschaft. Sie ließ Familie als etwas Archaisches hinter sich, ordnete sie sich unter und spaltete sie. Die Anerkennung, die der klassischen Jugendbewegung nicht beschieden war, kehrte als Terror gegen die Alten wieder. Die Gesellschaft wurde der »Bilderwelt der ideologischen Adoleszenz« unterworfen (Erikson 1965, 338), die ihre Wirkung bei der damaligen Jugend nicht verfehlte. Die Jugendorganisationen durften sich als »Staat im Staat« (Schirach) verstehen, repräsentierten sie doch die »politische Einheit des deutschen Volkes im Zustand des Werdens« (Baeumler 1942, 129).

Was das für die NS-Gründergeneration auch hieß, verdeutlicht die Bemerkung von Speer, daß »nach höchstens einer Generation ... an die Stelle der alten Führungsschicht ein Typ getreten [wäre], der, nach neuen Erziehungsprinzipien an den AHS und ›Ordensburgen‹ erzogen, sogar in Parteikreisen zuweilen als zu rücksichtslos und überheblich angesehen wurde« (Speer 1969, 532). War in den »Adolf-Hitler-Schulen« und »Ordensburgen« mit der ersten im Nationalsozialismus heranwachsenden und erzogenen Generation vielleicht eine Tätergeneration im Entstehen, die die alten Nationalsozialisten an Fanatismus und Brutalität noch übertraf, so galt das Elitebewußtsein in den Napolas – in denen im übrigen auch ein elitäres Verhältnis zu den angeblich bildungsmäßig engeren, weil nur auf die Produktion von Parteikarrieristen (»Goldfasanen«) ausgerichteten AHS gepflegt wurde – zusätzlich der »moralischen Sauberkeit« und den kulturellen Standards des Parteiapparats und der leitenden Funktionäre.

Nach der Absetzung von Haupt im Zuge der SA-»Säuberungen« wurde 1936 der SS-Mann August Heißmeyer zum Inspekteur der Napolas berufen. Heißmeyer war Obergruppenführer und Leiter des SS-Hauptamtes in Berlin, dem die Verfügungstruppen, später Waffen-SS, und die sogenannten Totenkopfverbände, denen die Organisation und Bewachung der Konzentrationslager oblag, unterstanden. Er blieb in diesem Amt bis 1939 (Kogon 1993, 53). Mit seinem Eintritt in die Führungsspitze der Napolas und ihrer gleichzeitig erfolgenden Eingliederung in die HJ wurde die Ausrichtung der Elitenerziehung auf das nationalsozialistische Herrschaftssystem vorangetrieben.

Zwar blieben die Napolas weiterhin dem Erziehungsministerium unterstellt. Aber durch die Berufung eines hochrangigen SS-Mannes an die Spitze der für die Napolas zuständigen Dienststelle geriet ihre ideologische Ausrichtung, soweit sie von zentraler Stelle aus betrieben werden konnte, immer mehr in den Einflußbereich der disziplinären und rassenideologischen Vorstellungen der SS. Freilich lassen sich keine klaren Grenzen zwischen den verschiedenen Einflußbereichen und keine deutlich voneinander abgehobenen zeitlichen Abschnitte in der politischen und ideologischen Entwicklung der Napolas feststellen. Wie Harald Scholtz in seinem Standardwerk über die Ausleseschulen immer wieder betont, gab es im Hinblick auf die Erziehungsziele keine klaren Kompetenzregelungen, weder zwischen der Zentrale und den einzelnen Schulen noch zwischen dem Ministerium und den Parteiorganen. Gleichwohl läßt sich allgemein davon sprechen, daß ab 1936, als die Phase der Gleichschaltung begann, die schulische Erziehung der Ideologie nach vorrangig dem Ziel der »Typenprägung« (Ernst Krieck), der Schaffung eines »nationalsozialistischen Menschentyps« durch »Erziehung« im rassenideologischen Sinn von »Zucht« und »Züchten« dienen sollte. Was Krieck 1930 schrieb, wurde nun zum Programm: »Es gibt... keine scharfen Grenzen zwischen Züchtung als einem biologischen und Erziehung als einem geistigen Vorgang« (Krieck 1930, 126).

Unter der Amtsführung von Heißmeyer kam die Verwaltung der Napolas unter einen wachsenden Druck seitens der Parteiorgane, die sich als die legitimen Träger dieser »Erziehungs«-Vorstellungen betrachteten. Reichsjugendführung und SS meldeten mit zunehmendem Erfolg Ansprüche auf die Wahrnehmung von HJ-Diensten und die Förderung der paramilitärischen Ausbildung an den Napolas an. Im Zuge dieser Entwicklung blieben den Erziehern allmählich nur mehr die Rollen des Beamten im Unterricht und des Formationsführers im Internatsleben. Standen bei Haupt noch »Selbsterkenntnis« und »Dienstleistung« als Erziehungsziele im Vordergrund, so bei Heißmeyer, der im übrigen den Einfluß der Wehrmacht und der SS auf die Napolas angeblich zu mäßigen bestrebt war (Interview mit Heißmeyer, in: Ueberhorst 1969, 427f.), die »Bewährung« des »politischen Soldaten«, der unter der Parole »Glauben, Gehorchen und Kämpfen« fungibel gemacht werden sollte für die Identifikation mit dem jeweiligen »Führerwillen«, dem eigentlichen Ziel der pädagogischen »Typenprägung« (Scholtz 1973, 95ff.).

Die »Jungmannen« der Napolas trugen jedoch die Uniform der HJ nur »widerwillig«, meint Ueberhorst: »Gewertet wurde die Leistung, nicht das Pathos.« Es gab Kritik an Parteiorganen und -funktionären, aber nicht an Hitler selber. »Dadurch entwickelte sich das Gefühl, eine verschworene Gemeinschaft zu sein. Man lebte von der Vorstellung der Identität zwischen ihm, dem ›Führer‹, und seiner Gefolgschaft. Hitler wirkte auf die Jungmannen und Erzieher unglaublich faszinierend. Jede Kritik bis zum ›Vorhof‹ hätten sie ertragen und auch rational mitvollzogen, zum ›Allerheiligsten‹, zur Person des ›Führers‹, dem Inhalt von Glauben und Hoffen, dem in pseudoreligiösen Feiern verehrten Soter, stieß man mit der Kritik nicht vor, da sonst die gesamte Erziehungsgrundlage in Frage gestellt worden wäre« (Ueberhorst 1969, 29).

Entsprechend das Urteil von Schülern, das Scholtz wiedergibt: »Man habe sich als anständig und gebildet angesehen und Oberklassenbewußtsein entwickelt, aber an die Stelle dauerhafter ethischer Bindungen sei Hitlerhörigkeit getreten. Die Labilität, die sich daraus für die Ordnung des Lebens und Arbeitens ergeben habe, sei von den Erziehern durch die Forderung nach Kadavergehorsam verdeckt worden« (Scholtz 1973, 34).

Diesem Urteil schließt Scholtz sich an. Er hält aus pädagogischer Sicht fest, daß das, was bei Hitler »Erziehung« hieß, nicht ein »Konzept für die Jugenderziehung« war, sondern der »Anspruch, das Verhalten von jedermann kontrollieren zu können« (Scholtz, in: Heinemann 1980, 31). Seine institutionengeschichtliche Untersuchung der Napola geht von der These eines »Antagonismus radikalistischer Machtergreifung und erzieherischem, am Sinn von Schule orientierten Handeln[s]« (Scholtz 1973, 18) aus. So erklärt sich, daß bis 1940 »1. eine pädagogische Planung nicht zustande kam, die einen Zusammenhang zwischen unterrichtlichen Lernzielen, praktischer Betätigung und sozialem Rollenverhalten hergestellt hätte; 2. die Entscheidung zwischen den Funktionszielen ›Musteranstalt‹ und ›Führerschule‹ nicht eindeutig getroffen, das Verhältnis der Ausleseschule zur Gesellschaft nicht geklärt worden war, somit den Schülern unterschiedliche Perspektiven für ihre Integration in die Gesellschaft vermittelt wurden; 3. die Deutung der ethischen Substanz der Erziehung einem raschen Wandel unterworfen war. Die Entwicklung einer über die Binnensolidarität hinausgreifenden ethischen Orientierung ist schon deshalb in Frage zu ziehen« (Scholtz 1973, 97f.). Die Frage allerdings, was im Nationalsozialismus eine »ethische Substanz der Erziehung« hätte gewesen sein können, stellt sich der Erziehungswissenschaftler nicht. Offenbar hat es sie seiner Ansicht nach gegeben, nur habe es mit ihrer Umsetzung nach Kriterien der wissenschaftlichen Pädagogik gehapert. Indem er sich nur an derartige Kriterien hält, verzichtet er darauf, über Art und Umfang der »ethischen Orientierung« weitere Aufschlüsse zu geben.

Gleichwohl ist für die institutionelle Struktur und die geschichtliche Entwicklung der Napolas von nicht unerheblicher Bedeutung, daß es offenbar so etwas wie eine »strukturell bedingte Erziehungsfeindlichkeit des Faschismus« in dem Sinne gab, daß für die Schulen »ein verbindliches Programm, an dem sich die Erörterung anstehender Erziehungsprobleme hätte orientieren können« und die »Entwicklung eines eigenständigen pädagogischen Konzepts – zum Beispiel für die Elitebildung –« (Lingelbach 1987, 268) fehlte. Das hatte seinen herrschaftssoziologischen Grund darin, daß »die Ausbildung... niemals eine solche Verbindlichkeit [hatte] entwickeln dürfen, daß sie den durch wechselnde weltpolitische Konstellationen bedingten Wandel politischer Leitvorstellungen in Frage gezogen hätte. Sie war in dem Sinne undoktrinär, daß sie die Anpassungsbereitschaft gegenüber der jeweils propagierten Doktrin förderte« (Scholtz 1973, 309). Genau das aber ist der Sinn der angestrebten »totalen Erziehung«, die eben so unpädagogisch sein mußte, wie sie politisch sein sollte, so daß die pädagogisch festgestellte »Erziehungsfeindlichkeit des Faschismus« nur die institutionelle, nicht aber die – von den erziehungswissenschaftlichen Kritikern der Napola letztlich ebenso wie von der großen Mehrheit ihrer von uns befragten Absolventen geleugnete – politische Seite der Napola trifft.

Die Doktrin, die Heißmeyer in der ersten Kriegsphase als Erziehungsauftrag für die Napolas ausgab, war von der Formel einer »Neuprägung des deutschen Menschen im neuen Reich« (1940, zitiert nach Scholtz 1973, 100) bestimmt. Mit ihr sollte bildungspolitisch zum Ausdruck gebracht werden, was der sich unter dem Eindruck der noch erfolgreichen Kriegsanstrengungen verabsolutierende Führerstaat, vor allem die im Namen des »Reiches« über die Grenzen zwischen Staat und Partei mit wachsendem Machtanspruch sich hinwegsetzende SS, von »seinen« Schulen erwartete, nämlich die umfangreiche Bereitstellung von zuverlässigem Offiziersnachwuchs, soziale Dienste und den ideellen und personellen Einsatz bei Neu- und Tochtergründungen in den besetzten Gebieten. Hier sollten die Schulen als kulturelle »Bollwerke« des »Deutschtums« fungieren und bei der »Eindeutschung« von »gutrassigen Kindern« – »blutmäßigen Fischzügen« (Himmler, in: Picker 1951, 253) – mitwirken. Schließlich wurden, beispielsweise in der Napola St. Veit (Slowenien), Vorbereitungen getroffen, die Schüler bei Kämpfen gegen Partisanen oder im Fall einer Invasion militärisch einzusetzen.

Die zahlenmäßige Expansion der Napolas ging allerdings nicht in dem Umfang vonstatten, den Himmler wünschte. Schon 1941 hatten aufgrund der Einberufungen und der Übersiedlung ganzer Klassen in »Tochtergründungen« nur noch wenige Schulen die bis dahin übliche Durchschnittszahl von etwa 250 Schülern aufzuweisen. Dennoch kamen zu den bis 1939 bestehenden 18 Schulen von 1940 an weitere 19, darunter zwei für »Mädels«, hinzu. Die 1942 bestehenden 33 Schulen hatten zusammen ungefähr 6000 Schüler und stellten etwa 1,5 Prozent aller Abiturienten. Von den Abiturjahrgängen der Jahre 1938 bis 1941 bewarben sich 13 Prozent der Schüler für den Eintritt in die SS, während es im allgemeinen Durchschnitt nur 1,8 Prozent waren. Der Einfluß der SS auf die Napolas ist also unbestreitbar, auch wenn es Himmler nicht gelang, sie aus dem Erziehungsministerium aus- und in seine Organisation einzugliedern, um sie seinen reichs- und rassepolitischen Vorstellungen entsprechend einzusetzen. Die Wehrmacht dagegen konnte sich mit dem Versuch, die militärische Ausbildung an den Napolas auszuweiten und zu erreichen, daß Absolventen mit Dienstgrad übernommen werden konnten, nicht durchsetzen. Bei der »Dienststelle SS-Obergruppenführer Heißmeyer« wurden 1943 »Studien- und Berufsberatungsreisen« eingeführt, die dazu dienten, Napola-Schüler für den Eintritt in die Waffen-SS zu gewinnen. 1944 befürwortete Heißmeyer selbst die Einführung von SS-Rängen an den Schulen. Im Herbst 1944 trug er sich mit dem Plan, die Napolas zu bewaffnen und »zu festen Stützpunkten des Kampfes« (Brief vom 2.10.44, in: Ueberhorst 1969, 422) zu machen, ließ aber dann doch die Anstalten evakuieren und teilweise in Volkssturmeinheiten eingliedern. Ende 1944 gab es schließlich den »Führerbefehl«, daß auf NPEA und AHS aktiver Offiziersnachwuchs für Wehrmacht und Waffen-SS erzogen werden sollte.

Diese letzte Phase der Napolas läßt ahnen, was aus ihnen hätte werden können: eine Schlüsselinstitution der SS. Dazu ist es nicht gekommen. Die Pläne, die die SS mit den Napolas hatte, gehörten wie andere Pläne, die die Ausdehnung ihrer Macht zum Ziel hatten, schon zur Phase der Agonie des »Dritten Reiches«.

Schule des Terrors. Elemente der totalen Erziehung

Was immer sonst über totale Institutionen definitorisch gesagt werden kann, ihr Innerstes besteht darin, daß sie den von ihr erfaßten Menschen das Recht auf Individualität versagen. Über die möglicherweise »perfekteste«, jedenfalls aber die grauenvollste totale Institution, von der wir Zeugnisse haben, das KZ, schrieb Bruno Bettelheim: »Das Konzentrationslager war das Versuchslabor der Gestapo, in dem sie nicht bloß freie Menschen, sondern vor allen Dingen die leidenschaftlichsten Gegner des Nazi-Systems in einen Prozeß hineinzwangen, der zur Desintegration der Persönlichkeit des autonomen Menschen führte. Und so sollten sich mit dem Konzentrationslager alle Personen auseinandersetzen, die gern begreifen möchten, was mit einer Bevölkerung passiert, welche mit den Methoden des Nazi-Systems beherrscht wird« (Bettelheim 1980, 93 f.).

Wie so häufig wird am Extrempunkt einer Entwicklung, eines Systems, einer sozialen Konfiguration deren Wesen kenntlich. Man kann deshalb Bettelheims Aufforderung zum Studium des KZs auch als die methodische verstehen, das Spitzenphänomen einer Gesellschaftsformation als Ausgangspunkt der Strukturanalyse zu benutzen. Wenn das KZ den reinsten Typus einer Herrschaftsmethode vorstellt, das Paradigma, von dem alle anderen ihr zuzurechnenden Phänomene aus zu verstehen sind, dann impliziert das Untersuchungsdesiderat den Vergleich. Betrachtungen und Analysen anderer Institutionen haben sich an ihm, dem Idealtypus der NS-Herrschaft, zu messen.

Vergleiche dieser Art haben unausweichlich etwas Vermessenes, weil keine Form- oder Strukturanalyse eines Phänomens seinen Inhalten gegenüber gleichgültig bleiben kann. Das Vermessene wird vielleicht am deutlichsten dort, wo der Strukturvergleich die höchstmögliche »inhaltliche« Differenz partiell ignoriert: die zwischen Tätern und Opfern. Ebendies ist jedoch im ersten Schritt der vorliegenden Untersuchung nötig. Denn wer begreifen möchte, wie ein System wie das des Nationalsozialismus seine Herrschaft sichert und ausbaut, sollte sich mit den Institutionen auseinandersetzen, in denen nicht seine Feinde gebrochen, sondern der neue ideale

NS-Mensch und -Führer produziert werden sollte. Er wird dann sehen, daß auch hier die Strukturen des »Spitzenphänomens« gelten; auch die systemkonforme Produktion verläuft über zerstörerische Eingriffe; auch die künftigen Herrscher unterliegen der Logik der Destruktion, die sie passager in die Rolle der Opfer bringt.

Die Napola ist die Institution, der die personelle Reproduktion der Herrschaft oblag; auch sie ist eine totale Institution; auch sie hat – wie das KZ – die Zerstörung der Individualität ihrer Angehörigen als Strukturmerkmal. Keine Sekunde allerdings sollte man die – ebenfalls totale – Differenz vergessen: Ging es im KZ darum, die Zerstörung buchstäblich bis zur letzten Konsequenz durchzuführen, so in den Napolas darum, eine bestehende physisch-psychisch-ethische Integration der ihr unterworfenen Individuen zu zerstören, um aus den Trümmern etwas Neues aufzubauen. Diese Aufgabe impliziert, die künftige Täterelite zunächst Prozeduren zu unterwerfen, denen sie als weitgehend wehrlose Opfer ausgeliefert waren. Eben soweit sie dies waren, reicht die von uns gezogene Analogie zu den Opfern, die Bettelheim beschreibt. Die Prozeduren konnten einen Grad an Härte erreichen, der die Analogie zum Straflager nicht verfehlt erscheinen läßt. Und sie waren Teil eines Systems, das auf die ihm Ausgelieferten in ähnlicher Geschlossenheit wirkte wie die Institutionen, die es allein auf die Zerstörung der persönlichen Integration abgesehen hatten. Sie gingen in dieser Hinsicht über die – ansonsten in vielen Punkten strukturähnlichen – Einrichtungen der normalen Internatserziehung hinaus. Sie überboten auch die andere Institution, die sich als Vergleich aufdrängt – das Militär – in einer entscheidenden Hinsicht, nämlich der des Lebensalters der ihr Unterworfenen. Und um den nächstliegenden Vergleich zu ziehen: Die preußischen Kadettenanstalten, die ja durchaus Vorbildcharakter für die Napolas hatten, unterscheiden sich – wir reden hier nur vom System der körperlich fundierten Zerstörung individueller Autonomie, nicht von anderen Differenzen – von diesen durch die Legitimierung des Terrors, durch die Verbindung der physischen Zurichtung mit bestimmten Idealen und Normen, die in die Rituale der Unterwerfung selber hineinreichten. Auf diese zentrale Eigenart der Napola, aus der sich ihre Differenz zu vergleichbaren Erziehungseinrichtungen am genauesten bestimmen läßt, werden wir noch zurückkommen.

Die Napola ist tatsächlich eine NS-Institution sui generis. Ihre Zöglinge als deren »Opfer« zu begreifen macht Sinn, solange sie als Objekte dieses ungehemmten Zurichtungswillens betrachtet werden. Diese Betrachtungsweise verzerrt sich jedoch zur nivellierenden und legitimatorischen Sicht der Dinge, wenn man den Rahmen dieser »Versuchsanordnung« samt den Privilegien betrachtet, die den Absolventen dieser Schulen nicht nur in Aussicht gestellt wurden, sondern die sie schon während des Anstaltsaufenthalts genossen. Wann immer wir uns in der Darstellung unserer Befunde einer Opfermetaphorik bedienen, ist diese notwendige Differenzierung im Auge zu behalten.

Die andere Seite desselben Sachverhalts ist nicht weniger kompliziert. Es ist wie gesagt keine Frage, daß die Napola das Ziel hatte, »Führer« zu züchten – und man weiß, was dieses Führersein im Sinne des Nationalsozialismus an Handlungsbereitschaften einschloß. Das wiederum macht diejenigen, die diese Anstalten besuchten, per se noch nicht zu Tätern. Nicht wenige, zumal der älteren Jahrgänge, sind es geworden. Sehr viel mehr, daran haben wir nach unserer Untersuchung keinen Zweifel, wären es geworden, wenn die Geschichte einen anderen Verlauf genommen hätte. Die Rede von der »Gnade der späten Geburt« scheint sich ebenso aufzudrängen wie der Terminus der »Verführten«. Wir können mit beiden nichts anfangen, weil der eine in regressiver Weise einen historischen Prozeß biologisiert, der andere, nicht minder regressiv, eine Aufkündigung der Verantwortung durch eine Imitation des Opferstatus zuläßt: »Verführte« verstehen sich gern als Opfer einer unbezwinglichen Macht. Bei unseren Probanden von »prospektiven Tätern« zu reden mag sachlich korrekt sein, erscheint uns aber als eine unangebrachte Negierung der Leistung derjenigen, die sich in teilweise mühsamen Prozessen der Selbstreflexion mit der nicht von ihnen gewählten schulischen Prägung auseinandergesetzt und sie einer psychischen Bearbeitung unterzogen haben, die in einigen Fällen weit über das Niveau ihrer Altersgenossen hinausgeht, die in den Genuß einer »Normalerziehung« kamen.

Ein Stück weit hat die spezifische Fragestellung unseres Projekts uns des Problems enthoben, unsere Probanden im Sinne einer juristischen Zurechnung zu »klassifizieren«: sie ist auf die psychischen Dispositionen gerichtet, die durch die besondere Ausbildung geschaffen oder in entscheidender Weise verstärkt worden sind. Sie gelten unabhängig von ihrer Realisierung – auch wenn, wie ein naheliegender Einwand lautete, erst diese faktisch darüber entscheidet, was einer ist.

Die Frage: »Was wäre gewesen, wenn…?« hat nicht nur bei jedem von uns untersuchten Einzelfall eine Rolle gespielt; sie ist in gewisser Weise die Leitfrage des gesamten Projekts. Sie ist nicht zuletzt auch die Frage, die sich die Untersucher – und an diesem Punkt verstehen wir uns als typische Repräsentanten unserer Generation – nicht erst im Laufe der Forschung immer wieder selber vorgelegt haben: Was wäre gewesen, wenn *wir* in der Situation der Napola-Schüler gewesen wären? Der transgenerationelle Ansatz der Studie ist ein Derivat dieser vorgängigen Frage. In ihrem Gefolge sind wir den Spuren von Beschädigungen nachgegangen, die im Versuchsfeld Napola ihren Ursprung haben. Deren Zuschnitt als großangelegter Menschenversuch ist es, der auf die eingangs thematisierte Frage der Strukturähnlichkeiten von Institutionen und der Legitimität ihres Vergleichs zurückführt. Bei aller Besonderheit des Projekts Napola ist es doch nur die übersteigerte, »idealtypische« Form dessen, was für die Generation der Napolaner »Normalschicksal« war. Noch einmal wollen wir den schwierigen Vergleich mit Bettelheims Untersuchungen wagen: »Aber das, was auf eine extreme Weise mit den Gefangenen geschah«, schreibt Bettelheim, »die mehrere Jahre im KZ zubrachten, geschah auf eine nicht ganz so extreme Weise den meisten Bewohnern jenes Konzentrationslagers im großen, das Deutschland hieß... Das System war für den einzelnen zu stark, als daß er ihm sein Gefühlsleben hätte völlig verweigern können« (Bettelheim 1980, 93). – Speziell um den letzten Punkt, den wir buchstäblich auf die Napola übertragen können, geht es uns: den Spuren jener »Gefühlsprägung« nachzugehen, die sich nicht der Erzählform des »Es war einmal...« zuordnen läßt, sondern – immer noch – eine vielleicht verleugnete, nichtsdestoweniger jedoch »lebendige« Realität ist.

Wer extreme Machtstrukturen sozialwissenschaftlich erforscht, begegnet immer auch einem erschreckenden *inneren* Bild. Gerade wenn man die Perspektive derer einnimmt, die einer schier überwältigenden, totalen Macht unterworfen sind, reaktiviert sich regelmäßig eine sehr frühe und meist unkenntlich gewordene Erfahrung. »Infolge der Feindseligkeit, die wegen der eigenen Ohnmacht auf die Mutter projiziert wird, hinterläßt auch die zärtlichste und beste Mutter im Unbewußten des Kindes ein erschreckendes Bild« (Chasseguet-Smirgel 1974, 159). Dieses »mit dem ganzen symbolischen Spektrum der bösen Macht ausstaffierte Bild« der übermächtigen »bösen Mutter« mischt sich in unsere Erkenntnis- und Verstehensversuche; ihm gelten sie zuallererst. Es ist nicht überraschend, wenn sich auf diesem Wege ein schwer auflösbares Faszinosum entwickelt, das gerade für diejenigen Forscher ein Tabu errichtet, die mit ihrer Forschung gegen solche Machtstrukturen aufbegehren. Oft wird man der eigenen Faszinertheit erst später gewahr. Die Faszination, die diesem unbewußten Bild gilt, kann sich auch auf Konzepte oder Deutungen verschieben, die soziale Phänomene auf die psychischen Strukturen der frühen Mutterbeziehung rückbeziehen, wie es etwa die neuere psychoanalytische Gruppenpsychologie tut.[1] So erschien uns in den Anfängen des Forschungsprozesses die Psychodynamik von Gruppen – speziell wegen der regressiven Verwandlung des Individuums im Gruppenzustand – als Inbegriff des Nazi-Phänomens. Wir sahen die für die einzelnen Forscher lebensgeschichtlich bedeutsamen Gruppenphänomene der Protestbewegung, von der »Kaderorganisation« bis zur Kommune, durch ein destruktives »gruppales« Nazi-Erbe geprägt. Vielleicht protestierten wir mit dieser aufklärerischen Gruppen-»Dämonologie« aber nur gegen die Machtphantasien, die in den Gesprächen mit den Absolventen der totalen Institution Napola in uns virulent wurden. Vielleicht hatten uns unsere Gesprächspartner dazu verführt, über eigene adoleszente Machtphantasien mit ihrer Nazi-Vergangenheit in Beziehung zu treten. Daraus, daß diese von Forschern und Interviewten geteilte Phantasie und die ihr zugrundeliegende Analogiebildung dem Bereich adoleszenter Vorstellungen entstammte, ließ sich ein methodisches Werkzeug entwickeln. Als wir später die Modi der unbewußten Kollusion zwischen uns und unseren Gesprächspartnern untersuchten, konnten wir den darin enthaltenen, zunächst unbewußten Vergleich ihrer und unserer Adoleszenz bewußtmachen und in den Folgegesprächen als intergenerationelles Dispositiv nutzen.

Wer auf diesem Weg damit vertraut wird, wie eigene Machtphantasien in den Versuch, Machtstrukturen zu begreifen, hineinspielen, erkennt die damit verbundene Faszination ebenso wie die Tabus, die sie weckt, auch bei anderen wieder. So weist etwa der Göttinger Soziologe Wolfgang Sofsky in seiner eindrucksvollen Studie über die »Ordnung des Terrors« (1993) im Konzentrationslager darauf hin, daß das Lager »wahrlich nicht zum Experimentierfeld soziologischer Hypothesen« tauge; gerade sein Buch verdankt sich aber, wenn man so will, einem gelungenen Experimentieren mit verschiedenen soziologischen Konzepten, Sprach- und Beschreibungsformen. Niemand hat vor ihm die Strukturen und Wirkungen absoluter Macht so eindringlich beschreiben können. Seine Beteuerung zeigt, daß für diejenigen, die im direkten Sinn mit den Strukturen des Terrors

1 Für das Unbewußte fungiert die Gruppe, die Partei, die Gesellschaft, der wir angehören, als »Mutterhomolog« (Erdely 1989). Auf die Gruppe richten sich psychische Prozesse – etwa der narzißtischen Fusion –, die denen in der frühen Mutter-Kind-Dyade strukturell ähneln.

wissenschaftlich befaßt sind, die eigenen Machtphantasien unerträglich sind und deshalb tabuiert werden müssen. Vielleicht braucht es zur Selbstreflexion in diesem Zusammenhang eine – um einen gelungenen Ausdruck Tzvetan Todorovs zu verwenden – »mittlere Distanz zum Bösen«. Für die reflexiven Spielräume unserer Forschung etwa war es von großer Bedeutung, daß sie sich nicht unmittelbar mit der Organisation und dem Instrumentarium des Massenmords befaßt. Wer versucht, Phänomene der »absoluten Macht« (Sofsky) zu entschlüsseln, bedarf der selbstreflexiven Auseinandersetzung mit den eigenen Machtphantasien, um die Faszination, die dem Begriff innewohnt, zu verstehen. Kein Konzept eignet sich besser als »Container« von Machtphantasien. Die Realität, die der Begriff der absoluten Macht bezeichnen soll, verschwimmt mit dem unbewußten Phantasma eines ganz und gar übermächtigen Objekts, das sich, wie die Psychoanalyse zeigen konnte, in jedermanns Unbewußtem findet. Nur die Selbstreflexion, nicht die soziologische Analyse, vermag diese Überdeckung von Begriff und Phantasie zu bezeichnen und die Faszination, die aus ihr erwächst, zu deuten. Durch den Verzicht auf alle Psychologie bleibt Sofskys rationale disziplinäre Selbstbeschränkung im Banne des Terrors, dessen Wesen er gleichwohl – oder deshalb? – aufs präziseste trifft.

Der Begriff der totalen Institution ist dagegen gerade aus der Verbindung psychologischer und soziologischer Blickweisen hervorgegangen: Erving Goffmans »Asyle« (1971) und Michel Foucaults »Wahnsinn und Gesellschaft« (1961), beides Inkunabeln einer Theorie der totalen Institutionen, gehen vom Spezialfall der psychiatrischen Klinik aus; beide betrachten sie mit einem an der Ethnologie (allerdings ganz unterschiedlicher Couleur) geschulten methodisch »fremden« Blick. Goffmans Feldarbeit war auf die Erforschung des sozialen Milieus der Anstalt gerichtet, wie es von deren Insassen erfahren wird. Sein Versuch, die allgemeinen Merkmale totaler Institutionen auf dieser exemplarisch-empirischen Folie zu entfalten, zielt auf eine »soziologische Darstellung der Struktur des Selbst« in diesem Rahmen. Sein zivilisationskritischer Pessimismus verbindet Goffman mit Foucaults Zynismus. Beide beschreiben eine organisatorische Struktur, die zuallererst und in ihrem innersten Wesen auf die Überwachung und Zurichtung menschlicher Objekte zugeschnitten ist; eine Struktur, der alle anderen, etwa bildungs- oder erziehungsorientierten reformatorischen Zwecke, äußerlich bleiben. Sie werden in diesem Rahmen tendenziell aufgehoben, eliminiert, in jedem Fall aber modifiziert. Es ist erstaunlich, daß der radikale

Denker Foucault die auf der Hand liegende Beziehung zu den totalen Erziehungsinstitutionen des Nationalsozialismus fast zwanghaft aus seiner Analyse ausgeschlossen hat.

Elemente der totalen Erziehung

Im Nationalsozialismus ist es zu einem ausgearbeiteten Konzept der »totalen Erziehung« nicht gekommen. Auch ihre Praxis war uneinheitlich. Kompetenzstreitigkeiten zwischen staatlichen und parteiamtlichen Stellen, die Anpassung an die wechselnden Konstellationen der Machtstrukturen und den Kriegsverlauf sowie die lokalen Schultraditionen sind ebenso verantwortlich für die Vielfalt der Erziehungsziele und deren organisatorischer Umsetzung wie das Fehlen von theoretischen Traditionen für ein entwickeltes Selbstverständnis der nationalsozialistischen Gesellschaft und ihres Staates.

Der Nationalsozialismus war keine Ideologie, wenn die Funktion von Ideologien darin besteht, ein System politischer oder sozialer Macht zu legitimieren. Der Machttypus, der im Nationalsozialismus zu unbeschränkter Herrschaft gelangen sollte, bedurfte keiner Legitimation in dem von den nationalsozialistischen Machtträgern unterstellten Sinn, daß eine Macht, die sich legitimiert, eine schwache Macht ist. Ebensowenig war er eine Doktrin wie etwa der »Diamat«, die legitimatorische Grundlage der stalinistischen Herrschaft. Eine Doktrin erhebt einen rationalen Anspruch, auch wenn dieser rein legitimatorischen Zwecken und der Rechtfertigung von politischem Terror dient. Was den Nationalsozialismus anbelangt, so kann noch nicht einmal von einer Selbstzerstörung politischer Rationalität die Rede sein.

Der nationalsozialistische Wille zur Macht verzichtet aber nicht auf Ideologien und Doktrinen, sondern bedient sich ihrer zu einer wirren und willkürlichen, oft grotesken Ausstattung einer Macht, deren erklärtes Ziel es ist, keinen Regeln zu folgen außer denen, die sie selbst erläßt oder widerruft. Ein Beispiel für die entsprechende Rhetorik findet sich bei Eugen Kogon. Es benennt die bipolare Verwandtschaft zwischen Napola und KZ und die Rolle beider Einrichtungen im als SS-Staat begriffenen NS-Staat. Kogon berichtet von Unterredungen, die er 1937 mit einem »wohlinformierten, überlegenen, absolut nicht dummen, wenn auch durch und durch fanatischen« SS-Führer von der Ordensburg Vogelsang zu führen Gelegenheit hatte. Folgende Äußerungen hebt er hervor:

»Was wir Ausbilder des Führernachwuchses wollen, ist ein modernes Staatswesen nach dem Muster der hellenischen Stadtstaaten. Diesen aristokratisch gelenkten Demokratien mit ihrer breiten ökonomischen Helotenbasis sind die großen Kulturleistungen der Antike zu danken. Fünf bis zehn von Hundert der Bevölkerung, ihre beste Auslese, sollen herrschen, der Rest hat zu arbeiten und zu gehorchen. Nur so sind jene Höchstwerte erzielbar, die wir von uns selbst und dem deutschen Volke verlangen müssen.

Die Auslese der neuen Führerschicht vollzieht die SS – positiv durch die Nationalpolitischen Erziehungsanstalten (Napola) als Vorstufe, durch die Junkerschulen und die Ordensburgen als die wahren Hochschulen der kommenden, nationalsozialistischen Aristokratie sowie durch ein anschließendes staatspolitisches Praktikum; negativ durch die Ausmerzung aller rassenbiologisch minderwertigen Elemente und die radikale Beseitigung jeder unverbesserlichen politischen Gegnerschaft, die sich grundsätzlich weigert, die weltanschauliche Grundlage des nationalsozialistischen Staates und seine wesentlichen Einrichtungen anzuerkennen.

Innerhalb von spätestens zehn Jahren wird es uns auf diese Weise möglich sein, Europa das Gesetz Adolf Hitlers zu diktieren, um den sonst unvermeidlichen Verfall des Kontinents zum Stillstand zu bringen und die wahre Völkergemeinschaft, mit Deutschland als führender Ordnungsmacht an der Spitze, aufzubauen« (Kogon 1993, 42).

Was man mit einigem Recht die nationalsozialistische »Weltanschauung« nennt, war weder systematisierbar noch kodifizierbar. Zwar gab es sie, sie war aber nicht zu fassen, nicht lernbar, nicht hinterfragbar, nicht kritisierbar.

Daher ist es in gewisser Hinsicht zutreffend, wenn viele der von uns befragten ehemaligen Napola-Schüler behaupten, daß es politischen Unterricht an den Schulen nicht gegeben hätte. In dieser Hinsicht gab es im strengen Sinne nichts zu unterrichten. Der wissenschaftliche Fachunterricht hatte mit dem für die Napola spezifischen Erziehungsprogramm nicht viel zu tun. Er entsprach dem Lehrplan der »Deutschen Oberschule« und lief weitgehend nach dem normalen schulischen Muster ab. Müncheberg beschreibt, wie der Schulalltag in zwei völlig verschiedene, unvermittelte und nach kontradiktorischen Erziehungsprinzipien aufgebaute Teile zerfiel: »waches Mitdenken« und »kritisches Prüfen« im Schulischen, »automatisches Erfassen der Befehlsinhalte« und »absolute Unterordnung unter die jeweils höhere Autorität« im Dienstbetrieb (Müncheberg 1991, 271).

Entscheidend im schulischen Wertsystem war der nachmittägliche »Dienst«, der aus Sport, Geländespiel, Aufmarsch und Appell bestand. Nur hier waren die Leistungen zu erbringen, durch die Anerkennung und

Machtpositionen erworben werden konnten. In der Regel war nur der, der es im Sport zu Höchstleistungen brachte, ein Kandidat für ein Führungsamt, zum Beispiel »Stubenältester« oder »Jungmanngruppenführer«. Das galt auch für die informelle »Hackordnung« einer Altersclique oder eines »Zuges«. Die Leistungen im Fachunterricht gewährten dagegen keinen Zugang zur Macht.

An der institutionellen Bewertung und der pädagogischen Organisation des Sports, der immer mehr Drill als Spiel war, läßt sich die Funktionsweise der politischen »Schulung« in der Napola ablesen. Hier, nicht im Fachunterricht, war ihr Ort. Einer unserer Interviewpartner bringt den Zusammenhang schlagwortartig treffend zum Ausdruck: Wer gut ist im Sport, ist im Nationalsozialismus oben, und wer den Krieg gewinnt, der hat recht. Die ideologische und wissenschaftliche Schulung sollte einerseits so wenig wie möglich in die Köpfe eindringen, um nicht Widerspruch und Legitimationsansprüche herauszufordern, und auf der anderen Seite so viel wie nötig, um als begleitende Maßnahme für die Abrichtung der Körper zu Befehl und Gehorsam durch Sport und militärischen Drill zu dienen: etwa um die gedankliche Verbindung zwischen Sieg und Niederlage im sportlichen Wettkampf und im Krieg herzustellen, den Krieg als ein Spiel zu fingieren, die Schüler auf Sieg um jeden Preis einzuschwören und das Recht des Stärkeren »weltanschaulich« zu verankern.

Sport und Drill hatten also keineswegs nur die Funktion, auf die militärische Laufbahn oder den kriegerischen Ernstfall vorzubereiten. Auch hatte der Strafterror nicht einfach nur den Sinn, aggressives Verhalten zu trainieren. Es wurden vielmehr Situationen geschaffen, in denen die ohnmächtige Wut über die demütigende Strafe dazu führte, daß man »außer sich« war: »... also das sind so Momente, wo man jemanden umbringen kann«, sagte der von uns befragte Napola-Schüler Robert Teschner. Sie wurden, so beschreibt ein anderer die Wirkungsweise des Drills im Erziehungssystem der Napola, systematisch an den »Totpunkt« der körperlichen Erschöpfung heran- oder über ihn hinausgeführt, wo es dann »aber *nicht*« hieß: »... du bist jetzt so erschöpft, aber du kannst noch drei umbringen!« Es war auch »nie darauf angelegt«, so Gerhard Iddel, »koste es, was es wolle, daß etwa von uns dann meinetwegen einer tot umgefallen wäre oder so etwas, das nie! ... Es ist uns ja nie etwas geschehen, das wir nicht selber gutgeheißen haben.« Die Verneinung gibt die Wahrheit frei, daß es sich bei Sport und Drill nicht nur um körperliches Training handelte, sondern eminent politische Absichten damit verbunden waren. Am »Totpunkt«, so formuliert Gerhard Iddel es unheimlich präzise, entstand das »geistige Problem«, etwas »zu meistern, das man nicht kann und das man nicht mag«, das heißt, das Problem zu entscheiden, ob man einem Befehl nicht nur über die physische Leistungsgrenze, sondern auch über die Grenzen kultureller Gebote und des moralischen Urteils hinaus Folge leisten soll oder nicht. Dörthe von Westernhagen berichtet von einem Gespräch, das ein Bekannter ihres Vaters mit dem Leiter einer Napola gehabt hatte: »Wenn du durch meine Schule gegangen wärest, hättest du auch auf Frauen und Kinder geschossen« (v. Westernhagen 1991, 71).

Was den »Soldaten des Nationalsozialismus« vom bloßen Soldaten unterscheidet, ist die Art und Weise, wie er Geist, Willen und Verstand, Wissen und Moral, eine kulturelle Lebensform aufzugeben bereit ist, wenn der Befehl es verlangt. Der zum »fanatischen Nationalsozialisten« erzogene »Napolaner« muß seine kulturelle und psychische Identität aufgeben wollen, der Soldat muß es nur können. Am »Totpunkt« als dem absichtsvollen Endpunkt des Drills und der Bestrafung wird der Fanatiker geboren, der im Zweifelsfall bereit ist zu töten, auch wenn er es nicht mag. Im Unterschied zum Soldaten muß diese Folgebereitschaft beim »Soldaten des Nationalsozialismus« total und generell sein. Damit sie total ist, wird das System des Wissens mitsamt seinen kulturellen und moralischen Standards zwar vermittelt, ja als Köder für bürgerliche Elitevorstellungen ausgelegt, aber eben sektoral und exklusiv, in der normativen und sozialen Organisation der Anstalt systematisch unterbewertet und von den Zugangswegen zu Anerkennung, Gratifikationen und Machtpositionen abgeschnitten. Und die Folgebereitschaft muß generell sein, »Disziplin jenseits von Gut und Böse«, wie es ein anderer Napolaner ausdrückte, das heißt, ein Produkt der Lockerung und Überwindung der kulturellen Standards und moralischen Maßstäbe der durch die »totale Institution« betriebenen »Diskulturation« (Goffman 1972, 24) für alle denkbaren politischen und sozialen Konfliktsituationen und nicht nur den Kriegsfall. Die Standards und Maßstäbe hat man im »Unterricht« kennengelernt, um sie im »Dienst« verachten zu lernen.

Der Zweck der totalen Erziehung im Nationalsozialismus ist die »Fähigkeit« zur reflexartigen Suspendierung der Normen, die den Bestand zivilisierter Gesellschaften gewährleisten, das heißt in letzter Instanz zur generalisierten Gewalt- und Tötungsbereitschaft. Das heißt nicht, daß dieser Zweck erreicht worden wäre oder überhaupt erreichbar war. Immerhin können sich einige von unseren Befragten heute vorstellen, daß sie seinerzeit KZ-Aufseher hätten werden können. Nicht in den Formen und Prozeduren, im Ausmaß und der Brutalität des Drills unterschied sich die Napola letztlich von ihrer als Vorbild gepriesenen Vorgängereinrichtung, der preußischen Kadettenanstalt. Sie unterschied sich vor allem im Hinblick auf den moralischen Zweck des Drills und den politischen Sinn der Rituale. In der Kadettenanstalt wurde zum Berufssoldaten erzogen, das heißt zu den Regeln und Gewohnheiten des kasernierten Lebens, den sittlichen Werten und politischen Anschauungen des Offiziersstandes, zur geregelten und formalisierten Unterwerfungs- und Gewaltbereitschaft im Umgang mit Vorgesetzten oder Untergebenen und zur befehlsabhängigen Tötungsbereitschaft im Kriegsfall. Dieser Erziehungstyp ist wesentlich bestimmt durch seinen Gegensatz zum zivilen Leben. Der Kadett und spätere Offizier mag dieses belächeln oder verachten, aber es geht ihn nichts an. Der »Zivilist« mag ihm verhaßt sein, aber er wird nicht dazu angehalten, über die Werte und Normen, die sozialen Regeln und kulturellen Gebote der Zivilgesellschaft zu befinden.

Für den »politischen Soldaten« dagegen, den »Soldaten des Nationalsozialismus«, gibt es diese Zwei-Reiche-Mentalität nicht. Obwohl außerhalb des schulischen Fachunterrichts das Anstaltsleben durch und durch militarisiert war, konnte von offizieller Seite mit Recht gesagt werden, daß an der Napola nicht zum Offiziersanwärter erzogen werde. Der »Schliff«, das Abrichten und Dressieren der Körper und Bewegungen, das Grüßen, Strammstehen, Marschieren, wurde weder so stark formalisiert und reglementiert noch mit einer derart gleichbleibenden und allgegenwärtigen Gewalt praktiziert wie in der Kadettenanstalt. Die Erzieher waren keine militärischen Vorgesetzten; konnten auch diese etwas von einem väterlichen Freund oder älteren Kameraden haben, so waren »zivile« Elemente in den Umgangsformen zwischen Zöglingen und Erziehern an den Napolas – und hier spielten Unterschiede zwischen den einzelnen Anstalten eine Rolle – durchaus erwünscht, freilich nicht im verpönten »bürgerlichen«, sondern etwa im Sinn der Bündischen Jugend. In der Napola-Erziehung mußte die Linie zwischen Militär und ziviler Gesellschaft, zwischen Krieg und Frieden sowie zwischen Krieg und Bürgerkrieg trennunscharf, überschritten und verwischt werden zugunsten einer anderen, in höchstem Maße trennenden Linie, nämlich der zwischen der sich totalisierenden Macht und deren realen und vor allem imaginären Gegnern außerhalb sowie innerhalb des Machtapparats. »Der Begriff des *politischen Soldaten* hat während der nationalsozialistischen Zeit in seinem schillernden Doppelsinn eine große Rolle gespielt. Gemeint war damit einerseits der Soldat aus politischer Überzeugung, der weiß, wofür er kämpft; andererseits der Mann, der sich in der Politik als Soldat fühlt, der Politik so macht, als gelte es einen Krieg zu führen« (Buchheim 1967, 221 f.). Die Napolaner sollten in diesem Sinn zu Grenzgängern der Macht werden. Sie sollten in der Lage sein, das jeweils andere der Macht zu erkennen und Mittel und Wege zu finden, um es unschädlich zu machen. Daher wurde in der Tat nicht zum »Kadavergehorsam« erzogen wie in der Kadettenanstalt. Am »Totpunkt« des Drills wird nicht der blinde »Befehlsempfänger« geboren, sondern der »Befehlsträger« (Arendt 1990, 104), der selbständige Interpret des »*Tot*punkts«. Man mußte nicht nur Befehle geben und ausführen, sondern auch handeln können, um einem Befehl zuvorzukommen, oder so, als ob ein Befehl vorläge.

In der Figur des »Befehlsträgers«, der einerseits aus absolutem Gehorsam handelt, andererseits selbständig Befehlssituationen definiert, treffen wir auf das paradoxale Erziehungsziel der Napola: Sie ist eine einzigartige, eben für den Nationalsozialismus typische Mischung aus der archaischen Figur des »Leibeigenen«, der nicht nur dem Willen des »Führers« mit »Leib und Seele« folgt, sondern diesem in einem metaphorisch todernsten Sinn »gehört«, und der des »Übermenschen«, dessen hochentwickelte Intelligenz mit instinkthafter Sicherheit im Sinne des nationalsozialistischen »Kampfauftrags« immer das Richtige entscheidet. Auf dem Hintergrund eines solchen »Erziehungsziels« kann man die Napola nicht anders definieren denn als ein pädagogisches Labor für »Versuche am Menschen«. Das einzige, worauf man sich stützen konnte, war das »Vorbild«, das von der Zucht und der Wendigkeit, der Härte und der moralischen Bedenkenlosigkeit, dem Abenteurertum und dem Lebensverachtenden, dem Männerbündlerischen und der Einzelkämpfernatur des Freikorpssoldaten ausging.

Das wichtigste Mittel, um diesen Typus hervorzubringen, war das Prinzip der Machtdelegation. Schon ein stellvertretender Stubenältester hatte »absolute Befehlsgewalt« (Müncheberg 1991, 46). Bei der Einrichtung des Spindes, der Vergabe des Bettes, der Einweisung in die Ordnung des Schuhputzkellers vermochte er den Neuankömmling in der Anstalt so zu schikanieren und fertigzumachen, wie es später keine Terrorstrafe durch den Zug- oder Hundertschaftsführer besser gekonnt hätte. Schon er konnte das kleinste Vergehen zum Anlaß für eine alles mitgebrachte Selbstbewußtsein und Selbstwertgefühl vernichtende öffentliche Demütigung nehmen. In vielen der uns erzählten Szenen aus dem Schulalltag, in denen es um die Funktionsmacht von Mitschülern geht, zeichnet sich die Figur des Kapos im Lager ab, der es ärger treibt als der Wachmann von der SS. Die Delegation der

Macht folgt zwar hierarchisch geordneten Graden von Zuständigkeit und Verantwortung bis hinauf zum »Führer«, dem Anstaltsleiter, in dessen Händen alle Macht zusammenläuft. Über sie wacht auch ein System von formellen Regeln und Vorschriften sowie der informelle »Kodex« anstaltskonformen Verhaltens und der übergeordneten Tugenden der Ehre und Treue, der Ehrlichkeit, Anständigkeit und Geradlinigkeit. Aber diese Macht ist nach dem Führerprinzip organisiert und daher nicht inklusiv und reziprok und auch auf den unteren Stufen ihrer Delegation kaum appellationsfähig. Ein einmal ergangener Befehl muß befolgt werden. Er braucht nicht begründet zu werden, und Einspruch gibt es ebensowenig wie der Befehlsgeber für die Folgen haftet. Der Kodex, der die Anstaltsordnung regelt, wacht nicht über die Rechte derer, die der Macht unterworfen sind, sondern schützt die Macht selber. So wird Regelverstößen selbst in lebensbedrohenden Fällen von Gewaltanwendung kaum nachgegangen. Die Täter werden nicht bestraft, und die Nachlässigkeit des verantwortlichen Erziehers bleibt folgenlos. Das Prinzip der erzieherischen Selbstorganisation »Jugend erzieht Jugend« heißt in diesem Machtkontext, daß Macht nur schützt, wenn man sie selber hat. Wird sie falsch ausgeübt, so ist das zwar ein zurechenbares Fehlverhalten, aber vor allem ist es ein Makel der Macht selbst, der alle betrifft, die sie ausüben. Sie beweist sich nicht durch pädagogischen Erfolg, moralische Stärke oder organisatorische Effizienz, sondern durch ihr bloßes, zu immer größerer Wirkung gesteigertes Dasein.

Mit dem Delegationsprinzip läßt sich die Macht zur Allgegenwart eines lückenlosen Systems von Überwachung und Strafe vervielfältigen. Sie ergreift die Raum- und Zeiterfahrung der ihr Unterworfenen, um sie zu einem eigenweltlichen Erfahrungs- und Erlebniszusammenhang umzuorganisieren, der durch feste Außengrenzen definiert ist. Die delegierte Macht erreicht die Körper an jedem Ort der Anstalt und zu jedem Zeitpunkt des Tages und der Nacht. Sie ist ein System der Affektkontrolle, das nach dem Muster einer durch militärische und rituelle Formierung der Körper und Bewegungen aufgebauten institutionstypischen »Körpersymbolik« (Douglas 1993) internalisiert wird. Als solches erfüllt sie den Begriff der »totalen Institution«.

Damit sie die ihr Unterworfenen auch emotional erreicht, muß noch etwas anderes hinzutreten, nämlich das Führerprinzip. Mit dem Führerprinzip wird die Macht nicht nur allgegenwärtig, sondern auch unberechenbar. Durch die Bindung an den »Führer«, die »Gefolgschaftstreue«, wird der Untergebene ebendieser Macht teilhaftig, und jeder ist aufgerufen, sie auszuüben wie ein »Führer«. Im »Sinne des Führers«, gleich welcher Rangstufe er angehört, zu handeln, ist etwas prinzipiell anderes, als eine Regel anzuwenden oder ein vorschriftsmäßiges Verhalten durchzusetzen. Der »Führer« hat nicht nur einen Ermessensspielraum den Regeln und Vorschriften gegenüber, er hat nicht nur Auslegungsmacht, sondern er ist absolute, selbst gesetzgebende Autorität. Man muß also lernen, auch ein vorschriftsmäßiges »Kommando« wie einen »Führerbefehl« zu hören.

Zugleich ist der »Führer« persönliche Autorität. Daraus folgt ein anderer Mechanismus der Durchsetzung von Macht: Die Verweigerung oder Hinterfragung eines Befehls käme einem Zweifel an seiner Person oder gar ihrer Vernichtung gleich. Daher wird verlangt, daß in der Einstellung zum »Führer« Befehlserfüllung nicht Gehorsam ist, sondern Treue. An die Stelle der militärischen Rangverhältnisse, die formal und unpersönlich sind, treten die persönlichen Abhängigkeits-, »Leibeigenschafts«-Verhältnisse zum jeweiligen »Führer«, dem man durch unbedingte Gefolgschaftstreue verbunden ist. Mit diesem Bindungsversprechen bietet die Macht sich nicht nur zur Übernahme an, sondern zur Verinnerlichung.

In Hans Münchebergs Erinnerungen an seine Napola-Zeit ist dieser Prozeß der Verinnerlichung genau beschrieben. Ausgerüstet mit dem »Geist der Anstalt«, der »keine anderen Wertmaßstäbe« zuließ (Müncheberg 1991, 181), bot sich ihm bei einem Skilehrgang die Chance zur Bewährung. Er nahm Hunger und Kälte klaglos hin, war unermüdlich am Hang und schreckte vor keiner noch so schweren Abfahrt zurück. Verletzt und am Ende seiner Kräfte, bittet er, das Angebot des Zugführers, sich vom Dienst befreien zu lassen, nicht annehmen zu müssen. Da streicht ihm dieser »mit einer knappen Geste« über das Haar. Nun war er mit allem versöhnt. »Der Klassenleiter, dessen war ich sicher, würde das nicht vergessen.« Er trägt freiwillig das Gepäck von schwächeren Zugkameraden. Schließlich wird ihm vom Zugführer die »Befehlsgewalt« über die Nachhut übertragen. »Was sich mein hochgestachelter Ehrgeiz als Lohn aller Mühen erträumt hatte, wurde von der Wirklichkeit übertroffen.« Zurück in Potsdam, wird er zum Unterführer bei den nach Schulpforta evakuierten jüngsten Jahrgängen der Anstalt ernannt. »Gefolgschaftsführer! Dienstführer! Die verkörperte Befehlsgewalt! Noch vor Wochen hätte ich von einer solchen Wendung nicht zu träumen gewagt. Willkür, Schliff, erlittenes Unrecht... durch so viele ›Unterführer vom Dienst‹ hatten in mir Spuren hinterlassen. Ich war fest entschlossen, ein besserer Kommandeur zu sein. Respekt wollte ich mir verschaffen. Achtung sollte man mir entgegenbringen. Meine Befehle mußten befolgt werden, das verstand sich von selbst, aber ich wollte nur dann befehlen, wenn es notwendig war. Der Dienstablauf verlangte Gehorsam und Disziplin« (Müncheberg 1991, 190f.). Der Terror, dem er durch seine Unterführer ausgesetzt war, hatte zwar auch sein Gerechtigkeitsempfinden geschärft, aber vor allem hatte er dazu beigetragen, jene Eigenschaften auszubilden, die er haben mußte, damit auch ihm eines Tages die ersehnte Führerrolle zufiel. Die Tatsache aber, daß sie ihm zufiel, verdankte sich dem besonderen Verhältnis, das er zu seinem Zugführer hatte.

Es ist ein Machtklima der Ungewißheit und des Schreckens, das die Anstalt beherrscht. Ständig müssen die Schüler damit rechnen, zum individuellen oder kollektiven Opfer einer Befehlslaune zu werden, die unweigerlich eine Bestrafungsaktion nach sich zieht. Wer ein Führungsamt hat, kann, je nachdem, zur Verantwortung gezogen werden oder die rechte Härte vermissen lassen. Ungleich mehr als die eigentlichen »Führer«, die Erzieher, ist die mit Führungsaufgaben betraute »Aristokratie« der Jungmannführer von dieser Ambivalenz der Macht betroffen. Denn die Jungmannführer und -unterführer, deren Ämter rotierten und auf deren Wahl die Schüler keinen Einfluß hatten, bildeten die eigentliche Ausleseschicht. Hier konnte der erwünschte Führertyp erzogen werden. Was von den Jungmannführern verlangt wurde, ging über Strategien zur Bewältigung von Loyalitätskonflikten, die das im Internatswesen auch sonst übliche Prinzip der Machtdelegation und das Institut der Selbstverwaltung mit sich bringen, weit hinaus. Es ging nicht bloß um die genaue Erfüllung von Aufträgen, die von Erziehern oder der Anstaltsleitung erteilt wurden, und um die Loyalität zu den Freunden und Kameraden, die unter dieser oder jener Anordnung vielleicht zu leiden hatten, sondern die Jungmannführer waren Lehrlinge einer Macht, deren nicht einziges, aber unterscheidendes Merkmal das Mittel des Terrors ist, den sie sowohl erdulden mußten als auch selber praktizieren durften. Sie lernten, den Beliebigkeitsspielraum, den dieser Machttyp bot, zu nutzen und, je nach Situation und Gelegenheit, die aktive Täterrolle entweder einzunehmen oder zu vermeiden. Sie konnten Informationen verwenden oder für sich behalten, Spitzeldienste leisten oder nicht, Strafterror entfesseln oder abwenden. Von den informellen »Hackordnungen« unter den Schülern bekamen sie am meisten mit. Sie konnten sich einschalten und die Schwächeren schützen oder wegsehen, wenn schwache Schüler von starken oder ein einzelner durch eine Übermacht gequält wurden.

Aber sie konnten auch aus dem Amt entfernt werden, wenn sie zu nachsichtig waren, halfen, wo sie hart bleiben sollten. Auch durften ihre Leistungen, auch die im Fachunterricht, nicht nachlassen. Die Chancen und Risiken des Machtbesitzes, die Belastungen und Konflikte, denen die schüleraristokratische Mittelschicht der Anstaltsorganisation sich gegenübersah, lehrten sie vor allem dies: Du bist Opfer, aber wenn du Macht hast, kannst du dem Terror standhalten, indem du ihn selbst praktizierst. Du kannst Täter sein, ohne allerdings deshalb schon aufhören zu können, Opfer zu sein. Oder du gibst den Terror nicht zurück. Dazu war man auch in der Napola nicht gezwungen.

Weil der einzelne nicht in der Lage ist, dem Terror zu widerstehen, braucht er die Gemeinschaft. Das Kollektiv entsteht in der Abwehr des Terrors. Das war in der Napola (wie auch sonst im Nationalsozialismus) der materielle Gehalt des Slogans: »Alle für einen, einer für alle.« Wie der einzelne kann aber auch das Kollektiv sich nicht schon dann Anerkennung und Macht verschaffen, wenn es nur gegen den Terror schützt, also defensive und solidarische Funktionen wahrnimmt, sondern nur, wenn es ihn selbst ausübt. Es war keine Nachlässigkeit oder Duldung, wenn die Erzieher zuließen, daß eine Clique einen Außenseiter oder die Älteren die Jüngeren schikanierten. »Die erziehen sich selbst, sagten die Erzieher«, resümiert einer unserer Gesprächspartner seine Erfahrungen als Opfer der klasseninternen »Hackordnung«, »die haben gar nichts gemacht«. Die Gemeinschaft mußte als lebenswichtig erfahren werden, und zwar so, daß sie nur zuverlässigen Schutz gewährte, wenn sie selbst Macht über und gegen andere ausübte. Der erwünschte Weg zur Überwindung der Opferrolle, die nie vollständig sein durfte, war die Täterschaft. Je größeren Erfolg ein Kollektiv hatte, Schutz gegen Terror zu bieten, indem es selber Terror ausübte, desto tiefer ließ sich die Bereitschaft zur Täterschaft im einzelnen verankern. Deshalb blieben in der Regel auch die größten Untaten einer Schülerclique gegen einzelne oder eine schwächere Schülergruppe ungesühnt. Und deshalb auch konnte sich im Extremfall ein Zug sogar gegen einen Erzieher durchsetzen und ihn zu Fall bringen.

Aus vielen Erzählungen unserer Interviewpartner geht hervor, daß sie die Anfangszeit auf der Napola nur überstanden, weil es ihnen gelang, Freunde zu gewinnen und sich durch die Gruppe zu behaupten. Die »Kameradschaft« gedieh in der Abwehr des Terrors, und je eher sie trug, desto eher war der Terror zu ertragen: »Jetzt wurde ich nicht abgesondert und erniedrigt, leidend blieb ich doch in der Gemeinschaft« (Müncheberg 1991, 76). War man vom Gefühl der »Ohnmacht«, das durch den Strafterror ausgelöst wurde, überwältigt, dann half nur noch, wie es Robert Teschner ausdrückt, daß die »Kameraden« da waren, »man hält zusammen, und so gleicht sich das aus«. Nur in der Gruppe und durch sie konnte man im Anstaltsleben bestehen. Als »Individualist«, sagt Harald Völklin, war man dagegen »automatisch draußen«. Durch die unmittelbar einsichtige Funktion, die das Kollektiv im Machtsystem der Napola für den einzelnen hatte, eignete dieses sich hervorragend für die Zwecke der jugendlichen Ideal- und Ideologiebildung. Von allen weltanschaulichen Einzelstücken des Nationalsozialismus hat die Ideologie der Gemeinschaft am meisten überlebt. Sie findet sich bei fast allen unseren Gesprächspartnern wieder. Mit dem weihevollen Begriff der »Kameradschaft« wurde den Jungen die Gemeinschaft als der wichtigste Bildungszweck und oberste Wert des sittlichen Gefühls und Bewußseins des nationalsozialistischen Menschen pädagogisch nahegebracht. Kameradschaftliches Verhalten signalisierte die Bereitschaft des einzelnen, sein Handeln von den Normen und Werten der weltanschaulich verbundenen Gemeinschaft leiten zu lassen und in den »Dienst« an dieser Gemeinschaft zu stellen. »Das Kameradschaftliche gibt's heute nicht mehr«, sagt ein anderer Interviewpartner in der Art eines Systemvergleichs, »heute müssen Sie Einzelkämpfer sein ... Wir sind ja in einer Gesellschaft Kinder gewesen, wo fast alles, was mich betrifft, im Gleichschritt, immer in Kolonnen, nie allein, ich habe auch nie etwas gewollt, ich habe auch nie etwas für mich allein erreichen wollen, es war immer nur so in der Gemeinschaft, in der Gruppe, für die Idee und so was.« Aus diesen Worten spricht das »Gruppen-Ich«, das die »Napolaner« als Form der wechselseitigen Identifikation in der »schützenden« Gruppe ausgebildet haben. Ohne die ihr Ich stützende und schützende Gruppe mußten sie sich später, oft hilflos und resignativ, als zwangsindividuierte »Einzelkämpfer« zurechtfinden.

Das durch die Erziehungspraxis der Napola treibhausmäßig entwickelte »Gruppen-Ich« der Zöglinge hatte widersprüchliche Funktionen zu erfüllen. Zum einen sollte es sie an die Gesamtformation Napola binden. Dieser »vertikale« Bindungstyp war der innerhalb der Elite selber, das heißt der mit dem Terminus des »Gruppen-Ich« angesprochene Mechanismus einer internen Kohäsionsbildung, der die Gruppe der Napola-Schüler als »Qualifizierte« im Sinne Max Webers auswies; als Mitglieder einer Institution, die ein klares Selbstbewußtsein ihrer herausgehobenen, elitären Position haben sollten. Diese *»Elitebindung«* kollidierte mit einem zweiten, »horizontalen« Bindungstypus, den die Schule vermittelte, demjenigen nämlich, der den Führungsanspruch im Rahmen der nationalsozialistischen Ideologie festlegte: die Bindung der künftigen Elite ans »Volk«, das gleichsam als Auftraggeber für die Führerposition verstanden wurde. Diese *»Auftragsbindung«*, die in dem von unseren Gesprächspartnern immer wieder kolportierten Spruch: »Du bist nichts, dein Volk ist alles!« plastischen Ausdruck findet, ist logisch mit dem Eliteanspruch nicht vermittelbar und schafft auch auf der Ebene der psychischen Mechanismen eine gewisse Unordnung. Wir haben auf die widersprüchliche, paradoxale Struktur des Erziehungsziels der Napola schon hingewiesen. Diese zeigt sich auch in dem Verhältnis von Auftragsbindung und Elitebindung. Der elitäre Korpsgeist, der auch in der Napola gepflegt wurde, dient dazu, die Handlungen der Gruppenmitglieder von äußerer Kontrolle und von Rechtfertigungsansprüchen durch gruppenfremde Instanzen und allgemeine Normen unabhängig zu machen. Dem steht die egalitaristische Ideologie der »Volksgemeinschaft« diametral entgegen.

Wie die Auftragsbindung sich umsetzt, hängt nicht zuletzt von ihrer Vermittlung mit der Elitebindung ab. Im Rahmen dieses Bindungstyps lassen sich zwei Varianten unterscheiden, die man als *funktionalistische* und als *idealisierende* bezeichnen könnte. Eine rein funktionalistisch gestaltete Elitebindung kann zum Beispiel Ausdruck eines Individuationsschrittes sein, insofern mit ihr der ideologisch aufgebauschte Aspekt der Gemeinschaft zumindest partiell negiert wird. Für die späteren Identifikationsschicksale ist dieser funktionalistische Typus glänzend geeignet, die ursprüngliche Auftragsbindung herabzusetzen oder entsprechend umzuformulieren. Aus der Gruppe derjenigen, die diesem Verhaltenstypus zuzurechnen wären, stammen denn auch die lupenreinen »Karrieristen« unseres Samples. Einer von ihnen, Harald Völklin, hat uns in geradezu bilderbuchartiger Klarheit vorgeführt, wie solche Umdefinitionsprozesse der Auftragsbindung auf funktionalistischer Basis aussehen können, indem er – ein erfolgreicher Wirtschaftsmanager – uns im Interview das Wort Volkswirtschaft als zeitgemäßen Ausdruck für das, was mit »Volk« einmal gemeint war, kenntlich machte und das Napola-Ideologem der Gruppe unverstellt im »Teamgeist« wirtschaftlicher Leitungsfunktionen wiederfand: »Teamgeist, Teamarbeit, die Gemeinschaft – das waren die Bezugskreise. Wie kann ich meinem Volk, wie kann ich meiner Volkswirtschaft – das ist ja heute wesentlicher – dienen, oder wie kann ich irgendwas Positives für die Gesamtheit tun?«

Der idealisierende Typus der Elitebindung betont gegenüber dieser funktionalistischen Spielart die Gruppenbindung, ist enger ans Gruppen-Ich angelehnt und dem Auftragsdenken stark verpflichtet. Im Gegensatz zur relativen Beweglichkeit der Auftragsbindung, die aus einer funktionalistischen

Elitebindung resultiert, tendiert die idealisierende Variante dazu, den Gemeinschaftsgedanken mit der Auftragsidee zu amalgamieren. Das Resultat ist ein »Auftragsidealismus«, der sich optimal in korporativen Handlungszusammenhängen verwirklichen läßt. Typische berufliche Entwicklungen von Napola-Absolventen, die für diese Tendenz stehen, sind etwa Karrieren in der Bundeswehr oder den Gewerkschaften.

Mit dem aus der Gemeinschaftsideologie folgenden Gleichheitsgrundsatz im Kameradschaftsverhältnis zwischen Führern und Geführten ließen sich die wirklichen Machtverhältnisse in der Anstalt unübersichtlich und unberechenbar halten. Sicherheit im Anstaltsleben boten weniger die allgemeinen Normen des kameradschaftlichen Verhaltens als der enge Anschluß an eine Gruppe, deren interne Strukturen durch anerkannte Führer und die entsprechenden Loyalitäts- und Gehorsamsbindungen an sie geregelt wurden. Insofern im Machtsystem der Napola Gruppenbildungen immer auch den Charakter von Abwehrformationen gegen die Härten des Drills und des Strafterrors hatten, war die Struktur der Gruppe grundsätzlich die einer Clique. Eine Clique zeichnet sich dadurch aus, daß die allgemeinen Normen kameradschaftlicher Hilfe und Unterstützung durch die Kameraderie einer »verschworenen Gemeinschaft« aufgeweicht und durch die besondere Gruppenmoral der »Meute« oder des »Wolfspacks«, beides sind Charakterisierungen von Interviewpartnern, ersetzt werden. Die Clique war die erwünschte machtaktive Variante der Gemeinschaft. Ihre Funktion bestand nicht darin, durch kameradschaftlichen Zusammenhalt für erlittenes Unrecht und das vereinzelnde Gefühl der Ohnmacht zu entschädigen: Terror wurde nicht durch gegenseitige Hilfe erträglich gemacht, sondern durch selbst praktizierten Terror.

Adoleszenz in der totalen Institution

In den großen utopischen Entwürfen der abendländischen Literatur, in Platos »Staat«, Thomas Morus' »Utopia« und noch in den Horrorvisionen Aldous Huxleys finden sich charakteristische Züge der psycho-intellektuellen Physiognomie des Latenzzeitalters. Die asketischen und autoritären Elemente der Utopien verweisen auf die spezielle infantile Abkunft der involvierten Phantasien. Die imaginierten Gemeinwesen mit ihren individualitätsfeindlichen Kontrollinstanzen, ihrem Zug zur Erziehungsdiktatur und zur allseitigen Überwachung ähneln, Louise Kaplan zufolge, den Gehegen, in die das Kind der Latenzzeit vor dem ödipalen Begehren flieht:

»Selbst in der angenehmsten schulischen und häuslichen Umgebung schafft sich das Kind der Latenzzeit sein eigenes Gefängnis. Es ersinnt Routinetätigkeiten und Zwangsrituale, um das Verlangen zum Schweigen zu bringen. Die alles erstickende Überwachung, die in der utopischen Phantasie eine so große Rolle spielt, entspricht weniger dem Verhalten wirklicher Lehrer und Eltern als vielmehr der Beziehung des Kindes zu seinem eigenen Gewissen. Die Vorstellung, daß die Roboter und ›Wohltäter‹ alles sehen und wissen, ist ein Überbleibsel der frühkindlichen Version von Autorität, die nun im Gewissen des Kindes in der Latenzzeit beheimatet ist... Was das Kind mit Gleichaltrigen verbindet, sind das Ritual und die Anpassung, und nicht die Leidenschaft wie beim Jugendlichen« (1988, 149).

Es ist nur allzu deutlich, daß wir es mit einem Idealzeitalter für jede Spielart des autoritären Staates[1] zu tun haben. Blieben die Menschen ewig Latente, könnte wenig sie davon abhalten, ihr vom Staat zur Verfügung gestelltes Gefängnis als eine Überich-Entlastung zu genießen. Wie die Kinder der Latenzzeit fühlten sie sich nur dort wohl, wo die Realität sich als unmittelbarer Ausdruck der Forderungen ihres unreif gebliebenen und gehaltenen Überichs gestaltete: uniformiert, in Reih und Glied, im Gleichschritt.

Auch in der nächsten psychischen Entwicklungsphase, der Präadoleszenz, setzt sich der auf die Bezugsgruppe gestützte Abwehrmechanismus der Latenzzeit fort, der allerdings nunmehr stärker aggressiven Zielen dient:

»Der Prolog zur männlichen Vorpubertät[2] ist eine heftige Abwendung von weiblichen Wesen. Mit der überhandnehmenden Liederlichkeit und ungebärdigen Angriffslust der elf- bis dreizehnjährigen Jungen gehen aggressive Verhaltensweisen von alarmierendem Ausmaß einher: ständige Beschäftigung mit militärischen Szenen und Objekten, Herumzappeln, Ruhelosigkeit, ordinäre Sprache, Vandalismus, Diebstahl, Bandenkonflikte, Angriffe auf ›Schwule‹ und andere sexuell bedrohliche Gruppen. Jungen dieses Alters scheinen entschlossen, den Eros zu verbannen. Sie betrachten Mädchen als gemeine, verlogene, unzuverlässige Hexen. Es bereitet ihnen eine diebische Freude, Lehrerinnen und gutaussehende Lehrer zu quälen. Was elf- bis dreizehnjährige Jungen fürchten, ist Passivität jeglicher Art. Sollten sie sich einmal passiv verhalten, können wir sicher sein, daß es sich um einen aggressiven Akt handelt, mit dem sie Eltern oder Lehrer quälen wollen« (Kaplan 1988, 198f.).

1 Vgl. dazu Waelder (1967).

2 Während der Terminus »Pubertät« dem biologischen Bereich angehört und den lebensgeschichtlichen Beginn der Fortpflanzungsfähigkeit bezeichnet, bezieht sich »Adoleszenz« auf den mit dem Triebschub verbundenen psychischen Entwicklungsprozeß, speziell unter dem Aspekt kultureller Faktoren.

Das ideale Objekt totaler Institutionen wäre demnach das Kind der Latenz und Präadoleszenz, und es wäre nicht überraschend, wenn autoritäre oder totalitäre Regime – speziell im Bereich der Erziehung – sich um eine Festschreibung der Abwehrstruktur dieser Phasen bemühten. Wollte man die Analogiebildung noch einen Schritt weiterführen, so könnte man die rituell-konventionelle Knechtschaft, die das Kind der Latenzzeit sucht, eher mit autoritären Reglements vergleichen, während die aggressiven Verfolgungsszenarien der Präadoleszenz eher an totalitäre Inszenierungen von mörderischen Täter-Opfer-Beziehungen denken lassen.

Während Latenz und Präadoleszenz eine Affinität zum Totalitären aufzuweisen scheinen, hat man der eigentlichen Adoleszenz ein intimes Verhältnis zur jeweiligen kulturellen Moderne zugeschrieben. »Die Adoleszenz ist die Avantgarde des Individuums«, schreibt der Schweizer Psychoanalytiker Mario Erdheim (1993, 936). Ausgehend von Claude Lévi-Strauss' (1972, 34 und 1975) Unterscheidung von »kalten« und »heißen« Gesellschaften, untersucht Erdheim (1984) eine grundlegende Differenz im gesellschaftlichen Umgang mit der Entwicklungsdynamik der Adoleszenz. Kalte Gesellschaften wie Stammesgesellschaften, die sich auf dem Niveau von Jäger- und Sammlerkulturen gehalten haben, sind systematisch bemüht, gesellschaftliche Veränderungsprozesse zu blockieren, vor allem, soziale Unterschiede nicht anwachsen zu lassen und die Traditionen, wenn nötig, mit Zwang zu erhalten. Sie frieren das Konfliktpotential des Übergangs von der Kindheit ins Erwachsenenalter, von der Familie in die Stammesgruppe durch Initiationsrituale ein, die die beiden Lebensphasen strikt voneinander trennen. Zwischen beiden wird ein ritueller Zwischenbereich etabliert, in dem die Initianden Traumatisierungen ausgesetzt sind, die das lebensgeschichtliche Erfahrungskontinuum unterbrechen und die Erinnerungen an die Vergangenheit auslöschen sollen. Als Zeichen des Eintritts in die Erwachsenengesellschaft werden speziell die männlichen Initianden mit den Stammesgesetzen, Zeremonien und Mythen bekanntgemacht.

Demgegenüber kommt in heißen Gesellschaften, die, wie Lévi-Strauss es ausdrückt, von einem »gierigen Bedürfnis nach Veränderung« angetrieben werden, die Konfliktdynamik des adoleszenten Übergangs ins Erwachsenenalter voll zum Tragen. Der krisenhafte Erfahrungsmodus der modernen Adoleszenz ist durch den Antagonismus von Familie und Kultur gekennzeichnet, den schon Freud beschrieben hat. In dieser Krise wendet sich der Jugendliche von den Traditionen der Familie ab und tritt in die Welt der Kultur ein. Der Triebschub der Pubertät verflüssigt die in der Kindheit erworbenen psychischen Strukturen und eröffnet damit die Möglichkeit einer Neustrukturierung der Persönlichkeit in einem neuen Bezugsrahmen. Unter günstigen Bedingungen wird die Adoleszenzentwicklung zur »zweiten Chance« (Kurt Eissler), die frühe Traumatisierungen ein Stück weit zu korrigieren vermag und damit etwas vom Unglück der Kindheit überwindbar macht. In diesem Veränderungsprozeß sind neue Objekte unterschiedlichster Art von großer Bedeutung. Ob es sich um die Gruppe der Gleichaltrigen handelt oder um Freunde beiderlei Geschlechts, um Lehrer und andere Erwachsene, schließlich intellektuelle Objekte wie Bücher, Filme und Kunstwerke, wichtig ist, daß sie außerhalb der Familie stehen und daß sich zu ihnen Beziehungen knüpfen lassen, die nicht nach dem Familienmuster ablaufen. Nicht nur in der Psychoanalyse wird der Bereich, in den der Jugendliche eintritt, wenn ihm die Ablösung von der Familie gelingt, im Begriff der Kultur gefaßt.

Schon auf der Ebene der noch ganz allgemeinen Unterscheidung eines »heißen« und eines »kalten« Umgangs mit der Adoleszenz können wir feststellen, daß die totale Institution Napola nicht nur die Familie als Sozialisationsinstanz ersetzt, sondern auch das außerfamiliale Umfeld, den potentiellen kulturellen Raum beseitigt. Damit wird der Antagonismus von Familie und Kultur eskamotiert, der eine zentrale Entwicklungsbedingung der Adoleszenz ausmacht. Verloren geht die alltägliche Erfahrungsmöglichkeit im Umgang mit den Realitäten zweier Welten, deren regelmäßiger Wechsel zum Beispiel eine Abwehrersparnis durch Kontrasterfahrungen mit sich bringen kann, die den Prozeß der Trennung von den Eltern begünstigt. Zerstört wird dadurch die »zweite Chance« einer nachträglichen Bearbeitung der Beschädigungen der Kindheit; denn diese Chance ist dezidiert (sub)kulturabhängig. Beseitigt wird auf diese Weise auch der Gegensatz von Intimität und Öffentlichkeit; in der totalen Institution gibt es beides nicht. Ähnlich den Initiationsritualen kalter Kulturen versucht die totale Institution die Bindungen an die Familien so weit wie möglich auszuschalten, um den eigenen Herrschaftsanspruch konkurrenzlos zu implantieren. Auf diesem Wege etabliert sie sich selbst – allein schon durch ihre inselartige Isolierung vom umgebenden Milieu – als eine terroristische Variante der Familie.

Für unseren speziellen Zusammenhang ist besonders interessant, daß Erdheim innerhalb der heißen Kulturen noch einmal »kalte« Institutionen unterscheidet, die als »Kühlapparate« zur Dämpfung der gesellschaftlichen Dynamik eingesetzt werden:

»Die Kälte dieser Räume affiziert besonders das Bewußtsein der darin lebenden Individuen; sie verfallen in eine Art Winterschlaf, in welchem die Lebensprozesse zwar weiter laufen, aber stark verlangsamt sind. Damit wird sowohl die Reaktionsbereitschaft als auch die Differenzierung der Reaktionsmittel gemindert; der Vielfalt von Situationen kann nur mit einem beschränkten Instrumentarium begegnet werden. Was Freud vom Traum sagte, er sei der ›Wächter des Schlafes‹, gilt auch von den Phantasmagorien, die diesen Winterschlaf begleiten und ermöglichen: Traumbilder, umstrahlt vom Schein der Realität, gaukeln ein ›tropisches‹ und aktives Leben voller Geschäftigkeit vor. Deshalb erscheint das Leben in diesen gekühlten Räumen gar nicht als ein Leben auf Sparflamme, ganz im Gegenteil: Es wird mit eindrücklicher Intensität erfahren, die letzten Versatzstücke der Geschichte – die Männlichkeit, das Töten, Ritterlichkeit und Tugend – geben sich als das Aktuellste und Gegenwärtigste, und man vermeint, nicht dort zu sein, wo die Geschichte eingefroren, sondern wo sie voll in Gang ist« (Erdheim 1988, 332).

Daß in den industriellen Gesellschaften das Militär eine solche Kühlfunktion – vergleichbar den Initiationsriten kalter Kulturen – übernimmt, liegt auf der Hand. Erdheim bezeichnet es als »Illusionsmaschine spezifischer Art« und den Drill als »einen der wichtigsten Teile der militärischen Illusionsmaschine«. Der Drill schaffe ein »Denkvakuum« und lasse, »unterstützt von der zum Überleben notwendigen männlichen Solidarität, ... die uralten Kategorien ›männlich/weiblich‹ als Ordnungsfaktoren ›kalter Kulturen‹ wieder aufleben« (1988, 337). Erdheim beschreibt die Atmosphäre, die auch in einer Institution wie der Napola notwendig den Eintritt der Zöglinge in die Adoleszenz um Jahre verzögert. Der Winterschlaf der totalen Institution läßt noch die 15jährigen sich selbst als geschlechtslose Kinder sehen. Auf die Frage »Was würden Sie sagen, hat es für Sie bedeutet, daß Sie im Grunde erst nach Kriegsende Kontakt zum anderen Geschlecht hatten?«, antwortet einer unserer Gesprächspartner, der 1930 geboren ist:

»P.: Nein, eigentlich nicht, nein, das eigentlich nicht, ich war mit 15 überhaupt noch nicht entwickelt, das begann erst nachher, wie ich, äh, wie ich, äh, wie ich in die Entwicklungszeit kam, das war '47, '46, da war das erst, aber ich mochte eigentlich Mädchen immer schon gerne...«

Das ist in unserem Material ein Topos, zumindest bei den gegen Ende der zwanziger Jahre Geborenen: Sie stellen im lebensgeschichtlichen Rückblick fest, daß ihre Adoleszenz und ihr Geschlechtsleben erst nach Kriegsende einsetzten. An anderer Stelle konstatiert derselbe Befragte dementsprechend zwei Phasen der Napola-Erziehung:

»...ich habe damals, bin ich ja auch eingesetzt worden bei der jüngeren Klasse, die, an sich war es zu früh, normalerweise fängt man mit 15 an, wenn man aus den ersten vier Jahren raus ist, ist das so ein... ein Bruch in der Napola, die Klassen eins bis vier, und dann fünf bis acht, das war dann praktisch schon die körperliche Entwicklung, nicht? Und da wurden dann die Älteren eingesetzt bei Jüngeren als Jungmanngruppenführer und Jungmannzugführer.«

Die Adoleszenz in der Napola wäre demnach in zwei Abschnitte gespalten gewesen[1]: Die erste Phase ist durch eine Fixierung auf die *präadoleszente*

1 Eine genaue Untersuchung der Entwicklung in den einzelnen Adoleszenzphasen hat Peter Blos (1983) versucht, dessen Ergebnisse hier kurz zusammengefaßt werden sollen:
In der ersten Phase, der *Präadoleszenz* (10–12 Jahre), führt, Blos zufolge, wachsender Triebdruck in ein regressives Wiederaufleben der Prägenitalität in all ihren frühkindlichen Formen. Damit werden Neid und Kastrationsangst gegenüber der in dieser Ära virulenten Imago der phallischen Mutter reaktualisiert. Vor dem Konflikt mit ihr, aber auch vor seinen auf sie gerichteten passiven Strebungen flieht der Knabe in die homosexuelle Abwehr; er flieht in die Gruppe der gleichgeschlechtlichen Gleichaltrigen, die durch die gemeinsame Abwehr der Kastrationangst zusammengehalten wird und entsprechend alles Weibliche meidet.
Diese Vermeidung des präödipalen Liebesobjekts setzt sich in der zweiten Phase, der *Frühadoleszenz* (12–14 Jahre), in den sukzessiven Abzug der libidinösen Besetzung von den elterlichen Objektrepräsentanzen fort. Durch ihn kommt es zu einer weitreichenden Destabilisierung der psychischen Strukturen, die speziell die im Überich sedimentierten ödipalen Identifikationsniederschläge betrifft. Es tritt also eine Schwächung der Gewissensinstanz ein. Auch in der Frühadoleszenz spielen gleichgeschlechtliche Objekte eine wichtige Rolle. Sie sind jedoch individuiert und werden nach dem Modus narzißtischer Objektwahl gefunden, welche am Objekt Qualitäten auszeichnet, die das Subjekt selbst wünscht, aber nicht besitzt. Es entstehen erotisch getönte, intensive Freundschaften mit stark idealisierender Tendenz. Die frühadoleszente Position und der ihr zugehörige Beziehungstyp finden schließlich ihre Aufhebung in der Ich-Idealbildung, die die narzißtische und homosexuelle Libido absorbiert.
In der *eigentlichen Adoleszenz* (14–16 Jahre), der dritten Phase, erwachen ödipale Wünsche und die ihnen innewohnenden Konflikte zu neuem Leben. Es geht nunmehr nach dem Blosschen Modell um die endgültige Überwindung des Ödipuskomplexes, die eine vollständige Loslösung von den infantilen Liebesobjekten voraussetzt und in der Hinwendung zur Heterosexualität kulminiert. Dieser Ablösungsprozeß von den Eltern, der nichts anderes als einen massiven inneren Objektverlust impliziert, kann nur auf dem Wege einer langwierigen schmerzlichen Trauerarbeit gelingen. Es entstehen Gefühle der Leere ebenso wie eine Vielzahl narzißtischer Phänomene, welche einer Ablenkung der ehedem den Elternimagines anhängenden libidinösen Besetzung

Abwehrposition gekennzeichnet. Sie findet vor allem Ausdruck in der Organisation des Gruppenlebens[1]: Die Peer-group ist der Schutz gewährende Träger einer kollektiven, homosexuell getönten Abwehr der Verhaltenszumutungen, die die Anstalt den Zöglingen auferlegt. Die zweite Phase ist, hinsichtlich der institutionellen Logik, dadurch geprägt, daß den »Jungmannen« die Möglichkeit eingeräumt wird, Machtpositionen einzunehmen. Das erlaubt die alloplastische, aber institutionskonforme Abfuhr der in dieser Phase entwicklungsbedingt verstärkt auftretenden aggressiven Impulse, die normalerweise gerade *gegen* die Repräsentanten der »Autorität« gerichtet würden. Das Reglement der Anstalt kanalisiert diese Strebungen in einem streng hierarchisch verfaßten, paramilitärischen Ordnungsmodell, in dem, wie einer unserer Interviewpartner es ausdrückt, »der Große der Teufel des

aufs eigene Selbst entstammen. Sie äußert sich etwa in den wohlbekannten adoleszenten Größenideen, einer erhöhten Selbstwahrnehmung auf Kosten der Realitätsprüfung, in Egozentrismus und narzißtischem Rückzug auf sich selbst, der nicht selten mit einem blühenden Phantasieleben und einer lebhaften intellektuellen und ästhetischen Produktivität einhergeht; auch die heterosexuellen Objektwahlen dieser Phase stehen nicht selten im Zeichen des Narzißmus. Es wurde häufig auf die phänomenologischen und strukturellen Ähnlichkeiten dieses narzißtischen Übergangsstadiums mit dem Zustand einer beginnenden Psychose hingewiesen. Typische Abwehrmechanismen der eigentlichen Adoleszenz sind Intellektualisierung und Askese.

Die vierte Phase der *Spätadoleszenz* (16–18 Jahre) ist nach Blos zuallererst eine Zeit der Konsolidierung der veränderten psychischen Struktur, etwa im Sinne einer Vereinheitlichung des Ich. Diese Umgestaltungen werden als Zeit der Krise erfahren, als krisenhafter endgültiger Abschied von der Kindheit. Zu bearbeitende Kindheitsreste in dieser Periode sind speziell die psychischen Niederschläge frühkindlicher Traumata, für die ein einigermaßen konfliktfreier Integrationsmodus ins Ich gefunden werden muß, wenn ein normaler Weg ins Erwachsenenleben gelingen soll. Andernfalls droht das Ergebnis einer – zur Neurose tendierenden – »unvollkommenen« oder gar einer – zur Psychose gewendeten – »mißlungenen« Adoleszenz. Speziell in dem spätadoleszenten Umgestaltungsprozeß der Gesamtpersönlichkeit also, zu der auch die Konsolidierung der möglichen sozialen Rollen und Identifizierungen gehört, verdichtet sich das adoleszenzspezifische Potential, das dieses Zeitalter zur »zweiten Chance« für eine gelungene psychische Entwicklung macht, die die Defizite der kindlichen Entwicklung korrigiert.

In der fünften Phase, der *Postadoleszenz* (18–20 Jahre), schließlich findet der Harmonisierungs- und Integrationsprozeß der Persönlichkeit seinen lebenspraktischen Abschluß in der Etablierung langfristiger Bindungen und Rollen, in der Wahl des Milieus und des Berufs.

1 Vgl. dazu den Abschnitt »Gruppe und Ideal«, in »Schule des Terrors«.

Kleinen« wird, und blockiert damit die am Konflikt orientierte dynamische Entwicklung der eigentlichen Adoleszenz. In der zweiten Phase der Napola-Adoleszenz wird die psychische Struktur auf dem Niveau der *Früh*adoleszenz eingefroren. Nach unseren Befunden wird durch diese Fixierung und durch die Stimulierung prägenitaler Befriedigungsmodalitäten eine Entmischung der libidinösen und der aggressiven Triebkomponenten gefördert.

»Viele der von Napola-Zöglingen geschilderten Szenen körperlicher Folterungen und Quälereien lassen vermuten, daß durch die Beobachtung und das direkte Erleben solcher Szenen vor allem anal-sadistische Triebimpulse übermäßig stimuliert wurden sowie andere Modalitäten der Analität: Unterwerfung und Kontrolle. Wie Chasseguet-Smirgel eindrücklich klinisch belegt, begünstigen übermäßige Stimulierungen anal-sadistischer Triebimpulse eine perverse Entwicklung, die sich dadurch auszeichnet, daß die damit verbundenen Phantasien dazu dienen, den Unterschied zwischen Individuen (die Individualität und Autonomie des Subjekts), den Geschlechtern und den Generationen zu verleugnen. Zudem bewirkt eine übermäßige Stimulierung eine Fixierung auf diesem Niveau des psychischen Funktionierens, die eine Weiterentwicklung im Extremfall verhindern kann« (Leuzinger-Bohleber 1995, 3).

Die für die Napola-Erziehung typische Aufspaltung der Adoleszenz in zwei Abschnitte, die letztlich durch den unterschiedlichen Zugang zu Machtpositionen reguliert werden, verhindert weitgehend die Individuationsprozesse der eigentlichen Adoleszenz. Was durch diese Spaltung und Fixierung letztendlich beseitigt wird, ist der Übergangscharakter der Adoleszenz selbst. Zum Wesen dieses Übergangs, auf dem das psychodynamische Entwicklungspotential moderner Gesellschaften beruht, gehört, daß sich Entwicklungsmöglichkeiten eröffnen, von denen unklar ist, wo sie enden. Für eine gelungene, das heißt innovatorisch wirkende, adoleszente Entwicklung ist wichtig, daß die im späteren Erwachsenenleben meist so überaus festgelegten Grenzen zwischen Phantasie und Realität ein wenig verschwimmen: Deswegen benutzen wir für die Adoleszenz den Ausdruck des »Übergangstraums«[1], in dem sich Wunsch und Wirklichkeit aneinander abarbeiten und sich in ein neues Verhältnis zueinander setzen. Die für dieses Pendeln zwischen Phantasie und Realität nötige Entwicklung eines »reflexiven Kontinuums« wird durch die Alltagsstruktur der totalen Erziehungsinstitution, die sich durch eine ritualisierte »Initiation in Permanenz« auszeichnet, systematisch verhindert.

1 Vgl. das Kapitel über den »intergenerationellen Traumtext«.

Die Verzögerung und Spaltung der Adoleszenz ist Teil einer traumatisierenden Anstaltsstruktur, die – wie die Initiationsrituale kalter Kulturen – die psychosexuelle und intellektuelle Entwicklung unterbricht und einem festen Reglement von Initiation, Drill und Strafe unterwirft. Im Unterschied zu den Passageriten kalter Kulturen bleibt in der Napola das Sexualleben der Zöglinge vom Übergangsritual ausgeschlossen. Es wird – von den Ermahnungen einzelner Lehrer abgesehen – in ein symbolisches Niemandsland verbannt, in dem der pubertäre Triebschub notwendig Ängste und Abnormitätsgefühle auslöst.

Eine interessante Beobachtung Erdheims bringt eine weitere potentiell traumatisierende Dimension von Institutionen mit Kühlfunktion ins Spiel, derzufolge sich hinter den für sie typischen Phantasmagorien der Männlichkeit als ihr letztes Motiv und »Geheimnis« etwas ganz anderes verbirgt:

»Hinter den Mauern der Kaserne muß der Rekrut zuerst einmal die Frauenrolle, so wie sie in unserer Gesellschaft üblich ist, zu spielen lernen: Er übt mit höchster Präzision das Bettenmachen, Aufräumen und Putzen. Unversehens merkt er, daß er sich laufend die Frage stellen muß, ob er auch passend angezogen sei, ob sein Gewand richtig sitze und der Gelegenheit entspreche oder nicht. Noch nie mußte ich mich so oft täglich umziehen wie beim Militär. Die Geschlechtsumwandlung greift tief und beginnt, selbst die Träume zu gestalten. Auch wenn die Militärzeit schon weit zurückliegt, tauchen noch typische Kasernensituationen auf, um ein konventionelles Versagen zu verarbeiten: wieder hat man nicht die richtigen Socken an, nicht die richtige Mütze auf. Eine Reihe von Kameraden erzählte mir von Schwangerschaftsträumen während der Militärzeit: der Schlafsaal verwandelte sich in einen Kreißsaal, und die Rekruten brachten Kinder auf die Welt. Nur ein Mann, welcher derart als Frau behandelt wurde, wird sich dem weiblichen Geschlecht gegenüber so verhalten können, wie es bei uns üblich ist« (Erdheim 1988, 343).

Es wäre interessant zu untersuchen, ob solche »Geschlechtsumwandlungen« nicht ein typisches Kennzeichen totaler Institutionen sind.[1] Darauf, daß sie in der Napola eine wichtige Rolle spielten, deuten viele Spuren in unserem Gesprächsmaterial. So träumte einer der von uns Befragten von sich als einem »Arbeitsdienst-Mädchen«, dessen Rock immer kürzer wurde. Als er von seiner eigenen Sexualität spricht, erwähnt er eine »Blockade«

1 Einen Fingerzeig gibt zum Beispiel das Stanford-Prison-Experiment, in dem Studenten angewiesen waren, eine totale Institution mit entwürdigenden Ritualen zu entwerfen. Dazu zählte die »Kleiderordnung«: Die »Insassen« mußten »Kleidchen« tragen, kurze – weiblich wirkende – Anstaltskittel wie für untergeordnete Bedienstete (vgl. Zimbardo 1974).

diesem Thema gegenüber und berichtet von einem Unterschied zwischen sich und seinen Klassenkameraden in der Nachkriegszeit, als er auf einer normalen Schule das Abitur machte. Er produziert dabei eine Sprachverwirrung, in der nicht mehr unterscheidbar ist, wann es um die Mädchen, wann es um ihn geht:

»Die redeten von Mädchen, und das waren für mich Sauübeleien, also da hab ich echt Schwierigkeiten gehabt, das hat mich wohl über die Zeit hinweg echt geblockt. Das waren, da mußte man rein bleiben, und das tat man erst, wenn man also, wenn man also nicht dem Führer mehr, den gab's ja nicht mehr, Kinder schenken wollte, aber da war eben etwas geblockt worden.«

Was sich im Resultat als eine Hemmung darstellt, ist die Konsequenz einer Zurichtungspraxis, die man als »Entwicklungstrauma« begreifen muß.

Weil dieser Terminus noch keine breite Diskussion gefunden hat, wollen wir ihn wenigstens kursorisch im Rahmen der Traumatheorie bestimmen. Ein psychisches Trauma, worin auch immer es bestehen mag, *unterbricht* das Kontinuum des psychischen Lebens. Traumatisierend ist nach Anna Freud jedes Ereignis der Innen- oder Außenwelt, »das imstande ist, durch seine Plötzlichkeit, durch die Quantität oder durch die Qualität der Reizzufuhr das Ich für kürzere Zeit außer Tätigkeit zu setzen«. Sie resümiert und verallgemeinert mit dieser Definition das Traumakonzept ihres Vaters. Eine pathogene Unterbrechung im Funktionieren des psychischen Apparats ergibt sich, Freud zufolge, wenn dieser durch unbewältigbare Reizmengen überschwemmt wird (A. Freud 1980).

In der aktuellen psychoanalytischen Diskussion über das Trauma sind drei Akzentverschiebungen von unterschiedlicher Reichweite zu konstatieren. Zum einen werden weniger Reizmengen als Erlebensqualitäten untersucht, zum andern sind neben traumatischen Einzelereignissen langfristige traumatisierende Beziehungsstrukturen ins Blickfeld gerückt. Zum dritten schließlich ist – auf dem Hintergrund der »manmade desasters« dieses Jahrhunderts, und hier insbesondere des nationalsozialistischen Terrors – der Begriff der »Extremtraumatisierung« ins Zentrum der Aufmerksamkeit gerückt. Allen drei Neuerungen ist gemeinsam, daß sie eine aufs »klassische« Bild des Streß- oder Schocktraumas fixierte Sichtweise differenzieren. Kris' (1956) und Sandlers (1967) Konzept des Strain-Traumas und Khans Begriff des kumulativen Traumas (Khan, 1977) zeichnen sich dadurch aus, daß sie die Aufmerksamkeit vom Ereignis zum Kontext, von der Situation zur Entwicklung verlagern. Damit wird das Problem des Zusammenhangs von

Trauma und Entwicklung thematisiert. Die Frage, was im kindlichen Entwicklungsgeschehen als Trauma zu fassen ist, scheint uns gerade dann von größter Wichtigkeit, wenn totalitäre gesellschaftliche Strukturen den historischen Hintergrund dieses Geschehens bilden.

Müller-Pozzi (1984) zufolge stellt sich die Problematik von Trauma und Entwicklung in voller Schärfe erst dort, wo die Beziehungen der wichtigsten sozialisatorischen Objekte zum Kind »total oder partiell derart gestört sind, daß diese Beziehung an sich zum Trauma wird«. Für diesen Fall führt er den Begriff des *Entwicklungstraumas* ein. Er bezeichnet eine *strukturell traumatisierende Objektbeziehung*. Wir sind der Auffassung, daß sich dieses Konzept gut eignet, um die Wirkung von totalen Erziehungsinstitutionen auf ihre Klientel deskriptiv zu erfassen. Was die Napola-Schüler erleben, ist ein systematischer, aber »lebensweltlich gebundener« Terror, der sich durch die Verbindung von totaler Reglementierung und ritueller Diskontinuität auszeichnet.

Das in ihre Adoleszenzphase fallende Entwicklungstrauma der Napolaner drückt sich in der Blockierung der Triebentwicklung aus, die nicht selten zu einer gestörten Geschlechtsidentität führt. Eine prominente Folge dieser Störung ist ein quälendes »Abnormitätsgefühl«. Dazu eine Fallvignette:

Arthur Krapp kam in die Napola, weil sein Vater, ein »Kriegsversehrter« des Ersten Weltkriegs, die Adoleszenz seines Sohnes so sehr fürchtete, daß er in ihr schon vorab alle seine Zukunftshoffnungen zu Bruch gehen sah. Auf der Suche nach einer Schule, die verhindern sollte, daß Arthur in den »Flegeljahren« »aus dem Ruder laufen« könnte, stieß Herr Krapp auf die staatlichen Bildungsanstalten und schließlich auf die 1935 neu gegründete Napola B, an der sein Sohn die Aufnahmeprüfung bestand.

Man könnte meinen, daß sich die Befürchtung des Vaters realisiert hatte, als der Sohn zwei Jahre später wegen »Charaktermängeln« von der Napola verwiesen wurde: »... es hieß, ich hätte 'ne zu große Schnauze, und ich paßte nicht in die Gemeinschaft hinein, äh, das ist also, so ganz ist es also nie klargeworden; es... hatte was mit Charakter zu tun, man attestierte mir, glaub ich, einen nicht guten Charakter.«

Es ist der vom Vater betriebene antizipatorische Ausschluß der Adoleszenz aus der Familie, den die Institution wiederholt. Herr Krapp war an der Napola ein guter Schüler und ein guter Sportler; er hat nach 1945 sein Abitur noch einmal abgelegt, studiert und promoviert, dann erfolgreich Karriere gemacht, aber noch heute beschäftigt und irritiert ihn das Verdikt der Eliteinstitution über seinen Charakter. Es ist aber nicht nur das Verdikt über

Krapps Charakter, das sich im Gespräch so eindrucksvoll aktualisiert; lebendig geblieben ist das ganze adoleszente Konfliktpotential, gegen das es sich offenkundig einmal richtete: die phasentypischen Triebkonflikte, das Pendeln zwischen homosexuellen und heterosexuellen Objekten, die Flucht von der einen Objektwahl in die andere. Spürbar ist der gleichermaßen von den Triebregungen wie den Abwehrstrebungen ausgehende adoleszente Bewegungsdrang, der ihn, wie er sagt, buchstäblich dazu brachte, »über die Mauern zu gehen«. Krapp hat diesen adoleszenten Konflikt – vermutlich erst nach dem Ende des Nationalsozialismus – weitgehend internalisiert, so daß er später zum Movens seiner Individuation werden konnte, während er sich in der Napola-Zeit in erster Linie als Abnormitätsgefühl geltend machte:

»Nu, wir waren ein Männerorden, nicht, das wurde ein bißchen kaschiert, mit fünfzehn kriegte man Volkstanz, mit sechzehn sind wir in die Tanzstunde gegangen, da hatten wir zum ersten Mal 'n junges Mädchen im Arm, ich meine, das sind alles Dinge, die für uns, das war absolut unnormal, das war wirklich unnormal. Die Surrogate, die an die Stelle gestellt wurden, nicht, die brachten genug Befriedigung, Befriedigung, daß das andere nicht so 'ne große Rolle spielte, bei mir vielleicht noch wieder eine größere als bei manchen anderen, daher meine Probleme manchmal... Damals waren die Kriterien sehr einfach, nicht: Was ein rechter Junge war, der machte das und das und das, und das und das und das machte er nicht. Und wenn er das, was er da nicht machen sollte, machte, gehörte er zu den Minderwertigen. Das ganze Verhältnis des Menschen, auch von Kindern zum Sex zum Beispiel, nicht, das ist ja, das sind ja zwei, das sind ja zwei total verschiedene Welten gewesen, was damals war, was heute war.«

Für Krapp, der fühlt, daß er das von der totalen Institution »gezüchtete« Abnormitätsgefühl bis zu seinem Tode nicht loswerden wird, ist der Unterschied der beiden Welten vor allem ein Unterschied in der sexuellen Entwicklungsmöglichkeit. Unter heutigen Bedingungen ist nach seiner Meinung niemand mehr gezwungen, sich zu deformieren, während damals nahezu jeden Napola-Zögling die Frage quälte, ob er denn ein rechter Junge sei oder moralisch minderwertig, sprich: mit verbotenen Triebregungen behaftet. Es sind die Überbleibsel des institutionstypischen Abnormitätsgefühls, die Arthur Krapp daran hindern, das Verdikt über seinen Charakter endgültig außer Kraft zu setzen. Sie sind ein Symptom der deformierenden Macht der totalen Institution.

Weil die Sozialisation in der totalen Institution die Triebentwicklung behindert und die Entfaltung von Geschlechtsidentität blockiert, weil sie den alltäglichen Kontakt zu weiblichen Objekten erschwert oder gar unmöglich macht, wirkt sie sich für den in die Pubertät Eintretenden als Entwicklungstrauma aus.

Moses und Eglé Laufer haben in ihrem Buch »Adoleszenz und Entwicklungskrise« (1989) ihre Erfahrungen mit der Behandlung schwer gestörter Jugendlicher zusammengefaßt, deren psychische Struktur dadurch bestimmt ist, daß sie ihre infantile Sexualität nicht überwinden konnten. Es kam bei ihnen zu einer schweren Entwicklungskrise, in der sie den neuen sexuellen Körper der Adoleszenz unbewußt zurückwiesen und sich passiv gegen dessen »Forderungen« stellten.

Diese Patienten sind, ganz ähnlich wie einige der von uns befragten Napola-Absolventen und deren Kinder, stark mit der Frage der eigenen Normalität oder Abnormität, speziell auch in sexueller Hinsicht, beschäftigt. Diese Gemeinsamkeit legt die Frage nahe, ob nicht einige Wirkungen und Folgen der Entwicklungskrise im Lauferschen Sinn mit den Manifestationen eines durch die totale Institution deformierten Adoleszenzprozesses vergleichbar sind, die dort auf vollkommen andere Weise zustande kommen. Ähnlichkeiten der daraus resultierenden psychischen Struktur sind insbesondere auf der Ebene des Körperbildes und der mit ihm verbundenen Körperphantasien zu erwarten.

Die Körperphantasien, die durchs militärische Zeremoniell evoziert werden, sind wohl stets infantiler Art. Wo Formen des Drills die Körpererfahrung stark prägen, sind regelmäßig phallisch-narzißtische Phantasien im Spiel. Die Bewegung in der (para)militärischen Formation zwingt den einzelnen geradezu, einen allmächtigen Gruppenkörper zu imaginieren, eine Phantasie, in der infantile Größenideen eine kompensatorische Verwendung finden können. Während also der krisenhafte Adoleszenzverlauf der von M. und E. Laufer behandelten Jugendlichen aus inneren Gründen zur Aufrechterhaltung der infantilen Körperphantasien tendiert, ist eine vergleichbare Entwicklung bei den Napola-Absolventen durch die von der totalen Institution reglementierte Entwicklung des Körperbilds induziert. Diese auf infantile Phantasien zentrierte Körpererfahrung macht möglicherweise ein autoerotisches sexuelles Probehandeln für Napola-Schüler genauso unmöglich wie für Jugendliche, für die der sexuelle Körper zum Repräsentanten ihrer befürchteten Abnormität geworden ist. Die bei den jugendlichen Patienten häufige Phantasie, über den sich verändernden eigenen Körper und die mit ihm verbundenen Wünsche keine Macht zu haben, ist bei den Napola-Schülern mit dem Drillritual verknüpft. Es enthält die Erfahrung, daß die phallische Macht des imaginierten Gruppenkörpers unter einem fremden Kommando entsteht und dem einzelnen nicht zugänglich ist. In all diesen Phantasien wird der sexuelle Körper der Adoleszenz zur Quelle eines Abnormitätsgefühls, das eigentlich aus der persistierenden infantilen Struktur stammt. Sie wird durch das Entwicklungstrauma festgeschrieben.

Gruppe und Ideal

Gleichgültig, ob sie der »Gemeinschaftsidee« der Napola positiv – das ist die Mehrheitsmeinung und trifft selbst für einige derjenigen zu, die die Erziehungsprinzipien der Anstalt kritisieren – oder negativ gegenüberstehen, spielt in den Erinnerungen der ehemaligen Schüler das »Gemeinschaftsleben« eine überragende Rolle. Und zwar ist es insbesondere der »informelle« Teil dieser Gemeinschaftlichkeit, der ihnen besonders plastisch geblieben ist: Es ist die Gruppe der Gleichaltrigen, die am stärksten eine positive Besetzung erfahren und behalten hat. Regelmäßig tauchen in diesem Zusammenhang Idealisierungen der Schulzeit auf. In solchen Gesprächssequenzen meldet sich das alte Gruppenich zu Wort, das einige unserer Gesprächspartner nie im Hinblick auf eine wirkliche Individuation transzendiert haben und auf das andere in lebensgeschichtlichen Konfliktsituationen zu regredieren drohen. Psychoanalytisch betrachtet, haben Gruppen, um mit Pontalis zu reden, »die Wirkung einer Phantasie«. Allerdings ist, wie er hinzufügt, Phantasie im Sinne der Psychoanalyse »sehr wohl eine bestimmte strukturierte, wirksame Realität, die imstande ist, nicht nur Bilder oder Träumereien, sondern das ganze Feld des menschlichen Verhaltens durchzugestalten« (Pontalis 1974).

In unserer Forschung sind wir auf zwei typische Gruppenphantasien gestoßen, von denen mindestens eine in nahezu jedem Interview mit den ehemaligen Napola-Schülern auftauchte. Die eine ist gleichsam der Prototyp aller Gruppenphantasien: Sie imaginiert die Gruppe als einen schützenden leiblichen Raum, der das Individuum auffängt und trägt. Sie ist nach dem Vorbild von Phantasien über das Leben im Mutterleib und in der frühen Symbiose mit der Mutter gebildet, deren grundlegendste Formation sich dem französischen Psychoanalytiker Didier Anzieu zufolge als gemeinsame, Mutter und Kind gleichermaßen umgebende Hülle beschreiben läßt (Anzieu 1991). Die andere Gruppenphantasie imaginiert die Gruppe als Maschine. Die Maschine wird von einer gewaltigen Kraft angetrieben, die die einzelnen Glieder miteinander verbindet und bewegt. Auch wenn sich der einzelne wie von unbeherrschbaren Kräften besinnungslos fortgerissen fühlt, kann er sich doch in einem zweiten Schritt vorstellen, daß die ganze Maschinerie einem minutiösen Plan folgt, in dem alles perfekt vorherbestimmt ist und in dem jedes Glied seinen Platz und seine Funktion hat. Es ist die gewaltige Macht dieses hochorganisierten gut funktionierenden Ganzen, die dem – in der Gruppe bedrohten – individuellen Narzißmus schmeichelt, während die Zugehörigkeit zur anorganischen Welt der Mechanik noch deutlich an massive Ängste vor dem Verlust des lebendigen Zusammenhangs, vor Depersonalisierung und Fragmentierung erinnert.

Die Hüllenphantasie ist eine Verschmelzungsphantasie, in der libidinöse und inzestuöse Bindungselemente im Vordergrund stehen, während die Maschinenphantasie ein aggressives Potential ins Zentrum rückt. Am Grunde dieser Phantasie finden wir eine Art Vexierbild, das die maschinelle Macht der Gruppe dem einzelnen einmal als eine von außen kommende Aggression zeigt, die ihn niederzumachen droht, auf den zweiten Blick jedoch als eine kollektive aggressive Kraft, an der er zusammen mit allen anderen Gruppenmitgliedern teilhat. Man könnte meinen, die Angstgestalt und die Aggressionsgestalt ein und derselben Vorstellung vor Augen zu haben. Sie bildet ein Stück des seelischen Prozesses ab, den das Individuum in der Gruppe durchläuft: die initiale paranoide Angst vor der Übermacht der Gruppe ist in der Maschinenphantasie, die sie abwehrt, zwar noch kenntlich, aber sie ist aktiv und aggressiv gewendet. Die Transformation der Angst in die Aggression gibt der Gruppenphantasie gleichsam etwas Mörderisches.

Spuren beider Phantasien finden wir in der Beschreibung eines offenkundig traumatischen Schleifrituals, an das sich einer unserer Befragten, Gerhard Iddel, mit geradezu fotografischer Genauigkeit erinnert.[1] Im Interview berichtet er davon, wie er, Jahrzehnte später, den damals zuständigen Erzieher nach dem Grund für die Bestrafungsaktion gefragt habe. Der 61jährige, der dem Interviewer die »Überwindung des Totpunkts« bei diesen Schleif- und Drillübungen als das eigentliche Erziehungsziel der Napola darstellt, beschreibt auch, *wie* der einzelne diesen Salto mortale, den Sprung über den Tod, bewerkstelligen konnte: »Und wenn der einzelne von uns nicht konnte,

1 Vgl. dazu Kapitel »Schule des Terrors«

dann hat wieder die Crew, die Gruppe, der Zug hat ihn wieder mitgerissen, und das ist auch passiert, daß zwei ihn rechts und links dann geschnappt haben.«

Die Kameraden, die Gerhard Iddel »rechts und links« schnappen und mitziehen, sind ebenso Verlängerungen seines eigenen Körpers wie Organe der ganzen Gruppe, die ihn auffängt und trägt. Aber die Gruppe ergreift ihn und reißt ihn auch mit wie eine von unkontrollierbaren Kräften getriebene Maschine, die ihn zu überfahren droht. Keine der beiden Phantasien ist in der zitierten Passage expliziert, aber mitunter scheint eine Art Codewort oder eine Anspielung auf sie hinzudeuten.[1] So deutet das formelhafte »rechts und links« auf die umhüllende, rettende Seite der Gruppe, während der nachfolgende Hinweis, daß das alles »so furchtbar militärisch« klinge, die Phantasie einer militärischen Napola-Maschine verbergen könnte, zu der auch die Gruppe gehört, die als »Kollektiv« die Ordnung gegen den einzelnen durchsetzt. Dazu paßt gut die späte Frage an den Erzieher, was er sich bei der Schleiferei gedacht habe; seine Antwort enthüllt, daß er nicht aus individueller Willkür gehandelt hat, sondern auf höheren Befehl, hinter dem ein wohlgeordnetes, auf ein Elitekonzept gestütztes Ganzes stand.

Spuren aggressiver Gruppenphantasien findet man in den Erzählungen ehemaliger Napola-Absolventen eher selten. Sie gehören zum tabuierten Bereich einer potentiellen Teilhabe an den Verbrechen des NS-Systems. Die Schilderung eines von der Gruppe vollzogenen Strafrituals, das die Rollen von Erziehern und Zöglingen umkehrt, stellt eine Ausnahme dar:

»...wissen Sie, wenn ein Zug zusammenhielt,... da gab's also auch kein rechts raus oder links raus, nicht, sondern der Zug saß zusammen irgendwo und die mehr oder weniger Tonangebenden in diesem Zuge, die brachten dann dieses oder jenes Thema auf, nicht, und dann hieß es also,... nicht wahr, der Witzbold wird geschnitten. Und das machte sich innerhalb von kurzer Zeit also bemerkbar über den Zug hinaus, nicht...

Er konnte einem nichts anhaben, denn man war diszipliniert, ja, aber es war also genau Arbeit nach Vorschrift, und nichts weiter, nichts vorher, nichts weniger, nicht rechts, nicht links... wir waren doch gemein, nicht, es gab so viele Eigenarten einer

1 Anzieu zufolge werden Gruppenphantasien nicht ausgesprochen. Sie sind deshalb nur aus Andeutungen zu erschließen. Nach unserer Erfahrung spielen dabei bestimmte »Codewörter« in ähnlicher Weise eine Rolle, wie das Ilany Kogan für die Repräsentanz des elterlichen Traumas in den Erzählungen von Kindern der Holocaust-Überlebenden festgestellt hat (Kogan 1995).

Napola, zum Beispiel wenn jemand was besonders Gutes getan hatte, oder zu feiern war oder wenn man also besonders anerkannt werden mußte, nicht wahr, dann wurde er gestemmt, hieß das, ja? Stemmen war also eine Ehrenbezeugung, eine Anerkennung, die die Jungmann hatten, und zwar konnten sie einen von sich selbst stemmen, wenn er zum Beispiel hundert Meter in ich weiß nicht was gelaufen war und den Sieg für die Mannschaft herbeigeführt hatte, wurde er gestemmt, also hochgehoben, ja, oder wenn ein Erzieher aus irgendwelchen Gründen irgendwie, nicht, dann wurde also auch ein Erzieher gestemmt, das war durchaus üblich, nicht? Und nun kriegten wir's also fertig, daß wir einen Erzieher, der bei uns auf der Abschußliste stand, gestemmt haben und ihn beim Stemmen, ja, solche Nadeln und Nägel in den Hintern gestochen haben, nicht, daß der nur noch schrie! Aber er war in unserer Hand, wir stemmten ihn und hoch, und nachher konnte der kaum noch richtig gehen und der ganze Hintern blutete ihm, nicht?...

Da scherte keiner aus, da schert keiner aus, nicht? Und das wurde auch ganz bestimmt: ›Du nimmst den Nagel, du nimmst diese Nadel‹ und so weiter und so fort, und das lief dann so ab, und wir haben ihn sicherlich nicht also auch nur ernsthaft verwundet, aber wir haben ihm ganz sicher weh getan, und ich glaube, das, wissen Sie, diese Dinge, die waren ein Regulativ, irgendwo, bei aller Disziplin, und ich habe nie erlebt, habe glaube ich drei- oder viermal erlebt in den ganzen Jahren, daß ein Erzieher auf diese Art und Weise, also wenn's hochkommt vier-, wahrscheinlich nur dreimal, auf diese Art jetzt gepiesackt wurde von uns, ich habe nie erlebt, daß der anschließend – der wußte natürlich genau, was los war – aber was hätt's ihm gebracht, nicht? – der wußte ganz genau, dieser Zug hält zusammen, das wußte er ja, es war für ihn unmöglich jetzt, die drei oder vier, die wirklich gestochen haben, herauszuknacken, ja, das hätte nicht funktioniert, das wußten die aus Erfahrung. Sie können den ganzen Zug zur Sau machen, Sie können ihn kilometerweit laufen lassen, Sie können – wir haben ja manchmal Strafdienste gehabt, das glauben Sie ja gar nicht, was haben wir alles durchgemacht – das können Sie alles machen, aber den Zug auseinanderdividieren, das können Sie nicht. Derjenige, der sich da raussprengen läßt, nicht, der ist geliefert. Ich sehe darin aber ein Regulativ, ein gutes Regulativ, ja, man kann stillgestanden mit den Händen an der Hosennaht jemanden fertigmachen, vorausgesetzt, das Team, die Gruppe, der Zug gehört, hält zusammen, ja?« (Harald Völklin).

Die hier beschriebene Gruppe führt einen Angriff auf ein feindliches Objekt, das dabei verletzt wird. Sie realisiert ein aggressives Ziel, diszipliniert, arbeitsteilig und effektiv. Die paranoide Angst, was dem einzelnen in der Gruppe passieren könnte, kehrt als Phantasie darüber wieder, was mit dem geschieht, der sich aus der Gruppe herausbrechen läßt und die, die beim Stemmritual gestochen haben, verrät. Irritierend ist, daß keine Verfehlung des mißhandelten Erziehers erwähnt wird und daß in der Erzählung auch nachträglich keinerlei Legitimationsproblem wegen der Körperverletzung auftaucht. Hat der »Witzbold« seinen Peinigern einfach nicht gefallen? Der nach Jahrzehnten durch nichts geminderte Stolz auf die Umkehrung der Rollen und die perfekte Organisation der Strafaktion ebenso wie das Motiv des bestraften Verräters legen die Frage nahe, ob wir es mit einer durch das Anstaltsreglement verdeckten adoleszenten Delinquenz zu tun haben und ob nicht die »Maschinenphantasie« mit einer Demoralisierungserfahrung verbunden ist.

Spuren der beiden genannten Gruppenphantasien tauchen häufig in den Erzählungen der Napola-Absolventen auf. Sie verweisen auf einen Gestaltwandel der realen Gruppenkonstitution im Verlauf einer typischen Anstaltskarriere. Im folgenden wollen wir die erste Gruppenformation als »Schutzgruppe«, die zweite als »Angriffsgruppe« bezeichnen.

Die Schutzgruppe ist Teil der Reaktion auf den als traumatisch erlebten Übergang von der familiären in die Anstaltswelt. Sie bildet sich als kollektive Abwehrformation gegen die Zumutungen der »Außenwelt«, die das Anstaltsreglement repräsentiert. Die Kohäsion der Schutzgruppe wird durch diese Abwehrleistung gestiftet; der zentrale Kohäsionsmodus ist das »Zusammenrücken«: die wechselseitige Suche nach körperlicher Nähe, die animalisch und magisch die Symbiose mit einem mächtigen, Schutz gewährenden »guten Objekt« beschwört. Die Teile der Schutzgruppe sind nicht individuiert. Die weitgehende Verschmelzung der einzelnen in ihr ist deswegen so intensiv möglich, weil sie noch nach dem »Uniformitätsprinzip der Latenz« strukturiert sind.

Die Angriffsgruppe konstituiert sich auf einem anderen psychischen Niveau. Sie trägt als Gruppe wichtige Phantasien der Adoleszenz, die den einzelnen in der Anstalt verweigert wird. Die Angriffsgruppe hat adoleszent-phallischen Charakter, keinen genitalen, weil das adoleszente Niveau lediglich hinsichtlich der aggressiven Komponente erreicht wird. Ihre Kohäsion beruht auf expansiver, »alloplastischer« Aktion: einer aggressiven »Bearbeitung« und Veränderung der Außenwelt. Als »Außenwelt« wird dabei nur noch am Rande die Anstalt erfahren. Sie hat Außenweltstatus nur mehr insofern, als neue Handlungsfelder fürs kollektive Handeln noch nicht systematisch erschlossen sind.

Harald Völklins Bericht über das aggressiv gewendete »Stemmritual« ist ein Beispiel für das kollektive »Probehandeln« einer Angriffsgruppe. In reduzierter, »kontrollierter« Form erfährt ein unliebsamer Erzieher das, was ein wirklicher »Feind« der Gruppe exzessiv zu spüren bekäme, die Verletzung der körperlichen Integrität. Die Napola ist zum Zeitpunkt der Konstitution der Angriffsgruppe bereits ein zu klein gewordenes Übungsgelände. Psychisch ist sie zu diesem Zeitpunkt bereits *inkorporiert*: In der Angriffsgruppe sind die Imperative der Napola Teil der Gruppenphantasie geworden, die nun nach außen, zur Realisierung drängt. Als Gruppe aggressiv die Außenwelt zu verändern, ist das neue Programm. – Es ist das Programm der Napola selber. Es ist ein »Kampfauftrag«.

Die meisten Napola-Absolventen haben diesen Auftrag nur im Krieg, in der buchstäblichen Zerstörung realisieren können. Das entsprach aber nicht unbedingt dem Programm. Ziel der Napola war ja, den »Kampfauftrag« gerade auch in den »zivilen« Bereich zu tragen; war die Etablierung des aggressiven, permanent Bewegungsimperative umsetzenden Führertums in allen Bereichen des »völkischen Lebens«.

Sowohl der unterschiedliche Funktionsmechanismus als auch der Zusammenhang der beiden Gruppentypen wird deutlich. Die Schutzgruppe schafft mit der Abwehr der Anstaltszumutungen einen kollektiv-psychischen Binnenraum, der bei der Angriffsgruppe die Bedingung der Möglichkeit wird, die Anstaltsnormen zu inkorporieren. Die Anstalt bemächtigt sich der einzelnen gerade über deren Versuch, ein Gegengewicht zu ihr zu schaffen. Der entscheidende Entwicklungsschritt innerhalb der Napola-Karriere ist der Übergang von der Schutzgruppe zur Angriffsgruppe. Tatsächlich sind die Mitglieder der Angriffsgruppe nicht nur älter, sondern auch »selbständiger« als jene der Schutzgruppe. Sie sind Teile eines maschinenartigen Ganzen, das heißt Teile eines Aggregats, das für ein »reibungsloses Funktionieren« nicht auf beliebig viele Teilsegmente verzichten kann. In der Angriffsgruppe gilt die totale Verschmelzungslogik, die die Schutzgruppe auszeichnet, nicht mehr. Auch wenn ihre Mitglieder keine Individuen im strengen Sinne sind, gibt es doch zumindest funktionale Äquivalente. Der Stolz des Funktionsträgers ist der Statthalter einer gelungenen Individuationsleistung; er ist das entlibidinisierte Substrat des späteren »Funktionärs«. Der Funktionär ist das gruppenlogische Äquivalent des Individuums. Den Funktionärsrang zu erreichen ist freilich nicht das Ziel der Napola-Erziehung. Hier geht es, wie wir wissen, um die Produktion von »Führern«. Vom Funktionär unterscheidet sich der Führer dadurch, daß er in der Lage ist, das in der Angriffsgruppe erreichte psychische Niveau mit dem – niemals ganz aufgegebenen – Modus der Schutzgruppe zu verbinden. Der Führer vermittelt die Maschinenphantasie der Angriffsgruppe mit dem Versprechen eines Aufgehobenseins im organischen Gruppenkörper der Schutzgruppe. Er verwaltet deren grundlegende Illusion.

Als entwickeltste Form der Gruppenphantasie in natürlichen wie in therapeutischen Gruppen beschreibt Anzieu (1984) die Gruppenillusion. Gruppen produzieren, ihm zufolge, Illusionen wie Individuen Träume. Ähnlich wie Freud in »Totem und Tabu« (GW IX) die religiöse, die künstlerische und die ästhetische Illusion untersucht hat, will Anzieu die Funktionsweise der ideologischen Illusion aufdecken, die er als Gruppenillusion bezeichnet. Sie manifestiert sich als eine kollektive Euphorie und als eine von allen Mitgliedern emphatisch geteilte Ideologie mit missionarischen Zügen.

Gruppen wie Träume erfüllen Wünsche. Bevor jedoch die Gruppe zu dem Ort wird, an dem sich alle Wünsche zu erfüllen scheinen, ist sie zunächst einmal der Ort, an dem die tiefsten Ängste des Individuums virulent werden: Ängste vor Fragmentierung, vor Verfolgung und Objektverlust. Die Gruppensituation öffnet, so Anzieu, die narzißtische Wunde der Teilnehmer, ihre frühen Verlust- und Versagungserfahrungen. Alle Gruppenphantasien dementieren diese Wunde. Sie gestalten die Gruppensituation zu einer imaginären Wunscherfüllung um, eben zum Gegenteil der Gefahr, auf die die Ängste hindeuten. Im Fall der Gruppenillusion wird die Gruppe selbst zum Ersatz für das verlorene symbiotische Objekt der Frühzeit. Sie hat für ihre Mitglieder die Funktion eines gemeinsamen Idealichs.

In der Napola wird die Gruppenillusion zum Zentrum einer Dialektik von Desillusion und Re-Idealisierung, die in drei Phasen abläuft.

Die Aufnahme in die Napola wird von den Betroffenen als Erwählung empfunden. All den Ängsten, die mit der Trennung vom Elternhaus verbunden sind, und dem kränkenden Gefühl, von den Eltern in die fremde Welt des Internats abgeschoben worden zu sein, wird die Selbstidealisierung des Erwähltseins entgegengesetzt. Mag den jüngsten Napola-Schülern die Anstalt noch als Fortsetzung der Ideale ihrer Eltern erscheinen, so vertritt diese doch von Anfang an ein antifamiliales Ideal, das zuallererst besagt: Elternhäuser und konventionelle Schulen sind der Erziehung der künftigen Elite nicht gewachsen; sie sind für die Erwählten nicht gut genug.

Diese – von der Anstalt forcierte – selbstidealisierende Idealbildung, hinter der der Schmerz über die Trennung von der Familie verborgen ist, zerbricht in den ersten Begegnungen mit dem Terrorismus der Anstalt. Im Drillritual wird jedem Zögling seine Unwürdigkeit demonstriert. Durch immer neue Kränkungen, Bloßstellungen und Niederlagen tritt die anfangs so virulente Frage: »Warum bin ich erwählt worden?« mehr und mehr in den Hintergrund. Der Napola-Schüler ist nur noch Erwählter auf Abruf, der seine Eignung erst beweisen muß. Die meisten sind insgeheim überzeugt, dem Ideal nicht zu genügen, also unwürdig und nur durch einen himmelschreienden Irrtum erwählt zu sein, der irgendwann – welch eine Beschämung – aufgedeckt werden wird. Die Probezeit – offiziell ein halbes Jahr – wird für manchen erst mit seinem Tod enden. Aber im Zweifel an der eigenen Idealität zweifelt der Napola-Schüler auch am Ideal. Was haben denn die anderen, das ich selbst nicht habe, was macht *deren* Eignung aus? Das ist der Beginn einer langen Kette von Desillusionen.

In der schweren Krise, in die jeder frischgebackene Napola-Schüler auf der Suche nach der eigenen »Idealität« gerät, stellt er schnell fest, daß die Frage falsch gestellt ist. Nicht der einzelne Erwählte, sondern die Gruppe, der »Zug«, ist der designierte Träger des Ideals. In der Macht der Gruppe konvergieren Anstaltsprogrammatik und Alltagserfahrung. Wird sie auf der einen Seite von den Erziehern gegen den Egoismus der einzelnen als Subjekt ethischen Handelns gesetzt, so ist sie es auf der anderen Seite, die auch vor den Schikanen ebendieser Erzieher schützt und den einzelnen im Augenblick der drohenden Katastrophe wirksam unterstützt. Wen sie fallen läßt, der fällt aus der Welt, aus der Napola – endgültig.

Die zweite von den Napola-Schülern entwickelte Idealformation, das Gruppenideal oder die Gruppenillusion, besagt, daß die Gruppe, wo die Anstalt das Leben des einzelnen aufs Spiel setzt, über den Tod siegen kann. Die Gruppe ist demnach stärker als der Terror der Anstalt, letztendlich stärker als der Tod. Sie repräsentiert den guten Teil der Anstalt. Aber auch dieses Ideal, dessen Kern die Schutzgruppenphantasie bildet, unterliegt der Desillusion. Die Gruppe wird immer deutlicher zum Instrument der Anstalt; sie straft und fordert Opfer wie diese selbst. Sie wird, wie die Anstalt, von einzelnen in Führungspositionen instrumentalisiert und mißbraucht. Diese Desillusion integriert die Angriffsgruppenphantasie.

Auf der dritten Stufe der Idealisierung wird das Gruppenideal mit der Angriffsgruppenphantasie zu einem Anstaltsideal verknüpft, das um einen aggressiven elitären Kampfauftrag zentriert ist. Informelle kleine Gruppen sind weiterhin Träger der Schutzgruppenphantasie, aber mittlerweile klandestin, wie ein Stück von wenigen geteilter Intimität. Wer nicht dazugehört, darf nichts davon wissen, wie man unauffällig füreinander sorgt, Verantwortung übernimmt und einander Rückendeckung gibt. Im Eliteideal der Anstalt werden die magischen Werte der Schutzgruppe und die expansiven Ziele der Angriffsgruppe mit gemeinschaftsbezogenen Versatzstücken der NS-Ideologie verlötet und so die Elite in den Dienst der »Volksgemeinschaft« gestellt.

Mit diesem Schritt ist die Umwandlung des Jungmannen in den Elite-Nazi vollendet. Die Napola ist eine Institution, die die »Metamorphose« der ihr Überantworteten betreibt. Das Prinzip dieser Metamorphose, der Weg zum Ideal, beruht, wie wir am Beispiel des Totpunkts gesehen haben, auf traumatischen Prozeduren körperlicher Qual und Überwindung, die vom Zögling als »Reinigungsprozeß« verstanden werden sollen.

Das ganze Umwandlungsprojekt basiert darauf, die Zöglinge möglichst weitgehend von ihrer Vorgeschichte zu trennen und – im Idealfall – eine Art Tabula-rasa-Zustand zu erreichen, auf dessen Grundlage eine weitreichende Neuprogrammierung stattfinden kann. Für die Vertreter der totalen Erziehungsinstitution sedimentiert sich diese Struktur in einer Art »exorzistischer« Perspektive: Sie sehen die Insassen notwendig unter dem Aspekt all dessen, was sie noch so augenfällig vom elitären Bildungsziel trennt; sie sind unter diesem Blick gleichsam habituell auf deren *Negativität* gegenüber dem Anstaltsziel fixiert.

Der kontinuierlich auf das Abweichende gerichtete Kontrollblick der Institution läßt die Zöglinge so radikal als Mängelwesen erscheinen, daß er nach Art einer self-fulfilling prophecy die Abweichung an ihnen systematisch hervortreibt. Diese Psychodynamik im Zeichen der gleichzeitigen Produktion und Elimination der Abweichung wiederholt in traumatischer Weise frühe Entwicklungsstufen und Dressate.

Viele Napola-Absolventen haben unbewußt ihre Napola-Sozialisation als Wiederauflage des Konflikts mit der allzu strengen Mutter in der Zeit der Sauberkeitserziehung erlebt. Dem liegt eine höchst reale Analogie zugrunde. Ebenso wie in der Anstalt das am einzelnen Abweichende zum Inbegriff des Individuellen und zur letzten Bastion des Selbst werden kann, betrachtet das Kind seinen eigenen Urin und Kot, auf deren pünktliche Ablieferung die Mutter so erpicht zu sein scheint, schließlich als kostbarsten Besitz. Beide können unter dem drakonischen Regiment die geforderte Veränderung nur als Unterwerfung sehen, nicht als eigenen Entwicklungsschritt, der neue Möglichkeiten eröffnet. Erikson schreibt über die anale Phase:

»Wenn eine zu frühe oder zu strenge Sauberkeitserziehung das Kind daran hindert, seine Schließmuskeln und sonstigen Funktionen nach eigenem Willen *allmählich* beherrschen zu lernen, gerät es in einen Zustand doppelter Rebellion und doppelter Niederlage. Machtlos in seinem eigenen Körper (und sicher oft geängstigt durch seine Eingeweide) und machtlos nach außen, ist es … gezwungen, entweder durch Regression oder durch einen Scheinfortschritt sein Gleichgewicht zu suchen. In anderen Worten: das Kind kehrt zur früheren, oralen Phase zurück, zum Beispiel indem es am Daumen lutscht und weinerlich und hilflos wird; oder es wird feindselig und trotzig und benutzt oft seine Ausscheidungen (und später häßliche Worte) als Ersatzmunition; oder es spiegelt Selbständigkeit vor und die Fähigkeit, ohne Hilfe fertig zu werden, die in Wirklichkeit noch gar nicht erreicht ist« (Erikson 1966, 78).

Alle drei von Erikson skizzierten Lösungsversuche des Machtkonflikts um die Sauberkeit spielen in der Napola eine Rolle. Einen ähnlichen Rückgriff auf bereits aufgegebene kindliche Verhaltensweisen wie das von ihm erwähnte Daumenlutschen stellt das in Kinderheimen und Internaten so verbreitete Bettnässen dar, das auch in vielen Napolas zum Problem wurde. Wer die Beherrschbarkeit des urethralen Schließmuskels vor allem durch Unterwerfung unter den Willen der frühen Mutter erworben hat, wird in der Wiederbegegnung mit einer analogen mütterlichen Übermacht diesen Fortschritt nicht »halten« können. Die Enuresis, die in den ersten Schuljahren *das* prototypische psychopathologische Symptom der Zöglinge darstellt, inszeniert mit den Mitteln der frühkindlichen Körpersprache einen aggressiven Protest gegen die Übermacht einer Institution, die in rabiater Weise beansprucht, über die Körper der Zöglinge zu herrschen. Allerdings ist die durchs Bettnässen agierte Aggressivität tief unbewußt und passiv. Aber wie spärlich auch immer der Krankheitsgewinn ausfallen mag, noch die ängstlichen und gequälten Versuche, die Folgen der kindlichen Unart zu vertuschen, verschaffen die Genugtuung, die übermächtige Mutter ein wenig zu hintergehen.

Das Bettnässen ist ein Indiz der traumatisierenden Wirkung der Anstalt. Es stellt eine Art Eingangssyndrom der totalen Erziehungsinstitution dar, das im allgemeinen von der – ebenfalls von Erikson beschriebenen – Pseudoselbständigkeit abgelöst wird. Diese ist die wohl institutionstypischste Konfliktlösung derjenigen, die das Niveau der »Angriffsgruppe« erreicht haben. Am leichtesten konnte sie von denen entwickelt werden, die gegenüber jüngeren Schülern Führungsaufgaben zu übernehmen hatten. Diese älteren Schüler konnten sich darauf beschränken, die eigene Selbständigkeit zu vergrößern und durch erfolgreiches Meistern der Führungsaufgaben Gratifikationen zu gewinnen, aber es war ihnen auch möglich, sich den Jüngeren gegenüber selbst in die Position der schikanösen Mutter der Reinlichkeitserziehung zu bringen.

Eriksons adoleszenztheoretisches Konzept der negativen Identität bietet einen weiteren Zugang zu einem besseren Verständnis der von der totalen Erziehungsinstitution produzierten Negativität (Erikson 1988). Erikson unterscheidet in der psychosozialen Identität des einzelnen positive und negative Elemente, die mit idealen und verabscheuten Prototypen in der jeweiligen Kultur in Verbindung stehen. Der Begriff der negativen Identität enthält also all das, was den herrschenden Idealvorstellungen widerspricht. In der Erziehungsinstitution Napola, die die Produktion von »idealen Menschen« zum Ziel hatte, müssen die Zöglinge darum kämpfen, nicht das Verdikt der Anstalt auf sich zu ziehen, nicht vor deren Kontrollblick zu versagen. Wo sie an sich Eigenarten entdecken, die den anstaltsspezifischen Schreckbildern von Schwäche und Minderwertigkeit entsprechen, sind sie dauernd damit beschäftigt, sie zu verbergen. Nur wo das ganz unmöglich ist, wie im Fall einer nicht mehr kaschierbaren körperlichen Häßlichkeit und Schwäche, kann sich – wie wir bei dem folgenden Fallbeispiel sehen werden – unter Umständen ein Stück offensiver negativer Identitätsbildung abzeichnen. Diese aber führt früher oder später zum Ausschluß aus der Anstalt.

Als Bert Molzow elf Jahre alt war, ließen sich seine wohlsituierten und einflußreichen Eltern scheiden und brachten ihn in ein Waisenhaus mit unbeschreiblichen hygienischen Verhältnissen. Nachdem er dort an Diphtherie erkrankt war, wechselte er in die staatliche Bildungsanstalt von L., die ein Jahr später, 1933, in eine Napola umgewandelt wurde.

Weiter als Bert Molzow konnte man damals kaum vom Napola-Ideal entfernt sein. Er war immer einer der Kleinsten gewesen und hatte eine schwächliche körperliche Konstitution, die ihn, wie er sagt, für sportliche Höchstleistungen und Schlägereien untauglich machte. Mit seinem rachitischen Brustkorb, den vorstehenden Zähnen und kurzgeschorenen Haaren habe er als Kind »so furchtbar« ausgesehen, daß er »natürlich immer gehänselt wurde«. Seine Kümmerlichkeit und bizarre Häßlichkeit, die in seiner Erzählung wie ein Stigma des von den Eltern Verlassenen erscheinen, ließen ihn zum Einzelgänger und Eigenbrötler werden, zum Träumer und Spätentwickler.

Nach vier Jahren verläßt Bert Molzow die Napola – wie zuvor das Waisenhaus – wegen einer Krankheit. Weil ein Mitschüler einen »schweinischen« Witz erzählt hatte, wurde die Klasse mit vierstündigen allnächtlichen Schweigemärschen bestraft, einen Monat lang, im November; man marschierte mit kurzen Hosen. Bert Molzow, der in der Napola weitgehend ohne Gratifikationen und Kompensationsmöglichkeiten lebte, konnte unter diesem Sprechverbot seiner ohnmächtigen Wut nur noch einen autoplastischen körperlich-psychosomatischen Ausdruck geben: Er holte sich Rheumatismus, der ihn zwang, die Anstalt zu verlassen. Etwa 45 Jahre später trifft er seine ehemaligen Klassenkameraden wieder. Er erzählt:

»... und ich war also unwahrscheinlich enttäuscht von den Leuten, die da noch waren und ausgebrannt, kein Feuer mehr hinter denen, wissen Sie, ich bin immer noch aktiv gewesen, ich war Idealist, ich bin ein bißchen negativ, ich weiß, aber für mich ist es kein negatives Wort. Aber es gibt viele, die sagen, Idealismus ist negativ, okay. Aber ich war eben Idealist und habe alles das, was ich machte,... mit Freude gemacht und habe das mit einem gewissen Idealismus gemacht, ob das jetzt nun für die Firma war, ob das für meine Firma war, ob das, wenn, wenn ich jemand helfen kann, dann mach ich das hundertprozentig. Und so nehm ich auch an, könnten die anderen damals auch gewesen sein. Denn die waren ja alle wesentlich mehr als ich. Wir waren auch jetzt bei dem fünfzigsten Jubiläum, bei dem Goldenen Abiturdingsda, ich muß ja, ich war ja der Geringste von allen, mir wurde doch immer gesagt: ›Ach, du Pfeife, du Flasche‹ oder so, nicht. Nicht ganz so schlimm, ich übertreibe jetzt. Aber ich hatte ein absolut negatives äh Image da gehabt bei denen. Ja, und jetzt guck ich mir die anderen an (lacht), war es genau umgekehrt, nicht. Jetzt konnte ich sagen, ja, was fällt euch jetzt noch ein, ihr Flaschen, es war genau umgekehrt. Ob das nun Zufall ist oder so...

I: Also die Größen von damals, die gut in Sport waren...

Molzow: Ja, ja, genau, also entweder waren sie tot, nicht wahr, oder aber sie waren... zu behäbig, zu phlegmatisch, zu abgeschlossen, nicht? Für mich ist es noch lange nicht abgeschlossen.«

»Idealismus« ist für die meisten Napola-Schüler das Schlüsselwort ihrer Ausbildung und deren zentraler Wert: das Positivum schlechthin, das jedoch nach dem Scheitern des NS-Regimes für viele zum Signum eines falschen Weges wurde, zum Negativposten. Sie gelobten, sich niemals mehr durch Ideologien und Ideale täuschen zu lassen und sich statt dessen illusionslos an die Realität zu halten. Wenn sie dieses Credo im Gespräch formulieren, ist die ganze Bitterkeit und Scham, mit der es erworben wurde, noch zu spüren. Nicht selten hat die Art der Mitteilung etwas Aggressives, fast Übergriffiges, als solle das Gegenüber augenblicks zur Aufgabe seiner Illusionen gezwungen werden. Den vermuteten Illusionen der anderen scheint etwas Unerträgliches anzuhaften, das beseitigt werden muß.

Demgegenüber hielten andere Napola-Absolventen an der alten Idealstruktur fest. So hat Bert Molzow aus der Position des Minderwertigen und Verachteten – als Antityp des Napolaners – seine Mitschüler, die ihm allesamt so überlegen waren, schließlich übertroffen. Er hat den alten napolanischen Enthusiasmus, den »Idealismus« der Eliteinstitution für sich gleichsam neu erfunden, so wie ihn die anderen damals gehabt haben könnten, als er die Schule bereits verlassen hatte. Ist nicht der der eigentliche Napolaner, der sich aus der Position absoluter Negativität an die Spitze setzt und dann siegt, wenn alle anderen schon aufgegeben haben? War ihnen nicht genau das nahegebracht worden?

Innerhalb der Napola hatte Bert Molzow von Anfang an keinerlei Chance, dem Ideal zu entsprechen und das Programm einzulösen. Nachdem aber das Projekt, in dem er die minderwertigste Position innehatte, so schmählich gescheitert war, konnte er neu beginnen. Im Gegensatz zu seinen in der Napola erfolgreicheren Kameraden hatte er für sich nichts Wertvolles verloren. Bert Molzow war aus der Welt gefallen, als er ins Waisenhaus gebracht wurde, nicht aber, als er die Napola verlassen mußte, und auch nicht 1945, als für seine Klassenkameraden alles zusammenbrach.

Durch seine nachträgliche Wiedererschaffung des Napola-Ideals, nachdem dieses historisch dahin war, wurde Bert Molzow zur reinsten Verkörperung des zentralen Erfahrungskerns dieser Institution, den er klarer als andere beschreibt:

»Und grade diese Härte, die man da mitbekam, entweder ist man zerbrochen und wurde, also man sagt immer so schön, wenn jetzt einer, oder das hat man früher mal gelesen, wenn einer dann vorm Richter stand: Ja, Herr Richter, ich hab auch eine schlechte Familie gehabt und so und so, nicht, und deswegen hat er geklaut oder wurde zum Verbrecher. Entweder ist man kaputtgegangen, oder man ist wie Phönix aus der Asche wieder auferstanden. Und das hab ich bei der Napola gelernt, und deswegen bin ich indirekt heute noch dankbar, auch wenn es eine harte Zeit war. Ich meine, wenn man kein Elternhaus hat, ... was macht man dann?«

Nicht nur, daß sich der mythische Phönix aus der Asche so gut als Totemtier der Enuretiker eignete – wegen der unbewußten symbolischen Gleichsetzung von Feuer und Wasser, die in Gerhard Iddels schönem Satz: »Wir pißten in die Betten, daß es rauchte«, augenfällig wird –, als ein Wesen, das im Feuer stirbt und aus der Asche wiedergeboren wird, ist das Fabeltier auch als napolanische Leitgestalt einleuchtend, in der sich der (soziale) Tod als zentrale Sozialisationserfahrung der Zöglinge verdichtet. Am Totpunkt entsteht, wie der Phönix aus der Asche, das Elitewesen. Es ist, wie wir bei Gerhard Iddel sehen werden, dadurch charakterisiert, daß der Augenblick seiner tiefsten Ohnmacht mit dem Eintritt in eine Machtposition verschmilzt. Für Bert Molzow dagegen wurde der Totpunkt nachträglich zum Ursprung seiner Individuation. Er hat in der Napola, wie auch später beim »Kommiß«, gelernt, die tausend Augenblicke des sozialen Todes zu überstehen und sich als denjenigen zu sehen, der Demütigungen und Kränkungen überleben wird. Er hat den »sozialen Tod« gleichsam ein zweites Mal auf sich genommen; das ist die Formel der Individuation im Zeichen des Traumas. Bert Molzow, der Linkshänder, Geigespieler und Einzelgänger, hat die von der Napola verhängte negative Identität als *seine* Identität gewählt und daraus die Möglichkeit gewonnen, *in* der Anstalt *gegen* sie ein Stück einsame Individuationsleistung zu erbringen, die auf die stützenden Formen der »Kameradschaft« und die Integration in die schützende Gruppe verzichten mußte. Gerade auf diese Leistung geht der paradoxe Effekt zurück, daß er *nach* der Zeit in der Anstalt deren terroristische Erziehungsmaximen partiell anerkennen, integrieren und für seine Karriere nutzen kann: Er hat sie »überlebt«. Bei Bert Molzow wirkt die Napola als »nachträgliche Institution«. Die Annahme der negativen Identität hat es ihm erlaubt, die Größenphantasien aufzubewahren, die er auf der Napola nicht unterbringen konnte. Insofern ist er, der von ihr Verstoßene, im Reich der Nachträglichkeit der ideale Napolaner. Sein »Totpunkt« war die Napola selber. Nach ihm konnte das Leben beginnen.

Teil 2
Die Prägung

Hinter dem Schleier der Geschichte: Robert Teschner

Robert Teschner ist einer derjenigen unserer Gesprächspartner, die wir nicht über Suchanzeigen gewonnen haben, sondern die uns von Forscherkollegen als möglicherweise Interessierte genannt worden sind, weil sie sich schon einmal öffentlich zu ihrer schulischen Vergangenheit geäußert haben. Im Falle Robert Teschners handelt es sich um einen Zeitungsartikel über seine Napola-Erfahrungen, den ich zum Zeitpunkt der Kontaktaufnahme weder kenne noch zur Kenntnis nehmen möchte. Ich will vermeiden, mich mit zu vielen Vorinformationen zu belasten. Auf meine briefliche Bitte um ein Gespräch folgt prompt ein handgeschriebener, überaus freundlicher Brief, in dem Herr Teschner nicht nur seine Bereitschaft erklärt, sich mit mir zu unterhalten (»Natürlich bin ich bereit, Ihnen Auskunft zu geben; wahrscheinlich würde es auch Zeit, denn man vergißt mancherlei, fängt an, manches leicht zu verdrehen – wie das mit der Erinnerung eben so geht«), sondern auch gleich präzise Möglichkeiten zu einer telefonischen Terminvereinbarung eröffnet. Das Telefonat ergänzt den Eindruck, den der Brief hinterlassen hat. Im Notat heißt es: »Robert Teschner ist bei mir seit der ersten Kontaktaufnahme in ein positives Vorurteils- oder Erwartungsschema gefallen: ein dezenter, die Vergangenheit nicht verleugnender, sich von ihr sacht distanzierender Brief, ein freundliches, für meinen Geschmack etwas zu ›flötendes‹ Telefonat haben mir souffliert, es handle sich hier um einen differenzierten, ›feinen‹ Menschen, keineswegs um einen verkappten Nazi, dem es gelungen sei, seine ideologischen Dispositionen den gesellschaftlichen Realitäten anzupassen.« Meine Erwartung wird nicht enttäuscht. An seinem Arbeitsplatz begegne ich einem überaus zivilen Herrn, der auf den ersten Blick an einen Pianisten der Kempff-Generation erinnert. Eine konkrete Reminiszenz trägt dazu bei: Robert Teschner erinnert mich an meinen ehemaligen Musiklehrer. In seinem Büro bietet er mir, als es um die bequemste Möglichkeit geht, mein Tonbandgerät ans Netz anzuschließen, seinen Schreibtischplatz an und zieht sich, fast übertrieben bescheiden, auf den Besuchersessel zurück. Ich registriere seine Schüchternheit. Er ist, so scheint mir, auf eine fast jungenhafte Weise aufgeregt, was nicht so recht zu seinem soignierten Äußeren und der Ausstrahlung von Souveränität paßt. Der »Musiklehrer«-Eindruck verwandelt sich, ohne völlig zu schwinden: Der »künstlerische« Touch von Robert Teschner tritt schon bei seinen ersten Worten hinter eine beeindruckende Intellektualität zurück. Ich spüre eine spontane Sympathie und eine große Erleichterung. Meine bisherigen Interviewpartner hatten eher dem Schreckbild des Napolaners entsprochen und mir höchst ambivalente Gesprächssituationen beschert. Meine Erleichterung besagt: »Hier mußt du dich nicht mit einem alten Nazi auseinandersetzen. Hier wirst du keine distanzlos-unkritischen Elogen über die Napola hören, sondern neue Eindrücke gewinnen können.«

Unsere Sitzanordnung – ich sitze höher als er – ist so, als sei ich Robert Teschners Vorgesetzter oder als sei ich der Lehrer, er der Schüler. Ich fühle mich sicher. Robert Teschner hat mich mit großem Geschick in eine Rolle hineinmanövriert, die ihm die Möglichkeit verschafft, auf der Welle meiner Sympathie zu schwimmen. Vielleicht ein notwendiges Manöver, denn er fühlt sich durch mein Vorhaben – und das erklärt wohl zum Teil seine Schüchternheit – durchaus »geprüft«. Mit der von ihm arrangierten Sitzanordnung wiederholt er szenisch ein Stück »Schule«. Ein Stück Napola?

Robert Teschner ist mit Verspätung zur Napola gekommen. Erst 1941, als 13jähriger, ist er am Ende der Quarta nach A gekommen. Der Anlaß für den Schulwechsel scheint kontingent. Seine örtliche Oberschule mußte schließen, weil sie zu wenig Schüler hatte. Die Eltern wollten nicht, daß der zarte, von ihnen offenbar als »zu weich« eingeschätzte Junge Fahrschüler mitsamt den antizipierten Fährnissen von »Bier, Mädchen, Kartenspielen« würde, und so schien es nahezuliegen, sich dem Beispiel des ehemaligen Bürgermeisters anzuschließen, dessen Söhne auf der Napola A waren. Als handlungsleitendes Motiv der Eltern vermutet Robert Teschner den Wunsch, aus ihm, dem »schüchternen Bübchen«, einen richtigen Jungen zu machen: »Ich war überhaupt ein sanfter Knabe und schüchtern, und es hieß eigentlich, meine Schwester sei der eigentliche Junge und ich sei eigentlich vom Typ her ein Mädchen, und vielleicht spielte auch bei meinen Eltern der Gedanke mit, daß ich auch so an der Napola so richtig Junge werde.« Ihm selber sei das Vorhaben »immer ein bißchen unheimlich« gewesen, und er habe nach absolvierter Aufnahmeprüfung auf eine Ablehnung gehofft.

Bei genauerem Hinsehen wird deutlich, daß das zitierte elterliche Motiv kaum das einzige, vielleicht nicht einmal das entscheidende gewesen sein dürfte. Für beide Eltern ist unverkennbar die Idee eines Aufstiegs entscheidend mit der Schulwahl verknüpft gewesen. Dem als »Zwölfender« und

»Mitläufer« abwertend beschriebenen Vater, der selber einen bescheidenen sozialen Aufstieg zum Justizbeamten geschafft hatte, unterstellt Robert Teschner schlicht »berechnendes« Verhalten: Die Napola sei von ihm als Karrieresprungbrett eingeschätzt worden (»Wenn er auf *der* Schule ist, hat er mehr Chancen«). Auch wenn in diesem Zusammenhang politische Einschätzungen vermieden werden, ist doch deutlich, daß es weniger die pädagogische Qualität als vielmehr die ideologische Ausrichtung der Schule war, die – zu Recht – Karrierehoffnungen blühen lassen konnte. Während Robert Teschner seinem Vater also durchaus klare politisch-opportunistische Beweggründe für die Anmeldung zur Aufnahme in die Napola zurechnet, bleibt die Charakterisierung der Mutter zwiespältig. Sie, die eigentlich »treibende Kraft« hinter der Entscheidung, habe weniger an den Aufstieg als »an das Praktische« gedacht – nämlich aus dem Sohn durch die Napola einen »richtig forschen, flotten Jungen« zu machen. Zu den üblichen Konnotationen, die die Vorstellung des »richtigen Jungen« als Erziehungsideal begleiten, will allerdings die lebhaft geschilderte, ambitionierte und »kulturbeflissene« Haltung der Mutter nicht recht passen; sie bleibt seltsam unintegriert. Eindeutig scheint ihre dem Sohn implantierte Orientierung am »Höheren« im Sinne bildungsbürgerlicher Vorstellungen. Diese Orientierung und die damit verbundene Art des Aufstiegs scheint freilich, jedenfalls legt mein Gesprächspartner dies nahe, durch harte Disziplin verwirklichbar. Als Robert Teschner auf der Realschule im Gegensatz zur Volksschule, in der ihm alles »zuflog«, in seiner Klasse keinen Spitzenplatz mehr belegt, wird seine Mutter »dadurch ganz irre«; die Napola mag da als eine Anstalt, die für ihre Disziplin bekannt war, in die Vorstellung der bürgerlichen Vervollkommnung gepaßt haben. Aber dies ist Spekulation. Tatsache ist zweierlei: Robert Teschner ist nicht, wie so viele unserer Interviewten, ein »abgeschobenes Kind«, eines, das nach einer Scheidung oder Wiederverheiratung, plötzlichen Veränderungen der ökonomischen Lage oder anderen Peripetien im Leben der Eltern von ihnen »fortgegeben« und mehr oder weniger »vergessen« wurde. Er ist vielmehr mit einem positiven Bildungs- und Aufstiegsauftrag auf die Napola geschickt worden. Und noch etwas ist klar. Robert Teschner hat diesen Erwartungen, so sehr er sie in seinem späteren Leben erfüllt hat, in der Napola nicht entsprochen. Er blieb die ganze Zeit in A ein unterdurchschnittlicher Schüler – und er zeigt noch heute Spuren von Scham, wenn er feststellt, daß er für den »elterlichen Trieb, aus ihren Kindern was zu machen«, kein geeignetes Objekt war und damit den unformulierten Familienvertrag auf Gegenseitigkeit nicht erfüllte: »Aber natürlich, wie das üblich ist, zehrten sie auch wiederum vom Ruhm der Kinder, da war sicherlich die Enttäuschung eben, daß man eben nun nicht gleich wieder ein Star wurde.«

Für Robert Teschner war die Napola ein einziges Entwicklungshindernis: Traumatisch vom ersten Augenblick an, als er in seiner Funktion als Oberhordenführer der HJ degradiert wird (»Das gilt hier nichts«), bis hin zu den Bemühungen, nach Kriegsende das Abitur zu machen, bei denen er als ehemaliger NS-Eliteschüler erst einmal auf die »Übeltäterbank« gesetzt wurde. »Wie ein Sträfling« hat er das erste Vierteljahr in A eine Strichliste in einem vom Großvater geschenkten Kalender geführt, »wo ich meine Kreuze machen konnte und sagen, so viel Tage getötet, nur noch so viel, bis...«.

Robert Teschner ist vor allem auf der Napola zu dem geworden, was sich gleichsam als Grundmotiv seines weiteren Lebens durchhält: Das in seiner Geschlechtsidentität unsichere »schüchterne Bübchen«, das doch als Stolz der Eltern und guter oder noch leidlicher Schüler sich befriedigend mit seiner Umwelt zu arrangieren wußte, wurde mit dem Übertritt in die Welt des Eliteinternats fühlbar zum Außenseiter. »Ich bin«, sagt er, »auch früher schüchtern und ängstlich gewesen; auch einer, der alle Kinderkrankheiten gehabt hat, ich bin eher sensibel geworden.« Und er fragt sich, skrupulös, was davon aufs Konto der »eigenen Psyche« zu schreiben ist, was möglicherweise eine Folge der Schule sein könnte. Robert Teschner macht es sich, wie gewöhnlich, mit der Antwort nicht leicht und sein »Ich glaube, daß auf der Schule es forciert worden ist« klingt immer noch so, als stecke in der Aussage eine als illegitim empfundene Schuldzuweisung an andere. Dabei bringt er mit dieser Formulierung auf den Begriff, wie die Napola-Erziehung funktioniert. »Es« forcieren heißt, die Eigenheit der Schüler aufzuspüren und daraus das Material für die institutionelle Zurichtung zu gewinnen. Die Institution braucht ein Einfallstor, um ihre Zöglinge nicht nur zu beherrschen, sondern sie von innen her zu besitzen. Sie greift dabei immer das auf, was dem einzelnen als das »Abweichende« an ihm selber erscheint. Sie ergreift und verwaltet die Differenz, aus der Individualität sich formt – und sie tut dies tatsächlich total, nimmt die Körper ebenso in Regie wie den Intellekt und die Phantasie. In der Napola wird virtuos das »Genie der Deutschen fürs Abweichende« (Peter Brückner) zur pädagogischen Technik umgeformt, die die Angst vor der Individuation, die den Knaben im Übergang von der Latenz zur Adoleszenz bewegt, als Klebstoff für die pseudo-individualisierende Generierung eines Gruppenichs benutzt, in dem die beiden, in sich widersprüchlichen Anforderungen der Napola, das Elitebewußtsein und die völkisch gebundene »Selbstlosigkeit«, übereinkommen können. »Es« forcieren heißt auch, die »normalen« Gesellungsformen der Adoleszenz und die darin enthaltenen aggressiv-destruktiven Mechanismen mit einer Ideologie zu legieren, die ihre zerstörerischen Züge mit einer Legitimation versieht, die das Spiel von Grenzüberschreitung und Reglementierung zugunsten des »mannhaften« Exzesses tendenziell außer Kraft setzt.

Man muß nicht Foucault-Anhänger sein, um die überragende Bedeutung der körperlichen Dressur, die Inszenierung des Körperbildes und der auf dieser Ebene angesiedelten »Selbstreflexion« zu erkennen, die über den Gruppenmechanismus vermittelt wird. Jeder Napola-Schüler, der seine »Andersartigkeit«, das von ihm sorgsam gehütete »Abweichende« auf der Ebene des Körperbildes entdecken muß, ist in keiner beneidenswerten Lage. Er ist es um so weniger, wenn er es nicht versteht, seine Differenz so in die Mechanismen der Gruppe einzubinden, daß aus ihr nicht ein »Selektionsgrund« wird. Wehe dem aber, der, warum auch immer, außerhalb der Gruppe steht.

Als Robert Teschner mit 13 Jahren einem »Zug« zugeordnet wird, der drei Jahre Zeit hatte, sich als Gruppe zu konstituieren, entdeckt er sein Außenseitertum in sehr zeittypischer Weise. Er ist das ganze Gegenteil des »nordischen Ideals«; mit seinem runden Schädel wird er als »Kartoffelkopf« verspottet, was ihn sehr trifft. Und »weil ich natürlich auch etwas Nordisches eigentlich haben wollte«, beginnt er mit »Umdeutungen«: »Und dann habe ich für mich eine Mischung gefunden, die sehr passabel war, weil auch Hitler darunter lief, nämlich nordisch-dinarisch mit etwas ostisch.«

Der 13jährige hat es in diesem Punkt verstanden, sein Außenseitertum hinsichtlich der »rassischen Komposition« durch eine geschickte Selbstdefinition, die ihn dem Zentrum der Macht annähert, zu kompensieren. Interessant aber, daß der 62jährige diese Geschichte gleich zu Beginn unseres Gesprächs in einem Zusammenhang zum besten gibt, der ihm so wichtig ist, daß er ihn mir schon im Brief und auch im Telefonat mitteilte, nämlich seiner Einschätzung, daß es sich bei der Napola gar nicht um eine Eliteschule gehandelt habe:

»Nein, es war, also ich zweifle ein bißchen daran, daß das wirklich eine Elite war. Die Suche war ja, bis, glaube ich, dreiundvierzig zufällig, Junge, oder Eltern, die ihre Kinder da angemeldet haben. Und dann erst, dreiundvierzig, gingen die mal los und suchten selber aus. Ich weiß, da gab's so eine Kommission von zwei oder drei Lehrern, die dann durchs Land fuhren und sich da die Jungens in den Schulen anguckten.

Und da spielte dann auch eine Rolle wohl die rassische Komposition. Also ich habe mich oft gefragt (lacht), was an mir nordisch ist oder eigentlich ostisch, also da bin ich deswegen auch oft verspottet worden... Aber ich selber habe mich gewundert, ich war also kein besonders nordischer Typ, ich war nicht besonders sportlich, in der Schule war ich eigentlich Normaltyp, ich bin mit der Schule eigentlich erst nachher aufgewacht. Ja, wissen Sie, mit der Elite, ich zweifle auch daran, weil die Lehrer ja auch keine tollen Lehrer waren. Also das war reiner Durchschnitt, und die sind ja auch zufällig dazu gekommen.«

Ein ironisch-tödliches Stück weit denkt Robert Teschner hier so »immanent«, daß sich die beiden Pole seiner Einschätzung berühren und zu einer Kausalität verschränken. Die Napola war keine Eliteschule, weil an ihr Leute wie er geduldet wurden. Er, der »Kartoffelkopf«, die »Flasche« im Sport, der durch einen (bösen) »Zufall« nach A. kam, zeigt, wie zufällig das Ganze war: nicht mit hinreichender Systematik betrieben. Erst der ausgeschaltete Zufall würde den Napola-Gedanken »rein« machen. Ein bißchen gibt Robert Teschner, der Außenseiter und Gegentypus, der nicht in das Bild paßt, sich selber die Schuld dafür, daß die ganze Chose nicht klappen konnte.

Wenn man seiner Erzählung glaubt, dann ging es sein ganzes Leben »zufällig« weiter, wirkliche Gründe für die sehr erfolgreiche Gestaltung sind nicht so recht auszumachen. Nach dem ersten Gespräch notiere ich:

»In gewisser Weise wirkt die Art seines Erzählens, die ganze Art, wie er sich gibt, so, als läge über allen seinen Handlungen, Vorstellungen und Erinnerungen ein Schleier: etwas Phantomhaftes, das die Realität mit einer surrealen Aureole umgibt. Diese schwebende Distanz zu den Dingen koinzidiert mit einer geradezu institutionalisierten Erstauntheit und Naivität: so etwa, wenn er von seinem Staunen darüber berichtet, daß er als Napolaner – bei der Organisation eines Jugendlagers – seine mangelnde ›Führungsqualität‹ feststellen mußte. Ohne daß dies im vorherigen Gespräch thematisch geworden wäre – Robert Teschner betont ja im Gegenteil immer wieder, seiner Meinung nach seien die Napolas keine Eliteanstalten gewesen –, muß er damals also blindlings von der Richtigkeit und faktischen Geltung des Eliteanspruchs seiner Schule überzeugt gewesen sein. Ich betone diese – an sich ja triviale – Differenz zwischen seinem Urteil als Schüler und als Erwachsener deswegen, weil Robert Teschners heutiges Auftreten irgendwie die Vermutung nahelegt, schon den Zögling müsse dieselbe Skepsis gegenüber der Napola ausgezeichnet haben, die heute seine Erzählweise prägt. Das ›Schleierphänomen‹ scheint mir wie der Indifferenzpunkt von Gläubigkeit und Skepsis, eine ›objektive Ironie‹ gleichsam, die es ermöglicht, jede neue Wendung des Schicksals nicht stoisch, aber fast interesselos akzeptierend auf sich zu nehmen. Dieses seltsame Schweben über der Realität scheint Robert Teschners Lebensweg begleitet zu haben. Seine Karriere erscheint in der Erzählung wie die Summe glücklicher Zufälle – und man beginnt es zu glauben; jedenfalls merke ich meine Überraschung, wenn Robert Teschner plötzlich von sehr handfesten und realitätstüchtigen Handlungen und Entscheidungen berichtet.«

Diese Bemerkung quittiert bereits, unbegriffen, die Folgen meiner Gegenübertragung. Ich »glaube« Robert Teschner. Unbewußt habe ich das mir gebotene Bild des Erwachsenen mit seinem abgewogenen intellektuellen Urteil auf das Kind, das er auf der Napola war, übertragen. Ich bin zu diesem Zeitpunkt längst in Robert Teschners »Schleier« verstrickt.

Zum Zeitpunkt des Notats ist mir ebensowenig klar, daß es bei diesem »Schweben«, dem »Schleierphänomen«, um eine abgewehrte Schuld gehen könnte, wie die Bedeutung jener Intervention im ersten Gespräch mit Robert Teschner, mit der ich das Phänomen des »Schwebens«, der Distanz, des Zufälligen aufs Korn nahm: Robert Teschner erzählt gerade mit leichtem ästhetischem Degout darüber, wie er die alte Anstalt in A vor kurzem wiedergesehen hat (»... diese Architektur... so ein Klassizismusverschnitt mit so einer merkwürdig provinziellen Monumentalität...«), als ich versuche, mich aus dem Schleier der Rede, der sich auch auf mich legt, zu befreien. »Wenn Sie so davon erzählen, dann klingt das wirklich so, als hätte Sie das nicht so beeinflußt, die ganze Zeit. Also ich habe so den Eindruck, Sie leben so in einer freundlichen Distanz zum Geschehenen...«

Robert Teschners Reaktion darauf überrascht mich – und zeigt in der Retrospektive, daß der Schleier hier wenigstens an einem Stück einriß. Erstmals läßt mein Gesprächspartner das »schüchterne Bübchen« von einst aus der Erinnerung in die Realität treten und enthüllt eine sorgsam gehütete Angst, die alle seine beruflichen Tätigkeiten begleitet, die Angst, es könnte danebengehen. »Und zwar weiß ich, daß mich keiner mehr rausschmeißen kann, aber ich habe lange gedacht, daß irgendwann könnte jemand kommen und sagen, also, lieber Robert oder lieber Herr Teschner, es reicht nicht, ich glaube, Sie müssen doch gehen. Und das hängt, glaube ich, mit dieser Zeit zusammen, wo ich nie, eigentlich nie gut war.« Es ist eine reinszenierte quälende Angst: Als »Robert« von der Eliteschule zu fliegen ist identisch mit dem Rauswurf »Herrn Teschners« aus einer privilegierten Stellung in einer privilegierten bundesrepublikanischen Institution. Es ist die Angst des Außenseiters, der mir »gesteht«, heute noch an »Minderwertigkeitsgefühlen« zu leiden, der, wenn es irgend geht, größere Gruppen meidet, die ihn an das ständig anwesende Publikum der Strafrituale in der Napola erinnern;

der schließlich verlegen auf sein Hauptsymptom zu sprechen kommt, das »Erröten«, das so einfach und brutal von anderen provoziert werden kann.

Robert Teschner leidet an Schamangst. Angst, Scham und Schuldgefühl sind nicht auf der Napola *produziert* worden. Sie sind, wie gut hat Robert Teschner das formuliert, *forciert*, in eine neue, spezifische Form gebracht worden. Der sich Schämende, der, wie Erikson ihn beschreibt, annimmt, »daß er rundum allen Augen ausgesetzt ist«, »sich unsicher und befangen« fühlt, lebt in der »Angst vor Bloßstellung..., Demütigung, Blamage, Verachtung aus irgendeinem Grund«; im engeren Sinne »fürchtet man bei der Scham die Bloßstellung von Verstößen gegen Anstand und Sitte, speziell gegen Tabus, die sich auf das ursprünglich als Scham benannte Organ selbst beziehen« (Richter 1992, 151). Schamangst, so Richter, »wird leicht bei einem Kind gezüchtet, dessen Eltern es... zu einem Substitut ihres eigenen Ichideals auserkoren haben, allerdings mit dem speziellen Auftrag, daß der Erfolg *äußerlich sichtbar* wird«.

Ebendiesen Auftrag hat Robert Teschner erhalten. Aber nicht seine Eltern haben ihn durchgesetzt, sondern sie haben die Rolle dessen, der für die Durchführung des ehrgeizigen Programms sorgt, delegiert. Sie haben sich mit der Einschaltung der Napola für »ihre« Ziele nicht an die fundamentale Spielregel gehalten, daß die Funktion des generationell delegierten Ichideals nur dann im Sinne seiner Erfinder erfüllt werden kann, wenn diese auch weiterhin die Aufrechterhaltung der Überich-Normen garantieren, die das Ichideal gleichsam korsettieren, das heißt in den Rahmen von Sitte und »Normalität« einpassen. Robert Teschners Eltern haben es sich nicht, wie man meinen könnte, sehr leicht gemacht, indem sie die Napola als Delegationsinstanz für die Durchsetzung ihrer Ziele wählten, sondern sie haben sich einfach in gewisser Weise »typisch deutsch« verhalten, indem sie von der Konformität ihrer (privaten) Ichideal-Konstruktion mit dem (öffentlichen) Bild von Elite ausgingen. Sie sind insbesondere, bezogen auf ihre Wunschvorstellungen, »naiv« gewesen, wenn sie darauf vertraut haben, daß die Karriereschmiede Napola ihren persönlichen (Überich-)Normen entsprechend die Entwicklung des Ichideals auch nur hätte begleiten *wollen*. Mögen tatsächlich, bis zu einem bestimmten Grade, die individuell – insbesondere durch die Mutter – vertretenen Idealvorstellungen sich mit denen der Institution gedeckt haben, so gilt das keineswegs für den Zusammenhang von Ichideal und Überich. Die Napola hat zweifelsfrei alles darangesetzt, für ihre Zöglinge ein »soldatisches« Überich aufzurichten, das nur schwer mit jenem »kulturellen« Ichideal zu vermitteln war, das Robert

Teschner selber seiner Mutter unterstellt. Als er nach A. kam, war er von vornherein in der »unmöglichen« Rolle eines »Dieners zweier Herren«. Er hatte den familiären – mütterlichen – Auftrag zu erfüllen, es ›kulturell‹ zu etwas zu bringen, »hochfliegende« Pläne zu verwirklichen; und er trat nun in eine Institution ein, die es geradezu darauf angelegt hatte, das primäre Überich aus seiner familiären Bindung zu lösen und damit den konstitutiven Rahmen jeder Idealisierung zu verändern. Der Auftrag der Napola war durch eine rigide und gleichsam existentielle Überich-Struktur vermittelt, die Robert Teschner selber schlicht in dem ihm auf der Napola immer wieder eingehämmerten Satz »Ihr seid besser« benennt.

Robert Teschner hat das Kunststück, diese beiden Aufträge gleichzeitig zu erfüllen, nicht fertiggebracht. Er weiß auch nicht, daß sich daraus früh für ihn eine zweifache Scham und Schuld ergeben hat, nämlich weder den Ansprüchen der Mutter noch denen der Institution gerecht geworden zu sein – eine Konstellation, aus der sich nach dem Kriege eine weitere lebenslängliche Schuldproblematik ergeben sollte; aber er gibt ein gutes Beispiel dafür, wie Wunsch und Elitenorm aufeinanderstießen. Bei einem der üblichen Werbefeldzüge der SS auf der Napola erfuhr er auf die Äußerung seines Berufswunsches: »Ich will Flugkapitän werden« die Antwort: »Ja... das kann jeder werden, dann mußt du schon sagen, du mußt Chef der Lufthansa werden.«

Robert Teschner hat es auf der Napola also niemandem recht machen können. Gar nicht davon zu reden, daß für ihn, für seine Wünsche kein Raum war, stellte sich das soldatische Überich-Gebot der Schule gegen den mütterlichen Auftrag, und dieser ist unter dem Schmerz der Trennung und dem doppelten Ausgeliefertsein gegenüber der allmächtigen Institution und der furchteinflößenden Gruppe der Gleichaltrigen zunächst begraben – wie sich später zeigt, eingefroren – worden. Als ich ihn frage: »Sie müssen doch eigentlich so in dieser Anfangszeit, wo Sie sehr verzweifelt gewesen sind in A., da müssen Sie doch eigentlich Ihren Eltern sehr gegrollt haben?«, gibt er mir eine bemerkenswerte Antwort: »Hm... ne, ich glaube nicht; also ich wußte wie, daß, ich wußte wohl, daß sie das Beste wollten. Ich habe, und merkwürdigerweise, wenn ich an diese erste Zeit denke, dachte ich mehr an meinen Großvater... mütterlicherseits«, jenen, der ihm den »Sträflingskalender« mit nach A. gegeben hatte. Zu diesem hatte Robert Teschner stets ein »sehr angenehmes Verhältnis«, das offenbar vom elterlichen Anspruchsdenken entlastet war. Mit seiner Antwort auf meine Frage bestätigt Robert Teschner 50 Jahre nach der Trennung von seiner Familie nicht nur seine damalige Wut und Verzweiflung, die ihn zu einem kompensatorischen Ausweichen auf die Beziehung zum Großvater zwang, sondern liefert noch einmal die gleichermaßen mühsame wie konventionelle Legitimation für deren Verhalten: Sie hätten doch nur das Beste gewollt.

Auf der Erlebnisebene aber ist die Napola – Gegenstand der Aufstiegswünsche seiner Eltern – für Robert Teschner faktisch eine einzigartige Erfahrung von Deprivilegierung und, wie er es nennt, »Demütigung« gewesen. Er selber unterscheidet im Gespräch zwischen zwei Arten der Demütigung, jener, die den Charakter eines Rituals erhält – etwa die initiale Degradierung als HJ-Oberhordenführer –, und der gleichsam permanenten, unzeremoniösen Art der alltäglichen Unterwerfung und Gängelung, die sich den Begriffen »Schleifen« und »Drill« subsumieren läßt. Von allen unseren Gesprächspartnern ist er derjenige, der beide Dimensionen von Demütigung am genauesten – und am wenigsten ambivalent – beschreibt. Bei ihm ist nichts von der nachträglichen Legitimation oder lebensgeschichtlich fortgeschriebenen Unterwerfung zu spüren, die viele der von uns Befragten gezeigt haben. Aber gerade in den Erzählungen über die Demütigungsprozeduren, so scheint es, wird der »Schleier« am deutlichsten spürbar. Wohl gibt es die, anhand eines Drillrituals geschilderten, Momente, in denen »Sie ohnmächtig vor Wut [werden], und Sie können nichts machen, und da sind Sie so außer sich, also das sind so Momente, wo man jemanden umbringen kann oder irgendwas tun kann«; aber letztlich scheinen nicht sie es gewesen zu sein, die den Kern der Demütigung gebildet haben. Die wirkliche Demütigung liegt in jenen Prozeduren, die den einzelnen herausstellen, ihn von der Gruppe trennen und ihn damit ihr ausliefern. Es sind diese Rituale, die am stärksten schamauslösend sind. Und es sind die Vorgänge, die die Qual, der jeder einzelne unterworfen wird, aus dem Elitestatus legitimiert. Diese Mechanismen setzen mithin an der doppelten Bindung von an die Gruppe delegierter Idealvorstellung und von der Institution vertretener Überich-Norm an. Sie sind es, die die Struktur der Institution und ihres alltäglichen Funktionierens prägen.

Robert Teschner schildert einen Alltag, der durch den systematischen Entzug von Sicherheiten charakterisiert ist; der gleichsam ein einziger *Anlaß* dafür ist, unterm Gesetz der Norm die Abweichung kenntlich zu machen, im Namen der Elite das nächste Strafritual zu ermöglichen. Seine differenzierte Darstellung enthüllt – immer aus der schwebenden Distanz des Erzählschleiers – eine Struktur, die das Ritual als Ahndung der Abweichung und den Vollzug des Alltags als angstbesetzte *Möglichkeit* der Abweichung bestimmt. Damit unterscheidet er sich von anderen Interviewten, für die das Ritual zum Inbegriff der Sicherheit geworden ist und die es noch nachträglich mit dem Schein des Legitimen auszustatten suchen. Robert Teschner muß auf dieser Ebene nichts rechtfertigen oder glorifizieren. Er ist sich im klaren darüber, daß die verhängten Strafen, der Drill und das Schleifen »ungerecht« waren, und er sieht in dieser mechanisch vollzogenen Disziplin des Exerzierens die spezifische Differenz der Napola zu anderen Internaten und pädagogischen Einrichtungen, die weltanschaulich nicht weniger totalitär gewesen sein mögen. Für ihn – und auch hier verrät er ein gutes Gespür für die Besonderheit der Institution – war die wirkliche Bedrohung, die sich aus der apokalyptischen Vorstellung des alltäglichen Lebens als Anlaß für Strafe ergab, der Ausschluß aus der Gleichaltrigengruppe. Im Anschluß an den ausführlichen Bericht über die in A. üblichen Quälereien kommt es zu folgender Gesprächssequenz:

»I: Was Sie sagen, das sind doch keine einzelnen sadistischen Akte gewesen, sondern das ist wirklich das System gewesen, nicht, was diese Schule vertreten hat.
Teschner: Ja, ja. *Es gehörte zur Schule.*
I: Es ist aber doch einfach eine Viecherei.
T: Ja, war's auch.
I: Und wie reagiert man darauf?
T: Hinterher? Oder da?
I: Nein, in der Situation erst mal.
T: Ja, da ist man ohnmächtig. Sie sind da, dann haben Sie, immer werden Sie geködert mit dem Stolz, Sie sind was Besseres – dann kommen wieder die angenehmen Jungserlebnisse, ich mein, es sind Kameraden da, man hält zusammen, *und so gleicht sich das aus.* Und in diesen Fällen schlucken Sie das. Und man merkt es erst, wenn man raus ist.«

Man kann es als einfachen Realismus bezeichnen, wenn Robert Teschner, der gelernt hat, sich keine Illusionen zu machen, die strukturelle Quälerei mit einem nüchternen »Es gehörte zur Schule« quittiert. Der Schleier der Distanzierung wirkt so gut, daß mein Interviewpartner, der minutenlang und detailliert die Demütigungsszenarien beschrieben hat, auf die Frage, wie man darauf reagiere, zunächst mit einer zeitlich differenzierenden Gegenfrage antwortet. Aber beides, der Distanzierungswunsch und das fast affektlose Anerkennen des »Dazugehörens«, sind nichts anderes als die auf der Erzählebene wiederholten Modi, mit denen ursprünglich einmal der zentralen Drohung der Institution begegnet werden sollte. Gehört der Drill so zur Anstalt wie das Eliteversprechen, so ist die Zugehörigkeit zur Gruppe der Kameraden »Ausgleich« genug für die erlittene Qual. Hier dazuzugehören ist überlebenswichtig. Erst wenn man von der Gruppe fallengelassen, von ihr ausgeschlossen wird, hat man verspielt. Die Gruppe bleibt – als Träger des kollektiven Ideals und damit auch ein Stück weit des mütterlichen Aufstiegsgebots – *das* Gegengewicht zur Anstalt, die, auch wenn sie wie im Falle Robert Teschners durchaus mit diesem verknüpft ist, als Ganze die harte Norm des kollektiven Überichs verkörpert.

Robert Teschner macht in diesem Punkt keine Ausnahme. Als die schlimmste aller Strafen ist uns in unseren Interviews mehr als einmal der sogenannte »Verschiß« genannt worden, der eine zeitweilige totale Absonderung des einzelnen von der Gruppe bedeutet, das strikte Verbot, mit dem in Verschiß Geratenen in irgendeiner Weise zu kommunizieren, wie immer man mit ihm freundschaftlich verbunden gewesen sein mochte. Trennung von der Gruppe bedeutete für den einzelnen den »sozialen Tod«. Daß er von der »Anstalt« inszeniert werden kann, macht ihre Stärke aus. Sie existiert aber nur, weil sie sich den psychischen Rohstoff der Gruppenbindung aneignen kann, weil sie die in ihr konzentrierten aufgelassenen Idealisierungen und Identifikationen der einzelnen »verwaltet«.

Im Fall Robert Teschners hat diese Logik der Trennung eine besondere Pointe: Die »Substanz« seines Lebens als Anstaltszögling, der mütterliche Auftrag, die Erfüllung ihres Ichideals, findet in seiner spezifischen Gruppenbeziehung eine Fortsetzung. Weder gelingt es ihm, das »Bildungsideal« in der soldatisch strukturierten Anstalt wiederzufinden, noch kann die Peergroup als die Institution, in der die Idealvorstellungen der einzelnen »abgelegt« und ein Stück weit konserviert werden können, ihm den Raum dafür bieten, den eingebrachten Auftrag ihren Normen entsprechend umzustellen. Robert Teschner hat nicht alle Ideale an die Gruppe delegieren können und ist deshalb ein Außenseiter geblieben. Eingeklemmt zwischen Gruppe und Anstalt, zwischen Ichideal und Überich, ist er auf eine »verwahrloste« Ichposition zurückgeworfen worden, die keine wirkliche Individuation bedeutete, aber wenigstens ein winziges und teuer erkauftes Stück Unabhängigkeit gegenüber dem Gruppenzwang gewährte. Der Begriff »verwahrloste Ichposition« ist nicht als denunziatorische Kategorie zu verstehen. Er soll vielmehr eine Position bezeichnen, die verzweifelt die *vor* dem Eintritt in die Napola errungene psychische Autonomie gegen deren Zugriff zu verteidigen sucht. Es scheint mir zweifelsfrei, daß Robert Teschners heutige kritische Distanz zur Napola auf eine Wahrnehmungsform des Anstaltslebens zurückgeht, die auf gelungene, persistierende Objektbeziehungen *vor* der

Internatszeit zurückgeht. Er hat einige dieser Beziehungen – der Kalender des Großvaters ist dafür ein Zeichen – sozusagen in die Napola einschmuggeln können. Diese Beziehungen bilden die Basis dafür, daß er nicht »restlos« in der Gruppe aufgeht. Aber sie bewahren ihn nicht vor dem Außenseiterstatus.

Wie sehr ihn dieses Gefühl der Abweichung bis in die Gegenwart hinein beschäftigt, zeigt seine Eröffnung unseres ersten Gesprächs. Robert Teschner spricht von Schultreffen Ehemaliger, »tödlichen Veranstaltungen«, zu denen er aber doch hingefahren sei, »um zu hören, wie reagieren die, vor allen Dingen diese Älteren, die ja bei uns immer Altkameraden hießen – und das waren die Krieger, die dann schließlich immer mal zu Besuch im Urlaub kamen in die Anstalt, und dann erzählten sie ihre Heldengeschichten. Und nun waren die da auch.« Immer noch geht es um das Ausmessen der Differenz zu den »Kriegern«, »von denen immer mit einer gewissen Hochachtung gesprochen« wurde, um die Gültigkeit der alten Hierarchien und die Frage der Anerkennung. Und immer noch geht es darum zu erfahren, wer man auf dieser Institution eigentlich *geworden* ist. Robert Teschner schließt sein Eröffnungsstatement mit dem Bericht über ein gesondertes Treffen seines ehemaligen Zuges und dem Fazit: »Ja, also das Erstaunliche war, daß alle sehr normal geworden sind.« Darin schwingt, mehr als Erstaunen, fast Ungläubigkeit mit; eine Ungläubigkeit, die den doppelten Außenseiter, den Ausgegrenzten *in* der Institution und den »Gebrandmarkten«, *als* ihr ehemaliges Mitglied heute noch überkommt, wenn er in öffentlichen Situationen, die ihn an die alten Gruppenrituale erinnern, bei sich eine fast mechanische Reproduktion der alten Ängste bemerken muß:

»Da habe ich Herzklopfen... obwohl, eigentlich ist das albern, ich müßte das nicht haben (lacht), aber ich hab's einfach, und das liegt vielleicht einfach daran, daß ich eben möglicherweise in der früheren Zeit, daß man eben für irgendwelche Eigenheiten dann verspottet wurde oder gehänselt wurde, oder man ausgepfiffen wurde, oder bestraft wurde, nicht – und immer vor allen.«

Robert Teschner hätte in seiner heutigen Position zweifellos ebensowenig Grund, sich vor öffentlichen Situationen zu fürchten, wie den Vergleich mit den Anstaltshelden für seine soziale Selbstverortung nötig. Aber beides begleitet ihn. Das Interview ist beendet und das Tonband abgeschaltet, als ihm noch eine Geschichte einfällt, die ihm so wichtig ist, daß er mich bittet, es wieder anzustellen. Es geht um eine rezente Erinnerung an einen der »alten Helden«, die ihm auf der Napola so viel Respekt einflößten:

»Neulich fuhr ich nach O., weil ich da einen Vortrag zu halten hatte an der Universität, und ich steige aus, und auf dem Bahnhof geht vor mir einer, und ich wußte sofort, wer das ist. Er ist größer als ich, hatte eine eigenartige Kopfform, und ich wußte, das ist Lampe. Und das war einer, die auch bei diesen Treffen, da diesen Schultreffen aufgetaucht waren, und ich habe den mal abgeholt in H. und merkte, das ist einer der wenigen, die nichts gelernt hatten, das war also ein ganz Rechter... Also der war konsequent. Also mit dem wollte ich überhaupt nichts zu tun haben. Und ich mußte ihn aber ansprechen und sagen: ›Lampe.‹ Und der dreht sich um, ja, und ja, mich erkannte er nicht und na ja, war so eine kurze Begrüßung, und ich war froh, daß er sagte: ›Ich muß leider, ich habe keine Zeit, ich muß. Da drüben wartet mein Zug, ich muß nach W. weiterfahren.‹ Also das sind so Momente, wo ich denke: Nein, gottseidank nein, es gibt also Leute, mit denen ich nichts zu schaffen haben will. Aber sonst, es gibt keinen Zusammenhalt mehr, also nicht mehr.«

Wenige Sätze später spricht er – in einem ganz anderen Zusammenhang – von seiner Abneigung gegen »Zwangsgemeinschaften« und kommt darüber auf die oben zitierte Öffentlichkeitsscheu. Die Gemeinschaft der Napola hat er nicht völlig verlassen können. In Lampe, mit dem er – durchaus glaubwürdig – nichts zu schaffen haben will, in dessen »Eigenart« und dessen »Konsequenz« begegnet ihm die Napola wieder: ihr Monströses und Bedrohliches ebenso wie das Vertraute, das Robert Teschner dazu zwingt, ihn anzusprechen. »Es gibt keinen Zusammenhalt mehr«, aber was sie verbindet, ist das Abnormitätsgefühl, das Robert Teschner im Zusammenhang mit seiner schulischen Zurichtung so stark empfindet und das er an Lampe äußerlich wahrnehmen kann. Lampe, der Held mit der eigenartigen Kopfform, die ihn unter Hunderten noch nach Jahren kenntlich macht und aus der Masse heraushebt, firmiert in der Erzählung wie das äußere Zeichen der gemeinsamen Abweichung. Seine Konsequenz, als Rechter der Anstalt treu geblieben zu sein, trifft im Augenblick der Begegnung auch Robert Teschner, der in der Tatsache, daß sein ehemaliger Mitschüler ihn nicht erkennt, für einen Moment noch einmal sein »internes« Außenseitertum erlebt. Er ist nicht konsequent geblieben – und die daran anschließende Erörterung seiner Öffentlichkeitsängste erscheint nicht nur wie eine unliebsame Reminiszenz der Schulerziehung, sondern wie die Fortsetzung einer strafbedürftigen Schuld: den Auftrag der Anstalt nicht erfüllt zu haben.

Ein knappes halbes Jahr später, beim zweiten Gespräch mit Robert Teschner, bin ich erstaunt darüber, daß er erneut – wiederum ist es am Ende des Gesprächs – die Begegnung mit Lampe ins Spiel bringt. So, als sei sie noch nie erzählt worden, und zugleich so, als sei sie gerade erst vorgefallen.

Der Auslöser für die Schilderung der Episode ist diesmal meine Bemerkung: »Dann sind Sie so weit wie es nur irgend geht von der Napola entfernt.« Die Formulierungen, mit denen Robert Teschner daraufhin die Episode auf dem Bahnhof von O. erzählt, erinnern an eine mechanische Reduplikation, und ich bin fast nicht mehr erstaunt, als mein Gesprächspartner, genau wie beim erstenmal, auch in diesem Gespräch von der Begegnung mit Lampe auf das Problem des öffentlichen Auftretens zu sprechen kommt. Er selbst macht den unbewußten Zusammenhang durch seine Wortwahl deutlich. Bis auf den heutigen Tag, so bekennt er, leide er dann unter »Lampenfieber«.

Ein Held ist Robert Teschner auf der Napola nicht geworden. Diese Forderung der Anstalt hat er nicht erfüllen können. Dafür hat diese geholfen, wenigstens den einen der beiden mütterlichen Aufträge durchzuführen, den Knaben zum Mann zu machen. Auch dafür gab es ein verbindliches Ritual. Robert Teschners Schilderung der sogenannten »Waffenleite«, bei der er mit 14 Jahren, wie er es nennt, »zum Mann geschlagen« wurde, ist von einer feinen Ironie getragen, die das Ritual der Trennung vom Kinderstatus in seiner ganzen Leere kenntlich macht und zugleich – sicherlich unintendiert – seinen phallischen Charakter herausarbeitet:

»Das war mit vierzehn, diese Trennung. Und wir bekamen so einen Dolch, so ein Seitengewehr, der sah so ähnlich aus wie der SA- oder diese üblichen Dolche, und da war reingeritzt: ›Mehr sein als scheinen‹. Ich weiß, wir mußten das Ding auch immer mit Fett einschmieren. Das wichtigste war, daß das Ding nicht rostete, und man durfte es nicht benutzen (lacht).«

So nutzlos »das Ding« auch war, man »trug das jedenfalls, und die normale HJ hatte das nicht, sondern die hatten ja ihr Fahrtenmesser, aber wir hatten diesen komischen Dolch«. Robert Teschner charakterisiert den Napola-Elitarismus als eine leere Besonderheit. Der schmucke, aber nutzlose Dolch erscheint in seiner Erzählung wie deren Symbol. Und doch, als es »zu Ende« war, hat der mittlerweile knapp 17jährige »ganz störrisch, trotzig und dickköpfig« den Status verteidigt, dem er, als er ihn innehatte, so wenig Positives abgewinnen konnte: »Wenn ich mich [nach dem Krieg, d. A.] irgendwo bewarb, was zu tun, schrieb ich immer noch meinen Napola-Lebenslauf: Da stand also drin, ›... bis zu den Rängen Oberkameradschaftsführer ...‹. Es war einfach sturer Trotz. Also man war irgendwas, und ich erinnere mich noch genau.« Auf die Frage des Interviewers, ob er denn doch stolz auf diesen Sonderstatus gewesen sei, antwortet Robert Teschner: »Ja, immer noch, ja, und dann trotzig. Mein Vater war der typische harmlose Mitläufer...«, und er erzählt dann ohne weiteren Übergang dessen Geschichte: die eines Angepaßten, gegenüber dem »etwas Besonderes« zu sein dann doch einen Reiz und eine Berechtigung zu haben scheint.

Bei Robert Teschner hat die Napola-Erziehung, so könnte man sagen, sich erst realisieren können, als er sie samt ihren Versprechungen, ihrem Dünkel und ihrem Statusvorteil aus eigenen Stücken hat annehmen und gegen das »Mittelmaß« der Abtrünnigen hat wenden können. Sie wirkt nachträglich, im Moment des realen Verlusts. Sie wirkt tatsächlich als eine imaginäre Institution, die erst in der *Freiwilligkeit* eines Bekenntnisses zu ihr, die es auf der Schule selber nie gegeben hatte, ihre wirkliche Macht zeigt. Ein bißchen ist Robert Teschner im nachhinein doch noch ein »Held« im Sinne seiner Erziehung geworden – wenigstens soweit, daß er das Bedürfnis empfand, sich vom Opportunismus seines Vaters zu distanzieren. Sein Trotz enthält ein verqueres Stück psychischer Arbeit. In dieser Zeit bereitet sich die erstaunliche Verwandlung des Robert Teschner vor, die über lange Passagen Gegenstand des ersten Interviews sein wird.

Um seinen Trotz auszubrüten und ihn ödipal gegen den Vater und die anderen wenden zu können, die das verrieten, was ihm vorher nicht allzuviel wert war, mußte Robert Teschner allerdings erst heimkehren, die Schule verlassen und wenigstens soweit wieder Teil seiner Familie werden, um feststellen zu können, daß sie, der er in A. so lange und intensiv nachtrauerte, mittlerweile keine adäquate Lebensform mehr für ihn sein konnte. Diese Heimkehr vollzog sich über einen Umweg, der verdient, festgehalten zu werden. Eigentlich hätte er Mitte April 1945 seiner Einberufung folgen sollen. Ausgerechnet ein »schwarzer SS-Mann«, nämlich der Vater eines Freundes, den er auf dem Weg zum gemeinsamen Gestellungsort abholen wollte, schickte ihn jedoch, nachdem er telefonisch in Erfahrung gebracht hatte, daß dort der Krieg bereits zu Ende war, nach Hause:

»Teschner: Und es fuhren auch keine Züge mehr wegen der Tieffliegergefahr. Ich fuhr ein Stück per Anhalter, und da waren Offiziere drin – und wir sind ja auch gedrillt worden mit diesen Dienstgraden rauf und runter –, und der fragte, und ich habe auch immer brav geantwortet: ›Jawohl, Herr Oberstleutnant.‹ Und wie ich ausstieg, merkte ich, daß ich einen Fehler begangen habe, nämlich daß der eigentlich ein Oberst war, und ich, dem das so eingebimst war, irre mich und rede den falsch an.
I: Sie haben ihn degradiert, faktisch.
T: Ja, und wissen Sie, das hat mich noch lange gepeinigt. Ich habe geträumt davon und habe mich geschämt ...«

Diese Episode ist deswegen so interessant, weil sich aus ihr einiges über den Konnex von Schuld und Scham entnehmen läßt. Um die Situation richtig einordnen zu können, darf man sich freilich auch hier nicht von Robert Teschners distanzierter Art des Erzählens verführen lassen. Was er eher als skurrile Begebenheit ohne große affektive Anteilnahme darstellt, ist in Wirklichkeit eine Situation gewesen, die ihm in höchstem Maße Schuldgefühle bereitet haben muß. Denn »schuldig« war er bei seinem irregulären Versuch heimzukehren, statt sich »mannhaft und pflichtgemäß« dem Kampf gegen den Feind zu stellen, nicht nur psychologisch, sondern auch im ganz schlichten rechtlichen Sinn. Sich dem Einberufungsbescheid zu entziehen, hieß, wie jedermann wußte, den mit Todesstrafe bedrohten Tatbestand der Desertion zu erfüllen.

Eine erste Vermutung könnte also sein, daß die von ihm benannte peinigende Erinnerung an die Situation und ihre Wiederholung in Träumen der Tatsache geschuldet war, einer real sehr gefährlichen Situation glücklich entkommen zu sein. Allein dies erklärte noch nicht, wie es Robert Teschner gelungen ist, seine Schuld in Scham umzuwandeln. Und es erklärt auch nicht zureichend die auf den ersten Blick unverständliche Fehlleistung, die ja unübersehbar ein Stück Aggression enthält.

Eine hypothetische Rekonstruktion des komplexen Sachverhalts könnte etwa folgendermaßen aussehen: Als der gerade Einberufene in den Wagen stieg und mit dem hohen Offizier konfrontiert war, muß er sich ertappt gefühlt und dessen Fragen nach dem Woher und Wohin als eine Art Verhör empfunden haben. Möglicherweise hat er damals auf diese so reagiert, wie er sie heute schildert, zurückgezogen hinter jenen Schleier, der uns als die affektive, faktisch den Affekt nachträglich entziehende Grundhaltung des Erzählers Robert Teschner aufgefallen ist. Damals wie heute, so vermute ich, hat er die Szene irrealisiert. Die »Degradierung« des Obersten ist nicht nur eine Gegenaggression, sondern auch eine Inkompetenzerklärung, die seine, Robert Teschners, völlige Unschuld und Naivität unter Beweis stellen soll. Zugleich aber weiß er, daß er mit einem »Verlierer«, nicht mit einem siegreichen Helden redet. Wie hatte der SS-Vater des Freundes zu ihm gesagt: »Also weißt du, Robert, fahr mal nach Hause, das ist aus. Der Krieg ist da zu Ende, *wir sind nicht mehr da*.«

Mit seiner Fehlleistung gelingt Robert Teschner eine perfekte Kompromißbildung: Er erklärt sich für unschuldig und »erniedrigt« zugleich sein mächtiges Gegenüber. Mit der sich anschließenden Affektumwandlung von Schuld in Scham hat er zudem gleichsam auch den Tatbestand der Schuld selbst aus der Welt geschafft. Strafe genug, daß er von der Erinnerung an sein Versagen verfolgt wird.

Die Umwandlung einer *Verfehlung* (Desertion) in ein vergleichsweise harmloses *Versagen* (Dienstgrade verwechseln) und die damit vollzogene Verschiebung aufs Irrelevante ist zweifellos ein beachtenswerter Vorgang für den Umgang mit Schuld in dieser Zeit und dieser Generation. Wir werden darauf zurückkommen, welche Psychodynamik ihr zugrunde liegt. Für unseren Fall indes gilt, daß Robert Teschner die Untreue gegenüber seinem Auftrag nicht nur mit dem umgewandelten Schamaffekt, sondern dann doch höchst praktisch »gebüßt« hat. Auf die Frage des Interviewers, ob der »Degradierte« ihn denn nicht auf seinen Irrtum aufmerksam gemacht habe, fährt er fort:

»Nein, nein, der fragte, wo komm ich her, wo geh ich hin. Ich meldete mich dann natürlich brav beim Volkssturm, und da war ich auch noch eine Woche lang. Habe da eine Straßensperre bewacht mit einem Gewehr, ein italienisches, für das es nur noch einen Schuß Munition gab. Und irgendeiner kam mit der Sicherung nicht zurecht und hat das Ding abgeschossen, und so standen wir eigentlich nur mit diesem Ding (lacht) da, und ich weiß noch, da kam irgend so ein Landser zurück, etwas zerrissen, und ich stand da Wache vor so einem Lokal, und der sagte noch: ›Auf wen wartest du denn hier?‹ Und er sagte das so süffig, so ironisch: Und das ist auch so ein Satz, der mir geblieben ist.«

Statt Desertion und Heimkehr gab es »brav« den Volkssturm, und der Krieg endet für Robert Teschner in einer absurden Szenerie, die einem Film oder Theaterstück entnommen sein könnte. Der von der Napola »zum Mann Geschlagene« steht im Moment der Erfüllung des Ideals, ein »Krieger« zu werden, mit einem Gewehr da, das buchstäblich so leer ist, wie Robert Teschner die Geste der Übergabe des Ehrendolches seinerzeit empfand, die seine Männlichkeit dokumentieren und repräsentieren sollte. Unverkennbar trägt diese Schlußszene wiederum Züge einer Kompromißbildung – keiner allerdings, die so gekonnt ist wie jene Fehlleistung, die als das Scharnier der Affektverwandlung von Schuld in Scham fungierte. Nehmen wir die geschilderte »Schlußszene« des Krieges hinzu, ergibt sich eine weitere Hypothese zur Erklärung dieses Vorgangs.

Die psychoanalytische Metapsychologie erklärt das Schuldempfinden als einen Konflikt zwischen Ich und Überich. Wenn das Ich gegen die bindenden Normen rebelliert, die sein Handeln in der Regel leiten, entsteht Schuldgefühl. Scham ist dagegen die Konsequenz eines Konflikts zwischen

Ich und Ichideal. Wenn das Ich nicht in der Lage ist, die (selbst)gesteckten Ziele zu erreichen und Ansprüche zu erfüllen, die allein das Gefühl der Sicherheit, Erfülltheit und Adäquanz garantieren, wird Scham freigesetzt. Seit den Studien von Edith Jacobsen (1978) sind wir gewohnt, das Ichideal als mit der Mutterimago verknüpfte, von der frühen Mutterbeziehung ausgehende Instanz zu verstehen. Als Abkömmling der Mutter ruht auf seinem Grund immer der archaische Wunsch nach Rückkehr und Verschmelzung mit dem frühesten aller Liebesobjekte. Wie stark diese mütterliche Abkunft des Ichideals im besonderen Falle Robert Teschners gilt, haben wir bereits sehen können: Er ist ja der »Mutterdelegierte«, beauftragt, ihr Ichideal stellvertretend für sie ins Ich »heimzuholen«.

Robert Teschners Affektverschiebung hat eben damit zu tun. Seine »Schuld«, den Kampfauftrag zu mißachten und sich aus dem Staube zu machen, hatte ja das Ziel der Heimkehr. Zurück zur Mutter, die als die historische Begründerin des Ichideals weiterhin den Verschmelzungswunsch repräsentiert. Wie stark dieser Wunsch gerade in Zeiten der Anomie werden kann, läßt sich unschwer ermessen.

Bei Robert Teschner ist dieser Wunsch nach Rückkehr allerdings mit der Erschwerung verknüpft, daß der im Ichideal fixierte Wunsch der Mutter nach einem Sohn verlangt, der sich als »Mann« bewährt hat. Die Rückkehr in den Schoß der Familie und die groteske Szene am Kriegsende aber sind das faktische Dementi der Männlichkeit, die ihm die Napola hatte vermitteln sollen. Sie machen deutlich, daß er die an ihn ergangenen Forderungen in keiner Weise erfüllt hat. Dieses Scheitern scheint in der Konfundierung und Vertauschung von Schuld und Scham auf. Die einzig mögliche Distanznahme gegenüber beiden ist das Mittel der Ironie. Sie, die die objektive Zerrissenheit der Welt reflektiert, verschafft dem Subjekt, das sie als Mittel der Situationsbewältigung gebraucht, die Authentizitätsposition, im Grunde selber ein Mittel, *Ausdrucksinstanz* seiner Zeit, »so wie sie ist«, zu sein. Der Ironiker ist ein unter diesem Status leidender Verkünder des »Unumgänglichen«, das in seiner reinen Faktizität jenseits des moralischen Urteils, des persönlichen Wunsches oder des politischen Kalküls steht. In diesem Sinne repräsentiert die Ironie einen schuld- und schamfreien Raum.

Es ist zu bezweifeln, daß Robert Teschner die im Interview so pointiert vorgetragene Szene des verhinderten Kriegers mit dem leeren Gewehrlauf seinerzeit schon unter einem ästhetischen Kriterium hat wahrnehmen können. Wohl aber mag sie in ihrer unübersehbaren Kuriosität als Entlastung im Konflikt mit den auf ihn einstürmenden Forderungen von Überich und Ichideal gedient haben. In der Erzählung hat die Szene als Teil einer unbewußten Dramaturgie die Funktion, Schuld und Scham historisch zu »löschen«, unterm Blickwinkel der Nachträglichkeit deutlich zu machen, wie absurd beide gewesen sind. Auch hier hat sie eine Scharnierfunktion, nämlich von der fremdbestimmten Leidensgeschichte der Napola zum selbstverantworteten »Aufbruch« in eine neue Zeit überzuleiten.

Der größere Teil des ersten Interviews besteht denn auch aus Erzählungen von »der Zeit danach«. Aus dem Drill und Zwang der Napola entlassen, hat Robert Teschner einen Motivationsschub erfahren, der auch den während der Anstaltszeit eingefrorenen *eigentlichen* mütterlichen Auftrag wieder freilegen konnte. Der erste Schritt ins Reich des kulturellen Aufstiegs äußert sich in der Überwindung der die ganze Napola-Zeit bestimmenden Lernhemmung.

Als initiales Erlebnis beschreibt Robert Teschner, wie er nach dem Krieg noch einmal die Differentialrechnung lernen muß, die er in A. partout nicht begreifen wollte: »Und da habe ich das auf Anhieb kapiert, und das war ein solches Glücksgefühl, und von diesem Moment an war Mathematik für mich ein wunderbares Fach. *Und da ist in mir was aufgeplatzt*, da fing ich eigentlich erst richtig an zu lernen.« Um diesen Neuanfang zu ermöglichen, hat der ehemalige Napola-Schüler höchst praktisch den alten Verhaltenskanon seiner bisherigen Erziehung außer Kraft setzen müssen. Als er von der Neueröffnung einer Oberschule in der Region erfährt, verläßt er die erste Anstalt, auf der er sich als Gebrandmarkter fühlte, und zögert nicht, seinen Neuanfang auf eine Lüge – ein extremer Verstoß gegen die Napola-Ethik – zu bauen, die einer Verleugnung seiner Vergangenheit gleichkommt:

»Und als die Schule in D. eröffnet wurde, etwas später, hab ich sofort gewechselt und bin da rüber und hab denen nun vorgelogen, die Russen hätten meine Zeugnisse geklaut, ich hätte also keine, weil ich nicht wollte, daß die schon wieder lesen ›vier, ausreichend, genügend, mangelhaft‹ und so, sondern *ich wollte einfach anfangen*. Ja, das war, ich wollte nicht schon wieder, daß die immer alles wissen, sondern hoffte, daß das jetzt anders losgeht, und das hat merkwürdigerweise wunderbar funktioniert.«

Robert Teschner hat gelernt, »von selber« zu handeln. Und er beschreibt auch die Momente, die für ihn in seiner Trotzphase ausschlaggebend dafür wurden, sich auf seinen eigenen Standpunkt stellen zu können. Zwei Szenen stehen dabei im Vordergrund, die beide – in unterschiedlicher Weise – mit dem Problem zu tun haben, ein Mann zu werden, ohne dazu »geschlagen« werden zu müssen.

Die erste ist in der chronologischen Ordnung der Erzählung gleichsam die unmittelbare Fortsetzung der Heimkehrszene. Im Interview freilich kommt sie erst viel später und in einem gänzlich anderen Zusammenhang zur Sprache. Auf meine Frage, wie er denn den Tod des idealisierten Führers erlebt habe, antwortet Robert Teschner:

»Na, am Anfang, als ich das hörte, da war für mich ein Held gestorben. Ich fand es komisch, daß er sich selber umgebracht hat. Aber dann habe ich das, weil ich das ja alles gut finden wollte, umgedeutet; dachte, er sei ein Held: Er hat sich nicht den Fremden ergeben, den Russen.

I: Haben Sie denn gewußt, daß er sich selbst umgebracht hat?

T: Also ich weiß es jetzt, kann ich nicht mehr sagen.

I: Weil, die Nachrichten waren, daß der Führer gefallen ist.

T: Nein, er ist gefallen, er ist gefallen, natürlich. Ja, ja, nein, nein, er ist gefallen, klar.

I: Das hat Sie erschüttert?

T: Ja, also jetzt habe ich das erfunden, merke ich, wie das war. Also so *hätte* ich reagiert, wenn... stimmt, jetzt krieg ich das durcheinander. Nein, das war gefallen, ja.

I: ...›heldenhaft‹...

T: Ja, ja.

I: Was ist dann, wenn dieser Held fehlt?«

Gleichsam anstelle einer Antwort erzählt Robert Teschner darauf vom Einmarsch der Roten Armee in seinem Heimatort, der zuvor von den Amerikanern besetzt war:

»Und die Amerikaner waren also zwei Tage in meinem kleinen Ort und haben dann, da mußte man alle Waffen abgeben, ich mußte auch meinen Dolch abgeben (lacht) und einen Fotoapparat und Radios, und dann verschwanden die. Und plötzlich am nächsten Morgen... pochte es auch an der Haustür, und dann ging mein Vater da hin, und es war ein Russe. Und der sagte, er wollte in den Keller und er wollte Schnaps. Und das Merkwürdige ist, daß das Klischee vollständig war: Die Russen kamen und wollten Schnaps, und dann, die ersten Frauen versteckten sich und wurden vergewaltigt. Dann kriegten wir auch eine Einquartierung: Ein russischer Leutnant wohnte dann bei uns, Pjotr, der ein Jude war.«

Der zu diesem Zeitpunkt noch »trotzige« Ex-Napolaner wird in der Gestalt Pjotrs mit dem maximalen Schreckbild seiner Zeit- und Schulerziehung leibhaftig konfrontiert: Russe, Bolschewik und Jude in einer Person. Irgendwie ist das noch dem heutigen Erzähler zuviel, der diese überkomplexe Mischperson in seine verschiedenen Bestandteilen zerlegt und sie mir nacheinander vorstellt. Der erste Anteil ist der jüdische:

»Was der dann erzählte: irgendwie paßte das ins Bild, weil der mir sein kleines Radio versprach, aber dann doch nicht gab, sondern verkaufte und kriegte irgendwas dafür. Da stimmte das Bild mit den Juden in dem Moment. Und es war eigentlich der erste Jude, den ich direkt erfahren habe.«

Ins Bild paßte auch der zweite Anteil: Nicht der Jude, der Russe Pjotr ist es, der Robert Teschner in einer Orgie aus der gerade erst wiedergewonnenen mütterlichen Welt reißt und ihn zum »Manne« macht. Mein Gesprächspartner erinnert sich an diese Szene sehr genau:

»Komisch, er aß Salzkartoffeln mit Speck und Butter und Salz und dazu so ein Wasserglas Wodka. Und er sagte: ›Robert, komm, iß mit‹, und er sprach ganz gut Deutsch, und dann habe ich das dann gegessen. Fand ich übrigens, habe ich nie gegessen, war sehr gut: Salzkartoffeln, die er sich quetschte, mit Salz und Butter und etwas Speck. Und er sagte: ›Ach, trinken mußt du.‹ Meine Mutter sagte: ›Nein, tu das nicht.‹ Und dann: ›Ach, du bist doch ein Mann.‹ Und dann war ich ein Mann und habe das und war dermaßen betrunken und habe gelacht wie verrückt. Meine Mutter sagte – die kannte mich nicht wieder – ich habe gelacht, ich fühle das heute noch, es hat sich alles gedreht, und dann hat sie mich ins Bett gelegt, und noch im Bett drehte sich alles um mich herum, und ich drehte mich und irgendwie sagte sie: ›Du hast lachen, in dem Moment warst du weg, und da haben wir gedacht, jetzt bist du vergiftet, Alkoholvergiftung.‹ Und hinterher habe ich gekotzt, und dann war der Spuk irgendwie vorbei.«

Die Szene ist unübersehbar zwiespältig: Die »Mannwerdung« ist zugleich auch eine Vergiftung, die Ablösung von der Mutter geschieht im Rahmen eines »homosexuellen Verführungsszenarios«, in dem es aber gerade nicht um den eigentlichen sexuellen Gehalt von Männlichkeit geht, sondern um ein von der Frauenwelt abgetrenntes Reich exzessiver Rituale. Als »der Spuk vorbei« ist, wird Robert Teschner das Paradox bewußt, daß er vom »Feind« ins Mannsein eingeführt worden ist. Der, den er hätte bekämpfen und töten sollen, hat ihn betrunken und willenlos gemacht und ihn letztlich doch wieder der Mutter ausgeliefert. Auch diese Szene ist mit Schuld- und Schamgefühlen besetzt, die ein bezeichnendes Licht auf die Fehlleistung, die Erinnerungskonfusion werfen, mit der Robert Teschner den Bogen von Hitlers Tod zu der Pjotr-Episode geschlagen hatte. Tatsächlich bezieht sich seine »Umdeutung«, die er nachträglich für Hitlers Selbstmord annonciert, auf die im Anschluß erzählte Szene mit Pjotr. Hitlers Selbstmord, von dem er, wie er selber einräumt, erst später – möglicherweise sogar erst nach der Pjotr-Episode – erfahren hat, stilisiert er zum Heldenakt, weil er »sich nicht den Fremden... den Russen« ergeben habe. Meinen Hinweis darauf, daß die offiziell verbreitete Version den Tod als Heldentod eines Kriegers dargestellt habe, quittiert Robert Teschner mit dem Hinweis, da habe er etwas »erfunden« und durcheinandergebracht. Tatsächlich scheint dieses Durcheinander mit der Schuldproblematik und der, als Trotz apostrophierten, aufrechterhaltenen Identifikation mit dem »Führer« zusammenzuhängen. Dieser ist – so die erste Meldung, die den damals noch gläubigen Robert erreichte – gegen die Russen kämpfend gefallen und hat – so die Umdeutung nach Bekanntwerden des wahren Sachverhalts – sich mit seinem Suizid, kaum weniger heroisch, »nicht den Fremden ergeben«. – Robert Teschner dagegen hat beides verfehlt: Er hat sich erst dem Kampfeinsatz entzogen und sich dann dem Feind gleichsam noch einmal »privat« ausgeliefert.

Nur am Rande sei hier notiert, daß mein Gesprächspartner seine szenische Aufspaltung der Mischperson Pjotr im Interview weiterführt. Die Fortsetzung seiner Erzählung gilt dem Bolschewiken Pjotr, der ihm eine politische Belehrung zuteil werden läßt. Im zweiten Interview wird das um einen weiteren Aspekt ergänzt. Der Russe, Bolschewik und Jude entsprach auch dem Bild des »rassischen Untermenschen«: »Der war, der sah auch genauso aus, war klein und hatte einen runden Kopf und war aber sehr pfiffig und nicht unangenehm.« Es gab also so etwas wie eine verschwiegene Ähnlichkeit zwischen den beiden Protagonisten der Besäufnisszene. Der »Untermensch« mit dem runden Kopf und der approbierte, auf der Napola deshalb verlachte ostisch-dinarische »Kartoffelkopf« haben nicht nur die Pfiffigkeit, sondern auch ein äußeres Zeichen gemeinsam. Ein Stück weit vermag der ehemalige NS-Eliteschüler sich möglicherweise im sicherlich noch nicht aufgelösten Feindbild seiner Schulerziehung wiedererkennen. Seine von der Napola geprägte und von ihm verzweifelt abgewehrte negative Identität wird im Modus des Wiedererkennens im »falschen« Spiegelbild selbst wiederum Teil jener Ironie, die Robert Teschner sein Leben lang begleiten wird.

Wichtiger als diese homosexuelle Initiation zur Männlichkeit ist für Robert Teschner jedoch zweifellos deren heterosexuelles Gegenstück gewesen, der ebenfalls direkt nach Kriegsende geknüpfte Kontakt zu einer »Dame, die einen nicht so besonderen Ruf hatte: Es hieß immer, sie sei Ballettänzerin oder Tänzerin – irgendwie war das nicht so ganz was Bürgerliches, also was nicht sehr Angesehenes.« In beiden Gesprächen kann sich Robert Teschner nicht mehr genau erinnern, wie er eigentlich in deren Wohnung kam. Auch hier hat das Szenario etwas Traumhaftes: »Jedenfalls saßen wir, und das werde ich nicht vergessen, da war ich also völlig durcheinander, und da ich dann eigentlich immer dann zu Extremen neige, habe ich mir das voll übernommen und mich da reingesteigert.« Das, was er übernahm, war das Gegenteil seiner bisherigen, der Napola-Weltsicht: »Dann hatte sie auch Zeitungsbilder da, wo KZ-Szenen zu sehen waren. Und die hat mir richtig den Kopf gewaschen und mich eigentlich aufgeklärt.« Die letzte Wendung ist – gleichgültig, welche Konkretion man ihr zuordnen möchte – zweifellos in dem Doppelsinn zu verstehen, den der Terminus »Aufklärung« in Deutschland mit sich führt. In beiden Interviews bringt Robert Teschner die Episode mit der Tänzerin in Zusammenhang mit der Geschichte seines Vaters, der plötzlich von den Russen abgeholt wurde und für zwei oder drei Monate verschwand: »Aber das war eigentlich nicht so aufrüttelnd für mich wie diese Frau...« Nur sie macht Robert Teschner dafür verantwortlich, daß er seine »Trotzphase« hat überwinden können.

Beide Szenen der Mannwerdung, die mit der Tänzerin und die mit Pjotr, enthalten also Elemente einer Identifikation mit Verpöntem. Und beide Male dient sie dazu, ein Stück weit die Bindung an die Eltern zu lösen. Robert Teschners Neuanfang, das, wie er es selber nennt, »aus den Fängen der Eltern«-Entkommen, ist an diese Identifikation geknüpft. Als wir im zweiten Interview über dieses Ende der Trotzphase reden, fährt mein Gesprächspartner nach der Tänzerin-Episode fort:

»Das nächste war vielleicht meine Frau, die ich dann kennenlernte an der Freien Universität, die aus einer ganz anderen Familie, eben dieser richtigen Sozialdemokratenfamilie kam... Und sie war auch eine, die es mit Erfolg geschafft hat, nicht im BDM zu sein... Das kam dann durch die Eltern natürlich, aber jedenfalls war's auch der Beweis dafür, daß man nicht unbedingt mußte, wenn man nicht wollte. Sie hat dann natürlich auch ein bißchen drunter gelitten, weil sie dann immer das Exotenmädchen da war...«

Damit führt er ein Thema ein, das in doppelter Verquickung zum einen »Legendenschema« für seine eigene Familiengeschichte werden sollte, zum anderen Teil eines seltsamen, letztlich noch wenig bearbeiteten, aber immer noch wirkenden Mythos der kollektiven bundesrepublikanischen Selbstverortung ist: daß die »Radikalismen« von rechts und links im Kern identisch seien.

In Termini seiner eigenen Lebensgeschichte greift Robert Teschner diesen Mythos auf. Er, der seinen »Exotismus« als ehemaliger Repräsentant des nationalsozialistischen Erziehungswillens nach dem Kriege so bitter zu spüren bekam, findet in seiner Frau das Pendant eines vergleichbar ähnlich verfehlten »gesinnungsethischen« Lebensansatzes. Auch sie hat unter der »Abweichung« gelitten. Und was ihr oder ihrer Familie als politisches Verdienst bescheinigt werden kann, ist auf der Erlebnisebene für ihn doch nichts anderes als seine eigene Erfahrung als Elite-Nachwuchsnazi.

Mit der für Aussagen dieser Art gebotenen Übertreibung kann man sagen, daß sich in der Begegnung mit ihr die Erfahrungen, die Robert Teschner mit Pjotr und der Tänzerin gemacht hat, zusammenziehen und verdichten. Was bei diesen jeweils durch ein Element blockiert war, um als »ganzes« Bild der Aufklärung zu wirken, sei es durch die Geschlechtszugehörigkeit oder die Nationalität, die zu große Fremdheit oder die zu große Nähe, erscheint bei der deutschen, »politisch abweichenden« und als solche stigmatisierten Frau ins Lot eines identifikatorischen Wiedererkennens gebracht. Diese Frau hat, als Außenseiterin, als »Opfer von der anderen Seite«, »auch gelitten als wie so eine Aussätzige in ihrer Schule«. Auch sie ist in gewisser Weise eine »Mischperson«: so gequält wie Robert Teschner, aber von einer vollendeten politischen Unschuld; Liebesobjekt wie die Tänzerin, aber, um einige entscheidende Jahre älter als Robert, eines aus der mütterlichen Linie; so links wie Pjotr, aber ohne dessen irritierende »Andersartigkeit«. Mit ihr wird in Robert Teschners Leben endgültig jene neue Realität einziehen, die ihm seine beiden »Aufklärer« erschlossen hatten. Sie wird in gewisser Weise auch das Übergangsobjekt von der abgeschotteten, mit hochfliegenden Phantasien ausgestatteten, aber letztlich doch nur passiv erlebten Sonderexistenz der Napola zur aktiv gestalteten Wirklichkeit der Nachkriegszeit. Sie ist es, die ihn mit der politischen Gruppe zusammenbringt, die Positionen vertritt, die im weiteren Sinne auch heute noch für Robert Teschner gültig sind. Diese Frau ist – als eine ideale Mischung von Merkmalen – das adäquate »Übergangsobjekt«.

Mitten im ersten Interview kommt Robert Teschner plötzlich noch einmal auf das Kriegsende, von dem er bereits detailliert berichtet hatte, zu sprechen. Wieder geht es um seine Einberufung im April 1945, und diesmal nimmt die Erzählung folgende Wendung:

»Ja, da wollte ich hin, natürlich. Ja, ja, also ein bißchen Angst hatte ich ja schon, aber die Pflichterfüllung und jetzt zu kämpfen war stärker. Und als der Krieg aus war, gab's auch eine kleine Enttäuschung, weil man nämlich nicht mehr die Chance hatte, Leutnant zu werden; begehrt war Leutnant und Mädchen. Das war irgendwie, hatte so eine Verbindung. Also als Leutnant wäre man schon was gewesen. Und natürlich träumte man auch davon, ein Held zu sein, und ein Ritterkreuz, das war so im Bereich des Möglichen. Also das war schon, ja, das war schon am Horizont.

I: Das war auch ein Anreiz.

T: Das war ein Anreiz, ja, ja. Und deswegen eben, nach dem Krieg war ich eben noch trotzig, plötzlich dieser Traum, so schnell konnte das nicht vorbei sein. Und das dauerte eine Weile, und dann ging's plötzlich, und dann ging ich auch in jeden Film, der so was zeigte, und dann war ich, weiß noch, also als Kogons Buch rauskam, das habe ich gleich gekauft, das habe ich immer noch, das ist ganz zerfleddert... Es hat mich irritiert, daß es das gab. Und ich fand das unglaublich und ich war richtig erschüttert, deswegen eben dieses unheimliche, dieses Gefühl, ich muß mich jetzt engagieren, daß das nicht wieder passiert.«

In dieser zweiten Erzähllinie über das Kriegsende tritt, ganz anders als in der ersten Version, die von der gescheiterten Männlichkeit, der beschämenden Rückkehr in den Schoß der Familie berichtete, der Adoleszenzcharakter der Zeit in den Vordergrund: Mann, Leutnant, Held werden; die geheime Verbindung von »Leutnant und Mädchen« – das ist der »Traum«, der zerschellte. Das »Unheimliche« an Robert Teschners Gefühl, sich engagieren zu müssen, hängt mit diesem Traumcharakter zusammen. Sich engagieren heißt nämlich in bestimmter Weise auch, den Traum fortzusetzen. Robert Teschners Engagement hätte umwegiger kaum sein können: vom Eintritt in die SED und dem mit einem »unheimlichen Protestbrief« vollzogenen Austritt wegen der »Spaltungspolitik«, über sein Eintreten für die CDU, in die einzutreten ihm aufgrund seines Kirchenaustritts zur Napola-Zeit verwehrt war, bis hin zu jenen Aktivitäten, auf die sich die zitierte Interviewpassage richtet, seine illegalen, durchaus mit hohem persönlichem Risiko verbundenen Aktivitäten in der damaligen Ostzone:

»Und wir waren ein paar Studenten, wir klebten da Briefe und beschrifteten Briefumschläge, die in die Zone zu Juristen und weiß nicht wen gingen. Und da gab's auch die erste Wahl zum Vorläufer der Volkskammer neunundvierzig. Und da haben die einen Brief gefälscht, also Briefköpfe, es gab damals ja noch die DDR-Länder, und ich hatte also Briefe: ›Der Ministerpräsident von Mecklenburg. Anweisung an alle Bürgermeister und Wahlleiter. Entgegen der westlichen Greuelpropaganda, wir fürchteten uns vor der Wahl, weise ich ausdrücklich alle Bürgermeister und Wahlleiter an, jeden Wähler in die Kabine zu schicken‹ – also Wahlkabinen aufzustellen. Denn die hatten ja damals propagiert, also ein aufrichtiger Mensch braucht keine, hat keine Geheimnisse. Aber damit die ›Nein‹ wählen oder nicht die SED, muß man sie in Kabinen schicken. Und ich bin also auch mit so einem Koffer voll dieser Briefe, die an die Bürgermeister und Wahlleiter des Landes Mecklenburg-Vorpommern ging, nach Schwerin gefahren... stiftengegangen.«

Ein Held ist Robert Teschner – im Zusammenwirken mit seiner Frau – letztlich also doch noch geworden: Jedenfalls bestätigt ihm der Interviewer spontan, das sei doch »eine richtige illegale Aktion gewesen, also eine Sache, die Mut erforderte«. Und Robert Teschner selber ist es, der die Aktion im nachhinein auch als ein »Himmelfahrtskommando« qualifiziert: »Ich wußte ganz genau, wenn die mich schnappen, dann bin ich erst mal weg, wer weiß, was dann passiert.« Die Bezeichnung Himmelfahrtskommando, die er dem Jargon der Napola-Umwelt entlehnt (»Ich weiß noch, das war so ein Begriff aus dem Krieg«), hat in diesem Fall einen schönen Doppelsinn: Sie steht für den Schleier, hinter dem sich ihm damals die Gefährlichkeit der Aktion verborgen haben muß. Tatsächlich gehört diese noch in die Traumwelt der Übergangszeit. Robert Teschner begreift sie, ganz zutreffend, als einen »Reflex auf diese alte Zeit, da ich ja selber kein sehr aktiver Junge gewesen bin, war das hinter mir, und ich glaube, das hat mich eher also dazu getrieben, was zu tun, mich zu engagieren.«

Dem Interviewer wird gerade in diesen Passagen das Somnambule der Rede so prominent, daß er sich den Kommentar nicht verkneifen kann, sein Gegenüber erzähle das so, als würde er es »eigentlich auch nicht glauben«. Es wirkt wie die Bestätigung des Traumcharakters dieser Übergangsperiode, wenn Robert Teschner schließlich davon spricht, daß er erst mit Mitte Zwanzig »aufgewacht« sei. Bezogen auf seine illegale Aktivität in der DDR, fällt das mit dem von ihm in anderem Zusammenhang genannte Datum des 17. Juni 1953 zusammen, als seine damaligen Gesinnungsgenossen und er merkten, daß »das überhaupt keinen Zweck« habe und es »eine Illusion [sei] zu glauben, mit Flugblättern könnte man irgend etwas verändern«.

Im selben Jahr wird Robert Teschners erstes Kind geboren, sein Studium neigt sich dem Ende zu, und eine bürgerliche Karriere bahnt sich an. Von diesem Zeitpunkt an unterscheidet sich sein Leben manifest nicht mehr von dem anderer Deutscher, die ihre Energie vornehmlich dafür einsetzen, »Karriere« zu machen, Familien zu gründen und zu vergessen. Man kann das als »normal« bezeichnen. Für Robert Teschner kleidet sich dieser Schritt in die Normalität in die Metaphorik des Aufwachens aus einem Traum. Eines Traums übrigens, der sich in einer für ihn sehr wichtigen Dimension nicht erfüllt hat. Er selber beschreibt ihn so: »Wir hatten so ein Traumbild von amerikanischer Universität – es gab da ein berühmtes Foto von Oppenheimer, der berühmte Nuklearmensch…: der saß also da vorne, und die Studenten saßen so… herum, und die hatten die Beine auf dem Tisch, einer stand am Fenster, Hand in der Hosentasche; und das war so unser Traum, den wir auch bei der Freien Universität erhofft hatten.« Der nach der Napola zum ersten Mal »aufgewachte« begeisterte Schüler und wissensdurstige Student fällt aus allen Wolken, als der neue Rektor der FU in seiner Immatrikulationsrede ebendiese Orientierung in Zweifel zieht, den Studenten »geistige Scheuklappen« und »geistige Appetitlosigkeit« attestiert, ihnen vorwirft, sie »dächten nur an ihr Examen und nutzten gar nicht ihre Bildungschancen«. »Und das hat mich dermaßen empört, daß ich mich an die geliehene Schreibmaschine, die ich noch von meiner Dissertation hatte, setzte, und da meinen ganzen Zorn ausgoß auf Papier. Und das Fazit war etwa: Wenn es schlechte Studenten gibt, gibt's auch schlechte Professoren.«

Robert Teschner trifft der professorale Vorwurf wie ein Keulenschlag. Es ist die Wiederholung des Vorwurfs, seinen »Auftrag« nicht erfüllt zu haben: nicht den der Mutter, nicht den der Napola – und das zu einem Zeitpunkt, da er auf eigenes Geheiß mit hohem Engagement studierte. Der Vorwurf und der Traum liegen nahe beieinander. Der nichtrealisierte Traum ist der – im Oppenheimer-Foto verdichtete – von der idealen Gemeinschaft, in die Robert Teschner seinen Bildungsdrang, seinen Auftrag, hätte eintragen können. Schier unerträglich war ihm, nun gesagt zu bekommen, seine Bildungschancen nicht zu nutzen. An der Immatrikulationsrede des neuen Rektors wiederholt und kristallisiert sich die Angst, »nicht zu genügen«, etwas zu verfehlen und etwas »untreu« zu werden.

Robert Teschner protestiert und gerät damit wieder in die ihm geläufige Rolle des Außenseiters: »Und da schrieb ich also diesen bösen Artikel und schickte den dem ›Tagesspiegel‹ – und drei Tage später war der gedruckt. Und dann war der Teufel los dann. Da wurde ich also geschnitten in meinem Institut (lacht), dann kriegte ich auf Umwegen meine Dissertation zurück... Und dann strengten die ein Disziplinarverfahren wegen unehrenhaften Betragens gegen mich an, die Universität.« Ist es das, was Robert Teschner als das »Aufwachen« bezeichnet? Als ich ihn frage, was er darunter versteht, antwortet er:

»Daß man so mit so einer intellektuellen Nüchternheit an Dinge herangeht. Auch genau weiß, was man tut. Also ich finde, vorher greift dann eher noch die Leidenschaft, sagen wir, dafür muß man kämpfen und das, also man ist in der früheren Zeit begeisterungsfähiger und leichter für was rumzukriegen, glaube ich.«

Mitte Zwanzig ist Robert Teschner also endgültig aus seinem Traum aufgewacht und »nüchtern« geworden. Wie wir gesehen haben, enthält dieser Traum viele Elemente und hat die zentrale Funktion einer »Passage«. Er vermittelt die gesamte Zeit vom Alptraum der Napola zur Realität eines Lebens, das weitgehend die Forderungen einlöst, mit denen sich der Knabe Robert einmal konfrontiert sah. Er umgreift mithin die gesamte Adoleszenzentwicklung in ihren ungleichartigen Etappen; und er hat im vorliegenden Falle die Besonderheit, eine politische »Statuspassage« zu verarbeiten.

Was mein Gesprächspartner im Interview eindrucksvoll vorstellt, ist ein »Übergangstraum«. Eine psychische Bildung, die lebensbegleitend die Vermittlung von Ichideal und Überich-Normen mit den realen Ichleistungen bewirkt und zugleich dieses Leben ist. Das, was wir »Übergangstraum« nennen, ist die Summe aller der phantasmatischen Gebilde zwischen Latenz und Erwachsenenleben, die als mögliche »Lebenskonstruktionen« dienen: Ergebnis einer Arbeit, die versucht, Wunsch und Wirklichkeit so gegeneinander zu führen, daß nicht automatisch schon der Sieg dieser über jene verbürgt ist.

Der Übergangstraum ist ein lebensgeschichtlich zentraler, über eine lange Zeit bearbeiteter Syntheseversuch von Lust- und Realitätsprinzip auf dem Niveau adoleszenter Größenphantasien; Größenphantasien, die sich aber bereits auf die Unausweichbarkeit der Realität beziehen und in sich den Wunsch nach einer »soliden« Verankerung in ihr tragen. Der Übergangstraum gibt immer gleichzeitig Auskunft über den Möglichkeitsraum der gesellschaftlichen Phantasien und die Sackgassen der individuellen Phantasie wie über die Potentiale der Entwicklung des einzelnen im Verhältnis zur kollektiven Pathologie.

Vielleicht ist es sinnvoll, die verschiedenen Elemente dieses jahrelangen »Übergangstraums« im vorliegenden Fall noch einmal zu sammeln. Vielleicht ergibt sich aus ihnen eine Struktur, die über die einfache Vermutung hinausweist, dieser Übergangstraum sei lediglich eine besondere Spielart jener Derealisierung, die nach einer bekannten Diagnose die Deutschen nach 1945 als Kollektiv ausgezeichnet habe. Nehmen wir Robert Teschners manifeste Rede ernst und folgen seinen Hinweisen darauf, was in seinem Leben den Charakter eines Traumes gehabt hat, so ergibt sich, chronologisch, folgende Sammlung:

Der Traum vom Fliegen, »ein Flugzeug zu lenken«; nicht als »Kampfflieger, sondern mehr (als) Aufklärer. Also die dadrüber wegfliegen und fotografieren oder gucken.« Der Traum enthält unübersehbar einen voyeuristischen Distanzierungswunsch, nicht im Kampfgetümmel zu sein, sondern darüberzuschweben und zu schauen.

Der zweite im Interview genannte Traum ist der vom »Helden«, der, zum Leutnant säkularisiert, in den Genuß der »Mädchen« kommt.

Diese beiden Elemente des »Übergangstraums« sind Teil und Ausdruck der Napola-Zeit; in ihrem buchstäblichen – sexuellen – Traumgehalt leicht zu verstehen. Sie fassen zusammen, was an individuellem Wunsch gesellschaftlich möglich war. Es sind ja keine Nacht-, sondern Tagträume – und sie verdienen es in ihrer schlichten Faktur auch nicht, anders behandelt zu werden. Aber es sind Tagträume, die sich *innerhalb* eines institutionalisierten Alptraums etabliert haben.

In der Erzählung über die »Trotzphase« nach dem Ende des Nationalsozialismus und dem Übergang zum »Engagement« (für das, was uns noch beschäftigen wird, regelmäßig das Wort »unheimlich« steht), fallen Szenen auf, die *wie* Träume dargestellt werden, aber keinen »tagträumerischen« Charakter haben. Sowohl die Pjotr- als auch die Tänzerin-Episode sind von diesem Typ; insbesondere aber die »Kofferszene«, die illegale Aktion in der Ostzone, die den alten »Heldentraum« mit veränderten politischen Vorzeichen wiederaufnimmt. Sie haben gemeinsam, daß der Akteur in ihnen wie »entrückt« erscheint: nicht Subjekt, nicht Herr seiner Handlungen, sondern immer in eine Inszenierung eingespannt, die ihn *handeln macht*.

Für die Beendigung dieser transitorischen Periode schließlich steht der – verlorene – Traum von einer intellektuellen »zivilen« Gemeinschaft (der Bildungshungrigen), der sich mit dem Namen Oppenheimers verbindet und durchaus – wenn auch »demokratisch gewendete« – Elitevorstellungen enthält: So hätte die Erziehung im Sinne des Napola-Projekts aussehen sollen; so wäre der Plan einer Gemeinschaft mit Führungsansprüchen aufgegangen.

Der »nüchtern« gewordene Robert Teschner hat – der Definition des »Übergangstraums« entsprechend – Tagträume dieser Art nicht mehr anzubieten. Aber er bringt an einer zentralen Stelle des Interviews den Terminus einer »Traummischung« ins Spiel, die, mindestens in einer Hinsicht, an den verlorenen Traum der idealen Gemeinschaft, wie sie das »Traumbild« Oppenheimers enthält, anknüpft. Diese »Traummischung«, die Robert Teschner in den Sinn kommt, als es um das Verhältnis zu Juden geht, und die, nach eigener Aussage, »vielleicht auch eine Fiktion« sei, ist: »Ungarischer Jude in Wien und deutsch schreiben.« Völlig unfiktional nennt er das reale Vorbild dieser »Traummischung« und faßt den offenbar überwältigenden Eindruck dieser Person in die Worte: »Ja, also makellos: ein wunderbares Deutsch.« Gemeint ist damit völlig unzweideutig die Kompetenz der Sprachbeherrschung. Trotzdem bleibt man im Interview an dieser Stelle hängen. Was verbirgt sich hinter der »Traummischung«, die, so unsere Vermutung, ein spätes Derivat des – gescheiterten? – Übergangstraums ist?

Zum Verständnis ist es unerläßlich, den Ort genauer zu bezeichnen, an dem der Terminus ins Spiel kommt. Die entsprechende Gesprächssequenz beginnt, nach einer längeren Passage, in der Robert Teschner einmal mehr den Elitecharakter der Institution mit Verweis auf die mangelnde Qualität der Lehrer in Zweifel gezogen hat, mit der Frage des Interviewers nach der »politischen Beeinflussung« durch die Napola. Die Antwort verdient, im Wortlaut wiedergegeben zu werden: *»Ich war einfach nicht reif dafür,* mich langweilte das, und ich fand das toll, wenn man gesiegt hat und fand das alles ganz in Ordnung.«

Diese Reaktion ist von einer als Naivität getarnten Malice: Es ist die schlichte – exkulpierende – Umkehrung des (Nachkriegs-)Klischees, die Deutschen seien nicht reif für die Demokratie. Auf der Grundlage dieser spezifischen Interpretation der »Gnade der späten Geburt« kann dann die Erzählung ehrlich weitergehen. Robert Teschner berichtet von den Dingen, die ihm, teils familiär beeinflußt, seinerzeit am Nationalsozialismus eingeleuchtet hatten (»soziale Gerechtigkeit«): »Für mich lief das richtig gut. Es gab nur eine Irritation, und das war die Reichskristallnacht, als die Leute da den Juden die Scheiben einschlugen… Und da merkte ich auch zum ersten Mal, daß es überhaupt Juden gab, was man vorher gar nicht wußte. Was mit denen passierte, weiß ich gar nicht, hat man nicht drüber gesprochen.« Überraschend schnell schlägt mein Gesprächspartner von hier den Bogen zu einem Buch über die Juden in der Kunst, das ihm viele Jahre nach dem Kriegsende in die Hände gefallen sei:

»Und ich habe das gelesen und fiel von einer Überraschung in die andere, wer alles Jude war. Und da habe ich sehr überlegt, warum erfahre ich das überhaupt? Wozu ist es überhaupt… völlig unwichtig! Eigentlich ist es völlig Wurscht, ob der Mendelssohn ein Jude war oder nicht. Es ist eine Frage, die mich immer noch beschäftigt. Es fragt mich ja auch keiner, sind Sie ein Arier oder so was (lacht), nicht? Braucht auch keinen zu interessieren, auch keiner, welche Partei ich wähle oder ob ich irgendwo Mitglied bin oder welcher Sekte ich anhänge. Das ist ja alles, finde ich, privat.«

Es ist die einzige Passage des gesamten Interviews, in der Robert Teschners Rede aus den Fugen gerät. Die einzige Irritation der ansonsten gründlich geleugneten Beeinflussung durch den Nationalsozialismus, für den er ja »nicht reif« war, »die Juden«, die es in seinem Erleben vor und – wie grausam koinzidiert hier Robert Teschners Wahrnehmung mit der Realität – nach dem Pogrom nicht gab, soll ihn auch später nicht mehr heimsuchen. Was »privat« ist, ist auch »Wurscht«: »Warum erfahre ich das überhaupt?« Am Beispiel der kulturellen Wiederbegegnung mit dem irritierenden Jüdischen produziert Robert Teschner den typischsten aller deutschen Sätze nach 1945. »Warum erfahre ich das überhaupt?« ist die Frage dessen, der aus einem Traum aufwacht und mit Realitäten konfrontiert wird, die nicht in die Traumlandschaft passen wollen. Schöner wäre es, weiterzuträumen.

Es ist keine Frage, daß Robert Teschner sein Plädoyer für die Unantastbarkeit, die »Interesselosigkeit« des Privaten, die er durch die Praxis des jüdisch-arischen »outings« verletzt sieht, als liberales Argument versteht. Nur eine Ausnahme gesteht er zu: Für den Fall, »wo es eine Beziehung zu der Sache hat. Also wenn man merkt, das kann nur ein Jude gemacht haben, komponiert oder geschrieben oder gemalt, und wenn man merkt, daß es für eine Begründung wichtig ist.« In der – ausweichenden – Antwort auf die Frage des Interviewers, woran denn der unzweifelhaft jüdische Ursprung eines ästhetischen Produkts auszumachen sei, kommt Robert Teschner auf seine Freundschaft mit einem bekannten Künstler, von dem er erst »relativ spät« erfahren habe, daß er Jude sei, und landet schließlich über die Sentenz »Juden sind ja oft wahnsinnig begabt« bei der oben zitierten »Traummischung«.

Zweifellos ist auch sie ein Klischee, allerdings ein dermaßen kumuliertes, daß es lohnenswert scheint, es in seine Teile zu zerlegen.

»Ungarischer Jude in Wien und deutsch schreiben« ist ein einziger fiktiver Vielvölkerstaat, wenn man so will die Wiedererrichtung der großdeutschen Nation einschließlich K.u.k.-Österreichs auf dem Vorkriegsniveau. Insofern enthält die »Traummischung« ein Ungeschehenmachen: Damals war es sicherlich nicht so existentiell wichtig zu erfahren, »wer alles Jude war«. Zumindest konnte die Tatsache, Jude zu sein, mehr »Privatsache« bleiben als später im SS-Staat. Für Robert Teschner aber resultiert aus dieser »Mischung« die wahre Reinheit. Aus der ethnisch-kulturellen Vielfalt seiner Traumvorstellung erwächst, »makellos«, ein »wunderbares Deutsch«. Die »wahnsinnig begabten« Juden haben hier die Funktion eines Ferments in einem »melting-pot«. Auch dies ist, ähnlich wie das Traumbild von Oppenheimer, eine eher amerikanische, liberale Vorstellung. Robert Teschner trifft in dieser zeitlich rückwärtsgewandten Dimension seiner »Traummischung« implizit zugleich eine historische Festlegung. Das wirkliche Reich, in dem die Juden eine Rolle spielen konnten, ist die Vorkriegszeit, »also die zwanziger Jahre, die«, so Robert Teschner, »ja immer sehr leicht verbrämt werden und oft und zu Teilen ja unheimlich böse waren und das Leben sehr schwer. Es gab auch unglaublich viel Elend, aber diese ganze Blüte ist überhaupt nur denkbar durch die Juden. Also was da uns verlorengegangen ist...«

Mit diesem Satz – man sollte ihn zweimal lesen – verkehrt sich der liberale Sinn in einer Weise, die in Deutschland »Normalschicksal« zu sein scheint. Gemeint als Klage auf einen »kulturellen Verlust«, verdreht er sich dem Sprecher unterderhand zur syntaktisch eindeutigen, in der Treitschke-Tradition stehenden Aussage: Die Juden waren schuld an unserem Elend. »Was da uns verlorengegangen ist« entspricht jenseits des intendierten Sinns, der das »Verlorengehen« der Juden selber meint, einer Beraubungsphantasie.

In deren Bann steht, wenn auch negativ, die »Traummischung«. Robert Teschner, der sich nicht für »wahnsinnig begabt« hält, wie es die Juden seinem Urteil nach sind, sondern der eben daran im Interview Zweifel geltend macht (»Ich dachte immer: vielleicht bin ich doch nicht begabt«), bringt unbewußt seinen eigenen beruflichen Erfolg mit den »verlorengegangenen« Juden in Verbindung. Wären sie noch dagewesen, hätte er beruflich nicht reüssieren können. Eine alte Unsicherheit lebt bei ihm auf, wieder einmal geht es darum, möglicherweise nicht zu »genügen«.

Erinnern wir uns: Der Bildungsauftrag der Mutter hatte darin bestanden, ein »Intellektueller« zu werden – etwas, das in der damals gängigen Sprache das Attribut »jüdisch« beinahe automatisch mit sich führte.

Die Napola war in gewisser Weise das Konkurrenzunternehmen zum »jüdischen Intellektuellen«. Ihre Idee war die Produktion des »völkischen Intellektuellen« – eine Idee, die sich leicht als Contradictio in adjecto abtun ließe, die aber für eine eher größer werdende Klasse von Personen noch heute von großer Anziehungskraft zu sein scheint. Für jemanden wie Robert Teschner jedoch handelte es sich zunächst um eine ganz praktische Contradictio, weil er sich für seine Person des Minimums an »Völkischem«, des Arierstatus, nicht sicher wähnte. In der Sentenz: »Es fragt mich ja auch keiner, sind Sie Arier«, die er als Begründungsfigur dafür einführt, warum er von der Frage, wer alles Jude (gewesen) sei, verschont werden will, steckt noch das alte Erschrecken über seine angreifbare »rassische Komposition«.

Robert Teschner hat die alte Angst vor der Abweichung vom Ideal in einigen Punkten sein Leben lang konserviert: Weder wird er jemals »so gut«, so »dazugehörig« sein wie die »alten Kämpfer« seiner Schule, noch so »wahnsinnig begabt« wie deren Kontrapart, die Juden. Auch das steckt in der »Traummischung: Sie ist preußisch, international, jüdisch – ein wahres Monstrum an Begabung, eben in dieser unantastbaren Synthese »makellos«.

Robert Teschner glaubt immer noch, eigentlich zu Unrecht an dem Ort zu sein, den er heute beruflich innehat. In der Traummischung, dessen reales Vorbild ein ehemaliger Berufskollege ist, der mittlerweile Europa verlassen hat, steckt auch der überlegene Konkurrent, der *seine* Karriere jederzeit hätte zunichte machen können. Sie repräsentiert eine Angst: gleichsam die Personifikation des überlegenen »Fremden«, dessen »Reinheit« (der Sprache) aus der nicht nachzuvollziehenden Mischung resultiert. Es ist eine Figur der Wiederkehr des Verdrängten. Die »Traummischung« ist der Jude, der überlebt hat, und deshalb nicht nur allen Grund hätte, sich zu rächen, sondern vor allem auch, weil er lebt, die Möglichkeit.

Robert Teschners Traummischung ist eine Mischung, die wirklich nur im Traum vorkommen darf. In der Realität wäre sie eine einzige Bedrohung. Die Traummischung ist etwas, was sich in einen nicht zu Ende geträumten Traum mischt, den man nicht wahrhaben will. Die Traummischung ist der Statthalter des längst überwunden geglaubten Übergangstraums, eine Gestalt der Nachträglichkeit, in der die positiven wie die negativen Züge eines Traumas, einer Erwartung bis zur Unkenntlichkeit ineinander verwoben sind. Mischung und Reinheit: Zweimal taucht in Robert Teschners »Träumen« ein Jude auf, der für ein Ideal steht. Neben der »Traummischung«, für die es ja ein empirisches Vorbild gibt, ist es Robert Oppenheimer, »der Nuklearmensch«, dessen Name meinem Gesprächspartner, obwohl er für ihn so wichtig ist, nicht richtig einfallen will (»Oppenheimer..., Oppenheim, der berühmte Nuklearmensch, Oppenheim...«). Irgend etwas muß also an dem Namen, der für das Ideal einer »zivilen Gemeinschaft« steht, nicht stimmen. Robert Teschner weicht auf Oppenheim aus, er verhaspelt sich, wiederholt, etwas ungläubig, den richtigen Namen – und dies gleich an zwei weit auseinanderliegenden Stellen desselben Interviews. Offenbar ist dieser Name nicht eindeutig, offenbar enthält er etwas Überdeterminiertes, das Robert Teschner irritiert, mit dem er nicht zurechtkommt. An der zweiten einschlägigen Interviewstelle zweifelt er noch einmal explizit die Richtigkeit des Namens an (»also der Traum von – nein, wie heißt er, nicht Oppenheimer, also ich komm da jetzt nicht drauf, Kipphardt hat doch ein berühmtes Stück, Reiner [!] Kipphardt hat darüber geschrieben, na ja«), und erst als der Interviewer mit dem vollständigen Namen »Robert Oppenheimer« einhilft, kommentiert Robert Teschner das mit einem »Ja, klar«, ohne jedoch seine Verwirrung wirklich geklärt zu haben.

Tatsächlich ist der Name Oppenheimer überdeterminiert, doppelt besetzt; und tatsächlich hat es auch schon vor dem Atomphysiker einen sehr berühmten Oppenheimer zu sehen gegeben. *Joseph* Oppenheimer ist niemand anders als jener »Jud Süß«, der im gleichnamigen Film Veit Harlans den Prototyp des verschlagenen und verlogenen, zudem politisch gefährlichen jüdischen Schacherers der Nazi-Propaganda verkörperte.[1] Wahrscheinlich hat es keine zweite Gestalt gegeben, die so nachhaltig das Bild des Juden in Deutschland geprägt hat, wie Harlans filmische Aufbereitung von Joseph Süß Oppenheimers Lebensgeschichte. Tatsächlich erstreckt sich diese Wirkung weit über das Ende den Nationalsozialismus. Meyers Lexikon aus dem Jahre 1984 vermerkt zur historischen Gestalt Oppenheimers: »Verfassungsbruch, persönliche Bereicherung im Amt und Luxus trugen ihm landesweiten Neid und Haß ein.«[2]

Als der Interviewer das Bild anspricht, das auf der Napola von den Juden vermittelt wurde, vermerkt Robert Teschner, für sie habe es nur eines gegeben: »tödliche Verachtung« – und er fügt hinzu: »aber ich kannte keine Juden und konnte das nicht korrigieren, konnte nicht sagen, ja aber ich kenne da jemanden«. Er formuliert in aller Unschuld den Zirkel des rassistischen Denkens: Das Bild, das ich hasse, gibt es real gar nicht. Es ist diese Nichtexistenz, die die rassistische Logik realisieren möchte.

Harlans »Jud Süß« hat für Tausende das Bild bereitstellen müssen, das die Realität nicht mehr bieten konnte, *weil* die Logik des Rassismus vollstreckt wurde. Jeder, der den Film gesehen hat, kennt den Namen Oppenheimer. Aber kaum jemand erinnert ihn bewußt: er ist hinter dem Namensbild »Jud Süß« verschwunden. Es ist diese Namenskoinzidenz, die Robert Teschner im Interview zu schaffen macht. Mit dem Vorbild, mit dem Traumbild, für das Oppenheimer steht, stimmt etwas nicht. Ohnehin ist dieser irgendwie »fiction«. Der »Nuklearmensch«, das klingt wie eine späte Jahrmarktsattraktion oder eine Hollywoodfigur der fünfziger Jahre. In diesem Sinne ist auch er eine Traummischung. Aber er ist vor allen Dingen kontaminiert mit dem

1 Es ist eine pikante Tatsache, daß sich Harlans Film im Bewußtsein der Deutschen fast vollständig vor den gleichnamigen Roman Lion Feuchtwangers geschoben hat. Auch dies ein andauernder »Sieg« der NS-Kulturpolitik; vgl. dazu Kraushaar 1996.

2 Eine Bemerkung, die immer noch ein wenig nach dem »Antisemitenkathechismus« von 1887 klingt.

Feindbild schlechthin.[1] Letzteres mischt sich in das Traumbild der von Robert Oppenheimer repräsentierten Bildungselite.

Mischung und Reinheit. Letzterer steht Robert Teschner zweifelnd gegenüber: die lebensrettenden und -befördernden Dinge in seinem Leben sind Mischungen gewesen. Auf der Napola war es »die richtige Mischung« der rassischen Komponenten. Und im Berufsleben zählt es Robert Teschner zu seinen Erfolgen, daß er eine neue Form, eine, wie er betont, »Mischung« aus mehreren traditionellen Formen kreiert hat, die eine Zeitlang zu seinem Markenzeichen wurde.

Die Mischung hat bei ihm also einen besonderen lebensgeschichtlichen Sinn. Sie ist eine Überlebenslist. Aber sie repräsentiert zugleich, dafür hat die Napola gesorgt, das »unausrottbar« Unheimliche. Nach der NS-Rassenlehre war Mischung nahezu ein Synonym für Bedrohung und Untergang. Um sie abzuwehren, müssen die Dinge ins reine gebracht werden. Reinheit ist auf zwei Wegen zu erreichen: entweder durch Vernichtung des Unreinen oder aber – diese Seite wird heute leicht übersehen oder vergessen – durch seine Verwandlung. Will man den Nationalsozialismus begreifen, ist es essentiell, zu verstehen, daß seine Idee der Reinheit kein Ursprungs-, sondern ein Oppositionsbegriff ist. Er steht gegen die gefürchtete Unreinheit, deren prominenteste Gestalt die Mischung ist. Nichtsdestotrotz – und verständlich ist das nur aufgrund der besonderen Identitätsproblematik der Deutschen – repräsentiert »Mischung«, als strategisch geplante *Handlung*, zugleich das wirkungsvollste Antidot gegen die gefürchtete Mischung, die das eigene bedroht.

Vielleicht ist es die bedeutsamste psychische Leistung Robert Teschners, frühzeitig begriffen zu haben, daß auch die Reinheit ihre Mischung haben kann. Er hat damit, als Mittel des Selbstschutzes, intuitiv etwas von der Ambiguität des nazistisch gewendeten deutschen Wesens erfaßt. Seine Überlebenslist, seine »Umdefinition« im Sinne einer rassischen Autopoiesis

1 Immerhin, ein wenig mehr als die Tatsache, Jude zu sein, haben die beiden auf der Ebene des rassistischen Klischees schon gemeinsam. Robert Oppenheimer hatte die – gegen Deutschland gerichtete – Atombombe möglich gemacht, Joseph Süß Oppenheimer das deutsche Volk angeblich mit seinen Steuern »ausgepreßt«. Interessant ist übrigens, daß Robert Teschner in seinem gedanklichen Klärungsversuch Heiner Kipphardt zu Rate zieht. Dieser hat nicht nur tatsächlich das Stück »In Sachen J. Robert Oppenheimer« geschrieben, sondern auch, und vielleicht spielt das im Verwirrspiel eine Rolle, »Bruder Eichmann«.

fußt darauf: »Nordisch dinarisch mit etwas ostisch« ist das Paradox, die *reine Mischung*, die den Gipfelpunkt des völkischen Ideals bildet. Nordisch dinarisch mit etwas ostisch ist, wie wir wissen, die rassische Komposition Adolf Hitlers. Auch das Ideal entstammt einer Mischung. Die »reine Mischung« ist der Inbegriff des NS-Denkens. Die ewig problematische Identität der Deutschen bewegt sich immer im Spannungsfeld von Mischung und Reinheit, darf das erste nicht akzeptieren aus Angst vorm Untergang und kann das zweite nur idealisieren, aber nicht *ursprünglich* repräsentieren. Wenn Hegels universelles Volk, das heißt jenes, das die Züge aller anderen in sich aufnimmt, synthetisiert und zur Reinheit bringt, über sich selbst nachdenkt, dann tritt zwangsläufig das Theorem der *Gleichursprünglichkeit* auf den Plan. Alles deutsche Denken, das dem Ideal der Nation verpflichtet ist, ist ursprungsversessen – und kann doch letztlich nicht *einen* ausmachen. Das Konstrukt der Gleichursprünglichkeit, einmal gegen die Manie des platonischen Reduktionismus aufs buchstäblich Eine ersonnen, interveniert in diese Verlegenheit und schafft ein Surrogat. Die Gleichursprünglichkeit ist ohne Frage die deutscheste aller Kategorien, ein Paradox, ein uneiniges Eins, das als einmalige Uneinigkeit das Erbe der Hegelschen Philosophie antreten kann, ohne sie wirklich begreifen zu müssen. Die »reine Mischung« – das ist die wahre Spezialität der Deutschen. Gleichursprünglichkeit – das wissen wir nicht erst seit dem Historikerstreit – schafft zugleich eine Komparatistik, die es notfalls erlaubt, den einen Ursprung gegen den anderen auszuspielen. Gleichursprünglichkeit ist eine Begründungsfigur der transzendentalen Unschuld – oder, was nur in Nuancen davon abweicht, eine Denkfigur der Schuldunfähigkeit.

Die reine Mischung ist, selbstverständlich, eine Contradictio in adjecto. Ebendas qualifiziert sie zum Stammbegriff des Nationalsozialismus. Daß durch Mischung etwas rein werden könne, gehört zum Kern des Nationalsozialismus. Es ist leicht an vielen Punkten zu studieren, am eindrücklichsten sicherlich am Programm der sogenannten »Aufnordung«.[1]

1 In den achtziger Jahren gab es erstmals den – nie öffentlich gewordenen – Versuch einer Auseinandersetzung zwischen ehemaligen Schülern über die Qualität und die Folgen des Projekts Napola. Mehrfach wird dabei auf die praktizierte Rassenlehre Bezug genommen. Einer der Apologeten des Napola-Erziehungssystems weist in diesem Zusammenhang auf die Abweichung von der offiziellen Rassenlehre hin, die ihm auf der Napola vom »Studienrat Weber« – einem bekannten Erzieher, Autor des Napola-Werbefilms und später selber Leiter einer Anstalt – vermittelt wurde: »Wenn man

Der »gemischte« Ursprung ist das Urtrauma der Deutschen, das sie ständig zu Reinheits- und Überfremdungsphantasien nötigt. Das ist der entscheidende Gehalt vieler politisch verwalteter Ängste wie etwa der Asylproblematik. Der daraus resultierende Traum ist die katalysatorische Verwandlung der Mischung in Reinheit. Daraus ergibt sich der Doppelstatus der Mischung; sie ist das Verpönte und Verleugnete schlechthin und der Träger der Hoffnung auf eine wenn schon nicht ursprüngliche, so doch »kulturelle« Reinheit. Eine Reinheit, die in sich die Erfahrung der Härten trägt, deren es bedarf, rein zu werden. In *diesem* »Gelobt sei, was hart macht« reicht sich der plebejische SA-Rebell mit dem Bildungsbürger die Hand. Mischung ist in einem das Stärkste und das Schwächste: das, was angestrebt werden muß, und das, was ausgelöscht, vernichtet gehört. Genau so ist Robert Teschners Mischung, mächtig, weil führeranalog, totgeweiht, weil unrein. Diese auf der Napola begründete Ambivalenz wird ihn sein Leben lang begleiten – und nicht nur ihn allein.

hochwertige Tiere züchten will, kreuzt man verschiedene Rassen miteinander, so lange, bis der erwartetete Erfolg eintritt. Warum es beim Menschen anders sein soll und hier durch Rassenmischung schlechtere Typen entstehen sollen, weiß ich nicht. – Aber Günther [der führende NS-Rassentheoretiker, d. A.] sagt... und das ist von jetzt an unser Evangelium!« (Mat V, II, 3) Diese Webersche Äußerung ist gleichsam das rassentheoretische Programm der »reinen Mischung«: der Reinheit, die aus der (richtigen) Mischung entsteht. Der ehemalige Schüler kommentiert diese Lehre mit dem Hinweis: »Eine gewagte Äußerung im Jahre 1936!«

Der Einflieger: Harald Völklin

Als Harald Völklin uns schrieb, er wäre zu einem Interview bereit, stellte sich aufgrund der kurzen Informationen, die er zu seiner Person beifügte, bei uns die Erwartung ein, daß wir es mit einem »typischen Napolaner« zu tun haben würden. Sollte es sich bei ihm, dem pensionierten kaufmännischen Direktor einer deutschen Weltfirma, wohnhaft im Nobelvorort einer westdeutschen Großstadt, um einen jener ehemaligen Elitezöglinge handeln, die für eine Führungsposition im »Großdeutschen Reich« erzogen worden waren und zur Zeit des Wiederaufbaus Karriere gemacht haben, eine jener Karrieren, die das Erscheinungsbild der frühen Bundesrepublik so nachhaltig geprägt haben? Jedenfalls war dies der Eindruck, wie er sich in meinem »Notat« zum ersten Interview niedergeschlagen hat:

»Harald Völklin ist der selbstbewußte Aufsteiger par excellence. Ich habe ein Gefühl, das er mir sofort bestätigt: diese Sicherheit, dieses Selbstbewußtsein kommt von langer Hand. Er ist vollkommen überzeugt davon, daß er der Napola-Erziehung die wichtigsten Voraussetzungen für die Erfolge seines Lebens zu verdanken hat... Er gehört zu jenem zivilisiert-soldatischen Typ, von dem man sich vorstellen kann, daß er das Erscheinungsbild des Managers in der Nachkriegszeit geprägt hat: sportlich, zielbewußt, arbeitsam, genau, anpassungsfähig und zuverlässig.«

Ich bin mit Herrn Völklin in seinem Haus verabredet. »Auf der Treppe, die von der Straße durch einen vielseitig angelegten Vorgarten zum Haus führt, kommt mir ein großer, stattlicher Mann entgegen, der mich mit volltönender Stimme leutselig begrüßt« (Notat). Die Einrichtung des Hauses hat etwas vom Stilbewußtsein des Erfolgreichen, das nicht nur auf großzügige und repräsentative Wohnverhältnisse bedacht ist und nicht nur der Stellung und dem Status des Hausherrn gilt, sondern auch der Eigenart seiner Person. Harald Völklin sammelt Fossilien, von der Anstecknadel bis zum Stich an der Wand und der Skulptur auf der Vitrine, im Terrarium und im Glasschrank – eine der größten Sammlungen der Welt, wie er mir sachlich mitteilt. Etwas verwirrt angesichts dieser überbordenden und zugleich monotonen Symbolmasse, beginne ich das Gespräch.

Eine, wie sich herausstellen wird, zentrale Gesprächslinie enthält gleich die erste protokollierte Äußerung von Harald Völklin: »Ich gehörte einer Napola an,... wo das Politische... überhaupt keine Rolle spielte.« Er war, zwölfjährig, auf Betreiben seines Vaters, eines Offiziers im Ersten Weltkrieg, 1937 auf die Napola C. gekommen und verließ sie 1942 als Kriegsfreiwilliger. In dieser Schule hatte man sich »als etwas Besonderes gefühlt«. Daß sie aber »von der politischen Seite her... besonders unterrichtet oder gestreamlined wurden«, das kann er »beim allerbesten Willen« nicht sagen.

Die spezifische Ausrichtung der Elitebildung auf der Napola sieht Harald Völklin – und das ist seine Eröffnung des zweiten Interviews – im »Korpsgeist«, der ihm »ins Blut« übergegangen ist, so daß er sich später »immer automatisch in einer absoluten Identifikation« mit seiner Firma wiederfand. Den Betrieb in dieser wesentlichen Hinsicht wie die Napola erlebt zu haben und eben dadurch erfolgreich geworden zu sein – das ist die Botschaft, die mein Gesprächspartner in den Interviews geben möchte. Die Kontinuität, mit der sich die Napola-Erziehung über die politischen Systemunterschiede hinweg bewährte, ist ein Beweis für ihre Güte und ihren unpolitischen Charakter.

Zum »Korpsgeist« sind sie »mit aller Systematik getrimmt« worden im Sinne des »Spruchs«, der »natürlich in diese Zeit hier gar nicht mehr reinpaßt... Du bist nichts, dein Volk ist alles.« Wie wenig dieser Spruch heute paßt und wie sehr er andererseits in seinem Sinne bis ins »Privatleben« hinein »programmiert« worden ist, macht Harald Völklin gleich an einem Beispiel deutlich:

»Ja, im Privatleben natürlich auch. Nehmen wir mal die Berufswahl der Kinder. Ich konnte mich natürlich nicht durchsetzen, hatte auch nicht die Absicht, das auf einen Krach ankommen zu lassen. Aber meine Kinder wollten das studieren und das tun, was ihnen gefiel, aber nicht das, wo sie sicher waren, daß sie später einen Job haben, wo sie ihre Familie ernähren können und wo sie irgend etwas mehr tun können als nur für sich selbst, nicht? Mit dem Erfolg, daß sie alle beide ein Studium ergriffen haben, nicht, das für mich Kokolores ist, der eine ist Psychologe, die andere Biologin. Wenn ich mir diesen Werdegang, dieses Studium angucke, und wenn ich mir angucke, daß meine Tochter, ein hochintelligentes Mädchen, ihre Diplomarbeit über das Sehvermögen der Goldfische gemacht hat, nicht, wissen Sie, da... ärgere ich mich nicht mehr... als Vater, um Gottes willen, habe ich mir natürlich abgewöhnt, nicht? Aber für mich als Napolaner ist das Kokolores, nicht? Wie kann ich meinem Volk, wie kann ich meiner Volkswirtschaft, das ist ja heute wesentlicher, oder wie kann ich irgendwie was Positives, ja, für die Gesamtheit tun, wenn ich mich jahrelang mit dem Sehvermögen der Goldfische beschäftige, das geht bei mir nicht mehr rein, dafür bin ich zu alt, das kann ich nicht mehr...«

Im Unterschied zu selbstbestimmter, an den eigenen Interessen ansetzender und um soziale und gesellschaftliche Bezüge unbekümmerter Arbeit hatte er »Teamgeist, Teamarbeit« gelernt, »die Gemeinschaft, der Zug…, die Hundertschaft, die Anstalt, das waren die Bezugskreise. Und dann Deutschland, die Heimat, ja, nur nicht Hitler – ›Dein Volk ist alles‹, nicht?«

Ich bin beeindruckt von dem überlegten Aufbau und der sprachlichen Gewandtheit seiner Rede. Später werde ich erfahren, daß er Rhetorikkurse gemacht und nebenbei als Dozent für Betriebswirtschaftslehre gearbeitet hat. In diesem Bereich ist er auch schriftstellerisch tätig. Überrascht bin ich auch von dem klaren Bewußtsein, das er von der fundamentalen Differenz zwischen seiner an kollektiven Zielen ausgerichteten Orientierung und der individualistischen Einstellung seiner Kinder hat. Ich höre aber auch die schroffe Ablehnung, die er ihren Wünschen entgegengebracht hat. An ihr hielt er fest, auch nachdem er es aufgegeben hatte, sich durchzusetzen. Seine Weigerung, auf die Einstellungen und Interessen der heranwachsenden Generation mit Einfühlsamkeit und Verständnis einzugehen, endete, nachdem es vermutlich massive Konflikte gegeben hatte, im gekränkten Rückzug des »politischen« Vaters, der seine generative Aufgabe nur darin sah, die Anschauungen und Werte, die ihn geprägt hatten, wie in einem höheren Auftrag weiterzugeben.

Schon in den ersten Minuten des Gesprächs wird mir undeutlich bewußt, daß wir uns in der eingangs geäußerten gefühlsmäßigen Erwartungshaltung, die auf die allerersten Kontakte mit Harald Völklin zurückging, wohl nicht getäuscht hatten. Mir scheint, als ob er buchstäblich etwas »verkörpert«, als sei die Elite- und Auftragsbindung, die die Napola ihren Eleven mitgegeben hatte, durch seinen selbstbewußten Umgang mit ihren pädagogischen und politischen Inhalten auf eine im Sinne ihrer Erziehungsziele optimale Weise den nachnationalsozialistischen Verhältnissen angepaßt. Wir werden sehen – die Geschichte von der Berufswahl der Kinder deutet es schon an –, daß diese Anpassungskapazität Grenzen hatte. Mein Eindruck in dieser Phase des Gesprächs ist noch bestimmt von der souveränen Geste, mit der er den politischen und ideologischen Nationalsozialismus beiseite wischt, um ebenso selbstverständlich die – zumindest für die Wiederaufbauzeit – möglich gewesene Kontinuität zu benennen, die darin bestand, den politischen und militärischen Nationalismus in einen wirtschaftlichen umzuwidmen und in diesem Rahmen seine als Napola-Schüler und SS-Offizier erworbenen Führungsqualifikationen anscheinend ohne Abzug und ohne persönliche Probleme unterzubringen.

Woher die Stärke meines Eindrucks, in Harald Völklin so etwas wie einen »idealtypischen Napolaner« vor mir zu haben, eigentlich kam, wurde mir nachträglich klar, als ich feststellte, daß mein empirisches Bild von ihm verblüffend genau auf das Bild des »idealen« Napolaners paßte, das jeder von uns vor der Interviewphase in einem kurzen Porträt festgehalten hatte:

»Der ehemalige Napolaner ist ein ungläubiger Konservativer... Er ist nicht nur Optimist, wenn ihm der Erfolg dazu recht gibt, sondern er muß Optimist sein, also war und ist er erfolgreich. Die Pose des Siegers ist ihm selbstverständlich, zweite Natur, die ihm wie sein gutgebügelter Maßanzug makellos sitzt.

Man kann ihm nichts vormachen, er weiß, wie die Dinge laufen, und läßt andere Meinungen diskurs- und interesselos gelten. Ihm liegt nichts daran, mit seiner Selbstkontrolle Toleranz vorzutäuschen, aber er erwärmt sich auch nicht an gleicher Gesinnung. Er ist seinen Weg gegangen, als hätten ihn seine Anstrengungen nichts gekostet. Glück hat er weder gehabt noch gebraucht. Er hat um seine Selbsterhaltung gekämpft, ohne Zweifel an sich selbst und ohne Vertrauen in seine Umwelt. Auch als es nach dem Krieg bergauf ging, ließ ihn dieser zur Pflicht erhobene Instinkt, diese ungesellschaftliche Bewußtheit nicht los...

Die Arbeit füllt ihn vollständig aus. Er kann nicht sagen, daß ihm etwas fehle, und so kann ich es auch nicht. Eine Zeitlang haben seine Kinder versucht, ihn davon zu überzeugen, daß es auch noch etwas anderes als Arbeit gebe. Er hatte sie nicht recht verstanden. Nun sind sie schon lange erwachsen, und man versteht sich besser...

Die Familie ist ihm wichtig, ja unentbehrlich, er braucht die Bindung, durch die Liebe einen Platz erhält und eine Aufgabe wird. Es kommt ihm auf eine Homogenisierung der Lebensbereiche an. Gleichförmige Ordnung gewährt Übersichtlichkeit und ist die beste Voraussetzung für die Optimierung des Arbeitsvermögens... Dem sozialstaatlichen Gedanken... steht er zurückhaltend gegenüber. Wohlstand ist Sache der eigenen Leistung. Überhaupt wird dem Wohlstand in der Bundesrepublik zuviel Bedeutung beigemessen. Er zieht, im Rahmen der Konventionen seines sozialen Milieus, das einfache Leben vor. Sinnlichen Freuden kann er nicht viel abgewinnen. Er genießt eher seine Macht im Betrieb und die Anerkennung des Vorstands...«

Die Imago-Qualität, die mein Eindruck von Harald Völklin annahm, kam aber nicht nur von dem typischen Phantasie-Napolaner, sondern in diesen mischten sich auch Züge meines Vaters, wie mir nach der Niederschrift meines Napolaner-»Vor-Urteils« sofort auffiel. In der Auswertung der Gespräche und in der psychoanalytischen Supervision zeigten sich dann auch erhebliche Schwierigkeiten auf der Ebene der persönlichen Beziehung: Er blieb, was meine Gesprächsführung anbelangte, als Charaktermaske, als Klischee des typischen Napolaners stehen. Dieses Verhältnis mochte ihm freilich entgegenkommen, konnte er sich doch hinter diese unpersönliche

Stellung zurückziehen und so vermeiden, daß etwas nicht Napola-Gemäßes an ihm entdeckt würde.

Die »Programmierung«, die er in der Napola erhalten hat und mit der er eine Karriere nicht nur im NS-Staat, sondern auch in der Bundesrepublik machen konnte, beschreibt Harald Völklin genau und ausführlich. Das übergeordnete Ziel der Napola-Erziehung, mit dem diese sich auch über die politischen Systemgrenzen hinweg bewährte, war seiner Meinung nach eine bestimmte Art zu lernen. Man sollte lernen, sich an jede denkbare Situation anpassen und jederzeit neue, unvorhergesehene Ereignisse bewältigen zu können. Dazu diente zunächst die umfassende intellektuelle, technische und sportliche Ausbildung. Reiten, Fechten, Schachspielen, Drechseln, Fotoarbeiten, Segelfliegen und Jiu-Jitsu gehörten ebenso dazu wie Fahrten im U-Boot oder Melken, Sensen und andere landwirtschaftliche Arbeiten.

Zweitens lernte man, in der Gruppe zu arbeiten und Führungsaufgaben wahrzunehmen. Die meisten Schüler waren irgendwann einmal Stubenältester, Jungmann-Gruppenführer oder Jungmann-Zugführer, wobei man lernte, »auf andere aufzupassen, andere zu kontrollieren, andere zu führen, andere anzuleiten«. Dadurch hatte Harald Völklin nie Probleme, in einem »Team« zu arbeiten. Er führt seinen »relativ guten Erfolg in der Industrie« darauf zurück, daß er »nie Führungsprobleme durch eigene Integration ins Team« gehabt hat. Das soziale Lernziel stand über individuellen Leistungszielen:

»Es wurde innerhalb des Zuges, informell, eine sehr starke Auswahl betrieben, nicht, und zwar ging es immer nur aber um Gruppen-, es ging nicht um die Spitzenleistung, muß ich immer wieder sagen, wir wurden nie auf Spitzenleistung trai... getrimmt des einzelnen. Ich glaube, die Napolas haben bei Sportwettkämpfen nie Besonderes geleistet, daß sie nun also die ersten waren, trotz ihres außerordentlich guten Konditionstrainings, aber es kam immer mehr auf die Gruppe an, auf... die Hundertmeterstaffel war eben wichtiger als der Hundertmeter-Einzellauf und so, und insofern also gab es natürlich informelle Gruppen, informelle Abstufungen, und es gab sicherlich Fälle, wo mal ein oder zwei Leute eines Zuges einfach nicht mehr klarkamen und dann abgingen, nicht? Entweder Sie folgen den Spielregeln, die sich in einer solchen Gruppe bilden, ja, und ziehen eben mit, oder Sie folgen denen nicht.

Und Sie werden lachen, das ist eine der Lebensweisheiten, die mir auch sehr geholfen haben. Jedes Unternehmen, jede Abteilung in einem Unternehmen hat ihre eigenen Spielregeln, ja, diese ungeschriebenen Gesetzmäßigkeiten, und wenn Sie die schnell mitkriegen, auch als Chef... und Sie wissen nicht, wo hier die informellen Führer... sitzen, ja, dann kommen Sie auf keinen grünen Zweig.

Ich sag auch immer meinen Leuten, die ich so... Studenten – ich bin ja Dozent für Betriebswirtschaftslehre – denen sage ich immer: Also wenn ihr in ein Unternehmen kommt, oder wenn ihr euch irgendwie bewerbt und ihr kriegt also jetzt einen Job, egal wo, das erste, was ihr lernen müßt, ist, welches sind die Spielregeln in diesem Laden. Wenn ihr die Spielregeln kennt, dann könnt ihr auch mal den Mund aufmachen, aber bevor ihr die nicht beherrscht, dann haltet euch zurück und seid still. Das ist das, diese Spielregeln... und von dem Unternehmen her gesehen spricht man dann vom Stallgeruch, nicht, wenn einer die Spielregeln beherrscht, dann hat der Stallgeruch und dann ist er akzeptiert in der Gruppe, auch wenn er mal irgendwo Mist baut, das wird dann nicht so, nicht, aber das sind die Dinge, die müssen stimmen, und wenn die nicht stimmen, macht man sich das Leben schwer und kommt nicht gut weiter, und Dinge, die einen gar nicht so körperlich oder geistig anstrengen, werden plötzlich zum Streß, und all das ist darauf zurückzuführen, daß man die informellen Spielregeln, die die Gesellschaft, die umgebende Gesellschaft sich selbst irgendwann gegeben hat, nicht wahr, wenn man die nicht akzeptiert, wenn man sie nicht kennt, wenn man sich nicht danach ausrichtet, das haben wir auf der Napola gelernt. Das sind alles so Dinge, die mir viel geholfen haben.«

Das dritte, das ihnen auf der Napola »eingebleut« worden ist, war: »Junge, du mußt ein Ziel haben.« Ein Ziel, eine »Marschrichtung« mit einem »Orientierungspunkt«, den Harald Völklin für die heutige Volkswirtschaft vermißt und den es im Sinne des »Du bist nichts, dein Volk ist alles« einmal gegeben hat. Ein Ziel nach Gesichtspunkten der Mittelwahl, der Vorausplanung, der Formulierung von Zwischenzielen und der Harmonisierung mit den Kameraden oder Mitarbeitern bestimmen und »kompromißlos« umsetzen zu lernen, war ein wichtiger Aspekt der Ausbildung. Daß es sich um Erziehung zu strategischem Denken handelte, das auch für militärische Zwecke nützlich sein sollte, bestreitet Harald Völklin nicht. Er möchte aber hervorheben, daß er auch mit diesem Ausbildungsbereich das beste »Rüstzeug« für sein späteres Leben mitbekommen habe. Auch »aufgrund dieser Dinge« ist er »zur Verkaufsabteilung gekommen«. Er hat sich »aus den ganzen kaufmännischen Berufsmöglichkeiten... noch die gesucht, die irgendwo am meisten davon profitiert, daß ich so erzogen wurde«.

Mit den technischen, sozialen und strategischen Bildungs- und Ausbildungsinhalten, die Harald Völklin der Napola verdankt, war es ihm möglich, eine berufliche Karriere aufzubauen, die ihn – »Ich hatte ja nichts gelernt außer Schießen« – geradewegs vom Offizier zum Industriemanager führte. Er war für seine Firma lange im Ausland tätig, »weil ich der Auffassung war, daß die deutsche Wirtschaft nur mit Hilfe des Auslandsgeschäfts und der engen wirtschaftlichen Zusammenarbeit mit anderen Ländern zu einem entsprechenden Aufschwung kommen kann, und da wollte ich also mit dabeisein«.

Als Verkaufsfachmann war er für die Eroberung neuer Märkte zuständig. Dafür konnte er sein strategisches Wissen um die Bedeutung von »Spielregeln« in Gesellschaften und Gruppen und um Anpassungsstrategien in unbekannten Situationen voll zur Geltung bringen.

Mit dem »Rüstzeug«, das er auf der Napola mitbekommen hatte, gelang es Harald Völklin, die dazu passende berufliche Richtung zu finden und eine Laufbahn zu absolvieren, die ihn schließlich in eine Spitzenposition im Management eines großen Konzerns brachte. Es bewährte sich in allen Lebenslagen – aber nicht für unbegrenzte Zeit. Seit dem Ende der sechziger Jahre kam er zunehmend in Situationen, die er mit seiner »Programmierung« nicht mehr bewältigen konnte. Was mit ihr nicht mehr zu leisten war, betraf nicht intellektuelle, technische oder organisatorische Fragen, sondern, wie er sich mehrfach ausdrückt, »ethisch-moralische«. Aus der Geschichte über die Ausbildungsabsichten der Kinder geht hervor, daß der Konflikt sich um die Differenz zwischen seiner am Kollektiv ausgerichteten Orientierung und der individualistischen seiner Kinder drehte. Durch sie wurde er offenbar hart mit einem Wertsystem konfrontiert, das er ablehnte. Den weltanschaulichen Bruch, der sich in seiner Familie manifestierte, nahm er mit einem ausgeprägten geschichtlichen Gespür zugleich als Bruch in der Geschichte der bundesrepublikanischen Gesellschaft wahr. Von den politischen Richtlinien des Schulunterrichts und der mangelnden Autorität der Lehrer bis ganz allgemein zu den heute gültigen »Einstellungen zum Leben, zur Leistung, zum Gemeinwohl« und besonders im »Geschäftsleben«, in der Werbung und im Journalismus, sah er einen gesellschaftlichen Wandel, der im Verhältnis zu dem, wozu er »programmiert« worden war, einem »Degenerationsprozeß« gleichkam. Seiner Meinung nach sind »heute Dinge möglich..., an die man vor zwanzig Jahren ethisch-moralisch nicht denken konnte«. Das macht ihm »mehr Probleme als damals jetzt die Umstellung von den Fehlern vor fünfundvierzig und den Mißverständnissen oder wie immer man das auslegen, äh, deuten mag...«.

Mit dieser scharfen Periodisierung gerät das Gespräch in die Bahnen jenes Generationskonflikts, der auch mein Leben nachhaltig bestimmt hat. Ich spüre den alten Widerwillen gegen diejenigen in mir hochsteigen, die damals, in der Zeit um 1968, vorgaben, das demokratische System der Bundesrepublik gegen uns zu verteidigen, und die sich doch nur weigerten, den Bruch mit der Nazi-Vergangenheit, bei dem es eben um Werteinstellungen ging, auf denen der Nationalsozialismus aufbauen konnte und mit denen 1945 nicht gebrochen worden war, wirklich zu vollziehen. Auch Harald Völklin hat also diesen Bruch gegen seinen Willen und erst in den siebziger Jahren erlebt, als die für ihn maßgebenden Werte ihre Geltung zu verlieren begannen, und nicht etwa im »Zusammenbruch« von 1945, der für ihn nur in einem Ereigniszusammenhang von »Fehlern« und »Mißverständnissen« steht. Gegenüber dem Wertewandel, der sich seit den siebziger Jahren abspielte, gab es für ihn kaum noch Möglichkeiten der Auseinandersetzung. Er sieht sein Leben offenbar von einer Art Strukturzeit bestimmt, einer »Programmierung«, die irgendwann abgelaufen ist. Diese war durch die Erziehung in der Napola und das, was danach kam, so festgelegt, daß nicht einmal die Erfahrungen des Krieges, der Niederlage und der Zerstörung, die Gefangenschaft und die Enthüllung der NS-Verbrechen eine Störung oder gar eine Änderung des Programms bewirken konnten.

Wohl aber Irritationen. Mit seiner Vergangenheit als Napola-Schüler und Angehöriger der Waffen-SS in der »Leibstandarte Adolf Hitler«, der er als Kriegsfreiwilliger 1942 zugeteilt worden war, obwohl er zur Luftwaffe wollte, um »Einflieger« zu werden – denn »ein Napolaner wird nicht Flieger, er wird Einflieger« –, war er ein »Geächteter«. Er kam erst in amerikanische Gefangenschaft und dann, nach einer abenteuerlichen Flucht und kurzer Beschäftigung bei den Engländern, in ein englisches Internierungslager. Zur Zeit der Nürnberger Prozesse hatte er als Angehöriger der Waffen-SS unter den ständigen Verhören »wahnsinnig zu leiden«. Schließlich wurde er von einer Spruchkammer freigesprochen, aber als Mitläufer eingestuft. Sein Reifevermerk von der Napola wurde nicht anerkannt, so daß er nicht studieren konnte. Er wäre gern Rechtsanwalt geworden. Statt dessen begann er eine kaufmännische Lehre.

In den Nürnberger Prozessen erkannte er nur die Rechtsprechung der Sieger, die das Recht des Stärkeren walten ließen:

»Ja, wenn man so lange in der Gefangenschaft oder in der Internierung gesessen hat, hat man Tage und Nächte darüber diskutiert. Und das eine hat eben – wissen Sie, in dieser Phase waren wir noch nicht objektiv genug, weil wir hatten ja wahnsinnig unter dem Nürnberger Prozeß zu leiden, nicht? Wir wurden ja dauernd verhört, und dauernd sollten wir das schreiben und das machen und jenes tun, und dauernd wurde uns also das Böse, dem wir ja und insbesondere als Leibstandarte-Leute natürlich, nicht wahr, gehuldigt haben und immer schon wollten und so, wir sahen darin eigentlich sehr viele Angriffe gegen uns und vor allen Dingen auch Ungerechtigkeiten, die ganz ohne Zweifel wir uns in dieser Form nicht anziehen konnten oder wollten, insofern waren wir subjektiv, wir konnten gar nicht objektiv sein, wir wurden in die subjektive Situation hineingezwungen durch das alles, was da auf uns zukam, nicht wahr? Ich habe erst nach der Gefangenschaft und Internierung eigentlich angefangen, die Dinge richtiger oder sagen wir mal objektiver zu sehen als vorher, nicht wahr? Und ich habe mich nie als Rad einer falschen oder einer verbrecherischen Organisation betrachtet, und die sehr rigorosen Untersuchungen der Engländer und der Spruchkammer haben auch bewiesen, daß ich also meine Verwundungen zum Beispiel nicht bei der Bewachung von KZs oder sonstwas erhalten hatte, und das wurde alles sehr klar gemacht und in der Beziehung ist mir völliges Recht, völliges Recht nachher zuerkannt worden... Also wenn immer sich vernünftige Leute, ja, ohne Emotionen, ganz sachlich und anhand von Dokumenten und so weiter mit mir befaßten, hatte ich nie Probleme, nicht, und das hat mich dann auf der einen Seite beruhigt und machte mich auf der anderen Seite kritischer in bezug auf das, was ich früher also nicht konnte, und muß dann sagen, daß das Nichtwissen nun auch eine Schuld ist, und das habe ich dann erst nach dem Kriege eigentlich lernen müssen, nicht, daß das Nichtwissen von Dingen, die aber in einem System, dem man diente und zu dem man auch stand, zumindest während des Krieges, daß wenn dieses System verbrecherische, schlechte, negative Dinge macht, die muß man gar nicht wissen, man ist dann trotzdem schuldig. Das ist eine Lebenserfahrung, die habe ich dann erst nach und nach gemacht. Und die kann ich bis heute nachvollziehen.«

Im Lager fühlte er sich noch unschuldig, weil er sich nicht im Sinne eines persönlich zurechenbaren Vergehens strafbar gemacht hatte. Erst später lernte er, die Dinge »objektiv« zu sehen und zu begreifen, »daß das Nichtwissen nun auch eine Schuld ist«. Aber er mochte nicht einsehen, daß die »objektive« Schuld, an der er teilhatte, »subjektive«, nämlich moralische und politische Folgen haben mußte, auch wenn er im Sinne einer persönlich zurechenbaren Tat »subjektiv«, also rechtlich gesehen, unschuldig war. Um seine subjektive Unschuld zu unterstreichen, sagt er: »Ich habe mich nie als Rad einer falschen oder einer verbrecherischen Organisation betrachtet«, und nicht etwa: Ich fühle mich subjektiv keiner verbrecherischen Tat schuldig, war aber objektiv schuldig, da ich einer verbrecherischen Organisation – als welche die Waffen-SS von den Nürnberger Richtern eingestuft worden war – angehörte, und mit dieser Tatsache muß ich mich auseinandersetzen.

Diese »Fehlleistung« (im Umgang mit der Differenz zwischen rechtlicher und politisch-moralischer Subjektivität) wirft ein Licht auf Harald Völklins

Einstellung zum Verhältnis von Individuum und Gruppe. Die Dynamik seiner Erzählung verrät den Wunsch, die Gruppe, also die Waffen-SS (und die Napola), als so unschuldig darzustellen, wie er sich selbst als unschuldig betrachten kann. Was die Waffen-SS anbetrifft, so schildert er den »Korpsgeist«, der in der Internierung und in der Verhörsituation während der Nürnberger Prozesse bestand, so, als könne er sich ihm noch heute nicht entziehen:

»Wir wurden also auf der einen Seite verhört und auf der anderen Seite verfolgten wir den Nürnberger Prozeß. Das waren die einzigen Sendungen, die wir permanent durch Lautsprecher in unsere Gefangenenhallen, wo wir da in Baracken hausten, übertragen bekamen, und wir wurden gehalten, von uns aus Aussagen zu machen, die nun wieder der Verteidigung von unseren, die im Nürnberger Prozeß, also zum Beispiel dem Kommandeur Leibstandarte Adolf Hitler, Sepp Dietrich, und so weiter helfen konnten. Und wir waren hier also gewissermaßen irgendwo unsichtbar mit auf der Anklagebank des Nürnberger Prozesses. Das ergab eine Trotzhaltung, die sich darauf konzentrierte, die Fehler, die, sagen wir mal, das, was jetzt die Judenverfolgung und andere Dinge anbelangte, völlig verdrängte. Wir waren ja Partei, wir saßen mit irgendwo auf der Anklagebank, und wir wußten auch, wenn unser Kommandeur erschossen wird, dann sind wir auch stärker in Mitleidenschaft gezogen, als wenn der also nur zehn Jahre kriegt oder so was, verstehen Sie, wir waren ja Mittäter in irgendeiner Form. Und das schmiedete die, insbesondere Führer des Offizierskorps der Waffen-SS, in den Gefangenenlagern sehr eng zusammen. Und brachte noch ein, zwei Jahre, zwei ist vielleicht übertrieben, aber bis zum Ende des Nürnberger Prozesses, einen Bestand in den Gefangenenlagern, auch noch einen ausgesprochenen Korpsgeist, der sich absolut nun auch gegen die Amerikaner bzw. gegen die Nürnberger Richter und die Vorgehensweise richteten, weil wir natürlich feststellten, daß dieses Gericht hier also ein Siegergericht war und von Rechtsprechung und ähnlichen Scherzen gar nicht die Rede war. Daß also hier nur noch Politik gemacht wurde, nur noch auf Siegerposition gepocht wurde und alles andere unter den Tisch gekehrt wurde, das kriegten wir also nun hautnah mit. Und daraus ergab sich die kuriose Situation, daß also bei uns in dem Gefangenenlager, wo wir ja fast ausschließlich Offiziere der Waffen-SS waren, ein außerordentlich starkes Gemeinschaftsgefühl war und daß wir Seiten und Seiten und Seiten schrieben, wo wir der Verteidigung unseres Kommandeurs zum Beispiel Hinweise gaben und wo das nicht stimmte, und wir wußten ja nun Details, und wenn dann im Nürnberger Prozeß irgendeiner von den Amerikanern irgend etwas verlas und dann ein Datum auch nur nicht auf den Tag stimmte, das wußten wir ja sofort. Und da gab's dann schon wieder, also das stimmte nicht und das stimmte nicht, und das Erste Regiment war zu diesem Zeitpunkt ja gar nicht da und da, sondern mal dort und dort, nicht wahr, und so, das hörten wir ja. Und das brachte manchmal so eine Euphorie bei uns, dann setzten wir uns hin, und dann wurden eidesstattliche Erklärungen gesammelt, nicht wahr, wo also gleich zwanzig, dreißig von uns unterschrieben, daß das gar nicht stimmte, was der da vorgebracht hat.«

Um sich nicht von der Gruppe trennen zu müssen, was der Fall gewesen wäre, wenn er den Nürnberger Richterspruch über die Waffen-SS anerkannt hätte, mußte er den Unterschied zwischen Tätern und Opfern verwischen. Tatsächlich wurden nach seiner Darstellung die SS-Leute von den Siegern wie KZ-Häftlinge behandelt. Nur dem glücklichen Umstand, daß er bei seiner Gefangennahme nicht die übliche schwarze, sondern die graue Extrauniform der Waffen-SS anhatte, war es seiner Meinung nach zu verdanken, daß er nicht »links raus« mußte, um »separiert« zu werden, was ihn aller Wahrscheinlichkeit nach das Leben gekostet hätte, »denn die Tschechen haben ja furchtbar gehaust unter den Waffen-SS-Leuten«. Er kam dann in das amerikanische Lager und ins Krankenhaus, weil er nur noch 92 Pfund wog.

Offenbar gibt es bei Harald Völklin so etwas wie eine historische »Doppelbelichtung«: so wie der Unterschied zwischen Täter und Opfer in seiner Rede verschwindet, so der von KZ und alliiertem Internierungslager. Zu den Bildern von der Selektion und den abgemagerten Gestalten im Lager fügt er noch eine Geschichte aus seiner Soldatenzeit hinzu. Er war mit zwei »KZlern«, die in ihrer »komischen KZ-Uniform« bei ihm als Offizier die Stube saubermachen sollten, ins Gespräch gekommen. Als er sie fragte, warum sie da wären und was sie verbrochen hätten, »da haben die mir das erzählt«, und sie warnten ihn, wenn jemand ihr Gespräch hörte, dann könnte es sein, daß er, Harald Völklin, der nächste wäre, der so aussähe wie sie. Da hat er sie ausgelacht und gesagt, er würde sich doch wohl mit ihnen unterhalten können. Später hat er dann gemerkt, daß der Mann, ein Professor Weiß, wie er sich noch genau erinnert, »verdammt recht hatte und das sehr leicht hätte in die Hosen gehen können«.

Indem er sich in die Lage des Professors phantasiert, negiert er den Unterschied zwischen dem verfolgten Opfer und dem angeklagten Täter. Er akzeptiert die kollektive Täterschaft nicht, obwohl er nach seinen Angaben persönlich unschuldig ist. Lieber nimmt er in der Phantasie die Opferrolle an und damit die mögliche Verurteilung zu langer Haft oder, in der Identifikation mit dem Führer der Leibstandarte, das Urteil der Hinrichtung, also den physischen Tod, als den psychischen, die Trennung von der Gruppe. Schon in der Napola galt, daß derjenige, der sich »raussprengen läßt, geliefert« und man als »Individualist« bald »automatisch draußen« war. Für den Nichtindividuierten – das ist letztlich jenseits aller barbarischen Selbstlegitimationen und Rationalisierungen der unbewußte Sinn der Täter-Opfer-Verkehrung – ist die Trennung von der Gruppe tödlich. Der ehemalige Napolaner zieht es vor, im Kollektiv zu bleiben, auch wenn er mit ihm untergehen sollte. So kann er weder sich als »Täter« noch die wirklichen Opfer erkennen.

Auch im Betrieb ist, wie wir gehört haben, die Trennung von der Gruppe »tödlich«. Der Chef, der die »Spielregeln« seiner Mitarbeiter nicht kennt und sich nicht ins »Team« integriert, wird erfolglos bleiben. Dagegen setzte er die »eigene Integration ins Team«. Schon in der Napola war zu lernen, daß der beste Status des einzelnen die feste Integration in die Gruppe ist. Nicht nur Unangepaßtheit oder Außenseitertum, sondern auch die Wahrnehmung von Führungsaufgaben war mit einer Art von Individuation verbunden, durch die man leicht zum Opfer werden konnte: Die Gruppe ist immer gefährlich, solange man nicht zu ihr gehört oder sie auf seine Seite gebracht hat.

»Dadurch daß etwa vierzig Prozent von uns solche Job-Rotation hatten, in einer Führungsposition [als Stubenältester, Jungmann-Zugführer, Jungmann-Hundertschaftsführer, d. A.], taten sie sich natürlich nachher auch im Leben wieder leichter. Das sieht zwar so aus, als wenn es nicht vergleichbar wäre, ist es aber dennoch. Irgendwo lernt man, auf andere aufzupassen, andere zu kontrollieren, andere zu führen, andere anzuleiten. Es war ja nicht nur so, daß die gleich strammstanden, sondern da waren manchmal, ich kann mich noch erinnern, ziemliche Putzer dabei, die mußte man also erst mal durch dreiviertel Stunde Ringkampf oder Boxkampf – auf diese Art – in die Reihe bringen. Da half also hier, von wegen daß man hier so die rot-weiße Schnur hatte, das war, denn die Gefahr bestand ja wieder..., daß die Gruppe insgesamt sich gegen einen auflehnt... ja und dann war man ja verloren.«

So wäre, einen sicher nicht unbeabsichtigten Widerspruch der NS-Eliteerziehung paradox formulierend, das soziale Lernziel, das Individuum soll eins mit der Gruppe und doch von ihr unterschieden sein. Löst man diesen Widerspruch nach den »Spielregeln« des NS-Herrschaftssystems auf, so heißt das: Sicherheit gibt es nur im Kollektiv, und die Position des Individuums unterscheidet sich, auch wo sie für die Ausübung von Führungsaufgaben eingenommen wird, nicht grundsätzlich von der des Opfers.

Mit dem Schuldproblem setzte sich Harald Völklin noch lange auseinander, ohne daß ein Individuationsprozeß in Gang gekommen wäre, der nicht der Rationalisierung der Opferrolle, sondern der Anerkennung der

»Täterschaft« gegolten hätte. Auch wenn er sagt, er hätte nach der Gefangenschaft gelernt, daß es eine »objektive« Schuld gäbe, hat er diese nicht – jedenfalls nicht in den Interviews – auf sich und seine Zugehörigkeit zur Waffen-SS bezogen. Ab ungefähr 1948 hatte er allerdings »sehr starke, ausgeprägte Wiedergutmachungsgefühle, insbesondere Juden gegenüber«. Obwohl er damals wenig Geld hatte, spendete er in einen jüdischen Fonds. Auch wurde er Freimaurer, die von den Nazis ebenfalls verfolgt worden waren. Aber diese Opferidentifikation ließ kein wirkliches Schuldgefühl zu, sie diente seiner Abwehr. Für ihn war es »nicht entscheidend, daß ich mich schuldig bekenne, davon hat keiner was«. Man mußte aus den Fehlern lernen – der Massenmord an den Juden war ein »Fehler« – und »umdenken«. Es galt, »den Umdenkprozeß, den Umlernprozeß« einzuleiten und zu versuchen, »ein klein wenig, obwohl ich mir selbst keiner Schuld, direkten Schuld bewußt war, irgend etwas (Du bist nichts, dein Volk ist alles) beizutragen« – wie ein »Pfadfinder«, fügt er hinzu, »jeden Tag eine gute Tat«.

Das Umdenken erreichte also nicht die moralische Ebene. Worauf es ankam, das war, »in die neue Situation hineinzuwachsen«. Er bleibt bei der Entmoralisierung des Individuums, die die NS-Herrschaft betrieben und die eine Demoralisierung nach dem Kriege verhindert hatte: Da ich nichts bin, bin ich auch nicht schuldig, sondern alle Schuld liegt beim Volk. So konnte er nach seiner »Wiedergutmachungsphase« wieder, wie er es nennt, »kritischer« den Berichten über die Vergangenheit und gegenüber den Juden selber werden. An dieser Stelle des Gesprächs führt ihn eine merkwürdig konkretistisch invertierte Erzählsequenz bis zum unbewußten Punkt der Verleugnung des Tatbestands selber:

»Und ich wurde kritischer den Berichten der Vergangenheit gegenüber, und ich wurde kritischer. Also mein bester Freund, als ich noch zur Schule ging, vor der Napola, war ein Jude. Der trug einen Judenstern, und er trug ihn so, daß... er war stolz darauf. Und ich kann mich nicht erinnern, daß irgendwo mal was Nachteiliges passierte. Wo der abgeblieben ist, weiß ich nicht. Ich hoffe, er lebt noch... Ich hatte sonst mit Juden eigentlich keine Berührung... Als ich dann von den Judenvergasungen und so weiter erfuhr, wollte ich das erst gar nicht glauben, und nachher also, als ich dann überzeugt war, habe ich dann diese Haltung der ›Wiedergutmachung‹ eingenommen, bloß nachher dann wieder wurde ich kritischer den Dingen gegenüber.«

Er nennt Korruptionsfälle in der jüdischen Gemeinde, Veruntreuung von Geldern, die israelische Kommandoaktion bei den Olympischen Spielen in München, sogar seine Einstellung begünstigende Gespräche mit Israelis. Daraufhin hat er seine »Schuldkomplexe« oder »Mitschuldgefühle« verloren. Noch später dann hat er die Unterlagen über die Nürnberger Prozesse, die Waffen-SS betreffend, und die Regimentstagebücher seiner Einheit gelesen, und auch durch diese Lektüre wurde er »kritischer« und »gelassener«.

Um so härter trafen ihn Äußerungen, die seine Kinder aus der Schule mitbrachten: »Dein Vater war ein Verbrecher.« Ihm wurde die Kompetenz abgesprochen, ein sachgerechtes Urteil über die Vergangenheit abgeben zu können. »Du warst doch auch so einer... Du brauchst doch überhaupt nicht mitzureden.« Das tat »furchtbar weh«. Das Trauma, ein Geächteter zu sein, das er nach dem Krieg erlebt hatte, wurde durch seine Kinder und die neue Generation von Lehrern, denen er wiederum die Kompetenz absprach, über diese Dinge zu urteilen, wiederbelebt. Sie wollten ihm noch einmal den Prozeß machen. Bei diesen Lehrern vermißte er »Objektivität, Gründlichkeit im Recherchieren, bevor Meinungsäußerungen oder gar Lehrmeinungen von sich gegeben werden«. Er sieht in der Lehrerausbildung und den Unterrichtsrichtlinien eine Indoktrination zum Zuge kommen, deren Vorhandensein in der Napola er bestreitet. Sie hat ihre Ursache letztlich in der »Umerziehung«, der die Deutschen »mit brachialischer und mit einer unglaublich – na ja, mir fehlen die Worte – Methodik« ausgesetzt waren. Dazu waren die Amerikaner nicht legitimiert, denn sie sind »die größten Kriegsverbrecher, die es überhaupt auf der Welt gibt«. Sie haben die Deutschen nicht zu guten Demokraten gemacht, weil sie selber keine sind, »die Schattenseiten eines Modells, das man Ihnen vorführt, merken Sie erst, wenn Sie es also selbst praktizieren«. Die projektive Schuldabwehr, die aus den Siegern die größten Verbrecher macht, bewahrt auch vor der Identifikation mit dem politischen System, das durch sie eingesetzt worden ist.

Kommen wir auf die moralische Seite des »Lernprozesses« zurück, den Harald Völklin nach dem Krieg durchmachte. Die zitierte Gesprächssequenz vermittelt den Eindruck, daß er im Gedanken an den »guten« und stolzen Juden an die Vernichtungspolitik nicht glauben kann und will. »Schlechte« Juden vor Augen, verliert er sein Schuldgefühl. Der ganze »Umdenk-« und »Lernprozeß« strebt darauf hin, den letztlich von den Siegern auferlegten »Schuldkomplex« loszuwerden. Die Wiedergutmachung ist ein Schritt dazu. Schließlich ist Harald Völklin die Schuldfrage angeblich wirklich los. Mit der »Vergangenheitsbewältigung«, gibt er zu verstehen, hatte er

»nie ernsthafte Probleme«, denn ihm ist »gelehrt« worden, »daß der Mensch sein ganzes Leben lang in einem Lernprozeß steht«. Man muß aus den Fehlern der Vergangenheit »lernen«, sie »analysieren«, »seinen eigenen Standpunkt optimieren« und »das Beste draus machen«. Mit dieser »optimistischen« Einstellung kam er bestens zu Rande, bis jene »ethisch-moralischen« Probleme auftraten, von denen schon die Rede war und die ihn in einen tiefen Kulturpessimismus – Typ »Untergang des Römischen Reiches« – stürzten.

Der soziokognitiven Lernfähigkeit von Harald Völklin entspricht keine moralisch-politische. Hatte jene die Funktion, die Vergangenheit durch Anpassung an die neuen Verhältnisse zu bewältigen, ohne dabei moralische Lernprozesse machen zu müssen, so blieben diese in ihrer Ausrichtung auf Gruppennormen selbst unter der massiven Infragestellung durch die mit der Aufdeckung der NS-Verbrechen entstandene Schuldproblematik unverändert und »subjektiv«, das heißt im Sinne von individuell verantworteten allgemeinen moralischen Prinzipien, unbeantwortet. Für Harald Völklin kam es nur darauf an, aus Fehlern zu lernen, nicht aber die Ursachen der Fehler zu erkennen. Seine Leugnung des politischen Charakters der Napola bedeutet die Festschreibung einer Ethik, die Individuation nur im Sinne von Führungsfunktionen für kollektive Ziele, nicht aber der Lebensführung in einer demokratisch-pluralistischen Gesellschaft vorsieht. Daher kann er sich mit dieser Gesellschaftsordnung nicht identifizieren und muß die abnehmende gesellschaftliche Geltung seiner ethisch-moralischen Grundsätze aggressiv und resignativ erleben.

Für die Erziehungsformen und -ziele einer Napola sieht er heute keinen gesellschaftlichen Ort mehr. Es ist »eine andere Welt ... andere Gesetzmäßigkeiten, heute ist das, was damals war, eben nicht mehr gefragt, die Spielregeln haben sich gründlich geändert«. Er würde seine Kinder oder Enkelkinder weder »in eine solche Anstalt« noch überhaupt in ein Internat schicken, weil er den Lehrkräften nicht vertraut. Er mißtraut dem politischen System im ganzen und verweigert auch seinen Kindern gegenüber jenen sozialisatorisch bedeutsamen Konsens, der für den Aufbau eines gesellschaftlichen Realitätsprinzips in der nachfolgenden Generation notwendig ist.

Den Anfang des »Degenerationsprozesses« des für ihn gültigen ethisch-moralischen Systems und der Durchsetzung der an Gemeinwohlorientierungen uninteressierten, individualistischen »Ellenbogengesellschaft«, die größere Probleme mit sich brachte als »die Umstellung von der Zeit des Nationalsozialismus, also nach fünfundvierzig, auf die demokratischen Gepflogenheiten«, datiert er auf das Ende der sechziger Jahre. Den »Anfängen« damals, die durch die Studentenbewegung markiert waren, »haben wir nicht entsprechend gewehrt« – schon vor 1933 war »den Anfängen« nicht »gewehrt« worden –, und dann erfolgte die »Eskalation« in »die breite Masse«. Damals erschien Harald Völklin das Verhalten der Studenten ebensowenig tolerierbar wie das der Israelis bei den Olympischen Spielen in München:

»Das waren auch wieder so Sachen, wissen Sie, wie bei den Unruhen, über die wir schon sprachen, von Studenten und so weiter, und so fort. Das ging... das war... das ging zu weit. Das war nicht mehr tolerierbar für mich. Und da merkte ich das also, da wurde ich also sehr kritisch den Juden gegenüber...«

Die syntaktische Symmetrie verrät: Die Studenten sind zu jenem Zeitpunkt wie die Juden nicht »tolerierbar«. Sie beförderten, wie die Juden früher, einen »Degenerationsprozeß« tradierter Werte und Normen und haben sich »destruktiver Disziplinlosigkeiten« in einer Weise schuldig gemacht, die völlig gegen seine Erziehung und Auffassung ging. Daher kam er gar nicht so weit, nach ihren Motiven zu fragen. Sie hatten sich nicht »innerhalb der gebotenen, ja, moralischen, ethischen, gesellschaftlichen Regeln, Spielregeln« gehalten. Seitdem sind diese Regeln in ihrem Bestand bedroht. Es gibt »Automationen aus einem Demokratie-Denken« wie die »Sattheit, das Nichtverkraften von zuviel Wohlstand«, die ihre Grenzen haben müßten. Aber die Demokratie ist, fügt er hinzu, eben »die schwierigste Regierungs- und Lebensform, die wir auf der Welt haben – sicherlich die beste, wenn sie optimal funktioniert, aber auch die schwierigste«. Gegen ihr schlechtes Funktionieren und politische Führer, von denen negative Einflüsse ausgehen, helfen keine zusätzlichen Gesetze, Vorschriften oder eine Diktatur, sondern der »Kern« hätte sich »stärker artikulieren müssen und dagegenhalten müssen. Vielleicht muß das Kind erst noch in den Brunnen fallen, bis sich die Retter am Riemen reißen und wieder eine entsprechende Gegenströmung etablieren«.

Wer die Retter sein könnten oder sollten, ist nicht schwer zu erraten. Es müßte eine »gute Führung, eine gute Regierung«, eine »Elite« sein, »kluge Leute«, die »dagegensteuern« können. Hier taucht das Beispiel der Wiedervereinigung auf, auf die man sich nicht vorbereitet hatte. Hätte man »Menschen im Sinne der Napolaner« in Parteiämtern und Führungspositionen zur Verfügung gehabt, dann gäbe es das Chaos nicht, das heute in der ehemaligen DDR herrscht. Sie hätten für »Modelle«, etwa wirtschaftswissenschaftlicher Art, gesorgt, wie man am »Tag X vorgehen« müßte, um die DDR »zu uns (zu) integrieren«.

Als ich Harald Völklin nach dem ersten Interview verlasse, sammeln sich – so soll es dem Besucher, der das Haus verläßt, wohl gehen – meine Eindrücke in dem Symbol des versteinerten Meerestieres. Tatsächlich scheinen wir wie durch geologische Epochen voneinander getrennt. Wie sich später zeigen sollte, ist Harald Völklin derjenige aus unserem Sample, der mit dem klarsten und entschiedensten Epochenblick »seine« Zeit von der heutigen trennt. Die geologische oder paläontologische Assoziation tröstet mich, aber sie beunruhigt mich auch: Nur gut, daß wir von jener Zeit wie durch eine erdgeschichtliche Periode getrennt sind – die Natur macht bekanntlich keine Sprünge. Aber das hieße auch und gäbe dem Mainstream der »Vergangenheitsbewältigung« recht, daß der Nationalsozialismus auf evolutionärem Wege »bewältigt« würde: Die Nazis sterben aus wie die Dinosaurier. Nicht durch andere und bessere Überzeugungen, sondern aufgrund einer nicht mehr ausreichenden Anpassungsfähigkeit würde das NS-Syndrom verschwinden. Darauf möchte ich mich allerdings nicht verlassen. Wenn Überzeugungen fehlen, gibt es in der Geschichte sehr wohl Sprünge. Denn im Unterschied zur Naturgeschichte hinterlassen auf geschichtlichem Terrain aufgegebene Entwicklungspfade Wunden, die später wieder aufbrechen können. Harald Völklin hat das Trauma, das die geächtete NS-Elite davongetragen hat, nicht überwunden, sondern eingekapselt, hat es versteinern lassen. Voller Erwartung sehe ich dem Gespräch mit seinem Sohn entgegen.

Drei Szenen und ein Gegenbild: Lothar Fischer und die Erziehung des Gefühls

Das erste Gespräch mit Lothar Fischer hatte ich mit einer Fehlleistung eröffnet: »Ja, beginnen wir doch mit Ihrem Eintritt in die Napola Oranienburg, Pardon, Oranienstein«, und mein Gegenüber damit zuallererst aus der Eliteschule ins Konzentrationslager versetzt. Ein unbewußter aggressiver Akt zweifellos. Ich erschrak und fühlte mich ertappt. Mir fiel ein, daß ich bei der Begrüßung an Lothar Fischer eine leichte Mißbilligung und Enttäuschung bemerkt hatte, die ich auf meine legere Kleidung – Jeans, Pullover, Lederjacke – bezog. Die Fehlleistung deutet darauf hin, daß ich etwas irgendwie Gefährliches an meinem Gesprächspartner wahrgenommen hatte. In meiner unbewußten Gleichsetzung von Napola und KZ stecken zwei Fragen an ihn: Was wurde ihm angetan, und wozu ist er fähig?

Erst sehr viel später wird mir deutlich, daß meine Fehlleistung Fischer stark irritiert haben mußte. Ich hatte damals seine mißtrauische Zurückhaltung und das überkontrollierte Abwägen jedes einzelnen Wortes als generationstypisch empfunden und mich bemüht, gegen diese Abwehrbastion doch ein Stück Dialog zustande zu bringen. Aber hatte ich dieses Verhalten nicht durch meine Fehlleistung provoziert? Hatte ich damit nicht ein typisches intergenerationelles Beziehungsklischee abgerufen, indem ich selbst als Vertreterin einer »unschuldigen« Generation nach der Schuld der Väter fragte? In der verdeckten Form der Fehlleistung tue ich zugleich etwas, was Fischers Tochter, die erzählt, daß sie in der Schulzeit keine Jeans tragen durfte, immer verboten war: Ich stelle eine Verbindung zwischen der Vernichtungspolitik der Nazis und ihren Eliteschulen, den Napolas, her. Etwas von diesem Verbot war für mich bereits in der Eröffnungsszene – in Fischers Mißbilligung – präsent. Das erklärt die Beharrlichkeit, mit der ich in den ersten Minuten des Gesprächs nach denen frage, die die Napola verlassen mußten. Statt mich für mein Gegenüber zu interessieren, beschäftigen mich die »Aussortierten«, die von der Schule Verschwundenen, als ginge es um die im KZ Ermordeten.

Das ändert sich, als er zu *erzählen* beginnt. Eindringlicher als alle anderen Napola-Absolventen schildert er, wie er die Niederlage des Nationalsozialismus erlebt hat, und eröffnet damit einen Dialog. Er hat seine Eindrücke, die wie Momentaufnahmen den Augenblick der Katastrophe fixieren, zu drei Szenen verdichtet.

In der ersten Szene ist der siebzehnjährige Lothar Fischer auf dem Wege in die amerikanische Kriegsgefangenschaft; er sieht am Straßenrand GIs, die deutsche Frauen in den Armen halten. Die Frauen winken den vorüberfahrenden Besiegten zu:

»Ich habe nur gesehen, die lassen sich von unserem Feind, unserem Feind, der uns eben noch totschießen wollte oder auf den wir schießen sollten, von dem lassen die sich umarmen oder einhaken und jubeln mit denen zusammen, das konnte ich nicht begreifen und da war mein Zweifel, daß ich eben noch gesagt hatte: ›Mich kriegt keiner in Gefangenschaft, entweder büxe ich aus, oder wenn ich das nicht kann, dann hilft mir meine Pistole.‹ – Da dachte ich: Um Gottes willen, denen zuliebe hätte ich mich eben noch erschießen wollen – zum Glück nicht. Das war also ein tiefer und erster Einschnitt.«

Weder ist es verwunderlich, daß Lothar Fischer nicht dem Gegner in die Hand fallen will, noch daß er die Frauen verachtet, die sich den Siegern zugewandt und nach seiner Vorstellung ihre Soldatenmänner verraten haben. Aber der Suizid den Frauen zuliebe, der so täuschend echt dem Propagandaklischee vom Heldentod für Familie und Vaterland nachempfunden ist, will nicht so recht einleuchten. Würden die Frauen auf diesem Wege nicht erst recht schutzlos den Feinden überlassen? Vielleicht muß man die Konstellation der Motive neu ordnen. Zum Beispiel: Lothar Fischer fühlte sich depressiv und suizidal, weil die Frauen sich mit den Siegern eingelassen hatten. Waren nicht ihm selbst als Vertreter der künftigen Elite, um mit Freud zu reden, »Macht, Reichtum und die Liebe der Frauen« versprochen worden?

Der Verzicht auf den suizidalen Heldentod bedeutet für ihn, daß er in die Rolle des ängstlichen Kindes zurückfällt, dem Erwachsene sagen, was es zu tun hat:

»Und wir haben gesagt: ›Mich kriegt kein Gegner in die Hand.‹ Aber als sich unser Kompanieführer erschossen hat, ein Ritterkreuzträger, aus dem gleichen Grund, da wurde es einem doch ein bissel mulmig, ein bissel komisch, und da waren auch Ältere dabei, die gesagt haben: ›Kommt, Buben, macht keinen Unsinn. Wir marschieren jetzt zu den Amerikanern, das ist besser als zu den Russen.‹ Ja, und das haben wir dann auch gemacht.«

In dem Augenblick, als die positiv besetzte Vatergestalt durch Suizid aus dem Felde geht und die weiblichen Objekte an die Sieger verlorengehen, zerbricht auch die Rolle des zum Manne initiierten jugendlichen Kriegers. Kurz zuvor hatte derselbe Kompanieführer, als Fischer mit der Panzerfaust nacheinander vier Panzer außer Gefecht gesetzt hatte, ihm spontan sein Eisernes Kreuz angeheftet: für ihn nicht nur das Zeichen seiner Bewährung als Napola-Absolvent, sondern auch das Signet einer sozialen Position. Als den Kriegsgefangenen Waffen, Orden und Ehrenzeichen abgenommen werden – das ist der Inhalt der zweiten Szene –, büßt Lothar Fischer nicht nur alle Napola-Sportabzeichen ein, die er stolz an seiner Uniform getragen hatte, sondern auch das Eiserne Kreuz:

»Ja, und das wurde mir dann auch abgerissen. Und von dieser Stunde an trage ich keine Orden mehr und auch keine Ehrenzeichen und keinen... lehne jegliche Auszeichnung ab, und wenn es nur ein Brief ist. Ich lehne alles ab. Das ist nämlich auch ein tiefer Einschnitt, eine tiefe Enttäuschung, wenn man alles das, womit man ausgezeichnet wurde, sich ehrlich und mit Anstrengung, mit Fleiß und Mühe erworben hat, und dann wird das so in den Dreck getreten.«

Mit den öffentlichen Ehrenzeichen, die sich im Augenblick ihres Verlusts als intimster und privatester Besitz erweisen, geht für Fischer seine Position als – sozial qualifiziertes – *Gesellschaftswesen* verloren. Wurde er in der ersten Szene aus der Position des Kriegers in die des Kindes zurückversetzt und damit auch als *Geschlechtswesen*, das die weiblichen Objekte begehrt, in Frage gestellt, so erlebt er in der zweiten Szene eine »soziale« Kastration, die ihn aus der Eliteposition vertreibt. Um diesen Verlust zu überwinden, hätte er in der Folgezeit bereit sein müssen, in die Adoleszenz zurückzukehren. Er hätte – als Ersatz für den verlorenen Status – für sich in der Nachkriegsgesellschaft einen neuen sozialen und kulturellen Ort suchen müssen, mit dem sich andere Entwicklungsperspektiven verknüpfen ließen. Wenn er sagt: »Ich lehne alles... lehne jegliche Auszeichnung ab«, dann weist er damit auch den Eintritt in die neue BRD-Gesellschaft zurück; sie wird als Instanz, die soziale Ehrungen ausspricht, nicht anerkannt. Weil er sich in diesem Rahmen nicht mehr als Lernender begreifen kann, wird er auch auf seinen Wunsch, Architektur zu studieren, verzichten und auf diese Weise immer das bleiben, was er unter den Bedingungen des Nationalsozialismus war: ein für die Eliteerziehung Auserwählter und Ausgezeichneter, der seine Eignung und die Segnungen der Erziehung lebenslang unter Beweis stellen wird. Deshalb wird er die Napola nachträglich als hochmodernes Idealinstitut mit uraltem Ehrenkodex gewissermaßen neu entwerfen und durch die eigene Existenz vertreten. Lothar Fischer leugnet auf diese Weise seinen mit der Niederlage Nazi-Deutschlands verknüpften »sozialen Tod«, aber er verewigt ihn auch.

In der dritten Szene schließlich ist eine weitere Dimension des »sozialen Todes« angesprochen, der – imaginäre – Verlust von Heimat und Bürgerrecht:

»Nach vielen Umwegen und Mühen kam ich schließlich nach Hause, in meinen Heimatort. Meine Eltern waren nicht da. Die mußten... die waren aus dem Haus vertrieben worden, weil da eine französische Kommandantur war. Die mußten also auswandern, die haben dann fünfzig Kilometer weiter gewohnt. Mein Vater war noch nicht zurück, der war ja auch noch im Krieg. Und ich melde mich an auf dem Einwohnermeldeamt. Und der Mann, der da saß, war vorher schon als unzuverlässig bekannt, während des Krieges, und der brauchte am Krieg nicht teilzunehmen, weil er ja nun Verwachsungen hatte. Der guckt mich nun an und sagt: ›Weshalb bist du nicht geblieben, wo du warst?‹ Das war der Empfang in meiner Heimat.«

Mit der Niederlage des Nationalsozialismus kehrt sich für Fischer das Täter-Opfer-Schema um. Nicht mehr die von den Nazis Verfolgten, sondern er und seine Familie sind nun die Ausgebürgerten, die zur »Auswanderung« gezwungenen und des Heimatrechts Beraubten, die – wie sein Vater – zwecks »re-education« in Lager gesteckt werden. Umgekehrt wird, was nunmehr in den Augen des Siebzehnjährigen schmerzlich fehlt, nachträglich dem Nationalsozialismus und speziell seiner Eliteinstitution Napola gutgeschrieben. Sie erscheint als Träger und Garant von Geschlechtsidentität, sozialer Identität und Heimatrecht.

Die drei Szenen, die Lothar Fischer in dieser Form wohl nicht zum ersten Mal geschildert hat, überdecken in vieler Hinsicht seine damalige psychische Not mit den Motiven des kollektiven Traumas. Der soziale Tod des Angehörigen der künftigen Elite verschwindet hinter den Momentaufnahmen des totalen »Zusammenbruchs«. Wer Fischers Erzählung über den dreifachen Verlust zuhört, hat kaum das Gefühl, in die Suche nach der Bedeutung des Erlebten einbezogen zu sein. Die Bedeutung scheint in einer seltsamen Weise fixiert, als wäre das Mitgeteilte selbst nicht Inhalt, sondern Form. Ein Behältnis des Schlechten, in dem alles lebensgeschichtliche Unglück nachträglich deponiert werden kann.

Als striktes Gegenbild der drei Szenen hat Lothar Fischer ein Idealbild der Napola entworfen, aus dem alles gestrichen ist, was irgend an Verlust, Niederlage und Gewalt erinnert. Eine vorbildliche Ausbildungsinstitution ohne Zwang und ohne Tabus, die ihm geeignet scheint, den »richtigen Kern« des Nationalsozialismus in die Tat umzusetzen. Um die Fortschrittlichkeit seiner Erziehung zu veranschaulichen, nennt er einige Beispiele. Die Bibel, die »ja damals völlig aus der Diskussion war«, wurde ihm zufolge in der Napola »offen durchgesprochen und diskutiert«. Von Adolf Hitler sagt er:

»Bei diesem Mann, den wir auch besprochen und diskutiert haben, kamen wir soweit, objektiv zu untersuchen, in Zusammenhang mit ›Mein Kampf‹ natürlich, was will er, was ist gut daran, was ist schlecht daran. Das haben wir offen diskutiert.«

Man habe festgestellt, daß Hitlers »Grundgedanke« »nicht schlecht« war, »daß diese Idee eigentlich nur jemand hätte haben müssen wie ein Heuss oder Adenauer oder irgendeine Geisteskapazität«. Hier zeigt sich ganz offen die *Nachträglichkeit* der Konstruktion im Dienste des Entwurfs einer idealen Napola, in der ein optimaler adoleszenter Bildungsprozeß möglich (gewesen) wäre. Um den »Einschnitt« des eigenen »sozialen Todes« ungeschehen zu machen, investiert Fischer gleichsam seine spätere Lebenserfahrung, speziell sein Bemühen um einen Dialog in der Familie, um die Lücken der Napola-Vergangenheit zu füllen. Er stattet sein Gegenbild mit später erworbenen Idealvorstellungen und moralischen Postulaten aus, die er in der Nachkriegsgesellschaft nicht unter neue Zielsetzungen bringen kann. Er benutzt es mithin als Behälter alles Guten, das in seinem Leben übriggeblieben ist. In seinen Erzählungen ist nur einmal von »Zukunft« die Rede, als er von der Zeit seiner Aufnahme in die Napola berichtet.

Durch den Einfluß des »antiautoritär« veränderten zeitgenössischen Erziehungsstils sieht der Befragte allerdings sein Napola-Ideal bedroht. »Selbstdisziplin« als für ihn höchster ethischer Wert und kostbarster Napola-Erwerb gelte heute nichts mehr und müsse gar gegen den Vorwurf verteidigt werden, nur dem »Drill und Druck von oben« geschuldet zu sein. Paramilitärische Ausbildungspraktiken habe es in der Napola nicht gegeben, keine Unterwerfung der Zöglinge unters Drillritual, die doch etliche der von uns Befragten als Spezifikum ihrer Erziehung sehen.

Aber warum vertritt Lothar Fischer, der sonst über eine gute Realitätsprüfung und Urteilskraft verfügt, eine so angreifbare Idealisierung? Es ist die Idealfunktion selbst, die der Befragte mit der Wiederherstellung und Weiterentwicklung des adoleszenten Ideals – gegen das Trauma des sozialen

Todes – zu retten versucht. Auf diesem Wege entsteht ein Paradox: Die ideale Napola wird zur antifaschistischen Institution, zum Mittel der Zivilisierung eines über die Generationen weitergegebenen Gewalterbes, das seine Ätiologie in familialen Gewaltverhältnissen hat. Im ersten Gespräch sagt der Befragte von sich:

»Ich bin also wiederum nicht für Schlagen, *ich bin mit Schlägen groß geworden, meine Kinder nicht.*«

Im zweiten Gespräch dagegen sagt er über seinen Vater und Großvater:

»*Mein Vater ist mit Prügeln groß geworden,* das weiß ich aus den Erzählungen von ihm, aber auch von, von seinem Vater, also meinem Großvater, der hat, der hat bei jeder Gelegenheit, passend oder unpassend, hat der geprügelt, seine beiden Söhne, und das war ja nun, *das hat ja mein Vater nun nicht weitergegeben,* zumindest nicht in dieser Form, die Hand saß schon mal locker... aber jedenfalls, das hat sich schon bei ihm abgeschwächt und bei mir dann erst recht, zu mir 'ne ganze Generation weiter...«

Lothar Fischer verwickelt sich damit in Widersprüche, die Ausdruck eines inneren Konflikts sind: Mein Vater und ich, sagt er, wir sind mit Prügeln groß geworden, aber seine Kinder und meine Kinder nicht. Er selbst ist also in der Konstruktion doppelt vertreten, als Geprügelter und Nichtgeprügelter. Das zweifache Dementi beschwört die Aussetzung des Gewalterbes und bezeugt zugleich dessen Weitergabe. Unter den Bedingungen der Familie scheint die Gewalt unentrinnbar. Denn was geschieht, wenn Eltern auf Prügel als Erziehungsmittel völlig verzichten? Sie geraten, Fischer zufolge, in eine ganz und gar hilflose Lage. Ohnehin sind sie, wenn sie ihr erstes Kind bekommen, eigentlich selbst noch Kinder; »zwar nach'm Papier volljährig«, werden sie faktisch erst im Prozeß der Erziehung erwachsen. In ihrer Ahnungslosigkeit stehen sie dann einem kleinen Kind gegenüber, dessen Stärke »ganz gewaltig« ist, das man aber mit Worten nicht »überzeugen« kann, weil es sie nicht versteht. »Was tun Sie, wenn ein zweijähriges Kind nein sagt, was tun Sie dann?« fragt Lothar Fischer die Interviewerin, und er erinnert sich an seine damalige Angst, die kleine Tochter zu schlagen, weil sie ihm in ihrem Eigensinn so mächtig erschien:

»Ja, ich wollte nix falsch machen, aber vor allen Dingen nicht schlagen. Das war 'n festes Vorhaben und, ja, manchmal fällt das schwer, die Hand zurückzuhalten, wenn Kinder gerad so störrisch oder, was weiß ich, so böse sind.«

Was kann man der geballten negativistischen Kraft des Kindes in der Trotzphase anderes entgegensetzen als begrenzte körperliche Strafen, die allein durch den Schmerz, den sie bereiten, verstanden werden? Folgen die Eltern konsequent den liberalen zeitgenössischen Erziehungsvorstellungen und verzichten auf diesen letzten Rest von Erziehungsgewalt, so entwickelt sich, wie der Befragte festgestellt hat, in einer fatalen Umkehrung des alten Schemas ein Monstrum in Kindesgestalt:

»Wenn aber ein vierjähriges Kind mit seinen Eltern schon macht, was es will – und Kinder haben ein feines Gespür, sich durchzusetzen und sich zu behaupten. Und wenn die Eltern sich von ihren Rangen in den Dreck treten lassen, dann gucke ich nicht gerne zu... Wir haben es hier im Haus. Eine junge Familie, der Mann Kinderarzt, die Frau Apothekerin, zwei Kinder, zwei nette Kinder, zwei und vier Jahre, tja, der vierjährige Sohn – sicher, das ist ein Temperamentsknoppel – aber dessen Schwesterchen hat hier (deutet auf die Stirn) Narben, bleibende Narben, weil der so auf sie losgeht, nicht, und die Eltern gucken zu. Oder wenn der mit seinem Vater schimpft: ›Du hinterlistiger Vater, du böser Vater, und ich trete dich ans Bein und ich hau dich...‹ – und der Vater lächelt – halten Sie das für einen Fortschritt?«

Das Scheitern der liberalen Erziehung produziert Lothar Fischer zufolge Gewalt, Schmutz und Deformation der sozialen Beziehungen. Überall begegnet er den Spuren einer aggressiven Verwilderung und Verwahrlosung der Gesellschaft: Die »Jungen« lassen den Älteren die Tür, durch die sie sich vordrängeln, »an den Kopf knallen«. Nach Demonstrationen sieht der Schloßplatz aus, »als wäre eine Überschwemmung drüber gegangen, weil die alles und jeden Dreck fallen lassen«. Und wenn der Vater »dem Filius eins hinter die Löffel gibt,... dann können sie ihn anzeigen gehen und dann wird der Mann bestraft, und das wird gemacht. Diese Anzeigen gibt es, da fängt's schon an.« In dieser verkehrten Welt werden sogar, wie Lothar Fischer während des Golfkriegs beobachtete, ganz kleine Kinder von friedensbewegten Erwachsenen zu Demonstrationszwecken instrumentalisiert:

»Wenn die Kinder da in der Kälte stehen und frieren und haben ein Schild umhängen (›Wir wollen Frieden‹), von dem sie überhaupt nicht wissen, was das soll, die an zu Hause oder an die Mama denken oder, oder die Hose voll haben, dann finde ich Kinder mißbraucht.«

Seltsam, wie sich hier hervorstechende Charakteristika des NS-Alltags – die exzessive Denunziationspraxis, die massive politische Vereinnahmung der Kinder und Jugendlichen und die überall spürbare Gewaltförmigkeit – ins Bild der liberalen Gesellschaft mischen. Aber Lothar Fischer plädiert mit seiner Klage nur vordergründig für den Rückgriff auf die alte elterliche Erziehungsgewalt. Insgeheim hält er die Kleinfamilie für ungeeignet, das Erziehungsproblem zu lösen. Nur im Rahmen einer staatlich gesicherten Bildungsinstitution wie der Napola ist für ihn eine Entwicklung vorstellbar, die weder das Gewalterbe unbegriffen fortsetzt noch einem falschen modernen Gewalttabu folgt, das lediglich die Rollen umkehrt. Nur eine solche Erziehungsinstanz kann zum Träger und Vermittler von »Ehre oder Ehrlichkeit, Aufrichtigkeit, Ordnung, ja aber auch Rücksicht, Verständnis, Achtung« werden. Lothar Fischer, der diese Tugenden in der Napola seiner Meinung nach »mitbekommen« hat, ist sicher, »daß man das, soweit es schon verlorengegangen ist, wieder aufrichten sollte«. Er fürchtet aber auch, daß es schon zu spät sein könnte: »Die Lockerheit [ist] ja schon so weit fortgeschritten, ich weiß nicht, wie da ein Staat überhaupt noch eingreifen kann.«

Lothar Fischers Plädoyer für eine staatliche Erziehung nach Art der Napola läßt erkennen, daß er die eigene Schulausbildung unbewußt in erster Linie als Reinlichkeitserziehung verstanden hat. Nur eine Institution dieses Typs kann in seinen Augen die notwendigen Dämme gegen »Dreck« und Gewalt errichten. Scheint nicht das ganze Napola-Reglement zur Brechung des analen Trotzes ersonnen? Jedenfalls hat es bei Lothar Fischer und den meisten anderen von uns Befragten penible Ordnungs- und Reinlichkeitsrituale hinterlassen. Viele von ihnen erwähnen die immer gleiche strikte Ordnung ihres Kleiderschranks, in der sie sich jederzeit auch »blind« – wie ehedem beim Bombenalarm – zurechtfinden könnten. Aber nur einer hat im Rahmen dieser Reinlichkeitsvorstellung diejenigen beschrieben, die die Napola verlassen mußten, weil sie den Anforderungen nicht gerecht wurden. Er sagt:

»Na ja ... die kamen mit der Disziplin nicht zurecht, sie, äh, hauptsächlich kamen sie mit der Disziplin nicht zurecht. Beim Antreten hatten sie schmutzige Hände oder schmutzige Stiefel. Sie gingen nicht ausreichend oder nicht rechtzeitig zum Beispiel zum Haarschneider, sie hatten schmutzige Sachen an, sie nähten sich die Knöppe nicht an, und sie waren ... sie fielen auf, sie waren schlampig angezogen, und die fielen auf, wie das so schön beim Kommiß dann später hieß. Nicht, und wer dann ständig auffiel ... Die kriegten das sowohl körperlich als auch geistig, diese doppelten Anforderungen kriegten sie nicht hin, versagten sie. Meldeten sich alle Augenblicke krank, gingen ins Lazarett, wegen jedem Husten gingen die ins Lazarett.«

Schmutz und Krankheit durfte es in der Napola nicht geben. Nur wer diszipliniert genug war, sie von sich fernzuhalten, kam in den Genuß der Segnungen der Ordnung. Genau das will Lothar Fischer mir zu verstehen geben.

Für ihn liegt die Überlegenheit der institutionellen (Reinlichkeits-)Erziehung letztlich darin, daß sie den einzelnen erfolgreicher vor seinen Ängsten bewahrt als die Familie. Die Institution selbst wirkt wie ein Behältnis des Guten und Wertvollen, während alles Ängstigende und Schlechte in die Welt außerhalb verschoben ist. Mit dem Zusammenbruch dieser Ordnung aber fällt das Ausgegrenzte aufs Individuum zurück; es wird selbst zum Träger des Schlechten und Ängstigenden.

In der Napola, sagt Lothar Fischer, mußte man nicht fürchten, durch Schmutz und Gewalt bedroht zu werden. Man war eingepaßt in eine Ordnung, die wie eine Stärkung des Ichs gegen alle seine Schwächen wirkte. Das Reglement und die Rituale schufen nicht nur eine äußere Ordnung, sondern auch eine innere, auf deren Grundlage sich Disziplin und Charakter entwikkeln konnten. Als Familienvater hat sich Fischer bemüht, einen Familienkosmos zu schaffen, in dem ein überschaubarer Rahmen und eine verläßliche Ordnung allen Beteiligten auf ähnliche Weise Sicherheit und Schutz gegen Ängste gab. Das ist ihm nach Meinung seiner Tochter für lange Jahre gelungen. Sie meint, bis zum achtzehnten Jahr in einem stabilen familialen Schutzraum gelebt zu haben. Im Gegensatz zu ihrem Vater thematisiert sie, wie wir sehen werden, auch die Schattenseiten dieses Familienmodells.

In meinem Notat heißt es: »Ich verlasse Lothar Fischer mit einem zwiespältigen Gefühl. Eine kommunikationsfreudige, fast heitere Seite meines Gegenübers schien im Gespräch immer wieder durch Mißtrauen und Verschlossenheit verdeckt. Verschwindet damit nicht gerade die Seite seiner Person, die in der Napola keinen Platz hatte? Ich hatte das Gefühl, hilflos zusehen zu müssen, wie an kritischen Punkten immer wieder der Dialog abbrach. Mit all dem Nichtausgesprochenen lasse ich ihn nun allein zurück. Er hat mir etwas nicht sagen können, und ich habe ihm nicht helfen können, es doch zu tun.« Dieser Resignation über die Abbrüche im Dialog steht die Tatsache gegenüber, daß sich die Interviewerin, während sie das Notat niederschreibt, dazu entschließt, Lothar Fischers Fall genauer zu untersuchen. Womit er sie, über das Unausgesprochene hinweg, »angesprochen« hat, wird sie erst in den Gesprächen mit der Tochter verstehen.

Botschaften von der glücklichen Insel: Gerhard Iddel

Zu Beginn des ersten Interviews versetzt mich Gerhard Iddel in ein Schloß, das an einem großen See liegt. Es sieht unordentlich und vergammelt aus, berichtet er. Ihm und seiner Familie, die ihn bei dem Besuch des Schlosses begleitet, wird gesagt: Kinder, haltet die Schnauze. Ich denke, das Schweigegebot gilt auch mir. In der Erzählung von Gerhard Iddel ist das Schloß ein märchenhafter, geheimnisumwitterter Ort, von einem Schloßgeist bewohnt, der von alten Traditionen weiß. Sie wurden von Schlüsselfiguren, die wie durch eine Kette miteinander verbunden sind, über die Generationen weitergegeben und ruhen in den Mauern.

Doch ist der Ort nicht verlassen. Er ist belebt, denn die ehemalige Napola T., um die es sich bei dem Schloß handelt, beherbergt auch heute noch eine Schule. Was ist also sein Geheimnis, in das ich offenkundig eingeweiht werden soll?

Der mich in dieses mit Symbolen der Vergänglichkeit und des Todes beladene Szenario einführt, um mich zum Mitwisser zu machen, ist ein sympathischer, offen und direkt, etwas jungenhaft und zugleich militärisch wirkender Mann. Auf unsere Anfrage, ob er sich für ein Interview zur Verfügung stellen würde, hatte er sehr interessiert geantwortet.

Die Fahrt vom Bahnhof, wo er mich, zufrieden ob meiner Pünktlichkeit, abholte, ließ schon ahnen, welchen Verlauf das Gespräch nehmen würde und was sein packendes, von einem unbändigen Mitteilungsdrang erfülltes, beschwörendes und evozierendes Reden bezweckte: Wir sind Kollegen und verfolgen ein gemeinsames Ziel. Ich will die Wahrheit über die Napola herausfinden und bin bei ihm an der richtigen Adresse. Er ist nämlich dabei, ein Buch zu schreiben, um die vielen Unwahrheiten, die über die Napola im Umlauf sind, richtigzustellen. Im Haus von Gerhard Iddel begrüße ich seine Frau und seinen Sohn. Zum Gespräch setzen wir uns an einen runden Tisch, von dem aus man durch große Fenster in eine weite gebirgige Landschaft blickt. Das oberhalb eines malerischen Städtchens gelegene, geräumige und helle Einfamilienhaus vermittelt einen Eindruck von Ruhe und Bequemlichkeit. Zu diesem Eindruck assoziiere ich sofort die Frau von Gerhard

Iddel: Es ist ihr Haus, in dem er, der fahrige, nervös gestikulierende Typ in Cordjeans und Rollkragenpullover, eine Zuflucht gefunden hat. Denn er lebt nicht in der Gegenwart. Er lebt in T. Ich habe das Gefühl, wie in einem Strudel in die Vergangenheit mitgerissen zu werden, die mein Gesprächspartner in schnellen und immer schneller werdenden, abgehackten, nie zu Ende gesprochenen, sich zwischen Zeiten und Orten, Personen und Ereignissen überstürzenden Sätzen dennoch plastisch, lebendig und fotografisch genau vor mir erstehen läßt, als wollte er mich nur an etwas erinnern, das ich selbst miterlebt hätte.

»Und wir wurden da im Schloß herumgeführt von T., der hat gesagt: ›Kinder, haltet die Schnauze.‹ Und wir wurden also offiziell gebeten, keine Äußerungen zu sagen. Und wir haben natürlich sofort gemerkt, hoppla, hier stimmt irgend etwas nicht, es ist nichts, also es herrscht keine Ordnung. Das war für uns damals auch eine Selbstverständlichkeit, die einzelne von uns also gar nicht so selbstverständlich praktiziert haben, die sie uns tatsächlich bitter anerzogen haben. Das ist übrigens etwas, was mir natürlich später bei der Bundeswehr aber überhaupt nicht zu schaffen gemacht hat, weil ich's schlicht konnte, nicht? Und wir haben gemerkt an diesem Schloß, hoppla, hier stimmt irgend etwas nicht, hier ist es vergammelt, hier liegen Flaschen rum und, und, und. Und jetzt ist also im Jahre neunzig der Rechnungshof gekommen und hat die Anstalt mal vom Rechnungswesen her durchforstet und hat die Vokabeln gebraucht: es ist unordentlich, es ist schlampig und so. Also, wenn Sie so wollen, in unsere Trompete gehustet, so daß sie jetzt gesagt haben – das steht in zwei Zeitungen – ich habe also, die Literatur sammle ich alle – sagen wir mal, sollten wir das ganze Schloß nicht an eine Hotelkette verkaufen... Auf der anderen Seite, um den Schloßgeist mal zu kennzeichnen, nicht nur weil ein Hundertschaftsführer dann in das Kollegium übernommen worden ist und dort dann den Schloßhauptmann gemacht hat, das war der Erzieher, der für das Internatsleben selbst zuständig war, das war der Horst E., lebt noch, das war bei einem Manöver, ich war schon wieder Zivilist – ich bin ja desertiert aus der Bundeswehr – und hab aber dann Schiedsrichter machen müssen. Ich hatte bei der Bundeswehr eine besondere Ausbildung und hab dann bei einem Fallschirmjägerbataillon geschiedsrichtert, in Städten am Roten Meer. Und da stand ich mit einem jüngeren Major, wir waren gleichrangig, stand ich an der Theke, der hatte eine Sprache am Leibe, da habe ich gesagt: ›Sagen Sie, wo sind Sie zur Schule gegangen?‹ ›Ach‹, sagte er, ›kennen Sie nicht, kennen Sie nicht.‹ ›Na‹, sagte ich, ›würde mich interessieren‹, ich sage: ›Sie haben Vokabeln am Halse, war Ihre Schule in einem Schloß?‹ Da sagte er: ›Natürlich bin ich von T.‹... Das hatte sich also irgendwie durchgezogen, daß bestimmte Vokabeln, nicht... Wir hatten also nicht nur die Farbe, unsere blauen Schulterstücke übernommen, sondern die sozusagen in den Mauern ruhten. Irgendwo gab es ja Schlüsselfiguren, die die Kette bildeten.«

Das distanzlose Reden betäubt mich. Ich habe keine Ahnung, für wen er mich hält, ich muß angestrengt hören und kann ihm nur folgen Allmählich merke ich, daß ich ihm ganz unmittelbar nach T. folgen muß, also nicht mit dem Ereignisse biographisch vermittelnden Sinn, mit dem ich normalerweise im Interview nach Orientierung suche. Ein langwieriger und mühsamer, aber auch spannender, von widersprüchlichen Gefühlen bestimmter Prozeß des Verstehens beginnt.

Was spielte sich also in dem Schloß ab, was ist hinter seinen Mauern vergraben und wer oder was ist der Geist, der in ihm wohnt? Die erste Geschichte, die Gerhard Iddel aus der Schulzeit erzählt und die den zweiten Anfang des Interviews bildet, zieht einen Bogen aus der für ihn toten Gegenwart von T. in die lebendige Zeit der Napola über eine »Schlüsselfigur«, den Erzieher Rottenberg. Den habe er vor kurzem besucht und gefragt:

»›Sag mir mal, Otto, wieso hast du uns eigentlich, uns Kinder, am siebten Februar neunzehnhunderteinundvierzig geschliffen abends im Stadtwald?‹ Irgendwelche Leute hatten was ausgefressen. Und dann war ja immer einer für alle und alle für einen. Also das Kollektiv wurde gestraft. Und das Kollektiv brachte so auch die Ordnung bis hin zum einzelnen, nicht? Weil das Kollektiv natürlich sagte, du hast uns das eingebrockt, das machst du einmal, aber nicht wieder. Da hat der uns geschliffen, richtig mit Hinlegen und Auf, wir hatten Extradrillichanzüge dafür... durch Matsch und Frost, und wir haben geheult, und sag mal: ›Was hast du dir dabei gedacht, Otto?‹ Da hat er gesagt: ›Ja, Junge, das habe ich gemacht, weil uns gesagt worden ist, wir müssen euch hart rannehmen, wir müssen euch immer dazu bringen, bis ans Ende, daß ihr euch überwinden müßt, ja?, körperlich überwinden.‹ Das hat auch geklappt, ist natürlich eine brutale Methode gewesen...«

Rottenberg verkörpert den Schloßgeist: hart bis über den »Totpunkt« der Leistungsfähigkeit und des Identitätsgefühls hinaus, und trotzdem war er ebenso ein väterlicher Freund und Führer, für den die Jungen durchs Feuer gingen.

»Dadurch ist in einen Menschen etwas hereingekommen, was, es hat genutzt. Das wollte ich damit ausdrücken, es hat mir genutzt, es hat uns, wie wir da zusammen waren, genutzt... Ich meine schon, wenn ich irgendwo herangeführt worden bin an etwas durch diese körperliche Erschöpfung hindurch an das geistige Problem, um von dort aus irgend etwas zu meistern, was mir körperlich also stinkt, was ich nicht mehr kann, was ich nicht mehr mag, ich mein, Sie müssen es ja gar nicht körperlich sehen, daß Sie bis zur Erschöpfung getrieben werden, auch die Faulheit kann Sie ja bis hin zur körperlichen Erschöpfung bringen, die Trägheit, nicht? Also daß Sie das gelernt haben, daß es da etwas gibt, was, daß das benutzt worden ist und daß das später uns auch mal vorgerechnet worden ist, ausgerechnet worden ist, mathematisch begründet worden ist, steht wieder auf einem anderen Blatt. Aber für den einzelnen Menschen ist da etwas passiert, was uns später genutzt hat. Wir sind, bitte, nie herangeführt worden an Probleme, du bist jetzt so erschöpft, aber nun kannst du noch drei umbringen, um von vornherein mal dieses Thema klarzustellen. Das ist nie gewesen, und ich hab mit dem Otto noch weiter gesprochen: Es war nie drauf angelegt, koste was es wolle, daß etwa von uns dann meinetwegen einer tot umgefallen wäre oder so etwas, das nie! Also da sind schon die Gruppenführer oder wer, haben schon gestanden und haben einen rausgenommen... Es ist uns ja nie etwas geschehen, was wir nicht selber gutgeheißen haben...«

So war man, auch wenn man litt bis auf den Tod, doch auch aufgehoben in einer Welt, die perfekt war, weil niemand verlassen war und keiner schuldig blieb: ein geschlossener sittlicher Kosmos, eine verläßliche Ordnung, »dieses Militärische, dieses Geordnete, dieses Verläßliche« des Nationalsozialismus, dessen erlebtes Zentrum »T.« und dessen imaginäre Grenzen »Deutschland und die ganze Welt« waren. Trotz der »brutalen Methoden«, mit denen die Jungen über den »Totpunkt« hinaus gedrillt worden waren, hat die Erziehung für das ganze, auch zivile, sogar eheliche Leben genutzt und seine »Gültigkeit«. Denn immer wieder hat es, meint Gerhard Iddel, für ihn Situationen gegeben, wo es »weitergehen muß, selbst wenn du nicht mehr kannst«.

Die erste Geschichte, mit der Gerhard Iddel mich in seine Zeit mitnimmt, handelt also von der Initiation in das Geheimnis der fürs Leben nützlichen und wertvollen Erziehung zu Befehl und Gehorsam, des »Drills«, durch den die Gemeinschaft gefestigt und eine Ordnung fürs Leben gestiftet wurde. Er fühlte sich aufgehoben in dieser Gemeinschaft, soviel war klar. Aber sein Einverständnis mit den Methoden, die zur Herstellung dieser Ordnung dienten, verwirrte mich, verbargen seine Worte doch nur notdürftig die Qualen, denen er durch das Anstaltsregiment ausgesetzt war. Ich begriff, daß ich über diese Seite des Geheimnisses schweigen sollte.

Die Trennung von den Eltern war dem Zehnjährigen sehr schwer gefallen, als er 1940 nach T. kam. Er litt in der ersten Zeit fürchterlich, war Bettnässer und hatte es mit schwachen Leistungen im Sport schwer, Anerkennung zu finden. Er hätte aber zu den Eltern nicht zurückkehren können, denn sie waren geschieden, und es gab niemanden, der sich um ihn kümmern wollte. Er wurde abgeschoben ins Internat und mußte T. zu seiner zweiten Familie, seinem eigentlichen »Elternhaus« machen, wie seine älteste Tochter bemerkte. Der »Drill« sorgte dafür, ihn für diese zweite Familie von Grund auf und bis zum absoluten Konsens einzurichten. Die mit brutalen Methoden geübte Überwindung des »Totpunkts« zielte auf die Wiedergeburt in dieser Familie und im überpersönlichen Jenseits kollektiver Macht und Größe. Am »Totpunkt« der Erschöpfung, auf den mit militärischem Drill und Strafterror hingearbeitet wurde, starb das kindliche, familiäre, zivile Ich, um als soldatisches Kollektivich, das zum Tod für »Führer, Volk und Vaterland« bereit war, wiederaufzuerstehen. Um diesen Prozeß zu unterstützen, wurde unter den Jungen systematisch die Angst erzeugt, daß sie die Norm des Ideal-Napolaners nicht erreichen würden. Gerhard Iddel gehörte zu denen, die, wie wir sehen werden, unter dieser Angst besonders litten. Dennoch oder gerade deshalb wurde mit der Zeit die Napola zu seiner »zweiten Familie«. Er wurde »hingebildet, erzogen, gedrillt«, um in der Abhängigkeit von dem nach dem Führerprinzip aufgebauten Kollektiv das, wie er meint, totale Glück der Geborgenheit zu erleben. Trotz dieser idealisierenden Nostalgie blieb mir noch lange rätselhaft, wie er zu dem erstaunlichen Satz gelangen konnte: »Wir haben auf einer glücklichen Insel gelebt in dieser Napola.«

Es gibt eine Schlüsselerzählung, in der sich das in der Passage durch den individuellen Tod zum neuen Leben im Kollektiv erlebte Glück ausspricht, das auf die Trauer oder gar das Trauma um die verlorene Familie folgte. Gerhard Iddel war wegen eines Vergehens, das im Interview nur sehr vage angesprochen wird, von der Schule verwiesen worden:

»Ich war Trompeter und hab meinem Musikzugführer…, dem habe ich einen Taktstock geschmirgelt. Und dann habe ich auch ein Tabu gebrochen, denn man sprach mit dem Erzieher, aber man fiezte sich nicht an, man schmuste sich nicht an, nicht, und weil ich meinem Erzieher einen Taktstock geschenkt hatte, nicht, das war auch ein Tabu, nicht, anfiezen darfste nicht… Radfahrer, und die hatten wir nicht gerne.«

Er lacht und feixt, als er mein verständnisloses Gesicht sieht. Immer wenn seine Erzählung an den Punkt kommt, wo er ganz in T. »drin« ist, wo er Ereignisse Gegenwart werden läßt, als ob er sich gar nicht erinnern müßte, nehmen seine Züge etwas Kindliches an, das Maskenhafte, Clowneske eines alt gewordenen Kindes. Wie selbstverständlich kommen ihm die Ausdrücke aus der Privatsprache von T., während ich überlege, wie ich denn überhaupt T. verstehen soll.

»So wurde ich am Anfang der Sommerferien dreiundvierzig im Juli rausgeschmissen und wurde ich ausgebombt in B., und dann kam ich zu meinem Vater in den Werkluftschutz… und da kam in der zweiten Nacht der zweite Angriff, und da muß ich wohl so 'n bißchen, na ja, Dinge gedreht haben, den Keller offengehalten haben, also kurz und gut, es endete damit, daß ich also das EK zweiter Klasse mit Schwertern kriegte, und das war für einen dreizehnjährigen damals, nicht, und dann ist mein Vater – die mußten mich ja auch wieder loswerden, weil, nicht – ist mein Vater zum Staf gefahren und hat gesagt: ›Lieber Standartenführer, Sie haben den Jungen rausgeschmissen, er hatte da Radfahrer gespielt, wie verträgt sich das, Radfahrer und hat jetzt einen Orden.‹ Da hat der Staf gesagt: ›Na ja, es ist sowieso Ferienende‹, nicht, ›... zurück‹... Aber Schiß habe ich gehabt, sage ich Ihnen... ich habe mich in voller Uniform vor meinem Vater auf den Fußboden geschmissen, weil die Zeitzünder haben mich fertiggemacht, wissen Sie, der Angriff war ja lange vorbei. Also das Heldsein ist ja wirklich nur ein Agieren, nicht? Und dann wachsen Sie buchstäblich über sich hinaus, Sie werden nicht besser, sondern Sie lenken sich ab, das ist ja das Prinzip des Heldseins, nicht?... Aber diese Selbstverständlichkeit in der Nacht, da waren andere Leute, es war neckischerweise die ganze Familie beschäftigt, meine Mutter, ich weiß das noch wie heute, die hatte einen mit einem dicken Granatsplitter, der ganze Leib aufgerissen, die war da beschäftigt, ich war da beschäftigt, und mein Alter war sowieso draußen und mußte löschen mit seiner Betriebsfeuerwehr...«

Gerhard Iddel erzählt nicht, worin seine Heldentat bestanden hat. Er sollte offenbar im Luftschutzkeller für Ruhe sorgen, dabei habe er »Dinge gedreht..., den Keller offengehalten«. Auch die Tätigkeit der Mutter, die Sanitätsschwester war, ist nicht eindeutig. Wichtig für die Erzählung scheint der »aufgerissene« Leib. Allein die Tätigkeit des Vaters ist eindeutig. Er löscht Brände. Dazu fällt mir die eigenartige Wendung ein, die Gerhard Iddel früher im Interwiew gebrauchte, als er vom Bettnässen in der Napola sprach: da sei ins Bett gepinkelt geworden, daß es »nur so raucht«. Dafür wurde man bestraft. Bei seiner Rückkehr nach T. wird er, nunmehr Ordensträger, in Ehren wieder aufgenommen. In jener Nacht wurde der Held geboren, der zu sein in der Napola erwartet wurde und der zu werden Gerhard Iddel sich gewiß heiß ersehnt hatte. Immer noch abgeschoben, schließt sich ein wenig der Kreis zwischen der ersten und der zweiten Familie, denn es waren seine leiblichen Eltern, die Mutter mit dem aufgerissenen Leib und der Vater mit der Feuerspritze, die ihn zum Helden wiedergeboren hatten.

Jedenfalls wird es wohl nach dieser Nacht den kleinen, ängstlichen Jungen, der ins Bett pinkelt, nicht mehr gegeben haben. T. wurde vollends zu dem Lebenskreis, der ihn exklusiv prägte. Die Anstalt bot Ersatz für alle familiären Funktionen. Unter diesen hebt Gerhard Iddel die mütterlichen besonders hervor. Die Jungen wurden reichlich versorgt. Alles war »vom Feinsten«. Man kam »mit der Natur zusammen«, es gab das »Erlebnis der

Kameradschaft«, und man wurde »an die Musik herangeführt«: »Wo hat man das um die Zeit gefunden?« Dafür wurde die Anstalt ihrerseits, als die feindlichen Truppen näherrückten, von den Jungen bewacht und beschützt.

Für Gerhard Iddel war T. aber nicht nur der frühadoleszente Lebenskreis, sondern blieb es sein ganzes Leben hindurch, so wie auch die Familie, in die er später seine eigene inkorporierte. Wo immer er einen aus T. trifft, da ist er »zu Hause«, und das geht »bis hin zu unseren Ehefrauen« und »unseren Kindern«. Wenn jemand kommt und sagt: »Ich bin die Tochter von dem und dem«, dann braucht die »gar nichts weiter zu sagen, dann ist die erst mal hier zu Hause«.

Die Bindung an den frühadoleszenten Erfahrungskreis ist bei Gerhard Iddel lebenslang, denn sie wurde durch einen Tod besiegelt, der das Glück vernichtete, um es als Versprechen und Auftrag weiterleben zu lassen. Mit dem überraschenden Satz: »Ich starb auch einmal, neunzehnhundertfünfundvierzig«, erzählt er in der Geschichte, die dem Bericht über die Szene im Luftschutzkeller und seine triumphale Rückkehr nach T. folgt, von einer Nasenoperation, der er sich unterzog, als seine Klasse zum »Ostlandeinsatz« gefahren war. Das muß im Sommer 1944 und nicht 1945 gewesen sein – eine Deckerinnerung an den »Tod« bei Kriegsende? Die Operation, die unter primitivsten Umständen durchgeführt wurde und sehr schmerzhaft war, schildert er im assoziativen Feld von Kastration und homosexuellem Koitus:

»Und dann war da auch ein Marinearzt, und der hat gesagt: ›Machen wir doch!‹ Abenteuerlich – wenn ich das heute machen würde, würde ich ins Gefängnis kommen, nicht? Ich habe den Meißel gehalten, nicht, und er hat gehämmert, nicht? Also es war abenteuerlich, aber das konnte man mit uns machen, nicht? Ein Jungmann kennt keine Schmerzen. Heute heißt es, ein Indianer kennt keine Schmerzen. Es war abenteuerlich. Alles vollgestopft. Am dritten Tag muß ich ihm wohl abgegangen sein. Ich weiß es noch, es war morgens, und ich habe auch tatsächlich das blöde Erlebnis gehabt, daß ich mir das alles so Haare von oben angeguckt habe... Und da habe ich mir so überlegt, das habt ihr nun davon, nicht, jetzt könnt ihr sogar, wenn ich begraben werde, jetzt könnt ihr antreten, Fahnen, Abordnung und, und, und. Das war mir klar, wenn ich als Jungmann sterbe, muß ich ja anständig – wir hatten ja sogar einen kleinen Kadettenfriedhof oder also, nicht, und Musikzug muß raus und so, nicht? Also das hat mich mit Genugtuung erfüllt, nicht?«

Und dann das wirkliche Ende. Den Tod Hitlers kommentiert er mit »analer Kälte«. Der »Führer« war als Soldat gefallen – so lautete ja die offizielle Version –, und das war »in Ordnung«. Er wiederholt viermal, daß es »in Ordnung« war, »das lief in der richtigen Richtung«. Enttäuscht war er nur, daß

»keine Form gewahrt wurde«. Er hörte am Radio »den Abschlußbericht, den letzten Wehrmachtsbericht« und erwartete einen »Schlußappell«, wie er nach jeder bedeutenderen Veranstaltung in der Napola üblich war. Auf einmal jedoch war »das Ritual völlig weg«.

Der Tod des »Führers« hat den jungen Napolaner angeblich nicht berührt, aber das formlose Ende des Krieges und des Nationalsozialismus hat ihn gekränkt. Der Ärger über das Ausbleiben der »Form«, des geliebten Rituals, in dem die Ideale der Institution für die Jungen übermächtig symbolisiert waren, läßt darauf schließen, daß er sich (für die Institution) schämte. Hier, in der Stunde Null, der Urszene des »Zusammenbruchs«, ist schon das Schicksal aller späteren »Verarbeitung« und »Bewältigung« der nationalsozialistischen Vergangenheit vorgezeichnet. Es ist bestimmt durch die Scham über das verratene Ideal und nicht etwa von der Trauer über die Opfer und der Wut auf die Verantwortlichen, an die er geglaubt hatte und durch die er selber mitschuldig geworden war. So wäre die »Kälte«, mit der Gerhard Iddel auf die Nachricht vom Tod Hitlers reagierte, ein Zeichen für die Scham, die sich vor das Gefühl der Schuld legte, um es auch in der Zukunft kaum aufkommen zu lassen. Ist dieser Vorrang des Gefühls der Scham vor dem der Schuld gegenüber dem Nationalsozialismus und seinen Verbrechen kennzeichnend für den postnazistischen Gemütszustand überhaupt, so muß er bei den hochgestimmten jugendlichen Idealisten der Napolas sich besonders wirkungsvoll etabliert haben.

»Ich bin auch einmal gestorben, neunzehnhundertfünfundvierzig« – er war unfertig, verlassen auch von seiner »zweiten« Familie, der schützenden und nährenden »guten Mutter« Napola – und ihrem samenspendenden Führer:

»Hitler war eigentlich immer da, also das war der große Bruder, war eigentlich immer da, und in irgendeiner Form wurde das auch berücksichtigt, nicht, du mußt die Lateinarbeit jetzt so schreiben: Hitler guckte dich an. Aber für ihn haben wir das schon und seinetwegen und so, also das war, das wurde auch gesagt zum Teil, das sagten die auch: Deutscher sein heißt Nationalsozialist sein, damit hat man gar nicht mal gemeint: Deutscher sein heißt Parteigenosse sein, sondern in diesem sicherlich etwas größeren Sinn: national. Also da hatten diese Alten sich an der Front [im Ersten Weltkrieg, d. A.] oder irgendwo was vorgestellt drunter und hatten eine Sehnsucht danach, und sie wollten eben keine christlichen, sondern wollten nationale Sozialisten sein, weil sie der Meinung waren, daß sie das Vaterland und all diese Dinge, noch dazu wo sie so geschaßt worden waren nach Versailles, daß das aber doch 'ne Sache sei, für die es wert sei zu leben, oder, oder, nicht, und dann kam nachher der Schwanz Adolf dazu, der wurde dann mit einbezogen auf die Ebene Vaterland, nicht, und der war auch nicht zu kritisieren. Und das war das Furchtbare meines Erachtens, daß nachher unter dem Motto Führerbefehl sich tiefere Ebenen, sagen wir mal, eine Macht zubilligen konnten oder ausüben konnten, und die wurde dann unter dem Motto: na ja, der Führer hat es ja gesagt, oder, nicht, dann kam stellvertretend kam da etwas, kam 'ne Bindung zustande, die Hitler sicherlich gewollt hat...«

Eine reine Vaterfigur war er für Gerhard Iddel also nicht, der in klassischer Metaphorik verehrte »Führer«, sondern eher der von der Bruderhorde der guten, edlen nationalen Sozialisten inthronisierte »große Bruder«, an den die väterlichen Funktionen der sozialen Ordnungsmacht delegiert werden konnten. So wie er zu werden, zu richtigen Männern hätten sie erzogen werden sollen, zu Führern und nicht nur Geführten, die »Deutschland« dienen und es beschützen sollten. Der ganze Prozeß, ein Mann zu werden, die Aufgabe, für die sie erzogen und vorbereitet worden waren, zu erfüllen, war abrupt und auf katastrophale, demütigende, chaotisierende Art schockartig – die Erstarrung spürt man noch in der aktuellen Erzählung des Gerhard Iddel – und vielleicht traumatisierend abgebrochen. Sie waren »nicht alt genug und sind nicht zu Ende erzogen« – es hat nur gereicht, um sie zu »guten Zweiten«, zu »guten zweiten Chefs«, ja zu »phantastischen zweiten Männern« zu machen, solchen, die gehorchen und die, wenn es heißt: »Führer, gib den Marschbefehl«, die Aufgabe dort, wo sie »hingestellt« werden, erfüllen, »das Beste geben, das Beste, ja?«, über die Erschöpfung, die Trägheit und die Feigheit hinaus. »Hefezellen« sollten sie sein, »auf die Menschen einwirken« – wie aber nun ohne »Führer«, ohne den ursprünglichen Samen, der die Bewegung zur Tat und den »Volkskörper« zur Macht befruchtet?

Gestorben war, so scheint es, das frühadoleszente Selbst, das fortan in den von der totalen Institution bestimmten Identitätsbildungskreis, durch eine an den Ort gebundene Verfalls- und Geistersymbolik und unbewußt bleibende Phantasien von Tod und Wiedergeburt abgestützt, verschlossen bleibt, um weiterzuwirken, ohne eine neue Identitätsbildung zuzulassen. Gerhard Iddel schildert sein Verhältnis zu Mädchen an der Schule, die er nach dem Krieg besuchte: »Da mußte man rein bleiben, und das tat man erst, wenn man also nicht dem Führer mehr, den gab's ja nicht mehr, Kinder schenken wollte, aber da war man eben etwas geblockt worden.« Das tat man erst, das tat man nicht: Schwindeln, Abschreiben usw. Der ganze Anstaltskodex, das über ihn vermittelte offizielle sittlich-politische Weltbild des Nationalsozialismus saß fest, ein moralischer Panzer, der die weitere

Entwicklung blockierte. Leben, Entwicklung, eine lebbare Identität gab es nur, solange die befruchtenden »Führer« – nicht nur »unser Adolf«, der »Größte«, sondern auch andere »Führer« – da waren, die mit Hitler über eine die charismatische Herrschaft delegierende »Kette« verbunden und legitimiert waren. Alles und vor allem er selbst hing an der Kette, deren erstes »Glied« der »Adolf«, der »große Bruder« war, vor dem jede mögliche Kritik wie durch einen »Totstellreflex« verstummte. Über jeden anderen Führer konnte »gelästert« werden, über ihn nicht. Und wenn jemand es tat, dann war »Alarm«, der wurde Opfer legitimer Gewalt, wie der Mann in der Straßenbahn von B., den einer von T. attackierte, wobei er sich den Arm brach, ein »kleiner Held«.

Die wirkliche Initiation durch den »Führer« hat Gerhard Iddel nicht erlebt. Der war nie nach T. gekommen, und so lag die Galauniform, die nur bei einem Besuch von Hitler getragen werden sollte, unberührt da und »gammelte still vor sich hin«, ein nekrologes Objekt, Luxusausgabe der »Uniform, die uns hielt«. Sie hielt keineswegs, so das hart vorgetragene Dementi, »Kadaver«, die »gehorchen um jeden Preis«, oder wenn es heißt »Jetzt friß Scheiße und friß Maikäfer«. Jedenfalls war Hitler, der doch als Anfang der »Kette« der Uniform das Leben verlieh, das die Jungen haben sollten und das sie über alle ihresgleichen stellte, nie da – »Hitler war nie, aber dieses Ritual war da«. War er selbst nur ein Ritual, Führer*figur*, ein personifiziertes Prinzip, ein Mythos, der für die Initiation ins Kollektiv durch Tod und Wiedergeburt gebraucht wurde? Wahrscheinlich ja, und der christliche Mythos bot sich dafür an. Der unsichtbare, unerreichbare, schließlich tote »große Bruder«, der, wie der Jesus Christus aus dem Katechismus, immer da war und einen immer anguckte, war mit religiösen, sexuellen und geschichtlichen Phantasien reich umgeben. Aus dem wesensmäßigen Mangel, dem vitalen Defizit, unter dem Gerhard Iddels künftiges Leben nach dem »Tod« im »Zusammenbruch« gestanden hat, nämlich nicht durch den »Führer« zum Führen initiiert und »zu Ende erzogen« worden und damit ewiger »Zweiter« geblieben zu sein, entwickelt Gerhard Iddel ein mythisches Geschichtsbild.

Identifizieren mit den obersten Führerfiguren, vom Anstaltsleiter über den Inspekteur der Napolas, Heißmeyer, bis hin zu Hitler konnte er sich nicht. Sein Verhältnis zu ihnen beschränkte sich auf eine homosexuell getönte Unterwerfungshaltung. Identifiziert ist er dagegen mit der zweiten Garde von nationalsozialistischen Führerfiguren, vor allem mit Haupt, dem Organisator und ersten Leiter der Napolas, der 1936 wegen angeblicher homosexueller Vergehen aus dem Amt entfernt und durch den SS-Mann Heißmeyer ersetzt worden war. Zur Biographie von Haupt betreibt Gerhard Iddel heute eigene Forschungen. Haupt kam aus der Bündischen Jugend, war Kadett in Lichterfelde und zu Stabila-Zeiten Lehrer in T. Er gehörte zum Strasser-Flügel der NSDAP, schloß sich dann Hitler an und war nach Ansicht meines Gesprächspartners ein Kandidat für den Posten des Reichsjugendführers, der dann durch von Schirach besetzt wurde: ein »zweiter Mann«. Für Gerhard Iddel ist er eine zentrale Figur in der Genealogie des »nationalen Sozialismus« der ersten Stunde, der nicht »braun«, sondern »schwarzweißrot« war, aus preußisch-nationaler Herkunft, edel und unverdorben. Diese Genealogie gilt zugleich der Schule und ihm selbst, seiner zweiten und seiner ersten Familie, der seiner Mutter, die bündisch orientiert und regimekritisch war. Zwei Brüder seiner Mutter haben als Nazis Polen und Juden geholfen und fielen bei den Nazis in Ungnade, um nach dem Krieg dann als Nazis zur Rechenschaft gezogen zu werden.

»Also diese Geschichte fängt eben nicht nur mit mir an, sondern sie kommt aus einer Gegend, wo man Träume hatte, wo die Wandervogel-Bewegung war, wo der Hohe Meißner war und so weiter. Und da sind Typen zu einer bestimmten Zeit, man kann sagen zur rechten Zeit, zum Tragen gekommen, wie dieser Haupt.«

Hitler war nicht in T., aber Röhm. Er fiel derselben Anklage zum Opfer wie Haupt. Die Helden dieser zweiten Kette, die nicht siegreichen Stammesgötter, sondern die tragisch scheiternden homophilen Helden haben die bedeutendere und ältere Herkunft. Sie stammen von einem mythischen Ort, dem Hohen Meißner, und treffen sich an jenem anderen mythischen Ort der Eingangsszene: im Schloß von T. Der Streit der Giganten der ersten und der zweiten Führerkette, in den auch Himmler eingriff, ging um die Napolas, ihre Eigenständigkeit oder die Eingliederung in HJ und SS. Gestritten wurde um die »mit Sicherheit ausgesuchten Jungens«, an denen »rein äußerlich oder stimmungsmäßig... etwas gewesen sein« muß.

In dem Kampf um diese reinen Knaben siegt der »Schwanz Adolf«. Der kam »nachher... dazu«, er war »nur einer, der organisatorisch die Sache bündeln konnte« und die »Rücksichtslosigkeit« und »Bedenkenlosigkeit« hatte, »wenn es sein mußte, über Leichen zu gehen«. Er war es, der die Bewegung des »nationalen Sozialismus« mit seinen charismatischen Eigenschaften zur Massenbewegung machte, der wie kein anderer die »Macht« verkörperte, Menschen zu bewegen, »alles einzusetzen, bis hin zum Leben«. Mit dieser Macht hat die nationalsozialistische Bewegung gewonnen, das ist das Geheimnis, in das die Jungen eingeweiht wurden – und in das auch ich eingeweiht werden soll.

»Und dann hat unser Staf [Standartenführer] gesagt: ›So, Leute, nun mal was ganz anderes.‹ In dieser Situation haben wir während der Kampfzeit immer gestanden: einer in einem Saal, zwei, zehn in einem Saal mit achthundert Kommunisten und so. Und dann kam die Rechnung, von der ich vorhin sprach, dieses Einwirken-Können von einem, der, egal in welcher Verfassung er ist, weiß, was er will, von zweien, die wissen, was sie wollen – das ist aber etwas, was heute absolut noch gültig ist, Massenpsychologie, das wissen Sie besser als ich –, sind zwei in der Lage, eine Crew von tausend so oder so zu beherrschen... Also es gibt Menschen, nicht, ohne daß sie gleich Hitler sein müssen..., die auf andere Leute wirken können, das macht eben die Persönlichkeit oder den Charme, wie Sie's auch immer nennen wollen, aus. Das hat er uns vorgerechnet. Und hat gesagt, das ist das Geheimnis der Bewegung – also damit meinte er die nationalsozialistische Bewegung –, daß wir, immer in der Minderzahl, gewußt haben, wenn wir nur wollen, wenn wir alles einsetzen bis hin zum Leben... Also da ist, nehmen Sie's wissenschaftlich begründet, irgend etwas gewesen, was man uns damals – man hat uns nicht beigebracht, warum wir ins Bett pinkeln, aber das hat man uns beigebracht, nicht, daß es da irgendwie im menschlichen Bereich eine Macht gibt, nicht immer nur falsch, schlecht, sondern natürlich auch zum Guten hin, nicht? Und da hat man irgendwie drin gelegen, dieses die Menschen wirklich bis an den Rand führen und kennenzulernen, nicht im esoterischen Sinne, du kannst dann Kräfte entwickeln, nicht nur für dich, sondern für alle. Elitär.«

Gerhard Iddel redet ganz ernsthaft, er ist überzeugt und will überzeugen, gläubig beeindruckt von seinen Worten, als wären es die vom Staf. Entgegen seiner Absicht drängt er mich dazu, mich eher wie ein Kommunist zu fühlen, nicht wie ein Wissenschaftler. Denn gegen die Macht seiner Rede über die Macht ist wissenschaftlich nichts auszurichten: sie ist immer noch die gleiche wie die, die das Bettnässen verboten und bestraft hat. Die Psychologie, auf der sie beruht und die, Gerhard Iddel zufolge, ihrerseits auf einer Soziologie des »Rudels« und der »Herde« und einer »Biologie der Uniform«, der Verhaltenslehre von den Drohgebärden, dem Gleichschritt, des Zusammenhalts aufbaut, muß man, erläutert er an anderer Stelle, studieren und ihre Anwendung üben. Auch Hitler hat das nicht gleich gekonnt. Aber dann, wenn »einer kommt und sagt mit klarer Miene, guckt Sie an, das ist das Leben«. Die Herde braucht den Führer, und wer führen will, muß das »Soldatische«, den »Gleichschritt, das gleiche Denken für die Bewegung auf ein gemeinsames Ziel mobilisieren«. Das geht auch in der Demokratie. Da kann man manche Dinge »von rechts angehen« und manche »von links«, aber »zu einem bestimmten Zeitpunkt«, in Krisen zum Beispiel, braucht man »eine geballte, gebündelte, gerichtete Kraft«. Diese »Freiheit«, sich »unter eine Sache zu ordnen«, muß man erarbeiten, »notfalls gedrillt kriegen«. »Drill« heißt daher nicht »versklaven«, sondern meint die verinnerlichten Mechanismen zur Beherrschung innerer Zwänge: »... wenn Ihnen die Angst bis hierhin steht... und dann sollen Sie trotzdem noch in der Lage sein, irgendwas...«

Ja, was? Ich dachte, der Mann ist nicht bei Verstand, als ich ihn so reden hörte. Ein Gefühl des Mitleids regte sich – bis mir später der Gedanke kam, daß er vielleicht in der Tat ein »Geheimnis« der »Bewegung« bezeichnet hat, welches für den Elfjährigen eben hieß: »Freiheit« ist die Macht, die aus der Überwindung der Angst folgt, ins Bett zu nässen. Die Macht des erwachsenen Mannes, die der Nationalsozialismus verspricht, ginge dann auf Abkömmlinge dieser (bekanntlich selbst abgeleiteten) Angst zurück...

Jedenfalls hatten diese Botschaft vom Führen und Verführen die Helden der zweiten Reihe nicht zu geben. Sie hingen Träumereien nach, sie befanden sich gleichsam in Wartehaltung, wie die Gerechten des Alten Bundes – der »Bündischen Jugend« –, die zwar das Gesetz hatten, das ihnen auf dem Berg gegeben worden war, aber es nicht unter die Menschen bringen konnten. Es mußte der kommen, der die Macht hatte zu führen, die Massen zu bewegen, sich an die Spitze der »Herde« zu stellen und sie auf ein gemeinsames Ziel zu lenken, indem er sie forderte bis zum Tod, auf daß sie neues Leben gewännen.

Für die Fortschreibung dieses allzu bekannten Mythos nach dem Ende des »Tausendjährigen Reiches« versieht Gerhard Iddel ihn mit der protestantischen Variante, um die Botschaft schließlich zu säkularisieren und zur »Wissenschaft« zu rationalisieren. Was die »Braunen« mit Hitler an der Spitze gemacht haben – unter Mißbrauch der Idee des nationalen Sozialismus und ihrer Anhänger –, hätte ihn und die Napola-Kameraden womöglich zum Widerstand aufgestachelt. Vielleicht hätten sie »geputscht«, zumindest wären sie, »wären wir zu Ende erzogen worden«, »den Nationalsozialisten alter Art unbequem« geworden. Die Napola, die Elite der kommenden, der ersten im Nationalsozialismus aufgewachsenen und erzogenen Generation, sie hätte den echten, guten Nationalsozialismus verwirklicht und wäre womöglich zum Hort der Reform und der Wiederherstellung des reinen nationalen Sozialismus mit menschlichem Antlitz geworden. Daran möchte Gerhard Iddel glauben, denn, wie er sich ausdrückt, »Stichwort sechs Millionen«, darüber komme er nicht hinweg. Aber es bleibt unklar, ob der Widerstand auch auf den »Führer« sich erstreckt hätte, der ja vielleicht so schuldig nicht war, weil seine Befehle auf den unteren Ebenen oft entstellt worden seien. Es ist nicht mehr als eine Hoffnung, daß sie auch auf »Führerbefehl« nicht bereit gewesen wären, »Leute umzulegen, noch dazu in diesen Mengen«.

Die Faszination der Macht hält ihn völlig gefangen. Im Gespräch schafft sie sich ungehindert ihren Weg zum Gegenüber, der wie selbstverständlich einbezogen ist in das todernste Spiel von Führung und Verführung. Das ist kein Kunststück, versichert Gerhard Iddel, man muß »eintauchen« in die Massen, jeden einzelnen kennen. Er kannte bei der Bundeswehr namentlich alle aus dem Bataillon, und er nennt zwei Namen, von denen der eine der Name eines Mitglieds unserer Forschergruppe ist. Darauf fragt er mich: »Wird's Ihnen zu warm oder zu kalt?«

Tatsächlich spüre ich eine Verführung, die ich von mir weise. Was trifft sie bei mir? Immerhin ist auch ein Teil von mir aus dem Stoff jener Träume, die tief aus der deutschen Geschichte kommen und die auf dem Hohen Meißner Geschichte gemacht haben. Auch ist mir ein idealisierender und romantisierender Sozialismus nicht fremd, und schließlich habe auch ich mich einmal einer »Bewegung« zugerechnet, die mit einer Macht, der des anderen »großen Bruders«, identifiziert wurde, mit der sie um keinen Preis identifiziert sein wollte.

So wäre der Grund zur Verführung die Verführbarkeit durch ein Ideal, das eine Perversion mit sich schleppt, die es nicht los wird, weil sie, trotz aller Anstrengungen, das Gegenteil zu beweisen, untrennbar zu ihm gehört. Vielleicht ist dies auch der Grund, warum gerade unsere beiden Generationen, die von Gerhard Iddel und meine, 1968 so hart aufeinandergestoßen sind und warum die Generation von 1968 (spätestens) nach 1989 in ein so hartnäckiges Schweigen (das dem nach 1945 auffällig gleicht) versunken ist...

Aber die Verführung ist schwach: Der da redet und redet scheint ferngesteuert wie eine Marionette. Er muß ein Schauspieler sein, wie es Hitler einer war, um durch »Auftreten« zu »wirken«. Tatsächlich fing Gerhard Iddel nach dem Abitur eine Ausbildung als Schauspieler an. Er spielt das Stück, das er selbst ist, allein, niemand schaut zu, auch die alten Klassenkameraden nicht, die vielleicht jeder für sich dasselbe Stück spielen. Im nachhinein ist »keine Korrektur erfolgt«, nichts »durchgearbeitet worden im Sinne der Erziehung von damals«. Durch sie war »etwas hereingekommen«, das sitzt fest, versiegelt, unverrückbar, ein Block für jede andere denkbare Entwicklung, ein aggressives Introjekt, das das manische, obsessive und delirierende Reden über die hochidealisierte Schule immer wieder zum Dokument einer unaufgelösten Identifikation mit Instanzen und Repräsentanzen eines manipulativen Gewaltapparats werden läßt, der für ihn ununterscheidbar sowohl ihn selbst wie sein Gesellschaftsbild regiert. Im Interview werde ich zum Zeugen der politisch-pädagogischen Fabrikation jener Massenmechanik, die nur im ganzen und nur gewaltsam funktioniert und ohne die das »Einzelteil« ein panzerumschlossenes Nichts ist.

Heiß oder kalt? Je deutlicher ich den manischen Leerlauf seiner agitatorischen Rede, der selbstquälerischen Idealisierung der nationalsozialistischen Erziehung und Bewegung wahrnehme, desto ratloser und betrübter werde ich. Wie kann es nur sein, daß er in dem »Geheimnis« der Napola und des Nationalsozialismus: der Macht über sich und andere, nicht die Gewalt erkennt, die ihm und anderen angetan worden ist? Daß er zeit seines Lebens an den Folgen dieser Gewalt gelitten hat und doch nie genug von der Macht haben konnte, die sich jener verdankt? Er kommt mir unendlich einsam vor, eingezwängt, zappelnd in dem Panzer der idealisierenden Abwehr der Gewalt, die in ihm steckt und die sich allmählich auf mich überträgt, indem ich spüre, wie abwechselnd Wut, Scham und Mitleid von mir Besitz ergreifen.

Gerhard Iddel unterzieht sich der Aufgabe, sein Leben für den »Dienst« an der »Volksgemeinschaft« einzusetzen, in einem denkbar direkten Sinn. Nach dem Studium der Medizin wählt er, der »Pazifist«, als den ihn seine Tochter bezeichnet, und ehemalige Gegner der Wiederbewaffnung, die Laufbahn eines Sanitätsoffiziers bei der Bundeswehr. Der Beruf des Mediziners lag nahe, da er von Kind an durch die Mutter, die Krankenschwester und Sanitäterin war, enge Berührung mit dem ärztlichen Milieu gehabt hatte. Er berichtet von ihr, daß sie zu Kriegsende selber Operationen, vor allem im Bereich der »Wiederherstellungschirurgie«, also bei Gesichtsverletzungen und ähnlichem gemacht hat. Als Sanitätsoffizier hatte er mit der medizinischen Vorsorge für den Kriegsfall zu tun. Er versuchte, seine vorgesetzten Dienststellen für einen großangelegten Vorsorgeplan zu gewinnen, in den auch die Zivilbevölkerung einbezogen sein sollte. »Liebe Leute«, hatte er ihnen gesagt, »wenn Krieg kommt und ihr wollt diesen Krieg im eigenen Lande führen, dann werden wir, so wie es heute ist, nur zweite. Weil nämlich überhaupt keine sanitätsdienstliche, sprich: medizinische Versorgung der Bevölkerung sichergestellt worden ist.« Wieder taucht das Motiv des »Zweiten« auf, das hier eindeutig auf den Verlierer, die Niederlage hinweist. Bei unzureichender Versorgung der Opfer würden »wir« einen Krieg verlieren (nachdem »wir« ihn schon zweimal verloren haben).

Dann erginge es Deutschland so wie ihm, der nur »Zweitbester«, ein »zweiter Mann« wurde, weil er auf der Napola »nicht zu Ende erzogen« worden war. So mag hinter seinem sanitätsdienstlichen Plan die Phantasie gestanden haben, daß er damit, das heißt implizit durch einen »Sieg« Deutschlands in einem künftigen Krieg, zugleich die Niederlage Deutschlands wiedergutmachen und endlich auch selbst »Erster« werden, also vor dem »Führer« bestehen und selber »Führer« werden könnte. Diese Phantasie würde erklären, warum er zur Bundeswehr ging, obwohl er sich als »Pazifist« begreift. An diesem Plan läßt sich ermessen, wie stark die Elite- und Auftragsbindung, im »Dienst« an der »Volksgemeinschaft« führend tätig werden zu sollen, bei ihm war und wie groß die Kränkung sein mußte, die ihm widerfahren würde, wenn er mit seinem »Plan« nicht durchkäme.

Das war natürlich der Fall. Er »ging« von der Bundeswehr »runter« (wie von einer Schule) zu einer zivilen Institution, den »Zivilisten, um die soweit zu kriegen, denn wir gehen kaputt...«. Als er auch hier auf mangelndes Interesse stieß, »verließ« er auch diese »Anstalt«. Er geriet in eine tiefe Krise und überlegte, als Arzt auf einem Schiff oder in Vietnam zu arbeiten oder aber sich auf eine einsame Insel zurückzuziehen. Tatsächlich zog er sich in eine ländliche Gegend zurück, wo er eine Stelle als Landarzt übernahm. In dieser Gegend war er weit und breit der einzige Arzt. Hier nun hatte er seinen »Truppenübungsplatz«. Er war pausenlos im »Einsatz«, Tag und Nacht und an den Wochenenden und spannte die ganze Familie ein. Er arbeitete bis zur physischen Erschöpfung (bis zum »Totpunkt«?) und brauchte psychotherapeutischen Beistand. Er hatte sich gefragt, ob er verrückt wäre, und man sagte ihm, auch im Blick auf die Napola: »Sie haben ja immer... der Beste sein wollen... Wann waren Sie denn überhaupt einmal ein richtiger Mensch?« Auf sein Leben zurückblickend, kann er zwar nicht sagen, daß er mit sich zufrieden sei. Aber er habe seinen »Lebensweg im Sinne von dem, was uns damals was bedeutet hat«, gemacht und brauche nicht »im Drillichanzug zu laufen«. Ein Drillichanzug wurde in der Napola beim Strafexerzieren getragen.

Dennoch – die »Aufgabe« hat er »nicht erfüllen können«, nämlich für »jeden Deutschen, der im Krieg verwundet wird, ein Bett sicher (zu) haben, also jetzt nicht in dem Sinne, daß da fünfunddreißig Millionen Betten stehen... aber...«. Die Aufgabe – woher kommt sie, wer hat sie gestellt? Erklärt sich allein durch die Napola die größenwahnsinnige Vorstellung, gleichsam wie eine ideelle Gesamtkrankenschwester wirken zu müssen, um Deutschland zu retten?

Gerhard Iddel phantasiert einen Krieg, in dem er Soldat ist und doch nicht tötet, sondern heilt und durch das Heilen zum Sieg führt. Dies wäre ein Sieg auch für die Napola und Rehabilitation des echten und unverdorbenen nationalen Sozialismus. Die Aufgabe, die ihm gestellt ist, wäre also nur durch einen Krieg vollständig zu erfüllen. Die Realisierung seines Vorsorgeplans zu Friedenszeiten hätte nicht genügt, da zu beweisen war, daß Deutschland dank seiner hervorragend organisierten medizinischen Versorgung den Krieg gewinnt.

Der ehemalige Napola-Schüler ringt um Anerkennung für sein Leben, aber auch um Freispruch von den Mächten, die ihn immer wieder auf den »Totpunkt« gezogen haben. Zweifellos erhofft er sich in irgendeiner Form Hilfe von unserem Projekt, von dem er wenig weiß und Anerkennung im Sinne des »Auftrags« zwar wünschen, aber nicht erwarten kann. Er sucht nach der geschichtlichen Wahrheit, indem er von den überzeitlich gültigen kulturellen und pädagogischen Werten der Napola und des »echten« nationalen Sozialismus das Terrorsystem, dem sie doch restlos dienten, abspaltet. Es bleibt das ins Unbekannte verdrängte Böse, die »Macht«, die »in uns reingekommen ist«, das aggressive Introjekt, das den geschichtlichen Blick ebenso blockiert, wie es ihn an den Rand des nervlichen Zusammenbruchs gebracht hat. Im Interview läßt er es sprechen, sich ausstoßen im Jargon von damals, der als Gestammel ankommt.

Gleichwohl hat Gerhard Iddel es verstanden, so etwas wie Sympathie bei uns zu wecken. Auf eine sehr persönliche, sich selbst nicht schonende Art werden Widersprüche und Niederlagen in seinem Leben von ihm nicht verschwiegen. Er macht sich völlig durchsichtig. Selbst in sein Allerheiligstes, das Arbeitszimmer mit der Kriegsliteratur, den Fahnen und den Rommelsprüchen an der Wand, läßt er uns eintreten. Mir tut seine Unschuld wohl: Ist es nicht ein ehrlicher Versuch, sich zu stellen, wenn man wie er, durchaus in der Ichform und aktivisch, nicht klagend oder in falscher Opferpose, die Kräfte zur Sprache kommen läßt, die einen geformt haben, als ob es die eigenen wären, ohne dies zu fingieren?

Gerhard Iddel, der alt gewordene Junge, hinter dessen Lebhaftigkeit und Naivität wie hinter der Maske eines Clowns viel Traurigkeit steckt. Er hat keinen Nutzen aus der Sache gehabt und trotzdem Stärke bewiesen. Seine »Mischung aus Pedanterie und jugendbewegter Kumpelhaftigkeit«, die ich im »Notat« zum ersten Interview hervorhob, konnte ich mit der »Vermutung« hinnehmen, »daß ich gut damit umgehen können würde: ich würde mich der Pedanterie unterwerfen und auf den jungenhaften Tonfall ironisch reagieren«. Anders gesagt: ich würde ihn zum Clown machen, ihn infantilisieren und dabei selber regredieren. Auf diese Weise könnte ich umgehen, in ihm ein verantwortliches Individuum und einen »Täter« sehen zu müssen. Ich wollte offenbar bei einem Täter*bild* bleiben: nicht unbedingt einem, wie ich es wie auch immer hatte, aber einem Bild und nicht einer konkreten Person, denn so kann die Anklage hart und unversöhnlich und der Schuldspruch für die wirklichen Täter reserviert bleiben.

Das Bild des Napolaners, das Gerhard Iddel mir vermittelt, ist das Gegenbild, die clowneske und groteske Kehrseite zu dem des »idealtypischen« Napolaners, das ich in der Person von Harald Völklin gewählt habe. Harald Völklin repräsentierte den »idealen« Napolaner, der frei von Auftragszwängen und Versagensschuld, Zusammenbruchstrauma und Schuldängsten die Napola-Erziehung pragmatisch für eine Berufskarriere einsetzen konnte, für die gewisse privatisierte Identifikationen mit dem Nationalsozialismus und das entsprechende Maß an Distanz zum gesellschaftlichen und politischen System der BRD in deren früher Zeit von zusätzlichem Nutzen waren. Aus dieser Art zu überleben hat, so denke ich, auch mein Vater seinen Vorteil gezogen und mir ein überklares Bild von »Erfolg« vermittelt. Dieses Bild erkenne ich wieder in dem grellen Licht, in dem es bei Harald Völklin, einem Geschäftsmann wie mein Vater, erscheint. Er ist nicht in der Art und Weise verblendet wie Gerhard Iddel, sondern er sucht eher selber zu blenden, eine Fassade mit Werbewirkung zu errichten, die kaum auffordert, hinter sie zu schauen.

Bei dem Denkmal des Ideal-Napolaners ist mir nur die Tatsache meiner Abwehr, den Nationalsozialismus anders als in der Art einer Charakterfassade, eines Klischees mit konkreten Personen in Verbindung zu bringen und sie gleichsam dahinter verschwinden zu lassen, bewußt geworden. Von ihm blieb ein Täterbild ohne Spuren eines Opfers. Gerhard Iddel dagegen gibt mir einen Hinweis, woher diese Abwehr kommen mag. Mein zu Anfang des zitierten »Notats« regressiv eingenommener Sadismus gegenüber dem verstockten Idealismus des ewigen Napolaners und Edelnazis, der nichts dazulernt, der wie süchtig an seinem »Auftrag« hängt und den Nationalsozialismus, wenn schon nicht politisch und moralisch, noch nicht einmal für kalkulierbare Zwecke des mentalen und psychischen Überlebens durchschaut hat, weicht am Ende des »Notats« einem »Gefühl von Traurigkeit: zu der Einsicht, daß er Opfer wurde, weil diese Erziehung Täter produziert hat, wird er wohl nicht mehr kommen«. Nach dem ersten Eindruck hatte ich ihn als Opfer seiner undurchschauten Täterschaft gesehen und war bereit, ihn zu entschuldigen. Dabei wollte ich nicht bleiben. So undurchschaut diese Täterschaft sein mag – eine Entschuldigung kann es nicht geben. Aber es hätte dem, was in den Gesprächen mit Gerhard Iddel passiert ist, nicht entsprochen, wie im Fall von Harald Völklin auf dem moralischen und politischen Standpunkt und in der Anklagehaltung zu verharren, die die rebellische »zweite« Generation seit jeher eingenommen hat. Allmählich wurde mir klar, daß der »Clown« eine Frage *für mich* aufwirft: unschuldige Täterschaft – ist dies meine (Opfer-)Identifikation mit dem Nationalsozialismus?

Hitlers Schwäche und die Macht der Bilder: Frank Ossendorfs Trauma

Es wäre lächerlich zu behaupten, daß man ehemalige Napola-Schüler an bestimmten äußeren Zeichen oder Eigenheiten erkennen könne, an einer straffen Körperhaltung etwa, einem Ausdruck der Gefaßtheit oder des Sich-in-der-Gewalt-Habens, einer bestimmten schnörkellosen Art sich zu kleiden oder einer charakteristischen Stimmlage. Dennoch habe ich bei einigen meiner Gesprächspartner, als ich ihnen zum ersten Mal gegenüberstand, gedacht: »Typisch Napola.« Während ich unter diesem Eindruck hätte schwören können, daß ihnen etwas von der Prägung durch die Härte der totalen Institution anzumerken war, wäre es mir bei Frank Ossendorf nie in den Sinn gekommen, ihn für einen Napola-Schüler zu halten. Aber warum? War es die Unbefangenheit, mit der er mir gegenübertrat, oder die Selbstverständlichkeit, mit der sich unser Gespräch entwickelte? Es schien für Ossendorf auf der Hand zu liegen, daß für unsere Erforschung der Wirkungen der Napola seine eigene Kindheit ebenso von Interesse war wie die seiner Kinder. Und daß ich die unglückliche Beziehung zu seinem ältesten Sohn mit der Napola-Erziehung in Zusammenhang brachte, erschien ihm als ebenso selbstverständlich.

Auch Frau Ossendorf erbot sich gleich, mit mir zu sprechen. Sie signalisierte mir, daß das Thema Napola im Hause Ossendorf seit dem Tod des ältesten Sohnes vor mehr als zehn Jahren – Christoph Ossendorf starb an einer Überdosis Heroin – eigentlich ein Familienthema sei und daß jedes Familienmitglied dazu seine eigene Meinung habe. Während ich in anderen Gesprächen auf Mißtrauen und Widerstände gegen alles Psychologische und Deutende gestoßen war, hatte ich hier das Gefühl, mit meinen Forschungsinteressen und Fragen willkommen zu sein. Ich verließ die Familie Ossendorf in gehobener Stimmung, die sich allerdings während der anschließenden längeren Bahnfahrt zunehmend verflüchtigte, bis ich mich bei depressiven Gedanken an den toten Christoph Ossendorf wiederfand. Hatte ich gemeinsam mit meinen beiden Gesprächspartnern ein Stück manischer Abwehr eines traumatischen Objektverlusts zustande gebracht, dessen intergenerationelle Verwicklungen ich erst sehr viel später zu ahnen begann?

Mein allererster Eindruck von Frank Ossendorf schien sich gleich am Anfang des Gesprächs zu bestätigen. Auf die Frage nämlich, wie es dazu kam, daß er Napola-Schüler wurde, erklärte er sich, etwas kleinlaut, zum »Sonderfall«. Alles habe mit dem frühen Tod seiner Mutter begonnen. Sie starb, als er sechs Jahre alt war, mit Mitte Dreißig. Der um vieles ältere Vater heiratete bald darauf zum zweiten Mal, und sein einziger Sohn geriet unter die Herrschaft einer bösen Stiefmutter, die nur danach trachtete, ihn aus dem Hause zu treiben. Gewiß, er war damals noch nicht sehr brav. War irgendwo ein Unfug geschehen oder jemandem ein Streich gespielt worden, sagten die Leute: »Das war sicher der Frank Ossendorf.« Unter dem Vorwand, daß die Volksschule in der benachbarten größeren Stadt T. besser sei als die in der heimatlichen Kleinstadt R., wurde Frank mit acht Jahren in eine Pflegefamilie nach T. gegeben, damit er dort die Schule besuchen konnte. Er mußte die Familie verlassen.

1940 zog ein Polizist mit seiner Familie nach R., dessen zwei Söhne die Napola Potsdam besuchten. Frank bewundert ihre Uniformen. Ihn begeistert, daß Sport in dieser Schule eine hervorragende Rolle spielt. Wie beneidenswert, daß dort erst um 21 oder 22 Uhr »Zapfenstreich« ist, während er selbst, nunmehr zehn Jahre alt, von seiner Stiefmutter in den Ferien um 18 Uhr ins Bett geschickt wird. Er liegt dann da und hört, wie die anderen Kinder noch draußen spielen. Es ist nicht überraschend, daß die Stiefmutter seinen Wunsch, eine Napola zu besuchen, energisch unterstützt. Frank Ossendorfs Weg dorthin ähnelt dem in »Kopf hoch, Johannes« – dem großen Napola-Propagandafilm – geschilderten. Auch die Mutter des Protagonisten stirbt, und er wird in die Eliteschule geschickt, als sich der Konflikt mit dem Vater als unauflöslich erweist. Wie genau ist damit die Psychodynamik der totalen Erziehung bezeichnet: Die Schule setzt sich an die Stelle der frühen Mutter und entwertet die Position des Vaters, indem sie den Konflikt des adoleszenten Sohnes mit ihm in Regie nimmt. Das Verlogenste an dem Film ist die Versöhnung von Vater und Sohn, mit der er endet.

In Frank Ossendorfs Erzählung ist der Konflikt mit dem Vater allerdings hinter dem mit der Stiefmutter verborgen. Über seine Gleichgültigkeit gegenüber dem Sohn wird nicht gesprochen. Er war zu alt, um mich zu verstehen, sagt der Sohn nur; und er brauchte eine Frau, die für ihn sorgte. Deshalb konnte er mich vor ihr nicht schützen. Der Vater kann sein Kind nicht versorgen, weil er selbst ähnlich versorgungsbedürftig ist wie ein Kind.

Von Mutter und Vater verlassen, erobert sich der junge Ossendorf eine neue Familie in Gestalt der Napola. Aber er lebt in der Angst, auch dort nicht bleiben zu können. Eingeschüchtert von dem drakonischen Strafregiment der totalen Institution, wird er zu einem braven Kind, das seinen Ehrgeiz und seine Aggressivität nur in Sportleistungen unterbringen kann. Die in der Anstalt ständig virulente Ausschlußdrohung gegenüber den Zöglingen, die nicht den »charakterlichen« Anforderungen entsprechen, trifft ihn hart. Wie kann er denn der Elitezugehörigkeit würdig sein, wenn schon die Familie ihn ablehnte?

Schwere Schuldgefühle als Reaktion auf den Tod Nahestehender sind Freud zufolge Ausdruck der unausweichlichen Ambivalenz aller menschlichen Liebesbeziehungen. Ein Kind aber, das nach dem Tode der Mutter aus der Familie verstoßen wird, muß annehmen, daß es die Strafe für seine Schuld an ihrem Tod erleidet. Es fürchtet, daß seine Zuneigung das geliebte Objekt zerstört hat. Spuren einer solchen Phantasie finden sich in Ossendorfs Erzählung über ein Mädchen aus R., mit dem er in der Napola-Zeit in brieflichem Kontakt stand:

»... und die hat... mir dann oft Briefe geschrieben, und ich hab hinterher geschrieben, oft, also, in B. hatten wir Verbindungen mit Mädchen von zu Hause, und dann wurde man... gehänselt: und was kommt denn da und zeig mal her und so weiter. Die hatte ich, die mochte ich auch sehr gerne und, die starb dann an... die kriegte dann TB und starb dann so während der Kriegs, Ende des Krieges so, die muß im März, April, ich hab mich nachher noch mal erkundigt, die ist dann... in der Lungenheilanstalt gestorben, ja, nee, also, ich, wie gesagt, das hab ich immer schon gerne gemocht... hab auch immer ein gutes Verhältnis gehabt und... das muß ich sagen, wie ich beim Bauern halt war, hatte ich 'ne Freundin, also, ich hab da eigentlich keine großen Probleme mit gehabt, bloß wenn ich keine Lust mehr hatte, dann da Schluß zu machen, das lag mir immer nicht so, und da hab ich dann die Mädchen meistens immer selbst Schluß machen lassen...«

Hier werden die Spuren des frühen Traumas sichtbar. Der für das Kind traumatische Objektverlust fixiert und verstärkt die Ambivalenz seiner Liebesbeziehungen und läßt den Tod des lebensnotwendigen Objekts nachträglich als Folge der eigenen Aggressivität erscheinen, als extremen Ausdruck einer delegierten Trennungsaktivität. Wenn Frank Ossendorf Zweifel äußert, ein typischer Napola-Schüler gewesen zu sein und sich zum Sonderfall erklärt, spricht er von seinen mit dem frühen Trauma verbundenen Ängsten und Schuldgefühlen: Wie konnte man in die Napola, die die höchsten Charakterforderungen an ihre Zöglinge stellt, ein Kind aufnehmen, das – durch seinen schlechten Charakter – seine Mutter ins Grab gebracht hat, lautet die ihn unbewußt quälende Frage. Die Anstalt herrscht, das wird in seinem Fall besonders deutlich, indem sie dieses psychische Material aufgreift und unter ihren Bedingungen reinszeniert, also die Frage gleichsam beantwortet. Ihren Strafritualen, Demütigungen und Quälereien kann er den Hinweis entnehmen, daß er nicht wegen einer besonderen Eignung in die Napola aufgenommen wurde, sondern zur Strafe für seine Schuld; Napola, das ist Strafe in Permanenz. Das ist die »Deutung«, die die Anstalt Frank Ossendorfs frühem Trauma gibt.

Aber das ist nur die eine Seite. Die Anstalt instrumentalisiert nicht nur Ossendorfs unbewußtes Schuldproblem, sie hält zugleich auch einen psychischen Entlastungs- und Abwehrmechanismus für ihn bereit, der Schuld und Strafe relativiert. Auch wenn die von der einschüchternden Macht der totalen Institution erpreßte Bravheit Herrn Ossendorf bis heute geblieben ist, so hat er doch einen Teil dessen, wovon er sich selbst trennen mußte, ans Kollektiv delegieren können. Mit seinem Gruppenich hat er an der verlorenen Lebendigkeit und Frechheit weiterhin Anteil. Sie seien »keine vorbildliche Klasse« gewesen, »sondern wenn irgendwas ausgefressen worden war, dann war das unser Zug, irgendwas immer, wir waren also so ein bißchen, ich will nicht sagen: Außenseiter...«. Diese Eigenart bringt der Befragte mit der Tatsache in Verbindung, daß sein Zug nicht nur, wie es allgemein üblich war, das erste Jahr außerhalb »der großen Gemeinschaft des B.schen Schlosses«, im Stadtheim, dem ehemaligen Mädchenalumnat, untergebracht war, sondern auch noch das zweite Jahr. »Wir waren dort unter uns«, sagt er, »und wir führten ein selbständiges Leben.« Diese Zeit hätte sie »zu einem – Haufen will ich nicht sagen, aber doch zu einer intensiveren Gemeinschaft geführt«. Das könne man auch daran sehen, daß sie sich als »einzigste« Klasse der B.schen Napola noch heute träfen.

Das gesamte zweite Gespräch mit Frank Ossendorf kreist um die Frage, wie sich sein Hitler-Bild im Laufe der Zeit verändert hat. Er scheint das zunächst ganz konkretistisch zu verstehen, als Frage nach bestimmten Abbildungen:

»Also in den Anfangsphasen habe ich natürlich jedesmal, wenn ich das Bild sah, ob im Kino oder auf Plakaten, da habe ich mich ein bißchen geärgert, muß ich sagen, wenn das Bild verzerrt oder, oder irgendwie, äh... so wie im Simplicissimus, so... also einfach verzerrt wiedergegeben wurde.«

Diese Eindrücke gehören in die frühe Nachkriegszeit, die Ossendorf mit seinem Eintritt in die Ehe enden läßt. Als Verheirateter, sagt er, habe er »das aufgenommen ohne irgendwelche Emotionen«. Der Befragte will der Interviewerin pflichtschuldigst mitteilen, daß die »Aufarbeitung« der deutschen Vergangenheit in den letzten zehn Jahren sein Hitler-Bild modifiziert habe; aber vor den Blick auf diese Veränderung schiebt sich in schöner Lebendigkeit die Vergangenheit: »jedesmal, wenn ich das Bild sah«. Die Formulierung scheint statt auf die ersten Nachkriegsjahre besser auf die Nazi-Zeit selbst zu passen, auf die ständige Präsenz von Abbildungen des »Führers«. Der Affekt und die Gefühle gehören zum »unverzerrten« Hitler-Bild der NS-Zeit, das wie etwas Konkretes in das Gespräch einzutreten scheint. Die Interviewerin erlebt das als Diffusion der Zeitebenen, die für sie mit einem Gefühl der Irrealisierung einhergeht. Ihr fällt »ein Bild des Führers« ein, das der junge Ossendorf täglich dreimal sah: im großen Saal von B., wo die Mahlzeiten abgehalten wurden. »Na ja, wir hatten ihn«, sagt ein anderer Absolvent der B.schen Napola, »natürlich täglich vor Augen.« »Er« hat eigentlich keinen Namen, ist keine konkrete Person, sondern ein Bild, das die Stelle Gottes eingenommen hat. Vielleicht ein Grund – wie Frank Ossendorf –, Fotograf zu werden?

»Es sind vertraute Bilder«, sagt er, die sich für ihn mit dem Gedanken verbinden, was geworden wäre, wenn Hitler den Krieg gewonnen hätte. Frank Ossendorf ist »der Auffassung, daß bei einem gewonnenen Krieg der Nationalsozialismus keinen langen Bestand gehabt hätte«. Das sind Napola-Träumereien, die in vielen unserer Interviews vorkommen: es habe in B. bereits eine »erhebliche Kritik am System gegeben«, und nach zehn, zwanzig weiteren Jahren Nazi-Herrschaft hätte sich vielleicht gezeigt, daß man mit der künftigen Elite eine innere Opposition herangezogen hatte, die schließlich die alte Garde gestürzt hätte. Diese Elite hätte einen idealen »nationalen« und »sozialistischen« Nationalsozialismus geschaffen. Es hat ihn demnach gar nie gegeben, den »Nationalsozialismus« im strengen Sinn; aber in der Napola hat man davon geträumt und man hätte diesen Jugendtraum eines Tages realisiert, den idealen Elite-Nationalsozialismus.

Frank Ossendorfs Assoziationen kreisen – primärprozeßhaft und traumartig – um das Thema »Opposition«: von den oppositionellen Phantasien der künftigen Elite zu den »defätistischen« Äußerungen der Stiefmutter und des Vaters, denen er – als Feriengast zu Hause – entgegengetreten ist, bis hin zu der Oppositionshaltung, die er hätte einnehmen können, wenn Erwachsene ihn aufgeklärt hätten. »Sie hätten umgedacht, wenn Sie von den Verbrechen erfahren hätten?« fragt die Interviewerin, und Ossendorf antwortet: »Ja gut, man weiß ja nicht, ob man das hätte erfahren überhaupt.« Jäh an die Verbrechen erinnert, werden sie für ihn erst ganz irreal, wie etwas, wovon man nur durch einen irren Zufall erfahren hat. Auch sein Versuch, diese Schuld anzuerkennen, bleibt ganz im Irrealen:

»Und ich meine auch, dieses schon verbrecherische System kann ja eigentlich, das ist heute meine Auffassung, auf der Welt keinen Bestand haben. Das ist unmenschlich gewesen. Es kann ein… ich kann mir nicht vorstellen, das ein solches System fünfzig oder hundert Jahre sein kann… Das Volk muß ja aufbegehren; wenn sechs Millionen vergast werden oder so, das bleibt ja nicht verborgen.«

Es ist, als würden die Verbrechen, von denen erfahren zu haben er selbst sich nicht vorstellen kann, wenn viele davon wissen, schon von selber verschwinden. Hier scheinen Reminiszenzen an die Abschaffung der DDR beteiligt, die für Ossendorf möglicherweise eine neue Vorstellung der Beendbarkeit terroristischer Regime eröffnet haben. Inmitten seiner sittlich-kriminologischen Überlegungen über die Existenzbedingungen des Bösen fällt ihm der Ausgangspunkt des Gesprächs wieder ein: »Ach so, wir sind von dem Bild jetzt abgekommen, nicht, gut, o.k., das Bild erweckt in mir… im Moment noch keine absolute Antipathie…« Das ist insofern nicht überraschend, als er sich mit Hitler identifiziert:

»Ich kann schon… wenn jetzt diese Paraden auftreten, dann kann ich… schon darüber lachen. Muß ich so sagen. Ich, ich, ich kann das einfach nicht mehr ernst nehmen und sagen, wie kann es möglich sein, daß Erwachsene, so etwas, wenn, also das bezieht sich auf diese Aufmärsche und diese, diese ganzen Fahnen und so weiter. Wenn ich das jetzt rückblicke, dann kann ich mir, dann frage ich mich, wie haben die Erwachsenen das aufnehmen können… Aber, wie gesagt, wenn, wenn jetzt dieses Bild auftritt und diese Auftritte, oder zum Beispiel: man hört die Reden von Goebbels oder von Hitler, die sind ja sehr beeindruckend, und auch verbal sind sie also schon, man konnte jemanden damit beeinflussen. Aber die wirken heute auf mich einfach lächerlich, nich? Und… da kann ich einfach sagen, wie kann, wie kann ein Volk also… das noch ernst genommen haben, in der letzten Phase des Krieges, nich?

…Also… ich habe ja das Buch gelesen, ›Mein Kampf‹, und hab das Buch gelesen von Joachim Fest, ›Adolf Hitler‹. Und also in meinen Augen ist er überhaupt… eigentlich gar nicht das, was er vorgegeben hat. Ist eigentlich im Grunde kein Natio… Natio… Er paßte eigentlich gar nicht in dieses Regime hier rein, muß ich sagen. Denn er war in meinen Augen, ist er sicherlich viel zu weich gewesen, und und labil gewesen, absolut labil, unberechenbar ist er gewesen, und hat also nur nach Emotionen gehandelt. Äh… ist in meinen Augen auch keine Führungskraft gewesen. Kann ich mir nicht vorstellen. Keine Führungskraft, also der Führer oder so. Er hat das alles durch sein… Er ist ein absoluter Redner gewesen, ein, ein absoluter Topredner. Wenn ich das heute sehe… dann würde er heute noch… enorm ankommen. Also… da ist er meines Erachtens… – der Inhalt, da können wir von schweigen

– aber der Aufbau seiner Rede schon, und das (lacht), das habe ich mir, weil ich ja lange Vorsitzender war vom Tennisverein, habe ich mir das zu eigen gemacht, was er zu Anfang gemacht hat. Er ist ja reingekommen, nicht? Und dann mit riesen Fahnen und Brimborium ist er gekommen. Dann wurde die ganze Masse schon mal drauf eingestellt. Und also nicht, das habe ich mir nicht zu eigen gemacht, aber ich habe das so gemacht, daß ich... und das habe ich auch auf einem Rhetorikseminar... gelernt, daß wenn... ich am Pult stand, und mit meiner Rede begonnen habe, dann habe ich erst eine Pause gemacht. Nich... eine Pause gemacht und habe so überall rumgeguckt, und so, als wenn ich jeden angucke, und da gestanden. Und da habe ich gemerkt, wie plötzlich alles sehr aufmerksam wurde. Ja, und dann bin ich erst angefangen. Und das hat er auch gemacht. Er hat erst gewartet. Und dann habe ich mir das... das ist mir dann direkt aufgefallen, und dann ist er angefangen... Ja, das war also das eine, und das andere, was ich mir gedacht habe, ich, ich kann mir nicht vorstellen, er hat so... er hat ja Millionen umgebracht, aber ich kann mir einfach nicht vorstellen, daß, wenn er eine Pistole in die Hand bekommen hätte und man ihm gesagt hätte, den mußt du jetzt erschießen: ob er das kaltblütig getan hätte, wie alle anderen umgebracht wurden, das kann ich mir... dafür ist er zu weich gewesen. Also, sagen wir mal so, ein Mörder an sich... wäre er auch im Leben nie geworden. Wie das... jetzt aber... also ich meine, das... massenhafte Umbringen, das hat er, vielleicht hat er das angeordnet. Aber ich glaube, ich könnte mir vorstellen, daß er sich nie Konzentrationslager angeguckt hat. Dieses Elend hat er, glaube ich, gar nicht, nie gesehen, und ich glaube, er ist so labil gewesen, daß er das gar nicht verkraftet hätte, verkraften würde. Und er ist eigentlich auch... in diese Führerrolle absolut reingedrängt worden. Also was er top war, war seine Rede. Mehr... war in ihm aber auch nicht los. Er war kein Staatsmann, nichts. Gar nicht. Und er ist in diese Rolle reingedrückt worden.«

Lächerlich geworden ist der Nationalsozialismus der Vätergeneration. Ihm gelten alle – ehrlich gemeinten – Distanzierungen. Von dieser Generationszugehörigkeit wird jedoch Hitler in verschiedener Hinsicht ausgenommen. Er teilt die Unschuld der damaligen Adoleszenten, weil er erst »in eine Rolle hineingedrückt wurde« und dann nicht mehr zurück konnte. Er wäre – im Sinne der Potentialität einer ewigen Adoleszenz – lieber, wie Ossendorfs Sohn, Maler geworden oder auch Architekt. Die psychologische Betrachtung der Hitlerschen Persönlichkeit hat die Funktion, zwei Bilderserien getrennt zu halten: die des Führers und die der KZs. Sie werden getrennt durch eine dritte Bilderserie, die gleichsam zwischen sie geschoben wird: die vom schwachen und labilen Individuum A. H. Entsprechend hatte Ossendorf die Frage nach den NS-Verbrechen als eine Ablenkung vom eigentlichen Thema empfunden. Sein Interesse gilt Hitlers psychischer Schwäche, die ihn auch für die Napola ungeeignet gemacht hätte. Dort wäre er ebensowenig wie im KZ zurechtgekommen, ihm fehlten die Eigenschaften – vor allem die körperliche Stärke und der Mut –, die man als Mörder wie als Napolaner braucht.

Frank Ossendorf beschreibt, wie ihn diese Fragen gerade in der Zeit nach dem Herointod seines ältesten Sohnes beschäftigten. Sein verändertes Hitler-Bild, sagt er,

»kam zustande... durch das Lesen von ›Mein Kampf‹ und durch das Lesen von Joachim Fests ›Hitler‹ und dadurch, daß ich mich eigentlich auch so ein bißchen, wie das mit meinem Sohn war... haben [wir] uns also sehr viel mit Psychologie und solchen, mit Typen befaßt, und da ist mir das einfach mal also bewußt geworden. Und so in irgend so einer stillen Stunde, oder überhaupt, wenn ich gelesen habe, denn hab ich gesagt, Mensch, also kann das eigentlich... ist das eigentlich der Mann, den du mal damals angehimmelt hast?«

Die Interviewerin sieht Ossendorf vor sich, wie er sich nach dem Tod des Sohnes von der Welt zurückzieht. Er hat das Gefühl, als Vater katastrophal gescheitert zu sein, weil er ihn nicht retten konnte. Nur noch ein Objekt scheint verfügbar, eins, das ebenfalls katastrophal gescheitert ist: Adolf Hitler. In den Büchern über ihn sucht Frank Ossendorf nach Antworten auf die Rätsel des eigenen Lebens. In seiner aktuellen Lage erkennt er ihn als den Mann, den er früher »angehimmelt« hat, nicht wieder. Hitler hat im Nazi-System – wie er selbst in der Familie – eine Rolle innegehabt, die seiner »Natur« nicht entsprach. Ossendorf spaltet die bildnisartige gottähnliche Gestalt des »Führers« in einen hitlerschen und einen himmlerschen Teil, ein Spiegelbild der eigenen Schwächen und ein Gegenbild des absolut bösen Verbrechers und Mörders, von dem er sich schnell abwendet.

Die Schlußpassage des zweiten Gesprächs beginnt mit Frank Ossendorfs einzigem explizitem Rückbezug auf das erste. Er hatte dort geschildert, wie die ganze Schule nach einem Wettkampf am Bahnhof vorbeimarschierte und Zeuge wurde, wie man dort Juden zusammentrieb, um sie zu deportieren. Diese Begegnung ist wie der Einbruch einer erschreckenden fremden Realität in eine von der Umgebung isolierte, traumartig entrückte Welt. Ossendorf hatte die Situation als Zusammenprall von Ideal und schlechter Realität des Nationalsozialismus beschreiben wollen, war dann aber von der Reminiszenz, daß die Juden in die Züge hineingeprügelt wurden, auf Prügelszenen in der Napola gekommen. In beiden Situationen hat er die Rolle eines Zuschauers eingenommen, der sich eher mit den Opfern als mit den

Tätern vergleicht. Seine Schilderung der Szene im zweiten Gespräch stellt den Aspekt der Vernichtung in den Vordergrund:

»...Gedanken habe ich mir schon öfter gemacht: Ist das richtig oder was... wie damals die Begegnung mit den Juden, die wir hatten, nich, auf dem Bahnhof. Da waren wir doch sehr... nachdenklich hinterher, nich?... Also... wir waren ja auch entsetzt, das so was, so was geschehen konnte... Aber... er [gemeint ist Hitler, d. A.] schreibt ja in seinem Buch auch, die Jugend ist alles und die Jugend muß entsprechend erzogen werden. Die Jugend ist unsere Zukunft, nich?... Und... daß nun die Juden vergast wurden... und auf welche Weise, das... haben wir nicht gewußt... Wenn man es uns *gesagt* hätte... also die Juden müssen vernichtet werden, das haben wir ja immer alles nur verbal erlebt, dann haben wir natürlich unsere Zustimmung gegeben als, als Kinder und also nich? Dann, dann, wir haben's ja verbal erlebt, wir haben's ja nicht erlebt, wie es in Wirklichkeit passiert ist, wie die zusammengetrieben wurden, wie die Kinder von den Eltern getrennt wurden, und... wenn man uns das gezeigt hätte, so wird's gemacht, dann wären wir wahrscheinlich entsetzt gewesen...

Auch... wie der, wie der Krieg zu Ende ging, daß der Krieg überhaupt war und so. Das... Kriegsgeschehen haben wir wohl in der Geschichtsstunde durchgenommen, aber sonst allgemein... hat es uns nicht so sehr tangiert, nicht? Wir haben keine Luftangriffe gehabt, wir haben gar nichts gehabt, und ich meine, obwohl B. ja nun absolut und das, das hat mich auch gewundert, und das hat man nachher auch gesagt oder geschrieben, daß die Engländer und Amerikaner bewußt diese Schulen nicht irgendwie angegriffen haben oder, oder, oder vernichtet haben. Man hätte B. ja absolut vernichten können. Denn das ragt so raus, in einer Mondnacht war das, war das ein Turm, das wär überhaupt ein leichtes gewesen und die Engländer und die Amerikaner oder... die Franzosen, die wußten, daß dort... Napola-Schüler drin waren, nich? Die... da ist nie etwas, is, is, ist nie etwas geschehen.«

Die Widersprüche, in die sich Frank Ossendorf hier verwickelt, sind schwer nachvollziehbar. Er behauptet ja, daß von der Vernichtung der Juden in der Napola durchaus die Rede war, daß die Schüler das jedoch für reine Propaganda hielten. Nun hatte er doch aber gerade davon erzählt, wie die ganze Schule Zeuge wurde, wie die Juden am Bahnhof zusammengetrieben und abtransportiert wurden. Warum brachten sie nicht zusammen, was sie mit eigenen Augen gesehen und was sie nur »verbal erlebt« hatten?

Man kann das auf die von Ossendorf nicht weiter spezifizierten »Szenen«, die sich abspielten, bevor der Neunjährige sein Elternhaus verlassen mußte, beziehen. Oft hatte es vielleicht Drohungen des Vaters und der Stiefmutter gegeben: So gehe es nicht weiter, wenn er sich nicht ändere, werde man Konsequenzen ziehen müssen. Auch das hatte er vielleicht »nur verbal« erlebt und nicht erwartet, daß man sich wirklich von ihm trennen würde. Vater und Stiefmutter ebenso wie die Nazis machten ihre Drohungen wahr, und Ossendorf findet für beides, sein individuelles Trauma und den Holocaust, ein und dieselbe Umschreibung: daß die Kinder von den Eltern getrennt werden. Über Himmler hatte er gesagt, »daß er sogar Kinder ...«. Der Massenmord der Nazis ist für ihn letztlich Verstoßung aus der Familie, Kindesmord.

Auch die Napola trennte die Kinder von ihren Eltern, so daß sie den nicht selten terroristischen Machenschaften von Lehrern und Mitschülern schutzlos ausgeliefert waren. Holocaust und Napola-Erziehung verhalten sich in Ossendorfs Erzählung eigenartig komplementär zueinander: Die Jugend ist unsere Zukunft – die Juden müssen sterben. Wenn wir den Krieg verlieren, »was machen die wohl mit uns?« hatten sich Frank Ossendorf und seine Klassenkameraden gefragt, als sie vom Bahnhof zurückkamen. Eine Vergeltungsphantasie taucht auf, als Strafe für den Massenmord an den jüdischen Kindern hätten die Alliierten die Napola-Schüler »gezielt« »total vernichten« können. Ossendorf scheint noch immer erstaunt, daß es nicht dazu kam, daß er und seine Mitschüler der Strafe entrinnen konnten.

Erstaunlich ist die Vielschichtigkeit der Erzählung. Frank Ossendorf geht der eigenen Konfrontation mit dem Holocaust zu verschiedenen Zeiten nach: während der Napola, nach dem Krieg, in der Zeit, als seine Kinder vorsichtig, ohne ihn anzuklagen und ohne – wie das in anderen Familien geschah – die Glaubwürdigkeit des Vaters in Frage zu stellen, sich nach dem Nationalsozialismus erkundigten. Hätten sie doch genauer nachgefragt, wären sie doch nicht gleich bei den ersten Versuchen stehengeblieben, dann könnte er sich jetzt vielleicht an diese Gespräche erinnern. Aber auch er selbst hatte, solange das möglich war, den eigenen Schwiegervater nicht nach seinen Kriegserlebnissen gefragt, ebenso wie über die Begegnung mit den Juden am Bahnhof in der Klasse kaum geredet wurde. Es war immer dieselbe Sprachlosigkeit und Ratlosigkeit. Warum hatte er die antisemitische Propaganda nicht mit der Szene am Bahnhof in Zusammenhang gebracht und warum stellt er den Zusammenhang noch heute nicht explizit her? Vielleicht kann er die Todesdrohung, die *sichtbar* in der Bahnhofsszene und *hörbar* in der antisemitischen Propaganda steckte, deshalb bis heute nicht mit dem verknüpfen, was er mittlerweile über die Verbrechen weiß, weil hier sein Kindheitstrauma ins Spiel kommt. Wiederholte sich nicht die von der Stiefmutter und dem Vater wahrgemachte Drohung, ihn aus der Familie zu verstoßen, in der Napola, in der es für die Zöglinge ebenfalls keinen sicheren Platz gab? Und schien nicht auch in den Drill- und Strafritualen der totalen Institution mitunter eine Todesdrohung an die Zöglinge enthalten? Und hätten nicht die Zöglinge – zur Tilgung der Schuld – genauso sterben müssen wie die jüdischen Kinder? Nachträglich jedenfalls sind für Ossendorf das Trauma in der Kindheit, die Napola und der Holocaust nicht mehr zu trennen.

In diesem Zusammenhang wird offenbar, daß wir auf Konstruktionen verzichten müssen, die bei unseren Probanden einen bewußten oder unbewußten Vergleich der Napola mit dem KZ, der Gewalt gegenüber den Zöglingen mit der Gewalt gegenüber den Opfern der Verfolgung und des Massenmords für die Nazi-Zeit selbst schon behaupten. Wir können nicht mehr untersuchen, was die Schüler von B. damals am Bahnhof gedacht und empfunden haben. Wir können aber auf der Grundlage unseres Interviewmaterials zeigen, daß in der – für unsere Gesprächspartner in vieler Hinsicht katastrophischen – frühen Nachkriegszeit jeder Napola-Absolvent eine Beziehung herstellte zwischen den Nazi-Verbrechen und der eigenen Existenz als Nazi-Elite-Zögling. Alle haben die Verbrechen durch die eigene Napola-Erfahrung zu verstehen versucht. Und alle haben sich ein Bild ihrer Erziehung unterm Aspekt dieser Verbrechen gemacht. Wurden wir erzogen, um zum Massenmord fähig zu sein, ist mithin die grundlegende Frage, die die ehemaligen Napola-Schüler bewegt. Nur ganz wenige haben sie uns gegenüber explizit zu stellen gewagt, aber sie ist, wie sich gezeigt hat, im Erzähltext der meisten Gespräche implizit enthalten.

Zwischenbemerkung

Mancher Leser dieser Porträts wird sich fragen: »Warum gerade die?« Liegt der Auswahl der Fallgeschichten eine Systematik zugrunde? Und was sollen sie demonstrieren? Die zweite Frage ist leicht zu beantworten: Gerade in ihrer Unterschiedlichkeit zeigen die verschiedenen Lebensgeschichten die Variationsbreite individueller »Lösungen« eines ähnlichen biographischen Problems. Die Vermutung indes, wir hätten unsere »Porträtfälle« aus der Vielzahl unserer Interviewpartner gerade deshalb ausgewählt, geht in die Irre. Eine Systematik, die etwa auf Repräsentativität, »Kontraststärke« oder Vollständigkeit im quantitativen Sinne zielte, hat es zu keinem Zeitpunkt unserer Arbeit gegeben. Gleichwohl folgte die Auswahl der Porträtfälle, die Entscheidung darüber, welcher unserer Gesprächspartner Gegenstand einer ausgearbeiteten schriftlichen Darstellung werden sollte, einer Logik: der Logik von »Objektwahlen« nämlich, wie sie am genauesten von der Psychoanalyse entfaltet worden ist. Bei jedem der hier beschriebenen Fälle gab es ein persönliches Motiv, das den Interviewer dazu bewog, gerade diesen Gesprächspartner darstellen und ihn in dieser Darstellung für sich erschließen zu wollen. Die Motive sind unterschiedlich. War es im einen Fall Zuneigung oder das Wahrnehmen einer Ähnlichkeit zu historischen Gestalten der eigenen Lebensgeschichte, so im anderen vielleicht der Wunsch, eine noch nicht verarbeitete Kontroverse, die im Interview und seiner Interpretation deutlich geworden war, in dieser Form anzugehen.

Alle unsere Gespräche mit Napola-Absolventen kreisen um Einschnitte und Brüche in ihrem Lebenszusammenhang, die nicht selten die Wirkung eines Traumas hatten. Sie haben die Welt, für die sie erzogen wurden, mehr als einmal verloren und am Aufbau einer anderen Welt mitgewirkt, die sie im Laufe der Zeit immer weniger als ihre eigene empfinden konnten. Um Elitezöglinge zu werden, waren sie nicht nur von ihren Eltern getrennt worden. Die totale Institution Napola hat vielmehr auch die Bindungen an die Objekte der Kindheit und des »zivilen« Lebens in vieler Hinsicht entwertet und zerstört, so daß für ihre Schüler kein selbstverständlich-sicherer Ort auf der Welt mehr existierte. Ebenso wie sie in der Eliteinstitution unter einer permanenten Ausschlußdrohung standen, gab es für sie hinfort nur noch Orte der Bewährung, deren ewiges Vorbild die Napola blieb.

Aber der Eindruck, den die »Napolaner« auf uns im Gespräch machten, ließ diese Zerrissenheit nur selten fühlbar werden. Sie richteten sich auch in der Interviewsituation wie an einem Ort der Bewährung ein: mit einer starken Präsenz und einer zugewandten eindringlichen Rede, wie verschleiert und verdeckt darin auch immer das Individuelle und Persönliche war. Ist mit jedem Trauma ein Stück »Abwesenheit« im eigenen Leben gesetzt, ein partielles Vertriebensein aus der affektiven Aktualität des Hier und Jetzt, so präsentierten sich unsere Gesprächspartner demgegenüber in einer rätselhaft kompakten Anwesenheit, die sich uns zu einem überklaren – und zugleich irgendwie leeren – Bild verdichtete, zu einem Bild mit harten Konturen und Kontrasten, mit einem manchmal bitteren und scharfen Affekt. Wo hinter dieser Prägnanz die Abwesenheit spürbar wurde, war das Ausdruck einer für diese Gespräche ungewöhnlichen Nähe.

Die meisten ehemaligen Napola-Schüler wollten mit uns über ihre Verlust- und Krisenerfahrungen nur reden, wenn sie sich als Vorgeschichte und Bedingung »heroischer« Siege begreifen ließen. Ihre Präsenz im Gespräch erschien auf diesem Hintergrund wie ein demonstrativer Ausdruck gemeisterter Krisen – wie die aufrechte Haltung beim Morgenappell, die der Überwindung des Totpunkts im Drillritual tags zuvor und einer Nacht voller Alpträume folgt. Ist diese Haltung für unsere Gesprächspartner in mancher Hinsicht der sinnfälligste Ausdruck ihrer Eliteerziehung, so nahmen wir daran in erster Linie deren Abwehrfunktion wahr, etwa den Versuch, über die Abwesenheit hinter der Präsenz zu schweigen.

Der Begriff, mit dem die meisten ehemaligen Napola-Schüler ihre lebensgeschichtliche Prägung durch die totale Institution zu beschreiben versuchen, ist der des Ideals. In der Nachträglichkeit wird er in einer Welt der idealen Erziehung – jenseits von Gewalt, Macht und Ohnmacht – situiert und scheint deshalb geeignet, alles Traumatische zu dementieren. Zwei Argumente haben die von uns Befragten, vielfach variiert, immer wieder vertreten. Wegen der hohen Anforderungen an Leistungsbereitschaft, Mut und Beharrlichkeit sei die Napola-Erziehung die Grundlage aller wichtigen Leistungen und Erfolge in ihrem späteren Leben gewesen, äußern manche; dagegen betonen andere, daß der Napola-Ehrenkodex mit seiner Forderung nach absoluter Aufrichtigkeit, Anständigkeit und Gruppenloyalität ihrer Durchsetzungsfähigkeit und speziell ihrem beruflichen Erfolg im Wege gestanden habe.

Die beiden Aussagen enthalten, sosehr sie sich zu widersprechen scheinen, gerade in ihrer Komplementarität eine versteckte Wahrheit über die Napola-Erziehung und ihre Wirkung. Sie geben darüber Auskunft, wie sich für die ehemaligen Zöglinge das Verhältnis von Ich und Welt gestaltet. Tatsächlich haben wir es in der Napola mit einem doppelt kodierten Verhaltenskodex zu tun. Die eine Seite regelt das institutionsinterne Leben; sie stellt Lügen, »Abschreiben«, »Verpetzen« anderer und das Erzählen schmutziger Witze unter striktes Verbot, das – im Unterschied zu anderen Schulen – mit der Aberkennung der Eliteposition droht. Wer dagegen verstößt, verletzt nicht nur die Regeln einer Schule, sondern die einer Weltanschauung. Er hat sich als Gemeinschaftswesen, als Teil der Elite disqualifiziert und gerät damit konsequent auf die Seite des »Negativen«, Wertlosen, letztlich »Lebensunwerten«. Erst die Kraft dieser doppelten Bindung macht verständlich, daß die Erinnerung an läppische Verfehlungen der schulischen Disziplinarnorm ehemalige Napola-Zöglinge noch heute in Scham und Schande versinken läßt.

Die zweite Seite des Kodex, die in der Napola-Erziehung niemals der ersten vergleichbar explizit wurde, reguliert die Beziehungen der Elitewesen zur Außenwelt. Sie ist auf dem psychischen Niveau der »Angriffsgruppe« lokalisiert. Für den zukünftigen »Führer«, den Elitemenschen des nationalsozialistischen Staates, ist die Bindung an Werte der »bürgerlichen« Moral suspendiert. Für ihn gelten andere Maßstäbe. Das NS-Ziel vor Augen, wird ihm die Welt zum Aufmarschgebiet seiner überlegenen Weltanschauung. Alle, die nicht gleichen elitären Ursprungs sind wie er, werden in einem rein strategischen Bezugsrahmen wahrgenommen und notfalls zum Gegenstand terroristisch-instrumentellen Handelns. In der Beziehung zur Welt außerhalb der Napola gilt die reine Zweck-Mittel-Relation des Eliteauftrags. Dabei fungiert die Zugehörigkeit zur umschriebenen Gruppe der nationalsozialistischen Elite für ihre Mitglieder als erweiterte Ich-Grenze, die auch eine Grenze der Menschlichkeit ist.

Die meisten unserer Gesprächspartner leiden heute unter den mörderischen Konsequenzen des doppelten Eliteideals, die, wie sie insgeheim ahnen, auch dort nicht notwendig außer Kraft gesetzt sind, wo sie durchschaut werden. Viele distanzieren sich unter dem Druck ihrer Schuldgefühle von der elitären Aggressivität des zweiten Kodex, indem sie sie hinter den Postulaten des ersten verschwinden lassen. Sie haben den ersten Kodex nachträglich modernisiert und zur ethisch-moralischen Grundlage einer idealen Napola ohne Drill und Unterwerfung umgedeutet, in der eine zivile Avantgarde erzogen wurde.

Auf diesem Hintergrund entschlüsselt sich die Klage derer, die meinen, mit der Idealnorm der Napola um die im Leben notwendigen »Ellenbogenqualitäten«, die angemessene Selbstbehauptung, gebracht worden zu sein. Sie sprechen in dieser verdeckten Form von dem entscheidenden Manko ihrer Erziehung, die die Fähigkeit des einzelnen, sich als Individuum und damit als Ort und Ursprung seiner Antriebe und Interessen zu begreifen, erheblich beeinträchtigt hat. Es geht ihnen um die Folgen der mangelnden Individuation im Herrschaftbereich der totalen Institution und unter den Bedingungen der Gruppenexistenz: um das *Selbst* in der Selbstbehauptung, das fehlt. Dieses Defizit spielt, wie wir im nächsten Abschnitt sehen werden, eine gravierende Rolle im Umgang mit den eigenen Kindern.

Teil 3
Folgen in der zweiten Generation

Der »intergenerationelle Traumtext«: Zur psychischen Struktur des Generationenzusammenhangs

»Man kann nur erforschen, was man vorher geträumt hat. Die Wissenschaft entwickelt sich viel eher auf einer Träumerei als auf einer Erfahrung, und es bedarf sehr vieler Erfahrungen, um die Nebel eines Traumes zu zerstreuen.«

Gaston Bachelard

Das Schweigen über den Nationalsozialismus in den deutschen Familien der Nachkriegszeit ist ein interaktives Geschehen, ein interpersonaler Abwehrvorgang. Diesen Aspekt noch einmal festzuhalten und zu betonen ist deswegen so wichtig, weil er sich gegen Lesarten des Generationenverhältnisses sperrt, die von einer gleichsam das Täter-Opfer-Schema paraphrasierenden einseitigen Beeinflussung der Jungen durch die Alten ausgehen. *Was* von einer Generation der anderen übergeben wird, ist, ebenso wie der »Übergabemechanismus« (Eckstaedt 1989), Teil eines »intergenerationellen Textes« der Verständigung über all die Sachverhalte, die die einen von sich zu geben für notwendig, die anderen aufzunehmen für nützlich halten. Der intergenerationelle Text wird durch diese beiden Perspektiven konstituiert, nie allein durch die der älteren, wie der Terminus Übergabe suggeriert. Er ist ein Verständigungsprodukt – freilich eines Typs der Verständigung, dem a priori die Asymmetrie, die zwischen den Generationen waltet, innewohnt. In wesentlichen Punkten ist der intergenerationelle Text deshalb auch ein Machtdiskurs: Er regelt den Zugang zu den Ressourcen, aus denen die ältere Generation ihre Macht hat rekrutieren können, gleichsam unter Vorbehalt; nur der soll sie besitzen, der verspricht, sie nicht gegen den »Geber« zu wenden. Was immer dazu Anlaß geben könnte, wird im Text unkenntlich gemacht, ausradiert und gelöscht. Das Schweigen ist Ausdruck einer Strategie, die sich im intergenerationellen Text als Zensur bemerkbar macht. Gegen diese Zensur anzugehen, ist für die Nachgeborenen ambivalent, ja gefährlich. Sie setzen damit den Generationenvertrag aufs Spiel, der durch das Gebot der verschobenen Reziprozität gekennzeichnet ist. Dieses verspricht

Aufklärung nur unter der Perspektive der immanenten Kritik und verlangt die Inhibierung des notwendig produzierten Rachewunsches der Jüngeren. Dafür ist die vergehende Generation bereit, die von ihr besetzten Positionen preiszugeben.

Die Macht, um die es im intergenerationellen Text geht, ist nicht die politische; diese ist lediglich ein Abgeleitetes. Was im intergenerationellen Text wesentlich geregelt wird, ist die Verfügung über die *sozialen* Zwangsmittel zur Durchsetzung von Gehorsam – eines Gehorsams freilich, der sich möglichst in nichts von einer Überzeugung unterscheiden sollte. Die sozialen Zwangsmittel zur Durchsetzung von Gehorsam *als Überzeugung* haben eine unverrückbare psychologische Basis. Sie sind angewiesen auf Prozesse der Identifizierung, die nicht in der bewußten Übernahme rationaler Verhaltensweisen und Strategien aufgehen, sondern immer einen unbewußten Kern haben, der sich in der Spannung zwischen einem vorgefundenen Sein und einem angestrebten Ideal äußert. Diese Bewegung zwischen Realität und Ideal ist uns als »Wunsch« umgangssprachlich vertraut. Im intergenerationellen Text geht es tatsächlich wesentlich um die Regulierung von Wünschen: Wünschen, die sich in der Ontogenese der einzelnen primär in der Beziehung zu den idealisierten Eltern gebildet haben; Wünsche, die auf dem Niveau der Generationenbeziehungen den Vorbehalt gegenüber den existierenden Regulationsmechanismen selbst zum Ausdruck bringen. Die Überschneidung von Wunsch und Kritik, ihre partielle Konvergenz und die Tatsache, daß in beiden die Anteile von Einzelnem und Allgemeinem systematisch verschieden fundiert sind, sind es, die dem intergenerationellen Text sein spezifisches, sein schillerndes Cachet geben. Betrachtet man ihn nun ausschließlich im Sinne jener rationalistischen Metaphorik, die sich im Terminus des Generationen*vertrags* kontrahiert, so verfehlt man die entscheidende Dimension des Wunsches, der prinzipiell, in sich, antisozial ist. Tatsächlich ist in dieser Dimension der intergenerationelle Text in wesentlichen Strukturelementen gebaut wie ein Traum.

Freud hat den Traum bekanntlich nicht nur als ein sinnhaft strukturiertes psychisches Phänomen dechiffriert und ihn damit vorm physiologischen Reduktionismus seiner Zeitgenossen gerettet, sondern ihn, den »Königsweg« zum Verständnis des Unbewußten, als wichtigste Auskunftsquelle über den Stand der spannungsreichen Auseinandersetzung zwischen Natur und Kultur entdeckt. Der Traumtext als Kompromiß zwischen (individuellem) Wunsch und (gesellschaftlich bestimmter) Zensur redet immer auch vom Glücken oder Mißlingen gesellschaftlicher Integrationsprozesse, von den realisierten oder unterdrückten Möglichkeiten des einzelnen, sich als Teil des Allgemeinen zu verstehen. In diesem Sinne hat Peter Burke (vgl. Beradt 1981) das Desiderat einer Sozialgeschichte der Träume erhoben – und die wenigen Versuche, dazu material beizutragen, sind durchaus beeindruckend. So hat Charlotte Beradt in ihrem »Dritten Reich des Traums« (Beradt 1981) das Zusammenwirken von Wunsch und Zensur unter den Bedingungen der Nazi-Herrschaft zeigen, und, ohne sich im engeren auf die Psychoanalyse zu beziehen, den veränderten gesellschaftlichen Druck auf die *Produktion* von Träumen tatsächlich bis in die Mechanismen der Traumarbeit hinein nachweisen können.

Unsere Untersuchung über das Zusammenwirken der Generationen in der Herstellung einer gemeinsamen »Realität«, in der die jeweils unterschiedlichen, teils konkordanten, teils kontradiktorischen psychischen »Interessen« unterkommen sollen, hat ergeben, daß dieser »symbolische Raum«, der Wunsch und Abwehr, Hoffnung und Verleugnung zweier Generationen zusammenbringen und zu einem von beiden lesbaren Text modeln soll, tatsächlich am besten als ein »Traumtext« verstanden werden kann. Wenn wir im folgenden vom »intergenerationellen Traumtext« reden, so ist damit die von uns als entscheidend für das Glücken der Generationenbeziehung angesehene Konstitution eines die Realität begleitenden, teils symbolisch, teils imaginär verfaßten interpersonellen Kontinuums bezeichnet, das regulative Funktionen für die Realbeziehungen der beiden an ihm Teilhabenden gewinnt. An der Qualität des intergenerationellen Traumtextes: *wie* er »konstruiert« ist, *was* in ihn eingehen kann und damit prizipiell symbolisierungsfähig ist, entscheidet sich die Qualität des Vermögens der Generativität.

Das Besondere an ihm ist zunächst, daß er prinzipiell *zwei* Produzenten hat; daß er zwei unterschiedliche Perspektiven – und das heißt zwei unterschiedliche Wünsche – in sich aufnimmt. Seine Produktion kann auf verschiedenen Ebenen betrachtet werden. Gemäß unserer Erhebungssituation wollen wir uns zunächst auf die idealtypische Zwei-Personen-Perspektive – in unserem Fall die zwischen dem Vater und einem Kind – konzentrieren. Es versteht sich, daß die Textur dieses psychischen Gebildes dichter und komplexer wird, wenn man die anderen Familienmitglieder einbezieht. Nehmen wir den typischen Fall, an den sich einer der Projektteilnehmer, dessen Vater den Rußlandfeldzug vom ersten Tag an mitgemacht hatte und nach 1945 fast fünf Jahre lang in sowjetischer Kriegsgefangenschaft war, erinnert:

»Ich habe mich mit meinem Vater schon als kleines Kind dauernd über die Gefangenschaft unterhalten. Es war wie ein Spiel zwischen uns: ›Erzähl von der Gefangenschaft‹ war mein Stichwort, wenn ich das Gefühl hatte, daß wir allein waren und er Zeit hatte. Und ich hörte atemlos zu – es waren keine schönen, es waren schreckliche Geschichten, viel zu schrecklich für ein Kind in meinem Alter. Mein Vater erzählte dann stundenlang. Sicherlich habe ich irgendwie gespürt, daß es ihm guttat. Aber ich habe nie – oder erst sehr viel später – nach dem *Krieg* in Rußland gefragt. Mein Interesse galt – das ist mir heute klar – nicht meinem Vater als Täter, sondern eben als Opfer. Er hat die Russen gar nicht verteufelt, sondern eher eine seltsame Zuneigung zu ihnen – aber die Geschichten waren natürlich solche, wo sie in der Täterrolle waren.«

Zweifellos ist hier zwischen Vater und Sohn ein abwehrgeleitetes Sprachspiel gefunden worden. Vielleicht hat der Sohn sogar – er selber schließt es nicht aus – nach dem Krieg gefragt, in aller Unschuld. Aber er wird hier auf Schweigen gestoßen sein, auf ein Ausweichen, ein Zögern, eine unbewußte Abwehrstrategie, die ihn von weiteren Fragen abgebracht hat. Das Schweigen ist immer das Ergebnis einer interpersonalen Abwehr. Es ist Teil eines Kommunikationszusammenhangs, der generell Auslassungen zuläßt, im spezifischen deutschen Fall aber gleichsam durch die Auslassung *konstituiert* wird. Das Beispiel zeigt, daß es sich in der Interaktion von Vater und Sohn nicht um eine totale Ausklammerung, ein hermetisches Schweigen über den als belastend, möglicherweise sogar traumatisch empfundenen Zeitabschnitt aus der Lebensgeschichte des Vaters handelt: weder liegt bei diesem eine »Amnesie« vor noch auf seiten des Sohnes eine mangelnde Neugier. Sein Wunsch nach »Erzählung« trifft vielmehr auf den Wunsch nach einer »entlastenden« Darstellung.[1] Gemeinsam wird ein neuer Text hergestellt, der in entscheidenden Passagen »entstellt« ist, einem zensurierenden Zugriff

1 Der Wunsch der zweiten Generation wäre nur reduktiv als einer nach »Auskunft« oder gar »Aufklärung« zu verstehen. Diese ist – gerade in den entscheidenden Phasen der Kindheitsentwicklung – an das Formprinzip der »Erzählung« gebunden. Die strukturelle Ähnlichkeit der Wünsche in beiden Generationen ist eng mit dieser Formfrage verknüpft: Was wir »entlastende Darstellung« aus der Väterperspektive nennen, hat ebenfalls damit zu tun. Denn auch für die Mehrzahl der Väter gilt der Wunsch, sich von der Last der Vergangenheit dadurch zu befreien, daß ihm ein »Ausdruck« verliehen werden kann. Das berühmte Schweigen bezeichnet die Notlage, keine adäquate Ausdrucksform für das Geschehen finden zu können. Entlastende Darstellung ist ein psychischer Reinigungsmodus, der mit einer »literarischen« Form koinzidiert. Insofern sind die väterlichen Erzählungen buchstäblich »Fallgeschichten«. Sie stehen allerdings

unterliegt, der – das unterscheidet diese Zensur von der im normalen Traum wirksamen – *interpersonell* als *Kompromiß* von Wunsch und Abwehr funktioniert. Metapsychologisch gesprochen bedeutet das eine Verlagerung und eine Qualitätsveränderung des Abwehrvorgangs. Ist im Nachttraum die Zensur der Grund der Entstellung und »Initiator« der Traumarbeit, die den »Kompromiß« des manifesten Traumtextes schafft, so ist im intergenerationellen Traumtext die Zensur selber bereits das Ergebnis eines »Einigungsprozesses«: nicht mehr, wie in Freuds Metaphorik, das Werk eines mit autokratischer Machtfülle versehenen zaristischen Zensors, der nach Gutdünken die anstößigen Stellen schwärzt, sondern eine »kommunikative« Leistung – ganz ähnlich wie die nach dem Kriege entstandene »Freiwillige Selbstkontrolle« (FSK), in der ein Team über die »Jugendgefährdung« eines Films entscheidet. Beide Parteien, die Alten und die Jungen, bearbeiten das Material, über das freilich nur die einen verfügen, so lange, bis es für beide »(v)erträglich« ist. Der »manifeste« Text enthält die Angst vor der Mitteilung ebenso wie die Angst vor der Frage; die latenten Traumgedanken repräsentieren einen doppelten Verstehens- und Entlastungswunsch. Was nach Darstellung drängt, sind nicht die Taten oder Unterlassungen der alten Generation und der mögliche Wunsch, sie ungeschehen zu machen, sondern ihre Einbettung in einen »sinnvollen« Handlungskontext, der kaum je aus der vergangenen Realität bezogen werden kann, sondern durch den Beitrag der Jungen konstituiert werden soll. Ihr Verstehenwollen trifft auf das Verstandenwerdenwollen der Alten – und ist selber im Kern schon von der Angst gezeichnet, beides zu verfehlen: das eigene Wollen wie das des Gegenübers. Die Ahnung des »Schrecklichen« inhibiert den Aufklärungswunsch und schafft, analog zu den infantilen Sexualtheorien, »hausgemachte« Bilder dessen, was gewesen sein könnte. Das Verstehenwollen, der Aufklärungswunsch ist in diesem Text immer in die Zensur der Alten verwoben und in die Angst vor der »Wahrheit«, die hinterm Schweigen und in den Andeutungen vermutet wird.

Die Mitarbeit der zweiten Generation am intergenerationellen Traumtext ist immer auch Zwangsarbeit, ein Notwehrprogramm, ein Kampf um die überlebenswichtige Symbolisierung ihrer eigenen Vorgeschichte. Denn alles, was von ihrer Seite, von ihren Ängsten, Aggressionen, Wünschen und Zwängen im intergenerationellen Text untergebracht werden kann, ist *prin-*

nicht, wie es seinerzeit Freud mit Verblüffung bei seinen Krankengeschichten wahrnahm, unter dem Formprinzip der Novelle, sondern dem des Märchens.

zipiell symbolisiert und damit – im Sinne der Interpretation – bearbeitbar. Alles, was sie nicht in diesen Text hineinzubringen versteht, ist prinzipiell dem Generationenverhältnis als einer symbolischen Form entzogen: Es bleibt Teil des elterlichen Lebens, der von ihnen abgespalten und der nachfolgenden Generation aufgelastet werden kann. Schematisch kann man sagen, daß die Bürde, die die zweite Generation zu tragen hat, desto geringer ist, je mehr es ihr gelingt, der älteren Bedeutungselemente ihrer Lebensgeschichte abzutrotzen und in den intergenerationellen Traumtext zu integrieren.

Der Wunsch nach Verständnis, der gewöhnlich die neue Generation so heftig bewegt, weil sie ein bislang unbekanntes Material oder eine bislang nicht übliche Form biographischer Selbstverständigung ins Spiel bringt, ist unter den Auspizien einer traumatischen Vergangenheit fast vollständig unter dem der älteren verschüttet. Der – analog zum »Tagesrest« so genannte – »Geschichtsrest« ist hier so stark, daß er, der »Unternehmer« des intergenerationellen Traums, seinen »Kapitalisten«, den Wunsch, schier erdrückt. Der manifeste Text lebt – je nach Stärke und Qualität des »Geschichtsrests« – von den Verdichtungen und Verschiebungen der intergenerationellen Traumarbeit, auch wenn er, als Tagtraum, der sekundären Bearbeitung eine größere Rolle einräumt. Er ist eine einzige »Geschichtsklitterung« mit dem einzigen Sinn, einen Raum zu schaffen, der das Unbewältigbare, eine Realität, die in sich *surreal* konstituiert war, wenigstens zu Teilen symbolisierbar zu machen.

Bis heute hat man sich zuwenig Rechenschaft über die immer wieder genannte Tatsache abgelegt, daß die alltägliche Wirklichkeit des Nationalsozialismus von Elementen durchzogen war, die dem landläufigen Begriff der Realität widerstreiten und selber traumhaften Charakter haben. Erst wenn man sich Klarheit darüber verschafft, daß die deutsche Bevölkerung nach Gruppen unterschieden war, deren eine sich buchstäblich nach den Gesetzen des Traums bewegen, nämlich Dinge realisieren konnte, die gewöhnlich jenseits aller zivilisatorischen Norm stehen, und die andere, ebenso buchstäblich, sich in einem Alptraum gefangen sah, dem kein Erwachen rettend ein Ende setzte, wird die Notwendigkeit einer umfassenden Symbolisierung dieser so einmalig verfaßten Realität deutlich.

Der intergenerationelle Traumtext steht seitens der Älteren auch in der Perspektive einer Resymbolisierung ihrer eigenen Lebensgeschichte. Die notwendige Aufgabe der Jüngeren ist es, den Text, deren Mitproduzent sie sind, rückhaltlos zu deuten: eine paradoxale Aufgabe, weil die Anforderung der Produktion – die »Kompromißbildung« – mit der der Interpretation zwangsläufig konfligiert. Ihre Aufgabe ist tatsächlich nur mit dem Mittel einer »Ich-Spaltung« durchführbar, die selber wiederum reflexiv verarbeitet werden muß, wenn es den Repräsentanten der zweiten Generation gelingen soll, mit der ihr nachfolgenden einen Text zu produzieren, der »besser« als derjenige ist, den sie mit ihren Eltern zuwege bringen konnten.

Auf den ersten Blick mag die Formulierung eines »besseren« Traums befremden. Beim Pendant des Nachttraums immerhin hat der Psychoanalytiker Masud Khan die Voraussetzungen für das formuliert, was er als einen »guten Traum« bezeichnet: Bedingung dafür sei die Intaktheit bestimmter intrapsychischer Funktionen und Ichfähigkeiten, insbesondere »die Fähigkeit des Ichs, den Schlafwunsch aufrechtzuerhalten und massive Einflüsse des Primärprozesses zu kontrollieren, sowie eine angemessene Dosis an ›Tagesresten‹, die den ›latenten‹ Traumwunsch zu einem kontrollierten Traumtext strukturieren. Weiterhin..., daß der ›gute Traum‹ voraussetze, daß das Ich aus dem Traumerleben eine narzißtische Gratifikation gewinnen kann, die an die Stelle des primitiveren Narzißmus eines reinen, leeren Schlafzustandes oder der konkreten Befriedigung in der Realität tritt. Auch die Fähigkeit zu Symbolisierung und Traumarbeit wurde als Bedingung für die Zusammenfügung des Traumtextes genannt« (Khan 1993, 64).

Wenn wir die angelegte Analogie von intergenerationellem Traumtext und »normalem« Traum weiterführen wollen, so ließen sich die genannten Voraussetzungen folgendermaßen übersetzen: Die Produzenten des intergenerationellen Traumtextes – und dabei stehen die Älteren im Vordergrund – müssen den im Ich repräsentierten Wunsch haben, die Kontinuität jenes Prozesses zu garantieren, der die Matrix des Generationen*übergangs* bildet, das heißt, den *regenerativen* Anteil der Generationendynamik aufrechtzuerhalten. Die »Geschichtsreste« müssen in dem Sinne »angemessen« sein, daß sie überhaupt verarbeitbar sind, denn nur dann sind sie »plastisch« und taugen für die Rolle des »Traumunternehmers«. Die weiteren von Khan erwähnten Gesichtspunkte lassen sich buchstäblich übernehmen: Wichtig ist insbesondere die Möglichkeit der narzißtischen Gratifikation, die für die zweite Generation unseres Samples erheblich eingeschränkt ist.

Khan zufolge ist ein Traum dann »gut«, wenn er die Möglichkeit eröffnet, »bisher abgespaltene und verleugnete Aspekte des Selbst zu einer kohärenten, auf Erfahrung beruhenden Erzählung« zusammenzufassen (Khan 1993, 66). Ebendies wäre die Aufgabe des intergenerationellen Traums: im Zusammenspiel der Generationen, gerade auch in dem ihm innewohnenden

Element des Konflikts, die Bedingung der Möglichkeit zu einer *Integration* unterschiedlicher Erfahrungsreservoirs zu schaffen. Genau diese Möglichkeit scheint bei den Generationen, die sich in Deutschland aus den verschiedenen Perspektiven über den Nationalsozialismus zu verständigen haben, beschädigt; bei der Klientel unserer Untersuchung ist sie in der Mehrzahl der Fälle durch die Pathologie der ersten Generation liquidiert.

Interessanterweise trifft eine, viele Jahre nach der Konzeption des »guten Traums« entworfene Hypothese Khans einen wichtigen Aspekt des »beschädigten« intergenerationellen Traums, den wir bei unserer Klientel studieren konnten. Die klinische Erfahrung, daß der Traum als »Erlebniseinheit« eine andere Funktion haben kann als die einzelnen Elemente des Textes, hatte Khan dazu veranlaßt, einen »Traumraum« zu postulieren, den er als einen Bereich betrachtet, »in dem *neue* Erfahrungen eingeleitet werden, die dann bestätigt oder verworfen werden müssen« (1993, 68). Es bietet sich an, unser Modell des intergenerationellen Traums auf die Hypothese des Traumraums zu beziehen. Wichtiger als dessen einzelne Elemente ist der »Möglichkeitsraum«, den er zu generieren in der Lage sein sollte.

In seinem letzten, nicht lange vor seinem Tod geschriebenen Buch hat Khan seine beiden von uns referierten innovativen Ergänzungen der Traumtheorie zu der Annahme verdichtet, daß das Träumen als psychisches Geschehen und Erleben etwas ganz anderes sei als der erinnerte Traumtext. Das Traumerleben sei »eine Ganzheit, in der das Selbst sich auf unbegreifliche Art und Weise verwirklicht. Der Traumtext greift Aspekte dieses Traumerlebens auf, in das er das Konfliktmaterial aus dem (erinnerten oder verdrängten) *vécu* der Person einarbeitet, um eine Erzählung zu verfertigen, die mitteilbar ist, mit anderen geteilt und gedeutet werden kann. Das Träumen selbst ist jenseits aller Deutung« (1993, 70 f.).

Die Formulierung von der Erzählung, die »mit anderen geteilt und gedeutet werden kann«, kapriziert sich dabei auf einen Plural, den wir in der Hypothese des intergenerationellen Traums bereits für die Produktion annehmen. Khans Diktum, daß »der Traum uns die dichtesten, lebhaftesten und komplexesten Beispiele für die konfliktträchtigen intrapsychischen, intersystemischen sowie interpersonalen Erfahrungen eines jeden Individuums« biete (1993, 71), eine Überzeugung, die die soziologischen Aussagequalitäten des Traumgeschehens aufdeckt, wäre auf dem Hintergrund des Generativitätsproblems mit der Idee von der orientierenden Kraft des »Traumerlebens« zu verbinden: »Daß ein Mensch in seinem Traumerleben Aspekte des Selbst verwirklichen kann, die seiner Introspektion oder seinen

Träumen vielleicht niemals frei verfügbar werden« (Khan 1993, 76), entspricht genau der utopischen Vorstellung eines intergenerationellen Traums, der nicht (mehr) vom Alpdruck einer Geschichte determiniert wird, die wesentlich von Leichenbergen handelt. Die vermerkte Differenz von Traumerleben und realen Träumen spricht von der (utopischen) Möglichkeit der Realisierung von etwas völlig Neuem, das sich der konkreten Darstellbarkeit entzieht, von der Differenz von Produkt und Prozeß.

Wenn Khan resümiert, daß der überschießende, nicht produktfixierte Charakter des Traumerlebens dennoch das »Leben (bereichert), und wenn es fehlt, es sein Erleben anderer Menschen, seiner selbst und seines Schlafes verarmen lassen« könne, so formuliert er damit nichts anderes als den Überschuß, den der Prozeß der Bedeutungsübertragung zwischen den Generationen gegenüber dem jeweils geltenden Bedeutungskanon hat. Nicht das ist psychisch real, was eine Generation jeweils als Sinn zu konstituieren meint, sondern dasjenige, was sich als Unausgeschöpftes in den Netzen der Realisierungsbemühungen verfängt. Es ist dieser Anteil des intergenerationellen Traums, der als *Prinzip einer Zeugung* mit der scholastischen Melancholie geschlagen ist, sich nicht entwickeln zu müssen. Der individuelle wie der kollektive Traum der Generationen kennt den luxurierenden Modus des Uneinlösbaren: die Vorstellung einer Potentialität, die nur um den Preis ihrer Beschädigung und Entstellung real werden könnte. Damit ist die Vorstellung einer »ichfernen«, von keiner Rationalität geschmälerten Kommunikation verknüpft, die zu realisieren die Utopie aller »Beziehungsformen« ist: ob – horizontal – im Geschlechterverhältnis oder – vertikal – in dem der Generationen zueinander. Die Idee eines ichfernen Verstehens setzt die Notwendigkeit der Entwicklung außer Kraft, weil in ihm virtuell *alle* Elemente einer Beziehung zu *jedem* Zeitpunkt vorhanden sind. Ein Zustand, der im Erwachsenenleben einzig in der Verliebtheit erreicht wird, die die Ansprüche der Realität und der diskursiven Logik mit Leichtigkeit außer Kraft und dafür die »Träumerei« in ihr Recht setzt, die Zukunft als die reine Potenzierung des Augenblicks zu verstehen.

Das Urbild (und das Klischee) der ichfernen Kommunikation ist die Symbiose von Mutter und Kind, der in der einschlägigen Fachliteratur der mit ihr befaßten Disziplinen das erstaunliche Schicksal zuteil wurde, Vorbild aller denkbaren Verhaltensmuster bio-, sozio- oder psychologischer Provenienz zu sein – außer dem so grundlegenden der Generationenprägung.

Keine Ausnahme in dieser Hinsicht ist Wilfred Bion, der die Mutter-Kind-Dyade zum Ausgangspunkt einiger extravaganter psychoanalytischer

Spekulationen macht. Aber immerhin ist Bion einer derjenigen, die nach dem Zusammenhang der emotionalen Erfahrung innerhalb dieser Beziehung mit der »Sozialisierung des Individuums« fragen. Bions Frage gilt den Übertragungsmechanismen der ichfernen (und »kulturfremden«) Kommunikation auf der Ebene der gesellschaftlichen Erfahrung; wenn man so will dem ontogenetischen Umschlagen von Natur in Kultur innerhalb der frühesten Bindungsform des Menschen. Sie wären auf das Generationenverhältnis zu übertragen, gerade auch im Sinne des von uns ins Spiel gebrachten Funktionsmechanismus des intergenerationellen Traums.

Im Mittelpunkt seiner Überlegungen steht die frühe emotionale Erfahrung der Sättigung durch die gute, das heißt gewährende Brust im Hinblick auf den extraphysiologischen Wert dieses Vorgangs, mithin die Frage nach der Konstitution eines »eigentlich Psychischen« und des Anteils der versorgenden Person an diesem Konstitutionsvorgang. Mit der ihm eigenen Indexikalität fragt Bion: »Wenn die Mutter das Kind liebt – womit tut sie das?« und gibt die Antwort: »Wenn ich von den physischen Kanälen der Kommunikation absehe, ist mein Eindruck der, daß sich ihre Liebe in Träumereien [Reverie] äußert« (Bion 1990, 83).

Die »Träumerei« wäre also das »eigentlich psychische« Konstitutionselement, die Matrix gleichsam, auf der sich der Übergang von physischer Not zu psychischer Lust im Erleben des Kindes bilden kann. »Wir können von Träumereien – jener psychischen Quelle, die dem Kind hilft, sein Bedürfnis nach Liebe und Verständnis zu stillen – Auskunft darüber gewinnen, welche Art von psychischem Empfangsorgan erforderlich ist, wenn das Kind fähig sein soll, die Träumereien für sich zu nutzen, so wie es Dank der verdauenden Fähigkeit des Verdauungstraktes die Brust und die Milch, die sie liefert, für sich zu nutzen vermag« (Bion 1990, 83).

Unübersehbar avanciert hier die Träumerei zu einem Katalysator der emotionalen Entwicklung. In dieser Funktion entspricht sie zum einen dem Charakter des normalen Erwachsenentraumes, zum anderen – und das soll uns hier interessieren – dem Traum als »Übergangsphänomen« von Wunsch zu Kritik und als »Übergangsobjekt« zwischen den Generationen. Reverie wäre die emotional gestaltete Differenz, in der sich die Einheit (von Mutter und Kind) als Bedingung der Möglichkeit einer Trennung (Individuation, Fortschritt) andeutet.

Die Träumerei ist ein reines »für anderes«, das Geschenk einer Differenz, einer möglichen Eigenständigkeit, die im Moment des physiologischen Untrennbarkeitsgebots aufscheint:

»Die Fähigkeit der Mutter zu Träumereien wird hier als untrennbar von dem Gehalt angesehen, weil deutlich eins vom anderen abhängt. Wenn die stillende Mutter keine Träumerei zulassen kann oder wenn sie sich die Träumereien zwar gestattet, aber nicht mit Liebe für das Kind oder seinen Vater verknüpft, wird diese Tatsache dem Kind vermittelt, auch wenn sie für das Kind unverständlich ist. Psychische Qualität wird über die Kommunikationskanäle, die Verbindungsglieder mit dem Kind, übertragen. Was geschieht, wird von der Natur dieser mütterlichen psychischen Qualitäten und ihrer Auswirkung auf die psychischen Qualitäten des Kindes abhängen, weil die Auswirkung des einen auf den anderen eine emotionale Erfahrung ist, die sowohl unter dem Gesichtspunkt der Entwicklung des Paares als auch dem der Individuen, aus denen es besteht, der Transformation durch die Alphafunktion erliegt. Der Ausdruck Träumerei kann auf fast jeden Inhalt angewandt werden. Ich möchte ihn für denjenigen Gehalt reservieren, der von Liebe oder Haß durchtränkt ist. In diesem restriktiven Sinn gebraucht, ist träumerische Gelöstheit die Geistesverfassung, die für die Wahrnehmung aller ›Dinge‹ von dem geliebten Objekt offen und deswegen in der Lage ist, die projektiven Identifikationen des Kindes aufzunehmen, gleich ob sie von dem Kind nun als gut oder böse empfunden werden. Kurz gesagt, Träumerei ist ein Faktor der Alphafunktion der Mutter«[1] (Bion 1990, 83 f.).

Bions Reverie ist das Modell eines intergenerationellen Geschehens im Zeichen der Differenz. Eines Geschehens, in dem die »Machtmittel« zivilisiert werden und identifikatorisch auf einen »Aufnahmeapparat« eingerichtet werden, dem die grundlegende Ambivalenz gegenüber den Wohltaten der Ernährer zugebilligt wird. Der Rekurs auf den Traumcharakter dieses »begleitenden Vorgangs« ist nicht zufällig. Denn nur der Traum ist in der Lage, den (antisozialen) Wunsch ins Verhältnis zu sozialen Obligationen zu setzen, ohne ihn wesentlich zu beschädigen. Und nur der Traum vermag es, die unhintergehbare Basis des Sozialen *am* Wunsch zur Darstellung zu bringen. Das Reich des Traums hat seine tiefste Bedeutung darin, daß in ihm die

1 Nach Bion werden im Laufe eines Lebens sogenannte Betaelemente in Alphaelemente umgewandelt. Am Anfang des Lebens gibt es ausschließlich Betaelemente, »Rohmaterial, das entweder weiter bearbeitet werden muß oder durch projektive Identifikation beseitigt wird. Betaelemente werden nicht als Phänomen empfunden, sondern als Dinge an sich erlebt. Diesen Kantschen Ausdruck verwendet Bion, um von Objekten zu sprechen, die für den Menschen nicht erkennbar sind« (Krejci, in: Bion 1990, 21). In einer geglückten Entwicklung wandelt die Mutter die Betaelemente, die das Kind ausscheidet, um in Alphaelemente, die sie dem Kind zurückgibt. Das Kind kann durch diesen Vorgang die Alphafunktion entwickeln, allerdings nur mit Hilfe der Mutter. Alphaelemente sind Elemente des psychischen Lebens, während Betaelemente im Bereich des Protomentalen verbleiben.

ewigen Kontrahenten des Lebens, Wunsch und Wirklichkeit, annähernd gleich gewappnet auftreten können – gesetzt den Fall, man verfügt über die Mittel der Deutung. Die Träumerei ist letztlich der Katalysator des Übergangs der Beta- in Alphaelemente, sprich: von Natur zu Kultur. Sie wäre es auch auf dem Niveau der Generationen: von der Kette der *Zeugungen* zu jener der *Überzeugungen*, die, als zweite Natur, vielleicht einmal die Qualität gewinnen könnten, die nötig wäre, um die Instinktentbundenheit des Menschen im Bereich der Aggressionsbereitschaft erfolgreich zu kompensieren. Diese Qualität bestünde darin, Identifizierungen zu schaffen, die das »projektive« Element nicht als Ausdruck des Bösen fürchten, sondern als notwendiges Kommunikationsmittel zwischen Menschen begreifen, die, statt die Differenz zu verleugnen, sie als die einzige humane Form der wechselseitigen Anerkennung begreifen. Dazu wäre es freilich notwendig, »das Böse«, das sich ständig und zwangsläufig ins Verhältnis der Generationen mischt, als »Normales« dechiffrieren zu können. Dies wiederum ist unmöglich, wenn es als Abgespaltenes, als Verleugnetes und (deshalb) Monströses auftritt. Ebendas aber ist die deutsche Realität im Generationenverhältnis. Sie zwingt zu einer »Wachheit«, die die fundamentale Notwendigkeit des kollektiven Träumens sabotiert.

»Deutsche Träume« treffen immer auf den Realität gewordenen Alp unserer Geschichte – und mit ihm auf untergegangene oder unausgelebte Größenphantasien. Es gab und gibt also gute Gründe fürs Wachsein, für die Nüchternheit und jene anderen Qualitäten, die es den Deutschen ermöglicht haben, sich in Rekordgeschwindigkeit aus den Trümmern ihrer Vergangenheit »herauszuarbeiten«. Daß die hektische »Aufbauarbeit« nach 1945 ein Ausdruck der »Unfähigkeit zu trauern« war, ist seit dem Erscheinen des gleichnamigen Buches bekannt. Weniger bekannt ist, daß diese Diagnose schon 1950 von Hannah Arendt nach einem Besuch in Deutschland gestellt wurde. Sie spricht von dem »blinden Zwang« der Deutschen, »dauernd beschäftigt zu sein, einem gierigen Verlangen, den ganzen Tag pausenlos an etwas zu hantieren. Beobachtet man die Deutschen, wie sie geschäftig durch die Ruinen ihrer tausendjährigen Geschichte stolpern und für die zerstörten Wahrzeichen ein Achselzucken übrig haben oder wie sie es einem verübeln, wenn man sie an die Schreckenstaten erinnert, welche die ganze übrige Welt nicht loslassen, dann begreift man, daß die Geschäftigkeit zu ihrer Hauptwaffe bei der Abwehr der Wirklichkeit geworden ist« (Arendt 1989, 51). Selbst den Mangel an Trauer hat Arendt als zentrales Symptom erkannt: »Überall fällt einem auf, daß es keine Reaktion auf das Geschehene gibt, aber es ist schwer zu sagen, ob es sich dabei um eine irgendwie absichtliche Weigerung zu trauern oder um den Ausdruck einer echten Gefühlsunfähigkeit handelt... Die Gleichgültigkeit, mit der sie sich durch die Trümmer bewegen, findet ihre genaue Entsprechung darin, daß niemand um die Toten trauert... Dieser allgemeine Gefühlsmangel, auf jeden Fall aber die offensichtliche Herzlosigkeit, die manchmal mit billiger Rührseligkeit kaschiert wird, ist jedoch nur das auffälligste und äußerliche Symptom einer tief verwurzelten, hartnäckigen und gelegentlich brutalen Weigerung, sich dem tatsächlich Geschehenen zu stellen und sich damit abzufinden« (1989, 44). Arendt beschreibt die Deutschen als »lebende Gespenster« und ihren seelischen Zustand als eine Mischung von Wachheit und Absence. Es liegt nahe, diese Beobachtungen als Beleg für die – ebenfalls von den Mitscherlichs getroffene – Diagnose einer »Derealisierung« anzusehen, mit der die Deutschen nach 1945 versucht hätten, ihre Schuld, ja ihre Beteiligung am Nationalsozialismus abzuwehren. Derealisierung, ein erstaunlich unbefragter Terminus mit einer reichen Begriffsgeschichte[1], bedeutet in der Verwendungsweise der Mitscherlichs den »Versuch, sich der Nazi-Vergangenheit durch Rückzug der Objektlibido zu entledigen« (Mitscherlich/Mitscherlich 1967, 44). Hannah Arendts Bemerkungen über die Deutschen der Nachkriegszeit, die sich in vielen Punkten mit den Erkenntnissen der Mitscherlichs berühren, enthalten allerdings noch ein anderes Element, das sich unseres Erachtens nicht bruchlos dem Terminus der Derealisierung subsumieren läßt. Arendt beschreibt Somnambule, zwischen Wach- und Traumzuständen wandelnde Personen, die Realitätsverleugnung mit einem harten Realismus verbinden. Sie berichtet von traurigen, trauerunfähigen »Traumtänzern«, Zombies – lebenden Gespenstern eben –, die nicht recht in die Wirklichkeit passen wollen.

Nach unserer Auffassung berichtet Hannah Arendt von Gestalten, die, buchstäblich somnambul, in einen »Übergangstraum« verfangen sind, wie wir ihn bei Robert Teschner en détail studieren konnten. Übergangstraum

1 »Derealisierung« gilt in Deutschland seit Erscheinen der »Unfähigkeit zu trauern« als »psychoanalytischer« Terminus. De facto ist er es nicht, sondern von reinster psychiatrischer Herkunft. Erstaunlicherweise hat niemand den Versuch gemacht, Herkunft und Bedeutungshof dieser zentralen Kategorie der »Unfähigkeit zu trauern« zu klären. Als erster hat jüngst Tilmann Moser (1993) sich dieser Frage gewidmet – allerdings mit dem erstaunlichen Resultat, den leicht ermittelbaren Hintergrund dieses Begriffs zu übersehen.

ist eine ambivalente Kategorie. Sie bezeichnet zum einen den – am Übergang vom Nationalsozialismus in eine neue, demokratische Gesellschaft studierbaren – »Zwischenzustand« einer Gesellschaft, die als Kollektiv damit beschäftigt ist, Realitäten »verschwimmen« zu lassen. Dies faßt auch der Begriff Derealisierung. Übergangstraum ist nach unserer Auffassung zugleich ein regelmäßig auftretendes Stadium der psychosexuellen Entwicklung in allen modernen Gesellschaften. Die Periode der Adoleszenz ist ein und ist begleitet von einem »Übergangstraum«. Es ist diese doppelte Faktur des Übergangstraums, die ihn so schwer faßbar macht. Die Gleichzeitigkeit von Realität und Traumgeschehen, die Synchronität von Realem, Symbolischem und Imaginärem hat dafür gesorgt, daß die Phänomene, die der Übergangstraum unter sich begreift, bisher lediglich partial, in ihren Modi beschrieben wurden, ohne daß ihre Zusammengehörigkeit erkannt wurde.

Die zentrale psychische Operation, die der als Übergangstraum gefaßten Adoleszenz zuzuordnen ist, wollen wir als »Irrealisierung« bezeichnen. Sie läßt sich von der Derealisierung, wie sie von den Mitscherlichs gefaßt wird, klar unterscheiden: Irrealisierung ist kein Rückzug der Objektlibido, sondern ein Rückzug des Realitätsgefühls von bestimmten Faktenzusammenhängen. Der Übergangstraum ist ein lebensgeschichtlich wichtiges Mittel der Suspendierung von Realität. Metapsychologisch wäre er zwischen Traum und Tagtraum anzusiedeln. Wie dieser hält er den Kontakt zur Realität, zur diskursiven Logik und den Attributen, die ihnen zugeordnet werden können, und ist in der Lage, eine Kontinuität auszubilden, die dem Traum gänzlich abgeht. Wie jener beansprucht er eine »eigene« Bereichslogik und besteht auf der Trennung seiner diskreten Welt von der des Wachzustands.[1]

1 Freud hat als wichtiges Charakteristikum des Traums seine Ubiquität hervorgehoben. Er sei »nicht nur die beste Vorbereitung für das Studium der Neurosen«, sondern selber »auch ein neurotisches Symptom, und zwar eines, das den für uns unschätzbaren Vorteil hat, bei allen Gesunden vorzukommen« (Freud GW II/III, 101). Ebendiesen Zug der Ubiquität führt er als eine der Gemeinsamkeiten von Traum und Tagtraum an. Darüber hinaus rechnet er sie unterschiedlichen Bereichen zu: »Tagträume sind Phantasien ... Das Auffälligste an diesen phantastischen Bildungen ist, daß sie den Namen ›Tagträume‹ erhalten haben, denn von beiden Gemeinsamkeiten der Träume haben sie nichts an sich. Der Beziehung zum Schlafzustande widerspricht schon ihr Name, und was das zweite Gemeinsame betrifft, so erlebt, halluziniert man in ihnen nichts, sondern stellt sich etwas vor; man weiß, daß man phantasiert, sieht nicht, sondern denkt. Diese Tagträume treten in der Vorpubertät, oft schon in der späteren Kinderzeit auf,

Die Tatsache, daß der Traum »Eigenständigkeit« besitzt *und* daß er dem »Zusammenhang des Seelenlebens« zugehört, zeichnet ihn schon in der Theorie Freuds als Übergangs- und Scharnierkategorie aus; so, wenn er den Traum als »eine besondere Form unseres Denkens, die durch die Bedingungen des Schlafzustandes ermöglicht wird«, qualifiziert (Freud GW II/III, 486) und ihn als »Denkvorgang des Schlafens« bezeichnet (ebenda, 510). In diesem Sinne betont Greenson, es sei »wichtig, sich klarzumachen, daß man niemals vollkommen wach ist noch vollkommen im Schlaf liegt. Es handelt sich hier um relative, nicht um absolute Begriffe« (1982, 338). Ebendiese physiologisch begründete Kontinuität des Seelenlebens ist es jedoch zugleich, die auf dem Hintergrund der Gebote der Realität den Diskretionscharakter des Traums erzwingt: Unter den kulturellen Normalbedingungen der Unerfüllbarkeit infantiler Wünsche ist der Traum als ihr mächtigster Vertreter genötigt, wirr zu reden, gleichsam eine eigene Realität zu errichten, die sich dem Bewußtsein nur in einer fremden Sprache präsentieren kann.

Die Kontinuität der Psyche beruht unterm Diktat der Realität darauf, ein »inneres Ausland« zu schaffen. Das heißt auch, sie ist permanent gezwungen, Übergänge zu organisieren. Der Traum *ist* ein solcher Übergang, ebenso wie er als eine diskrete Gestalt des Kontinuums Psyche beschrieben werden kann. Er hat den Doppelstatus einer Grenze, die als Trennung oder als Verbindung verschiedener Bereiche gefaßt werden kann. Der Traum verbirgt etwas und er enthüllt etwas; genauer, er kann nur um den Preis der Entstellung enthüllen. Darin, daß er beides tut, liegt seine Leistung als Übergangsphänomen. Die Adoleszenz ist prinzipiell ganz ähnlich verfaßt. Wenn wir sagten, sie »ist und ist begleitet von einem Übergangstraum«, so meint das

halten bis in die Zeit der Reife an, werden dann entweder aufgegeben oder bis ins späte Alter festgehalten. Der Inhalt dieser Phantasien wird von einer sehr durchsichtigen Motivierung beherrscht. Es sind Szenen und Begebenheiten, in denen die egoistischen, Ehrgeiz- und Machtbedürfnisse, oder die erotischen Wünsche der Person Befriedigung finden… Sonst sind diese Tagträume sehr mannigfaltig und erfahren wechselvolle Schicksale. Sie werden entweder, ein jeder von ihnen, nach kurzer Zeit fallengelassen und durch einen neuen ersetzt, oder sie werden festgehalten, zu langen Geschichten ausgesponnen und passen sich den Veränderungen der Lebensverhältnisse an. Sie gehen sozusagen mit der Zeit und empfangen von ihr eine ›Zeitmarke‹, die den Einfluß der neuen Situation bezeugt. Sie sind das Rohmaterial der poetischen Produktion…« (Freud GW II/III, 115).

eine Pendelbewegung zwischen Realität und Phantasie, die die Grenzen zwischen beiden virtuell aufhebt. Der Übergangstraum organisiert diese Pendelbewegung, indem er ihr Kontinuität verleiht. Er besteht gleichsam auf der »Unklarheit der Grenzen«. Das verbindet ihn mit dem Tagtraum, der identifizierbare Wünsche als erfüllt darstellt. Tagträume bedürfen wegen der Offensichtlichkeit dieser Konstruktion weder der »Traumarbeit«, die verpönte Wunschregungen entstellt, noch der Deutung. Ganz anders Übergangsträume, denn sie enthalten, wie Nachtträume, Elemente, die nicht unmittelbar verständlich, die im dynamischen Sinne unbewußt sind.

Dem *Tagtraum* eignet ein »Transitivismus des Wünschens«, der, weil durch keinerlei Traumarbeit entstellt, plan wird. Sein Zeitmodus ist das Präsens als Modell des Futurs. Dem *Traum* kommt Geheimnischarakter durch die Intransitivierung des Wunsches in der Traumarbeit zu. Er beruht auf der Präsenti(fizi)erung eines Wunsches, der seine Kraft aus einer unausgeschöpften Vergangenheit bezieht. Auch der *Übergangstraum* kennt die Traumarbeit: sie besteht in einem »Gegeneinanderführen der Tempora«. Er gestaltet ein Futur auf der Grundlage einer Vergangenheit aus, die in ihrer Bedeutung für die Gegenwart weitgehend geleugnet wird – jedenfalls da, wo sie die Phantasie blockieren und die Übermacht der Realität darlegen könnte. Der Übergangstraum vermittelt zwischen Vergangenheit und Zukunft, indem er beide – ohne Rücksicht auf die Gegenwart – miteinander verwebt. Er »irrealisiert« die zeitlichen Grenzen.

Auf dieser Irrealisierungstrategie beruht die oben genannte Doppelstruktur des Übergangstraums: daß er einen Lebensabschnitt begleitet *und* derselbe *ist*. Diese Strategie setzt freilich eine Vergangenheit voraus, die mit einer gewissen »Kompatibilitätserwartung« hinsichtlich der Zukunft versehen sein muß. Gilt dies nicht, ist das Spiel der Aufhebung der Zeitgrenzen unmöglich.

Irrealisierung beruht auf einer Vermischung der Zeiten zum Zweck der vorübergehenden Suspendierung des Realitätsgefühls. Das ist ein gewichtiger Unterschied zur Strategie der Derealisierung, die im wesentlichen darin besteht, *eine* Zeit (die Vergangenheit) durch Affektentzug »gleichgültig« zu machen. Derealisierung läuft auf ein Ungeschehenmachen hinaus, Irrealisierung ist, bei aller Abwehrqualität, doch ein Vermittlungsversuch von Realität und Phantasie.

Einiges von den Beschreibungen der Nachkriegsdeutschen durch so aufmerksame Zeitzeugen und Beobachter wie Hannah Arendt deutet darauf hin, daß die psychische Verfassung der Deutschen nach 1945 sich als ein kollektiver Übergangstraum beschreiben läßt. Ähnlich wie im Prozeß der individuellen Adoleszenz ging es hier auf kollektiver Ebene darum, die Logik zweier inkompatibler Bereiche so miteinander zu verbinden, daß ein Bewußtsein von der Tatsache hätte entstehen können, daß jeder Bruch eine Kontinuität voraussetzt. Unsere Vermutung ist, daß dieser Traum nicht gelingen konnte. Er hatte nicht die Elemente eines »guten Traums« im Sinne Khans. Die von den Mitscherlichs konstatierte Derealisierung ist gleichsam das Produkt dieses Scheiterns. Pointiert könnte man sagen, daß die erwachsenen Deutschen nach 1945 keinen konsistenten Übergangstraum zustande bringen konnten. Sie verfügten nicht über die psychische Plastizität, um Realität und Möglichkeit, Vergangenheit und Identität, Zukunft und Wunsch in ein Kontinuum zu bringen.

Wenn Derealisierung die Strategie der (erwachsenen) Deutschen nach 1945 gewesen ist, so ist Irrealisierung die derjenigen gewesen, für die die Zeitmarke 1945 mit dem lebensgeschichtlichen Umbruch der Adoleszenz identisch war. Das ist insofern trivial, als Irrealisierung nach unserer Definition ein normaler Modus des Übergangstraums der Adoleszenz ist. Im Falle der Generation, die diese Adoleszenz im Zeichen des Epochenbruchs von 1945 zu gestalten hatte, kommt allerdings hinzu, daß für sie zu den adoleszenten Motiven, ihre persönliche Vergangenheit zu entwerten, das Verdikt über die geschichtliche Periode trat, die für sie lebensgeschichtlich identisch mit der Adoleszenz war. Ebendeshalb steht den Angehörigen dieser Generation die Derealisierung als Abwehrstrategie kaum zu Gebote. Sie hätten dann ihre eigene Geschichte gänzlich durchstreichen müssen. Einige wenige haben das getan. Die Mehrzahl, die – wenn man so dogmatisch reden darf – »entwicklungsphasengemäß« irrealisierend mit der verwirrenden neuen Realität umging, hatte immerhin die Chance, das überraschend Neue der Nachkriegsgesellschaft in ihren Übergangstraum einzubeziehen. Das galt kaum für die Napola-Schüler. Ihre von der Institution gespaltene Adoleszenzentwicklung hat die Fähigkeit, einen Übergangstraum zu entwikkeln, aufs schwerste und in ähnlicher Weise beschädigt, wie das für die bereits Erwachsenen galt. Die frühen Jahrgänge fallen ohnehin unter diese Bedingung. Aber auch diejenigen, die 1945 noch Schüler waren, haben sich in unbewußter Loyalität viel stärker als »Soldaten des Dritten Reichs«, als »Täter« begriffen, als beliebige Gleichaltrige. Diese Loyalität hat ihnen den Übergang fast unmöglich gemacht. Viele haben die Vergangenheit in oberflächlicher Anpassung fortgeführt; einige die Option der Zukunft ergriffen, ohne sie jedoch auf die Vergangenheit zu beziehen. In beiden Fällen ist kein tragfähiger Übergangstraum zustande gekommen. Das spielt für das Verhältnis der Generationen eine entscheidende Rolle. Wer keinen persönlichen Übergangstraum hat, ist in der Regel auch unfähig, mit den Nachkommen einen »guten« intergenerationellen Traumtext zu entwickeln. Er verfügt dann nämlich nicht über die Erfahrung, die nötig ist, um sich in die adoleszente Entwicklung der eigenen Nachkommen einzufühlen: sie in ihrer Ähnlichkeit wiederzuerkennen und in ihrer Differenz anzuerkennen.

Einen kollektiven Übergangstraum hat es in der Bundesrepublik – wenigstens in Ansätzen – erst mehr als 20 Jahre nach dem Ende des Nationalsozialismus im Zeichen der sogenannten »Protestbewegung« gegeben. Es bleibt abzuwarten, ob er »gut« genug war, um die Generationendynamik in Deutschland nachhaltig umzugestalten.

Aus dieser Welt können wir fallen: Burkhard Ossendorf und seine Geschwister

Das erste Gespräch, das ich mit dem zweiten Sohn Frank Ossendorfs führte, hätte eigentlich ausfallen müssen. Zum verabredeten Zeitpunkt hatte Burkhard Ossendorf, der wie sein Vater Fotograf ist, aber sich als Industriefotograf spezialisiert hat, einen dringenden Werbeauftrag zu erfüllen. Er entschuldigte sich und fragte mich, ob wir nicht trotzdem in den Arbeitspausen und nach der Arbeit ein wenig reden wollten. Ich ließ mich darauf ein, führte mit ihm ein Gespräch in vielen 5- bis 10-Minuten-Abschnitten, bei denen meist auch sein Kompagnon anwesend war. Es machte mir Spaß, in der renovierten alten Fabrikhalle herumzusitzen, die Burkhard Ossendorf als Atelier dient, ihm bei der Arbeit zuzuschauen und zwischendurch meine Fragen zu stellen. Obwohl mir bewußt war, wie reduziert die Verständigungsmöglichkeiten unter solchen Bedingungen sind, hatte ich gleichzeitig das Gefühl, mich in einer der seltenen Situationen zu befinden, in denen zentrale Trennungen des bürgerlichen Lebens außer Kraft gesetzt sind; Arbeit und Freizeit, Phantasie und Realität, Spiel und Ernst schienen harmonisch ineinander überzugehen, ohne scharfe Grenzen oder Brüche. Mein Gegenüber schien auf alle meine Fragen eine Antwort zu haben und konnte meinen Deutungen mit Leichtigkeit folgen. Genauso mühelos knüpfte ich während der Pausen den assoziativen Zusammenhang der im Gespräch virulenten Inhalte und sorgte für seine kontinuierliche Fortsetzung. Nachdem die Fotoarbeit getan war, setzten wir das Gespräch noch längere Zeit unter »Normalbedingungen« fort.

Als wir zum zweiten Mal miteinander sprachen, schien Burkard Ossendorf das erste Gespräch weitgehend vergessen zu haben, während mir mit einem Mal die damalige Gesprächssituation erneut lebhaft vor Augen stand. Denn mir fiel plötzlich auf, daß, obwohl es nunmehr keinerlei äußere Störungen gab, der affektive Kontakt zwischen uns auf eine ganz unauffällige Art immer wieder verlorenging. Ein- oder zweimal schreckte ich auf mit dem Gedanken: »Ich höre ja gar nicht zu.« Hatten im ersten Gespräch die äußeren Unterbrechungen dafür gesorgt, daß die inneren Abbrüche verdeckt blieben, die sich nun in meinen eigenen kleinen Absencen so überdeutlich zeigten? Ich hatte das Gefühl, daß es mich viel Kraft kostete, den entschwebenden Burkhard Ossendorf auf dem Boden des Gesprächs zu halten. Später im Gespräch wurde mir eine Phantasie bewußt, die an die Stelle der Absencen zu treten schien. Ich sehe Burkhard Ossendorf als kleines, etwa dreijähriges Kind in seinem Zimmer sitzen und denke: »Ein Kind, das träumt und aus der Welt fällt.« Diese Phantasie rührt sich zum ersten Mal, als der Befragte von der augenblicklich ungünstigen Auftragslage in seiner Branche spricht und über seine Auftraggeber sagt: »...wenn denn auf einmal gar nichts mehr läuft, dann denkt man, die haben einen vergessen...« In derselben Sequenz spricht er von Praktikanten in seinem Atelier, die »absolute Konzentrationsschwierigkeiten haben« und in einer »gewissen... Lethargie oder irgendwie so' ner Traumwelt leben«. Er kommentiert damit auch die Absencen in der aktuellen Gesprächssituation.

Die Phantasie vom Kind, das träumt und aus der Welt fällt, bleibt während des gesamten Gesprächs präsent. Ich empfinde sie als eine Garantie dafür, selbst anwesend bleiben und den Kontakt halten zu können. Während der Supervision taucht sie wieder auf. Sie ist verknüpft mit der Erinnerung an ein Foto aus meiner Kindergartenzeit. Es zeigt einen Jungen mit dunklem Pullover und einem karierten Hemdkragen, der recht ernst dreinschaut. Dazu die Assoziation: Der Junge sitzt abseits der Gruppe, konzentriert mit einem Spiel beschäftigt. Er ist in einer eigenen Welt; für die anderen scheint er nicht zu existieren.

Es gibt zwei Zustände des Spiels oder der Phantasie (vgl. Khan 1967). Der eine erlaubt, in der Wirklichkeit eine eigene Position einzunehmen, in der auch primärprozeßhafte, ungeordnete und so ohne weiteres nicht mitteilbare Vorstellungen Platz haben, ohne daß die Präsenz in der Beziehung zum anderen und das Situiertsein in der Realität aufgegeben werden. Die andere Art des Phantasierens oder Träumens läßt den Urheber aus der Welt fallen. Es geht in diesem Fall nicht die Welt unter, und das Individuum bleibt allein zurück, sondern die Welt bleibt da und das Individuum verschwindet. Es verliert seine Existenz oder seinen Platz in der Welt.

Burkhard Ossendorf ist wie sein Vater Fotograf geworden. Als er nach Abschluß seiner Ausbildung in einem Werbestudio arbeitete, entschloß er sich, an einer Fachhochschule zunächst Graphik und Design, dann Malerei zu studieren. Nach wenigen Semestern wechselte er an eine anthroposophische Institution, die Kunsttherapeuten ausbildet. Dort findet er – auf den Spuren der Goetheschen Farbenlehre – Zugang zur Malerei.

Dabei spielt für ihn die Integration in einen festen institutionellen Rahmen, den er beim »freien Kunststudium« vermißt hatte, eine zentrale Rolle. Allein mit der Freundin im »stillen Kämmerlein«, mit dem Abmalen von Gesichtern und Menschen aus Kunstbänden beschäftigt, fühlt er sich »dröge und tot«; »irgendwie fehlte die Lebendigkeit«. Demgegenüber findet die kunsttherapeutische Ausbildung in einem schulklassenartigen Gruppenverband statt, mit dem Burkhard Ossendorf gewinnt, was er in der Familie nicht hatte – einen eigenen Standort in der Welt:

»Wo ich bin, wo ich stehe, das kann ich natürlich nicht, wenn ich immer nur zu Hause sitze und male, dann fühl ich, dann denk ich immer, ich bin der Größte, ich krieg ja kein Feedback, ich kann mich ja nirgendswo ein... ein, ja, wie soll ich sagen, einschätzen, wo, wo steh ich eigentlich, ne, wie, wie sehen meine Sachen im Verhältnis zu den anderen aus, ne?«

Burkhhard Ossendorf schildert eine Art adoleszentes Spiegelstadium, in dem die Anschauung der Malgenossen ein Bild der eigenen Person vermittelt, das zur Grundlage eines nachgeholten Identitätsbildungsprozesses wird. Im lebendigen Gruppenzusammenhang ist ihm durch die Farbenlehre »irgendwie richtig so 'ne Welt aufgebrochen«. Er hat gelernt, dem Gefühlswert der Farben »nachzuempfinden«, zwischen »warmen« und »kalten« Farben zu unterscheiden und durch den Einblick in die Komplementärrelationen eine Art Farbordnung des Lebens zu entfalten, die ihm selbst eine Entwicklungsperspektive eröffnet.

Burkhard Ossendorf gewinnt im Umgang mit Farben und Formen einen Zugang zu seinen Gefühlen. Aber der Weg in die neue Farb-Gefühlswelt, der »in die Tiefe« führt, ist durch »Wände« verstellt, die »durchbrochen« werden müssen:

»... also es ist wie, wie ein Anrennen gegen die Wand, und... man muß sich, glaub ich manchmal auch wirklich, mit einer Farbe totmalen, also daß man sagt, .. ne, ich kann mit der Farbe nichts mehr anfangen. Und denn nachher und denn, denk ich mir, geht man wahrscheinlich wirklich durch so 'n Tor durch, und malt ganz anders. Ich hab mir auch manchmal schon gedacht, daß Picasso... durch viele solche Durchbrüche durchgegangen ist, daß er komplett alles geändert hat.«

Es ist der *Übergang* von der einen in die andere Phase, der Burkhard Ossendorf nicht vorstellbar ist. Er will einen eigenen Bildungsprozeß beschreiben; aber zwischen der einen und der anderen »Periode« liegt etwas, was nicht selbst in Entwicklungskategorien zu fassen ist: gewaltförmige Durchbrüche, Unterbrüche, durch die etwas abstirbt. Als die Interviewerin nach diesem

»Stück Sterben« im Übergang fragt, kommt Burkhard Ossendorf von den Abstraktionen in der Malerei auf eine für ihn traumatische lebensgeschichtliche Übergangssituation zu sprechen:

»...auf jeden Fall stirbt irgendein Teil, man kann das bloß, also wenn, zumindest wenn man abstrakt malt, find ich, kann man das schlecht orten, wo das jetzt zugehört, ne, was stirbt von einem oder was, was lebt da oder was passiert da eigentlich mit einem, ne, ist es die Kindheit, die da irgendwo, irgendwie noch mal wieder neu aufgearbeitet wird, sind es in diesem ganzen abstrakten Malen, sind es wirklich nur Kindheitserinnerungen oder Ausleben, was man vielleicht als Kind gar nicht so machen konnte, weil man gar nicht so die Farben und gar nicht so was zur Verfügung hatte, oder weil, weil einfach die Anleitung von den Eltern oder so nicht dagewesen ist... Ich hab eigentlich immer ganz gerne so gebastelt und gemalt... aber irgendwie hatte ich immer Lehrer, die mich so vergrault haben, ich hatte, glaub ich, in Kunst immer 'ne Vier... Es mag auch daran liegen, ich hab mich, glaub ich, als ich von, von..., also von der Grundschule zum Gymnasium kam, da hab ich mich, glaub ich, innerlich tatsächlich gegen gewehrt. Da, ich glaub, das wollt ich nicht. Ich weiß, ich kam irgendwie, wenn ich mich mal so versuche, das hochzu... hochkommen zu lassen, äh, hab ich mich da an sich in S. nie wohl gefühlt. Das war für mich total, ja, ich hab mich da innerlich, glaub ich, echt gewehrt. Also da bin ich mir ziemlich sicher.
Interviewer: Sie wollten nicht dahingehen?
Ossendorf: ...S. war dann eben halt, ja, so 'n, so 'n Schmelztiegel vom, vom ganzen Landkreis, nicht, das heißt, überall kamen die kleinen Steppkes her, und auf jeden Fall die, die Begrüßung ist immer riesengroß. Und, holla, ich dachte, was ist denn hier los, ne, was soll, Tausende von Leuten, jedenfalls als kleines Kind empfindet man das so. Und denn wurde man denn aufgerufen zu irgendwelchen Klassen, denn gab's bis zur Klasse, also sechs Klassen à dreißig Leute, das war irgendwie alles, ja, das war für mich zuviel. Ich kam irgendwie nicht so, und denn alles fremde Gesichter und Lehrer, und der, den ersten Lehrer, den ich da hatte, der war mir total unsympathisch, ich hab da auch nur geheult, wollte nach Hause, hab da kein Bock drauf gehabt (lacht). Hab ich mich also echt richtig gegen gewehrt. Und denn war ich denn im, im Sekretariat, ich weiß nicht, da hat die, glaub ich, noch mich erst mal beruhigt. Ich weiß gar nicht mehr, ob sie zu Hause angerufen hat oder so, jedenfalls, ich sagte, ich will in 'ne andere Klasse, ich will da nicht in der Klasse bleiben. Ich saß da nur, hab nur geheult, und mir schossen nur so die Tränen in die Augen (lacht), die konnte damit überhaupt nichts anfangen, und dann bin ich aber in 'ne andere Klasse gekommen (räuspert sich), und da war ein netter Mathematiklehrer.«

Sukzessive zeichnen sich in den Reminiszenzen an die Malerei die Konturen einer traumatischen Situation ab. Burkhard Ossendorf fragt sich, was mit dem Körper in der abstrakten Malerei geschieht: die Teile, von denen abstrahiert wird, sind wie tot, während das, was dargestellt wird, lebt. Eine traumatische Situation – so könnte man Ossendorfs unbewußten Vergleich paraphrasieren – ist wie eine von außen auferlegte Abstraktion. Das ihr unterworfene Subjekt hat das Gefühl, fragmentiert zu werden oder zu den Teilen zu gehören, von denen abstrahiert wird, so daß sie aus dem Bild herausfallen. Dieses Subjekt kann nicht unterscheiden, welche Teile des Körpers oder der Seele im Augenblick noch zu ihm gehören und welche nicht, welche gerade sterben und welche noch leben.

Wer jedoch im Prozeß des Malens einen strukturanalogen Abstraktionsvorgang selbst aktiv betreibt, kann für einzelne Teile prüfen, »wo das jetzt zugehört« und der Frage nachgehen, was »da eigentlich mit einem« passiert. Die Farben werden von Burkhard Ossendorf als Elemente einer lebendigen Sprache empfunden, mit der man vom Tod, das heißt vom Verlorengehen in einer traumatischen Situation, reden kann. Mit den Mitteln der Malerei kann er das Aus-der-Welt-Fallen nachträglich bearbeiten, weil sie einen ordnenden Umgang mit den wiederauftauchenden Gefühlen erlaubt. Ein Stück dieses Vorgangs wiederholt sich in der Interviewsituation. Daß der affektive Kontakt, nachdem er im ersten Gesprächsabschnitt kurzfristig verlorenging, sich als tragfähig erwies, erlaubt dem Befragten, von Situationen des Kontaktverlusts zu sprechen.

Die Erzählung über seinen Eintritt ins Gymnasium bringt eigentlich zwei unterschiedliche Angstsituationen zur Deckung oder läßt sie miteinander verschwimmen. Es geht einerseits um die Phantasie des Verlorengehens in der Masse. In diesem Zusammenhang erscheint die Schule als »Schmelztiegel«, in dem »die kleinen Steppkes«, die von überall her dorthin kommen, zuerst in der Aula bei der Begrüßung zu einer großen Masse zusammengeschmolzen werden, bevor man sie in Klassen aufteilt. Andererseits geht es um die Situation in der Klasse mit dem neuen Lehrer, der bei Burkhard Ossendorf anscheinend massive Angst ausgelöst hat. War er bei der Begrüßung in der Aula *passiv* aus der Welt gefallen, so taucht er nun, konfrontiert mit dem schrecklichen Lehrer, *aktiv* in einem Meer von Tränen unter. Er habe sich in der Schule »unsichtbar« gemacht, sagt er etwas später.

Wir wissen nicht, welches Trauma sich für Burkhard Ossendorf in der Situation des Schulübergangs wiederholt. Elemente der traumatischen Struktur sind mir bereits aus meiner Erfahrung des Kontaktverlusts und der korrespondierenden Phantasie vom Kind, das träumt und aus der Welt fällt, bekannt. Auf diesem Hintergrund verstehe ich Burkhard Ossendorfs kunsttherapeutische Ausbildung als ein Stück »Kunsttherapie« für ihn selbst, weil ihm die Gefühlssprache der Farben erlaubt, das bis dahin sprachlos Erschreckende zu symbolisieren: »Also, ich merkte, das war kalt da. Also, wenn ich das so, so einfach... gefühlsmäßig sagen will, war sie kalt, 'ne richtige kalte Schule...« Einen ähnlich erschreckenden Lehrer aus einer späteren Klasse beschreibt er als »grau, aschfahl, streng, ohne jegliche Emotionen«. Grau ist für ihn die Farbe des »Grauenvollen«.

Ein Indiz der nachträglichen Bearbeitung des Traumas ist eine bestimmte Art von Orientierungsfrage, die im Erzähltext angstbetonter Situationen, vielfach variiert, immer wieder auftaucht: »Holla, was ist denn hier los?« Oder: »Hey, wie sieht's denn hier...?« Und: »Wo steh ich eigentlich...?« Gefragt wird nach dem Ort des Erlebens, nach der Art des Ortes: Wo bin ich? Übersetzbar in die Frage: Gehe ich hier verloren? Oder: Ist das ein Ort, an dem ich verschwinden muß? Gefragt wird damit in verdeckter Form nach dem verlorengehenden Subjekt, das allerdings in der syntaktischen Struktur der Frage bereits verlorengegangen ist. Die Frage: »Was geschieht (hier) mit mir?« kann nicht gestellt werden. Sie wäre für Burkhard Ossendorf vielleicht formulierbar geworden, hätte ich den episodischen Kontaktverlust im Interview angesprochen.

Als Burkhard Ossendorf von seiner panischen Reaktion auf den »total unsympathischen« Lehrer erzählt, fällt mir eine vom Vater geschilderte Szenerie ähnlichen Inhalts ein. Auf meine Frage, ob er in der Napola »mal mit anderen Mitschülern oder mit Erziehern irgendwelche Schwierigkeiten« gehabt habe, hatte Frank Ossendorf von der problematischen Begegnung mit einem seiner Lehrer erzählt:

»Ja... mit einem einzigen Erzieher, das war unser Deutschlehrer, deswegen hat ich auch in Deutsch immer 'ne Fünf. Das war... in meinen Augen ein dreihundertprozentiger Nationalsozialist,... der diese ganzen Ideale, die wir hatten, extrem, ganz extrem verfolgte... rein gefühlsmäßig war mir der Mann unheimlich, nicht, der war mir unheimlich... Er hatte einen furchtbar stechenden Blick. Er hatte eine helle, grelle Stimme... Ich hab eigentlich immer ein freundliches Gesicht gemacht, ob's mir schlechtging oder doch, ich hab also immer 'n freundliches Gesicht gemacht, und das muß ihn wohl so furchtbar genervt haben. Jedenfalls hatte der mich also immer auf'm Kieker, und... ich konnte mich mit diesem Mann nicht verstehen. Und was ich als furchtbar empfand, daß abends... bevor wir ins Bett gingen, mußten wir uns alle hinsetzen, und dann guckte er stier jedem 'ne halbe Minute in die Augen, und dann bin ich, und wenn er mich anguckte, dann mußte ich immer anfangen zu grinsen... ich mußte mich furchtbar zusammennehmen, um ihm wirklich ernsthaft in die Augen zu gucken, ich fand das einfach lächerlich so was.«

Für Ossendorf verdichtet sich in dieser Episode die ganze Dämonie des Nazitums: ein ihm unbegreiflicher Zynismus und Sadismus, der allein zum treffsicheren Ersinnen von Grausamkeiten taugt. Dieser Lehrer durchschaut die freundliche Maske, die der von den Eltern enttäuschte junge Ossendorf der Welt entgegenhält, um seine Ambivalenz zu verbergen. Das kleine sadistische Ritual verwandelt das Lächeln in ein Grinsen und offenbart damit den ängstlich-aggressiven Affekt, den es verdecken soll.

Nach unserer Deutung war die Napola für Frank Ossendorf sowohl Strafe für eine phantasierte unbewußte Schuld gegenüber der Mutter, als auch Rettung durch die Aufnahme des Verstoßenen in die Gemeinschaft der Gleichaltrigen. Etwas von der ambivalenten Schulerfahrung des Vaters kehrt beim Sohn in einem zweiphasigen Ablauf wieder. Er begegnet zum einen in Gestalt der von ihm gefürchteten Lehrer einer kalten drohenden Instanz, die ihn schon auf den ersten Blick in Panik fallen läßt. Einen Abkömmling der Napola als rettender Gemeinschaft stellt demgegenüber die anthroposophische Ausbildung dar, die Burkhard Ossendorf selbst mit der Schulerfahrung seines Vaters in Zusammenhang bringt.

»Lange Zeit«, sagt Burkhard Ossendorf, »war mir mein großer Bruder Christoph ganz und gar überlegen. Er war in allem überdurchschnittlich. Er war ›überdurchschnittlich intelligent‹ und hatte eine ›unheimlich schnelle Auffassungsgabe‹.« Dem Tempo seiner Gedankengänge und Aktionen konnte das etwas phlegmatische und verträumte Kind, das Burkhard Ossendorf damals war, kaum folgen. Die dominante, kindlich-lebhafte Mutter und der älteste Sohn – das war die Achse, um die sich die Familie drehte.

Aber es gab auch eine andere Seite. Der ältere Bruder war ein schwieriges Kind, unruhig und nervös, mit dauernden Kopfschmerzen. Er hatte wahnsinnige Angst vor dem Vater, mit dem er ständig in schwere Konflikte geriet, die mit Schlägen endeten. Christoph Ossendorf seinerseits behandelte den jüngeren Bruder schlecht, weil er eifersüchtig auf dessen unkomplizierteres, von einer einfacheren Zuneigung bestimmtes Verhältnis zum Vater war; er verprügelte ihn, wie er selbst vom Vater verprügelt wurde. Es liegt nahe, daß ihn der Jüngere dafür beim Vater verklagte und dadurch zu den Konflikten beitrug. Auf diese Weise zerfiel die Familie in eine Reihe von Bündnissen und Koalitionen, die der Bildung einer familialen Gemeinschaft im Wege stand.

»Mein Bruder«, sagt Burkhard Ossendorf, »war ein Spieler. Spielen und organisieren, hoch pokern, so was in der Art, würd ich sagen, hätte ihm gelegen«; ein Job mit »viel Telefonieren, viel Hektik«, »Broker« zum Beispiel. Er war in seinem Element, als er mit Haschisch zu handeln begann und ständig nach Amsterdam fuhr. Schon vorher war er dem kleinen Bruder immer voraus gewesen. Immer hatte er die besseren Schallplatten gehabt. Nun aber dehnte er seinen Aktionsradius über die Grenzen der Familie und der Kleinstadt aus. »Da war er irgendwie so am Aufblühen«, sagt Burkhard Ossendorf. Und hatte er nicht Macht über einen Stoff mit geheimnisvollen Kräften?

Mit der fortschreitenden Drogenabhängigkeit des Bruders kehrt sich jedoch das Verhältnis »komplett« um. Der ehedem so überlegene große Bruder unterwirft sich dem Jüngeren, bittet ihn ständig um Geld und andere Hilfen. Er ist »durch die Drogen ein sehr offener Mensch geworden« und »auch ein sehr verlorener Mensch«.

Auf die Frage, welche Bedeutung für seinen Bruder die Drogen hatten, kommt Burkhard Ossendorf auf die siebziger Jahre zu sprechen und beschäftigt sich mit den Motiven des damaligen Jugendprotests, den er gleichsam psychopathologisch deutet:

»Das war ja nun damals Anfang siebziger Jahre, da war das alles ein bißchen anders, da wurde ja nun gerade die Loslösung, sag ich mal, von einer Generation von dieser ganzen Konsumgesellschaft, die die wirklich versuchte oder meinte, andere oder neue Gesellschaftsformen zu finden, weil sie... mit dem Konsum nicht klargekommen sind, ich denke, das ist bei mir vielleicht nicht so spürbar, aber bei ihm vielleicht noch so 'n bißchen, einfach die, die, die Vernachlässigung der Kinder in der Aufbauzeit einfach sehr extrem gewesen ist. Die sind, ich glaube, daß da viele, viele aus der Zeit, die nun eigentlich ja alle noch, sagen wir mal, die jetzt um die Vierzig, Fünfundvierzig sein müssen, um den Dreh rum jedenfalls, doch ein starkes Manko gehabt haben. Also vom familiären, von einem familiären normalen Leben. Und das ist 'ne, 'ne Auflehnung da gewesen..., daß die Gesellschaft irgendwie oder zumindest die Gesellschaft, die, die nach dem Krieg entstanden ist, die den Aufbau, und auch nur sich an den Aufbau, sich festgehalten hat, weil ja nun die ganzen, ganzen sag ich mal, das ganze Nationalgut natürlich am Boden lag... oder sagen wir mal so, die meisten Leute haben kein Verhältnis gegenüber der Religion oder gegenüber irgendwas eingenommen. Das heißt also, man ist eigentlich in einem Vakuum groß geworden, das heißt, es waren also, na, ich sage mal ein nationalistisches Gedankengut, das eigentlich für jeden Menschen auch wichtig ist, in einer gewissen Phase so etwas aufzubauen, weil, ich sag mal... gerade in der Pubertät ist es natürlich wichtig, daß neben den Eltern sich andere Ideale bilden, die bei uns denn stark durch, durch Popstars oder durch irgendwas anderes geprägt worden ist.«

Nach Burkhard Ossendorfs Diagnose hat es in der Zeit nach 1945 an einer gemeinschafts- und gesellschaftsbildenden Substanz stark gefehlt. Die Vernachlässigung der späteren Protestgeneration im Kindesalter lag auf der emotionalen, nicht auf der materiellen Ebene. Statt affektiver Zuwendung, möchte man ergänzen, wurde diesen Kindern von den Eltern Entschädigungen auf der Ebene des Konsums angeboten, den sie später als billigen Ersatz zurückwiesen. Man muß an die demonstrative und, im Doppelsinn, kompensatorische Verfressenheit und Gier der deutschen Nachkriegsgesellschaft denken, die den Konsum – nicht nur den oralen natürlich – als Wiedergutmachung und als Allheilmittel für alle seelischen Nöte anempfahl. Diese magische Konsumorientierung, die in der Rede vom »Wirtschaftswunder« zum Ausdruck kommt, bildet die wichtigste kollektive Abwehrform, die den Wiederaufbau trug. Die wie Burkhard Ossendorf und sein Bruder in den fünfziger Jahren Geborenen hatten die Not der ersten Nachkriegsjahre nicht mehr miterlebt und spürten deshalb vielleicht gerade den massiven Abwehrcharakter des Konsums. Aber auch wenn sie die Konsumfixierung ihrer Eltern zurückwiesen, so teilten doch viele von ihnen die ihr zugrundeliegenden unbewußten Phantasien. Dementsprechend suchten sie schließlich solche magischen reparativen Wundermittel in den verschiedenen Drogen. Insofern modifiziert der für die siebziger Jahre typische adoleszente Drogenkonsum ein elterliches Abwehrschema. So jedenfalls könnte man den impliziten Gehalt der von Burkhard Ossendorf entwickelten kleinen Kulturtheorie der Drogen verstehen.

Aber auch explizit bringt der Befragte Oralität und Sucht, über deren konsumatorische Seite hinaus, in Zusammenhang, als er auf seine Arbeit mit jugendlichen Straftätern und Drogenkranken im Rahmen der kunsttherapeutischen Ausbildung zu sprechen kommt:

»Denn manches ist ja manchmal so, daß einen das Leben nur Kraft kostet, daß man nach Hause kommt und man fühlt sich so richtig ausgelaugt, weil, weil man unheimlich viel irgendwie weggegeben hat oder weil unheimlich viel Leute einem was abgesaugt haben... Man bekommt ja eigentlich wenig – oder ich sag mal – wenig Energien von anderen Menschen, das ist ja, ich denk mir, immer so, wie, manchmal stell ich mir das so vor, dann saugen sie alle nur an einem rum so, bis, ne, mir ist das so ganz stark aufgefallen... als ich eben Praktikum im Knast gemacht habe..., war ich vollkommen fertig, ausgesaugt, ne, die ziehen einen denn nur, die wollen alles wissen, was draußen los ist, die saugen einen so richtig aus, und das... ist mir denn aufgefallen, denn hab ich noch mal... in der Drogenberatungsstelle... gearbeitet.«

Hier wird der Mangel auf der oralen Ebene unmittelbar spürbar. Er dominiert die Beziehung zwischen den suchtkranken Jugendlichen und ihren Betreuern. In dieser therapeutischen Rolle mit den eigenen Eltern identifiziert, stellt Burkhard Ossendorf fest, daß der ältere Bruder sie »unheimlich viel Kraft gekostet haben« muß.

War das vielleicht die Grundlage seiner unheimlichen Intelligenz und Schnelligkeit? Und hatten die Eltern, angesichts der verschleißenden Aufzucht des Ältesten, überhaupt noch Kraft für die beiden anderen Kinder übrig?

»Mein Vater«, sagt Astrid, einzige Tochter und jüngstes Kind Frank Ossendorfs, »ist ein freundlicher Mann, vorsichtig, sensibel und unsicher. Solange wir klein waren, war er in der Vaterrolle wenig präsent. Er hatte ständig im Geschäft unten zu tun. Die Kindererziehung überließ er weitgehend seiner Frau.« Daß Astrid Ossendorf die erzieherische Abstinenz des Vaters am Anfang des Gesprächs so stark betont, könnte damit zusammenhängen, daß sie – wie wohl alle anderen Befragten der zweiten Generation – bewußt oder unbewußt Fragen nach der Bedeutung der Napola für den Familienzusammenhang erwartet. Wenn der Vater als Erzieher kaum anwesend war, kann es auch keine problematischen Wirkungen seiner Napola-Prägung gegeben haben. Aber gerade Astrid Ossendorf beschreibt, wie in bestimmten Augenblicken eine andere Seite des Vaters für sie sichtbar wurde:

»... aber mein Vater irgendwie, wie gesagt, der stand immer außen vor oder wenn, wenn was war, dann ist er plötzlich also so, was heißt, nicht so ausgerastet, aber er ist dann, er ist nicht jähzornig in diesem Sinne, aber er ist ein Mensch, die dann wirklich... nicht mehr wissen, was sie tun, also, er würde mich jetzt nicht schlagen oder irgendwas, also das passiert nicht, er beherrscht sich so stark, daß da nie einfach so 'ne Reaktion eigentlich kommen würde, so 'n Gefühlsausbruch, aber wenn, dann würd ich sagen, also ziemlich stark, also ziemlich, also na ja, das ist fast gemein, also dann sagt er Dinge, die er sonst also, wenn er jetzt normal überlegen würde oder einfach nur aggressiv wäre oder so, nicht sagen würde. Also dann, ich will jetzt nicht sagen: bösartig oder so, aber es gibt ja so Situationen, wo man, wo einem einfach die Hutschnur platzt und dann irgendwie, man wirklich leider Dinge sagt, die man eigentlich nicht sagen wollte oder nicht sagen möchte, und die auch oft vergraben von irgendwann oder so, die dann plötzlich rausbrechen...«

Das sind viele Negationen. Astrid Ossendorf will ihren Vater nicht beschuldigen oder anklagen, nicht sagen, er sei manchmal »ausgerastet«, »jähzornig« oder gar »bösartig« geworden. Aber sie hat in diesen Konfliktsituationen wahrhafte Metamorphosen des Vaters erlebt, die sie kaum in Worte zu kleiden vermag. Daß er so »hyperkorrekt« und »vorsichtig« ist, könnte damit zu tun haben, daß die Niederhaltung dieser anderen Seite sonst einen Großteil seiner Kräfte verschlingt. Was davon nach außen dringt, ist »fast gemein«. Aber die Tochter bewundert auch, daß der Vater in solchen Situationen »sachlich knallhart« argumentieren kann.

Ossendorfs Tochter beschreibt präzise die Gefahr, die von diesem Verhalten ihres Vaters für sie ausgeht. Es enthält letztlich eine Drohung mit einem totalen und endgültigen – nie wiedergutzumachenden – Kontaktabbruch, die sie zusammenfaßt in dem »Gefühl…, daß er einen… vielleicht fallen läßt«.

In der Erzählung über die unheimlichen Metamorphosen des Vaters mischen sich Phantasie und Realität, Wunsch und Angst. Sie enthält Relikte von Phantasien, die dem Vater als Sexualwesen gelten, wie sie jedes Kind entwickelt, um die Rätsel der Sexualität zu lösen. Schließlich zeichnet sich in Umrissen eine beängstigende Szenerie ab, in der der Vater nicht wiederzuerkennen ist:

»Aber ich weiß da, wie gesagt, nur so eine Situation, wo ich gedacht habe, hoppla, also jetzt plötzlich so ist er jemand ganz anderes, so, ja, eben, so kannte ich ihn eigentlich gar nicht, und da hatte man, klar, so einfach Angst vor, daß man dachte, o Gott, was kommt jetzt da? Was kommt da auf mich zu, was ist das?«

Das erinnert bis in die sprachlichen Details hinein an die vom Trauma geprägten Orientierungsfragen des Bruders. Aber die Fragen der Schwester betreffen nicht die eigene Person und Identität – »was passiert da eigentlich mit einem«?[1] –, sondern sie gelten dem Objekt. Astrid Ossendorf fragt nach der anderen Seite des Vaters und damit auch nach dessen Trauma. Sie thematisiert seine Verstoßung durch Vater und Stiefmutter und vermutet, daß er deshalb eine ungeheure Wut in sich trägt. Sie habe ihn darauf angesprochen, was denn das für ein Gefühl gewesen sei, so »herumgeschubst« zu werden, und ob er nicht »ausgerastet« sei oder wenigstens seiner Stiefmutter »alles Böse gewünscht« hätte? Sie erzählt dann, wie ihr Vater ans Sterbebett seiner bösen Stiefmutter gerufen wurde, damit er ihr alles, was sie ihm angetan hatte, verzeihe. Er habe sich nicht geweigert, sei »gleichgültig hingefahren« und habe weder Haß noch »Mitleid« verspürt, nur Gleichgültigkeit:

1 Vgl. S. 218 die Ausführungen zur Orientierungsfrage Burkhard Ossendorfs.

»Er hat einfach, ich sag, die hat dir soviel Böses eigentlich angetan, und da sagt er, ja, die Frau war mir, sagt er, weißt du, es gibt, ich glaub, das ist, sind wir uns alle in der Familie einig: Es gibt, man kann jemanden hassen, man kann jemanden lieben, und es gibt auch was dazwischen, aber wenn einem jemand gleichgültig ist, also das ist eigentlich die schlimmste Stufe. Und ich glaub, so denken wir auch alle und handeln auch danach, und diese Frau war ihm gleichgültig. Und also das merk ich zum Beispiel auch bei mir, also das hab ich, glaub ich, auch von meinem Vater, daß ... das Faß eben übergelaufen ist und es 'ne gewisse Grenze gibt, und wenn mir dann jemand gleichgültig wird, dann kann er das auch nicht wiedergutmachen. Sagen wir mal so: er ist denn einfach gleichgültig, und mit dem Menschen hab ich auch nur oberflächlich dann zu tun, er interessiert mich dann auch nicht mehr. Vielleicht hab ich das als Kind auch befürchtet, daß er ... sagt, ja, du gehörst wohl dazu, aber – und das hat er, glaub ich, bei dieser Frau so gehabt, also zumindest hab ich das so verstanden.«

Die Textpassage bezieht sich explizit auf das, was dem Vater angetan wurde, aber sie handelt implizit auch von der Gleichgültigkeit, mit der sich Frank Ossendorf von der Stiefmutter abwendet. Er hat ihr ihre Untaten nicht verziehen, und sie starb unter seinen Augen. Man spürt die Besorgnis, mit der Astrid Ossendorf versucht hat, sich in diese Gleichgültigkeit einzufühlen. Hat sich der Vater nicht auch von Christoph, ihrem älteren Bruder, in dieser Weise abgewandt, und hatte nicht auch sie selbst immer Angst vor einer Verstoßung gehabt? Hier zweigen Phantasien ab, in denen Astrid Ossendorf mit dem bewunderten toten Bruder identifiziert ist und dem Vater gegenüber heftige Aggressionen empfindet. Anderseits sieht sie aber auch die verhängnisvolle Dynamik der Interaktion zwischen Vater und Sohn sehr klar:

»Wenn ich so beide vergleiche in, in ihrer Verhaltensweise, in ihrer ... Schwäche, sag ich mal so, haben sie sehr starke Ähnlichkeit, mein Vater und mein Bruder ... Diese, diese Unsicherheit, diese, ja, mangelnde Selbstsicherheit, mangelnde Bestätigung und Nervosität, dieses ja, ich mein, er [gemeint ist der Bruder, d. A.] wußte, er wußte gar nicht, wer er ist, was er macht, was er tut, er hat einfach, denk ich auch ... wollte irgendwie gut dastehen, wollte eigentlich besser sein als alle anderen, und ja, es ist, ist das Gegenteil bei rausgekommen. Ja, und, wie gesagt, sehr intelligent, was eben auch von der Fähigkeit her – also schnell lernen und so weiter und, und, und gut in der Schule sein und so, das denk ich, ist ja auch alles von meinem Vater, auch so, was er – Strebsamkeit, ja, weiß ich jetzt nicht, kann ich jetzt nicht so, so sagen, aber da seh ich ... bei den beiden einfach starke Parallelen, daß mein Bruder also irgendwie zu starker Kopfmensch war, der mit seinen Gefühlen überhaupt nicht umgehen konnte, überhaupt nicht wußte, was er damit soll, weil man hat der harte Kern ... Kerl zu sein, der standfeste Mann, der alles kann, alles abkann, abfängt und das wollte er einfach auch sein, er wollte einfach, daß mein Vater wahnsinnig stolz auf ihn ist. Er hat auch meinen Vater wahnsinnig respektiert, also irgendwie hat er dann auch so erzählt, daß in gewissen Situationen, wenn er in der Klemme war oder was weiß ich, oder irgendwas angestellt hatte oder irgendwie was war, daß er das meiner Mutter dann gebeichtet hatte... aber er immer gesagt hat: ›Also sag das nicht unserem Vater‹, und ›das darf er nicht erfahren‹ und, und, und. Also immer da, ja, man wollte ihn irgendwie nie enttäuschen.«

Das ist, ob wissentlich oder nicht, eine Klage über die Ideale der Napola-Erziehung und deren verheerende Wirkung in ihrer Familie. Astrid Ossendorf macht die aus diesen Idealen erwachsende Verblendung verantwortlich dafür, daß sich das Schicksal der Verstoßung in ihrer Familie wiederholen konnte. Frank Ossendorf hatte seinen Vater nicht für sich gewinnen können, noch nicht einmal, um ein Bleiberecht in der Familie zu erwirken, und sein Sohn Christoph hatte die »mangelnde Bestätigung« durch den Vater maßlosen Ängsten und endlosen Selbstzweifeln ausgeliefert. Aber wer kann geben, was er selbst nicht bekommen hat? Ossendorf jedenfalls gab seinem ältesten Sohn, was er selbst gehabt hatte, und brachte ihn, als in der Schule alles schiefging, nach B., ins Internat, dorthin, wo er selbst ein neues Zuhause gefunden hatte. Vater und Tochter schildern dieselbe Szene, in der Frank Ossendorf den ältesten Sohn zum Bahnhof gebracht hat und dieser heftig weint, als der Vater ihn dort zurückläßt. Astrid Ossendorf sagt:

»Und da sagt also mein Vater heute, das war so schrecklich, wie er ihn dagelassen hat, da – er hätte also so geheult und, und hätte ihm so, ja, er hat nicht gesagt, ob er enttäuscht war oder, aber das war genau das Gegenteil, was er hätte machen sollen. Und da sagte er, also das, die haben ihn auch nach einem Jahr da weggeholt oder zwei Jahren, weil, er hat sich dann angepaßt und schon, aber er war einfach, er hat sich da nicht wohl gefühlt, also es, es war einfach so ein Verstoß von, von den Eltern so 'n bißchen.«

Auf die Frage, ob nicht sein ältester Sohn, als er Drogen zu nehmen begann, sich dauernd in Lügen verstrickte und schließlich beim Aufbrechen von Automaten erwischt wurde, für ihn zu einer Verkörperung dessen wurde, »was in B. verboten war«, beschreibt Frank Ossendorf selbst diese Szene so:

»... allerdings (muß ich) auch sagen, daß wir, da kommen wir vielleicht, vielleicht vom Thema Napola 'n bißchen ab, daß wir dann, wie er also... auch in der Schule Schwierigkeiten hatte mit den Lehrern und so weiter, da haben wir ihn dann runtergenommen, und ich meinte ihn nach B. bringen zu müssen, dann ist er 'n halbes Jahr in B. gewesen... Aber die Erziehung dort war schlecht, und ich war an sich enttäuscht von der ganzen Schule, und da haben wir ihn dann auch wieder runtergenommen. Das muß ich sagen, da hat er sich vielleicht auch abgeschoben gefühlt, von uns aus, nicht. Und ich vergeß das also nie wieder, wie ich ihn dann nach den Sommerferien... an den Zug brachte nach B., und wie er schwer wegfuhr und an zu weinen fing.

...Das war für mich also der Anlaß, daß ich nach Haus gefahren bin und zu meiner Frau gesagt hab, er kommt da weg... Das war... an sich für mich 'n bißchen enttäuschend, aber da hab ich gesagt, ne, das soll er nicht und wenn, wenn er das nicht will, das ist eigentlich das erste Mal, wo ich eigentlich so, wie soll ich sagen, ja, ich hab dann, hinterher war ich auch sehr traurig und hab dann so das erste Mal gesehen, daß ich doch, doch an ihm hing, nicht, ja.«

Das ist die einzige in den Gesprächen überlieferte Situation, in der es Frank Ossendorf gelang, sich in seinen ältesten Sohn einzufühlen. Hat er die eigene frühe psychische Not in der Situation des Sohnes wiedererkannt und sich an den frechen Jungen erinnert, der er selbst als Kind war? Daß er auf ähnliche Weise von den Eltern abgeschoben wurde, sich aber dennoch nach Hause zurücksehnte? Christoph Ossendorf ist vielleicht, einem unklaren Auftrag folgend, so geworden und so geblieben, wie sein Vater vor der Napola-Zeit war: voller Ansprüche, die der Vater niemals zu stellen wagte, und voller Aggressivität, die der Vater an sich nicht tolerieren konnte, lästig und aufsässig, so daß man ihn schließlich loswerden wollte. Seine Schwester erzählt:

»...also er ist letztendlich, auch wie mein Vater, rumgeschubst worden. Jetzt nicht von meiner Eltern Seite aus, sondern von der, von der Gesellschaft. Das fing in der Schule mit an, daß er einer der Schüler war, der, wie gesagt, sehr nervös war, der sehr fordernd war, also der sich nicht abspeisen ließ... mit irgend 'ner Antwort oder so, sondern gesagt hat, wieso ist denn das jetzt so oder, oder, also er hat, er war einfach lästig, sagen wir mal so, und wenn's Blödsinn gab, dann war natürlich klar, daß, daß der Christoph das wieder war, das war ganz logisch, obwohl er's überhaupt nicht getan hatte, aber es war klar, daß er's einfach war.«

Christoph Ossendorf sollte nach dem Auftrag des Vaters nicht so brav sein, wie dieser selbst in der Napola geworden war; er sollte dem heroisch-aggressiven Anteil des Napola-Ideals besser gerecht werden. Bei dem Versuch aber, diesen Auftrag zu erfüllen, verstieß er gegen das Ethos der Schule. Es ist eine aus der widersprüchlichen Auftragsstruktur der Schule resultierende Falle, in der er sich gefangen hat: zwischen der Hybris des Elitewesens und seinen Ohnmachtserfahrungen gab es für ihn keine Verbindung. Sein Tod hat in den Augen der Schwester endgültig gezeigt, wie zerstörerisch diese Ideale sind.

Intergenerationelle Texte kommen nicht unter allen Bedingungen zustande, weil sie ein Minimum an Dialog zwischen den Generationen voraussetzen. In der Familie Ossendorf ist eine gut kenntliche Passage dieses Textes dem Tod des ältesten Sohnes gewidmet. Ich möchte versuchen, diesen Textausschnitt – um die Konturen deutlicher hervortreten zu lassen – als Chorgesang mit vier Stimmen zu beschreiben, als einen Zyklus von »Schuld«, »Opferung« und »Wandlung«, in dem jede einzelne Stimme ein spezifisches Motiv vertritt.

Die erste Stimme ist die Frank Ossendorfs. Sein Part ist die Benennung einer doppelten Schuld, der eigenen und der des Sohnes:

»Er war, jaja, er war sehr lebhaft und so, und das alles, aber er war dann, charakterlich hab ich ihn dann so mit meiner Jugend verglichen, und das war er nicht, also er, mit, mit, mit vierzehn Jahren haben 'se schon, was für mich also als ehemaligen Napola-Schüler – und da macht sich die Zeit wieder bemerkbar – ... total unmöglich war. Und wie ich also dann eine unheimliche Distanz von ihm genommen habe, als er eingebrochen hat und die haben einen Automaten aufgebrochen mit mehreren, und da mußte er 'n paar Wochenenden ins Gefängnis. So was war für mich also total unmöglich, und, na ja, er glitt dann auch nachher immer mehr ab, das ist, das, im nachhinein tut mir das alles so furchtbar leid. Wir haben, ich habe nie ein inniges Verhältnis so zu ihm gehabt, wie zu dem Zweiten und zu meiner Tochter...«

Ich hätte meinen Sohn, sagt Frank Ossendorf damit, als er auf die schiefe Bahn geriet, retten müssen, aber ich habe mich von ihm unter dem Druck des Ehrenkodex der Napola abgewandt. Meine Schuld liegt in der »unheimlichen Distanz«, die ich ihm gegenüber eingenommen habe. Ich habe ihn fallengelassen, wie ich selbst fallengelassen wurde.

Die zweite Stimme kennen wir bereits. Astrid Ossendorf führt Klage über den Tod des Helden. Sie benennt die Verblendung im Verhältnis von Vater und Sohn als Problem ihrer Ähnlichkeit:

»Wenn ich so beide vergleiche in, in ihrer Verhaltensweise, in ihrer... Schwäche, sag ich mal so, haben sie sehr starke Ähnlichkeit, mein Vater und mein Bruder... Diese, diese Unsicherheit, diese, ja, mangelnde Selbstsicherheit, mangelnde Bestätigung und Nervosität, dieses ja, ich mein, er [gemeint ist der Bruder, d. A.] wußte, er wußte gar nicht, wer er ist, was er macht, was er tut, er hat einfach, denk ich auch ... wollte irgendwie gut dastehen, wollte eigentlich besser sein als alle anderen, und ja, es ist, ist das Gegenteil bei rausgekommen. Ja, und, wie gesagt, sehr intelligent, was eben auch von der Fähigkeit her – also schnell lernen und so weiter und, und, und gut in der Schule sein und so, das denk ich, ist ja auch alles von meinem Vater, auch so, was er – Strebsamkeit, ja, weiß ich jetzt nicht, kann ich jetzt nicht so, so sagen, aber da seh ich... bei den beiden einfach starke Parallelen...«

Aber sie benennt auch als weiteres Motiv des tragischen Scheiterns das verzweifelte Bemühen ihres Bruders, von der übermächtigen Mutter loszukommen.

Die dritte Stimme ist die Burkhard Ossendorfs. Er entfaltet am konturiertesten den Zusammenhang von Opferung und Wandlung. Er spricht von der Schuld des übermächtigen Bruders, der ihn im Bündnis mit der Mutter drangsalierte und aus dem Hause trieb, dadurch aber zum »Wegbereiter« der Entwicklung und Wandlung des Jüngeren wurde:

»Also wahrscheinlich, ich sehe es so, daß es so... na ja, vorherbestimmt will ich nicht sagen, aber daß es... auch nicht, daß es so kommen mußte, kann man auch nicht sagen... Ich weiß nicht, vielleicht, vielleicht... hat es auch nur den Sinn, daß, daß, daß ich mich so, so in den letzten zehn Jahren, so entwickelt hatte und daß meine Schwester sich so entwickelt hat oder sich die ganze Familie so entwickelt hat. Vielleicht war es notwendig, damit sie, wir uns alle... ich, das kann man schlecht sagen...«

In dieser Passage klingt an, worauf viele Anspielungen in den Gesprächen hindeuten: Erst nach dem Tod Christophs, der anstelle des Vaters mit der Mutter ein Paar bildete, hat sich die Familie als »ganze Familie« – als »Gemeinschaft« – konstituiert, und der Vater ist in seine legitime Position eingetreten. Daraufhin hat der zweite Sohn seine Rechte auf die Sohnesposition geltend gemacht und ist für neun Jahre nach Hause zurückgekehrt. Sowohl er als auch die Schwester fühlen sich der Mutter seitdem näher.

Und was sagt die Mutter selbst? Ihr gehört die vierte Stimme:

»Wie unser Christoph anfing zu lügen, wie er mit seinen Drogen am Gange war und so, und diese ganzen Täuschungen und das Hin und Her, das hat meinen Mann schon ziemlich mitgenommen. Er ging dann auf Distanz, hat sich rausgehalten, was Männer ja gerne tun, den Weg des geringsten Widerstandes... Das ist, glaub ich, 'ne männliche Eigenschaft. Und durch die Napola-Erziehung war er den ganzen Gefühlen ja nicht gewachsen. Bei mir war das anders dadurch, daß ich schon als Kind – ich hatte 'ne starke Mutter, die mich also so erziehen wollte; die wollte gern so 'ne liebe schöne Tochter haben, und das paßte überhaupt nich, und das gibt ja, wenn man immer so 'n bißchen Kämpfe hat, das gibt ja Stärke irgendwie, nich.«

Frau Ossendorf betont am entschiedensten die schädigenden Wirkungen der Napola. Es war die Erziehung zu einem Ehrgeiz, der sich nicht realisieren ließ. Das hat sie bei ihrem ältesten Sohn wiedererkannt: »Er wollte immer so der große Boß sein, ne?« Auch wenn er mit seinem Charme und seiner Intelligenz die Leute für sich einnehmen konnte, so war er doch seinen Größenphantasien und der selbstzerstörerischen Dynamik der Sucht schutzlos ausgeliefert. In der Konfrontation mit dem Unglück des Sohnes, das sie nicht von ihm abwenden konnte, ist Frau Ossendorf »erwachsen« geworden. Das ist ihre Wandlung.

Aus ihrer Sicht handelt der intergenerationelle Text von der Überlegenheit der Frauen. Sie sind es, die das Regiment in der Familie übernehmen müssen, wenn sich die Männer wegen ihrer Schwächen zurückziehen. Frau Ossendorf ist, ohne es zu wissen, eine Theoretikerin des Matriarchats.

Wie widersprüchlich sich auch die einzelnen Motive zueinander verhalten mögen, der Zyklus von Schuld, Opferung und Wandlung, in dem sie zusammenklingen, kulminiert in der Konstitution der familialen Gemeinschaft. Es handelt sich um eine kollektive Phantasie, die besagt, daß die Gemeinschaftsbildung erst durch die Wiederholung des Verstoßungstraumas in der zweiten Generation möglich war. Erst dadurch, daß für den ältesten Sohn Realität wurde, was alle Kinder für sich befürchteten – das Fallengelassenwerden –, konnte das Gesetz der Verstoßung außer Kraft gesetzt werden.

Kurz vor dem Abschluß des Porträts wurde mir eine letzte Gegenübertragungsphantasie bewußt: Ich stellte mir vor, wie der junge Frank Ossendorf im »Exil« der Pflegefamilie und in den ersten Monaten der »Strafkolonie« Napola immer wieder, vor dem Einschlafen, ein Foto seiner Mutter betrachtete; vielleicht waren er selbst und sein Vater auch darauf. Als schließlich der Schmerz über den Objektverlust nachzulassen begann, wurde das Foto zum Ausgangspunkt einer begrenzten Restitution des Verlorenen. Es bildete hinfort eine Art symbolischer Lebensgrundlage für den Verstoßenen. Auch wenn das Foto unausweichlich die *Abwesenheit* des Objekts hervorhob, eröffnete es doch gleichzeitig den Blick in eine glücklichere Vergangenheit, an deren Existenz Frank Ossendorf mitunter, wenn er das Foto länger nicht vor Augen hatte, zweifelte, als habe er in seinem Leben niemals einen sicheren Platz gehabt. Diesen Platz repräsentierte und restituierte zugleich die Fotografie.

Folgen wir dieser Gegenübertragungsphantasie, so entwickelte Frank Ossendorf zu jener Zeit im Umgang mit dem rettenden Bild eine Art Privatreligion, in deren Zentrum ein individueller Bilderkultus stand. Dieser erfüllte dieselbe Funktion wie, Freud zufolge, alle Religionen. Er erlaubte eine Verarbeitung von Aggressionen und Schuldgefühlen, die sich auf das verlorene Objekt richteten, auf dem Wege einer tragfähigen Idealisierung. In der Privatreligion »überlebt« das innere gute Objekt, während zugleich der Tod des äußeren Objekts anerkannt wird; sie ritualisiert die Trauer und rettet die Erinnerung vor dem Kontaktabbruch der Verleugnung.

In seinem Aufsatz über »Bilder und Phantasiebilder« trifft Robert Castel den psychischen Mechanismus, den die Gegenübertragungsphantasie hier ins Spiel bringt, recht genau:

»Ich werde mich vor der Behauptung hüten, die Photographie genüge zum ›Abziehen der Libido‹. Sie trägt jedoch unstreitig dazu bei, dem ›geliebten Wesen zu erlauben, von jetzt an in der Erinnerung zu leben‹, was die einzige Weise ist, den Tod zu rationalisieren, das heißt weiterzuleben. Durch die andächtig gehütete Photographie, die zusammen mit anderen Erinnerungsstücken im ehrfürchtigen Zeremoniell einer individuellen Religion betrachtet wird, ist etwas vom Schrecken des Verlusts gebannt worden. An die Stelle der plötzlichen Vernichtung und der Auflösung des Fleisches tritt die erstarrte Ewigkeit eines vergilbten Lächelns... Obwohl das fixierte und ins Album eingeordnete Leben nicht mehr das Leben in seiner Vielfalt ist, so bannt doch das blasse Bild auf seine – weder vollkommene, noch völlig unzureichende – Weise die Gefahr der völligen Vernichtung« (Bourdieu u. a. 1981, 262 f.).

Frank Ossendorf hat mit dem Tod der Mutter – das ist das Zentrum der Gegenübertragungsphantasie – nicht nur sein damals einziges Liebesobjekt, sondern auch seine sichere Familienexistenz verloren, seinen Platz in der Welt. Das fotografische Dementi der Vernichtung rettet ihm mittels eines kleinen religiösen Zeremoniells die Existenzgrundlage.

Mit dem Auftauchen dieser Phantasie werden drei Verknüpfungen möglich, die sich auf Frank Ossendorfs Hitler-Bild (1), auf die religionsanaloge Struktur der Familienlegende (2) und schließlich auf die bildlichen Aspekte der Gegenübertragungsphantasie im zweiten Gespräch mit Burkhard Ossendorf (3) beziehen, von der das Porträt seinen Ausgang nimmt. Mit ihnen wird ein ganzes Geflecht von Deutungen und Bedeutungen sichtbar:

1. In der Zeit nach dem Tode seines Sohnes variiert Ossendorf seinen alten fotografischen Trauermechanismus. Es gibt wieder ein rettendes Bild – das Adolf Hitlers –, das zur Folie seiner Bearbeitung des wiederholten traumatischen Objektverlusts wird. Durch meine Frage nach den Veränderungen seines Hitler-Bildes bringe ich genau diesen restitutiven Zusammenhang ins Spiel, aus dem sich dann eine sichere Grundlage für den Dialog entwickelt. Erst mit der letzten Gegenübertragungsphantasie wird mir diese Dimension des Gesprächs zugänglich, so daß sich nunmehr die Fäden miteinander verknüpfen lassen. Die Gegenübertragungsphantasie wird gleichsam zum Ariadnefaden im Prozeß der Porträtierung.

Ich kann mir nun vergegenwärtigen, wie irritierend es für mich war, Hitler im Rahmen einer quasireligiösen Struktur als rettendes Bild präsentiert zu bekommen, das die Stelle des verlorenen guten Objekts einnimmt. Ich hatte darauf unbewußt mit einem Bilderverbot reagiert, das Frank Ossendorf selbst wie sein Spiegelobjekt Hitler betraf. Es war mir lange Zeit unmöglich, mir ein Bild von meinem Gesprächspartner zu machen.

2. Wir haben gesehen, wie sich aus dem Gesamtgefüge der Interviews eine Art Zyklus von Schuld, Opferung, Wandlung und Gemeinschaftsstiftung – »Kommunion« – herauskristallisiert, den man als konturierten Kern eines intergenerationellen Texts lesen kann. So wie der Tod der Mutter, den Frank Ossendorf als initiales Ereignis an den Anfang des ersten Gesprächs stellt, zu seinem Eintritt in die Napola geführt hat, so konstituiert die Auseinandersetzung mit dem Tod Christophs die Familie als Gemeinschaft. Ebenso wie der Vater in der Gruppenich-Formation der Napola eine neue Existenzgrundlage gewann, so eröffnete für seinen jüngsten Sohn die anthroposophische Ausbildungsinstitution eine auf die Integration in die Gruppe und auf die Gefühlslehre der Farben gegründete Lebensmöglichkeit. Das rettende Bild ist für ihn das Gemälde, das er malen könnte, wenn ihm der Kontaktabbruch mit sich selbst oder mit anderen droht, eine Art letzter Sicherheit.

3. Die initiale Gegenübertragungsphantasie vom Kind, das träumt und aus der Welt fällt, wird nunmehr als Versuch durchsichtig, eine Bildgrundlage für einen Dialog zu schaffen, der immer wieder vom Abreißen des affektiven Kontakts bedroht ist. Man könnte auch von einer Wiederauflage der von Frank Ossendorf entwickelten fotografisch-bildlichen Abwehr eines Objektverlusts sprechen. Das wäre gleichsam eine Figur des intergenerationellen Übertragungsgeschehens. Erst die letzte Gegenübertragungsphantasie enthüllt die recht homogene Struktur meiner Reaktionen. Indem es mir um den Preis eigener Irritationen und Irrealisierungen gelingt, den affektiven Kontakt in den Gesprächen zu halten, werden diese zum »Beweis« dafür, daß im Gefolge der familialen Restitution nach dem Tod Christophs niemand mehr aus der Welt fallen muß.

Landen in Deutschland: Günther Völklin

Günther Völklin ist in Gestalt und Habitus, dem freundlichen, auf bedachtsame Art entgegenkommenden Gesprächsverhalten, das die Bereitschaft verrät, auf meine Fragen präzise und aufrichtig einzugehen, dem Vater sehr ähnlich. Daneben scheint es viel zu geben, was sie unterscheidet und trennt. Schon in der ersten Annäherung an den Vater spüre ich die starke Spannung, unter der seine Gefühle zu ihm stehen und die ihm einige Mühe bereitet, das Verhältnis zu seinem Vater und diesen selbst genau und gerecht zu beschreiben. Das hindert ihn nicht, mit einer gewinnenden Offenheit und einem Charme zu reden, der sich von dem streng kultivierten Charme des Vaters durch die zeitgemäße lockere Form unterscheidet, die mir angenehm ist und die zu dem mir nicht unbekannten spätstudentischen, jungfamilialen Habitus paßt, den ich auch in dem etwas vollgestopften, wohltuend unordentlichen Haus, einem historischen Siedlungsbau in einer traditionsreichen Arbeitervorstadt, wiederfinde.

Er hat den Vater immer als sehr förmlich und emotional unzugänglich erlebt, höre ich ihn sagen:

»Distanz war schon immer da, Distanz zu allen Dingen, die irgendwie emotional oder so spontan oder locker sind. Es gab Ausnahmen, sicher, aber in der Regel war er derjenige, der eigentlich mit emotionalen Dingen sowieso überhaupt nichts anfangen konnte. Auch so Sachen, ich meine, er gibt sich Mühe, ich möchte es direkt als Beispiel aufführen, damit Sie verstehen, was ich damit sagen will. Er gibt sich Mühe, jemandem eine Freude zu machen, und macht sich Gedanken zu Weihnachten, worüber der sich freuen könnte, oder zum Geburtstag oder sonstwas. Und hat dann auch eine Freude an der Freude des andern, aber in dem, was er sich so überlegt, liegt er oft total daneben, und das Gutgemeinte, das kommt dann oft auch nicht so richtig an, weil er eben danebenliegt, und dann ist er wiederum sauer, weil er sich abgelehnt fühlt und mißverstanden fühlt und in seinen Bemühungen nicht verstanden fühlt.«

Hinter einer Fassade der Selbstdarstellung verberge sich bei Harald Völklin eine mangelnde Fähigkeit, Gefühle auszudrücken und mitzuteilen. Er könne nicht vom rhetorisch gewandten Auftreten in der Öffentlichkeit zum zwanglosen Gespräch im vertrauten Familienkreis wechseln. Die förmliche

Distanz wirkt verletzend: »Das tut uns allen ein bißchen weh.« Auch bei Günther Völklins Kind nimmt er eine ungeliebte Außenseiterstellung ein. Es schreit, sobald der Opa in seine Nähe kommt.

Warum der Vater zu Nähe, Spontaneität und emotionalem Ausdruck nicht fähig ist, hat den Sohn oft und immer wieder beschäftigt. Daß diese Seite seines Wesens etwas mit der Napola zu tun haben soll, kann er allerdings nicht nachvollziehen:

»Wenn ich jetzt Dinge erzähle über meinen Vater oder wie ich meinen Vater erlebt habe oder erlebe, dann kann ich eigentlich nicht unbedingt jetzt das nachvollziehen, daß das mit an der Napola festgemacht werden soll. Wir werden sicher noch darüber reden, wieviel er so überhaupt erzählt hat davon oder was wir [er und seine Schwester, d. A.] von der Napola wissen, das ist herzlich wenig.«

Wohl aber weiß er etwas über den »Drill«, den jemand wie sein Vater als Soldat durchgemacht hat, den »Zusammenbruch«, die »Umpolung« nach dem Krieg und den Wiederaufbau, bei dem er viel »Leistungsmotivation... in sich hineingepumpt [hat], um die Kriegsverirrungen zu verdecken«. Noch zehn Jahre nachdem er in den Vorruhestand getreten ist, identifiziert er sich mit seinem Betrieb, sagt »Wir und... meint die Firma«. Dabei vertrete er ausschließlich Arbeitgeberstandpunkte, während die Gewerkschaften für ihn »alles Idioten« sind.

»Wir sind eigentlich immer aneinandergeraten, wenn wir Diskussionen hatten über solche Dinge. Weniger vielleicht aus inhaltlichen Gründen, als vielmehr aus der Art und Weise, wie er seine Meinung darlegt, so als wenn das der Weisheit letzter Schluß wäre, und jeder andere, der nicht vollkommen damit übereinstimmt, der ist entweder ein armer Schlucker, weil ihm noch nicht die Augen geöffnet wurden, oder er ist ein Idiot, weil er's doch eigentlich wissen müßte, daß das das Richtige ist, und... also insofern Toleranz oder so was... sehr, sehr wenig... Dieser verschrobene Respektgedanke aus formalen Gründen – das ist überhaupt das Dilemma, was die Beziehung, so wie ich sie mir vorstelle, die er zu mir hat, prägt, daß er einerseits auf dieser Respektsposition beharrt, aber andererseits sich sehnlich wünscht, ein kumpelhaftes Verhältnis zu haben, aber vollkommen unfähig ist, die geeigneten Schritte zu unternehmen, auch nur das auszudrücken, geschweige denn das irgendwie zu begünstigen.«

Günther Völklin ist unschlüssig, ob die familiären Verhältnisse, in denen er aufgewachsen ist, durch normale, allgemeine Merkmale hinreichend zu charakterisieren oder durch »spezifische Konstellationen« bedingt seien. Ihm ist klar, daß er an der Beziehung zum Vater »normalerweise... arbeiten« können müßte, aber etwas hindert ihn daran. Eine Normalität hat es nicht gegeben.

Dafür macht er in der Hauptsache die Ortswechsel zwischen verschiedenen Ländern und Kulturen verantwortlich, die er in seiner Kindheit und Jugend erlebt hat. Besondere Schwierigkeiten brachte der letzte Umzug von Ostasien nach Deutschland 1971 mit sich, als er 16 Jahre alt war:

»Da kam ich also in das Alter, wo man anfangen sollte, irgendwie so eine erwachsene, integre Persönlichkeit zu entwickeln oder darzustellen, und da bin ich fürchterlich ins Schleudern geraten, weil ich nicht wußte, wer ich war oder wie ich war, weil ich mich eben immer so gut hab anpassen können. Ich hab immer, wenn wir irgendwo da waren, mich erst mal programmieren lassen. Hab mir erst mal angesehen, wie sind die anderen, möglichst wenig auffallen, möglichst genau so sein wie die, und dann gut untermischen, das ist das Einfachste. Das hab ich früh im Leben schon gelernt, daß das eine sehr vernünftige Strategie ist, wenn man irgendwo dazukommt... Und das ist natürlich schön, weil es nach außen hin dann den Anschein erweckt, daß die Kinder überhaupt keine Probleme auch haben mit der Anpassung oder sonstwas, weil sie sich eben so gut anpassen. Nur eine Sache, die er eben nie begriffen hat, wir haben uns auch schon darüber unterhalten, eine Sache, die er nie begriffen hat, ist, daß gerade das hohe Maß an Anpassungsfähigkeit für jemanden, der jetzt plötzlich nicht mehr Kind oder Jugendlicher ist, sondern etwas darstellen soll, etwas Eigenständiges, der sich überlegen soll, was er denn überhaupt will mit seinem Leben und so weiter, daß das ein sehr großes Problem auch sein kann in der speziellen Entwicklungsphase, und das ist etwas, was er absolut nicht begriffen hat. Und Versuche, mit ihm darüber zu reden, gingen immer dann, wurden immer von ihm so in die Richtung ausgelegt, daß das ein Vorwurf ihm gegenüber war, daß er mir das angetan hat. Als wenn das was helfen würde, es gibt ja sowieso nichts mehr dran zu ändern.«

Die Ähnlichkeit mit dem, was Harald Völklin als eine seiner »Lebensweisheiten« und als Grund seines Erfolges als Industriemanager bezeichnet hat: die »strategische« Anpassung an Gruppen und Gesellschaften durch das Lernen der »Spielregeln«, die in ihnen gelten und mit denen man sich »programmieren« muß, um erfolgreich arbeiten zu können, die »Integration ins Team«, ist verblüffend. Die leichte Ironie, die bei Günther Völklins Ausführungen wohl nicht wegen dieser ihm sicher nicht bewußten kategorialen Übereinstimmung in der Beschreibung seines sozialen Verhaltens anklingt, verweist auf die vom Vater nie in Betracht gezogene Kehrseite dieser »vernünftigen« Strategie. Beim Sohn taucht sie auf als das, was sie beim Vater vermutlich immer war und was verdrängt blieb: als eine Strategie des Überlebens, die der Sohn als mangelnde Chance zur Identitätsbildung erlebt und reflektiert hat. Seine Versuche, mit dem Vater darüber zu reden, habe dieser immer als »Vorwurf« empfunden. Es *ist* ein Vorwurf, den er seinem Vater macht, der Vorwurf der verweigerten Individuation.

Dieser Vorwurf geht aber offenbar auf einen späten Reflexionsstand zurück. Der ursprüngliche »Vorwurf«, den Günther Völklin gegen seinen Vater erhebt, betrifft etwas anderes. Bei dem wenigen, das er über die Napola gehört hat, weiß er doch von einem Punkt mit nicht unbeträchtlicher Teilnahme zu berichten. Er erinnert sich an Erzählungen des Vaters über die »Kameradschaft«, die an der Napola herrschte. Wenn Harald Völklin von der Napola redete, dann hörte es sich für ihn an, als wäre sie »der Prototyp jeglicher menschlichen Gesellschaft überhaupt, ein Idealbild und so was. Das hat er mal erzählt, ja, und hat immer so begeistert getan.« Aber Günther Völklin glaubt solchen Geschichten nicht recht:

»Na ja, ich mein, es ist schwer, das zu trennen von einem andern, was man so als Mitglied unserer Generation hört, was früher passiert ist, diese ganzen Nazi-Geschichten und... es ist natürlich so, daß viele, glaub ich, der älteren Generation jetzt davon einfach nichts mehr wissen wollen. Wenn man sie darauf anspricht, dann verleugnen sie es teilweise oder tun so, als wenn das alles... meine Mutter übrigens auch, hat schon oft gesagt, ›Ach, es wird soviel berichtet darüber, dabei werden viele wichtige Sachen außer acht gelassen‹, und ›Klar, hat das gestimmt‹ oder einfach ›Wir haben's ja nicht gewußt, was da mit den Juden passiert ist, oder solche Dinge, ne‹. Und man traut sich dann auch als Sohn nicht so richtig, die Sachen anzusprechen, wenn man merkt, daß da ein gewisser Widerstand vorhanden ist, von sich aus da was darüber zu erzählen. Und das hat mich eigentlich auch nie so groß interessiert, weil für mich ist die Sache klar, mein Vater war da mit dabei, der war sogar nicht unbedingt jetzt einer, der nur so ein kleiner Mitläufer war vermutlich, sondern er war zumindest engagiert und überzeugt mit dabei, das mußte er ja wohl, sonst wär er ja wohl... hätte er ja wohl das alles nicht so mitgemacht, was er mitgemacht hat. Inwieweit das jetzt sein Verschulden ist, sagen wir mal, daß er dazu gezwungen wurde oder daß er da einfach aus Kopflosigkeit oder sonstigen Dingen sich da hat begeistern lassen dafür, das kann ich schlecht beurteilen, und das ist mir im Prinzip auch egal. Ich nehm ihn jetzt so, wie er ist, versuch mit ihm so auszukommen, nicht nur jetzt, sondern auch schon immer im Grunde, und diese ganze Vergangenheitsgeschichte, es gab immer viel zuviel in der Gegenwart auch, als daß man da hätte groß in seiner Vergangenheit bohren wollen. Ab und zu hat er mal was erzählt, ja, aber sehr selten.«

Der »Widerstand«, den er bei der älteren Generation spürt, kommt uns bekannt vor. Sein Widerstand ist aber ebenfalls unübersehbar. Was die Idealisierung der Napola betrifft, so wirkte sie auf Günther Völklin unglaubwürdig, als seltsam aufgespreizt, ideologisch, fern vom Erzähler und von Erfahrungen, die, wie der Junge gewiß ahnte, mit Strenge, Gewalt und Angst zu tun hatten. Aber er hatte sich durch solche »begeisterten« Erzählungen auch gekränkt fühlen können. Wenn die Napola für den Vater so wichtig war, dann ist ihm etwas vorenthalten worden, nämlich die Wirklichkeit oder Erfüllung dieses Ideals – »Kameradschaften«, Freundesgruppen und -cliquen – für ihn. Er hat nur die Strategie der Anpassung als Verhalten gelernt, aber das, was Beziehungen in der Gruppe geben können (und unter entwicklungspsychologischen Gesichtspunkten auf dieser Altersstufe als Voraussetzung für den Prozeß der Individuation leisten müssen), nicht wirklich erlebt. »Bloß kein Klassenbester« und gleichzeitig ein bißchen der »Clown« sein – das hat er »angeboten, andern Mitschülern und so, um irgendwo integriert zu werden«. Im übrigen hat er sich oft als »alleinstehend« empfunden und »gesehnt nach der Wärme einer Gruppe oder Clique... Das war eigentlich immer schon so«, ist also auch heute noch der Fall. Er konnte Kindheit und Jugend nicht »an einem Ort im gleichen Freundeskreis« verbringen, »ich denke, das vermittelt auch sehr viel Geborgenheit«. In diese Lage war er »durch diese vielen Umzüge« gekommen, also durch die Karriereschritte des Vaters. Er hat sich an ihm dadurch »schuldig« gemacht, daß er ihn für die Napola »begeistert« und ihm doch keine »Napola« geboten hat. Günther Völklin mußte den Prozeß der Individuation unter Bedingungen des Alleinseins angehen, wofür das auf Anpassung und Integration ausgerichtete Verhalten, das er erlernt hatte, um in Gruppen akzeptiert zu werden, zu denen er nicht wirklich gehörte, keine Hilfe war.

Die damit verbundenen Erfahrungen waren einem Interesse an der Napola-Geschichte des Vaters und ihrer Fortsetzung im Nationalsozialismus nicht günstig. Daß es ihm »egal« ist, ob dem Vater irgendein »Verschulden« anzulasten sei, heißt vermutlich auch, daß er ihn irgendwie für »schuldig« hält.

Ich meine, in seinem dezidierten Desinteresse an der Napola- und NS-Geschichte des Vaters die Abwehr einer Angst zu spüren, der Angst nämlich, ein »schlechtes Erbe« mitbekommen zu haben, etwas, das beim Vater »zugeschüttet« und »unverarbeitet« geblieben ist, zu dem er »nichts dazugelernt« hat, um »dann an die kommende Generation die Probleme weiter(zu)geben«. Es wäre etwas, das ihm von seiten des Vaters, dessen angstbesetzte Abwehr »individualistischen«, nicht gruppenkonformen Verhaltens wir kennen, als eine Art »negative Identifizierung« widerfahren sein könnte: Günther Völklin ist in mancher Hinsicht das geworden, was für einen Napolaner verpönt war und das zu werden man ihn zu fürchten (und im antisemitischen Stereotyp einzuordnen) gelehrt hatte – ein »Individualist« und Außenseiter, ein »nutzloser« Intellektueller, nämlich Wissenschaftler auf einem Gebiet, wo er nach Meinung des Vaters zwar Hervorragendes leistet, aber doch gesellschaftlich wertlose Arbeit verrichtet.

Auch als Wissenschaftler verhält er sich distanziert zur Napola. Er kritisiert das Vorgehen unserer Forschung, fragt nach Parametern und Vergleichsgruppen, methodischen Mitteln also, mit denen wir »spezifische« Einflüsse der Napola von den allgemeinhistorischen Auswirkungen der NS-, Kriegs- und Nachkriegszeit auf die nächste, seine Generation unterscheiden wollen. Er wehrt die Vorstellung, daß die Napola Einfluß auf ihn und seine Entwicklung haben könnte, schroff ab: Ein Napola-Sohn möchte er nicht sein. Waren ihm einerseits die »Napola-Erfahrungen« der Kameradschaften und Freundschaftsgruppen vorenthalten worden, so möchte er sich andererseits nicht in einem spezifischen, eben durch Napola und Waffen-SS belasteten Generationsverhältnis der »Täterschaft« sehen, was er damit zum Ausdruck bringt, daß es ihm »egal« sei, ob der Vater sich schuldig gemacht hätte.

Denkbar ist auch, daß er mit dieser unbewußten Strategie nicht nur sich, sondern auch den Vater schonen möchte. Denn er stellt die Überlegung an, ob nicht die eigentlich wichtigen Einflüsse von Eltern auf ihre Kinder überhaupt ganz unspezifisch seien, ob er also nicht nur Napola-spezifische Einflüsse auf sich bestreiten soll, sondern auch »so Generationssachen, so kohortenspezifische Dinge«, die die im Nationalsozialismus aufgewachsene Generation insgesamt charakterisieren. Er überlegt, ob die entscheidenden Einflüsse, die Eltern ausüben, auch für ihn und uns vielleicht noch nicht einmal auf Einstellungen und Verhalten dieser Generation »in dem vom Krieg gebeutelten Deutschland« zurückzuführen, »noch nicht mal deutschspezifisch« seien, sondern nur darauf, »daß Eltern generell so sind«: »konservativer«, »materieller«, Mütter mehr, Väter weniger emotional. Mit der schrittweisen Entspezifizierung des Vaterbildes weist er jede denkbare Identifizierung mit ihm zurück und läßt sich zugleich die Chance offen, ihn als »allgemeinen« Vater, so wie Väter nun mal sind, doch noch akzeptieren und sich von der Last des Schuldigsprechens befreien zu können.

Aufschlußreich ist auch in diesem Zusammenhang Günther Völklins wissenschaftliches Interesse, das ihn seit langem beschäftigt und das sich zwischen Liebhaberei und beruflichen Absichten bewegt. Es dreht sich um die »psychologischen Grundlagen des Verhaltens so mit Nervenzelle und synaptischer Übertragung und so was, das hat mich schon immer fasziniert«. Die in Arbeit befindliche Dissertation befaßt sich mit wahrnehmungspsychologischen Differenzen beim Hören und der sprachlichen Verarbeitung von Tonsprachen und Nichttonsprachen. Für die Erhebung der Daten hat er mit Vergleichsgruppen aus Deutschland und dem ostasiatischen Land, in dem er einen Teil seiner Kindheit und Jugend verbracht hat, gearbeitet, um in technisch einfachen, aber sehr exakt durchzuführenden Hörexperimenten mit beiden Sprachen die unterschiedlichen Aktivitäten der beiden Gehirnhälften bei der sprachverarbeitenden Umsetzung der Töne nachzuweisen. Um diese Experimente machen zu können, hat er Kontakte zu einer dortigen Universität hergestellt. Er ist dabei, diese Kontakte auf der Ebene der wissenschaftlichen Diskussion und Zusammenarbeit auszubauen. Als er mit der Familie in diesem Land lebte, hatte er aus Altersgründen mit der Universität nichts zu tun, jetzt aber ist er da »ein und aus gegangen… und fand das toll«. Offenbar hat die Arbeit auch eine reparative Funktion im Hinblick auf die einschneidende Trennung von Ostasien. Dort war er immerhin wer, wenn auch nur im Gesellschaftsleben der ausländischen Oberschicht. Zurück in Deutschland, findet er sich wieder in der Rolle des Außenseiters.

Vielleicht ist auch aus diesem Grund die Arbeit in einem »Randgebiet« angesiedelt. Zwischen Psychologie und Linguistik ordnet er sie versuchsweise dem Fachgebiet einer »kulturvergleichenden Neuropsycholinguistik« zu. Damit ist sie derart fächerübergreifend und spezialisiert angelegt, daß er auf Schwierigkeiten bei der wissenschaftlichen Betreuung und Begutachtung stößt. Bislang hat er »alles… alleine« gemacht.

Seit jeher »faszinieren« ihn die »psychologischen Grundlagen des Verhaltens«, weil sie zeigen, »daß all die Dinge, die wir machen und können, daß die nur möglich sind durch eine komplizierte Verschaltung einer enorm großen Zahl spezialisierter Nervenzellen. Alles was wir sehen, hören, tun und sagen, die Muskeln, die wir bewegen, daß das alles nur über… und letztlich die Zentrale eben, die der Zentraleinheit im Gehirn sitzt.« Das naturwissenschaftliche Erklärungsmonopol, das sich in dem wiederholten »nur« ausspricht, und die pronominale Apotheose des Gehirns: was wir (= ich) können…: nur durch das Gehirn, läßt nicht klar erkennen, wie eine kulturwissenschaftliche Fragestellung, die er auch anspricht, möglich sein soll. Nach dem, was er mir erzählt hat, führt er die Arbeit rein naturwissenschaftlich durch. Mit anderen Worten: Er ist weder mit der deutschen noch mit der Kultur der ostasiatischen Heimat seiner Jugend identifiziert, sondern nimmt an beiden durch neuropsychologische, reizverarbeitende Operationen am Hören der Sprachen, gleichsam am »Rande« »angepaßt«, teil. Er koordiniert sich, statt sich zu identifizieren, und sieht sein Selbst unter der Regiezentrale eines »Gehirns«, nicht einer soziokulturell geformten Ichidentität.

Mit dem Bild des eine Unzahl von nervlichen Reizen koordinierenden Gehirns läßt sich, wenn wir es als Selbstaussage nehmen, jenes Sozialverhalten darstellen, das darin besteht, sich durch Selbstprogrammierung gruppenkonform anzupassen und neue Situationen und Umwelten schnell und sicher zu »verarbeiten«. Es ist anzunehmen – wir haben schon darauf hingewiesen –, daß die Ursprünge dieses Konzepts auf den mit 16 Jahren als höchst schwierig erlebten Umzug nach Deutschland zurückgehen, als er »fürchterlich ins Schleudern geraten« war und sich zu fragen begann, »wer ich war und wie ich war«. »Alles ist besser«, dachte er damals, »als das, was jetzt hier sich abzeichnet.« Zu diesem Zeitpunkt hatten auch die Eltern eine große Krise. Vom Vater war ohnehin keine Hilfe zu erwarten; er ist ja heute noch der Ansicht, daß die Umzüge den Kindern in keiner Hinsicht geschadet hätten, und wenn der Sohn sich später beklagte, so führt er das, Ursache und Wirkung verwechselnd, auf Einflüsse des Psychologiestudiums zurück.

Auch für die problematische Vateridentifikation bietet also dieses Konzept die passende Rationalisierung seines Selbstbildes. Man könnte darin so etwas wie eine naturwissenschaftliche Variante eines »Selbsterzeugungsidealismus« sehen: Was er hört und spricht, ist Ergebnis der Gehirntätigkeit, also sein Werk und seine Leistung, keiner Kultur und schon gar nicht seinem Vater oder anderen sozialisierenden Instanzen geschuldet.

Für diese Deutung seiner wissenschaftlichen Fragestellung gibt Günther Völklin selbst den entscheidenden Hinweis. Er mußte immer einem Vater zuhören, der seine Ansichten »guruhaft« und »despotenhaft« zum Ausdruck brachte und »jede Kommunikation« mit ihm zum Anlaß nahm, ihn »Teile von seiner Weisheit« sich »aneignen« zu lassen, anstatt das Bestreben zu fördern, ihn durch seine »eigenen Erfahrungen« zu seiner »eigenen Weisheit« kommen zu lassen. »Er hat immer sehr genau die Ziele vorgegeben, und ich hab' mich natürlich dagegen gewehrt.« Im Hinblick auf den älter werdenden Vater stellt er nicht ohne Befriedigung fest, daß dieser nunmehr »den Mund halten« muß, »weil er weiß, daß ihm keiner mehr zuhört«.

Wir dürfen also annehmen, daß er mit seiner wissenschaftlichen Arbeit auch das gestörte Kommunikationsverhältnis zu seinem Vater, das von einer unverrückbar einseitigen Sprecher-Hörer-Beziehung bestimmt war, bearbeitet hat. Das »Zuhören«, das Hören des Sprechens, das er in der Arbeit neurologisch und psycholinguistisch untersucht, scheint für ihn in besonderer Weise der Sinn zu sein, mit dem Identifizierungen verknüpft sind. Aber im Modus des bloßen »Zuhörens«, des Gehorchens, bleiben die Identifizierungen unsicher: Er kann seinen Ohren nicht trauen. Dieser Unsicherheit begegnet er in seiner Arbeit mit Phantasie und systematischer Strenge. Sein subtiles Interesse an der Bedeutung des Hörens für das, was sprachliche Leistungen erbringen, verrät, daß er zuhören kann und will. Das gilt grundsätzlich auch und gerade für den Vater. In der Neutralisierung des passivierenden »Zuhörens« durch die wissenschaftliche Analyse des Hörens steckt der Wunsch nach gelingender Kommunikation. Vielleicht war er ganz früh einmal realisiert: die Stimme von Günther Völklin ist bis in ihre rhetorische Kultur der seines Vaters so ähnlich, als ob er dessen Sprache mit einer umfassenden mimetischen Höreinstellung, gleichsam wie eine Tonsprache, die er später in Ostasien tatsächlich sprach, gelernt hätte.

In der höchst bedeutsamen Situation des Umzugs hätte er dringend einen Vater gebraucht, der nun ihm einmal zuhörte. Deutlich klingt noch die Trauer über den Verlust nach, den der Jugendliche erlitten haben muß, als er merkte, daß sein Vater dazu nicht in der Lage war, wenn er sich fragt, warum der kein »Verständnis entwickelt für Leute... wie mich« und warum er nicht »einsieht, daß etwas Positives darin liegen kann, daß man sich eben von ihm unterscheidet. Das ist das, was er überhaupt nicht verstehen kann.« Er verweigert dem Sohn die Differenz. Dies tut er auch dadurch, daß er sich nicht zu erkennen gibt, so daß ein differenzierender Individuationsprozeß, der durch Auseinandersetzungen und Konflikte verläuft, bei Günther Völklin kaum stattfinden konnte.

»Was ich dann halt nur nicht verstehe, ist, irgendwann, gerade dann nach der Kriegszeit halt, nach der Kriegsgefangenschaft, muß er sich doch auch mal Gedanken gemacht haben, was alles war und wie ihn das beeinflußt haben könnte und... Das kann ich dann nicht mehr nachvollziehen, daß, wenn er schon in seiner Kindheit und Jugend nicht die Möglichkeit hatte, solche kritischen Gedankengänge zu entwikkeln, ohne sein Verschulden, dann muß er das doch irgendwann mal nachgeholt haben, ja. Und dann muß er doch wenigstens mit dreißig oder mit fünfunddreißig dann in die Lage gekommen sein, sich zu überlegen, Mensch, das war so und so, und bei mir, bei uns war das damals so, das war zwar alles fürchterlich, aber da kann ich jetzt nichts ändern, es nutzt nichts, wenn ich das zuschütte. Dieses Zuschütten und Unverarbeitetlassen und Nichts-daraus-gelernt-Haben, und dann an die kommenden Generationen die Probleme weitergeben durch diese Konsequenz – das ist das, was mir eigentlich immer wieder als besonders erstaunlich auffällt. Ich hab schon oft mit Leuten geredet, die das gar nicht verstehen konnten, mit ausländischen Bekannten, daß die Kriegsfolgen immer noch zu spüren sind. Also, die pflanzen sich fort in die nächste Generation, ganz klar.«

Hier ist Günther Völklin also ganz dicht am intergenerationellen Übertragungsgeschehen dran. Er überlegt an anderer Stelle sogar, ob der auf die Napola-Erziehung zurückzuführende Mangel des Vaters an »Eigenem«, an individueller Eigenart, die andere Eigenarten gelten läßt und anerkennt, nicht bei ihm eine »Parallele« in den für ihn schicksalhaft gewordenen »Umzügen und dem ›aus einem Blumentopf in den andern hineinstecken‹« gefunden hat.

Die Einsichten in die Ursachen der väterlichen Einfühlungs- und Lernunfähigkeit setzt er ein zur Abgrenzung gegen die generationelle Abhängigkeit. Eigentlich möchte er sich gänzlich frei von ihr wissen. Mit dem, was da an »Kriegsfolgen« auf ihn zukam, möchte er begreiflicherweise nichts zu tun haben. Aus der Art und Weise, wie der Vater mit seinen Jugenderfahrungen umgeht, hat er gelernt. Er hat sich mit seiner eigenen Jugend kritisch auseinandergesetzt. Selbstbewußt setzt er gegen den Vater und das »Zuschütten« und »Unverarbeitetlassen« seiner Probleme, daß er seine »Sachen« verarbeitet habe und daß er, nachdem er »durch die Probleme durch« ist, »jetzt lokker darüber reden« und sagen könne: »Okay, das war 'ne schlimme Zeit, aber da bin ich durch, und jetzt kann ich von den Vorteilen profitieren dieser seltsamen Vergewaltigung meiner Entwicklung.«

In seinen manifesten Orientierungen ist Günther Völklin von einer klaren Gegenidentifizierung mit dem Vater bestimmt. Auf berufliche Karriere und entsprechende Prestigewerte wie ein Eigenheim, repräsentative Einrichtung, Fahrzeuge und dergleichen legt er keinen Wert. Wenn das Forschungsprojekt, das er seit einigen Jahren betreibt, zu Ende ist, könnte er sich vorstellen, daß seine Frau arbeiten geht, während er sich um Kind und Haushalt kümmert und daneben seine »Privatschreibereien« macht. Ausgesprochen abgeneigt ist er gegen jede Art von kaufmännischer Tätigkeit, gegen die er moralische Bedenken erhebt.

Ebensowenig wie an Geld ist er an Macht interessiert, auch nicht der politischen. Er ist zwar Mitglied bei den Grünen, beteiligt sich aber nicht an der politischen Arbeit. Er mag »Vereinsmeierei« nicht, und was die Grünen angeht, so seien diese mehr ein »Haufen« als eine Partei. Auf ihren Mitgliederversammlungen herrsche immer ein »Chaos«. Es sei so »fürchterlich« dort, daß er nicht einmal »Gewissensbisse« habe, wenn er nicht hingeht. Im übrigen sei es ein Zeitproblem, weil er sich immer so »verzettelt«. Da fragt sich natürlich, ob er nicht genau so »chaotisch« ist wie ein Grüner. Auch legt er Wert darauf, was er in beiden Interviews zum Ausdruck bringt, schon Mitglied gewesen zu sein, bevor die Partei in den Bundestag einzog. Er ist ein ideelles Mitglied, zahlt seine Beiträge, sogar »ein bißchen mehr«, aber kein reales. Kann er die Gruppe nur idealisieren und hat deshalb doch »Gewissensbisse«?

Zu seinen privaten Beschäftigungen zählt ein besonderes Hobby. Auch er ist Sammler, hat sich aber einem ganz anderen Symbol verschrieben als der Vater, nämlich dem Flugzeug. Er sammelt Postkarten von Flugzeugen und Flugzeugnummern von einer Reihe von Fluggesellschaften. Dabei strebt er Systematik und Vollständigkeit an und steht mit Sammlern auf der ganzen Welt in Verbindung, nimmt an Sammlermessen und Tauschbörsen teil. Sein Interesse am Fliegen und an Flugzeugen geht auf seine frühe Kindheit zurück. Dieses Interesse war es auch, das ihn dazu bewog, sich nach dem Abitur bei der Bundeswehr freiwillig auf zwei Jahre zu verpflichten, um die Teilstreitkraft wählen zu können, denn er wollte unbedingt zur Luftwaffe. Die Lust am Fliegen ist in der ganzen Familie verbreitet. Wie wir wissen, war es der früheste Wunsch von Harald Völklin, Flieger, und zwar Einflieger, zu werden. Auch er meldete sich freiwillig zum Militär und wollte zur Luftwaffe, wurde dann aber Panzerleutnant bei der Waffen-SS. Günther Völklins Schwester war Stewardeß und ist mit einem Lufthansa-Piloten verheiratet. Sie fühlte sich im Flugzeug »schon fast zu Hause«.

Für Günther Völklin bedeuten Flughäfen so etwas wie »Heimat«. Hier trifft er »Gleichgesinnte«, die sich wie er für Flughäfen und Flugzeuge interessieren oder auf den Abflug warten. Flughäfen sind Knotenpunkte der Flugstrecken, die die Raum-Zeit-Koordinaten seiner Biographie bilden. Beim Fliegen ist es »eben das Verrückte, daß die Dimension der Zeit da mit dem Ort so direkt vermischt ist und direkt daran gebunden ist«. Über ein derartiges Koordinatensystem funktioniert sein biographisches Gedächtnis. Es zeichnet Raum-Zeit-Punkte auf und nicht etwa die Kontinuität der Zeit im Raum. »Wenn mich jemand fragt, was hast du gemacht, als du vierzehn warst, dann rechne ich um, und dann kommt automatisch, wo war ich da...« Hat er durch die »Umzüge«, die für ihn immer mit Fliegen verbunden waren, sein Leben als fragmentiert und diskontinuierlich erlebt, so war das Fliegen doch auch das Verbindende: Die Orte wechselten, aber das Fliegen und die Flugzeuge blieben gleich bzw. machten Veränderungen oder Entwicklungen durch, die er als Kontinuität erleben konnte:

»Ich sammle Postkarten, auf denen, ja, auf denen Flugzeuge, Verkehrsflugzeuge abgebildet sind, ja. Ja, also ich hab mir da neulich grade wieder Gedanken dadrüber gemacht, daß es, ähm, vielleicht die Systematik ist, die mich da besonders fasziniert. Das ist so eine Möglichkeit, einen Ausschnitt aus der Realität nach einem genau definierten System zu strukturieren, um alles genau einordnen zu können. Entweder nach Fluggesellschaftennamen oder nach Flugzeugtypen oder nach weiß der Kuckuck was, aber also das, das ist eine Sache, die mir gut gefällt. Daß es jetzt um, um Flugzeugpostkarten geht bei der ganzen Geschichte und nicht um Streichholzbriefchen oder Bierdeckel oder was weiß ich, was man vielleicht genausogut organisiert strukturieren könnte, das hängt natürlich zusammen, daß da sowohl der Aspekt der, des Raumes, des Ortes, weil das eben die ganze Welt umfaßt, mit drin ist, gut, das ist vielleicht auch noch bei Streichholzbriefchen und bei Bierdeckeln... schon sicherlich etwas schwerer, ja, weil die sich nicht so, äh, gleichmäßig ist, ja. Also die Jumbos in Japan sind genau die gleichen wie die Jumbos in Argentinien oder so, ja, also die Gemeinsamkeit, dieses Grenzenüberschreitende ist das eine Schöne, und daß die auch so beweglich sind, diese Objekte natürlich, klar.

Und das andere ist eben, das wiederum gibt es bei jedem Hobby, das ist der Aspekt der Zeit. Also mich begeistern hauptsächlich die Flugzeuge aus den Jahren, als ich sehr aktiv selbst an den Flughäfen war und mir Nummern aufgeschrieben habe und so weiter. Das waren irgendwo meine Freunde, während der Zeit hatte ich eigentlich relativ wenig soziale Kontakte, klar, grade die Zeit auch in Ostasien mitunter war auch nicht immer so rosig, ähm, die Zeit dann nach Ostasien war besonders schlimm, und da waren das halt meine Freunde sozusagen, die Flugzeuge, und irgendwie, ähm, kann man anhand der Entwicklung der, der Luftfahrt natürlich auch sehr schön die Entwicklung der Menschheit überhaupt verfolgen, ne? Also da gibt's – wie die Düsenflugzeuge die Propellerflugzeuge abgelöst haben oder wie die Bemalung vorher immer so 'n Strich in der Mitte war und dann sind sie übergegangen zu mehr knalliger und poppiger und lauter solche Sachen. Man kann also, ähm, so ein bißchen, äh, die Zeit als etwas Kontinuierliches erleben, im Gegensatz zu dem, wie ich die Zeit früher immer erlebt habe als etwas Abgeschnittenes wegen dieser Ortswechsel... weil das so, weil das so fließende Übergänge sind, das ist eine durchgängige Entwicklung, die, die nicht ortsabhängig ist... Daß das nicht so etwas Abruptes war, daß plötzlich der ganze Flughafen anders aussieht, die Flugzeuge auch alle anders sind und die Fluggesellschaften auch alle anders sind. Weil so hab ich die Umzüge immer erlebt, als eine so abrupte Veränderung, daß plötzlich alles, was vorher da war, weg war, tot, ja?... Es geht nicht nur um die Integration von verschiedenen Orten, sondern es geht auch um die Integration von verschiedenen Zeiten...

Und eben dadurch, daß für mich Raum und Zeit so eng miteinander verknüpft waren früher, ähm, dadurch hab ich beides als irgendwie sehr stark segmentiert erlebt, ohne da jetzt von dem einen, von der einen Epoche etwas in die andere mit hinüberretten zu können, etwas, äh, Brauchbares oder scheinbar Brauchbares. Natürlich hab ich mich immer mit rübergerettet, aber ich mußte immer von vorne anfangen, wieder diese Orientierungsphase, umgucken und so weiter... Es ist sicherlich auch ein Ausgleich für irgendwelche anderen familiären oder beruflichen oder sonstigen Frustrationen oder Belastungen oder so, aber da ist wahrscheinlich jedes Hobby ähnlich...«

Offenbar hat die Symbolisierung des Fliegens eine reparative Funktion, die der mehrfach unterbrochenen Biographie, der Integration von verschiedenen, diskontinuierlichen und unverbundenen Lebens»abschnitten« gilt. Diese Fragmentierung kehrt in seinem Alltagsverhalten als »Verzettelung« wieder, der er bei seiner wissenschaftlichen Arbeit und in seiner Sammlertätigkeit mit strenger Systematik begegnet. Steht hinter der Beschäftigung mit den Flugzeugen sein »Bedürfnis nach Integration«, das auf seine »ganz persönliche Vorgeschichte« zurückgeht, so sieht er in der Systematik des Arbeitens »etwas Allgemeines, individuell Unabhängiges«, das ihn »genau so reizen würde«, wenn er eine »ganz andere Vergangenheit« gehabt hätte, »weil einfach die Realität so komplex ist, daß man sich überlegen muß, wie man sie einteilt«.

Günther Vöklins Ordnungsvorstellung kreist um »perfekte Systeme«, und »solange ich keinen Fehler mache, wird dann auch das gemacht, was ich möchte. Das ist toll«. Das hört sich allerdings so an, als sei auch dieses Interesse nicht etwas gänzlich »individuell Unabhängiges«, sondern eine spezifische, sehr persönliche Ichleistung. Neben der Integration von »abgeschnittenen« Lebensphasen braucht er die Kontrolle über »Abschnitte« aus der Realität, um in beiden Richtungen das »undefinierte und nicht klar kategorisierte Wirrwarr von Einzelerkenntnissen und Einzelbeobachtungen«, das ihm »zuwider« ist, zu »beherrschen«.

Wenn das »Fliegen« eine reparative Symbolfunktion für Günther Völklins fragmentierte Biographie hat und wenn es andererseits auf eine Identifizierung mit dem Vater zurückgeht, sollten wir auch danach fragen, welche Bedeutung das Fliegen für Harald Völklin gehabt hat. Auch für ihn war ja das Fliegen aufs engste mit »Umzügen« verknüpft. Und auch er hat in seiner Kindheit und Jugend biographisch einschneidende »Umzüge« wie den Wechsel von der Familie in die Napola oder von der kämpfenden Truppe in die Gefangenschaft erlebt und mußte sich von »einer Epoche« in die andere »rüberretten«.

Diese Erfahrungen könnten zur Folge gehabt haben, daß die »Umzüge« von einem Land ins andere bei Harald Völklin Reinszenierungen solcher frühen Wechsel zwischen verschiedenen »Epochen« waren – sicher auch dem, der mit dem Jahr 1945 bezeichnet ist. So etwas wie Heimat sollte es für ihn nicht mehr geben. Harald Völklin fühlte sich in Ostasien »zu Hause«, und Günther empfand »den Rückzug als, äh, den Rückumzug« nach Deutschland so, »als wenn eine Pflanze von der Sonne... in den Schatten gestellt wird«. Wären also die »Umzüge« so etwas wie »Rückzüge« von »Fronten«, an denen der Vater erst zu den Verlierern gehörte und dann von Sieg zu Sieg geschritten ist und die der Sohn wiederum als Niederlagen erlebt hat?

Günther Völklin konnte sich an Mentalitäten und Verhaltensweisen in Deutschland nur schwer gewöhnen. Die Schule fand er »absolut trostlos«. Bis zum Abitur hatte er »überhaupt keine persönlichen Bindungen« an Mitschüler. Nur während seiner Zeit bei der Bundeswehr, unter den Fluglotsen, hatte er »richtige Freunde«, die ihm »das Herz dafür geöffnet« haben, »daß man auch in Deutschland, als Deutscher glücklich sein kann«. Er wollte nicht »Fuß fassen« und überlegte, in Amerika auf ein College zu gehen, hatte aber nach einer Besuchsreise den Eindruck, er »gehöre da doch nicht hin«. In Asien war er viel mit Amerikanern zusammen, die aber wie er Ausländer waren. Die soziale Integration, die er dort erlebte, war eine von Außenseitern, ein Status, den er, obwohl die Landessprache sprechend, auch gegenüber der einheimischen Gesellschaft und Kultur einnahm. In Deutschland lebte er, solange er ohne Familie war, mit der Gewißheit, jederzeit weggehen zu können. Im übrigen hat er sich, wie er sagt, damit »abgefunden«, Deutscher zu sein. Die besten Freunde, die er hat, sind überwiegend solche, die »weggezogen« sind.

Die Art und Weise, wie Günther Völklin die Bedeutung, die das Fliegen für ihn hat, erläutert, zeigt eine Symmetrie zwischen der biographischen Raumzeitkoordinierung durch das »Rechnen« und der die sinnlichen Reize verarbeitenden Gehirnzentrale, die uns wie ein Bild, eine symbolische Konstruktion seines Selbst vorkam. Wie die Nervenbahnen des Körpers (die wissenschaftliche Arbeit) laufen die Flugstrecken rund um den Erdball (das Hobby) in seinem Gehirn zusammen. Fragt er sich, warum die »Systematik«, mit der er beim Sammeln vorgeht, ihn ausgerechnet bei Flugzeugpostkarten und nicht etwa Streichholzbriefchen oder Bierdeckeln »fasziniert«, dann ist das »der Aspekt des Raumes, des Ortes, weil das eben die ganze Welt umfaßt«, und die »Gemeinsamkeit, dieses Grenzenüberschreitende« der überall gleichen Flugzeugtypen: der Globus als Projektion eines heimatlosen (Größen-) Selbst, das Erlebnis der räumlichen Totalität, dem dasjenige der zeitlichen Totalität der in der Entwicklung der Luftfahrt sich darstellenden Menschheitsgeschichte als Projektion eines geschichtslosen (Größen-)Selbst entspricht. Wenn wir das Bild Comic-strip-artig vervollständigen wollten: die

Neuronen sind die (väterlichen) Flugkörper und die Synapsen die (mütterlichen) Flughäfen – und er, wenn wir an die Idee der Selbsterzeugung denken, die wir hinter dem Gehirnzentralenmotiv vermuten, wäre auf einem Flughafen als Computer geboren…

Als ich Günther Völklin zum Schluß des ersten Interviews frage, warum seiner Meinung nach der Vater ins Ausland gegangen sei, antwortet er: »Er wollte fliegen.« Unter dem Aspekt des intergenerationellen Übertragungsgeschehens ergibt diese Antwort etwa folgendes Bild. Harald Völklin wollte fliegen: erst als Soldat, dann als Manager für Deutschland (»Volk = Volkswirtschaft«) neue Gebiete erobern. Identifikationsfähig im Sinne der massiv enttäuschten Größenphantasien der jungen »Soldaten des Nationalsozialismus« ist Deutschland nach dem Krieg nur noch wirtschaftlich und nur noch von außen. So kann es als »Großdeutschland« und Weltmacht, die es politisch und militärisch nicht mehr sein kann, erhalten bleiben. Am nationalsozialistischen Erziehungs- und »Kampfauftrag« läßt sich weiterhin festhalten: »…und morgen die ganze Welt«, auch wenn »Heute gehört uns Deutschland« nicht mehr zutrifft. Mit dem Deutschland der Bundesrepublik konnte sich Harald Völklin nie identifizieren. Günther Völklin kann es weder mit diesem Deutschland noch mit irgendeinem anderen. Er will und kann auch nicht erobern. Weil der Vater nur für »Deutschland« und die Firma »eroberte« und nicht für sich, nicht mit dem Ergebnis einer weltbürgerlichen Perspektive, in der sich eine liberale Lebensart und eine universalistische Identität hätten bilden können, mußte der Sohn eine Selbstverortung jenseits der Alternative zwischen Heimat und instrumentell-strategischem Weltbezug finden.

Der Weg, den Günther Völklin einschlägt, ist eine eindrucksvolle Konstruktion seines Selbst: Er beheimatet die Welt in seinem Gehirn. Für diese Konstruktion greift er auf den fortgeschrittensten Stand von Wissenschaft und Technik und der modernen Verkehrsverhältnisse zurück. Die globale Selbstheit, die er für sich entwirft, hat auch eine sinnliche und eine moralisch-politische Seite: das Hören fremder Kulturen und das Handeln im Dienst der Erhaltung des Ökosystems Erde. Die so radikale wie phantasievolle Subjektivität seiner Selbstkonstruktion, mit der diese mehr ist als ein bloßes idiosynkratisches Konstrukt, hat gleichermaßen objektive wie abstrakte Züge. Sie ist eine »Antwort« auf typische Mentalitätsstrukturen der postnazistischen Gesellschaft, die wir in der wunderbaren Formel von Harald Völklin »Volk = Volkswirtschaft«, wiedergefunden haben und die ich hier verallgemeinernd als eine affektive und geschichtliche Weltlosigkeit

(Heimatlosigkeit) und eine dazu komplementäre instrumentell-strategische Weltbezogenheit (die eben kein Weltbürgertum ist) bezeichnen möchte. Mit seinem »normativen Individualismus« und verantwortungsethischen Weltbürgertum »überschreitet« Günther Völklin diese Mentalität. Sofern diese beiden Einstellungen zu einem substantiellen Begriff von Demokratie gehören, können wir davon sprechen, daß im Unterschied zur »ersten« Generation ein demokratisches Bewußtsein vorhanden ist, das sich nicht bloßer »Anpassung« (im Sinne von Harald Völklins von den »Siegern« auferlegten »Spielregeln«) verdankt.

Aber die kognitiv-moralische Integrität dieses Bewußtseins – und das ist ein allgemeines Problem der rebellischen »zweiten« Generation – stößt auf Schwierigkeiten bei seiner »Anpassung« an die Wirklichkeit, Schwierigkeiten der Identifikation mit den demokratischen Normen also. Sie sind vornehmlich von einem »Bewußtsein« getragen und zeigen insofern noch die Spuren der verordneten »Anpassung«, die auf einen – bei Harald Völklin exemplarischen – inneren Widerstand gestoßen war. Günther Völklin durchschaut diese auf ihn gekommene abstrakte Anpassungsidentität und nimmt deutlich wahr, daß ihr die affektive Grundlage in Menschen und Dingen fehlt, mit denen und auf die hin konkrete Handlungsziele in realen Interaktionszusammenhängen entworfen werden können. Dieser Durchblick macht die Qualität *seines* »Bewußtseins« aus. Aber ihm bleibt das Problem: Demokratie als »Kopf-Trip« oder »demokratisches Handeln«.

Uns interessiert dieses Problem nicht im politischen Rahmen, sondern im Hinblick auf seine Genese im intergenerationellen Übertragungsgeschehen als Frage an das Verhältnis zwischen »Selbstkonstruktion« und moralisch-politischen Überzeugungen. Wenn deutlich geworden ist, daß Günther Völklins »Selbstkonstruktion«, wie er sie durch seine wissenschaftliche Arbeit und sein Hobby zur Darstellung bringt, in welchem Umfang auch immer sich der Bearbeitung des Verhältnisses zu seinem Vater verdankt, muß sich die Frage stellen, welche »Besetzungsqualität« seine Überzeugungen, die sich gewiß von denen seines Vaters unterscheiden, wohl haben mögen. Denn genau von dieser psychogenetisch zu rekonstruierenden, affektiv-emotionalen »Besetzungsqualität« hängt es ab, wie die sehr verschiedenartigen Voten für die Demokratie in der »zweiten« Generation (die oft genug mit inneren Vorbehalten versehen oder um einer antifaschistischen Immunisierung der Demokratie willen zu undemokratischen Positionen geworden sind) psychostrukturell integriert, »angenommen« und dementsprechend an die nächste Generation weitergegeben worden sind.

Problematisch sind die affektiven Voraussetzungen von Günther Völklins Überzeugungen. Sie hängen ab von jenem sozialen »Urvertrauen«, ohne das soziales Handeln nicht gelingt und die entsprechenden Kategorien und Handlungsorientierungen abstrakt bleiben, das heißt, bei aller kognitiven Reife nicht voll ins Persönlichkeitssystem integriert sind. Bekanntlich hat Erik H. Erikson mit dem Begriff des »Urvertrauens« (»trust«) die psychogenetisch früheste Stufe der Identitätsbildung bezeichnet, die ihrerseits in einem psychohistorischen Bezugsrahmen zu sehen ist. Sie ist sehr sensibel für »Zeiten des Übergangs«, in denen sich »die aufeinanderfolgenden Generationen so stark voneinander (unterscheiden), daß einzelne Züge der Überlieferung oft Störungen hervorrufen« (Erikson 1989, 73).

Für unseren Zusammenhang kann das heißen, daß das fehlende »Urvertrauen« in der »zweiten« Generation auf den wie immer auch abgewehrten und verleugneten »Bruch« verweist, den die ältere Generation in ihrem Vertrauen auf die ihr anerzogenen kollektiv verbürgten Gewißheiten erlitten hat. Diesen Bruch hat die im Nationalsozialismus aufgewachsene und erzogene Generation deshalb so tiefgreifend erlebt, weil er sich in der für den Individuationsprozeß entscheidenden Entwicklungsphase der Adoleszenz abgespielt hat. Die Lücke, die da entstanden ist, ist als »generative Lücke« für die nachfolgende Generation wirksam geworden. Die Spaltung zwischen Moralität und Sittlichkeit, die der »Zusammenbruch« von 1945 aufgerissen und zur Diskontinuität eines Lebens in zwei heterogenen gesellschaftlichen Systemen verewigt hat, besteht in der nächsten Generation umgekehrt weiter. Auf die geschichtslos gewordene und unaufgeklärt gebliebene Selbstbeschreibung in Vorstellungen und Begriffen eines kollektiv verbürgten sittlichen Weltbildes folgte ein geschichtsloser »Selbsterzeugungsidealismus«, mit dem es zwar möglich war, die Individuierungsregeln, die in einer demokratischen und pluralistischen Gesellschaftsordnung gelten, zu lernen, sie aber nicht gewissermaßen vom System abzuziehen und lebensweltlich zu besetzen. Die von der ersten Generation vollzogene Spaltung zwischen dem politischen »System« und der familiären und beruflichen »Lebenswelt« setzte sich in die nächste Generation fort, weil die empathischen Voraussetzungen für eine gesellschaftsoffene Sozialisation im generationellen Übertragungsgeschehen gefehlt haben. Nicht zu einer entsprechenden Identifikationsfähigkeit wurde erzogen, sondern zu Anpassungsfähigkeit.

Die lebenspraktische Schwäche der moralischen Orientierung deutet auch bei der »zweiten Generation« auf die Schuldfrage als einen möglichen Ursprung. Den Widerständen und Verleugnungen der Eltern setzt der Sohn ein demonstratives Nichtinteresse an den Vorgängen in der NS-Zeit entgegen, das nicht vor der Frage haltmacht, ob sein Vater schuldig geworden sei. Fest steht für ihn, in der Begrifflichkeit des Vaters, dessen »objektive« Schuld. Ob es eine »subjektive« gibt, ist ihm »egal«. Für sich selbst stellt er diese Frage in dem Sinne nicht »subjektiv«, daß er, wie wir gesehen haben, geschichtlichen Einflüssen auf die Persönlichkeitsbildung eine sehr untergeordnete Rolle einräumt. In dem, was wir in seiner wissenschaftlichen Arbeit und seinem Hobby auf der Ebene der symbolischen Ordnungen als Elemente einer »Selbstkonstruktion« gedeutet haben, kommen sie nicht vor. Was für den Vater gilt, daß er genug Probleme mit ihm in der Gegenwart hat und keine Neigung verspürt, in seiner Vergangenheit zu »bohren«, und einfach nur mit ihm »auskommen« möchte, mag für die NS-Geschichte im ganzen gelten. Jedenfalls scheint er »subjektive« Folgeprobleme von »objektiver« Schuld, die er im Hinblick auf gegenwärtige, etwa ökologische Problemlagen durchaus anerkennt, nur auf der Ebene von Einstellungen und Urteilen, nicht aber von praktisch wirksamen Motiven zuzulassen. Die gesellschaftskritischen Überzeugungen und Lebensstilpräferenzen, die natürlich auch bei Günther Völklin über Gruppenzugehörigkeiten vermittelt sind, haben eher den Status eines Habitus. Sie beanspruchen nur »subjektive« Geltung und praktische Folgen im privaten Arrangement. Wirklichen Gruppen und Handlungszusammenhängen, in denen sich diese Überzeugungen auch öffentlich zu bewähren hätten, bleibt er fern. Die politischen Orientierungen bleiben sozial unbestimmt und finden nicht den Weg in die Praxis.

Wenn sein durch Anpassung statt Identifizierung organisierter Weltbezug das befriedigende Maß an, wie er es ausdrückt, »Eigenständigkeit« vermissen läßt, so scheint mir, daß er »Eigenes« sehr wohl hat – nur die »Ständigkeit« fehlt. Es ist, als sei sein »Weltbezug« von der »Weltlosigkeit« der »ersten« Generation geschlagen und mit dieser wie durch ein soziales und politisches »Unlustprinzip« verbunden. Wir haben dieses Phänomen an anderen Stellen als »Irrealisierung«, als eine Art Schuld-Unschuld-Schleier beschrieben, der über die NS-Zeit gelegt worden ist. An der Herstellung dieses Schleiers hat nicht nur im vorliegenden Fall die »zweite« Generation mitgewirkt. Denn in den demokratischen Voten der »zweiten« Generation erschien eine Zeitlang die gesellschaftliche Wirklichkeit der Bundesrepublik oft eigentümlich »verhüllt«: eines eingreifenden politischen Handelns nur dann wert, wenn mit ihm auf die Notwendigkeit und Dringlichkeit einer globalen Neuordnung des Politischen verwiesen werden konnte.

Während der Vater unter dem Motto »Du bist nichts, dein Volk ist alles« sozialisiert und zu eindeutigen kollektiv-praktischen Überzeugungen erzogen wurde, verfährt der Sohn umgekehrt unter der Devise: »Du bist alles, dein Volk ist nichts.« Hätte der Vater die »objektive« Schuld, in die seine Generation durch kollektive Wertsetzungen (»Lebensraum« für das »deutsche Volk«) getrieben worden war, »subjektiv« anerkannt und angenommen, wäre er vielleicht zu Orientierungen jenseits des Gruppenichs und des entsprechenden kollektiven Weltbildes gelangt. Dadurch daß er diesen subjektiven Schritt nicht getan hat, blieb das Schuldproblem ungelöst und die »sittliche« Orientierung nicht nur auf adoleszentem Niveau eingekapselt, sondern selbst schuldbesetzt. Um ihr treu bleiben zu können, mußte er irgendwann das Schuldproblem insgesamt »bewältigt« haben.

Für die nächste Generation hieß das, daß die »Gruppe« nur als Ideal, als das Harald Völklin die Napola für sich bewahrt hatte, nicht aber in realen Zusammenhängen zur Identifikation angeboten wurde. Aufgrund der Umzüge, meint Günther Völklin, konnte er reale Gruppenerfahrungen nicht machen. Auf die Napola reagierte er ablehnend. Wie wichtig sie für seinen Vater auch gewesen sein mag, ihn, in dessen Leben als Heranwachsender es kein Äquivalent einer Napola gegeben hatte, interessierte sie nicht. Er hatte auf die »Geborgenheit«, die der Jugendliche in Gruppierungen seinesgleichen findet, verzichten müssen. Der Individuierungsprozeß und die zugehörige soziokognitive und moralische Orientierung war gleichsam unter der Last der unmoralisiert gebliebenen Schuld und der sozialisatorisch nicht mehr vermittelbaren sittlichen Normen und Werte des Vaters und seiner Generation erzwungen, während die kollektive Orientierung des Jugendlichen sich vollsog mit Sehnsüchten nach Integration, die nicht nur auf Anpassung beruht, und einer Geborgenheit ohne Außenseitertum.

Günther Völklins Eintritt ins Erwachsenenalter Mitte der siebziger Jahre fiel mit dem Höhepunkt der linkskulturellen Gruppenexperimente verschiedenster Art, Herkunft und theoretisch-politischen Begründung zusammen, aus denen bekanntlich die Grünen hervorgingen, welchen er sich lose zurechnet. In solchen Gruppen haben jene Sehnsüchte Pate gestanden – aber mit dem geschichtlichen Erbe durchsetzt, das wir beschrieben haben. Die Experimente, so sinn- und wertvoll sie an sich überwiegend waren, scheiterten, gemessen an ihren ursprünglichen Absichten. In den besten Fällen haben sie wichtige Lernprozesse bewirkt, die aber ohne die Reflexion auf das geschichtliche Erbe demokratisches Handeln weiterhin blockieren können. Vielleicht ist der Nationalismus in der »dritten« Generation eine

Antwort auf die Opfergeschichte in der »zweiten«, die nicht gelernt hat, die kollektive Tätergeschichte der »ersten« Generation auch als individuelle wahrzunehmen.

Ich kann verstehen, daß Günther Völklin aus Deutschland lieber wegfliegt, als in Deutschland landet. Das »Umziehen« und Herumziehen im globalen Maßstab ist in dieser Generation zu einer möglichen Lebensform geworden. Daß an dieser Möglichkeit nicht nur die wirtschaftliche Lage, die sprunghaft entwickelte Flugtechnik und die Tourismusindustrie beteiligt sind, sondern vor allem ein Weltbezug, der etwas Irreales hat, weil dieser Generation so wenig Bodenhaftung mitgegeben worden ist – dies ist genau das, was in Günther Völklins privater Symbolik auf unheimlich präzise Weise zum Ausdruck kommt.

Die treue Tochter: Anna Schwarzbacher

Die Frau, die mir in dem ruhigen Randbezirk einer süddeutschen Großstadt die Tür des Reihenhauses öffnet, hat etwas Altmodisches, Strenges und Sprödes. Mit ihrem konservativen und konventionellen Appeal könnte sie zur ländlichen englischen Bourgeoisie gehören. Ihre Bewegungen und ihre Art zu sprechen sind so verhalten, als unterlägen sie einer starken Selbsteinschränkung. Ich bin enttäuscht und stelle mir das Gespräch mit ihr anstrengend vor. Sie entspricht nicht meiner Vorstellung von einer Tochter Lothar Fischers. Dann aber fällt mir das kurze trockene Lachen auf, mit dem Anna Schwarzbacher ihre Rede immer wieder unterbricht, als wollte sie sich gerade von dem Konventionellen darin distanzieren. Mit diesem Lachen identifiziere ich mich sofort und setze große Hoffnungen auf die unreglementierte Lebendigkeit hinter der zu ordentlichen Fassade. Als ich ein halbes Jahr später wieder an der Tür des Reihenhauses stehe, traue ich meinen Augen nicht. Die Frau, die die Tür öffnet, ist, wie mir scheint, zehn Jahre jünger, hübsch und lebhaft, nur das Lachen ist dasselbe. Später erklärt mir meine Gesprächspartnerin, in der Zeit unseres ersten Gesprächs sei es ihr sehr schlecht gegangen. Sie hatte damals gerade einen Umzug hinter sich, der für sie innerlich schwer zu bewältigen war.

Das erste Gespräch eröffnet Frau Schwarzbacher mit dem Hinweis, daß sie sich von unseren Forschungen etwas Nützliches für die Zukunft ihrer Kinder verspreche. Auch wenn sie dem unmittelbar die Einschränkung folgen läßt, daß es für diese direkte Nutzanwendung unserer Forschungsergebnisse auf ihren Lebenszusammenhang vielleicht doch schon zu spät sei, weil die Kinder bereits zu alt sind, so hat sie damit doch das Thema formuliert, das uns beide immer wieder beschäftigen wird: die Erziehung ihres Vaters in der Napola und deren Wirkung auf ihre eigene Erziehung und die ihrer Kinder. Für unser Gespräch ist der Blick auf ein mehrgenerationelles Erziehungssetting damit von Anfang an selbstverständlich.

Einige Wochen vor unserem ersten Gespräch ist Anna Schwarzbacher mit ihrem Ehemann und drei Kindern – zwei Töchtern im Alter von drei und zwölf Jahren und einem neunjährigen Sohn – aus einem liberal-protestantischen Bundesland in eine eher konservativ-katholische Region umgezogen. Dort ist sie mit »kraß« unterschiedlichen Erziehungs- und Verhaltensstilen im Schulbereich konfrontiert. Die Diskrepanz in der äußeren Realität berührt sie stark, weil durch sie ein innerer Widerspruch ins Spiel kommt.

»Unsere Tochter kam nach Haus, sagt: ›Mama, die hören, wenn der Lehrer was sagt, das kenn ich überhaupt nicht‹, und ich war entsetzt in, in G. zum Teil, daß die Kinder also gemacht haben, was sie wollten, die Lehrer konnten sagen, was sie wollten, keiner hörte.« Ihrer Ambivalenz in Erziehungsfragen entsprechend, hat Anna Schwarzbacher ihr »Entsetzen« in diesem Satz so geschickt zwischen die zwei Seiten des Gegensatzes plaziert, daß man es sowohl auf die Strenge der neuen Lehrer, denen die Schüler gehorsam folgen, als auch – was syntaktisch näherliegt – auf den alten Ungehorsam und die »Lockerheit« der schulischen Erziehung in G. beziehen kann. Sie stellt fest, daß »früher« Eltern und Lehrer gleichermaßen »Respektspersonen« waren, während Mütter heute Antworten zu hören bekämen, die sie als Töchter nie zu geben gewagt hätten. Um sich gegen die Kinder durchzusetzen, müsse sie »sehr massiv« werden und alles »fünfmal sagen, damit überhaupt mal jemand hört, zuhört«.

Ihren Vater schildert Frau Schwarzbacher als »absolute Autoritätsperson« und »starke Persönlichkeit, deren Konsequenz und »eiserne Disziplin« sie manchmal auch gerne hätte. Die eigene erzieherische Position kann sie nur als Dilemma formulieren. Sie bewundert die starke Rolle, die der Vater in der Familie einmal innehatte, und teilt auch in mancher Hinsicht seinen Zweifel am zeitgenössischen Erziehungsstil. Andrerseits ist das Familienmodell ihres Vaters für sie gescheitert, so daß Neuerungen nicht zu umgehen sind.

Anna Schwarzbacher begründet ihr liberales verständigungsorientiertes Erziehungsprogramm aus der eigenen Leidensgeschichte als Kind und Jugendliche. »Mein Wille«, sagt sie, »wurde abgewürgt«, man »hat mich meine Erfahrungen nicht machen lassen, meine Entscheidungen wurden nicht respektiert, so daß ich nie meine Konsequenz gespürt habe«. Daß der Vater sie in ihren Versuchen, selbständig zu werden, nicht unterstützen konnte, führt sie auf dessen eigene Leidensgeschichte zurück. Napola-Erziehung bedeutet in ihren Augen ständige Unterwerfung unter einen fremden Willen, aus der sich notwendig – als Kompensation für die erlittene Ohnmacht – eine ausgeprägte reaktive Selbstbehauptungstendenz entwickelte. Sie schildert, wie sich der Vater um einen Dialog in der Familie bemüht hat und wie dieser Dialog immer wieder an seinen einsamen Entscheidungen zerbrach. Während er stets Vorbild sein wollte und Kinder nach seinem Ebenbild erhoffte, entläßt Anna Schwarzbacher ihre eigenen Kinder aus dieser Forderung. Sie sieht für sich eine Art Übergangsrolle, mit der sie – wiewohl selbst in ihrer Entwicklung beeinträchtigt – doch den Entwicklungsraum für eine künftige Selbständigkeit der Nachkommen zu eröffnen vermag.

Anna Schwarzbacher hat sich in der Schule als Außenseiterin gefühlt. »Ich hatte eigentlich keine Freunde als Kind«, sagt sie. »Meine Eltern lebten ganz zurückgezogen, und die Kinder durften nicht zu uns nach Hause kommen.« Mit einigen durfte sie sowieso nicht spielen. Sie fühlte sich »ausgeschlossen« und »abgesondert«, auch dadurch, daß sie das einzige konfessionslose Kind in der Klasse war. Es war qualvoll für sie, diese Abweichung bei jedem neuen Schulanfang eingestehen zu müssen und jedesmal wieder als jemand, der nicht dazugehört, abgestempelt zu sein. Wie gern hätte sie damals den Konfirmandenunterricht besucht. Der Vater hatte ihr die Entscheidung für oder gegen die Konfirmation zunächst freigestellt, dann aber, als sie sich dafür entschieden hatte, war davon keine Rede mehr.

Für ihr »Sonderlings«-Dasein, sagt Anna Schwarzbacher, »spielte 'ne unheimlich wichtige Rolle, daß ich ein Mädchen war«. Für den Vater gehörte die Frau »in Haus und Herd«. Gymnasialausbildung und Studium habe sie sich erkämpfen müssen. Er habe immer nur gefragt, wann denn die Hauswirtschaft drankomme. Die Vorstellungen des Vaters von den Aufgaben und Funktionen der Frau hat sie als Entwertung erlebt. Auch wenn sie heute das Generationsspezifische dieser Auffassungen sieht, empfindet sie sie noch immer als gegen die eigene Person gerichtete Kränkung.

Inbegriff des Sonderlingsdaseins war für Anna Schwarzbacher also die eigene Weiblichkeit. Sie hat sie als eine auferlegte Last empfunden: »Immer diese, diese Mädchenrolle, immer diese Frauenrolle, die man (lacht) mit sich rumgeschleppt hat.« Weiblichkeit ist für sie assoziativ mit Krankheit verknüpft:

»Nun, das hat auch ein bißchen... zur Person meines Vaters gezählt, daß er... mit Krankheiten einfach nicht zurechtkam. Jemand, der krank war, der läßt sich hängen... Das hat nicht dazugehört. Und er selbst, ähm, war auch selbst nie krank. Wenn, wenn er krank war, dann war das seine Migräne, die er immer wieder in bestimmten Abständen bekommen hat, wo man ja weiß, daß es mit seelischen Problemen zu tun hat. Äh, dann war wirklich, dann war der drei Tage, war er überhaupt nicht zu gebrauchen, dann hat er sich in ein dunkles Zimmer gesetzt, und das muß ja also wirklich schlimm sein, aber das war das einzige Mal, daß ich ihn krank gesehen habe. Er hat also nie 'ne Erkältung gehabt, und das war sicherlich auch 'ne Sache, die... mit dieser schulischen Erziehung da zu tun gehabt, daß man abgehärtet wurde, daß man sich zusammennahm, daß man sich beherrschte. Und man zeigt das nicht so, wenn man sich nicht wohl fühlt, und auch daß er zu mir immer sagte, ›reiß dich zusammen‹, das und Krankheit gehörte einfach nicht dazu. Ich nehme an, daß es auch damit zusammenhing. Ich meine diese, diese Krankheit, die meine Mutter hatte, die ist natürlich 'ne sehr heimtückische Krankheit, wenn man das unter dem Aspekt jetzt sieht, ne, äh, daß geistig, daß man geistig irgendwie nicht mehr so kann, körperlich natürlich auch. Er war sportbegeistert, auch durch die Napola und, äh, war überall also wirklich gut, was Sport anbetrifft, hat ihm so schnell keiner das Wasser gereicht.«

Menstruation, Depression und Migräne, das waren in der Familie Fischer anscheinend gefürchtete und tabuisierte »Frauenleiden«, die mit ihrer periodischen Wiederkehr immer wieder die Ermahnungen des Vaters, sich zusammenzureißen und abzuhärten, heraufbeschworen. Sie erscheinen Anna Schwarzbacher im nachhinein als die Quintessenz seiner nationalsozialistischen Erziehung. Überraschend ist jedoch, daß auch der Vater unter Migräne leidet, die ihn apathisch im verdunkelten Zimmer sitzen läßt. Mir fällt bei dieser Erzählung der Tochter das »Schlußbild« ein, das mir nach dem Gespräch mit dem Vater noch lange nachgegangen war, ein mit dem Ungesagten einsam zurückbleibender Mann, dem das, worüber er nicht reden kann, Kopfschmerzen bereitet.

Es gelingt Anna Schwarzbacher, etwas von dem Ungesagten auszusprechen. Sie spürt eine depressive Seite des Vaters, die mit Phantasien über Krankheit und Ohnmacht verknüpft ist. In ihnen faßt sich für sie die Unterwerfungserfahrung der Napola-Schüler zusammen. Und sie ahnt, daß etwas von diesem abgespaltenen »negativen« Selbstanteil des Vaters in ihrer eigenen Vorstellung von Weiblichkeit als einer depressiven Last, die sie mit sich herumschleppt, enthalten ist. Als treue Tochter nimmt sie ein Stück dieser auf sie projizierten Negativität an und läßt damit auf der Gefühlsebene zu, was der Vater durch Projektion verleugnet.

Ich bin überrascht, in der abgelehnten Weiblichkeit Anna Schwarzbachers auf Spuren dessen zu stoßen, was ein Napola-Schüler nicht sein durfte: schwach, feminin, physisch krank oder depressiv-vereinsamt, körperlich oder psychisch beschädigt. Damit eröffnet die Tochter einen neuen Blick auf die Erzählung des Vaters. Diese war um das »Gegenbild« Napola zentriert, das alles Ideale und Gute im Leben des Vaters enthält. Eine Kehrseite dieses Ideals will Lothar Fischer nicht zulassen. Aus der Perspektive des Gesprächs mit der Tochter fällt jedoch der Blick auf ein eher unscheinbares Detail seiner Erzählung, in dem sich eine Spur des Ausgegrenzten andeutet. Er stellt fest, daß ihn die Bezeichnung seiner idealen Bildungsinstitution als »Erziehungsanstalt« immer schon gestört hat:

»Das hat mich schon als Vierzehnjähriger geärgert, daß man keine bessere Bezeichnung gefunden hat als ›Erziehungsanstalt‹, das ist ein bißchen anrüchig… Ja, eine Erziehungsanstalt, das ist doch für, für, für Schwererziehbare…

I: So wie ›Irrenanstalt‹, oder so?

Fischer: Ja, diese Kategorie. So habe ich das damals empfunden, und so empfinde ich das eigentlich heute noch. Aber man ist damit abgestempelt, aha, Nazi, und dagegen wehre ich mich ganz entschieden…«

»Erziehungsanstalt« läßt an »Schwererziehbarkeit« denken, an unbelehrbar aggressive Jugendliche, an adoleszente Delinquenz oder auch an sozialisatorische Defizite, die Kinder unerziehbar machen. Der Terminus deutet jedenfalls auf etwas Negatives, das zur Napola gehört. Wurden in der Napola »Schwererziehbare« erzogen, die wegen familiärer Probleme dorthin geschickt wurden? Davon sind manche Napola-Absolventen überzeugt. Andere fürchten, durch Druck und Drill »irre« geworden zu sein und psychisch abnorm. In der Tat fanden wir bei den meisten Befragten ein »Abnormitätsgefühl«[1], das mit allen denjenigen Strebungen, Phantasien und Eindrücken verbunden ist, die von dem drill-sozialisierten narzißtischen Gruppen-Körperbild ausgeschlossen blieben. Diese sind – nach ihrer passiven Seite – mit dem Motiv des »Weiblichen« und – nach ihrer aktiven Seite – mit Delinquenzphantasien verbunden.

Diese von der Institution produzierte und in Regie genommene negative Identität, die wir hinter Lothar Fischers Bemerkungen über den Terminus »Erziehungsanstalt« nur vermuten können, wird im Gefolge der intergenerationellen Übertragung erst in den Erzählungen der Tochter greifbar. Was beim Vater hinter der Idealisierung verborgen bleibt, kommt bei der Tochter als von ihm projektiv auferlegtes Schreckbild des »Weiblichen« zum Vorschein.

Anna Schwarzbachers einfühlsamer Blick auf den Vater und ihr Bedürfnis, ihn gerecht zu beurteilen, ist nicht zu trennen von einer familiären Katastrophe, die über sie hereinbrach, als sie 18 Jahre alt war. Ihre Mutter wurde

1 Vgl. den Abschnitt über »Adoleszenz in der totalen Institution« im Kapitel »Schule des Terrors«.

krank, und der Vater ergriff die Flucht. Er bekannte sich zu seiner langjährigen Geliebten und verließ die Familie. Damit waren für seine Tochter alle von ihm vertretenen Werte und Orientierungen, alle Sicherheiten und Perspektiven dahin:

»Das kann man sich vielleicht als Außenstehender gar nicht so vorstellen, aber, das war..., als wenn der Boden wegrutscht, man schwimmt plötzlich und weiß überhaupt nicht mehr, was, ja, was ist jetzt überhaupt wichtig, was ist nicht wichtig. Und es waren einfach die Erziehungsgrundsätze, die waren einfach da, und plötzlich galt das alles nichts mehr. Und man wußte jetzt gar nicht mehr, auf welcher Basis soll man jetzt als Kind weitermachen. Man hatte irgendwie keine Grundlage mehr für sich als Person, als Persönlichkeit. So hab ich das empfunden.«

Um verständlich zu machen, was ihr und ihren zwei Brüdern damals widerfahren ist, zieht Anna Schwarzbacher eine erstaunliche Parallele. Das war für uns, sagt sie, ein »zweites 1945«. Warum wählt die in den fünfziger Jahren Geborene diesen Vergleich, und warum hat sie ihn im zweiten Gespräch wieder vergessen? Erstaunlich ist, daß sie mit dem, was sie über die eigene Krisenerfahrung sagt, zugleich benennt, was der Vater erlebte. Ebenso wie für sie die ganze heile Familienwelt zusammenbrach und das wichtigste Liebesobjekt verschwand, verlor Lothar Fischer 1945 den festen, durch die Napola gesetzten Rahmen und alle damit verbundenen Perspektiven und Sicherheiten. Wie der Vater fühlte sich die Tochter durch die Katastrophe wieder in die Position des hilflosen Kindes zurückversetzt.

Es ist für mich verwirrend zu sehen, wie sich in der Erzählung der Tochter, im Material ihrer traumatischen Eindrücke, das Trauma des Vaters abzeichnet. Was macht eigentlich, frage ich mich, das »zweite 1945« zur Wiederholung des ersten? In Fischers drei Szenen des Zusammenbruchs 1945 ist von Objektverlusten die Rede, von Entehrung und Demütigung, schließlich von Ausbürgerung und Verlust der Heimat. Er bleibt damit ganz auf der Ebene des kollektiven Unglücks. In der familiären Wiederauflage geht es um den Einbruch der Krankheit der Mutter, um die Flucht des Vaters und den Zusammenbruch des gesamten familialen Rahmens, der von allen Beteiligten als Verlust der Lebensgrundlage erlebt wird. Zeigt sich hier auch die verborgene Bedeutung des »ersten« 1945? Gibt es eine gemeinsame Bedeutung der Verluste?

Lothar Fischer gerät 1945 in die Position des Besiegten, Gedemütigten und Geächteten; er wird als Verbrecher behandelt. Auch mit dem Zusammenbruch der Familie werden alle bis dahin geltenden Werte in Frage gestellt. Folgt man Anna Schwarzbachers Hinweis darauf, daß »Krankheit«

nach dem Ehrenkodex der Napola in den Bereich des Verbotenen und Tabuierten gehört, so könnte man die Bedeutung beider Katastrophen formal als Sturz in eine im ethischen Sinn »negative« Position übersetzen. Wer in die »negative« Position geriet, dem wurde in der Napola mit Strafe, Demütigung und Ausschluß gedroht. Wer gegen den Ehrenkodex verstößt, wird »in den Dreck getreten« und (als Elitewesen) vernichtet werden, lautet die Botschaft jedes Drillrituals. In diesem Sinne werden für Fischer in der militärischen Niederlage die Drohungen der totalen Institution Realität. Es ist eigentlich die traumatische Dimension der Napola-Erziehung, die durch die Szenerie des Zusammenbruchs zur nachträglichen Wirkung kommt.

Diese Konstruktion füllt die Lücken, die das intergenerationell übermittelte Trauma in dem, was verbalisierbar ist, hinterlassen hat. Das Schema der intergenerationellen Traumaübertragung nimmt die Stelle dessen ein, was (noch) nicht gesagt werden konnte: es ist ein Behälter des Ungesagten.

Wenn Anna Schwarzbacher von der schweren Krise ihrer Herkunftsfamilie und der Trennung ihrer Eltern erzählt, klingt es oft so, als sei in Wirklichkeit sie allein vom Vater verlassen worden, und zwar, als sie noch ein Kind war und nicht mit 17 Jahren. Noch im Interview ist die Verzweiflung spürbar, mit der sie alltägliche Situationen erlebt, in denen sie sich verlassen fühlt. »Warum läßt man mich hier so allein rumkrabbeln?« fragt sie sich, wenn überraschend Entscheidungen in Haushalt und Familie von ihr allein getroffen werden müssen, weil der Ehemann abwesend ist. Früher war sein Arbeitsplatz ganz in der Nähe der Wohnung, und sie konnte, was nicht selten auch geschah, schnell zu ihm laufen, um sich Rat und Hilfe zu holen. Auch den Vater hat sie in solchen Situationen häufig angerufen.

Der Satz »Warum läßt man mich hier so allein rumkrabbeln?« beschreibt eine Szene. Man denkt an ein von den Eltern allein gelassenes Kind, ein sehr kleines Kind, das noch nicht laufen kann und noch symbiotisch eng mit dem primären Objekt verbunden ist. Das schützende elterliche Objekt ist abwesend, während ein anonymes böses Objekt affektlos zuschaut, wie das verlassene Kind so allein herumkrabbelt. Ein böses Objekt, das kommt, wenn das gute abwesend ist, hat der englische Psychoanalytiker Wilfred Bion als Ausdruck früher Spaltungsprozesse beschrieben, die zur Folge haben, daß die nichtsymbolisierte Abwesenheit des Primärobjekts als Anwesenheit eines bösen Objekts empfunden wird (Bion 1991).

Das Kind in der von Anna Schwarzbachers Erzählung evozierten Szene ist desorientiert und verzweifelt. Ihm fehlt die zuversichtliche Erwartung, daß das Objekt wiederkehren wird. Seine Mangelsituation ist lediglich auf der *motorischen* Ebene spezifiziert, durch das einsame Herumkrabbeln. Als sie von einem Besuch des Vaters bei der kranken Mutter erzählt, bei der inzwischen eine multiple Sklerose diagnostiziert worden war, begegnen wir einer weiteren motorischen Vorstellung, in der sich ein ganzer Katastrophenzusammenhang des Verlassenwerdens verdichtet:

»Das... ist 'ne merkwürdige Krankheit ja auch, das muß man auch wissen (lacht), sie, sie hat sich zwei Stunden hingesetzt und konnte sich wahnsinnig zusammennehmen, und dann fiel die Tür zu hinter meinem Vater und dann sackte sie in sich zusammen wie ein Häufchen Elend. Dann ging gar nichts mehr, dann konnten Sie nicht mehr mit ihr reden, dann war nichts mehr möglich.«

Die Abwesenheit des Objekts ist auch in dieser Szene nur motorisch dargestellt. Mit dem Verschwinden des Vaters scheinen die Muskeln der Verlassenen ihre Funktion einzustellen, als ginge ihre Kraft oder ihre Beherrschbarkeit vom Objekt aus. Aber hat nicht Lothar Fischer die Familie »am Laufen« und »in Gang« gehalten, indem er die Tochter und vielleicht auch seine Ehefrau stets aufforderte, sich nicht so »hängen« zu lassen? Wirkte er nicht, metaphorisch gesprochen, als Initiator und Motor aller Familienbewegungen? Dann war, als er die Mutter »sitzen« ließ, eigentlich klar, daß sie nicht auf ihren eigenen Beinen »stehen« und sich selb»ständig« bewegen könnte. Das ist, jedenfalls in den unbewußten Phantasien der Tochter, der psychosomatische Gehalt der multiplen Sklerose der Mutter: eine Bewegungskrankheit der Abhängigen, die allein gelassen werden.

»Er hat uns Dreien die Verantwortung für unsere kranke Mutter überlassen, wobei ich jetzt nur also am Wochenende konnte, meine Brüder nachher auch, weil sie dann auch studiert haben und auch in den Beruf gegangen sind, und meine Mutter saß alleine da, und man ist als Kind (von achtzehn, neunzehn Jahren!) doch nicht so bei der Sache, um's mal so auszudrücken, wenn man weiß, die Mutter sitzt allein zu Hause mit dieser Krankheit. Vielleicht liegt sie jetzt irgendwo und kommt nicht mehr hoch. Dann auch... dieses schlechte Gewissen der Mutter gegenüber, äh, die arme Frau, die kann sich nicht mehr [bewegen?, d. A.], da müßte ich jetzt eigentlich einspringen... Aber das hängt auch alles mit meinem Vater zusammen, daß der uns das praktisch alles aufgebürdet hat.«

In dieser dritten motorisch akzentuierten Szenerie der Verlassenheit ist – wie in der ersten – die Abwesenheit des »lebensnotwendigen« Objekts durch die Anwesenheit eines bösen Objekts dargestellt: »die Mutter sitzt alleine zu Hause mit dieser Krankheit«, die durch die Formulierung substantiviert und wie ein von der Mutter unabhängiges Wesen präsentiert wird. Die Krankheit ist eine Art Alter ego des Vaters, das kommt, wenn er gegangen ist: seine in der Familiendynamik fixierte negative Identität.

Die in Anna Schwarzbachers Erzählung enthaltene Phantasie, derzufolge die motorischen Kräfte der Familienangehörigen nur unter dem Regiment des Vaters wirksam werden konnten, erinnert an eine Erfahrung, die jeder Napola-Schüler gemacht hat. Jeder von ihnen hat am eigenen Leibe erlebt, wie man die Kräfte der einzelnen einem einzigen Kommando unterwirft und als Teil eines Ganzen wirken läßt. Und jeder einzelne hat das sowohl als demütigende Unterwerfung, als auch als Steigerung der eigenen Kräfte erlebt.

Offenbar gibt es in der unbewußten Dynamik der Familie Fischer etwas Analoges, ein »Modell Napola«, das sich in zwei zentralen unbewußten Phantasien niederschlug. In der Größenphantasie von einem motorisch akzentuierten Gruppenich, an dessen muskulärer Kraft jedes Familienmitglied unter der Führung des Vaters teilhaben konnte, und einer sehr viel schwerer faßbaren hypochondrischen Gegenphantasie, die mit Zuständen von Schwäche und Krankheit assoziativ verbunden ist.

Die englische Psychoanalytikerin Esther Bick hat die Phantasie einer muskulären »Zweit-Haut« untersucht, die uns die Vorstellung eines familiären Muskel-Ichs nach dem Napola-Modell verständlicher macht. Sie zeigt in ihrer Untersuchung über »Das Hauterleben in frühen Objektbeziehungen«, daß den frühen Spaltungen, Projektionen und Introjektionen eine Zeit vorausgeht, in der »die Persönlichkeitsteile in ihrer primitivsten Form empfunden werden, als gäbe es keine Kraft, die einen Zusammenhalt unter ihnen schafft«, so als müßten sie auf eine passive Weise durch die Haut gehalten werden, die als Persönlichkeitsgrenze fungiert (Bick 1990, 236). Dabei ist es das – im Körperkontakt gefühlte – »haltende« Objekt, das als Haut erlebt wird, die die Teile des Selbst bewahren kann. Mit der Introjektion dieser Funktion, die mit der »Vorstellung von einem Raum innerhalb des Selbst« einhergeht, konstituiert sich zugleich der introjektive Modus, der als »Konstruktion eines Objekts in einem inneren Raum« verstanden werden kann. Mit dieser Existenz des Objekts im Innern des Subjekts ist die Beziehung zu ihm nicht mehr auf die physische Anwesenheit angewiesen.

Kommt es jedoch zur Störung dieser haltenden Objekt-Hautfunktion, so kann sich eine kompensative »Zweithaut«-Bildung entwickeln, die das Defizit in der Objektbeziehung kompensiert. Da diese zweite muskuläre Haut eine bedrohliche Schwäche und Fragilität der ersten ausgleichen muß, wird sie als anormal stark phantasiert. Sie ist ein Schutzpanzer, der, wie Didier Anzieu (1991) sagt, für den Angriff gemacht ist und die Verständigung behindert.

Ein »Zweithaut«-Phantasma der Unverletzlichkeit findet sich im Bereich des Militärs. Nicht nur fungieren Uniformen unbewußt als Schutzhaut, die mit der Eingliederung in einen Gruppenkörper erworben wird. Auch durch das Ritual von Drill und »Schliff«, das zunächst als Beschädigung wirkt, erwirbt man einen Schutzpanzer, der glatt und hart wie Stein ist. Geschliffen werden Diamanten, bekanntlich der härteste Stoff. Auch Jüngers »Stahlgestalt« gehört in diese Kategorie oder die nach dem Bad im Drachenblut – bis auf die bekannte Stelle – undurchdringlich gewordene Haut Siegfrieds.

Ist diese feste Zweithaut bereits der Ausdruck einer gestörten Introjektivität, so verewigt sie andererseits diese Störung, weil sie nichts mehr durchdringen läßt. Die erste Haut, die, Anzieu zufolge, ein »rezeptives« Organ für Berührung und Kontakt ist, wird in ihrer kommunikativen Funktion durch die zweite behindert. Ein gutes Beispiel dafür ist der von Reich beschriebene Charakterpanzer, der ihm wie eine undurchdringliche Widerstandsmauer des charakterneurotischen Patienten erschien.[1]

Lothar Fischer, der an seiner Familie die Überlegenheit des Modells Napola demonstrieren will, ist es gelungen, in der Beziehung *nach außen* eine solche kollektive Schutzhaut zu schaffen. Sie gewährt im Innern der Festungsfamilie Sicherheit und Ordnung, deren er seit dem Zusammenbruch seiner Ideale 1945 so dringend bedarf. Aber die Schutzhaut untergräbt mit dieser Ordnung zugleich die notwendige affektive und kommunikative Binnenkohärenz der Familie. Auf diesem Hintergrund können wir vermuten, daß das Unverletzlichkeitsphantasma der Familie Fischer zusammenbrach, als sich die ersten Krankheitszeichen bei der Mutter zeigten und die hypochondrische Gegenphantasie, zu einem beschädigten Körper zu gehören, an dessen Stelle trat. Etwa in dem Sinn, daß etwas Krankmachendes in die Familie gekommen sei, das im Körperlichen steckt, genau dort, wo ehedem die speziellen familiären Kräfte ihren Sitz hatten.[2]

1 Vgl. den Abschnitt »Gruppe und Ideal« im Kapitel »Schule des Terrors«.

2 Vergleichbare Phantasien über schädigende Wirkungen der Napola-Erziehung haben wir in allen von uns untersuchten Familien gefunden.

Anna Schwarzbacher verwendet diese eindrucksvolle »hypochondrische«[1] Metaphorik auch, als sie ihre Reaktion auf den Zusammenbruch ihrer Herkunftsfamilie schildert:

Als der Vater die Familie verließ, »war das alles anders. Entsprechend haben wir alle drei geschwommen... Ich hab das Gefühl gehabt, mir wird der Boden unter den Füßen weggezogen. Ich hing völlig in der Luft, und das jahrelang. Und ich, das war dann die gleiche Zeit, wo man halt studieren sollte und auch da sich freischwimmen muß... und ich hab also unheimlich geschwommen. Ich hab überhaupt keinen Boden mehr gefühlt unter den Füßen. Und auch die Position, jetzt selbst mal zu wissen, wo steh ich jetzt überhaupt, wer bin ich, was mach ich jetzt um Gottes willen, äh, die Hilfe im Hintergrund ist weg.«

Sie beschreibt den traumatischen Verlust eines tragenden Objekts, das den Untergrund ihrer Bewegungsmöglichkeiten gebildet hatte. Sie sah sich anscheinend, nachdem sie den väterlich-festen Boden unter den Füßen verloren hatte, an ein unberechenbares »mütterliches« Element, das Wasser, anheimgegeben, in dem kein Fortschreiten möglich war. Sie schwimmt, weil für die zielstrebige Bewegung im Rahmen des neurotischen Familienmodells der Vater zuständig war.

Zwei Erziehungsprobleme machen Anna Schwarzbacher angst, der beharrliche Trotz und unlenkbare Eigensinn der jüngsten Tochter und die absehbare »Pubertät« der älteren. Während die beiden älteren Kinder »flexibel«, »biegsam« und »zugänglich« seien, setze die Kleine mit einer entnervenden Konsequenz das durch, was sie wolle: »Und ich will aber doch. Und ich mache das jetzt. Du kannst jetzt machen, was du willst, ich mache das. Und sie macht's auch. Und das, das macht mich fertig, das macht mich echt fertig.«

Es ist zu spüren, wie sehr Frau Schwarzbacher diesen Trotz auch bewundert und unterstützt. »Ich versuche bewußt nicht«, sagt sie, »ihren Willen zu

1 Mentzos (1982) schreibt über den »hypochondrischen Modus«:
»Der Hypochonder verhält sich so, als ob er den ›Feind‹, also das, was er nicht sein will, im eigenen Körper entdecke. Er entdeckt das Introjizierte und projiziert es (das ist der Unterschied zu sonstigen projektiven Prozessen etwa im Verfolgungswahn) in den Körper. Insofern ist auch die alte Bezeichnung von Henry Ey richtig, der die Hypochondrie ein Delir corporel, also einen ›körperlichen Wahn‹ nennt« (192).
»Der Hypochonder muß das ihn Ängstigende, insbesondere auch das Aggressive, das Destruktive irgendwie ›unterbringen‹. Das Böse wird aber nicht nach außen (wie in den wahnbildenden Psychosen), sondern in den Körper (oder bei den psychischen Formen in die Ich-Repräsentanz) hineinprojiziert« (193).

brechen. Ich will, daß sie ihren Willen hat und daß sie ihren Willen auch durchsetzt.« Aber es gelingt ihr nicht, die kleine Tochter vor Verletzungen zu bewahren. Sie faßt »an den Herd« und verbrennt sich, und wenn ihr gesagt wird, das sei heiß, dann verbrennt sie sich wieder, verbrennt sich fünfmal und noch ein sechstes Mal. Erst vorletzte Woche sei man wieder mit ihr im Krankenhaus gewesen, weil sie sich beim Radfahren den Kopf aufgeschlagen habe: »Sie hat also die ganze Stirn voller Narben, ich kann sie ihr nicht ersparen, weil sie hört nicht (lacht). Das klingt furchtbar brutal alles.«

Einer Kinderstirn voller Narben sind wir schon einmal begegnet, im Gespräch mit Lothar Fischer. Sie gehörte der Tochter des Nachbarn, die von ihrem schlecht erzogenen Bruder verletzt worden war. Er hatte das Kind in der Trotzphase als Monstrum in Menschengestalt geschildert, das nur durch die Napola-Erziehung gebändigt werden könnte.

Auch an Anna Schwarzbachers Angst vor der Pubertät ihrer älteren Tochter erkennen wir etwas wieder. Sie ist zunächst hellauf empört, daß auf einem Elternabend das Problem einfach benannt wurde: »In der siebten Klasse, da kommen Probleme auf Sie zu.« Und das auch noch mit dem Hinweis, daß dafür nicht die Schule, an die sie ihr Kind doch »abgeben« mußte, sondern das Elternhaus zuständig sei:

»Natürlich weiß ich das, daß die Pubertät kommt, daß, daß dieses Alter kommt, daß es Probleme geben kann – aber warum redet man uns jetzt in der Schule, jetzt schon Probleme ein, wo noch keine sind. ›Das bringt Probleme und da werden Sie Probleme kriegen, und die siebte Klasse ist überhaupt 'ne problematische Altersklasse.‹ Ja, du lieber Gott, da lassen wir sie doch erst mal kommen, die Probleme, vielleicht hab ich gar keine. Und das muß ich erst mal, da finde ich, da macht man wieder zuviel...

Da sitzen Kinder zusammen, die einen sind vierzehn, die anderen sind zwölf, durch unterschiedliche Einschulung, unterschiedliche Altersgruppierung, da, da müssen doch nicht unbedingt Schwierigkeiten kommen, die einen sind schon drüber weg und die anderen, da kommt's vielleicht erst in der achten Klasse oder vielleicht kommen sie gar nicht, vielleicht wird das im Elternhaus abgefangen... Aber ich weiß nicht, inwieweit wir jetzt abschweifen.«

An diesem Elternabend begehrt Anna Schwarzbacher auf – was sie nach eigenem Bekunden selten tut – und protestiert gegen die Zumutung, sich schon im vorhinein mit den Adoleszenzproblemen[1] der Tochter zu beschäf-

1 Sie spricht nur von der Pubertät; aber die »Probleme« und »Schwierigkeiten«, die sie mit der Tochter nicht zu haben hofft, betreffen wohl eher die »adoleszenten« Begleiterscheinungen der Pubertät.

tigen. Ihre wortreiche Klage benennt nicht, *wovor* sie Angst hat, sondern nur, worauf sie hofft: daß die Adoleszenz der Tochter genauso unbemerkt wie ihre eigene vorübergehen möchte. Im Gespräch verweigert sie jede Erinnerung an die eigene Adoleszenz, etwa an Selbständigkeitswünsche gegenüber der Familie. Damit benennt sie aber zugleich einen realen Tatbestand. Ihre eigene Adoleszenz spielte in der Familie kaum eine Rolle; sie wurde ähnlich verzögert wie die des Vaters in der Napola.[1]

Anna Schwarzbacher kann sich an keinerlei Adoleszenzkonflikte erinnern. Die Schule erschien ihr zu dieser Zeit als angenehmes, Sicherheit gewährendes Gefängnis – eine für die Latenz typische Vorstellung –, während der ältere Bruder seine Konflikte mit einem Deutschlehrer austrug und deshalb die Schule verlassen mußte. Erst der Jüngste trägt den Konflikt in die Familie. Seine Schwester, die sich an nichts Vergleichbares im eigenen Leben erinnern kann, beschreibt eine Art adoleszentes Terrorregime, das sie noch jetzt ganz mit den Augen des Vaters sieht:

»Und bei uns war das eigentlich der Jüngste, der dagegen am meisten aufgemuckt hat. Der hat versucht, den, den Frieden bewußt zu stören. Da hat dann jeder drunter gelitten, aber man mußte es einfach ertragen, sonst wurd's noch schlimmer, dann hat es eskaliert irgendwie. Der hat bewußt also gegen die elterliche Erziehung aufgemuckt, so daß er sich die Haare hat wachsen lassen, hat sich nicht gewaschen, ist immer in den gleichen Sachen rumgelaufen. Mein Vater hat da furchtbar gelitten, aber er kam auch nicht dagegen an. Der hat die Türen geschlagen, obwohl er genau wußte, das, das baut jetzt Wut auf, das baut jetzt Aggressionen auf, aber er hat's bewußt gemacht, um zu stören, und dann mit so'm Gesicht sich an 'n Tisch gesetzt und gesagt, ne also, ach, ich hab keine Lust, ich hab keinen Hunger, was ist das wieder für 'n Fraß und so Sachen, also ganz bewußt aufgemuckt...«

Auch in dieser Schilderung erkennen wir Details wieder: Der adoleszente Protest erscheint, wie für Lothar Fischer, als Verstoß gegen die Standards der Reinlichkeitserziehung. Die Türen, die, wie er sagte, den Älteren von den Jüngeren vor der Nase zugeschlagen werden, sind in der Erzählung der Tochter die Türen seines eigenen Hauses. Sie selbst, sagt Anna Schwarzbacher, habe nicht »aufgemuckt«, weil ihr der Vater damals so stark erschien, »daß Widerstand zwecklos war«. Aber noch heute, am »Vorabend« der Adoleszenz ihrer Tochter, kann sie sich weder in die Konflikte der jüngeren Brüder einfühlen noch sich selbst in der damaligen Situation anders betrach-

1 Vgl. »Adoleszenz in der totalen Institution« im Kapitel »Schule des Terrors«.

ten. Auffällig ist, daß sie das Adoleszenzproblem, wenn sie es überhaupt benennt, auf seine aggressive Seite reduziert. Konflikte, die mit sexuellen Strebungen zu tun hätten, kommen noch nicht einmal andeutungsweise vor. Die entscheidenden lebensgeschichtlichen Veränderungen sind im Leben der Tochter wie des Vaters traumatisch verlaufen. Sie haben keine Vorstellung von einem Übergang gewinnen können, wie sie eine moderne Adoleszenz eröffnet: im Sinne der Möglichkeit eines über Krisen fortschreitenden Selbstentfaltungsprozesses. Eine Adoleszenz in diesem Sinn haben beide nicht erlebt.

Durch die familiäre Katastrophe ist Anna Schwarzbacher aus einer fest in die Familie eingebundenen, eigentlich kindlichen Position direkt in die Rolle der erwachsenen Frau und Mutter gestürzt. Für sie gab es keinen fühlbaren Übergang von der Kindheit ins Erwachsenenalter, ebenso wie sich der Abschluß des Studiums und die Geburt ihres ersten Kindes »nahtlos« aneinander anschließen. Der Eintritt ins Sexualleben fällt mit der Gründung einer eigenen Familie zusammen, führt also zurück in die familiäre Sicherheit und Abhängigkeit, in die sie sich wie in eine »unheimliche Harmonie« eingebettet sieht. Diese Harmonie wird vom Trotz der jüngsten Tochter und der Pubertät der Ältesten in Frage gestellt. Auch wenn sie deren Selbständigkeitsstreben – auf der Ebene ihrer bewußten Einsichten – gern unterstützen würde, fürchtet sie affektiv – wie ihr Vater – deren auflösende Wirkung auf die Familienbande. Als sie in der Schlußphase des Gesprächs versucht, eine Art Credo der »Erziehung zur Selbständigkeit« zu formulieren, sieht sie sich jäh mit dem Widerspruch zwischen ihren eigenen Selbständigkeitswünschen und ihrem Bemühen, emotional sichere Bedingungen für die Kinder zu schaffen, konfrontiert – und entscheidet sich für die Sicherheit: Sie will, wie ihre Mutter, präsent sein, wenn die Kinder aus der Schule nach Hause kommen:

»Wenn ich das Haus aufschließe und komm rein und es ist keiner da, das find ich furchtbar ... und das sollen die Kinder halt nicht erleben, weil sie ja auch noch sehr viel hilfloser sind, jetzt im, im leeren Haus, ne? ... Na ja, und das möcht ich meinen Kindern halt weitergeben, insofern versuch ich auch, aus dem, was ich erlebt habe, positiv wie negativ zu lernen.«

Anna Schwarzbacher bemüht sich um Selbständigkeit und möchte diesen Erwerb an die Kinder weitergeben. Aber ihre Angst vor dem Alleinsein und dem Verlassenwerden – vor der Hilflosigkeit im »leeren Haus« – stellt ihre

Bewegungswünsche in Frage. Das »leere Haus« – das ist immer noch das Haus, das Lothar Fischer soeben verlassen hat und in dem die kranke Mutter bis ans Ende ihrer Tage auf ihn und die Kinder wartet; das Haus, in dem man Anna Schwarzbacher selbst so allein herumkrabbeln ließ und in dem sie fürchtet, eines Tages, wieder allein, wie die Mutter, zu sitzen und zu warten. Es ist eine Art leeres Haus des familiären Narzißmus, in dem der einzelne nur als Teil eines Ganzen existiert, das ihn zwingt, Teile seines Selbst, seiner Selbständigkeit, dem Familienzusammenhang zu opfern.

Anna Schwarzbachers Bild des Nationalsozialismus ist ganz diesem Familienmodell verhaftet. Sie hat, wie sie sagt, auf ein selbständiges Urteil in diesem Bereich weitgehend verzichtet. Sie könne sich über »Dinge, die vor meiner Zeit passiert sind, ... keine eigene Meinung bilden, weil ich einfach nicht dabei war«. Da müsse man sich schon an das halten, was Zeitzeugen wie der eigene Vater einem mitteilten. Ganz im Sinne des Vaters stellt sie fest, daß Hitler »eigentlich ... 'ne Idee gehabt [hat], die für meine Begriffe eigentlich nicht schlecht war. Eben junge Leute zu, zu Disziplin und, und, äh, Ordnung und auch zu einem verantwortungsbewußten (lacht) Denken zu erziehen, andererseits hat er natürlich auch Dinge gemacht – äh, aber ich, ich, ich führe das auch auf seinen, äh, daß er irgendwann mit dieser, mit dieser Größe der Aufgabe nicht mehr zurechtkam, zurück.« Sie hält es für möglich, daß man »sicherlich auch mit den Juden, äh, die Juden entsprechend [hätte] einsetzen können für diese Idee«. Anna Schwarzbacher befolgt unmittelbar das Verbot, sich ein eigenes Bild vom Nationalsozialismus zu machen. Es steht ihr nicht frei, das Wissen des Geschichtslehrers für sich zu nutzen, weil dieser »das alles« – gemeint ist der Nationalsozialismus – »sehr schlecht gemacht hat«.

»Und dieser Geschichtslehrer hat das auch alles sehr kraß gemacht, der hat uns also die Geschichtsquellen (lacht) rausgesucht, die also das alles sehr, sehr kraß untermalt haben, die also auch sehr grausam das alles dargelegt haben und ich zum Teil dann auch 'n bißchen die Stacheln gestellt habe und gesagt hab, was soll das jetzt wieder. Mein Vater erzählt so, der erzählt's genau anders, natürlich fragt man sich jetzt – na ja gut, die Mitte wird die richtige gewesen sein –, wer hat jetzt recht? Einerseits kam es für mich überhaupt nicht in Frage, ähm, meinen Vater jetzt in Frage zu stellen, eben weil er halt sich so hingestellt hat, als wenn das, was er sagt, das Richtige ist; auf der anderen Seite dieser Geschichtslehrer, der zum Teil das krasse Gegenteil gesagt hat, ne? Und mein Vater und er konnten sich also überhaupt nicht (lacht) leiden. Auch natürlich, äh, mein Vater hat es immer so dargestellt, als wenn ihm diese Napola geneidet würde. Der war also nicht auf der Napola, und er sagte, ah, der ist ja nur neidisch.«

Als der Geschichtslehrer eine »Zettelarbeit« zum Thema Nationalsozialismus schreiben läßt, kann Frau Schwarzbacher ihren dramatischen Loyalitätskonflikt nur dadurch lösen, daß sie darum bittet, nach Hause gehen zu dürfen:

»Ich hab gesagt, mir ist schlecht, ich kann nicht... Und ich wußte nicht, was sell ich 'n da jetzt hinschreiben? Schreib ich das, was er hören will, paßt mir das nicht ganz in 'n Kram beziehungsweise (lacht) ja wenn mein Vater das liest, dann sagt der, was hast 'n da hingeschrieben, was nehmt ihr denn da durch? Ist doch alles Quatsch oder so, weiß es nicht, aber, äh, mir ist so schlecht geworden, als ich die Fragen gelesen hab... (lacht).«

Diese Passage liest sich wie eine Abbreviatur der bundesdeutschen Nachkriegsgeschichte in puncto politischer Aufklärung. Anna Schwarzbachers Entscheidung für den Vater verstellt ihr die Möglichkeit, das von ihr so genannte »Negative« des Nationalsozialismus in eine Betrachtungsweise einzubeziehen, die ihrer Einfühlung in die Beschädigungen des Vaters vergleichbar wäre. In der Familie Fischer haben sich die Generationen in der Verleugnung der Nazi-Vergangenheit miteinander solidarisiert.

Auf die Frage, wie sie die von ihrem Vater so geschätzte, privilegierte Napola-Erziehung mit den Nazi-Massenmorden zusammenbringe, antwortet sie:

»Einerseits war es sicherlich 'n Widerspruch, aber andererseits natürlich wenn man, wenn man die Geschichte sieht, wie, wie's, was damals alles pass –, äh, gelaufen ist, muß man das als Widerspruch empfinden, aber ich glaub, es war wiederum keiner, das, das – ist, ist ja normal, das war ja das Denken der damaligen Zeit, dies, diese, dieses Arierdasein, und, und, und Elite für das, für, für, für bessere Aufgaben für bessere Zeiten, das, äh, das lief ja alles einspurig, in eine Richtung, und das war eben die Richtung. Diese Schule war der Aufbau, dieses, dieses Ziels, was man sich damals gesetzt hat, und, äh, das war ein Instrument dafür. Ähm, daß da soviel Negatives nebenher gelaufen ist mit KZ und so was, ähm, das war, äh, ich weiß nicht, nicht, wie ich das sagen soll – da – das gehörte halt einf – das gehörte dazu, so grau – (lacht), so grausam das klingt, alles, was da nicht dazugehört, was diesem Ziel nicht dienlich war, weg damit. Ich find das grausam, aber das war ja, ist ja auch das Denken eben, Gefühle zu unterdrücken. Das gehört ja da auch dazu – abgehärtet sein – ist für mich insofern dann halt auch kein Widerspruch. Das war ein Ziel, man hat sich ein Ziel gesetzt und hat dieses Ziel, ohne nach links und rechts zu gucken, äh, verfolgt.«

Aus dieser Perspektive »gehört es dazu«, daß immer ein Objekt ausgeschlossen wird, das nicht »dazugehört«, ob es die Juden sind oder die eigenen Gefühle. Für Anna Schwarzbacher sind die abgewehrte negative Identität des

Vaters, ihre eigene entwertete Weiblichkeit und die Opfer des Massenmords der Nazis durch unbewußte Phantasien über das, was nicht dazugehört, eng miteinander verknüpft. Es ist ihr verboten, zum »Negativen« in seinen verschiedenen Gestalten eine eigene Beziehung aufzunehmen und selbst neu zu entscheiden, was wozu gehört.

Diesem Verbot steht eine Utopie des Dialogs gegenüber, die Vater und Tochter miteinander teilen. Sie ist in der Familie immer wieder am Napola-Modell der Angstabwehr gescheitert; aber das hat Lothar Fischer nicht gehindert, sie in sein Napola-Gegenbild einzutragen: als Kennzeichen einer idealen Bildungsinstitution, in deren internen Diskussionsprozessen alle gesellschaftlichen Tabus und Denkverbote aufgehoben sind. Die Idee des Dialogs gehört zum intergenerationellen Traum der Familie Fischer, der an der Realität des Traumas vorerst zerbrochen ist. Sie hat paradoxerweise überlebt in der vom Verbot durchdrungenen Abwehrdynamik der Vater-Tochter-Beziehung, die sich als verläßlichste Verbindung erwiesen hat. Unter Verständigung in der Familie stellt sich Anna Schwarzbacher unbewußt eine Art Zwiesprache vor, in der abgewehrte Selbstanteile aller Beteiligten wieder ins Spiel kommen können, die auf dem Wege der interpersonellen Abwehr verlorengingen. Diese Möglichkeit ist aber durch das vom Vater durchgesetzte Verbot, sich ein Bild vom Nationalsozialismus zu machen, verstellt.

Die rebellische Tochter: Monika Kramers Auszug in die Fremde

Das Interview mit der ältesten, 37 Jahre alten Tochter von Gerhard Iddel steht unter dem Zeichen einer Rettungsphantasie des Interviewers. »Ein Kind lehnt aus dem Fenster...« heißt es in meinem »Notat« zum Interview. Vor dem Haus steht einer, es aufzufangen, es und die Mutter, die »hübsche, gepflegte Frau«, die die Tür öffnet, vor weiterem Unglück zu bewahren. Von Monika Kramers Situation habe ich aufgrund einiger Informationen ihrer Mutter eine vage, etwas aufregende Vorstellung. Sie hält ihre Adresse geheim, um sich vor Verfolgungen zu schützen, denen sie sich von seiten ihres ersten Ehemannes, eines Arabers, ausgesetzt sieht, mit dem sie das Kind hat, das sich aus dem Fenster lehnt.

Ich bringe, so geht die Phantasie über die Begegnung mit Monika Kramer weiter, etwas mit, das ihr helfen könnte: ein Wissen über eine Geschichte, in der es auch um Verfolgung geht, und die zu ihrer Geschichte gehört. Mit diesem »Wissen« kann ich sie »auffangen« und eine Rolle für sie spielen, die sonst vermutlich kaum jemand spielen kann. Indem ich diese Rolle einnehme, gebe ich dem Gesprächsverlauf eine Richtung. Er ist von einer Rivalität bestimmt, in der es darum geht, wer den Vater besser kennt und wem er sich gesprächsweise mehr geöffnet hat. Die Supervision hält denn auch an dem Gesprächsverlauf fest, daß ich mich mit meinem Wissen über den Vater nicht zurückhalte und so eine Familiendynamik in Gang setze, die darauf hinausläuft, daß ich mich in die Geschwisterreihe rivalisierend einbeziehe. Monika Kramers Haltung im Übertragungsgeschehen läßt einen gewissen Spielraum für meine Rettungsphantasie. Sie betont, schon vor Beginn des Interviews, daß sie in ihrer zweiten Ehe und in der neuen Familie – in der es ein Kind gibt, das zweite ist unterwegs – und in diesem Haus – einem Einfamilienhaus am Rande einer idyllisch gelegenen süddeutschen Kleinstadt – ihre Ruhe, ja ihr Glück gefunden und die Unsicherheiten, Stürme und Ängste ihrer Jugend hinter sich gelassen habe. Andererseits fragt sie mich mehrfach, ob das Gespräch mit ihr »ergiebig« sei, und zum Schluß: »Sind Sie zufrieden?« Ist sie vielleicht doch nicht so glücklich in diesem Haus oder unterfordert durch das Leben einer Mutter und Hausfrau?

Sie eröffnet das Interview mit der Feststellung, daß der Vater immer wenig Zeit hatte, beruflich sehr engagiert war und die Familie häufig umzog. Den Schwierigkeiten, die die damit verbundenen häufigen Schulwechsel – neun an der Zahl – für sie mitbrachten, begegnete sie mit Mitteln, Spickzetteln zum Beispiel, die ihr Vater nicht billigte. Seinen erzieherischen Standpunkt in solchen Fragen, vor allem auch, was Pünktlichkeit anbetraf, findet sie »unrealistisch«. Es gab »Auseinandersetzungen«, die »bis in die Tiefen des Charakters« gingen.

In ihrer Jugend ist sie mit ihrem Vater »überhaupt nicht klargekommen«: »Wir sind immer aneinandergerasselt – ich nehme an, weil wir uns sehr ähnlich waren, und deshalb hat mich das also erst recht nicht interessiert«, was er zu sagen hatte. In der Tat ist es nicht nur die physiognomische Ähnlichkeit mit dem Vater, die gleiche Gestik und Körperhaltung und derselbe norddeutsche, burschikos-schnoddrige Tonfall, der bei der Tochter etwas Spitzbübisches und Kokettes hat, sondern auch der bis zum äußersten Widerstand bereite trotzige Stolz, dem ich auch in den Gesprächen mit dem Vater immer wieder begegnet bin. »Ich passe eigentlich in keine Richtung«, sagt sie von sich. Und wenn ihre Mutter ihr vorhält, sie sei »aus dem Stoff, aus dem Extremisten sind«, oder der Therapeut, den sie zur Zeit des Konflikts mit dem arabischen Vater ihrer Tochter aufgesucht hat, ihr nachsagt, daß sie »fanatisch« sei, dann weist sie das einerseits von sich, um es dann doch mit den Worten »Das hab ich, glaub ich, schon von ihm« anzuerkennen.

Neben solchen Zügen der »Ähnlichkeit«, die auf eine besondere Identifikationsgeschichte zwischen dem Vater und seinem ältesten Kind schließen lassen, gibt es in der Wahrnehmung von Monika Kramer aber auch große charakterliche Unterschiede zwischen beiden. Während der Vater ihr als weltfremd, idealistisch, wenig mitteilsam und als ein Träumer erscheint, bekennt sie von sich freimütig, sie sei als Jugendliche »sehr aufsässig, renitent und nicht zu haben«, kurz, ein »Mistvieh« gewesen: »Kein Schwein konnte mich leiden und das mit Recht.« Sie ist der Meinung, daß sie »viel strenger erzogen« wurde und »viel weniger durfte« als ihre Geschwister, »ich mußte immer die besten Noten haben und die besten Leistungen haben. Das hat mich lange verfolgt«. Gegen diesen Druck hat sie rebelliert.

Andererseits waren die Eltern immer beschäftigt, hatten wenig Zeit, und sie war sich »selbst überlassen«. Monika Kramer wohnte zu der Zeit mit ihrer Schwester im Keller, und es kommt ihr heute so vor, als seien sie dahin »verbannt« und abgeschoben worden.

In der Eröffnung ihrer Erzählung thematisiert sie also eine Art »Drill« und ihr besonderes, von Auseinandersetzung und Widerstand bestimmtes Verhalten dazu. Deutlich sind die Parallelen zu der Situation des Vaters in diesem Alter wiederzuerkennen. Er war von den Eltern in die Napola abgeschoben worden und dann dem »Drill« ausgesetzt, dem er sich aber mehr unterworfen als Widerstand entgegengesetzt hat. Es scheint so, als habe er, der früher zarte und sensible Junge, der auch später nicht zu konkurrieren gelernt hat und immer der »Zweite« geblieben ist, gewisse idealisierte Vorstellungen von männlicher Stärke, denen er nicht genügen konnte, an die Tochter weitergegeben. Unübersehbar ist, daß die elitäre Auftragsbindung, die Gerhard Iddel in der Napola mitbekommen hat, sich auch bei seiner Tochter findet. »Ihr müßt euch die Leute erziehen«, sagte der Vater, wenn etwas nicht klappte, »ihr müßt die auf euer Niveau und nicht auf deren Niveau...« Und von Gerhard Iddels Mutter bekam sie schon ganz früh zu hören: »Du bist die Monika Iddel, für dich gilt das nicht«, was normalerweise gilt. Bewußt weist sie den elitären Anspruch des Vaters zurück. Aber unbewußt ist sie mit einigen Aspekten davon identifiziert. So hat sie auch den »Auftrag«, der mit der elitären Auszeichnung verbunden und beim Vater zum lebensbeherrschenden Motiv geworden ist, in einer wenn auch pragmatisch veränderten Weise verinnerlicht. Ihr war immer »klar, wenn ich das will, so war ich schließlich auch erzogen, dann schaffe ich das auch«. Mit dieser »Auftragsbindung« scheinen bei ihr, wie bei ihrem Vater, Zwangsmechanismen verbunden zu sein, die der Abwehr von depressiven Gefühlen dienen.

Die von Monika Kramer angesprochene »Ähnlichkeit« mit ihrem Vater ist auch eine Identifikation mit seinen traumatisch gestörten Selbstanteilen, den Trennungs- und Zusammenbruchserfahrungen mit seinen »zwei Familien«. Eigenschaften wie die zwanghafte Pünktlichkeit etwa oder das obsessive Arbeiten, die sie beim Vater beklagt und bei sich wiederfindet, sind im Zusammenhang mit der Abwehr von Gefühlen zu sehen, die auf diese Erfahrungen des Vaters zurückgehen und auf dem Wege der transgenerationellen »Traumaübermittlung« (Kogan 1990) an die Tochter weitergegeben worden sind. Diesen Zusammenhang nimmt sie undeutlich wahr, wenn sie ihrem Vater vorwirft, daß er »immer beschäftigt« war, »nie Zeit« hatte und »im nachhinein« und, auch heute noch, eigentlich »gar nicht richtig« lebe.

Monika Kramer mußte sich nicht nur mit dem traumatisierten, sondern auch mit dem emotional abwesenden Vater identifizieren. Die emotionale

Abwesenheit des Vaters wog schwerer als die physische. Sie erlebte ihn als verschlossen, verschwiegen und unzugänglich, er konnte nicht »teilnehmen« und lebte wie »in einer ganz eigenen Welt, in der man nicht so unbedingt Zutritt hat«. Noch heute sagt sie von ihm: »Ich weiß überhaupt nicht, was für einen Vater ich hab.« Wie sehr sie seine Nähe und Zuwendung vermißt hat, geht auch aus der Beschreibung der Situation hervor, in der sie ihn einmal anders erlebt:

»Es gibt so manche Abende ... und dann fließt der Retsina ... und dann kommt so der Moment, wo der Panzer durchbrochen ist, die Schale geknackt, und dann redet er und dann erzählt er von sich, und man erfährt Dinge also, die man nie geglaubt hätte. Und dann hat man wirklich mal so einmal im Jahr, ach, einmal im Jahr stimmt ja nicht, einmal in vier, fünf Jahren, einen Vater, den man auch fragen kann. Und dann ist er manchmal so fertig, daß ihm die Tränen kommen. Aber das ist halt sehr, sehr selten, solche Gespräche. Und am nächsten Morgen ist alles wie gehabt.«

Identifizierungsprozesse unter Bedingungen, wie Monika Kramer sie hatte, lassen schwierige Individuationsprozesse erwarten. Tatsächlich stand ihre Entwicklung unter dem Zeichen eines totalen Bruchs zwischen den Generationen, den sie mit aller Heftigkeit vollzog. Schon mit 13 schockierte sie die Familie mit der Ankündigung, sich mit einem Araber verloben zu wollen. Mit 17 zog sie aus dem Elternhaus aus. Sie hatte ständig neue Liebhaber, die sie, wie sie selbst meint, oft schlecht behandelte.

Aus dem Geist der jugendlichen Revolte ist wohl auch der Entschluß zu verstehen, den sie im Hinblick auf ihre berufliche Zukunft traf. Die Eltern hätten gern gehabt, daß sie Medizin studierte. Sie hätte die Praxis übernehmen können. Sie war vertraut mit dem Beruf und dem Leben eines Arztes und schon als Schülerin mithelfend tätig. Sie machte ein Praktikum als Schwesternhelferin und entschied sich dann für das Studium der Ethnologie.

Ihre Erklärung für diese bemerkenswerte Wahl ist einfach. Sie hatte aufgrund der häufigen Schulwechsel Lücken und hätte kaum einen Studienplatz in Medizin bekommen. Von den Beziehungen des Vaters, durch die sie vielleicht doch einen Studienplatz erhalten hätte, wollte sie keinen Gebrauch machen. Sie mochte ihm nicht »verpflichtet« sein. Statt dessen entschied sie sich für eine Ausbildung, von der ich mir vorstelle, daß sie von ihrem Vater als »unrealistisch« und »weltfremd« angesehen wurde. Ein weiteres Motiv für ihre Studienwahl war der »Spaß«, den sie sich von der Beschäftigung mit diesem Gegenstand versprach. Er erschien ihr als etwas »ganz anderes« und »Unvorstellbares«. Nicht ein spezifisches Interesse an fremden Kulturen, sondern die Anziehungskraft des gänzlich Fremden, Unbekannten und Fernen schien sie zu bewegen. Nicht lange nach Beginn des Studiums ging sie für zwei Jahre auf eine philippinische Insel.

Es spricht viel dafür, daß diese Wendung in die Ferne und Fremde der Versuch eines Ausbruchs war, mit dem sie auf den Generationsbruch reagierte, der zwischen ihr und dem Vater, nicht viel weniger drastisch auch der Mutter, bestand. Auf diese Weise schien es für die inzwischen junge Erwachsene eine Aussicht auf einen individuell gestaltbaren Lebensweg gegeben zu haben. Sie mußte den Bruch so nachhaltig vollziehen, daß er über normale Schritte der Separation und den Wechsel der Generationen hinaus den Bruch mit ihrer Herkunftskultur einschloß. Ilany Kogan, die die Interviews mit Monika Kramer supervisiert hat, schreibt hierzu:

> »Die ursprüngliche Identifizierung mit dem geschädigten Elternteil führte dazu, daß der Individuationsprozeß gestört ist. Es ist kein normaler Entwicklungsvorgang, sondern ein Bruch mit ihrer Herkunftsfamilie und -kultur. Die Tatsache, daß sie in ein fernes Land geht und eine fremde Kultur und Sprache annimmt, die Tatsache, daß sie einen Araber heiratet (wieder eine andere Rasse und Weltsicht), ist eine Revolte gegen die Identifikation mit ihrem deutschen Vater und den Werten und Vorstellungen, die sie von ihm introjiziert hat« (Kogan 1992, 6).

Die Erfahrungen des generationellen Bruchs und Zusammenhangs stehen bei Monika Kramer widersprüchlich und unvermittelt nebeneinander. Das »Sichmitteilen« des Vaters fehlte, der generative Prozeß, durch welchen beides hätte vermittelt werden können. »Er nimmt immens Anteil und er leidet manchmal bis zum Krankwerden, wenn irgendwas nicht so schön ist«, so beschreibt sie das, was man als »generative Lücke« bezeichnen kann, »er kann das aber nicht uns sagen, was ihn da... dann geht er zu meiner Mutter und fragt meine Mutter: ›Was ist denn mit der Monika?‹... aber nie direkt.« Weder hat er von seinen prägenden Erfahrungen etwas »mitgeteilt«, noch haben sie, die Kinder, ihn danach gefragt. Von der Napola weiß Monika Kramer so gut wie nichts. Sie ist einer der vagen Ursprünge seines mangelnden Realismus, seiner »Weltfremdheit« und seines »Idealismus« sowie der erzieherischen Normen, die sie nur ablehnen kann. Sie sind nicht begründet, sondern treffen auf sie als autoritärer sittlicher Kodex, der aus einem ihr unzugänglichen, eben nicht vermittelten historischen Kontext stammt. Die Forderung nach Pünktlichkeit »begründet« er nach ihrer Erzählung einmal mit dem Hinweis, daß bei Unpünktlichkeit im Krieg ganze Bataillone untergegangen wären. Die Abstraktheit seiner Forderungen und Erwartungen unterstreicht sie an anderer Stelle: »Man ist pünktlich, egal was passiert, ob die Welt untergeht oder nicht, das waren so hehre Vorstellungen, die er hatte...«

Die Welt, aus der diese Vorstellungen kommen, war untergegangen und, wie wir gesehen haben, in gewissem Sinne er mit ihr. Der totale geschichtliche Bruch in seinem Leben reproduziert sich als fehlende Mitteilungsfähigkeit im Verhältnis zur nächsten Generation. Was er fordert und erwartet, entstammt einem abstrakten sittlichen Kodex, während er in praktischen Moralfragen seinen Kindern wenig zu geben hat. Treffend die letzte Geschichte, die Monika Kramer erzählt, von Feigen beim Spaziergang in den griechischen Bergen, die er nicht ißt, obwohl er hungrig und müde ist, weil er nicht weiß, ob sie jemandem gehören...

Monika Kramer muß mit dem Studium der Ethnologie die Vorstellung von einer Lebensform verbunden haben, die sich von den Konventionen, in denen sie aufgewachsen ist, und den konventionellen Möglichkeiten, die sie beruflich hatte, radikal unterscheidet. Auf der philippinischen Insel fand sie es »phantastisch«:

»Mir ging es so gut dort wie in Deutschland noch nie. Ich hatte ein eigenes Haus mit zwei Gärten, ich hatte meinen Hund, der heute hier ist, ich hatte zwei Fahrräder, einen sehr netten Bekanntenkreis, einen guten Freund, ich hatte das, was mir Spaß macht... Ich hab Unterricht gegeben, um Geld zu verdienen, Deutsch und Englisch, und hatte damit mehr Geld als ein einheimischer Familienvater. Ich konnte jeden Tag essen gehen, ich konnte mir alles kaufen... Also es war wirklich – das Meer vor der Nase, ein Paradies. Und da hätte ich nach Deutschland zurück sollen?«

Die Insel war für sie der Ort, wo sie, weit genug entfernt, ihre eigenen »sittlichen« Vorstellungen, eine Lebensform nach ihrem eigenen Entwurf umsetzen und gestalten konnte – eine »glückliche Insel«. Natürlich fiel mir, während sie von ihrer Zeit dort begeistert erzählte, die »glückliche Insel« ein, die es im Leben ihres Vaters gegeben hat. Auch bei dieser Insel handelte es sich um eine ins Utopische gesteigerte Phantasie vom »guten Leben«, die auf der Erfahrung des »Drills«, der gewaltsamen Sozialisation in streng geregelte Konventionen, sie verkehrend und gegenbildlich verklärend, gedieh.

Im biographischen Kontext haben beide Inseln sowohl etwas von einer Utopie, als auch von einer Flucht aus Familie und Gesellschaft. Sollte auch sie, wie der Vater, »abgeschoben« worden sein, abgeschoben ins »gute Leben« aus einer familiären Situation, in der sie nicht gut leben konnte, bedingt durch die Umstände, die durch den Vater und seine Berufsauffassung, die Mitarbeit der Mutter in der Arztpraxis und das eingeschränkte Familienleben entstanden waren?

Wir haben gesehen, daß sie als Jugendliche sich in der Tat »abgeschoben« gefühlt hatte. Hier sind Verlassenheitsängste entstanden, die in der Therapie, die sie in der traumatisch erlebten Situation der Schutzlosigkeit angesichts der Verfolgung durch den arabischen Mann gemacht hat, eine wichtige Rolle spielten. Sie hat erkannt, daß diese Ängste mit dem Verhalten ihrer Eltern in Verbindung stehen. Nachdem sie im Interview erzählt hat, daß sie und ihre Schwester im Keller wohnten, wohin sie nach ihrer Meinung »verbannt« waren, während die Eltern oben im Haus wohnten und arbeiteten, berichtet sie von einem Gespräch, das sie vor kurzem mit ihrem Vater geführt hat. In diesem Gespräch hatte sie ihn auf seine »Abwesenheit«, seine fehlende »Mitteilsamkeit« und seine von ihr tief empfundene »Fremdheit« ihr gegenüber angesprochen. Daraufhin antwortete er ihr mit der Geschichte von seinem Einsatz im Luftschutzkeller, wo er für Ruhe zu sorgen hatte, während seine Mutter oben die Verwundeten versorgte und der Vater im Löscheinsatz war. Dieses Erlebnis war, wie sie sagt, für ihn zu einer »traumatischen« Erfahrung geworden. Wie wir wissen, war er ihr durch seine Wiedergeburt zum Helden in der nun vollends zur zweiten Familie gewordenen Napola zunächst entronnen, um knapp zwei Jahre später auch diese Familie zu verlieren. Sollte der Keller in W. mit dem Keller in B. wie durch einen unterirdischen, nämlich transgenerational-unbewußten Gang verbunden sein? Hier wie da unten ein Kind, das sich verlassen fühlt, während die Eltern oben Leben und Gesundheit retten und erhalten?

Hinter dem »Abschieben« in dem doppelten Sinn von Utopie und Flucht kann von der Seite des Vaters aus ebenso der Wunsch stehen, die Tochter aus dem familiären Umkreis zu entlassen, wie der andere Wunsch, durch ihren Schritt sein Erlebnis von der »glücklichen Insel« zu wiederholen. Seine Phantasien und Träume, »auszusteigen«, Schiffsarzt zu werden oder sich auf eine Insel zurückzuziehen, waren ja gerade zu der Zeit höchst lebendig, als die Tochter in dem Alter war, in dem er T. verlassen mußte.

Es war auch der Vater, der das Ende der »paradiesischen« Zeit auf den Philippinen für sie herbeigeführt hatte. Er überredete sie, zurückzukehren und einen anerkannten Studienabschluß in Deutschland zu machen, und kam »natürlich« selbst, um, wie sie nicht ganz ohne Befriedigung sagt, »das Kind zu holen«. Monika Kramer bereitete sich nun auf das Diplom vor. In die Prüfung ging sie mit großen Ängsten. Sie geriet in »Panik«, war »fix und fertig« und rief die Eltern an. »Ich hab gedacht, du bist doch nicht verrückt, du gehst doch nicht dahin, für was brauchst du dieses Diplom zum Leben, du bist auch so ein anständiger Mensch ...« Nicht nur bei dieser Gelegenheit hält ihr die Mutter ihre Abhängigkeit von den väterlichen Erwartungen vor: »Du hast immer noch nicht dazugelernt, du ziehst dir immer noch diesen Schuh an: dein Vater erwartet, daß du immer die Beste bist, daß du alles richtig machst, und du tust es prompt«, womit sie ihre Identifikation mit seiner Elite- und Auftragsbindung genau trifft. Ein »anständiger Mensch« zu werden, moralisch-sittliche Integrität – der Konflikt, auf dem Wege des »Drills« oder des »Lebens« dorthin zu gelangen, der auf ihrer »glücklichen Insel« für eine Weile geschlichtet war, ist nach ihrer Rückkehr wieder aufgebrochen.

Auf der Linie dieses Konflikts und ihrer jugendlichen Revolte gegen die Erwartungshaltungen der Eltern, insbesondere des Vaters, und gegen die kulturellen Werte und Normen, die sie repräsentierten, liegt auch die Beziehung, die sie zu dem Araber aufnahm und aus der ein Kind hervorging. Durch ihn und seinen »Clan«, wie sie sich ausdrückt, erhielt sie wieder Anschluß an einen fremden Kultur- und Sprachbereich. Zumindest bei ihrem Vater traf dieser Schritt auf Ablehnung, denn er äußerte die Vermutung, daß sie es wohl nicht schaffte, einen »ebenbürtigen Mann« zu finden. Wieder mußte sie, wenn es das war, einen Ausbruchsversuch abbrechen und ins elterliche Haus zurückkehren – diesmal, um aktiven Schutz und Hilfe zu bekommen. Denn es gab Konflikte mit dem Araber, und er bedrohte sie. Um sich vor Verfolgung zu schützen, anonymisierte sie ihren Aufenthaltsort. Sie strich gleichsam ihre Identität in öffentlichen Zusammenhängen aus, um daraufhin durch eine neue Heirat im Kollektiv der Familie unterzutauchen.

Der Mann, mit dem Monika Kramer die neue Familiensituation aufbaut, ist ein Deutscher. Nach Aussage der Schwester hatte der Vater ihr geraten, sie sollte es doch mal mit einem Deutschen versuchen, denn, so der Vater, »Ausländer nehmen jede (deutsche) Frau, die sie kriegen können«. Mit einer typischen »Männerphantasie«, so stelle ich mir vor, war Gerhard Iddel also zur Stelle, um in den Lebensweg der Tochter einzugreifen. Die Formulierung verrät, daß er nicht an sozioökonomische und politische Lebensbedingungen von Ausländern in der Bundesrepublik dachte. Zu den Bildern, die bei mir in diesem Zusammenhang aus der antisemitischen und nationalsozialistischen Propaganda auftauchen, fügt sich mir assoziativ die Erinnerung an eine andere Erzählung von Monika Kramers Schwester: Auf meine Frage, warum ihrer Ansicht nach der Nationalsozialismus und die Napola kein Thema in der Familie war, sagt sie, daß sie sich überlegt hätte, wie alt er damals war. Er war zu jung, um »selber aktiv« geworden sein zu können, und wenn er zehn Jahre älter gewesen wäre, hätte sie ihn gefragt, ob er vielleicht »Araber oder Juden abgemurkst« hätte. War für sie die Frage einer möglichen Täterschaft des Vaters damit erledigt, so könnte man sich, was Monika Kramer angeht, die Frage stellen, ob sie nicht zum Opfer jener Phantasie geworden ist, einer Phantasie, die die Angst des Täters vor den »Rächern« mit sich führt. Mit dem Material, das wir zur Verfügung haben, können wir diese Frage nicht beantworten. Jedoch spricht einiges für die Annahme, daß es so etwas wie ein untergründiges rassistisches Deutungsklima gegenüber Monika Kramers Männerbeziehungen in der Familie gab. Nicht zuletzt durch diese war sie, wie die Schwester sagt, zum »schwarzen Schaf« der Familie geworden. Schon als Schülerin und Studentin hatte sie fast immer und in großer Zahl ausländische Freunde, die nach Ansicht von Vater und Schwester »einfacher« zu »erobern« waren als Deutsche. Waren sie »erobert«, meint die Schwester, ließ sie sie fallen »wie heiße Kartoffeln«. Die Geschichte mit dem arabischen Ehemann habe gezeigt, daß »Affären« mit Ausländern eben auch »gefährlich« werden könnten. Wenn die Außenseiterrolle von Monika Kramer in der Familie tatsächlich auch in einem rassistischen Schema wahrgenommen worden sein sollte, dann hätte die Situation der Flucht aus der Beziehung zu dem Araber und der Verfolgung durch ihn und seinen »Clan« einen spezifischen Sinn.

Monika Kramer befolgte nicht nur den Rat ihres Vaters, sie heiratete nicht nur einen deutschen Mann, einen Bankkaufmann, sondern sie traf genau die Wahl, die ihr Vater mit ihrer Mutter getroffen hatte. Er ist der »ruhende Pol« in ihrem Leben. Bei ihm fand sie Schutz und Ruhe; mindestens vorläufig ist sie gerettet. Sie will nur noch ein ganz normales Familienleben führen. Fast möchte man meinen, daß es die Normalität selber ist, eine Art Überangepaßtheit, die sie als Schutz braucht, als einen Schutz gegen ihre eigene Unnormalität, das Abweichende ihres früheren Lebens, das sowohl elitäre wie »verrückte« oder auch »perverse« Züge hatte und das sie, jedenfalls in ihrer eigenen Wahrnehmung, fast das Leben gekostet hätte.

Hat Monika Kramer früher die Familie als wenig gebend und viel fordernd erlebt, so verspricht sie sich heute davon alles Glück ihres Lebens. Den Ursachen und Folgen dieses radikalen Einstellungswandels, der uns nicht nur durch den normalbiographischen Generationswechsel im individuellen Lebenszyklus motiviert zu sein scheint, wollen wir im folgenden nachgehen.

Dazu wollen wir, um an den Protestjargon der Zeit, als Monika etwa 17 Jahre alt war, anzuknüpfen, zunächst auf Reimut Reiches Analyse des »Mythos« von der »sexuellen Revolution« in der studentischen Protestbewegung vom Ende der sechziger Jahre zurückgreifen. Hinter diesem »Mythos« verbargen sich Reiche zufolge unbewußte Mechanismen der für die zweite Generation typischen Schuldabwehr. Die durch ein »intergenerationelles Trauma« gebundenen und nicht durchgearbeiteten Affekte von »Trauer, Wut und Schamgefühl«, die der ungesühnten nationalsozialistischen Vergangenheit galten, wurden intellektualisiert und sexualisiert. Parolen wie »sexuelle Revolution« oder der Ruf nach »Zerschlagung der Kleinfamilie« lieferten drastisches Anschauungsmaterial für die Wirkungsweise dieser Mechanismen, die Reiche wie folgt benennt:

»1. Gewaltsame Annihilierung der Kind-Eltern-Bindung..., 2. Abwehr von Depression, Trauer und Verlassenheitsängsten der ›Kinder‹ durch forcierte Sexualisierung..., 3. Leugnung der Abhängigkeit von den Eltern«, wonach das Individuum unabhängig von den Fehlern der Eltern sein kann, »4. Gewalttätige Wiedergutmachung; gewaltsame Versöhnung von Eltern und Kindern... Eltern und Kinder ›einigen‹ sich, daß durch gemeinsame inzestuöse Erregung Schuld umgangen werden kann. 5. Eine neue, falsche Benennung für die ›Schuld‹ an den Verbrechen der Vergangenheit. Nicht die Eltern haben sie begangen, sondern ›Der Kapitalismus‹« (Reiche 1988, 64).

Mit diesen analytischen Mitteln läßt sich Monika Kramers rebellischer Separationsversuch genauer beschreiben. Er spielte sich vor allem in zwei Dimensionen ab, denen der Sexualisierung und des Fremden. Beide Ablösungsstrategien müssen für die im Nationalsozialismus sozialisierten Eltern unannehmbar gewesen sein. Die zu einer modernen Adoleszenz gehörigen sexuellen, aggressiven und narzißtischen Strebungen mußten für sie etwas Fremdes und Verbotenes gehabt haben. Um die Jugendlichen von ihren Eltern zu trennen und an sich zu binden, hatte der Nationalsozialismus mit seinem vitalistischen Jugendkult die Adoleszenz in Regie zu nehmen versucht. Aus der Hitlerjugend war der Adoleszente als Sexualwesen ebenso verbannt wie als Kulturwesen, das die für diese Entwicklungsphase typische Kritik an den Eltern gegen die Gesellschaft insgesamt wendet und kulturelle Positionen besetzt und neue eröffnet. Für die kulturinnovative Funktion der Adoleszenz spielt die Auseinandersetzung mit dem Fremden eine wichtige Rolle.

Auch Monika Kramer dienten das Fremde und Ferne, andere Sprachen und Kulturen dazu, ihre Situation zu polarisieren, mit der Normalität einer gesellschaftlich anerkannten Lebensführung zu brechen und im Widerstand gegen sie eigene und abweichende Ideen und Wünsche nach einem anderen und besseren Leben zu entwickeln. Die Philippinen waren so ein Ausbruch in das »ganz andere« und »Unvorstellbare«, und sie fühlte sich so wohl dort »wie in Deutschland noch nie«. Was die Attraktivität des Fernen Ostens für sie ausmachte, waren nicht allein Sprachen und Kulturen, sondern deren Funktion als Chiffre der Andersheit und Fremdheit. »Es war natürlich auch die Neugier auf das Land, ne, mir ist das Fernöstliche immer als was wahnsinnig Rätselhaftes, Spannendes, Geheimnisvolles vorgekommen, und das mal so 'n bißchen aus nächster Nähe zu sehen, war schon sehr reizvoll.« Der fernöstliche Kulturbereich signalisiert die weitestmögliche Entfernung zur Herkunft und damit eher den radikalen Wunsch nach Trennung, als eine aussichtsreiche Strategie zu ihrer Verwirklichung.

Dieser Trennungsmodus gehört zu dem für die »zweite Generation« typischen, oft recht aggressiven und theatralischen Mittel zur gewaltsamen »Annihilierung der Kind-Eltern-Bindung«, indem alles aufgegriffen wurde, was sich gegen die Familie und die von ihr repräsentierte Welt wenden ließ. Dabei oblag der »sexuellen Revolution« die Aufgabe, die von den Eltern in Scham umgewandelte Schuld durch gezielte Tabubrüche und Schamverletzungen bloßzustellen. Daneben gehörte die Hinwendung zum Fremden und Fernen zu den Versuchen der »Selbstheilung«, die in dieser Generation mit guten Gründen und vielfältigen kulturellen und politischen Auswirkungen unternommen wurden. In ihnen steckte ein kollektives Bemühen um die Restituierung der von den Nazis zerstörten kulturellen Sphäre, die sich eben durch die Auseinandersetzung mit dem Fremden fortentwickelt. Aber das Fremde blieb im intergenerationellen Verhältnis oft unbewußt mit Verbot und Tod verbunden. Diese unbewußte Bedeutung wird in Monika Kramers Konflikt mit ihrem arabischen Mann virulent.

Noch dieser Konflikt stand vermutlich unter dem Zeichen der forcierten Sexualisierung von Verlassenheitsängsten und depressiven Gefühlen, mit denen sie auf die »generative Lücke«, die Abwesenheit und fehlende Mitteilsamkeit des Vaters und die »Dominanz« und zugleich mangelnde Verfügbarkeit der Mutter, reagierte. Die charakteristische Objektwahl ihrer Jugendrevolte war der Fremde als Liebhaber. In dem traumatischen Erlebnis der Bedrohung und der Verfolgung durch den arabischen Mann ist diese Objektwahl untergegangen. Mit einer erstaunlichen Wendung ins andere Extrem geht sie nun die Verbindung zu dem offenbar äußerst braven deutschen Mann ein und betreibt gleichsam eine totale Familiarisierung ihrer Existenz.

Damit ist gemeint, daß die Bindungskräfte, die die Familie entwickelt, nicht nur auf den mit der Versorgung und Erziehung der Kinder verbundenen häuslichen Pflichten beruhen, sondern darauf, daß durch sie tendenziell alle sozialen und kulturellen Energien und Bedürfnisse organisiert werden. In dieser Familie hat Monika Kramer einen Ort des Rückzugs und der Sicherheit gefunden, einen elementaren Schutzraum, den sie um den Mann als »ruhenden Pol« in ihrem Leben festungsartig ausbaut. Ihn in ihre Vorstellungen vom familiären Leben einzubinden, ist ihr ein besonderes Anliegen. In bewußter Differenz zu ihrer Herkunftsfamilie legt sie vor allem darauf Wert, daß er die Vaterrolle anders wahrnimmt als ihr Vater, nicht »außen vor«, sondern in der Familie lebt. Er soll für die Kinder »da« sein, als Person und Figur präsent und gleichermaßen intensive Beziehungen zu ihnen haben und wie sie beteiligt sein an der Versorgung, Pflege und Erziehung der Kinder. Er wickelt das Baby, kocht, wäscht ab und putzt die Fenster, erledigt Reparaturen im Haus und baut den Keller aus. Auch in kultureller und politischer Hinsicht sorgt sie für familiäre Integration. Sie hat ihren Mann dazu angehalten, wie sie aus der Kirche auszutreten und dieselbe kleine Partei zu wählen.

Einerseits wird dieser familiale »Zentrismus« mit dem Wohlergehen der Kinder begründet. Auf der anderen Seite hat er reparative Funktionen für Verlassenheitsgefühle und Verfolgungsängste und die entsprechenden Fehler der Eltern. In dieser Struktur des von Monika Kramer gewählten Familienmodells sehen wir den von Reiche genannten speziellen »Einigungsmodus« zwischen der »zweiten Generation« und ihren Kindern als eine Art »sozialen Inzest« zum Zuge kommen. Dessen wichtigstes Merkmal ist die Tendenz zur Familialisierung der Rolle des Mannes und Vaters der Kinder. Traditionell ist diese Rolle der außerfamilialen Welt von Gesellschaft und Kultur zugewandt, deren Werte und Normen durch den Vater gegenüber der nachkommenden Generation vertreten werden. Im Gegensatz dazu wird nun seine Rolle daran gemessen, wie sehr er für die Kinder unmittelbar da ist. Auf diesen Anwesenheits- und Tätigkeitsbereich beziehen sich die »kulturellen« Erwartungen an die Rolle des Mannes. Sie soll inklusiv sein, nicht mehr, wie früher, von einer Exklusivität, die für die gesellschaftsoffene und öffentlichkeitsbezogene Rolle des traditionellen Familien-»Oberhaupts« noch in der Generation jener – unserer – Väter gilt, die nicht »da« waren.

Monika Kramers Verhältnis zur Welt außerhalb der Familie ist von einer deutlichen Abwehr bestimmt. Zur Wahrnehmung von politischen Aufgaben beispielsweise hält sie sich für »denkbar ungeeignet«. Sie würde »in jedes Fettnäpfchen latschen« und sich »ständig den Mund verbrennen«, während ihr Mann »diplomatisch« sei, sich in andere Menschen »hineinversetzen« und »andere Standpunkte akzeptieren« könne. Diese universalistische Einstellung fehlt ihr völlig. Sie hält sich selbst für »intolerant« und »kompromißlos«. Als »überzeugte Christin« übt sie zugleich massive Kritik an der antiliberalen Haltung der Kirche. Sie beobachtet die Parteien, kann aber keine wählen. Weil sie dennoch das Wahlrecht ausüben will, gibt sie ihre Stimme der ÖDP, jener kleinen Partei, die gern Weltanschauungspartei sein möchte und einiges ideologische Restgut aus dem Traditionszusammenhang zu ihrem Programm gemacht hat, in dem Monikas Vater mit seiner Idee von einem »reinen« und »idealen« Nationalsozialismus steht. Ethnozentrismus, Ausländerfeindlichkeit und ein romantischer Antikapitalismus mit ökologisch verpackten Sauberkeitsphantasien bestimmen das Programm dieser Partei, das Monika Kramer selektiv für sich auslegt. Was sie anspricht, ist der Appell an ein »sittliches« Wertgefühl des einzelnen, die »Achtung« vor dem »Leben« und die Warnung vor der »Katastrophe«. Dieser Angst gibt sie Ausdruck unmittelbar nach dem hastigen Bericht über die Bedrohung und Verfolgung durch den Araber und seinen »Clan«. Die »Katastrophe«, die durch übermäßige Produktion und Konsumtion droht und sich in der Dritten Welt bereits abspielt, ist nur aufzuhalten, wenn der »einzelne« bei sich selbst anfängt und »umdenkt«.

Der hier von Monika Kramer hergestellte assoziative Zusammenhang von Verfolgungsängsten und dem mit der Eindringlichkeit der religiösen Bekehrungssprache vorgetragenen Appell an eine »neue Sittlichkeit« deutet auf eine spezifische Genese von kollektiven Orientierungen in der »zweiten Generation«. Diese Orientierungen gelten nicht den gesellschaftlichen Verhältnissen im ganzen, dem »Volk«, das »alles« und dem gegenüber das Individuum »nichts« ist, sondern den »privaten« Verhältnissen der Familie, den Beziehungen zwischen Eltern und Kindern und zwischen den Geschlechtern. Die Absichten und Wünsche vieler Angehöriger dieser Generation der siebziger Jahre nach »anderen« und »neuen« Beziehungs- und Lebensformen, durch die sie sich von der Elterngeneration unterscheiden könnten, scheinen jenem Sittlichkeitspathos des nationalsozialistisch sozialisierten »Gemeinschaftsidealismus« und »Wir-Gefühls« viel zu verdanken. Dieses konnte in der nachfaschistischen Gesellschaft nicht bestehen ohne die psychodynamische Delegationsfläche und emotionale Ausbeutungsmasse, die für die Elterngeneration die Familie darstellte.

Was in dieser Generation mit dem »Zusammenbruch« langfristig folgenreich zusammenbrach, war der politische und soziale Rahmen einer »sittliche« Orientierungen bietenden gesellschaftlichen Großgemeinschaft und mit ihm das entsprechende Größen-Gruppenich. Dieses Ich mußte nach Überlebenschancen suchen. Vor allem in der Familie fand es, um den Preis massiver emotionaler Abhängigkeiten, eine bescheidene Stätte der Zuflucht.

Nichts war diesen Vätern emotional so wichtig wie die Familie – nur anwesend und zu affektiver Teilnahme fähig waren sie nicht. Sie waren gleichsam »politische« Väter – in unserem Fall »Napola-Erzieher« –, loyal und zuverlässig als Versorger und Beschützer und klar und prinzipienfest in ihren Vorstellungen von Erziehung. Nur hatten sie in der Regel keine Zeit und wenig Einfühlung in die Wünsche und Probleme der Kinder. Sie erwarteten und brauchten das harmonische Familienleben und die Liebe von Frau und Kindern, um in einem beruflichen und öffentlichen Leben bestehen zu können, das emotionale Gratifikationen nicht nur für funktionale Leistungsanstrengungen, sondern auch für enttäuschte »Wir-Gefühle« und »sittliche« Verstehens- und Deutungsbedürfnisse in den außerfamilialen Handlungskontexten verlangte. »Die Familie als *Ersatz*-Identität der als Staatsbürger gescheiterten und als Soldaten geschlagenen Väter«, schreibt Michael Schneider über die Vorgeschichte der »zweiten Generation«, »und die Kinder als unfreiwillige Stabilisatoren ihres zerbrochenen Selbstwertgefühls – hier liegt der neuralgische Punkt, von dem die Psychopathologie der deutschen Nachkriegsfamilie ihren Ausgang nimmt« (Schneider 1981, 36).

Wo die Familie nicht nur für Kompensationen von Enttäuschungen und Entbehrungen, die durch den »Zusammenbruch« und die Nachkriegszeit bedingt waren, herhalten mußte, sondern geradezu eine Verkörperung des alten Gruppenideals wurde, mußte die Ablösung der heranwachsenden Generation unter besonderen Schwierigkeiten vonstatten gehen. Ungehorsame Kinder und rebellierende Jugendliche gerieten schnell in die Position, die in der Napola den Ausschluß aus der Gruppe oder gar aus der Anstalt bedeutete (den Gerhard Iddel ja tatsächlich erlebt und erlitten hatte). Ausschlußdrohungen zumindest unbewußter Art waren in diesen Familien ständig gegenwärtig. Wo es Phänomene adoleszenter Rebellion in Napola-Familien überhaupt gegeben hat, wurden sie von allen Beteiligten als massive, unbewußt vermutlich auch als tödliche Bedrohung des familialen Ganzen wie des einzelnen erlebt.

An den Napola-Vätern, die bei allem, was ohnehin verloren war, auch noch ihre Eliteposition und die damit verbundenen Hoffnungen verloren hatten, ist besonders gut zu beobachten, wie sehr die Nachkriegsgesellschaft, die sich unter dem Zeichen des offiziellen Antifaschismus und der Demokratie entwickelte, als feindliches Gelände galt, das den Kindern mit vielerlei Gründen zu betreten untersagt war. Gemäß dieser Spaltung in den Bereich der Familie als Ort des Guten und die Gesellschaft als Sitz des Bösen konnten die typischen Autoritätskonflikte mit Heranwachsenden als Angst vor den Bedrohungen einer feindlichen Außenwelt und ihrer verderblichen Einflüsse empfunden werden. Speziell wegen ihrer Töchter lebten die Napola-Väter in ständiger Angst vor der »schlechten Gesellschaft«, in die diese hätten geraten können. Gerhard Iddel, der seinen Pünktlichkeitsterror mit dem Hinweis rationalisiert, daß bei Unpünktlichkeit im Krieg ganze Bataillone untergegangen wären, erlebt die Abwesenheit der zu spät kommenden Tochter als ihre Anwesenheit an einem Ort, wo Mord und Totschlag herrscht. Die »böse Gesellschaft« ist die Vertretung der sexuellen und aggressiven Strebungen der Tochter und ihrer Unabhängigkeitswünsche, die der in der Napola sozialisierte Vater als Aktualisierung seines Trennungstraumas und als Verrat an der Gruppe erleben mußte. In diesem Sinne trieb er die Tochter geradezu in den Konflikt und in die Revolte.

Den spezifischen Konfliktzusammenhang zwischen diesen Generationen hat Horst-Eberhard Richter Anfang der siebziger Jahre – Monika Kramer war damals 18 – klar gesehen. Unter Rückgriff auf seine familienpsychologischen Studien (Richter 1963) hat er einen intergenerationellen Übertragungszusammenhang beschrieben, der in die damalige antiautoritäre Protestbewegung von Studenten und Schülern mündete. Diese hatten es Richter zufolge mit Eltern zu tun, die alle ihre Anstrengungen auf ihre individuelle Selbstbehauptung richteten und die dazu benötigte Stärke aus Angst vor Selbstzerstörung auf Kosten von Abhängigen und Schwächeren, auch der eigenen Kinder, zu gewinnen suchten. Die antiautoritäre Jugend bescheinigte der älteren Generation, daß der »Traum von der zentralen Bedeutung des Individuums... ausgeträumt« war. Diese Diagnose war zumindest insofern zutreffend, als sie sich mit einem Deutungsversuch des antiautoritären Motivs berührte, den es innerhalb des aktiven Kerns der Protestbewegung selber gegeben hat. In einer Verteidigungsrede vor Gericht vertrat 1969 Hans-Jürgen Krahl, einer der Anführer des studentischen Protests, die Ansicht, daß der »Verfall« des zu »emanzipativen Leistungen« nicht mehr fähigen »bürgerlichen Individuums« eine der »wesentlichen Begründungen« sei, »aus der die Studentenbewegung den antiautoritären Protest entwickelte« (Krahl 1971, 25). Dem »Trauern um den Tod des bürgerlichen Individuums« setzte die Protestbewegung die auf Solidarität und herrschaftsfreier Kommunikation beruhende kollektive Erfahrung der »kommunistischen Organisation des politischen Kampfes« (Krahl 1971, 27) entgegen, in der die emanzipierten Verkehrsformen einer freien Gesellschaft antizipiert werden sollten.

In den von ihm diskutierten therapeutischen und Selbsthilfegruppen sah Richter Versuche der »Selbstbefreiung«. In der »Gruppe« glaubte er eine »neue soziale Einheit« zu erkennen, in der das Individuum nicht nur überleben konnte, »sondern einen echten neuen Sinn zu erfüllen« hoffte. Die Gruppe »bietet dem einzelnen eine Verstärkung seines Ich, insofern als sein persönliches Ich an dem Gruppen-Ich partizipiert. Die Gruppe liefert dem Individuum Schutz. Es vermindert durch sie sein Gefühl von Einsamkeit und Verlorenheit. Es wird durch die Gruppe größer, stärker und klüger. Die Gruppe kann dem einzelnen helfen, sich wertvoll zu fühlen. Sie verstärkt ihn also auch vom Über-Ich her. Die Gruppen-Norm gibt ihm Halt und schützt ihn besser gegen seine Selbstzweifel. Nach außen hin verstärkt das Individuum mit Hilfe der Gruppe sein Gewicht in der Gesellschaft« (Richter 1972, 34). Richter verstand diese Gruppentheorie ausdrücklich als Deutung eines neuen, sozialpsychologisch relevanten (und das individualistische Paradigma der klassischen Psychoanalyse herausfordernden) Phänomens. »Uns Psychoanalytikern scheint es eben, als verrate speziell diese große Sehnsucht nach der Erfüllung in einer Wir-Gemeinschaft viel mehr als ein Therapiebedürfnis im konventionellen medizinischen Sinne. Als sei es in der Tat die Suche nach einer allgemeinen neuen Existenzform, die man an die Stelle des alten individualistischen Selbstverwirklichungs-Konzeptes setzen will...« (Richter 1972, 41).

Zweifellos hatte Richter ein in weiten Teilen der damaligen jungen, unserer »zweiten« Generation verbreitetes Gefühl für die Notwendigkeit und Chance zu tiefgreifenden Veränderungen in den sozialen Selbstbeschreibungsgewohnheiten des Individuums, der Formen und Normen sozialen Verhaltens und der Entwicklung der Persönlichkeit, des Verhältnisses zwischen den Geschlechtern und Generationen zutreffend beschrieben. Was daran auffällt, ist nicht so sehr die uns heute schwer nachvollziehbare »sittliche« Perspektive auf die »Gruppe«, sondern die geradezu systematische Auslassung der deutschen und faschistischen Traditionskultur der »Gemeinschaft« für die Erklärung jener »Sehnsucht nach Erfüllung in einer Wir-Gemeinschaft«. Freilich war es dieser Auslassung zu verdanken, daß das in der »Organisation« und der »Gruppe« aktivierte »Wir-Gefühl« progressiv besetzt werden konnte. Es durfte sich an die Stelle eines »bürgerlichen« Individualismus setzen, den es hierzulande nur in einer idealisierten (Krahl) oder abgewehrten (Richter) deutschen und kaum in einer modernen, aus revolutionären Traditionen des Bürgertums stammenden, westlichen Form gegeben hat. Von solchen Traditionen gingen zu der Zeit keine Orientierungen für die nachfolgende Generation aus, ganz im Gegenteil. Der Spielraum, der ihr für kulturelle Neuerungen zur Verfügung stand, war offenbar beschränkt auf die politisch-moralische Umdeutung jenes durch den Nationalsozialismus entwerteten »Wir-Gefühls« und der entsprechenden »sittlichen«, »gemeinschaftsidealistischen« Orientierungen. Es waren die bei der Elterngeneration gleichsam liegengebliebenen oder abgespaltenen gesellschaftlichen Anteile des ursprünglich nationalistisch und rassistisch gebundenen »Wir-Gefühls«, die die »zweite Generation« in ihre politischen und sozialen Konstruktionen aufgenommen hat. Diese reichen von der revolutionären »Organisation« über die sozialreformerische »Gruppe« bis zu der von uns skizzierten familialistischen Einstellung.

Was diese anbelangt, so gilt zweifellos auch für unser Beispiel und andere »Familienkonstruktionen«, denen wir in unserem Projekt begegnet sind, das, was Richter schon an den Eltern- und Kinderladengruppen der frühen siebziger Jahre beobachtet hat, nämlich daß beispielsweise emotionale und kommunikative Offenheit in den familiären Beziehungen oder die »Übertragungssensibilität« der Eltern gegenüber der Entwicklung der Kinder hoch bewertet werden. Aber es fehlt die offene soziale Perspektive der »Gruppe« und die gesellschaftliche und institutionenbezogene Orientierung, mit der Veränderungs- und Reformansprüche an die Eltern-, Frauen- oder Männerrolle, an Pädagogik, Erziehungs- und Betreuungseinrichtungen adressiert wurden. Nicht nur in dem besonderen Fall von Monika Kramer haben die Familien wieder etwas von jenem »Festungscharakter«, den Richter psychoanalytisch beschrieben hat (Richter 1970), und jener Selbstgenügsamkeit, die kennzeichnend für die deutsche Nachkriegsfamilie, also die Herkunftsfamilie unserer »zweiten Generation«, gewesen ist. Der familialistische Einstellungstyp, der für diese Generation kennzeichnend ist, dient aber nicht bloß der defensiven Abschottung gegen die Gesellschaft und der affektiven Kompensation für funktionale, »affektsperrende« Leistungsansprüche der »modernen Arbeitsbedingungen«, die nach Schelsky (1955, 354f.) zur »emotionalen Überlastung« der Nachkriegsfamilie geführt haben. Mit der von uns angetroffenen Einstellung wird gesellschaftliches Leben nicht familial ausgegrenzt, sondern substituiert. Die Familie wird sozial aufgewertet und emotional sowie kulturell erweitert. So soll etwa die familiäre Privatheit und Intimität der Väter, die im Unterschied zu den Vätern der vorhergehenden Generation fast wie selbstverständlich als Wert akzeptiert wird, nicht nur zu einem stärkeren Zusammenhalt der Familie und günstigeren Entwicklungsbedingungen der Kinder beitragen, sondern auch zur Befriedigung sozialer und kultureller Bedürfnisse, von der man sich in öffentlichen Zusammenhängen nicht viel verspricht (Sennett 1983). Daß dies angestrebt, aber nicht ohne Spannungen erlebt wird, spricht Monika Kramer deutlich aus:

»...da sag ich dann zu meinem Mann immer, Mensch, kannste nicht als Banker mal so zwei Jahre New York oder 'n Jahr Tokyo oder – wenn's auch nur Mailand ist oder irgendwas, einfach nur mal, und dann meint er immer, er ist schon zu alt, und es ist natürlich auch, ähm, er hat auch so seine Priorität gesetzt, er will eben nicht Karriere machen, sondern er will leben mit seiner Frau und seinen Kindern, das find ich ja im Grunde völlig richtig, und ich will's ja auch so, nicht. Man kann halt nicht beides haben, ne? Man kann nicht Karriere machen und gleichzeitig 'n tolles Familienleben haben. Er hat, es ging mal darum, ob er sich, äh, bei 'ner anderen Bank hier in der Nähe so um die Stelle des Direktors, war ausgeschrieben, ob er sich da bewirbt, ne? Und das wäre finanziell interessant gewesen, da haben wir überlegt, ob wir das machen sollen, und dann haben wir dann doch gesagt, ne, dann da, äh, abends, äh, zu irgendwelchen Empfängen zu gehen und Smalltalk zu machen und mit irgendwelchen Leuten, die man sowieso nicht leiden kann oder mit denen man sonst nix zu tun hätte, ne, irgendwelchen Metzgers, die da 'n Kredit wollen oder das, das liegt, also mir zumindest überhaupt nicht, und das würde mich wahnsinnig anöden, und dann hätte er ja allein noch was weiß ich noch x Verpflichtungen mehr, und dann seh ich ihn dann abends von elf bis zwölf oder so, und dann haben wir gesagt, ne, machen wir nicht, ganz bewußt, diesen Weg gehen wir nicht, wir wollen nicht das große Geld, wir wollen zusammen glücklich, fröhlich, zwar in geordneten Verhältnissen, aber eben ohne den dicken Rubel leben, und das find ich auch, würd ich jederzeit wieder so machen. Aber damit ist der große Traum mit von wegen Ausland und so eben auch ins Wasser gefallen bei dieser Entscheidung. Aber viermal im Jahr stinkt's mir, viermal im Jahr oder dreimal, da reib ich's ihm unter die Nase, und dann am nächsten Morgen geht's mir wieder etwas besser, und dann ist wieder Ruh. Ja, man muß halt Kompromisse machen, ne?«

Neben den unbewußten, intergenerationell übermittelten Motiven für ihre Familienkonstruktion gibt es also auch eine in ihrer Herkunftsfamilie nicht vorhandene Ebene der bewußten Wahl zwischen konkurrierenden Optionen der Lebensführung, die auf berechnete Kompromißbildungen hinausläuft. Der Gewinn, den die Karriere des Mannes mit sich bringen würde, ist den Verlust an familiärem Leben und den dadurch möglichen Befriedigungen nicht wert. Die Familienkonstruktion und der durch sie bestimmte Lebensstil wird sowohl nach ihren internen Strukturen und Funktionen als auch im Hinblick auf die gesellschaftliche Umwelt mit ihren sozialen und kulturellen Potentialen der Selbstverwirklichung – dem Anspruch, nicht den faktischen Machtverhältnissen nach – egalitär ausgehandelt. Dadurch hat die Familie Züge von einer gleichsam unpolitischen, gesellschaftlich passiven »Gruppe« mit reflexiv erworbenen, kommunikativ ausgehandelten und posttraditional neu definierten Positionen und Rollen der Ehepartner und der Eltern im Verhältnis zu den Kindern (Schülein 1990).

Was in den häufig traumatisch gebrochenen, von einer »generativen Lücke« bestimmten Übertragungsbeziehungen zwischen den Generationen zu einer »inzestuösen« Verstrickung im gesellschaftsfernen reparativen Schutzraum der Familie und kognitiv zur Fortschreibung und Abwandlung einer an Kollektive gebundenen »sittlichen« Weltbildstruktur im entpolitisierten Rahmen des Privatlebens führt, ist das Fehlen einer individuell einzunehmenden »moralischen« Orientierung, die von der im Nationalsozialismus erzogenen Generation nicht ausgebildet wurde und daher an die nächste Generation nicht weitergegeben werden konnte. Obwohl ihr der Vater immer »fremd« geblieben ist, ist Monika Kramer nicht in der Lage, sich von ihm und seiner festgeschriebenen Auftragsbindung und Versagensschuld wirklich zu trennen.

Auf das intergenerationell wirksame Verhältnis von »sittlichen« und »moralischen« Orientierungen sind wir am Beispiel der Familie Völkin eingegangen. Dort haben wir auch die Ansicht geäußert, daß das »Fehlen« der »moralischen« Dimension mit dem Fehlen eines subjektiv anerkannten, für moralische und politische Orientierungen maßgeblichen Schuldverhältnisses zum Nationalsozialismus zu tun hat. Für die Anerkennung eines solchen Schuldverhältnisses fehlt Monika Kramer die affektive persönliche Beziehung: »Man könnte Bücher drüber schreiben.« Dagegen ist es durchaus so, »daß ich Schuld empfinde, wenn ich, äh, ich brauche nur Tagesschau gucken, was in Somalia passiert, was im ehemaligen Jugoslawien passiert, immer wenn Menschen so unvorstellbar mit dem anderen Menschen umgehen, das ist unbegreiflich, und man steht ratlos, fassungslos da ...«. Bilder von Aggressivität und Gewalt meidet sie: wozu »diesen alten Horror [der NS-Zeit, d. A.] noch aufwärmen, wo dieser tägliche Horror schon überhaupt nicht mehr verarbeitet werden kann?«. Sie sucht nach einem Weg, aggressives Verhalten aus dem Bereich der Zurechnungsfähigkeit auszuklammern und den Nachweis schuldhaften Handelns zu vermeiden. Sie tut dies mit der Metaphorik der »Erbsünde«. Damit gibt sie eine gleichfalls »falsche«, nun nicht politische und gesellschaftstheoretische, sondern religiöse »Benennung« (Reiche 1988, 64) für die Schuld an den Verbrechen der Vergangenheit. »Jeder ist unter bestimmten Voraussetzungen ... in der Lage, solche Dinge zu tun, sonst würde es ja das nicht so überall so massenhaft geben ... Und das vermutlich ist die Erbsünde ... und insofern sind wir alle mitschuldig ... Und wenn sich das auf deutschem Boden vor noch nicht allzu langer Zeit abgespielt hat, ich denk mir, ohne was dazuzutun, dann sind wir da irgendwo auch mitschuldig, ja.« Daher kann man »nicht einfach den Kopf in den Sand stecken« und so tun, »als sei nie was gewesen«. Eine Verantwortung dafür, daß so etwas wie der Nationalsozialismus sich nicht wiederholt, erkennt sie an. Aber die formelhafte Rede – »auf deutschem Boden« – läßt den Realitätsgehalt dieses Verantwortungsbewußtseins fraglich erscheinen. Ihm fehlt die affektive Grundlage. Den abgespaltenen Affekt investiert sie in die rationalisierende Abwehr einer Schuld, die es gar nicht geben kann: »Ich persönlich kann für die Dinge, die da geschehen sind, natürlich nix, ich bin viele Jahre später geboren«, um ihn schließlich aggressiv zu wenden: »Ich muß sagen, wenn ich angucke, daß es heute Lager gibt, in denen Frauen festgehalten werden, heute, einige hundert Kilometer weiter, daß mir das doch einiges mehr unter die Haut geht als, äh, die Greuel zur Zeit des Nationalsozialismus.«

Monika Kramers Ängste vor Aggression und Gewalt sind mit starken Schuldgefühlen verbunden, die sie in bezug auf den Nationalsozialismus aber ebenso stark abwehrt. Sie läßt sie zu, wenn sie sieht, was in Somalia oder Jugoslawien passiert. Den NS-Verbrechen gegenüber stellt sich weniger ein Gefühl der Schuld ein als ein – mythologisch-theologisches – Schuldkonstrukt, mit dem sie den Affekt von der Vorstellung der Verbrechen trennt.

Diese Trennung ist die psychodynamische Grundlage für die Möglichkeit der Historisierung des Nationalsozialismus, seiner Trennung von der geschichtlichen Gegenwart. In ihrer Deutung des heutigen Rechtsradikalismus macht Monika Kramer auch von dieser Trennung Gebrauch: er ist aus aktuellen sozioökonomischen und politischen Problemen wie der Arbeitslosigkeit und der deutschen Einheit zu erklären. An die Möglichkeit einer direkten Wirkungsgeschichte des Nationalsozialismus denkt sie nicht.

Vielleicht werden durch die Bilder von den verfolgten und mißhandelten Frauen (»Jugoslawien«) und den hungernden Kindern (»Somalia«) ihre eigenen Ängste berührt, die Ängste der bedrohten Frau und des emotional hungrigen Kindes. Von ihnen scheint eine Spur zu konkretem schuldhaftem

Verhalten auszugehen. Denn für ihre Verlassenheitsgefühle kann sie den Eltern durchaus Schuld geben. Daß ihr Vater für sie immer »ein Fremder« geblieben ist, hat sie – in dem schon erwähnten Gespräch – ihm kürzlich »mal also so richtig ins Gesicht gesagt«. Darauf hat er zu erklären versucht, »daß diese traumatischen Erlebnisse in der Jugend, die er hatte, da also ja auch Schuld waren dran oder ausschlaggebend dafür sind... Brennende Häuser und brennende Menschen und diese Katastrophe so am – buchstäblich zum Greifen nahe zu erleben und noch sehr jung zu sein... ich kann mir schon vorstellen, daß man da verrückt werden kann.« Beide, Vater und Tochter, einigen sich auf eine »Schuld« für sein Verhalten zu ihr, die ihren einzigen Grund in der Unschuld des kindlichen Opfers hat. Den Nationalsozialismus, nach dem der Interviewer im Hinblick auf mögliche Schuldgefühle bei Gerhard Iddel gefragt hatte, klammert sie aus. Zur »Verrücktheit« des Vaters, die, so vermutet sie, auch ihre ist, gibt es keinen schuldhaften oder auch nur ursächlichen Vermittlungszusammenhang mit dem Nationalsozialismus, den sie selbst betreffend auch nur zu nennen sie trotz fast schon drängender Fragen des Interviewers wie ein Tabu vermeidet.

Für Monika Kramer ist nicht sehr überzeugend, daß ihre Erfahrungen etwas mit der Zugehörigkeit zu einer bestimmten Generation zu tun haben könnten. Zwar weiß sie, daß sie etwas von der »Verrücktheit« ihres Vaters hat, und daß diese »Verrücktheit« auch auf die Napola zurückgeht. Sie vermutet, daß alle, die dort waren, »zwanghaft« geworden sind. Aber sie vermag die »Ähnlichkeit« zwischen sich und ihrem Vater nur aus der Perspektive des Opfers wahrzunehmen. Obwohl sie bemerkt, daß sie ihre Familie mit ihrer Auffassung von Pünktlichkeit ähnlich »terrorisiert« wie ihr Vater, ist ihr nicht bewußt, daß die Napola-Erziehung eine Erziehung zur Täterschaft war. Unbewußt war ihr dies allerdings klar, als sie gegen die väterliche Erziehung rebellierte und der Familie und Deutschland den Rücken kehrte. Ebenso unbewußt blieb aber auch ihre Identifizierung mit bestimmten Aspekten dieser Erziehung.

Immerhin nimmt sie die Fragestellung an. Die angesprochene Schuld gibt es. Es geht nur darum, ihren Ursprung zu verschieben: auf täterlose Gewaltverhältnisse, die »Katastrophe« und das »Chaos«, wodurch Menschen, das heißt auch sie selbst, vor Angst »verrückt« werden. Auch in der »zweiten Generation« ist man Täter nur dadurch, daß man zum Opfer geworden ist, und wie in der »ersten« der Meinung, daß es möglich sei, Verantwortung für die Zukunft übernehmen zu können, ohne dies für die Vergangenheit tun zu müssen.

Der geschichtsverrückte Genealoge: Peter Teschner

Zu den ersten Dingen, die Peter Teschner, der älteste Sohn Robert Teschners, im Interview sagt, zählt seine Bemerkung, daß er sich als eine »Mischung«, ein Produkt *beider* Eltern begreife, als eine »Mischung mit starken Zügen, die ich auf meine Mutter zurückführen kann, und sehr starken Zügen, die ich auf meinen Vater zurückführen kann«. Als er dies äußert, ist mir noch vollkommen unklar, was sich hinter dieser Formulierung verbirgt. Klar ist mir hingegen schon, daß er mit dieser Selbstcharakterisierung irgendwo recht hat. Wie ich ihn auf dem Bahnhof, von dem er mich zu unserem Interviewtermin abholen will, erkennen könne, hatte ich Peter Teschner am Telefon gefragt, und seine Antwort, er würde einen roten Hut tragen, nicht recht ernst genommen. Tatsächlich warte ich schon eine Weile in der Halle, als ein leicht zerbeultes Auto vorfährt und ein junger Mann herausspringt, der einen roten Damenhut auf dem Kopf trägt. Ein wenig erstaunt registriere ich eine Mischung von Accessoires, die tatsächlich mit der Mischung von Geschlechtsrollen zu tun hat. Wird er das Lebensthema seines Vaters, die lange Zeit problematische Geschlechtsidentität, also fortsetzen?

Im Notat finde ich die Bemerkung: »Tatsächlich ist Peter Teschner ein großer, blonder, gutaussehender Norddeutscher, oder nördlich wirkender junger Mann. Er trägt einen gepflegten Schnurrbart, der an den Enden etwas seltsam gestutzt ist. Es wirkt so, als sei zuviel abgeschnitten und gebe ein bißchen Gesicht da frei, wo normalerweise der Schnurrbart etwas verdekken soll.« Wiedergelesen, erscheint es mir so, als sei in diesem ersten, unzensierten Eindruck der Schlüssel des Übertragungsgeschehens enthalten. Sage ich damit nicht: Er scheitert selbst beim Versuch, etwas von sich zu verbergen?

Während der Fahrt zu seinem sehr einsam gelegenen Wohnsitz wird viel geredet. Peter Teschner erzählt von seiner Lebensorganisation als freier Künstler, der sich nebenbei noch ein Zubrot durch Arbeit in einem Verlag verdient. Er spiele da in unregelmäßigen Abständen das »Mädchen für alles«. Der Damenhut ist also wohl – gerade die Ironie, mit der diese Selbstetikettierung vorgetragen wird, spricht dafür – nicht bloß ein zufälliges Epitheton.

Als wir den abgelegenen Hof erreichen, demonstriert mir Peter Teschner erst einmal eine weitere Facette seines Lebens. Er kocht mit Routine und Sorgfalt das Mittagessen für sich und seine Kinder; ich bin selbstverständlich als Gast geladen und eingeplant. Das Interview beginnt auf seine Anregung hin noch während des Kochens, das zeitweise mit so viel Lärmentwicklung verbunden ist, daß ich um die Verständlichkeit der Aufzeichnung fürchte; nicht ganz zu Unrecht, wie sich später zeigen wird. Als ich meine Befürchtung registriere, geht mir durch den Kopf, ob ich Angst habe, ihn nicht zu verstehen – Peter Teschner ist der erste Angehörige der »zweiten« Generation, den ich interviewe – oder ob er sich »unverständlich« machen, sich hinter ein akustisches Sperrfeuer zurückziehen will.

Sozusagen im Windschatten seiner Aktivitäten am Herd, bei denen er munter parliert, werde ich still, fühle mich ein bißchen verloren, fast abwesend, sozusagen im »Off«. Es ist ganz deutlich: Wir führen kein Gespräch miteinander, sondern Peter Teschner monologisiert, scheinbar lebhaft, vor sich hin. Und ich »lasse ihn« monologisieren. Während der Autofahrt war das, trotz meiner Zurückhaltung, noch anders. Hier war mir schnell deutlich geworden, daß mein Gegenüber nach möglichen Ähnlichkeiten mit mir – er ist fast gleichaltrig – forschte; daß er mir ein »Angebot« machte, mir wohl so etwas wie ein Bündnis der Gleichaltrigen vorschlagen wollte. Und ich war, bei allem Vorbehalt, wenigstens soweit darauf eingegangen, daß eine dichte kommunikative Situation entstanden war; wie das im Auto so ist, ohne Blickkontakt. Wie bei seinem Vater hatte ich schnell das Gefühl, in einer »entlasteten« Situation zu sein. Auch beim Kochen ist der Blickkontakt nur sporadisch. Aber ich registriere mit dem Gefühl der Verlorenheit, daß die von Peter Teschner angebotenen Gesten der »selbstverständlichen« Behandlung eines ihm völlig Fremden als Freund mich verfehlen. Es ist die Frage, *wer* hier verloren ist. Als wir gemeinsam, zusammen mit seinen eigenen und einigen Nachbarskindern, zu Mittag essen, geht mir durch den Kopf, daß die Gesten der Selbstverständlichkeit und »Freundschaft« einem gelten, der sowohl eine Hoffnung als auch eine Gefahr bedeutet: jemandem, der auch *seiner* Geschichte, nicht nur der seines Vaters nachgeht. Sicherlich hat Peter Teschner sowohl die Hoffnung als auch die Angst, ich könne etwas »entdekken«.

Gleich zu Beginn des Interviews, also noch während des Kochens, überrascht mich Peter Teschner mit einer neuen Selbstetikettierung: er sei »geschichtsverrückt«. Ihn interessiere »im Prinzip alles, was gewesen ist, also was Leute umtreibt, umgetrieben hat«. Und er verbindet diese »Geschichtsverrücktheit« mit der Geschichte seines Vaters, allerdings nicht mit dem Teil, der diesen als »Opfer«, als Teil der totalitären Erziehungsmaschinerie des Nationalsozialismus sieht, sondern dem zeitlich darauf folgenden, in dem er, wie wir gesehen haben, eine aktive, mutige Rolle gespielt hatte. Den Sohn hat das »fasziniert«, für ihn war es die Möglichkeit, sich mit einem »starken« Vater zu identifizieren. Daß sich das in der, wie Peter Teschner es nennt, »Napola-Geschichte« ganz anders darstellt, spricht eine andere, zweifellos weniger glanzvolle Identifikationsmöglichkeit an. Für die qualvolle Zeit der Internatserziehung hat Robert Teschners Sohn anhand alter Fotos schon früh »eine körperliche Ähnlichkeit zwischen ihm und mir in der Zeit« festgestellt, »so daß ich mich dann, so zum Teil schon mit ihm identifizieren konnte. Also, ich hab mir dann überlegt, wie wär's gewesen, wenn ich in der Zeit gelebt hätte, soweit es ein Zehnjähriger sich überhaupt überlegen kann.« Es ist unklar, inwieweit sich hier für Peter Teschner die Zeiten ineinanderschieben, was er als Kind, was er heute mit der Geschichte seines Vaters zusammenbringt. Jedenfalls sind seine Phantasien, die er mir ausmalt, sehr plastisch und zeugen von einer hohen Einfühlungsbereitschaft in seinen Vater. Sie kulminieren im Nachfühlen der angstbesetzten Bewährungssituationen, die die Anstalt immer wieder für ihre Zöglinge inszenierte. Peter Teschner spricht sehr eindringlich von der aus seiner eigenen Geschichte nachvollziehbaren Situation, vom »Zehner« ins Schwimmbekken zu springen (eine der klassischen Napola-Mutproben schon bei der Aufnahmeprüfung), und führt beim Versuch, sich in diese Situation zu versetzen, eine weitere Selbstetikettierung ein: »Ich bin ein sehr ängstlicher Mensch, *ich bin feige*, ich wär nicht vom Zehner gesprungen.« Diese Identifikation geht so weit, daß er betonen muß: »Wobei das dann stellvertretende Angst war, also ich hab nicht selber Angst gehabt, ich wußte immer, daß ich es nicht bin.« Und auf die Bemerkung des Interviewers, daß er sich dann doch sehr stark mit seinem Vater und seiner Geschichte identifiziert habe, antwortet er: »Das habe ich eigentlich immer, wobei trotz dieser Identifikation immer klar war, daß ich nicht er bin, also, daß ich mein Leben lebe und – ohne das so formulieren zu können – und er seins.«

Nur diese Formulierungen genommen, scheint Peter Teschners Etikett »Geschichtsverrücktheit« hier seltsam zutreffend: Das Verrückte besteht darin, daß er seine eigene und die Lebensgeschichte seines Vaters nicht hinreichend zu trennen vermag. Seine Beteuerungen, sie wären zwei Personen, verschwimmt hinter der »stellvertretenden Angst«, die ihn so bindet, daß er sein eigenes Leben nicht »formulieren« kann. Um die Schwierigkeit von

Trennungen – zum Beispiel zwischen Leben und Beruf, Arbeit und Privatleben, Öffentlichkeit und Intimität – wird es im Interview auch gleich gehen: All diese Dinge und Sphären sind für Peter Teschner tatsächlich so *vermischt*, wie er sich selber als Mischung seiner Eltern sieht. Aber der entscheidende Punkt in der Kette der Selbstetikettierungen bleibt die Aussage, er sei »feige«. Das ist im allgemeinen eine Selbstaussage, die sehr gescheut wird. Peter Teschner hingegen bringt seine Feigheit offensiv ins Spiel. Die Feigheit hat für ihn offensichtlich jenseits aller negativen Konnotationen einen Wert, der sich der Normalkommunikation entzieht: Sie stiftet eine Verbindung, die sonst kaum möglich zu sein scheint. »Feigheit« ist der Topos, der Peter mit seinem Vater am innigsten verbindet. Als ich ihn auf »Parallelen« zwischen ihm und seinen Vater anspreche, erwidert er, ohne zu zögern: »Ich nehme an, der ist genauso feige wie ich.« Und er fährt fort: »Ja, feige sag ich, also übervorsichtig und sehr ängstlich; feige sage ich deshalb, weil, in Situationen, in denen man keine Angst zu haben braucht, hat er trotzdem welche, er traut sich einfach nicht, er riskiert nichts; so feige, so feige bin ich häufig auch. Aber manchmal schaff ich es halt, dieses Nichtriskieren zu unterlassen.«

Peter Teschner formuliert mit dieser seltsamen doppelten Negation einen verzweifelten Wunsch. Er möchte einen anderen Ursprung haben. Und er wird im Interview auch einen »Familienroman« ins Spiel bringen, der wahrlich »nicht von schlechten Eltern« ist.

Sein Vater als der »Ursprung, den ich auch nicht verleugnen kann« bedeutet für ihn eine doppelte Identifikationsnot: Er kann sich zum einen von ihm nicht lösen und ist unfähig, die Differenz zum Vater anders als im Sinne einer impliziten Theorie seiner eigenen Minderwertigkeit zu formulieren; und er kann ihn, zum anderen, *real* gar nicht in seine Lebengeschichte einholen. Über weite Strecken geht es im Interview um nichts anderes als die Tatsache, daß dieser Vater nicht nur emotional, sondern höchst handgreiflich »nicht da war«. Peter Teschners innerstes Problem ist es, daß der von ihm unverstandene und idealisierte Vater in den wichtigsten Phasen seines Lebens für ihn faktisch nicht existiert hat. Wenn er seinen Vater jenseits der von ihm immer wieder ins Spiel gebrachten Konstrukte einmal wirklich beschreibt, dann heißt es: »Einer, dem Nähe sehr schnell zu eng wird, einer, dem Körperlichkeit unangenehm ist, wenn er sie nicht will – und das Gefühl, daß er das wollte, hab ich fast nie gehabt.« Der Sohn beschreibt eine schier unaufhebbare Distanz zum Vater – und fällt sich gleich selbst ins Wort: »Distanz ist eigentlich auch wieder zuviel. Es ist so 'ne Fremdheit, die da war, weil er halt wirklich nicht immer da war.« Der Versuch, die Schroffheit des Gefühls, den Vater nicht erreichen zu können und von ihm zurückgewiesen zu sein, abzumildern, legt die Wahrheit bloß: Aus der »Distanz« wird die weit radikalere »Fremdheit«.

Peter Teschner *hat* in einem sehr eindrücklichen Sinne keinen Vater. In gewisser Weise handelt seine Lebensgeschichte von nichts anderem als von diesem zentralen Mangel. Und er, der intelligente, skrupulöse und wortgewandte Sohn eines Abwesenden, weiß das auch. Irgendwo weiß er, daß seine Versuche, sich vom Vater zu trennen, ihn zu überbieten, allesamt durch die Ironie konterkariert werden, daß man sich nicht von etwas trennen kann, das es nicht gibt. Peter Teschner ist in wichtigen Punkten darauf verwiesen, sich einen Vater zu konstruieren – und er tut dies an Punkten, die in vielfacher Hinsicht mit dessen »abweichender« Vergangenheit zu tun haben.

Wenn man davon ausgeht, daß der Überrest eines gut aufgelösten ödipalen Konflikts der *Vergleich* ist, das heißt das Raum und Zeit virtuell außer Kraft setzende Abschätzen der Möglichkeiten, Fähigkeiten und Behinderungen seiner selbst im Verhältnis zur maßgebenden gleichgeschlechtlichen Person der eigenen Frühgeschichte, dann erlaubt der Blick darauf, *wie* und *wo* dieser Vergleich gezogen wird, immer auch ein Stück Einblick in die ödipale Dynamik selber. Peter Teschner skizziert in den Interviews zwei unterschiedliche Bereiche: die Identifikation mit dem Vater über die Schwäche und die Vermeidung der Konkurrenz, da, wo er als stark erlebt wird. Beide Aspekte haben unmittelbar mit der Napola zu tun. Die erste Form folgt der Selbstetikettierung als »feige«. Das prima vista Verstörende an dem herzhaften Bekenntnis zur Feigheit löst sich rasch auf, wenn man es näher betrachtet. »Feigheit« ist der Inbegriff für eine Form des »disengagement«, die unter bestimmten Verhältnissen als »ziviler Ungehorsam«, als »Verweigerung« gedeutet werden kann. Peter Teschners Interpretation der Feigheit seines Vaters ist das Komplement zu der von ihm selber so genannten »stellvertretenden Angst«. Seine Feigheit ist ein Derivat dieser: Was Robert Teschner in der Napola »feige« umging; was er, als sich selber deplaziert fühlender Jüngling, zu umgehen versuchte, wird eine Generation später zur »Tugend«. Die Generation, die fast gleichzeitig die Idee der »großen Verweigerung« und die Botschaft der »Zivilcourage« – in Deutschland beides Fremdwörter im strengen Sinne – kennenlernte, ist in der Lage, »Feigheit« umzuformulieren. Sie erscheint in der Rede von Peter Teschner als Schibboleth seiner alternativen Orientierung, als Ausdruck des »transitiven« Andersseins. Worunter sein Vater nur gelitten hatte, überlebensorientiert und fast instinkthaft reguliert, avanciert in Peter Teschners ödipalem Selbstverortungsschema zum Baustein der Individualität. Er ist »feige« als Ausdruck eines Andersseins, das sich substantiell gegen die Väter und gegen die Geschichte, die eben auch die Lebensgeschichte dieser Väter ist, richten möchte. »Feige« zu sein ist in diesem Verständnis das Synonym für eine Flucht aus der Realität, die sich bei weitem nicht mehr so gut begründen läßt wie die »Verweigerung« des Vaters in der totalen NS-Institution. Peter Teschner wird seine »Feigheit« zum einen dafür ins Feld führen, daß eine Orientierung an Machtpositionen sich nicht lohnt, und zum anderen sie als Kennzeichen des existentiellen »Andersseins« behandeln, die er zwar literarischen Vorbildern entnehmen, aber nicht verorten kann. Feigheit ist ein Kompromiß zwischen den Generationen. Sie steht für Zivilcourage *und* persönliches Versagen. Aus dieser Mischung ist die zweite Generation: je reflexiver, desto mehr aufs Versagen abonniert.

Der radikale politische Protest der späten sechziger Jahre war, was immer man im nachhinein daran entwerten oder idealisieren mag, dessen Siegel. Wer ökonomisch erfolgreich sein konnte (also zu verstehen gab, daß er dem Wirtschaftswundergedanken folgte), war auch in der Lage, dieser Logik zu entgehen. Die Kompromißbildung »Feigling« ist (fast) genial, sie signalisiert die »Unzuständigkeit« wie die Rebellion.

Peter Teschner hat noch die Ausläufer des Protests während seines Studiums erlebt. Er bezog dort den Standpunkt des »Unordentlichen, Unorganisierten«, der sich in dieser Rolle »prächtig« fühlte: »Ich konnte«, sagt er, »immer wunderbar vermitteln.« Er hat sich in dieser Zeit mit dem identifiziert, was er an seinen Eltern als »bürgerlich« empfand, und hat das Label, das ihm von seinen Kommilitonen angeheftet wurde: »Scheißliberaler«, mit einem gewissen Stolz getragen; zwar als Außenseiter, aber als einer, der damit von anderen mit seinem Vater identifiziert wurde, der sozusagen offiziell, in seiner Funktion als fortschrittlicher Medienmensch, unter diese Etikettierung fiel.

»Das zweite Wort, was immer benutzt wurde [neben der Charakterisierung als ›Scheißliberaler‹, d. A.], war, ich sei ein Bürgerlicher, es sei ja alles bürgerlich, und das hab ich dann immer bejaht. Nun hängt das damit zusammen, daß meine Mutter irgendwann mal Französisch gelernt hat, also der Unterschied zwischen dem Bourgeois und dem Citoyen, der war mir relativ geläufig. Dann hab ich eigentlich immer gesagt, ja, ich bin ein Bürgerlicher, hab aber mit diesem Mißverständnis gespielt, weil mir das auch Spaß gemacht hat, und hab mich immer als 'n Bürgerlichen begriffen, also nie als so 'n Salonproletarier oder so. Bin ich nicht und war ich nicht, wollt ich auch nicht sein... Was mir natürlich bei diesen Geschichten geholfen hat, ist 'ne Sache, die in der Zeit – ich weiß nicht, ob das heute immer noch so ist bei den Leuten, die jetzt das entsprechende Alter haben – ich hab 'ne ganze Menge sogenannte psychologische Sachen gelesen, und zwar wenig Freud, aber 'ne ganze Menge von Herrn Balint und solchen Figuren, und ich hab dann angefangen, in mir selber so 'n bißchen rumzubuddeln.«

Bemerkenswert ist bei dieser Aussage der kaum vermittelte Übergang vom Öffentlichen zum Intimen. Offenbar ist es so, daß der »Bürger«, als den sich Peter Teschner in Identifikation mit seinen Eltern begreift, allein dadurch, *daß* er in sich »buddelt«, einen eigenständigen Wert kreiert, der wichtiger als die Ergebnisse dieser Arbeit ist.

»Also das Interesse, in mir selber rumzubuddeln, ist, ist, das hat nie aufgehört, aber das ist einfach 'ne Selbstverständlichkeit für mich, nur hängt das für mich auch damit zusammen, das ist auch wieder ein Unterschied zu meinem Vater, wobei ich nicht weiß, weil ich da eben nicht weiß, inwieweit der wirklich bei sich auf Schatzsuche geht, wieweit er dazu in der Lage ist, und wieweit er das will und wieweit er das nicht will, wobei er Versuche, das so zum Thema zu machen, immer wieder abgewehrt hat. (I: Wenn Sie den Versuch gemacht haben, das bei ihm zu thematisieren?) Ja, und zwar den Versuch gemacht habe, nachdem von ihm aus entsprechende Stichwörter gefallen sind. Also, den hab ich, das ist aber auch jetzt 'n paar Jahre schon her, in der Zeit, in der das einfach so im Schwange war, also während ich an der Uni war, hab ich das dann durchaus auch selber zum Thema gemacht, aber das hab ich dann sehr bald bleiben lassen. Ich hab dann, in der Folgezeit, eigentlich immer nur auf Stichworte von ihm reagiert und hab da nachgehakt.«

Zum einen trifft Peter Teschner mit der Beobachtung, daß sein Vater der Selbstreflexion ausweicht, zweifellos einen wichtigen Punkt, der als generationstypisches Merkmal angesehen werden kann.[1] Aber die Differenz, die er darauf zu bauen sucht, führt ihn statt zu größerer Freiheit nur in eine um so spürbarere Abhängigkeit. Seine eigene Selbsterforschung landet bei einem Vater, den er in der Realität faktisch überhaupt nicht bewegen kann. Er, Peter Teschner, ist es, der auf »Stichworte« reagiert wie ein dressierter Hund, und auf die Nachfrage, an welchen Punkten er denn nachgehakt habe, will ihm partout nicht ein einziges Beispiel einfallen, und er muß einmal mehr »ein ausgedachtes nehmen«. Peter Teschner ist in allen Fragen, die

1 Der Ausfall von Selbstreflexion ist sensu strictiori ein Napola-spezifisches Merkmal, vgl. hierzu das Kapitel »Projizierte Negativität im Generationenverhältnis«.

seinen Vater und seine Beziehung zu ihm angehen, darauf angewiesen, etwas zu konstruieren. »Ja«, sagt er, »ich hab mich immer sehr von meinem Vater angezogen gefühlt, also ich hab ihn lange sehr bewundert, aber ich hatte eigentlich nie sehr viel mit ihm zu tun.«

In diesen Passagen, die mir das Scheitern einer von beiden Seiten getragenen emotionalen Beziehung zum Vater zeigen, taucht bei mir erneut das Gefühl auf, »nicht ganz da«, abwesend zu sein. In dieses Gefühl mischt sich eine »kalte« Distanzierung, die mich verwirrt und erschreckt: Es ist mir nicht möglich, Mitleid für das Mißglücken der Beziehung zu empfinden; die Kälte enthält ein Stück Degout gegenüber Peter Teschners Tendenz, die Dinge »schönzureden«, mit mäandernden Formulierungen doch immer nur um den Kern der – für ihn deprimierenden – Probleme herumzureden. Auch wenn ich Fragen stelle oder unterstützende kommunikative Gesten mache, wird in diesen Passagen die Rede meines Gegenübers wieder zum Monolog. Ich habe den Kontakt verloren.

Gerade am Beispiel seines Versuchs, den Vater zur Selbstreflexion zu animieren, zeigt sich seine Abhängigkeit wie seine Kontaktlosigkeit. Er scheitert und nimmt, quasi als Ersatz, die bloße Tatsache, daß er selber tut, was der Vater von sich weist, als Zeichen einer Überlegenheit, obwohl das Resultat seines »in sich Buddelns« ihn mit seiner realen Abhängigkeit hart konfrontiert haben dürfte.

Peter Teschner macht damit eine für seine Generation typische Erfahrung. Sein Sieg besteht darin, eine *Form* für etwas gefunden zu haben, dessen Inhalt ihm höchst unklar ist. Dunkel steht hinter seinen Versuchen, die »Selbstanalyse« auf den umworbenen und unerreichbaren Vater zu übertragen, die Phantasie, damit dessen (Selbst-)Verleugnung attackieren zu können. Es ist eine Rache- und eine Rettungsphantasie. Daß diese Form für ihn selbst inhaltsarm bleibt, ist sekundär gegenüber der Tatsache, daß sie mit dem Possessivpronomen bezeichenbar ist. Peter Teschner, der eine lange Zeit dasselbe werden wollte wie sein Vater, ist dieser Konkurrenz ausgewichen: »Ja, ich hab mir 'n anderes Spielfeld ausgesucht, eben nicht Sprache, sondern halt Striche und Kleckse, ähm, also dieser tägliche Sprung ins kalte Wasser, den ich wagen muß, den ich – oder was heißt wagen muß? – der einfach da ist, das ist einfach so. Ich weiß nicht, ob mein Vater sich das zutraute.« Unverkennbar nimmt die Rede des Sohnes hier das Bild des »Sprungs vom Zehner« auf, an dem er die Zumutungen der Napola und sowohl die Ähnlichkeit wie die Differenz zu seinem Vater erklärte. Obwohl beide feige, wäre er, Peter, nach seiner Einschätzung in der Napola nicht gesprungen. Im »wirklichen Leben« dagegen muß er das täglich. Auf diese Differenz baut sich sein ganzer Stolz. Um das Stück, das sein Vater ihm damals an Mut voraus war, will er ihm heute überlegen sein. Peter Teschner stilisiert die eigene unsichere Existenz (die ihn noch heute bis zu einem gewissen Grade auch materiell an den Vater bindet) zum Punkt der Überlegenheit: »Mein Vater macht Auftragsarbeiten zu bestimmten umrissenen Themen.« Für den Sohn hängt das unmittelbar mit der Napola zusammen. Als er ausführt, daß sein Vater eine seiner eigenen Existenzform analoge Karriere als freier Schriftsteller »nicht durchgehalten hätte«, rekurriert er in der Begründung auf dessen schulischen Hintergrund: »Er hat aber auch ganz andere Erfahrungen in seiner Jugend und Kindheit gemacht, also so 'ne extreme Sicherheit..., die Sicherheit eines Gefängnisses eigentlich, wobei dem Gefangenen noch nicht einmal ganz klar ist, daß er im Knast steckt. Das merkt er erst hinterher.« Und er schlägt bei dieser fiktiven Konkurrenz den Bogen zurück zu jenem Differenzpunkt, der ihm einzig die Hoffnung auf Überlegenheit gibt: Eine »freie Existenz« wäre seinem Vater nicht möglich gewesen, weil er die Wendung nach innen verweigert. »Ich weiß nicht, ob er's gekonnt hätte, also ob so viel da wär bei ihm, ob er wirklich so viel eigene Geschichten erzählt, ob er in sich so weit buddelt und gräbt und rausfindet, so viel, daß es reicht, Geschichten zu erzählen, die nicht unbedingt von ihm handeln.«

Peter Teschner empfindet jeden Tag als eine Art Aufnahmeprüfung – nicht zuletzt aufgrund seiner ökonomisch riskanten Position. Die von ihm so gepriesene »Freiheit« seiner Lebensform ist de facto eine Mischung aus Wahl und Notlösung. Er betont – verständlicherweise – das erste Moment und versucht daraus die Überlegenheit gegenüber dem Vater abzuleiten, den er geradezu »schicksalhaft« auf der »sicheren Seite« des Lebens angesiedelt sieht. Die von Peter Teschner ins Feld geführte Polarität »Freier Künstler« versus »Auftragsarbeiter« ist die Überhöhung eines Konflikts, dem er gründlich ausgewichen ist. Deutlich faßbar wird das am Schicksal seines adoleszenten Wunsches, beruflich in die Fußtapfen des Vaters zu treten, der ihn dabei tatkräftig unterstützte. In der Darstellung des beinahe 40jährigen erscheint sein Scheitern als Medieneleve wie die reife Entscheidung dessen, der seinen Vater schonen wollte: »Es ist wohl auch ganz gut, daß ich das nicht mache, weil die Auseinandersetzung, die ich dann mit meinem Vater gehabt hätte, Konkurrenzängste, die aufgetaucht wären, so nicht auftauchen. Und ich will ja nicht sein Konkurrent sein: Er macht seins und ich mach meins. Diese Konkurrenzängste hätten wahrscheinlich auch andere Konflikte überlagert... Ich bin sehr glücklich, daß das nicht passiert ist.«

Auf die Nachfrage des Interviewers, von wem denn die angesprochenen Konkurrenzängste wohl ausgegangen seien, antwortet Peter Teschner: »Ich glaube nicht, daß er am Anfang das als Konkurrenz begriffen hätte. Der wär sicherlich stolz auf seinen Sohn gewesen, aber irgendwann, und zwar nicht jetzt, sondern wenn er denn aufhört, als Festangestellter zu arbeiten, *nur noch frei ist*, angenommen, er hätte nicht das Renommee, was er hat, und er merkt, daß irgendwann sein Leben einfach aufhört, und daß er irgendwann nicht mehr kann – er merkt ja jetzt schon, daß er weniger kann –, dann wär das eine Bedrohung; nicht weil ich gut oder schlecht oder sonstwie bin, sondern *weil ich bin*, weil ich das mache, und er nicht. Das würde bei ihm vermutlich so sein, aber das ist eine Hypothese. Bei mir wär's am Anfang fürchterlich gewesen und auch jetzt noch. Ich bin froh, ich bin auch froh deswegen, weil ich die Konkurrenz zwischen meiner Frau und ihrer Mutter mitkriege, und das ist absolut grauenhaft.«

Peter Teschners eigene Wahl, im Bereich der bildenden Kunst zu arbeiten, soll nun aber *auch* mit der Lebensgeschichte des Vaters zu tun haben. Im zitierten Kontext fährt er fort: »Also es ist zum Teil unsäglich traurig, wobei die Mutter die Tochter als Konkurrentin begreift, als die jüngere, die aber auch – das ist bei meinen Eltern schon lange nicht mehr so, das war eine Weile so –, die eben auch versucht, ihre Tochter das Leben leben zu lassen, das sie selber gerne gelebt hätte. Also so mehr Stellvertreterrolle. Das haben meine Eltern, hab ich den Eindruck, auch mal gewollt, unbewußt. Also mein Vater hat als Jugendlicher wohl auch ganz vernünftig gezeichnet... ich kenn die Sachen von ihm, die sind nicht schlecht. Und das könnte er auch, wenn er risikofreudig wäre.«

Die sachlich naheliegende Nachfrage des Interviewers löst die einzige heftige, von einem starken Affekt getragene Passage des gesamten Interviews aus:

»I: Ja, würden Sie denn denken, Sie setzen ihn fort?...
Teschner: Nein.
I: ... also im Sinne einer unbewußten...
T: Nein, nein, nein, nein, nein...
I: ... Wunschgestalt?...
T: Nein, nein, nein.
I: ... überhaupt nicht?
T: Nein, ich mach meins. Nein, nein.
I: Sie meinen nicht...
T: Das hätte sein können...

I: Ja.
T: ... daß ich das gedacht hätte, wenn...
I: Wenn was?
T: ... also, wenn ich jetzt geschrieben hätte...
I: Ach so.
T: ... wenn ich jetzt angefangen hätte zu schreiben, wenn ich jetzt das gleiche Metier gewählt hätte, ich drück mich auch aus, insofern gibt es eine Parallele...
I: Ja, ja.
T: ... aber ich führe nichts fort.
I: Sie haben ja gesprochen von einer Art Delegation auf die Kinder, das man meint...
T: Das passiert, das passiert...
I: ... die Kinder sollen stellvertretend irgend etwas machen...
T: Ja, das passiert...
I: ... was wir uns nicht zugetraut haben.
T: Richtig, das ist, nachdem was ich so erlebe oder erfahre bei Gleichaltrigen, äh, und auch bei Jüngeren...
I: Das kommt häufig vor...
T: Ja, und das find ich einfach sehr traurig, ich find es sehr sehr menschlich, aber mich berührt das dann immer, also ich find das dann immer traurig, bin, ich bin, das heißt, ich bedaure die Leute auch nicht, das ist einfach so, ich kann das nicht bedauern, das ist, ja, für manche ist es schade, weil, weil viele Sachen dadurch dann verschüttet werden, die sonst dasein könnten.
I: Sie meinen, weil sie dann diesen Auftrag vollziehen müssen?
T: Nein, die vollziehen ihn ja eben doch nicht, das funktioniert ja nicht, sie... dieser Auftrag wird nie ausgesprochen, nie so explizit ausgesprochen, der ist immer implizit vorhanden, er wird natürlich auch nie explizit ausgeführt und er wird auch nicht implizit ausgeführt, es ist, ähm, der Ärger entsteht häufig dadurch, daß er eben, daß dieser implizite Auftrag eben nicht ausgeführt wird, und er sollte doch ausgeführt werden, aber würde er ausgeführt, wär das noch eine viel größere Bedrohung für denjenigen, der diesen Auftrag implizit gibt, als solange er nicht ausgeführt wird, weil dann, wenn er ausgeführt wird, dann ist der Alte, dann ist es ja wirklich überflüssig, dann kann er gleich weggehen, wird er nicht ausgeführt, gibt's immer noch die Hoffnung, mach doch, wär doch, guck doch mal, wenn ich doch in deinem Alter die und die Möglichkeit jetzt gehabt hätte.«

Peter Teschner *fürchtet* den Auftrag seines Vaters. Aber wieder ist es eine »stellvertetende« Angst. Wenn der völlig aus der Façon geratenen Schlußpassage des Textauszugs etwas zu entnehmen ist, dann doch wohl, daß der Auftrag für denjenigen, der ihn erteilt, bei weitem gefährlicher ist als für den Beauftragten: Führt dieser ihn aus, wird jener »überflüssig«. Es geht buchstäblich um eine »Liquidationsphantasie«. Würde Peter dem väterlichen Auftrag folgen, wird er den Vater »liquidieren«; ebenso, wenn er mit ihm in Konkurrenz tritt: Dann wird er, wie wir gesehen haben, zur Bedrohung, einfach nur, »weil ich bin«. Was hier allerdings von der ganzen Konstruktion her eine einzige Flucht in den Konditionalis ist (»angenommen, er hätte nicht das Renommee«; »das würde bei ihm vermutlich so sein«), eine verschleppte Adoleszenzphantasie ödipaler Prägung, hat in der verworrenen Rede über den »Auftrag« eine ganz andere Faktur. Der brennende Wunsch, sich mit dem Vater zu identifizieren, stößt beim Sohn auf die Schwierigkeit, daß er dann den impliziten – und für ihn offenkundig nicht explizierbaren – Auftrag des Vaters annehmen müßte, das heißt auch, wie dieser ein »Auftragsarbeiter« würde. Was hinter der ödipalen Phantasie hervorlugt, ist die Vorstellung, in der Spur des Vaters nicht frei sein zu können, weil dieser an einen Auftrag gebunden ist, von dem er selber sich nicht freimachen kann, nicht zuletzt deshalb, weil er zuwenig »in sich buddelt«. Peter Teschners Phantasien kreisen um eine nicht klar zu benennende Struktur, die er an seinem Vater wahrnimmt. Es ist etwas diffus »Gefährliches«, das nicht nur ihn, sondern, über ihn, die ganze Familie prägt. »Als Familie waren wir immer Außenseiter«, bemerkt er nebenbei. Das einzige Mittel, das gegen diese geheimnisvolle Prägung zu helfen verspricht, scheint die – in zivile Werte transformierte – »Feigheit« zu sein.

Peter Teschner erinnert sich mit Schaudern (und mit so leiser Stimme, daß er kaum noch zu verstehen ist) an das einzige Mal, da er, der geborene Außenseiter, körperliche Gewalt gegenüber einem Klassenkameraden angewendet hat:

»Ich bin so fuchsteufelswild geworden, ich hab den verdroschen nach Strich und Faden, aber auch so, ich konnte das gar nicht richtig, ich hab meine Arme wie so Windmühlenflügel und hab dem, ich war damals ein relativ rundlicher, ziemlich großer, also auch sehr schwerer Knabe, hatte damals ordentlich Schmackes gegeben, der war fertig, der war wirklich dann absolut das Schlußlicht, und ich kam mir vor, weiß ich, der Größte, fünf Minuten lang, und dann war wieder klar, ich bin doch nur hinten in der Rangfolge.«

Auf ein »starkes Tabu gegen Gewalt« in seiner Familie führt Peter Teschner zurück, daß es bei diesem einzigen Mal eines aggressiven körperlichen Ausbruchs blieb. Tatsächlich spielt dieses Tabu bei allen Kindern Robert Teschners eine wichtige – und, wie man noch sehen wird, teilweise sehr prekäre – Rolle. Es amalgamiert sich bei ihnen mit den jeweils zeittypischen Legitimationsformen *politischen* Gewaltverzichts und mag in dieser Dimension als

Ausdruck eines »historischen Lernerfolgs« gewertet werden. Von diesem »Boden« wird wohl tatsächlich nie mehr Gewalt ausgehen. Was uns in diesem Zusammenhang interessiert, ist, *wie* sich ein solches Tabu bildet und durchsetzt; mit welchem Teil der individuellen Lebensgeschichte es sich verbündet, und schließlich, was es überdeckt.

Im Falle Peters ist das Gewalttabu offenbar ödipal verankert. Eben damit hängt seine greifbare Identifikationsnot zusammen. Er spürt in seinem Vater das gewalttätige Potential eines schwer benennbaren »Auftrags«, den er für sich selber ablehnt: dem er durch »Feigheit« ausweicht – und durch eine permanente Flucht vor der Konkurrenz mit dem Vater. Es ist schwer, hier säuberlich zwischen den Anteilen »persönlicher« und »historischer« Psychologie zu trennen. Tatsächlich läßt sich, betrachtete man Peter Teschner ausschließlich aus einer psychoanalytischen Perspektive, fast alles an seinem persönlichem Umgang mit dem Gewaltproblem rein aus dem ödipalen Konflikt erklären. Ebenso wäre es, von einem anderen Standpunkt aus, möglich, hier nichts als einen gelungenen Fall der Instaurierung eines wesentlichen Prinzips demokratischen Verhaltens zu diagnostizieren. Schließlich scheint die Argumentation nicht unsinnig, daß die persönlichen (Hinter-)Gedanken, aus denen ein Gewaltverzicht möglich wird, gemessen am Resultat, gleichgültig seien. Auch diese Betrachtungsweise kann – fast – auf die Berücksichtigung persönlicher Randumstände verzichten. Für das Schema einer solchen Reaktionsbildung ist jedenfalls definitiv kein »Napola-Vater« nötig.

Diese Argumentationslinien sind fraglos legitim. An ihnen ist – fast – nichts auszusetzen. Aber sie hätten, wenn sie nicht selber die Flucht in den Konditionalis antreten wollen, das gegebene Material *ernst* und *auf*zunehmen. Peter Teschners Vater *hat* eben die Napola-Episode in seiner Lebensgeschichte zu verarbeiten gehabt: Er hat hier persönliche Erfahrungen gemacht; und er hat davon »irgend etwas« im Rahmen seiner persönlichen Lebenswelt weitergegeben. Das klingt ungenau – und ist es auch. Tatsächlich steht jede Lebensgeschichte prinzipiell – und gottlob – unter dem Gesetz der Kontingenz, auch wenn sie zu großen Teilen verstehbar und erklärbar, rekonstruierbar ist. Beweise sind hier nicht zu führen; es ist keine Gerichtsverhandlung. Worum es hier geht, ist die Frage nach der Aussagekraft von Fallgeschichten. Eine Frage, die seit der Geburt der Psychoanalyse die Wissenschaft in zwei Lager spaltet. Was ist einem Einzelfall zu entnehmen, insbesondere dann, wenn sich in ihm, wie es bei psychotherapeutischen Behandlungen regelmäßig der Fall ist, unzählige »Variablen« kreuzen, die sinnvoll nicht zu isolieren sind? Der im strengen naturwissenschaftlichen Geist erzogene Arzt Sigmund Freud hat mit ungekünsteltem Erstaunen feststellen müssen, daß sich seine »Krankengeschichten« tatsächlich zu »Geschichten« ausgestalteten, daß sie eine Form enthielten, die prima vista nicht zum Duktus (natur)wissenschaftlichen Denkens passen wollten. Dem Brücke-Schüler Freud war das peinlich, aber nicht unerklärlich. »Ich bin nicht immer Psychotherapeut gewesen«, schreibt er 1895 in den »Studien über Hysterie«, »sondern bin bei Lokaldiagnosen und Elektroprognostik erzogen worden wie andere Neuropathologen, und es berührt mich selbst noch eigentümlich, daß die Krankengeschichten, die ich schreibe, wie Novellen zu lesen sind, und daß sie sozusagen des ernsten Gepräges der Wissenschaftlichkeit entbehren. Ich muß mich damit trösten, daß für dieses Ergebnis die Natur des Gegenstandes offenbar eher verantwortlich zu machen ist als meine Vorliebe... Solche Krankengeschichten wollen beurteilt werden wie psychiatrische, haben aber vor letzteren eines voraus, nämlich die innige Beziehung zwischen Leidensgeschichte und Krankheitssymptomen, nach welcher wir in den Biographien anderer Psychosen noch vergebens suchen.«

Die »Krankengeschichten«, von denen Freud spricht, sind das Ergebnis einer langen, in heutigen Therapien oft Hunderte von Stunden dauernden Arbeit mit Personen. Einer Arbeit, die in intimste Bereiche vordringt und auf einer im Alltag nicht zu erlangenden Intensität und Freiheit der Interaktion zwischen Patient und Therapeut beruht. Dies sei betont, weil Fallgeschichten, wie wir sie vorstellen können, sich in zwei Punkten von diesen unterscheiden: Es sind dezidiert keine »Krankengeschichten«, auch da, wo sie als Leidensgeschichten imponieren. Und sie basieren auf einer erheblich bescheideneren Materialgrundlage. Aber es sind Geschichten. Geschichten, die auf die freien Erzählungen unserer Gesprächspartner zurückgehen, und denen wir eine Form gegeben haben, die versucht, die Bezüge deutlich zu machen, die zwischen einem bestimmten »lebensgeschichtlichen Ereigniszusammenhang« und dem Zusammenhang einer Lebensgeschichte bestehen.

Für die Psychoanalyse hat Reimut Reiche die Bedeutung von Fallgeschichten klar benannt. Mit ihnen könne »man nichts beweisen. Und doch haben Falldarstellungen mehr als nur eine veranschaulichende, illustrative Funktion. Sie sollen ein Konzept evident machen, im besten Fall: mit sich selbst zur Deckung bringen – gerade so, wie wir von einer Deutung *idealiter* verlangen, daß in ihr das ›Dreieck der Einsicht‹ zur Deckung kommt, nämlich die aktuelle, die biographische und die Übertragungssituation gleichsam geometrisch aufeinandertreffen« (Reiche 1990, 53).

Ohne Frage müssen wir hinter diesem Anspruch zurückbleiben – um so mehr, wenn wir eine Mehrgenerationenperspektive einnehmen. Gleichwohl hat das »Dreieck der Einsicht« auch für uns die Bedeutung eines *regulativen* Prinzips. Alle drei Dimensionen spielen in unsere Erhebung hinein – ohne daß wir sie vollends einlösen könnten. Die Einsicht in die notwendige »Unvollständigkeit« unserer Erhebung und aller daraus zu ziehenden Erkenntnis ist nicht weniger als die Erkenntnis der Differenz zwischen therapeutischen und wissenschaftlichen »Interventionen«. Daß beide einen Konvergenzpunkt haben könnten, ist mittlerweile Gegenstand der selbstreflexiven Wende innerhalb der Sozialwissenschaft.

Was uns bei unseren Falldarstellungen anleitet, ist der immanente Zwang des Erzählmodus selbst: Die *verstreuten* Elemente in den Mitteilungen unserer Gesprächspartner, die nach einer »Geschichte« verlangen, einer Synthese, die für die Autoren noch keine »Erzählform« gefunden hat, sind ebenso die »Bildner« von Fallgeschichten wie die *gebündelten* Elemente, die sich zu konfektionierten Stories, »Legenden« verfestigt haben. Was wir als Fallgeschichten oder, wie wir bescheidener sagen wollen, Fallskizzen vorstellen, sind Versuche, Legenden aufzulösen und Verstreutes in einen Zusammenhang zu bringen, der vom empirischen Erzähler so noch nie gesehen worden sein mag. Es sind »Konstruktionen«, die nicht, wie die Freudschen, darauf hoffen können, im analytischen Prozeß »eingelöst« zu werden. Hoffnung auf Erlösung besteht nur dort, wo sie ein Wiedererkennen möglich machen. Das ist natürlich nur im einzelnen Fall selbst möglich. Aber jeder von ihnen hat doch – das ist uns im Prozeß der Forschung deutlich geworden – zugleich eine generationstypische Faktur, die ein Wiedererkennen zweiter Ordnung nicht als bloße Abstraktion erscheinen läßt. Am Einzelfall mag der eine oder andere ein Stück eigener Lebenserfahrung wiedererkennen, die ihm in der Form als »Geschichte« möglicherweise etwas *neu* zugänglich macht. Jedenfalls ist dies die Hoffnung, die uns bewogen hat, diese Geschichten zu schreiben.

Ein versprengtes Stück Geschichte bringt Peter Teschner im zweiten Interview ins Spiel, als er einen Traum erzählt. Diese Traumerzählung steht im Zusammenhang mit einer Intervention des Interviewers. Vorausgegangen ist eine lange Gesprächspassage, in der Peter Teschner von seinem Außenseitertum und danach, in fast gleichklingenden Wendungen, vom Problem seiner Mutter berichtete, zunehmend in eine soziale Isolation zu geraten, die Peter für sich selber fürchtet. Letztlich sei sie, die ursprünglich dem Vater gleichwertige, wenn nicht überlegene Partnerin, in der Geschichte der Beziehung auf der Strecke geblieben: die Unterlegene. Deutlich war dabei ein massiver Schuldvorwurf gegenüber dem Vater herauszuhören, der aber unausgesprochen blieb. Der Interviewer entschloß sich daher zu der Äußerung: »Sie lassen in diesem Zusammenhang zwei Wörter nicht zu, nämlich das Wort Vorwurf und das Wort Schuld. Wenn Sie Kritik äußern, dann sagen Sie, ›das ist jetzt kein Vorwurf‹. Sie geben keinem die Schuld, also diese beiden Dinge sind für Sie sehr tabuiert.« Nach dieser Intervention und einem mechanisch vorgebrachten »Ja« Peter Teschners entsteht die längste Pause des gesamten Interviews. Die darauf folgende Passage ist vollständig wiedergegeben:

»T: Ja – (Pause) das ist richtig.
I: Warum?
T: (Pause) Ahm – (Pause) Das setzt, also Vorwurf setzte für mich oder setzt für mich (Pause) also mit dem Vorwurf weiß ich das jetzt nicht. Im Bezug auf Schuld, also zumindest in dem Fall weiß ich das, in diesem Fall.
I: Hm.
T: Da kann ich natürlich sagen, mein Vater ist schuld. Ich kann auch sagen, wir sind schuld, denn wir sind ja nicht die ganze Zeit nur Kind gewesen. Ich kann auch sagen, meine Mutter ist schuld, denn sie ist ja auch nicht ganz doof. Ich kann sagen, viele andere, die Gesellschaft ist schuld. Ich kann, es ist einfach, es, es sind alle schuld. Ich kann nicht nur einem die Schuld geben, nicht nur einem Schuld geben, sondern dann kann ich vielen Sachen und – das ist mir zu undifferenziert.
I: Wird es nicht gerade dadurch undifferenziert?
T: Auf eine andere Art und Weise kann es genausogut undifferenziert sein. Aber ob da jemand Schuld hat oder nicht, ändert für mich nicht unbedingt was, ähm, an der Möglichkeit oder auch an der Forderung, was zu verändern.
I: Hm.
T: Wenn ich die Schuld einer Seite jetzt versuche aufzuheben durch, also zu kompensieren oder aufzuheben durch ein verändertes Verhalten, es sind noch so viele andere Komponenten, die auch alle verändert werden müssen, daß sicher ein bißchen was verändert werden müßte. Aber Schuld ist auch so ein moralisches Urteil, was ich in dem Fall nicht richtig finde. Es ist mir zu einfach. Und auch ein Vorwurf ist mir deshalb zu einfach und zu undifferenziert. Es ist, sicher habe ich auch Vorwürfe, aber, hm – auf der anderen Seite erkläre ich zumindest, inwieweit das mir, inwiefern das wirklich stimmt oder nicht weiß ich nicht. Ähm, daß ich (Pause), obwohl ich viel gemeinsame Geschichte mit den anderen Vieren [seinen Eltern und seinen beiden

Schwestern, d. A.] habe, zuwenig mit denen zu tun habe jetzt. Ich hatt viel mit ihnen zu tun, aber auch da, wo's wichtig ist, zum Teil wenigstens für mich, habe ich nichts mit ihnen zu tun, interessieren die mich wirklich nicht, nicht die Bohne. Und ich denk auch nicht an sie, nichts.
I: Hm.
T: Also sie sind zum Teil wirklich wie fremde Leute.«

Die Aggression gegen den Vater ist so tabuiert, daß die gesamte Passage wie die Wiedergutmachung des Satzes »Ich kann natürlich sagen, mein Vater ist schuld« wirkt. Daß am Ende dieser Wortflucht alle schuld haben – und damit niemand –, ist ein bekanntes deutsches Argumentationsklischee. Peter Teschner verwendet es jedoch wohlgemerkt nicht im politischen Feld, sondern für den Zusammenhang seiner Familie – und läßt diese am Ende folgerichtig in der Fremdheit versinken. Die »anderen Vier« sind plötzlich »fremde Leute«. Das heißt aber auch, Peter Teschner steht allein da. Er gehört seiner eigenen Familie nicht an. Und dieser Zustand entspricht bei ihm sowohl einem Wunsch wie einer Angst. Im Zentrum dieses doppelten Gefühls steht sein Vater. Sein Sohn sieht ihn, den Träger eines geheimnisvollen, irgendwie destruktiven Auftrags, mit einer Schuld belastet, die man ihm aber nicht geben darf.

Tatsächlich wünscht sich der »geschichtsverrückte« Peter Teschner, der eigentlich alles über die deutsche Vergangenheit wissen will, eine »schuldlose« Familie. Und es gibt sie auch: in der Familientradition seiner Mutter. Sie entstammt einer »lupenreinen« sozialdemokratisch-antifaschistischen Familie. Und sie war es auch, die zu Beginn der Ehe die junge Familie ökonomisch über Wasser hielt und den Großteil der Erziehung leistete. Für Peter Teschner ist das wichtig. Auf die Primärerziehung durch die Mutter baut sich seine Hoffnung, dem zu entgehen, was er als väterliches Erbe fürchtet. Ebendies ist das Problem der elterlichen Konstellation: Wenn der Vater, wie es Peter Teschner darstellt, letztendlich gegenüber der Mutter »gesiegt« hat – in aller Unschuld, versteht sich –, dann hat sich ihre Linie als die unterlegene erwiesen. Der Familienkonflikt, in dem sich Peter Teschner nicht klar für eine Seite entscheiden kann, ist die Neuauflage eines historischen. Beides ist eng miteinander verknüpft.

In der familiären, der elterlichen Konstellation darf den Vater keine Schuld treffen, weil sie das Siegel darauf wäre, daß sich seine »Erbschaft« gegenüber der mütterlichen durchgesetzt hätte. Das Bild der Schuldverleugnung ändert sich blitzartig und überraschend, als es nicht mehr um die Konstellation zwischen Vater und Mutter geht, sondern um deren beider

Verantwortung als Paar gegenüber ihren Kindern, insbesondere gegenüber ihm. Peter gibt seinen Eltern die Schuld daran, so zu sein, wie er ist: Er »habe durchaus beiden Eltern auch gesagt, daß sie an bestimmten Zügen von mir schuld haben«.

Tatsächlich hat er in einem bestimmten Punkt *beide* Eltern für schuldig erklärt. Und dieser Schuldspruch ist für ihn mit dem angekündigten Traum verknüpft:

»Doch, das habe ich gemacht. Ähm. (Pause) Das habe ich gemacht vor, ähm, etwa zwei Jahren. (Pause) Da habe ich gemerkt, da habe ich seit langer Zeit wieder einen Traum, den ich als Kind häufig geträumt habe. Dieser Traum entspricht einem Grimmschen Märchen, und zwar... ich weiß nicht, wie das heißt. Ähm, das ist eine Räuberpistole, ein Königssohn, der irgendwie von seinen Eltern, ich glaube der Mutter, die Mutter oder sein Vater, das weiß ich nicht mehr. Das ist aber in dem Märchen nachzulesen, und jedenfalls die Eltern müssen das Schloß verlassen oder wollen verreisen und der Sohn, der Königssohn, der Prinz wird also, dem wird gesagt, der wird gebeten, das Besteck nachzuholen. Der geht dann in das Schloß zurück und holt das Besteck und kommt wieder raus, und die Kutsche fährt, und er rennt hinterher, und man sieht ihn nicht. Und fällt dann unter die Räuber und so und wird dann auch ein Räuber und wird dann irgendwann gefangen, und dann soll er hingerichtet werden, und dann sagt irgend jemand aus der Ferne, ach, das ist ja doch unser Sohn. Dann wird er also gerettet. Das ist das Märchen. Mein Traum ist diese Situation, ich renne hinter der Kutsche her.

I: Hm.

T: Und da sind meine Eltern. Und die Landschaft, durch die ich renne, ist paradox, ganz glatt und eben und tot und vollkommen zerklüftet gleichzeitig. Es sind unglaubliche Höhen und Tiefen, die ich da zu überwinden habe, und ich schaffe es eigentlich nicht, aber ich schaffe es dann doch, denn die Kutsche, die fährt, aber die Distanz vergrößert sich nicht. Aber sie verringert sich auch nicht. Und das, dieser Traum hat mich also, ähm, ja aufwachen lassen.

I: Mhm.

T: Und dann bummerte mein Herz, und ich lag im Bett und gleichzeitig verrutschte dann auch meine, also meine optische Wahrnehmung. Ich war gleichzeitig ganz klein und riesengroß, und die Zimmerecke oder irgendeine Ecke in dem Zimmer, die ich da fixiert habe, um einen Maßstab zu kriegen, war ganz weit weg, und ich war eben ganz klein. Aber gleichzeitig auch riesig, und alle Geräusche, aller Herzschlag und Atmung und Bewegung waren ins Unermeßliche gesteigert. Absolute Angst.

I: Hm.

T: Und zwar immer Angst, verlassen zu werden.«

Der Traum ist für Peter Teschner die Verdichtung seines Lebensproblems, das er als das »Gefühl der Lebensangst« benennt, wobei er, wie er anfügt, nicht immer zwischen Lebens- und Todesangst unterscheiden könne. Er erzählt, daß sich dieser Traum, den er meint, bereits in seiner Kindheit geträumt zu haben, seit der Adoleszenz in verschiedenen kritischen Lebensphasen wiederholt habe. Und er spezifiziert die Angst vor dem Verlassenwerden: »Diese Ängste, verlassen zu werden, eben nicht genügend zu genügen: verlassen, also den Beistand praktisch zu verlieren, nicht zu genügen, und das alles nicht zu schaffen, also nicht lebenstüchtig zu sein, sondern Lebensangst. Daran sind meine Eltern durchaus schuld.« Und er, der vorher in langen Gesprächspassagen jeden Schuldvorwurf gegenüber den Eltern unter Tabu gestellt hatte, kommt noch ein drittes Mal auf das im Traum verdichtete Angstgefühl zurück und betont:

»Da ist die Frage von Schuld nicht nur aufgetaucht, sondern da habe ich sie durchaus für schuldig erklärt.
I: Speziell an diesem Punkt?
T: Speziell an diesem Punkt, ja.
I: Ja, was genau ist –
T: Das Gefühl der absoluten Lebensangst.
I: Der Lebensangst? Das wär es?
T: Ja, des Verlassenwerdens, des Nicht-Genügen, müssen, zu können.«

Die letzte Äußerung, die scheinbar unzusammenhängende Wortreihung, macht einen präzisen Sinn, der im weiteren Gespräch offenkundig wird. Es geht um die Schwierigkeit in der Familie, mit Gefühlen umzugehen, insbesondere, sofern es den Vater betrifft (»Also über Gefühle mit ihm zu reden ist sehr, sehr schwer«), als Peter Teschner selbst den verstümmelten und unverständlichen Satz in einen sinnvollen auflöst. Das Sprachfragment »des Verlassenwerdens, des Nicht-Genügen, müssen, zu können« wirkt nach dieser Gesprächspassage wie ein Traumfragment: die »verdichtete« Mitteilung einer wesentlichen Botschaft. Es geht in dieser Passage um die väterliche Abwehr von körperlichen Zuwendungen in Peter Teschners Kindheit:

»Der hat auch seine Küßchen gekriegt, natürlich! Aber so ein Satz wie: ›Ich hab dich lieb‹ ist in der ganzen Familie praktisch nicht gefallen. Es war nicht üblich, nein.
I: Hm.
T: Das sind ja Gefühlsäußerungen. Also sei jetzt nicht so frech und böse, oder bösartig und durchaus auch so gemeint, es ist wirklich, Gefühle waren nicht… Es sei denn, daß jemand sagte, ich mag dich nicht, ich hab Angst, aber du mußt doch keine Angst haben. So.

I: Hm.
T: Und zwar auch mit der Waffe ›Du mußt keine Angst haben‹. Das ›muß‹ wird zwar nicht betont, aber es wird natürlich immer gesagt, man. Und dann gibt es so einen anderen Schlüsselsatz, der auch immer wieder gefallen ist: ›Ich kann, ich kann nicht, wenn ich muß‹. Äh Quatsch, ne: ›Ich muß nicht, wenn ich kann‹ – so.
I: Ich muß nicht, wenn ich kann?
T: Nein: ›Ich muß, ich will, ich kann‹.«

Daß Peter Teschner nachgerade parodistische Umwege zur korrekten Reproduktion dieses »Schüsselsatzes« seiner Erziehung gehen muß, zeigt dessen neurotogene Bedeutung. Es geht um das deutsche charakterologische Bermudadreieck von (verweigertem) Gefühl, Angst und Pflicht. Peter Teschners Lebensangst, seine Furcht, »lebensuntüchtig« zu sein, die sich im Traum so intim mit der Angst vorm Verlassenwerden verknüpft, ist in der zerrissenen Rede exakt reproduziert. Es ist das, beim bewußten Versuch, es aus der Erinnerung hervorzuholen, erst im dritten Anlauf wiedergewonnene »ich muß, ich will, ich kann«, das in der vom Traum ausgehenden Zusammenfassung der Lebensangst als Gefühl »des Verlassenwerdens, des Nicht-Genügen, müssen, zu können« sprachzerstört zu Wort kommt. Lebensangst und Verlassenheitsgefühl stehen unterm Diktat des »Genügens«.

Es ist ebendies Gefühl, das Peters Vater in anrührender Weise als lebensbegleitende Angst formuliert hatte. »Herr Teschner, es genügt nicht« war die Formel seines höchstpersönlichen Alptraums, der allerdings nur auf der Ebene des Tagtraums geäußert wurde. Und es war die Erfahrung der Napola, die Robert Teschner selbst fast schuldbewußt damit in Zusammenhang gebracht hatte.

»Ich muß, ich will, ich kann« ist eine Napola-Parole. Sie gehört in eine Reihe mit Parolen wie »Du bist nichts, dein Volk ist alles«, »Mehr sein als scheinen«, »Ihr seid besser«. Stumpf der Einwand, es habe sie alle bereits wörtlich oder wenigstens dem Sinne nach vorher gegeben. Es ist das spezifische Klima der Napola, das aus diesen »Allerweltsparolen«, zu denen man leicht solche ganz anderer Herkunft hinzurechnen könnte, Zwangsgebilde macht, die tatsächlich die Qualität einer unbewußt wirkenden Erinnerungsfigur erlangen; Zwangsgebilde, die sich – und das ist das Entscheidende – mit der Spur traumatischer Eindrücke verbinden, die auf eine Instanz verweisen, die die Befolgung dieser Parolen in Zweifelsfall »mit allen Mitteln« erzwingt.

»Ich muß, ich will, ich kann« – die Transformationsformel für die Beseitigung des äußeren Zwangs durch seine Verinnerlichung ist eine Inkorporationsphantasie. Sie beschreibt den Weg des Fremdzwangs zum Selbstzwang: Die »Befreiung« des einzelnen durch Selbstüberwindung. Das ist im Kern eine individualistische, eher dem Formkreis der innerweltlichen Askese entstammende Vorstellung. Dieselbe Formel im Napola-Geist, als Motto der Gemeinschaft der Qualifizierten, versieht sie mit einer Idee des »Genügens«, die nicht am Maßstab der Selbsteinschätzung, sondern der Beurteilung durch ein »Ganzes«, dem der einzelne als Teil zugehört, gewonnen ist. Nur wer genügt, bleibt Teil dieses Ganzen, der »Gemeinschaft«, des gemeinsamen Leibs. Wer das »Muß« nicht als Können inkorporieren kann, hat zugleich den Anspruch verwirkt, Teil dieses Ganzen zu sein. Er ist ein nutzloses Glied; eines, das abgetrennt werden kann.

Peter Teschners Fehlleistung »Ich kann nicht, wenn ich muß« ist der präzise Ausdruck seiner »Lebensangst«, für die er die sprachzerstörte Formel des »Verlassenwerdens, des Nicht-Genügen, müssen, zu können« gefunden hatte. Verlassenwerden ist immer auch eine Ausstoßungsphantasie. Der wird verlassen, dem die Inkorporation des Zwangs nicht gelingt. Peter Teschners Alptraum, in dem er den bedeutsamsten Ausdruck dieser Angst vor dem Verlassenwerden, seiner »Lebensangst« sieht, führt ihm die Trennung von der Schutz gewährenden Familie vor Augen. Die zum Traum gehörende »Vorgeschichte«, das Grimmsche Märchen[1], enthält den korrelierenden Tagtraum und die Wunscherfüllung, die dem Traum zu fehlen scheint. Sie enthält gleich einen *doppelten* Familienroman: Der Königssohn macht Karriere als Räuber, um im Moment der Todesgefahr durch seine eigentliche Herkunft nicht nur gerettet zu werden, sondern eine – im Wortsinne zu nehmende – »Versöhnung« zu erreichen.

Vom Traum geht das Gespräch noch einmal zurück zur Frage der politischen Schuld. Ich frage Peter Teschner danach, wie sein Vater über die Schuldfrage denke, ob er sich selber als Napola-Schüler in irgendeiner Weise für schuldig halte. Mein Gesprächspartner bezieht in seine Antwort sofort seine eigene Person ein:

»Also die Schuld, so wie ich es bei meinem Vater einschätze, fühlt er sich schuldig in dem Bewußtsein, daß er, ob mit oder gegen seinen Willen, aber als Kind, in eine Diktatur geboren wurde. Oder in einer Diktatur groß geworden ist, von Eltern erzogen, die sich dieser Diktatur gegenüber zumindest als Mitläufer schuldig gemacht

1 De facto handelt es sich nicht, wie Peter Teschner meint, um *ein* Grimmsches Märchen, sondern um eine Sammlung von Motiven, die verschiedenen Märchen zuzuordnen sind.

haben und die ihn dann in eine der Eliteschulen gesteckt haben, was er auch noch ganz toll fand. Ahm – es ist nicht, ne, es ist nicht die Schuld eines Menschen, der in der Zeit erwachsen war und sich freiwillig zu den Soldaten gemeldet hat, der ist aufgrund dann seiner Vorbildung hat er sich dann auch, ich weiß nicht, ob er sich gemeldet hat oder ob er ausgewählt wurde oder ausgesucht worden ist, aber er hätte kämpfen sollen und er hätte das auch gemacht. Wenn es ihm dann befohlen worden wäre, hätte er wahrscheinlich mitgemacht.

I: Mhm.

T: Unter solchen Voraussetzungen hätte ich wahrscheinlich auch mitgemacht, grausiger Weise, aber ähm – daran bin ich auch nicht schuld, das ist für mich Geschichte, aus der ich zu lernen habe oder aus der ich versuche zu lernen. Aus der ich 'ne Verantwortung – aber das ist dann wieder genauso allgemein. Ich kann das auch an ihm festmachen. Genauso! Er ist einer der zahllosen Leute, die auch als fast Erwachsener…, selbst an dem Punkt noch nicht gesagt haben, stopp!

I: Hm.

T: Das ist nicht richtig.

I: Aber in dem Sinne würden Sie eine wie auch immer zu definierende Schuld…

T: Erbschuld, ja für ihn und für mich, also sehr viel weiter weg, aber – das ist wie ein Haus, was mit konkreten Schulden belastet ist und was ich dann nicht ausschlagen könnte.«

Peter Teschner ist der Meinung, daß er »auch diese Schuld geerbt« habe. Er denkt in genealogischen Bezügen. Die Rede von der »Erbschuld« ist vollständig ernst gemeint. Aber sie folgt – und das ist ebenfalls konsequent genealogisch gedacht – dem Modell einer doppelten Erbschaft. Wieder ist es die Familie der Mutter, die das drückende Motiv einer »Tätererbschaft« konterkariert. »Ich kann«, sagt Peter Teschner, »natürlich genausogut sagen: ›Schuld – wieso?‹ Mein Großvater ist Sozialdemokrat gewesen. Den hat die SA verfolgt.« Auch dies ist ernst gemeint und keine Ironie. Peter Teschners »geschichtsverrückte« Genealogie meint buchstäblich psychologische »Erbfaktoren«. Er sieht sich – in seinen Eltern und ihrer unterschiedlichen Herkunft – mit einer Täter- und einer Opfertradition konfrontiert. Er fürchtet die »Erbschaft« des Vaters; er erkennt sie für sich »stellvertretend« an und hofft auf die rettende »Erbschaft« der Mutter.

»Ist Ihr Vater für Sie eher ein Täter oder ein Opfer?« will der Interviewer wissen. Und Peter Teschner antwortet lachend:

»Das ist diese fiese, eine unangenehme Frage! Ein Opfer, das zum Täter wird oder werden kann, ja. Er wäre beinah zum Täter geworden, es hat nicht viel gefehlt. Er hat Schwein gehabt.

I: Mhm. Und Sie würden das denn doch mit der Gnade der späten Geburt auch behandeln. Das sagen Sie ja, wenn Sie sagen: Ja, er hat Schwein gehabt. Das heißt ja auch, er ist zu jung gewesen, um…

T: Nein, er ist eben nicht zu jung gewesen! Nein, nein, eben nicht späte Geburt. Er war ja mittendrin. Das waren drei Straßen, die kaputt waren. Er hat wirklich stinknormal ganz simpel Schwein gehabt.«

Wir kennen die drei Straßen bereits aus der Erzählung Robert Teschners: Sie bezeichnen den Zufallsraum, der ihn von einem Einsatz an der Front getrennt hat. Peter übernimmt in seiner Antwort die gefürchtete Schuld des Vaters. Er sagt – und das ist nobel –: »Ich hätte nicht besser gehandelt.« Er entlastet ihn damit, soweit das ein Nachgeborener kann. Er übernimmt eine *potentielle* Schuld, ganz so, wie er es vorher bereits betont hatte: »Ich bin der Meinung, daß ich aufgrund dieser Schuld, die die Leute damals auf sich genommen haben – und ich bin deren Erbe, einer der zahllosen oder zu zählenden –, auch diese Schuld geerbt habe.«

Er erfüllt damit aber auch einen Familienauftrag. Daß der Vater ein »Opfer«, ein Opfer der Napola sei, ist allen Kindern geläufig. Die beiden Töchter schildern mir diese Perspektive mit großer Intensität – und die jüngere geht sogar soweit, die gesamte Napola-Zeit vollends als möglichen psychologischen Wirkfaktor zu eliminieren. Alle wirklich wichtigen Dinge, so bedeutet sie mir, geschähen doch ohnehin früher, in der Familie.[1]

Ihr Bruder Peter ist da skrupulöser und ambivalenter. Er möchte sich auf den familiären Opfermythos nicht festlegen lassen. Und tatsächlich basiert die Ambivalenz gegenüber dem Vater nicht zuletzt auf der Furcht vor dessen »Täterseite«, die nach dem familiären Gebot nicht dasein darf. Peter Teschners Ambivalenz gegenüber dem Vater beruht auf der Ahnung eines destruktiven Auftrags, der nicht so recht hat umgesetzt werden können. Deswegen ist sein Vater für ihn

»ein Unschuldig-Schuldiger. Der ist aus einer bestimmten Umgebung, aus dieser Napola gekommen, und da sind Sachen verstärkt worden, die latent schon vorher da waren. Zucht und Ordnung und Gehorsam und ich weiß nicht, das ist ja in diesem kleinbürgerlichen Milieu, in dem er aufgewachsen ist bis zur Napola, ja das sind ja

1 So jedenfalls im ersten Interview, das wesentlich im Zeichen der Abwehr einer möglichen »Napola-Genealogie« steht. Im zweiten Interview, das von einem größeren Vertrauen gegenüber der Person des Interviewers geprägt ist, »widerruft« die Schwester diese Aussagen, an die sich nicht einmal mehr erinnern kann, und versichert, sie gehe davon aus, daß die Beeinflussung durch die Napola für ihre Zöglinge »total« gewesen sei.

sogenannte normale oder Normwerte gewesen, das ist so ein monarchistisches Denken, also so quasimilitärisches oder paramilitärisches bürgerliches Verhalten Und Denken und auch entsprechende Erziehungsgrundsätze, und das haben die Nazis benutzt, um... bzw. ist ihrs ja auch gewesen, zumindest zu Teilen. Ein bißchen zu extrem, wo dann Leute eben am Schreibtisch sitzen und dann stempeln und da Zigtausende irgendwo in irgendwelche Gaskammern. Ja, Befehl und Gehorsam, das ist immer diese Nummer mit dem Befehlsnotstand, klar. Irgendwann aber kommt ein Punkt, und den kann ich immer nur individuell, biographisch versuchen zu lösen, wo ich dann sagen kann, ja eher Opfer oder eher Täter, eher unschuldig, eher schuldig. Ich weiß es bei meinem Vater nicht, ich kenne ihn aus der Zeit natürlich nicht, ich kann nur sagen, der hat Schwein gehabt. Er ist, er wäre mit weniger Glück ein Täter geworden. Er ist keiner geworden. Er ist es nicht. Aber er wäre ein potentieller Täter.«

Kaum hat er das ausgesprochen – und er trifft damit eine zentrale Phantasie vieler »Napola-Kinder« –, setzt wie ein gehemmter Reflex die Logik der Relativierung ein, die erstens den »entschuldenden« Selbstbezug und zweitens den entschuldigenden Rekurs auf die mütterliche Linie einführt:

»Also er ist ein potentieller Täter, und ich bin, ich wäre wahrscheinlich auch einer, ein potentieller Täter, oder auch nicht. Ich weiß es nicht, es ist wirklich Hypothese... Das hängt aber, es hängt wirklich von den Umständen ab, natürlich. Ich sage deshalb auch *potentiell*, es ist, die Möglichkeit schließt auch immer das Gegenteil, für mich jedenfalls, mit ein. (Pause) Und dann kommt auch noch hinzu, er hat sich nicht umsonst ja auch meine Mutter ausgesucht und die sich ihn. Natürlich hätte es da noch andere Leute gegeben, andere Frauen oder bei ihr noch andere Männer, ob die nun miteinander intim waren oder nicht, spielt dann auch weniger eine Rolle, aber im Endeffekt haben sie sich ausgesucht.

I: Und wofür spricht das?

T: Ähm, oh, das kann für vieles sprechen. Das können, das, die genaueren Gründe weiß ich nicht. Ich vermute, daß mehrere Sachen eine Rolle spielen. Einmal bei ihm halte ich seine Mutter für weitaus stärker als seinen Vater, obwohl der Vater vordergründig sehr viel mehr zu bestimmen gehabt hat. Aber der wird auch immer abwesend gewesen sein, also nicht zu Hause...

I: Ja...

T: ...im Dienst oder und obwohl er immer als Instanz drohend im Hintergrund stand, also ›der Vater sagt aber‹, ob das so war, weiß ich auch nicht genau, das vermute ich. Ähm, es ist also, meine Mutter ist, zumindest auf die ersten Blicke, eine sehr starke Frau. Ähm, ich bin der Meinung, daß das nicht stimmt, aber (Pause) je unsicherer sie wird, sie ist, desto vehementer redet sie und agiert sie auch. Also die Stärke provoziert sie dann so nach außen.«

Peters Phantasie über die Familienverhältnisse des Vaters überlagern sich gleichsam übergangslos mit dem, was er höchstpersönlich in seiner Kindheit erfahren hat. Aber er hält zäh daran fest, daß es die Mutter ist, die die gefährliche Erbschaft des Vaters neutralisiert und damit auch ihn, die »Mischung« beider Eltern, rettet. Dazu muß sie stärker sein als der Vater. Und daran hat Peter Teschner Zweifel. Immer wieder verstrickt er sich an diesem Punkt der familialen Stärkeverhältnisse in Widersprüche. War eben seine Mutter noch eine nur scheinbar starke Frau, avanciert sie auf die Nachfrage des Interviewers, wer denn seiner Meinung nach der stärkere seiner Eltern gewesen sei, zu neuer Macht:

»Ich weiß es nicht. Ahm, ahm – ich halte sie eigentlich beide für gleich stark. Mein Vater ist in vielen Dingen sehr viel geschickter als sie. Ahm, er ist sicher kurzfristig stärker als sie. Aber ich halte sie, bei aller Schwäche und allen Ängsten und aller Angst, die sie so umtreibt und sie behindert, für vitaler als ihn. Also für lebensstärker oder so was.

I: Ah ja, mhm, mhm.

T: Also wenn sie sich beide mit Zähnen und Klauen verteidigen müßten gegeneinander oder gegen jemand anderen und es um existentielle Dinge ginge, dann hätte sie sicher den längeren Atem. Er ist geschickter. Er ist geübter.«

Die Frage bleibt letztlich unentschieden und wird durch die Angst reguliert. Die Vorstellung von einem möglichen Kampf der Eltern »mit Zähnen und Klauen« gegeneinander, muß aus den genannten Gründen die Mutter siegreich sehen. Aber Peter Teschner glaubt selber nicht daran. An anderen Stellen des Interviews stellt er den Vater als den uneingeschränkten Sieger in der Realität dar. Grund: seine »Geübtheit«. Diese mehrfach wiederholte Einschätzung kommt immer wieder auf denselben Phantasiepunkt, auf das väterliche Überlebenstraining; seine »andere Seite«, seinen geheimnisvollen Auftrag, der unklar mit Superiorität und Destruktivität zusammenhängt.

Alle »Napola-Kinder«, mit denen wir zu tun hatten, haben eine ähnliche Phantasie. Alle kennen sie eine »andere« Seite des Vaters: eine »gefährliche«, »aggressive«, unheimliche.

Ist das eine triviale Erkenntnis? Gilt sie nicht für alle Kinder gleicher Generation? Sicherlich. In der Tat sind uns Phantasien dieser Art bei vielen (längst erwachsenen) »Kindern« von Vätern begegnet, die »im Krieg waren«. Regelmäßig gibt es hier eine Phantasieschicht, die den Vater als Mörder vorstellt; eine Schicht, in der sich all das Unheimliche ansammelt, das es in jeder Kindheit gibt.

Heißt das nicht auch, daß wir nicht den Kreis der ödipalen Phantasien verlassen? Wird nicht regelmäßig der »Mord der Väter« psychische Realität für die Nachkommen? Ist das nicht eine geradezu notwendige Komplementärphantasie zum »Vatermord«? Sicherlich. Aber es gilt eine entscheidende Differenz festzuhalten. Alle Phantasie muß sich letztlich auf Realitäten beziehen, sich an ihnen messen, alle Phantasie hat ihr »fundamentum in re«. Es ist *immer* die Verschränkung von Phantasie und Realität, die über die Kraft jener entscheidet. Was die Napola-Kinder von ihren Generationsgenossen unterscheidet, ist, daß sie einen *Ort* für ihre Phantasie haben; einen Ort der Zurechnung, der noch ihre absonderlichsten Phantasien »legitimiert«: die Napola. Immer wieder sind wir in unseren Interviews auf diese eigenartige Realität gestoßen. Die Napola-Kinder erleben die Schule ihrer Väter als ein »Labor«: als Zucht- und Pflanzstätte eines »Potentials«, das sich nicht mehr hat realisieren können. An diesem Punkt unterscheiden sich die Phantasien. Kinder von »normalen« Kriegsteilnehmern haben im allgemeinen keine detaillierten Kenntnisse dessen, was ihr Vater getan hat. Sie haben die – häufig zutreffende – Phantasie, ihre Väter hätten im Rahmen von Kriegshandlungen getötet. Paradoxerweise ist die Vorstellung der vollzogenen Tat eher »kathartisch«. Es ist geschehen – gut. Aber es ist vorbei. Weitere Fragen sind ohnehin nicht möglich. Und war es damals nicht normal?

Die Kinder der Napolaner haben mit einer anderen Phantasie zu kämpfen. Das, was ihre Väter getan oder nicht getan haben, stand unter dem Stern einer spezifischen Zurichtung; eines Trainings; eines Geübtseins, das darauf hinauslief, mit größtmöglicher Konsequenz etwas – was? – zu tun. Die Kinder der Napolaner haben die Idee einer Potentialität, die in ihren Vätern steckt; einer Potentialität, die sich nicht mehr in Aktion umsetzen konnte. Ihre Väter sind – wie Peter Teschner es formuliert – »potentielle Täter«. Die Vorstellung dieser Potenz ist es, die ihre Phantasien beherrrscht. Was ist aus ihr geworden?

Die Kinder der ganz normalen »Kriegsmörder« haben eine Ahnung des Unheimlichen bei ihren Vätern. Aber sie haben auch die Idee einer »abgeschlossenen Geschichte«: »Es war einmal…« Was ist dagegen mit einem angelegten Potential, das nicht mehr »zum Einsatz« kommen konnte? Es ist das Uneingelöste dieses Potentials, das den Napola-Kindern Kopfzerbrechen bereitet. Natürlich sind ihre Väter für sie zunächst einmal »Opfer« der zurichtenden Institution. Aber das erledigt nicht die Frage, was aus dem geworden ist, was in diese Opfer hineingelegt wurde. Die Napola-Erziehung löst bei den Kindern derer, die ihr unterlagen, die Phantasie einer »Zeitbombe« aus. Es ist nichts passiert, aber man hört das Ticken.

Peter Teschner, der Sohn eines wirklich sehr zivilen, reflektierten und differenzierten Menschen, hat – ohne daß ihm dies bewußt wäre – Angst vor diesem Vater, der ihm in entscheidenden Dimensionen immer fremd geblieben ist. Das könnte genauso sein, wäre sein Vater nicht auf diese Schule gegangen. Aber er ist es. Und für Peter Teschner entsteht damit ein Ort der Zurechnung für seine Phantasien, die ihm familiär durch das Bild seines Vaters als Opfer ausgetrieben werden sollten. Peter Teschner hat dieses Bild nicht angenommen. Er mag sich mit der »Feigheit« seines Vaters identifizieren. Aber er hat das Gefühl, es mit einem Erbe zu tun zu haben, gegen das er dauernd Gegengewichte schaffen muß, damit es ihn nicht übermannt.

Als ich ihn bei seinen Ausführungen über die Stärke der Eltern frage: »Und wo würden Sie sich einordnen als Erbe jetzt, wenn man diese Eigenschaften so nimmt?« antwortet er mir nach einer Pause: »Das kann ich schlecht sagen, das weiß ich eigentlich nicht. Ich halte mich für stärker als sie beide, als jeden von beiden.« Er meint das – auch hier bleibt er Genealoge – aufgrund seiner doppelten Erbschaft:

> »Ich hoffe, daß ich eine ähnliche Vitalität habe wie meine Mutter. Ich habe es noch nie darauf ankommen lassen oder es ist noch nie darauf angekommen, deshalb kann ich das nicht sagen, ich kann es nur vermuten oder hoffen, daß ich ähnlich vital bin. Oder ähnlich zäh eigentlich. Und daß ich ähnlich geübt bin wie mein Vater.«

Peter Teschner *setzt* auf die Vorstellung einer Mischung, die »das Beste« hervortreibt – ohne zu ahnen, daß er damit eine zentrale NS-Phantasie trifft. Aber er muß, wie in der horriblen Vorstellung eines Kampfes der Eltern »mit Klauen und Zähnen« gegeneinander deutlich wird, an der vitalen Superiorität der Mutter festhalten. Denn sie ist das einzige Gegengewicht gegen die angstbesetzte Vorstellung, das »gefährliche« Erbe des Vaters anzutreten. Die mütterliche Linie ist der Garant dafür, überhaupt eine eigene Welt begründen zu können. Sie steht für die Schuldlosigkeit, die jeder Vorstellung von Autopoiesis zugrunde liegt. Aber die väterliche Linie ist alles andere als »nutzlos«. In der »richtigen Mischung« vertritt sie den Anteil der Disziplin, der, wie Peter Teschner es ausdrückt: »Geübtheit«, die notwendig ist, um die Öffentlichkeit zu bestehen. Es ist die Geübtheit in »sozialen Fertigkeiten«, die seinen Vater real – und nicht in der Phantasie eines tödlichen Zweikampfs der Eltern – über die Mutter hat obsiegen lassen. Dieses Erbe – das im strengen Sinne keins sein kann, weil »Geübtheit« nur erworben werden kann – ist mit der schulischen Herkunft des Vaters verknüpft. Das ist nicht zuletzt deshalb eine seltsame Vorstellung, weil sie den Gedanken des Erbes gleich zweifach modifiziert: Sie macht die Idee kenntlich, »Anerzogenes« könne gleichsam biologisch weitergegeben werden; und sie verknüpft diese Idee mit einer Ideologie, die gemeinhin und zutreffend eben für jene Ideale der »Vitalität« und »Zähigkeit« steht, die in Peter Teschners Schema durch die sozialdemokratische Mutter verkörpert wird. Peter Teschner verbindet mit der genealogischen Linie des Vaters tatsächlich nicht die NS-analogen Erbschaftsvorstellungen von »Rasse und Natur«, sondern die Napola-analogen von »Auswahl und Training«. Aber er faßt sie wie etwas auf, dem er sich nicht entziehen kann. Er begreift sich tatsächlich als ein »Napola-Kind«. Insofern ist er buchstäblich »geschichtsverrückt«. Diese Verrücktheit impliziert den Unglauben an das, was ihm familiär eingetrichtert wurde: daß der Vater ein »Opfer« der Institution Napola gewesen sei. In Peters Phantasien trägt der Vater die Anlage zum Täter in sich. Er ist vielleicht ein Opfer, aber eines, das jederzeit zum Täter werden kann. Peter Teschner hat als Kind darunter gelitten, »unter seinem Jähzorn, seinem immer mal wieder cholerischen Temperament«. Natürlich relativiert er auch diese Aussage sofort, weil er keine »dauerhaften Schäden« davongetragen habe – und weil er diese Seite zu seiner Erbschaft rechnet: »Ich hab auch dieses cholerische Temperament geerbt oder selber entwickelt.« Es bleibt bei der grundlegenden Unsicherheit: Das, was der Genealoge Peter Teschner als Erbe versteht, muß der um Autonomie ringende als persönlich Hervorgebachtes beurteilen, damit er nicht in der Spur des Vaters auf der Strecke bleibt. Aber so oder so bleibt er im Schatten einer Macht, der er sich nur durch Beschwörung entziehen kann: »Ich bin dadurch nicht geschädigt worden.«

Teil 4
Zur Generationengeschichte des Nationalsozialismus

Projizierte Negativität im Generationenverhältnis

Gesellschaftliche und individuelle Aspekte der Negativität

Individuen und Gruppen, Institutionen und Gesellschaften konstituieren sich über symbolische Differenzierungs- und Trennungsprozesse, die einen *internen* von einem *externen* Merkmalszusammenhang unterscheiden. Selbstattributive Prozesse der symbolischen Konstitution auf allen vier Ebenen sind mit der Inszenierung von Polaritäten verbunden, die Positives und Negatives, Eigenes und Fremdes, Gutes und Böses, Erlaubtes und Verbotenes trennt. Ebenso vielgestaltig wie die jeweils zugeordneten konträren Bedeutungen sind die durch sie strukturierten individuellen und kollektiven Modi der Wahrnehmung und des Erlebens.

Aus psychoanalytischer Sicht entwickeln sich *Individuen*, indem sie die ersten befriedigenden Erlebnisse als dem Selbst zugehörig empfinden, während sie – das ist das Urbild projektiven Verhaltens – aversive Zustände des Mangels und der Unlust einer externen Entität zuschieben, der späteren Außenwelt. Damit sind Vorstellungen von einem guten und einem bösen Partialobjekt verbunden, die sich im seltenen Fall gelungener Entwicklung schließlich als diskrepante Seiten ein und desselben Liebesobjekts erweisen. Diejenigen Erlebnisse mit dem primären Objekt aber, die in diese fundamentale innerpsychische Synthesis nicht einbezogen werden können, bleiben auch von der weiteren psychischen Entwicklung unberührt. Sie bilden den Kristallisationskern eines affektiv negativen Fundus von Selbst- und Fremdbildern, die auf einem primitiveren psychischen Niveau bleiben. Wenn sie virulent werden, werden sie vom Individuum als fremd und nicht zur eigenen Person gehörig empfunden. Damit haben sich auf der grundlegendsten Ebene psychischer Konstitution nicht nur Selbst und Nichtselbst, Subjekt und Objekt getrennt, sondern es sind damit auch zwei Kategorien *negativer* Selbst- und Objektvorstellungen entstanden: eine »geschichtliche«, die in die Beziehung zum Liebesobjekt einbezogen und damit der Entwicklung und Veränderung zugänglich ist, und eine zweite, die aus der

Beziehungsgeschichte herausfällt. Sie bezeichnet das bedrohlich »Andere«, nicht das gehaßte Objekt, sondern das Abjekt (Kristeva) des eigenen Selbst, den abgespaltenen, als tot empfundenen Rest des frühesten Selbsterlebens in der Symbiose mit der Mutter.

Erik H. Erikson unterscheidet in der psychosozialen Identität des einzelnen positive und negative Elemente, die mit idealen und verabscheuten Prototypen in der jeweiligen Kultur oder Subkultur in Verbindung stehen. Sein Begriff der negativen Identität bezeichnet all das, was den herrschenden Idealvorstellungen widerspricht. Auf der Ebene der Gesellschaft wird die negative Identität der Mehrheit auf verachtete Minderheiten projiziert. Sie verkörpern die Schreckbilder von Armut und Erfolglosigkeit, die in der Familie den Adoleszenten als Inbegriff dessen vorgehalten werden, was sie nicht werden dürfen.

Eine progressive Verarbeitung des negativen Identitätsanteils findet Erikson zufolge statt, wenn Angehörige einer verachteten Minderheit das auf sie projizierte Schreckbild der Mehrheitsgesellschaft aufnehmen und zu einem neuen »revolutionären« Selbstbild umformen können. Das abgespaltene Fremde wird dann im Rahmen eines neuen Identitätsbildungsprozesses integriert.

Demgegenüber geraten Jugendliche, die den adoleszenten Konflikt dadurch lösen, daß sie die ihnen auferlegte negative Identität annehmen, in eine neurotische Falle:

»Sie wählen ... eine Identität, die sich beharrlich auf alle jene Identifizierungen und Rollen stützt, die ihnen in kritischen Entwicklungsstadien als die unerfreulichsten und gefährlichsten und doch auch als die wirklichsten vorgestellt wurden. So erweckte zum Beispiel eine Mutter, deren ältester Junge gestorben war und die aufgrund komplizierter Schuldgefühle niemals imstande war, ihren überlebenden jüngeren Kindern die gleiche, religiös getönte Zuneigung zuzuwenden, wie sie sie dem Gedächtnis ihres toten Kindes weihte, in einem ihrer Söhne die verhängnisvolle Überzeugung, daß es mehr Aussicht auf ›Anerkennung‹ böte, krank oder tot, als gesund und vorhanden zu sein« (Erikson 1988, 169f.).

In Eriksons Beispiel verstrickt sich der Sohn in den Abwehrvorgang der Mutter, gegen den er sich eigentlich wendet. Eine andere Abwehrform entwikkelt sich, wenn Eltern ihre Kinder dazu drängen, für sie selbst bedrohliche negative Aspekte der eigenen Person zu verkörpern. Sie entledigen sich der eigenen unerträglichen Negativität durch Projektion. Erziehung wird dann zum Versuch, diese Negativität am Kind zu bekämpfen.

Auf diesem Hintergrund kann man den umwälzenden Charakter der Adoleszenz als die in bestimmten Gesellschaften eröffnete »zweite Chance« verstehen, Elemente des ehedem externalisierten negativen Fundus wieder in den internen Bereich der Person, aber auch der Gesellschaft insgesamt, aufzunehmen und zu reintegrieren. Das geschieht grundsätzlich auf zwei unterschiedlichen Wegen: dem der *Individuation*, der im Prinzip noch das Subjektfremdeste im Rahmen einer experimentellen adoleszenten Lebenspraxis als potentiellen Selbstanteil erprobt, und dem einer psychischen *»Vergesellschaftung«*, der die Begegnung mit dem Negativen im Rahmen gesellschaftlicher Arrangements regelt.

Die psychoanalytische Gruppenpsychologie hat gezeigt, daß das Individuum in *Gruppen*, die nicht durch spezielle Arbeitsfunktionen differenziert und spezialisiert sind, massiv regrediert und sich archaischer psychischer Mittel bedient. In solchen informellen Gruppen läuft stets ein der individuellen psychischen Konstitution analoger Prozeß ab, in dem allererst festgelegt wird, was außen und innen, gut und böse, erlaubt und verboten ist. Funktionsspezifizierte Gruppen – *Institutionen* etwa – wären demgegenüber bereits konstituierte Gebilde mit festgelegten Polaritäten, die gegenüber neuen Mitgliedern, die die Ordnung zu bedrohen scheinen, mit Macht durchgesetzt werden. Beide Gruppentypen jedoch lassen den einzelnen seinen frühesten Ängsten vor Desintegration und psychischer Auflösung, die das Individuum selbst als Träger eines unintegrierbaren Fremden erscheinen lassen, begegnen. Aber sie schaffen zugleich – durch den Gruppenprozeß oder durchs vorgängige institutionelle Reglement – einen Abwehrrahmen, auf den das individuell Bedrohliche und Fremde projiziert werden kann. Im Unterschied zur Verarbeitung auf dem Weg der Individuation wird im Rahmen gesellschaftlicher Arrangements das Negative in erster Linie als extern vorgestellt.

Man kann *Gesellschaften* nach dem Ausmaß unterscheiden, in dem ihre Mitglieder von individuierenden oder vergesellschaftenden Arrangements Gebrauch machen können oder müssen. So unterbinden etwa totalitäre Regime wie das der Nazis Individuation in der einfachsten Form: Sie schaffen für das Normalindividuum die Einsamkeit ab. Sie zwingen speziell die Heranwachsenden in gruppale Arrangements, die die zweite Chance der Adoleszenz zunichte machen. Damit sinkt das gesellschaftliche wie individuelle Integrationspotential gegenüber dem Fremden drastisch ab, und der geschichtslose Bereich des Negativen wächst. Terroristische Gesellschaften versprechen ihren Mitgliedern, sie vor dem »Fremden« in allen Gestalten zu beschützen, liefern sie aber statt dessen an ihre Negativität aus, weil sie die bereits geschichtlich entwickelten Assimilationsmöglichkeiten zerstören. Damit schaffen sie ihre eigene Notwendigkeit.

Wenn wir in einer mehrgenerationellen Perspektive den Umgang mit negativen Selbstanteilen in Deutschland an der Gruppe der Napola-Absolventen untersuchen, beziehen wir uns auf eine Gesellschaft, die den Versuch unternommen hat, sich ihres vermeintlich negativen Identitätsanteils durch Terror und Massenmord zu entledigen.

Erst heute wird in vollem Umfang deutlich, daß die Vernichtungspolitik den Kern des Nationalsozialismus bildet. Ihre Logik bestimmt sein Bewegungsgesetz. Sie bildet die unbewußte Matrix aller Prozesse und Institutionen des NS-Staats. Das gilt auch für die Napola.

Elite, Ideal, Macht

Keiner der von uns befragten Napola-Absolventen hat das alte Ideal der Anstalt vollständig aufgeben und durch neue Ideale ersetzen können. Es sind sehr unterschiedliche Aspekte der Anstaltsprogrammatik, die die einzelnen für sich »gerettet« haben. Noch bei deren schärfsten Kritikern tauchen sie auf, mitunter verdeckt durch liberale Positionen und demokratische Werte. Damit ist nicht gemeint, daß diese Liberalität nur vorgetäuscht wäre. Sie ist überall dort genuin, wo sie mit der Entfaltung von Selbstanteilen verknüpft ist, die in der Napola unterdrückt waren.

Daß das elitäre Ideal sich als so stark erwiesen hat, überrascht wenig. Es ist tief in der Seele unserer Protagonisten verankert und hätte sich nur um den Preis schwerster Identitätskrisen »umbauen« lassen. Erstaunlich ist schon eher das Ausmaß, in dem die alten Napola-Parolen in der Erziehung der Kinder eine Rolle spielen. Die Angehörigen der zweiten Generation standen unter dem mehr oder minder offen geäußerten Imperativ, »besser« oder »anders« zu sein als andere. »Du bist die Monika Iddel«, hieß es, »dein Vater erwartet, daß du die Beste bist.« Oder: »Du darfst dich niemals hängenlassen.« Als Kinder »besonderer« Väter waren sie einem strengeren Reglement unterworfen als andere. Als sei es darum gegangen, die Elitewürdigkeit des Vaters durch die Leistungen seiner Kinder unter Beweis zu stellen, hatten sie disziplinierter sein und höhere Leistungen erbringen müssen als ihre Altersgenossen. Es sollte nichts geben, das mit dem Willen zum Erfolg nicht erreichbar war, im Sinne der Parole: »Ich muß, ich will, ich kann.« Weil der Bewährungszwang der Napola diese Väter nicht losließ, mußte er auch den Kindern auferlegt werden.

Aber die Realisierungsbedingungen dieser Eliteforderungen an die zweite Generation waren prekär. Während hinter dem Programm der Napola eine Macht stand, die – solange es sie gab – dem erfolgreichen Zögling Elitestatus und Machtposition versprach und garantierte, waren die Napolaner als Väter verzweifelt bemüht, ihren Kindern die fehlende Schutzmacht zu ersetzen. Das hatte nicht selten zur Folge, daß sie alle konkurrierenden Mächte im Bereich der Erziehung heftig bekämpften. Sie verboten Religionsunterricht und Konfirmation, stellten die Autorität der Lehrer in Frage und regulierten die Beziehungen zur umgebenden Gesellschaft – zum Beispiel zu den Gleichaltrigen – durch Kontaktverbote.

Auf diese Weise wurden die Realitätsbeziehungen der zweiten Generation in vielen Fällen rabiat eingeschränkt, ihre narzißtischen Gratifikationen beschnitten und ihr Probehandeln vereitelt. Die Väter inszenierten sich als familiäre Supermacht; aber mit dem ungeheuren Machtanspruch, den sie ins Spiel brachten, konnten sie sich in der Realität der Familie nur blamieren. Denn an dem Ideal, das sie vertraten, waren sie selbst ehedem in doppelter Weise gescheitert, an seiner inneren Unerfüllbarkeit und an seiner äußeren Außerkraftsetzung durch die militärische Niederlage von 1945.

Wie wir (vielleicht am deutlichsten im Falle Robert Teschners) sahen, besteht das psychologische Grundprinzip der Napola-Erziehung darin, die Differenz von Ideal und Realität gezielt und repressiv in Regie zu nehmen. Das propagierte Idealbild des »Napolaners«, des neuen NS-Elitemenschen, machte den Zöglingen ihr eigenes Ungenügen, ihre Abweichung, ihre Negativität qualvoll deutlich. Jeder spürte an sich und in sich eine Schicht, die dem terroristisch aufgedrungenen Idealbild nicht nur nicht entsprach, sondern geradezu widersprach. Die Napola-Schüler verspürten in sich die *Potentialität* der Negativität als Negation. In der Mehrzahl erlebten sie dies als Stigma der Unwürdigkeit, als drohenden Grund des Ausschlusses aus der Elitegemeinschaft, des sozialen Todes, mit dem sie im Anstaltsalltag immer wieder konfrontiert wurden. Jeder von ihnen hütete sein Geheimnis der Abweichung wie eine versteckte Schuld. Denn wer in »Verschiß« kam, wer von der Anstalt flog, der hatte, so viel schien ihnen sicher, schuld daran: Er hatte seine »negative Seite« nicht bezwingen oder nicht hinlänglich verbergen können. Deswegen wurde er ein »Unwürdiger« – als von der Anstalt Verstoßener wechselte er auf die Seite der prospektiven Opfer der nationalsozialistischen Eliteproduktion. Was bei den Elitezöglingen systematisch erzeugt wurde, war nicht nur ein »Abnormitätsgefühl«, das sich aus der Differenz ihrer Person zum Anstaltsideal ergab, sondern eine »Hermeneutik des Selbstverdachts«: eine Form der Introspektion, die den kontrollierenden Blick der Anstalt in die eigene Wahrnehmung überführte. Die Introjektion des »Blicks der Macht« in die ängstliche Selbstbeobachtung *ist* die Etablierung dieser Macht in der Psyche der Zöglinge. Sie erleben an sich die Abbreviatur des zivilisatorischen Prozesses der Transformation von Fremdzwang zum Selbstzwang unter der terroristischen Prämisse der totalen Herrschaft. Deshalb bleibt die erzwungene Introjektion des fremden Blicks bei ihnen ohne die »Pointe« der Selbstreflexion. Die Psychologie der Napolaner erreicht allenfalls das Niveau der »höfischen« Psychologie (Elias), die präzise und feinfühlig die Verschiebungen im höfischen Machtkosmos, bezogen auf die je eigene Stellung in ihm, registriert. Die Introjektion des »Blicks der Macht« legt die eigenen Schwächen bloß, macht sie aber nicht reflexiv einholbar. Dazu wäre es nötig, sie als Teil eines »Selbst« anzuerkennen, das keiner weiteren Legitimation bedarf als der, ein Individuum zu sein. Ebendiese »selbstverständliche« Eigenreferenz ist auf der Napola – und hierin ist sie wirklich der Idealtypus der NS-Gesellschaft – systematisch zerstört worden. Ihren Wert gewinnt eine Person hier durch die Zurechenbarkeit zu einer Rasse, einer Nation, einer Sendung oder einem Auftrag: »Du bist nichts, dein Volk ist alles.« Die Napolaner haben ihre eigene Nichtigkeit im Doppelsinn erfahren – als Ideologie und als introspektive Realität. Sie haben, stets im Schatten des unerfüllbaren Ideals, ihre eigene »Negativität« besser gekannt als die meisten ihrer Generationsgenossen. So seltsam es klingen mag: Der »Durchschnittsnazi« mochte intellektuell, moralisch, körperlich noch so weit von den rassentheoretisch und propagandistisch verbreiteten Idealvorstellungen des Nationalsozialismus entfernt sein, es hat ihn nicht gehindert, sich besinnungslos dem Herrenmenschentum zuzurechnen und sich mit der vermeinten rassischen und völkischen Superiorität zu identifizieren. Einiges spricht dafür, daß diese wahnhafte Identifikation desto ausgeprägter war, je größer der Abstand von individueller Realität und kollektivem Ideal war. Dem Napola-Zögling war *diese* Verkennung so ohne weiteres nicht möglich. Der Zwang zur Introspektion konfrontierte ihn immer wieder mit abgewehrten negativen Selbstanteilen, die freilich in den narzißtischen Gruppenritualen der »neuen Elite« manche Kompensation fanden.

Deshalb hatte der »Bruch« von 1945, der militärischen Niederlage Deutschlands, für die Napolaner noch eine andere Bedeutung. Nun waren sie als spezifisches Kollektiv auf die Seite des Negativen geraten. Sie galten als die Musterschüler des NS-Systems, gleichsam labormäßig gezüchtete Supernazis, die gefährlichste Erbschaft der politischen Vergangenheit. Die »Gnade des Mitläuferstatus« konnte man ihnen schlecht gewähren. Zweifellos sind in dieser Situation Teile der gefürchteten und verleugneten individuellen »negativen Identität« mit dem kollektiven Stigma verschmolzen. Ob es gelang, aus dieser Position einen Neuanfang zu schaffen, hing in erster Linie davon ab, ob die von der Napola induzierte Introspektion sich zu einer Form der Selbstreflexion erweitern ließ, die die eigene negative Identität als Ausdruck der totalitären Erziehung kenntlich machte.

Mit den Napola-Parolen wird der zweiten Generation nicht nur ein brüchig gewordenes Ideal offeriert, dem die Niederlagen der Väter eingeschrieben sind. Sondern im Medium der Erziehung werden ihnen gerade auch diejenigen negativen Identitätsanteile der Väter projektiv auferlegt, die mit dem Napola-Ideal immer schon konfligierten. Auf diesem Wege gerieten auch die Angehörigen der zweiten Generation unter den Blick der Anstalt, der sich für die Väter zur endlosen Hermeneutik des Selbstverdachts verdichtet hatte. Unter der Kontrolle von Vätern, die wußten, daß man am Ideal scheitern mußte, konnten spätestens die Kinder diesem Verdacht nicht mehr entkommen.

Für die zweite Generation war die »ideelle« Substanz der Eliteforderungen wegen der in ihnen aufbewahrten traumatischen Erfahrungen weitgehend aufgebraucht. Sie werden als eine Art Notprogramm zur Existenzsicherung verstanden, das der Vermeidung extremer Ängste der Väter dient. In den Augen der Kinder hatten diese Napola-Forderungen immer schon den Charakter von Rationalisierungen, aber man konnte sich ihnen gleichwohl nicht entziehen. Über die Pünktlichkeitsforderung des Vaters sagt Monika Kramer:

»... aber das ist in ihm drin, und was ich so schlimm finde oder auch unbegreiflich finde, in mir ist das inzwischen genauso drin... Ich hab da so gelitten drunter als Kind, besonders als ich... so vierzehn, fünfzehn, sechzehn war. Und heute bin ich keinen Deut besser... Ich terrorisiere meine Familie damit... aber... es ist mir ja irgendwie so in jede Zelle gegeben, der Mensch muß pünktlich sein, und wenn ich aus irgendwelchen widrigen Gründen selber mal nicht pünktlich sein kann, einfach, weil wir im Stau stehen oder weil sonst was ist, dann werde ich zappelig, und das macht mich so krank.«

Die Dressate der Napola wirken fort, gerade weil sie mit schweren Ängsten des Vaters verknüpft sind. Sie werden auch von der zweiten Generation introjiziert und als ichfremde Zwänge befolgt, weil den unbewußten Mitteilungen des Vaters zu entnehmen war, daß sonst ein schweres Verhängnis drohe. Aber sie bilden ein fremd bleibendes Introjekt, eine Art falsches Napola-Selbst, das man nicht loswerden kann. Dieses erwies sich als schlechte Basis für die Bildungsprozesse der Kinder. Ob sie an der Lehre scheiterten, am Abitur oder im Studium, ob sie Abitur machten und studierten, aber keinen Beruf zu ergreifen wagten: Es schien immer eine Macht zu fehlen, die ihnen erlaubt hätte, die eigenen Fähigkeiten zu nutzen und das bereits Erreichte anzuwenden.

Gestalten des Negativen in der totalen Institution

Die totale Institution Napola – so lautet einer unserer zentralen Befunde – stellte für ihre Zöglinge eine höchst unsichere Existenzgrundlage dar. Zur Elite zu gehören war für die Gemeinschaft der positiv Auserwählten gleichbedeutend damit, unter einer permanenten darwinistischen Ausschlußdrohung zu stehen. Daraus resultieren drei Gestalten des Negativen in der Napola: der Versager, der Außenseiter und der von der Institution Ausgeschlossene.

Obwohl im allgemeinen diejenigen, die man aus der Anstalt entfernte, als »Versager« begonnen haben und zu Außenseitern wurden, gab es auch ehemalige »Versager« im körperlichen wie im moralischen Sinn, die später in Führungspositionen avancierten, ebenso wie sich manchmal Außenseiter zu Normalmitgliedern entwickeln konnten.

»Versager« in der Napola versagten vor dem Ideal, das den einzelnen als »wertvoll« oder »wertlos« für die elitäre Aufgabe qualifizierte. Außenseiter dagegen scheiterten am Ehrenkodex, der nach »gut« und »böse« trennt. Im ersten Fall geht es wesentlich um narzißtische Werte, im zweiten um moralisch-ethische Positionen. Der »Versager« ist eine Gestalt des negativen Selbst jedes Napola-Schülers, während der Außenseiter tendenziell ein negatives Objekt darstellt. »Versager« in der Napola ist, wer »lasch«, »schlaff« oder »verweichlicht« das paramilitärische Leistungsminimum unterschreitet, die »Flaschen« im Wehrsport vor allem, die sich vor dem körperlichen Ideal der Napola blamierten. Außenseiter dagegen wurde, wer log, Diebstahl beging oder den Korpsgeist verfehlte. Versager wurden eher bemitleidet, Außenseiter dagegen von der Gruppe bestraft.

Entscheidend ist, daß diese Negativkategorien symbolisch nicht streng voneinander geschieden sind. Jeder Napola-Schüler lebte in einer Welt der Verwandlungen und Metamorphosen. Jeder konnte zum Versager gemacht und als Außenseiter bekämpft werden. Die Strafrituale der Anstalt versetzten jeden in die Position eines erniedrigten Objekts. Ältere Napola-Schüler, die strafweise »geschliffen« wurden, stellten in eigenen Strafaktionen ihre Elitesubjektivität wieder her, indem sie auf diese Weise den Anstaltskodex exekutierten. Alle lernten, den Totpunkt zu durchschreiten, wie der Boxer den Niederschlag, und bildeten entsprechend, wie wir sahen, eine Art Wiedergeburtsmythos.

Es geht um das Schicksal von symbolischen Differenzen. Im Reich der absoluten Macht ist nur die Differenz zwischen Selbst und Nichtselbst substantiell. Alle anderen Differenzen sind von ihr abhängig und eigentlich nur provisorisch vorhanden, jederzeit revozierbar und zerstörbar. Stabil sind nur die Grenzen, die durch die Mauern der Anstalt symbolisiert und durch die Anstaltsrituale bekräftigt werden. Der Appell etwa zeigt die Macht, der man sich unterwirft und mit der man durch die Unterwerfung verschmilzt. Das Drillritual erinnert daran, wie fragil die Elitezugehörigkeit ist: Es zeigt denen, die den Strapazen und Schikanen am wenigsten gewachsen sind, wie schnell man in der Napola zum Nichts, das heißt zum Ausgeschiedenen und Eliminierten werden kann. Man geriet »in Verschiß«, wurde in den Dreck getreten, man wurde zu »Scheiße«, zum »Kadaver«, zum leblosen Objekt letzthin. Die Strafrituale enthielten die Drohung, Menschen in Abfall zu verwandeln. Das ist mehr als eine Todesdrohung.

Alle diese Negativkategorien der Napola erhielten 1945 eine neue »Deutung«. Die militärische Niederlage wurde zum traumatischen Zusammenbruch, weil sie alle Schreckbilder der Napolaner real werden ließ. Sie wurden zu Außenseitern, Verbrechern, Versagern. Aber schlimmer noch war, daß die Niederlage die fragile symbolische Ordnung, die die Napola und ihre Nachfolgeinstitutionen aufrechterhalten hatten, zum Einsturz brachte. Die Macht, die die Zugehörigkeit zur Elite als das positive Gegenteil aller negativen Bedrohungen garantiert hatte, beseitigte mit ihrem Verschwinden auch die rudimentäre symbolische Binnenstruktur der totalen Institution. Jedes »Versagen« wurde damit zur existentiellen Bedrohung.

Weil die Napola-Erziehung die Projektion negativer Identitätsanteile forcierte, hatte sie zugleich die Differenz von Selbst und Nichtselbst untergraben: Subjekt, Objekt und Abjekt gerieten in ein negatives Kontinuum, das nur durch äußere Elemente, den Rahmen der Anstalt und deren Rituale »gegliedert« wurde. Auf den symbolischen Trümmern der Napola und des Nationalsozialismus insgesamt erwuchs den Napolanern als Vätern eine überdimensionale symbolische Strukturierungsaufgabe. Der Umgang mit dem Negativen in all seinen Gestalten mußte mit individuellen Mitteln neu gestaltet werden.

Reinszenierungen des »Negativen« in der Familie

Ein Mädchen zu sein bedeutete für viele Töchter von Napolanern, sich dauernd in einem hochgefährdeten Zustand zu befinden. Ihre Väter sahen sie überall von sexueller Gewalt bedroht, so daß ihnen wenig Bewegungsfreiheit eingeräumt wurde. »Weiblichkeit« wurde damit unbewußt als eine besondere Art der Abnormität behandelt, die allen Familienmitgliedern eigentlich nur angst machte. »Abnormität weckt Gewalt« – so könnte man die zugrundeliegende unbewußte Annahme auf eine Formel bringen. Das galt für die Vernichtungspolitik der Nazis gegenüber dem Abweichenden, das galt für die Behandlung der Außenseiter in der Napola, die die Gewalt der Gruppe auf sich zogen, und das galt vielleicht auch für die gefährdeten Mädchen und jungen Frauen, auf die die Vergewaltiger immer schon zu warten schienen.

Fast alles, was ein Napola-Schüler nicht sein durfte, stand mit dem »Weiblichen« in Verbindung: die gefürchtete »Verweichlichung« der Muttersöhne, Passivität und Krankheit, aber auch Homosexualität. »Weiblichkeit« in dieser Linie bedeutete: Ohnmacht gegenüber Gewalt. Dem standen Kontrastkategorien des Weiblichen gegenüber: die übermächtigen »reinen« Mütter oder die hurenhaft-aggressiven »sexuellen« Frauen, letztere eine typische Gestalt der negativen Identitätsbildung. Unvorstellbar blieb in diesem Napola-geprägten symbolischen Mikrokosmos nur eins: eine normal sich entwickelnde Weiblichkeit, ein Gegenüber, das »anders« ist, ohne abnorm zu sein. Unvorstellbar blieb letztlich die Geschlechtsdifferenz.

Real konnten Napola-Schüler mit Mädchen oder Frauen wenig Erfahrungen machen. In der Männerwelt der totalen Institution gab es episodisch Tanzstundendamen, manchmal in der Nachbarschaft untergebrachte BdM-Mädchen oder Töchter des Hausmeisters. Viele heirateten die erste Frau, mit der sie im nachnapolanischen Zeitalter in Kontakt kamen. Wenn sie heute über ihre Frauen reden, ist bei vielen das höchste Lob, sie seien ihnen »der beste Kamerad«. Als Ehemänner wünschten sie sich Söhne; die Töchter, die kamen, machten sie ratlos. Zu ihnen paßte das Napola-Erziehungsprogramm nicht, das in den Vätern zur Anwendung bereitlag. Später allerdings entwickelten sich die Verhältnisse überraschend anders. Manche

Napola-Väter haben heute das Gefühl, von ihren Töchtern besser verstanden zu werden als von den Söhnen. Sie fühlen sich den Töchtern näher, mitunter sogar »ähnlicher«. Diese heimliche Symmetrie ist Ausdruck der projizierten negativen Identität der Väter. War diese für die Töchter zunächst nur mit einer bedrohlichen und oft traumatischen Entwertung verbunden, so wurde sie in der weiteren Entwicklung zum Medium einer wichtigen unbewußten Bindung. Vorstellbar wurde, wie unbewußt auch immer, eine Beziehung, innerhalb derer sich das bedrohliche Negative der Napola als integrierbar erweisen könnte.

Um diese Möglichkeit kreist die stark vaterbezogene Selbstreflexion einiger Töchter. Sie ist aus der Depression geboren und gegen »weibliche« Ängste und Entwertungsgefühle gerichtet. Aber als Ausdruck einer »persönlich« gewordenen Vater-Tochter-Beziehung ist sie dem Blick der Anstalt entkommen.

In seinem »Brief an den Vater« schreibt Kafka (1960) seiner Lieblingsschwester Ottla eine ähnlich selbstreflexive Beziehung zum Vater zu: »Ja, sie selbst ist imstande, mit Deinen Augen sich anzusehen, Dein Leid mitzufühlen und darüber – nicht verzweifelt zu sein, Verzweiflung ist meine Sache – aber sehr traurig zu sein.«

Trauma: Die Negativität der Söhne

Die erstgeborenen Söhne der Napolaner sind heute stark mit dem Altern ihrer Väter beschäftigt. Sie beschreiben das Vater-Sohn-Verhältnis als eine Symbiose, in der die abnehmende Kraft des einen einen Kräftezuwachs für den anderen bedeutet. So als sei nur eine konstante Menge Energie für beide zusammen im Spiel, die zwischen ihnen nach der jeweiligen aktuellen Stärke verteilt werden muß. An diesen Vater richtet sich die Klage, daß er dem Sohn niemals zugehört hat. Immer sei er der Wissende gewesen, der immer neue Belehrungen zu geben wußte. Nie habe er sich wirklich für das Leben des Sohnes interessiert und ihm je auch nur eine einzige Frage gestellt. Aus der Sicht der Söhne haben diese Väter ihre männlichen Nachkommen als reines Abbild gesehen, dem sie anhand der eigenen Lebenserfahrung die Lösungen der Zukunft präsentieren konnten. Das ist aus der Sicht der Söhne nun endgültig vorbei. Heute sei der Vater derjenige, der den Mund zu halten habe, und er wisse, daß ihm niemand mehr zuhöre. Die Beziehung zwischen beiden ist genauso einseitig wie je, aber das Aktionszentrum liegt jetzt auf seiten des Sohnes.

Die Söhne scheinen in ihrer Selbstreflexion geradezu fixiert auf die Väter. Sie wägen immer wieder Ähnlichkeiten und Differenzen ab, als könnten sie damit niemals zu Ende kommen. Sie fühlen sich von den Vätern offenkundig um eine autonome Entwicklung, um etwas »Eigenes« betrogen. Sie beklagen, daß es für sie in der Beziehung zum Vater niemals Abgrenzungen und Differenz-Erfahrungen gegeben habe. Damit beschreiben sie in der Tat recht genau die Tücken einer narzißtischen Eltern-Kind-Beziehung, in der das Kind, soweit es geliebt wird, als Verlängerung des Elternichs vereinnahmt wird, während der »Rest« in den Status des Nichtichs gerät. Er wird zum Inbegriff dessen, was die Eltern an sich und am Kind hassen. Er wird gleichsam zum familiären Abjekt. Damit verläuft die Grenze zwischen Ich und Nichtich, von den Eltern aus gesehen, durch das Kind hindurch; es selbst macht folglich keinerlei Erfahrung damit, eine von den Eltern abgegrenzte und von ihnen unterschiedene Person zu sein. Wenn die Söhne ihre Familie nachträglich in einen Überlebenskampf verwickelt sehen, in dem es um die Teilhabe an einer geheimnisvollen lebenswichtigen Substanz geht, so bezeichnen sie damit die narzißtische Vereinnahmungsdynamik der Familie, die nur für den Vater ausreichende narzißtische Bestätigungen und Gratifikationen bereitzuhalten schien.

Inmitten einer solchen allgemeinen affektiven Mangelsituation, die oralen Geiz, Eifersucht und Verschwendungsphantasien blühen läßt, kann plötzlich, wie Peter Teschner erzählt, ein akuter Mangelzustand, ausgelöst durch die Abwesenheit der Eltern, wie eine Vernichtungsdrohung wirken: ein Kind, das aus dem Schlaf erwacht und – vor dem Nichts steht. Es weiß, daß die Eltern weg sind und wiederkommen werden, daß die Schwester da ist, aber das hilft nichts. Auf der dünnen narzißtischen Beziehungsfolie läßt sich die Abwesenheit des Objekts anscheinend kaum verarbeiten. Die Abwesenheit errichtet gleichsam eine unüberwindliche Grenze. Derselbe Peter Teschner erzählt, daß er sich in Situationen schwerer Angst vorstellt, »wie das ist, nicht zu sein«. Das sei zwar schrecklich, lasse aber die Angst »peu á peu« schwinden. Paradoxerweise gibt es für ihn auf der Ebene fundamentalster Ungewißheit, wo es um Sein oder Nichtsein geht, so etwas wie einen Halt. Deshalb gelingt es ihm auch, die Tücken der Selbstreflexion im Rahmen narzißtischer Beziehungen auf eindrucksvolle Weise zu beschreiben:

»In meinen Augen gibt es, ähm, keinerlei Sicherheiten, die einzige Sicherheit, die es gibt, ist, daß es keine gibt, alles verändert sich und so weiter, so kann, kann man, und so platt weiterreden oder kann man auch, wird schwierig dann zu formulieren, ich glaub nicht, daß mein Vater das so sagen könnte oder sagen könnte, aber, daß er so leben könnte.

I: Also für ihn gibt es Sicherheiten?

T: Ja, und ich glaube auch, ich nehm auch an, daß die sehr wichtig sind für ihn.

I: Und was denken Sie da, also was könnte das sein, diese Form, diese Art von Sicherheit? Es geht ja nicht um ökonomische Dinge oder so was, sondern...

T: Nein, geht es nicht mehr, ist es sicher auch 'ne Weile gegangen, es gibt für seinen Beruf, für seine Arbeit und die ist sein Leben, äh, relativ feste Kriterien, also es gibt klar umrissene Themenbereiche, ähm, es gibt relativ klare Regeln, wie darüber zu berichten ist, wie man darüber berichten kann, ähm... es gibt so was wie Parteilichkeit, sehr stark, ähm, er kann Sachen gut oder, also es gibt ein Wertesystem, er kann einfach Sachen gut oder schlecht finden und das natürlich auch begründen...

I: Und das finden Sie...?

T: Ähm, und das gilt nicht nur für seine Arbeit so, die sein Leben ist, sondern es gilt auch für sein Leben, abgesehen jetzt von der Arbeit, so, und für meine Arbeit, es gibt in der sogenannten Kunst, kann ich mir auch so 'n, so 'n System aufbauen, es ist aber nicht fest... ich trau dem nicht, selbst dem was ich mir da selber ausdenke, es ist sehr fragwürdig und, hm, ich kann einzelne Arbeiten anderer Leute gut finden und das auch begründen, aber es gibt keine Regeln, es gibt immer nur Regeln für jedes einzelne Exemplar, jede einzelne Arbeit, aber nicht allgemeine, gibt's nicht, also für mich nicht, dafür sind zu viele gute Sachen, hm, ja, zu einzeln, also selbst bei meinen unterschiedlichen Sachen hier kann ich immer sagen, warum ich was gut finde, und da gibt es auch Gemeinsamkeiten und es gibt erhebliche Unterschiede, warum ich die Sachen gut finde, und selbst da unterscheiden sie sich, selbst dafür gibt es kein System...

I: Na ja, auch das ist ja ein Gewaltverzicht, denn man tut den Kunstwerken ja Gewalt damit an, wenn man sie unter allgemeine Regeln bringt. Welches von den vier Bildern, die hier hängen, finden Sie am besten?

T: Das da drüben.

I: Über dem Sofa?

T: Ja, ähm, ne, man tut denen nicht Gewalt an, man kann den Dingern eigentlich gar nicht Gewalt antun, die sind da, und was damit passiert und was in ihnen gefunden werden, das spielt eigentlich überhaupt keine Rolle, das sind auch nur Dokumente für, es sind quasi, ja, es sind immer noch, altmodisch, Abbilder, von Sachen, die sich anders nicht abbilden lassen, von Vorgängen, es sind so die Nebenprodukte, quasi die Nebenprodukte von Prozessen, und die diese Prozesse auch noch dokumentieren, äh, es ist 'n Abfallprodukt eigentlich, eigentlich ist, wenn das fertig ist, ist das, worum's ging, eigentlich schon passé, längst vorbei.

I: Dann müssen Sie ja ein Stück weit immer unbefriedigt sein.

T: Ähm, ja...

I: ...nicht, Sie gucken sich immer Protokolle von irgend etwas an...

T: Richtig, nicht zufrieden.
I: ... und Sie sagen, also ich hab sozusagen das Tote.
T: Ne, tot ist es auch nicht, es lebt schon weiter, es lebt aber dadurch weiter, daß ich das angucke oder ich oder jemand anders das anguckt und dann wieder was anderes passiert, die... diese Dinger, diese Dokumente oder Abbilder verselbständigen sich, ich guck das ja alle, also immer wieder neu an, heißt also mit wieder mehr Erfahrung, andern, nicht besser oder schlechter, sondern es ist einfach veränderlich, so wie ich mich ja auch verändere, verändert sich natürlich dann auch meine Art zu gucken, also das was dadurch angerichtet in mir, ähm, und solange es diese Veränderung gibt, solange taugen die zum Beispiel was, das ist deren Gemeinsamkeit, sowie ich ein Bild immer wieder gleich angucke, ist es vorbei, dann ist es nicht mehr lebendig.
I: Dann würden Sie's auch abhängen?
T: Ja. Dann häng ich das, dann hinge es da noch, wären das nur nostalgische Gründe, das war mal, und da in der Zeit, das war auch ganz gut und wichtig, aber, so.
I: Könnte zum Beispiel Ihr Vater damit was anfangen, mit so 'ner Anschauung der Dinge?
T: Das bezweifle ich, das, ich hab ihm das schon häufiger erzählt, ne, ne, wenn er über Sachen von mir redet, dann, ähm, interessieren ihn eher Harmonien und Ausgewogenheiten, aber mich interessieren eher die Spannungen, also... es gibt ja 'n Unterschied zwischen Gemälden und Zeichnungen, wobei Zeichnungen auch wieder ein unglaublich weites Feld ist, ähm, aber sehr stark vereinfacht, sind Gemälde Sachen, in der Regel zweidimensionale Gegenstände, die komplett mit Farbe bedeckt sind, und Zeichnungen haben Zwischenräume und sie leben eigentlich durch die Zwischenräume, durch die Teile, wo nichts passiert, eigentlich, denkt man, aber wo eigentlich, meiner Meinung nach, zumindest alles passiert und das reizt mich, aber das reizt ihn weniger, wenn man sich die Sachen anguckt, die, ähm, die er so mir zumindest immer vorgeschlagen hat, das sind dann viele Arbeiten so von Leuten wie Schinkel zum Beispiel und entsprechenden Klassizisten, also das ist alles sehr, ja, wunderbar, ich kann das auch verstehen, das ist auch in Ordnung, so, also ich hab es höchstens bedauert, daß, daß, äh, es da so große Unterschiede gibt, aber ich hab es eigentlich, da mir das bewußt ist, immer akzeptiert, es ist wirklich seins, er ist er und ich bin ich, hm, insofern kann ich auch nicht mehr von 'ner Identifikation oder so was reden, das war mal.«

Besser als in diesem kleinen kunsttheoretischen Exkurs über Zeichnung und Malerei kann Peter Teschner die Differenz zwischen seinem und dem Leben seines Vaters kaum fassen. Wo dieses gewissermaßen »pastos« wirkt: flächendeckend und nach Harmonie strebend, ist seins auf die Lücke verwiesen. Peter Teschner bleiben die Zwischenräume, die Spannungen, das, was ausgelassen worden ist. Er lebt buchstäblich »durch die Zwischenräume«. Peter Teschner hat auf dem brüchigen narzißtischen Boden, auf dem sich

Sein und Nichtsein, Ich und Nichtich nicht verläßlich unterscheiden lassen, einen symbolischen Halt gefunden. Für ihn ist das Abseits ein sicherer Ort geworden. Er hat die Phantasie, »nicht zu sein«, in der sich das Subjekt selbst zum Verschwinden bringt, zu einer Kunstform entwickelt, zu einem Spiel mit der Abstraktion: In einer artistischen Identifikation mit dem Objekt, von dem er sich verlassen oder betrogen fühlt, besetzt er – als Zeichner – den Platz, den das Objekt leer gelassen hat. Er wird zum ästhetischen Spielraum, der leer bleibt, in dem nichts ist, aber alles geschieht. Seine ästhetische Entscheidung für die Akzentuierung der leeren Zwischenräume, für die Existenz in der Selbstnegation, ist wie eine Resignation nach einem langen Kampf um eine »positivere« Lösung. Aber sie ist auch einen Schritt über die auf den Vater zentrierte Selbstreflexion hinaus. Gerade wo er in seinen Zeichnungen eine gleichsam leere Abbildlichkeit entdeckt, in der das narzißtische Beziehungsdefizit fortlebt, entkommt er ihr. Wo er, wie tautologisch auch immer, den Vater für sich sein lassen kann, von sich selbst getrennt, hat er das Reich der narzißtischen Vereinnahmung verlassen.

In der Tat ist die Verzweiflung, wie Kafka sagt, vielmehr Sache der Söhne, speziell der ältesten. Die wichtigen, oft unbewußten Botschaften der Napola-Väter waren an sie gerichtet, und das war ehrenvoll, aber unheimlich. Ihnen wurde mitgeteilt, was das Geheimnis des Napolaners ist: daß er einen Zustand absoluter Ohnmacht überleben kann, weil er es erträgt, nichts zu sein, zumindest vorübergehend. Aber wer eine solche Ohnmacht erlebt hat, das ist der zweite Teil der Botschaft, entkommt ihr nur, wenn er sie andere erleben läßt. Deshalb mußte sich die Vereinnahmung durch die Napola in der Familie wiederholen. Und deshalb wenden die Söhne heute die Botschaft der Väter gegen diese selbst. Peter Teschners existentialistische Philosophie des Zwischenraums ist dagegen einen Schritt weiter. Sie schafft einen Raum, in dem sich eine Beziehung zu Abbildern, zu Rest- und Abfallprodukten, zu negativen Objekten und Abjekten entwickeln läßt, eine Art Bestiarium des abgespaltenen Negativen der Nazi-Welt, an deren Reintegration noch einige Generationen werden arbeiten müssen.

Wir haben eingangs die Adoleszenz als lebensgeschichtliche Phase angesprochen, in der innerpsychisch »Fremdes« in Subjekt-Eigenes verwandelt werden kann. Und wir können nun hinzufügen, daß wir diesen Anverwandlungsprozeß lebenslang fortsetzen. Ein Problem für die zweite Generation in Deutschland – nicht allein für die Kinder der Napola-Absolventen – ist, daß ihre Selbstreflexion in einem wesentlichen Teil eigentlich – sit venia verbo – »Fremdreflexion« ist: eine Auseinandersetzung mit Implantaten, die von den Eltern stammen und eigentlich Gegenstand von *deren* Selbstreflexion hätten sein müssen. Statt dessen wurden diese der Elterngeneration fremd gebliebenen Selbstanteile, deren »Fremdheit« durch die Sozialisationsagenturen des Nazi-Staats wenn nicht produziert, so doch »forciert« wurde, unbearbeitet den Kindern übertragen. Wie pessimistisch man auch immer die Chancen selbstreflexiver Prozesse einschätzen mag, solange diese Implantate von »Fremdpsychischem« nicht als solche erkannt werden – unsere Gespräche haben immerhin gezeigt, daß jede Möglichkeit, Elemente eigener oder implantierter Negativität in einen Dialog eintreten zu lassen, eine Integrationsmöglichkeit eröffnet. Es ist wohl eine Tautologie: Was in einen Dialog eintritt, verliert etwas von seiner Fremdheit.

Das gilt auch für den Dialog mit der dritten Generation, obwohl dieser – angesichts des Alters der Protagonisten – eben erst beginnt. Um sie zu verstehen, werden wir eine Vielzahl von Maskeraden und Verkleidungen entziffern müssen, in denen das immer schwerer kenntliche Negative der vorhergehenden Generationen reinszeniert wird. Sie zeigen, wie recht Michail Bachtin hat, wenn er die »Karnevalisierung« als kollektive Strategie beschreibt, das Ausgegrenzte und Verpönte – das Negative – zu assimilieren. Die Möglichkeit eines Dialogs mit der dritten Generation ist davon bedingt, wieweit es der zweiten Generation gelungen ist, die ihr übertragene Negativität zu verstehen.

Eine transgenerationelle Motivstudie: Das Beispiel der Familie T.

Peter Teschner hat das Problem, an seinem Vater etwas wahrzunehmen, das ihm »unheimlich« ist: ein Erbe, dem er zu entgehen hofft, weil er noch über ein anderes, das mütterliche, verfügt. Nur als »Mischung« meint er einem unbenannt bleibenden, phantasierten väterlichen Auftrag und Einfluß entgehen zu können, der unklar mit dem Gefühl des Destruktiven verbunden ist. Ähnlich hatte Robert Teschner die Mischung als Schutz vor der Abweichung und den unvermeidlich aus ihr erwachsenden negativen Sanktionen benutzt, als er für sich auf der Napola hinsichtlich seiner »rassischen Komposition« eine »passable Mischung« fand, die ihn dem Zentrum der absoluten Macht, Hitler, annäherte. Mit gemischten Gefühlen war der Interviewer vom ersten Gespräch mit ihm zurückgekehrt. Seine unmittelbar nach dem Interview notierten Eindrücke zeugen von einer Ambivalenz zwischen einer unverhohlenen Sympathie für den differenzierten Gesprächspartner und einem unklaren Gefühl, »eingewickelt« worden zu sein. Beides faßt sich in dem zusammen, was ihn als »Schleier« des Gegenübers schon im Interview beschäftigt hatte. Der Übertragungseindruck »Schleier« steht für die Frage: Was verbirgt Robert Teschner?

Das Gefühl des »Eingewickeltwerdens« ist nicht einseitig, wie mir mein Gesprächspartner in einem Brief nach dem Interview mitteilt: »Als Sie gegangen waren, fiel mir auf, daß ich Ihnen ziemlich viel Privates erzählt habe – ein alter Fehler von mir: Vertrauensseligkeit. Aber ich nehme an, daß es bei Ihnen aufgehoben ist.«

Robert Teschner ist ein stilsicherer Schreiber, der nicht zu Flüchtigkeitsfehlern neigt. Was bedeutet es also, wenn er das Klischee, etwas sei bei jemandem »gut« aufgehoben, umgeht? Es ist in diesem Fall beinahe gleichgültig, ob das bewußt geschieht oder den Status einer Fehlleistung hat. *Es* ist bei mir also *aufgehoben*. Als ich die Zeile lese, schießt mir Teschners Formulierung durch den Kopf, mit der er die Wirkungsweise der Napola in ihren Zöglingen zu charakterisieren versuchte: »*Es* ist forciert worden«, hatte er gesagt und mit »es« das gemeint, was der einzelne an erworbenen Anlagen in die Napola mitgebracht hatte. In beiden Fällen geht es um »Privates«, das in irgendeiner Weise aufgegriffen und umgeformt wird. Auf der Napola wurde das »Private«, die Intimität des einzelnen, sein höchstpersönlicher »Stoff« der Differenz, der Abweichung, der möglichen Individuation, zum Rohstoff der Unterwerfung unter die Herrschaft der Institution. Das »Private« wurde im Napola-Leben enteignet. Es wurde das Einfallstor, durch das die totale Institution ins Leben ihrer Zöglinge eindringen konnte. Vielleicht können diejenigen, die diese Erfahrung machen mußten, tatsächlich nicht mehr davon ausgehen, daß »Privates« irgendwo *gut* aufgehoben sein könne. Robert Teschner meint, mir »vertrauensselig« »ziemlich viel«, das heißt *zuviel* anvertraut zu haben und verbindet das mit der Hoffnung, es sei »aufgehoben«. Zweifellos erwiese man dieser Formulierung zuviel Ehre, verstünde man sie »hegelisch«. Aufgehoben ist Hegel zufolge dann etwas, wenn die Schärfe der Opposition von Position und Negation in einem Dritten sich auflöst, ohne daß deshalb diese als eigenständige Momente einfach untergegangen wären. Aufhebung ist eine Figur der *möglichen* Versöhnung. Wenn Robert Teschner mir Privates zum Aufheben gibt, dann bedeutet das auch: Er hat mich zum Schweigen gebracht. *Wenn* ich schweige, sind seine Mitteilungen wirklich *aufgehoben*. Womit wäre ich dann versöhnt?

In dem Artikel, den er dem Brief beigelegt hat – jener Artikel über die Napola, den ich vor dem Interview nicht zur Kenntnis nehmen wollte –, heißt es in einer Passage:

»Der Erfolg war großartig: Auf den Führer Adolf Hitler fixiert, angefüllt mit überheblichem Überlegenheitsgefühl, vergaßen diese Jungen die entwürdigenden Strapazen der Bevormundung, die Glättung ihrer Persönlichkeit, den Drill; sie befanden sich in einer Art mythischen Dämmerzustandes, empfanden die Indoktrination und die Verblödungsanstrengungen als notwendig und völlig gerecht: als einen Tribut für die Segnungen des Auserwähltseins.«

Als ich diesen Abschnitt las, hatte ich das Gefühl eines Déjà-vu: Der »mythische Dämmerzustand«, den Robert Teschner den Napola-Schülern zuschreibt, verwandelte sich in den »Schleier«, den ich im ersten Interview mit ihm nicht zu lüften verstand. In wichtigen Teilen seines Lebens ist Robert Teschner in jenem »Dämmerzustand«, den er retrospektiv an den Napola-Schülern wahrnimmt, verblieben. Das »Private«, das er mir mitgegeben hat, mißtrauisch und hoffnungsvoll, ist Teil dieses Dämmerzustands – und die Botschaft der Fehlleistung ist eine doppelte: »Schweig still darüber« und »Mach etwas daraus«. Die Fehlleistung im Brief ist so vielsagend wie der Schleier. Bei beidem geht es um eine unüberwindbare Distanz: Es ist das, woran Peter Teschner zeit seines Lebens gelitten hat und – die Prognose ist nicht gewagt – leiden wird. Zu einer wirklichen »Versöhnung« mit seinem Vater wird es nicht kommen, weil Versöhnung ein »zweiseitiger« Vorgang ist. Um sie zu ermöglichen, müßte Robert Teschner für seinen Sohn zuallererst zugänglich, wirklich »real« werden; und dazu müßte er das »Unheimliche« verlieren, das ihn in der Phantasie seines Sohnes auszeichnet.

Freud hat einmal bemerkt, »daß es oft und leicht unheimlich wirkt, wenn die Grenze zwischen Phantasie und Wirklichkeit verwischt wird, wenn etwas real vor uns hintritt, was wir bisher für phantastisch gehalten haben« (Freud GW XII, 258). Wenn die Grenze zwischen Phantasie und Wirklichkeit gleichsam *konstitutionell* verwischt ist, wenn ein Teil der eigenen Geschichte als »Dämmerzustand« erlebt, wenn er »irrealisiert« wird und gerade deshalb untergründig weiterwirkt, dann ist das Unheimliche unaufhebbar. Peter Teschner möchte nichts von seinem Vater »aufheben« – jedenfalls nicht den Teil, der ihm auf eine so unaussprechliche Weise nicht geheuer ist. Und Robert Teschner – auch dies gehörte zu einer »Versöhnung« – kann nichts von seinem Sohn aufheben. Der fortgeschriebene Dämmerzustand des Vaters und die unheimliche Phantasie des Sohnes verschränken sich zu einer Irrealität, die nicht der geeignete Stoff für einen tragbaren »intergenerationellen Traumtext« ist. Vater und Sohn gelingt es nicht, ihre jeweiligen Phantasien zu vereinigen. Bei aller Ödipalität der Beziehung gibt es auf beiden Seiten ein aggressiv und solipsistisch verteidigtes narzißtisches Reservat, das den Übergang von Phantasie zu einer (möglichen gemeinsamen) Realität verhindert. Auch dies gehört zum Bereich des »Unheimlichen«: »Das Infantile daran«, so betont Freud, »was auch das Seelenleben der Neurotiker beherrscht, ist die Überbetonung des psychischen Realität im Vergleich zur materiellen, ein Zug, welcher sich der Allmacht der Gedanken anschließt« (Freud GW XII, 258).

In Robert Teschners Schleier begegnet mir ein Stück des konstitutiven Mißverständnisses zwischen den Generationen in Deutschland. Robert Teschners Unberührbarkeit teilt sich auch mir mit – bei und neben all seiner Offenheit, seinem unübersehbaren Bemühen um Ehrlichkeit und Detailtreue in seinen Erinnerungen. Es ist im Interview – und das ist die Schuld, das Unvermögen des Interviewers – nicht gelungen, den Schleier zu zerreißen. Ich habe an ihm »mitgewirkt«. Irgend etwas ist auch mir an Robert Teschner »unheimlich« gewesen. Oder was sonst sollte der Grund dafür sein, daß ich es in der Interviewsituation dabei beließ, meine Ambivalenz von Sympathie und Gefühlen des Betrogenwerdens »stehenzulassen«?

Die fundamentale psychoanalytische Einsicht, daß das Unheimliche letztlich das Vertraute, das Heimliche sei, das dem Seelenleben nur durch den Prozeß der Verdrängung entfremdet worden ist, bekommt besondere Bedeutung, wenn man sich vor Augen hält, daß am Fuß dieser Verdrängung die Angst steht. Das Unheimliche ist »ein Sonderfall des Sichängstigens. Im Gefühl des Unheimlichen erfahre ich die Angst vor dem Fremden als die Angst vor dem Vertrauten, dem eigenen Fremden« (Maciejewski 1994, 38).

Im Falle von Peter Teschner beruht das Unheimliche des Vaters möglicherweise also nur auf einer »Fehlattribuierung«: Es ist sein eigenes Gefühl, das er im Vater lokalisiert und gleichzeitig als etwas identifizierbares Fremdes behandelt. Der wahre Ursprung des Unheimlichen ist für ihn die Napola, so, wie sie für ihn in seinem Vater repräsentiert ist. Aber in dieser – möglicherweise – »falschen« Attribuierung steckt nicht weniger als die reale Geschichte – unauflöslich vermischt und amalgamiert mit den Lebensgeschichten von Vater und Sohn, ihren »Konstruktionen« und Phantasien darüber, »wie es gewesen ist«, über sich selbst, über das, was »ganz anders hätte sein können«.

Und bei mir? Hat mich eine Angst dazu veranlaßt, den Schleier der (wechselseitigen) Ambivalenz nicht aufzuheben? Nach dem Interview habe ich das Gefühl, etwas ausgelassen zu haben. Bei der ersten Auswertung des Transkripts bleibe ich an einer Passage hängen, die mir schon im Gespräch aufgefallen war, die ich aber nicht weiter angesprochen hatte. Als Robert Teschner von der unmittelbaren Nachkriegszeit erzählt, von seiner »Trotzphase«, der »Bekehrung«, den ersten Versuchen, sich politisch zu orientieren, erwähnt er die Lektüre von Kogons »SS-Staat«. Auf meine Frage, ob ihn das irritiert habe, antwortet er:

»Nein, es hat, ja, nein, es hat mich nicht, es hat mich irritiert, *daß es das gab*. Und ich fand das unglaublich und ich war richtig erschüttert davon. Und daß wir so – ich war überhaupt von dem erschüttert, deswegen eben auch plötzlich dieses unheimliche, dieses Gefühl, ich muß mich jetzt engagieren, daß das nicht wieder passiert.« [Herv. d. A.]

Für Robert Teschner gibt es also auch etwas Unheimliches: das Gefühl, sich engagieren zu müssen. Unheimlich war es ihm, weil es ihn wie von außen packte: nach dem »wunderbaren Glücksgefühl«, daß da in ihm etwas »aufgebrochen war«, was in der Napola verschüttet und unterdrückt wurde, ist es ihm unheimlich, daß er zum ersten Mal bei sich einen Expressions- und Manifestationsdrang verspürt. Er beschreibt es fast wie einen

Zwang. Das Unheimliche steht für ihn auf der Mitte von Selbstbestimmtheit und Auferlegtem. Robert Teschner redet von diesem Gefühl wie von etwas Irrealem. Es ist so irreal wie das, »was es da gab« – das unbenannt bleibende Grauen des SS-Staates, das er nicht glauben mochte, das es aber für alle Zukunft zu verhindern galt. Nachträglich ist ihm sein Gefühl vor allem deswegen unheimlich, weil dieses Engagement gleichsam »objektlos« war. In schneller Folge hatten nach 1945 seine politischen Orientierungen und Partei- oder Gruppenzugehörigkeiten gewechselt. Das »unheimliche Gefühl« des Robert Teschner ist der vielleicht stärkste Ausdruck seines »Übergangstraums«, eine Art (proto)politischer Existentialismus, der Radikalität mit Irrealität verbindet. Das unheimliche Gefühl verbindet Geschichte und Subjekt – und es überbrückt gleichzeitig das reale und symbolische »Loch« in der Geschichte und im Subjekt. Der Unglauben, »daß es das gab«, ist *keine* Derealisierung, sondern ein Kennzeichen dessen, was wir als Irrealisierung bezeichnet haben. Sie entzieht der Realität, die sie »bearbeitet«, an bestimmten Punkten den Wirklichkeitscharakter: Sie bestreitet sie nicht, wie es der Terminus Derealisierung anzeigt, sondern gibt ihr ein Cachet der »Trunkenheit«, der Verwischung von Realität und Phantasie, von Traum und Wirklichkeit. Robert Teschners »unheimliches Gefühl« ist Teil dieser Irrealisierung.

Als ich das Interviewtranskript daraufhin noch einmal studiere, fällt mir auf, daß der Terminus »unheimlich« bei ihm einen fast systematischen Stellenwert hat. Regelmäßig taucht er dort auf, wo es um Protest, Engagement, Öffentlichkeit geht.

Dieser Eindruck ist mir präsent, als das Gespräch im zweiten Interview auf die Zeit des Studentenprotests nach 1967 kommt. Robert Teschner, der mir lange und begeistert von den Tagen seines politischen Engagements an der »Kampfuniversität FU« erzählt hat, antwortet auf meine Frage, wie er die wesentlich von seiner alten Hochschule ausgegangenen Protestaktionen seinerzeit wahrgenommen habe:

»Wir fanden das, ich fand das schon, jetzt sag ich schon wir, äh, ich fand das schon sehr interessant, es war mir auch 'n bißchen unheimlich. Vor allem, ja, und zwar durch diese, das war ja sehr brachial und ich war vorher eigentlich immer mehr so den konspirativen Protest gewöhnt, also man macht so was ohne jetzt Barrikaden aufzurichten und draufzuklettern, das war auch anders, das ging gar nicht anders, während hier war das plötzlich so, und mir war zum Beispiel der Dutschke manchmal unheimlich und mir auch zu fremd, das war so elitär, äh, ich hab also eher bedauert, daß er auch dieses Merkwürdige, diese merkwürdige Sprache hatte, die mir auch Schwierigkeiten machte, ihm richtig zu folgen und ich das manches nicht ganz, äh, äh, begriffen. (I: Also Sie haben's als elitär empfunden?) Ja, also, teils, äh, elitär, auch manchmal vulgär, also dieses, dieses, also dieses Gewalttätige, das ist mir, äh, ist mir irgendwie persönlich fremd, nur wenn man muß, es gibt ja Situationen, wo nichts anderes übrigbleibt, aber in einer Demokratie, also mir hat eher der Spruch gefallen, dieser, die Devise vom Marsch durch die Institutionen, dacht ich, ja das ist natürlich toll, klar, rein und dann von innen umkrempeln.«

Mein Gesprächspartner redet, als wolle er die Freudsche Theorie des Unheimlichen persönlich verifizieren. Die Protestbewegung und namentlich ihr Anführer Dutschke ist ihm »unheimlich« wegen des »elitären« Charakters. Robert Teschner bildet eine Eigenschaftstrias der Protestbewegung: Sie sei elitär, vulgär, gewalttätig – und dies sei ihm »persönlich fremd«. Das mag sein, wenn man das »persönlich« als Bezeichnung einer lebensgeschichtlich erworbenen Idiosynkrasie versteht. Als lebensgeschichtliche *Erfahrung* ist es alles andere als das: Elitär, vulgär, gewalttätig – das ist die Abbreviatur dessen, was Napola für ihn war. Was ihm im unheimlichen Studentenführer Dutschke begegnet, ist ein generationsmäßig verschobenes Vor- und Ebenbild: das, was er zu Napola-Zeiten hätte sein sollen; das, was er in seiner höchstpersönlichen politischen »Kampfzeit« nach Kriegsende bis zu einem gewissen Grade wurde: ein Führer. So fremd ihm das Gewalttätige ist, so leicht kann er sich mit der Parole des »Marsches durch die Institutionen« anfreunden. Sie kommt nicht nur seiner konspirativen Vergangenheit entgegen, sondern entspricht in mancher Hinsicht einem viel älteren »Auftrag«. In die Institutionen zu gehen und sie im Geist der (nationalen) Revolution »umzukrempeln« war der Auftrag der Napola. Ihre Erziehungsidee war ja die Produktion einer völkisch-nationalrevolutionären Elite, die in allen Segmenten der Gesellschaft Führungs- und »Kommissars«-Aufgaben ausüben sollte. Die Schüler sollten, wie einer unserer Gesprächspartner es so schön formuliert hatte, die »Hefezellen« der Gesellschaft werden, die den Nationalsozialismus »kulturrevolutionär« vor der Erstarrung bewahren sollten.

Seltsam, daß Robert Teschner – er selber stolpert ja darüber – in dieser Passage in der »Wir-Form« redet. Welches Kollektiv meldet sich da zu Wort? Seine Rede über das Unheimliche der Protestbewegung steht im Bann der Wiederkehr des Verdrängten: Was ihm so fremd ist, ist in Wirklichkeit höchst vertraut.

Um Mißverständnisse zu vermeiden: Robert Teschners Ablehnung der Gewalt als politisches Mittel in Demokratien ist zweifellos genuin; schließlich hat dieses persönliche Bekenntnis zum Gewaltverzicht den soliden psychischen Untergrund der selbst einmal im Rahmen der elitären/vulgären Anstalt Napola erlittenen Gewalt. Aber es ist interessant, was ihm als Beispiel einer Situation einfällt, die Gewaltanwendung rechtfertigte:

»Also das ist zum Beispiel so 'n Fall, wo den Palästinensern nicht viel bleibt, als mit Steinen zu schmeißen, das ist so 'ne Ohnmachtssituation, verglichen mit den Sieben-, den Achtundsechzigern, nicht?
I: Also, wo Sie sagen würden, dann ist es gerechtfertigt?
T: Also in dem Fall, also wenn ich mir vorstelle, ich wäre da, also wär ich sauer, also ich glaube, ich würde da auch Steine schmeißen und würde mir auch überlegen, wie kann ich mich wehren und wie kann ich denen was Böses antun, wenn alles vergeblich ist, was Sie machen, immerzu werden Sie zurückgepfiffen, runtergeknüppelt. Sie wollen was unternehmen, schon kommen die: ›Nein, darfst nicht.‹ Also diese Arroganz, mit der die Israelis dann in diesen besetzten Gebieten zu Werke gehen, also das ist mein Vergleich, deswegen war mir das eben nicht sehr sympathisch, diese unfriedliche Art des Umgangs miteinander.
I: Hmm. Aber Sie würden halt sagen, in bestimmten Situationen wäre es durchaus angemessen, also auch zu anderen...
T: Ja, es bleibt einem nichts...
I: ...Mitteln zu greifen als zu Worten...
T: Ja, es bleibt einem nichts anders übrig, nicht... Nicht weil ich, nicht etwa, daß ich jetzt sage, ›Auge um Auge, Zahn um Zahn‹, um wie die Israelis das zu machen, das nicht, sondern es ist einfach ein momentan, eine momentane, ein Ohnmachtsausbruch, es bleibt keine andere Möglichkeit, sich zur Wehr zu setzen, als auf diese Weise... Es gibt ja so Fälle, also Gewalt bricht ja oft hervor, wenn man nicht mehr weiterkann, es gibt's, so wie man dann zum Beispiel irgendwo in einem Gefängnis sitzt als politischer Gefangener, stell ich mir vor, in Bautzen, in so'm Loch, da kommt so ein Schinder an, also da hab ich auch Mordgelüste, dem den Hals zuzudrehen, nicht? Nur, es ist aus der Situation verständlich, wo es nicht unter Gleichen geht, sondern es ist immer 'n Mächtiger und ein Unterdrückter, während die Achtundsechziger oder Siebenundsechziger eben nicht Unterdrückte in dem wörtlichen Sinne waren, sondern sie waren ja, hatten die gleichen Möglichkeiten, sich mitzuteilen.«

Die Überlegung ist so gerechtfertigt wie das herangezogene Gegenbeispiel irritierend. Robert Teschner formuliert eine Art Naturrecht des Ohnmächtigen – ein »cholerisches« Modell, das ihm nicht als Gefangener in Bautzen oder Palästinenserjunge in den Sinn kam, sondern als Napola-Schüler, der »ohnmächtig vor Wut« auf die erniedrigenden Rituale reagierte –, das er gegen die Arroganz der Macht stellt. Hier ist er erstaunlicherweise wiederum ganz nahe bei den Ideen der 68er: nicht nur im Hinblick auf den Gedanken eines »Naturrechts auf Widerstand« à la Marcuse, sondern auch hinsichtlich eines »Feindbilds«. In der Identifikation mit den Palästinensern und der Kritik an Israel hat sich fraglos ein Stück des unaufgearbeiteten Antisemitismus gefangen, den die Protestierenden der sechziger und siebziger Jahre als Erbschaft ihrer Väter mit sich schleppten. In Robert Teschners Darstellung avancieren die Israelis zu arroganten Unterdrückern, die »Auge um Auge, Zahn um Zahn« sich gleichsam systematisch an ihren Feinden rächen. Wenn er, Robert Teschner, Palästinenser wäre... Ja, was dann? Er würde auch Steine werfen, er würde Feind, er würde Opfer der alttestamentarisch begründeten »Vergeltung« der Israelis oder, um den entscheidenden Phantasiegehalt klar zu benennen, der Juden. Eine komplexe Phantasie, in der sich vielfach die Rollen von Täter und Opfer, Mächtigem und Ohnmächtigem, Schuldigem und Unschuldigem brechen und verkehren. Eine skurril anmutende Rache-, Vergeltungs- und Opferphantasie, die doch zum festen Inventar deutscher Phantasmen nach Auschwitz gehört.

Noch einmal, um Mißverständnisse zu vermeiden: Robert Teschner ist alles andere als ein Antisemit. Aber dieser – ohne jede Ironie sei es gesagt – Musterdemokrat denkt und empfindet in Schemata, die eine besondere Prägung erkennen lassen. Teilt er in seiner Ambivalenz gegenüber den Israelis[1] ein generationstypisches Klischee der Deutschen, so drückt seine Ambivalenz gegenüber der Protestbewegung etwas Spezifisches aus. Das »Unheimliche«, das er an ihr wahrnimmt, ist eine verzerrte Wiederbegegnung mit dem Teil seiner eigenen Geschichte, der ihn einmal in die verquere und widersprüchliche Rolle eines völkischen Intellektuellen mit Führungsanspruch zwang, der als Träger einer politischen »Bewegung« mit einer Machtprämie ausgestattet war und doch immer Außenseiter blieb. Manifest ist davon der Intellektuelle und der Außenseiter geblieben. Das ist jedenfalls die Selbstinszenierung, die Robert Teschner nicht nur für sich gefunden hat, sondern die er auch seiner gesamten Familie auferlegt hat.

Von der Last der Außenseiterrolle redet nicht nur Peter Teschner, sondern, mit einem anders gesetzten Akzent, auch seine Schwester Sabine, das jüngste von Robert Teschners Kindern. Für sie hängt der Außenseiterstatus eng mit einem Problem zusammen, das lange Zeit auch ihren Vater beschäftigt

1 Denn natürlich sagt er: »Bei aller Sympathie für Israel ist mir das wirklich äußerst unangenehm, wie die mit den Palästinensern umgehen...«

hatte, der Unsicherheit über die eigene Geschlechtsidentität. Und überraschenderweise hat der daraus resultierende Außenseiterstatus einen deutlichen Bezug zu jenem Ereignis der Napola-Zeit ihres Vaters, das dieser selber mit seiner Öffentlichkeitsscheu in Verbindung gebracht hatte. Unter all den alltäglichen und rituellen Quälereien der Napola hatte Robert Teschner eine Szene besonders hervorgehoben – vielleicht deswegen, weil sie mit dem Versuch einer »kleinen Opposition«, dem Versuch, Individualität zu beweisen, zusammenhängt: die Szene, in dem ihm – »vor versammelter Mannschaft« – das von der Anstaltsnorm abweichende zu lange Haar heruntergeschnitten wird. In dieser Szene verdichtet sich für ihn die Stigmatisierungspraxis der Napola; in ihr wird die Geburt des Außenseiters durch die Anstaltsregie am deutlichsten greifbar.

Robert Teschners Tochter Sabine leitet das Interview mit der Sorge ein, daß ihre beiden älteren Söhne, die zum Zeitpunkt des Interviews elf und zehn Jahre alt sind, Außenseiter seien und von Gleichaltrigen oder Älteren verprügelt würden. Auf meine Nachfrage ergibt sich, daß sie – wie ich mich bald danach auch in der Realität überzeugen kann – ein auffallendes äußeres Merkmal haben: schulterlange blonde Haare, die speziell Skinheads reizen, und die immer wieder der Anlaß für Übergriffe sind.

Sabine macht das angst. Sie hält, aufgrund der Erzählungen ihres Vaters, das Außenseitersein für ein unausweichliches Schicksal ihrer Familie. Aber sie hat keine Ahnung, *wie* dieses Außenseitertum schicksalhaft werden konnte. Jedoch erinnert sie sich daran, wie sie ihren eigenen Außenseiterstatus in der Schulzeit gehaßt hat. In ihrer Erinnerung ist diese Außenseiterposition mit einem Mangel verknüpft: »Man möchte mit dazugehören, ist ja klar, und dann hatt ich als Mädchen – ich war nun mal ein Mädchen – immer ganz kurze Haare, weil das ja so praktisch war, ne? Und die anderen Mädchen aus meiner Klasse, fand ich immer ganz toll, die hatten Zöpfe, die saßen dann in der Schule und lutschten so auf ihren Haaren, das fand ich ganz toll, also auch lange Haare, das war schon reizvoll.«

Sie nennt das Lange-Haare-Haben ein »Grundbedürfnis«, das ihr verwehrt wurde und das sie lange Zeit durch das Verfertigen von Perücken zu befriedigen suchte. Und sie erzählt nebenbei, daß es »Vater war, der ja immer so dekadent in bezug auf Mode (war), und denn hat er mir mal, haben die mir mal 'n Pony geschnitten so richtig. Ich mein, sah vielleicht ganz gut, ganz interessant aus, aber für 'n Kind ist es gar nicht so witzig.«

Mit dem Haareschneiden wiederholt Robert Teschner im Familienkreis aktiv den Vorgang, dem er in der Napola passiv ausgesetzt war; den er als die größte Schmach in Erinnerung behalten hat. Diese kompensatorische Wiederholung geschieht im Zeichen der Extravaganz: einer Orientierung an der neuesten Mode, die nicht etwa (wie es sich eigentlich gehört) von der neuen Generation provokativ gegen die alte gewendet wird, sondern die die alte den jungen auferlegt. Sabine redet von Dekadenz – und tatsächlich ist der ganze Vorgang für sie letztlich nichts anderes als als ein »interessantes« Experiment mit Menschen, deren Opfer sie ist. Für Sabine ist die väterlich erzwungene Kurzhaarfrisur nicht minder traumatisch als für ihren Vater seinerzeit die öffentliche Bloßstellung. Für sie ist sie das äußere Zeichen einer problematischen, nach ihrem Verständnis von der Familie, insbesondere dem Vater verhinderten Geschlechtsidentität. Das »Grundbedürfnis«, lange Haare zu haben, ist für sie gleichbedeutend mit der Anerkennung als Frau, die sie sich, kaum daß sie die Familie verlassen hat, auf ihre Weise verschafft, indem sie – sie sagt es im Interview wörtlich so – »Kinder fabriziert«: Sie hat sich von einem Partner schwängern lassen, der keine Kinder wollte, und dem sie die Schwangerschaften verschwieg. Sabine selber nennt ihr Vorgehen »berechnend« , hält es aber wegen ihres starken Bedürfnisses nach Anerkennung als Frau für legitimiert.

Ihr Vater hat, wie wir wissen, in seiner Kindheit und Jugend dasselbe Problem gehabt. Auch er war in seiner Geschlechtsidentität unsicher. Für ihn bedeutete das seinerzeit eine immerwährende Bedrohung auf der Napola: eine weitere Möglichkeit, als von der Norm abweichend aufzufallen und bloßgestellt zu werden. Das freundlich-paternale »Modediktat«, das er über seine Kinder ausübte, hängt wahrscheinlich damit zusammen. Nach den Erzählungen Sabines versuchte er insbesondere seinen beiden Töchtern das »zeitgemäße« Outfit aufzudrängen: von der Frisur bis hin zu extravaganten Kleidungsstücken, die er ihnen schenkte – wohl in der Erwartung, damit den Zeitgeist zu treffen, und ohne wahrzunehmen, daß er damit mindestens die scheue und verunsicherte Sabine nur noch mehr von der – völlig unextravaganten – Normalität ihrer Altersgenossinnen entfernte. »Meine Eltern«, sagt sie, »meinten das natürlich gut, aber ich glaub, kein Kind fühlt sich so wohl, weil, es fällt auf, es fällt raus, es ist so, das würd ich keinem Kind antun.« Und in Anspielung auf den von ihr als Angriff auf ihre Weiblichkeit erfahrenen Kurzhaarschnitt und ihre Bewältigungsversuche: »Also, wenn mein Sohn sich 'ne Perücke machen würde mit kurzen Haaren, dann würd ich mir auch mal Gedanken machen.«

Eine Kurzhaarperücke hat sich wohl keiner ihrer Söhne jemals aufgesetzt. Aber – und damit springen wir in die dritte Generation – im Gespräch mit

Sabines Ältestem erzählt er mir die Geschichte, wie nicht nur die ganze Schule, sondern schon der ganze Kindergarten gegen ihn Partei nahm, weil er »anders als die anderen« war.

Worin bestand dieses Anderssein? Darin, daß Sebastian nicht als er selber erschien, sondern mit großem Ernst und sozusagen »ganztägig« eine Rolle spielte: in der frühen Kindergartenzeit die von »Schneewittchen«. »Da habe ich immer«, sagt Sebastian, »ein rotes, ein langes T-Shirt von meiner Mutter und eine schwarze Perücke aufgehabt. Und da bin ich überall mit hingegangen... Ich habe gedacht, scheißegal, was die anderen über mich denken: Ich bin so.«

Dieses auffällige Außenseitertum, das für Sebastian ständige Hänseleien und Bedrohungen zur Folge hatte, ist seiner Mutter *nicht* aufgefallen. Er hat ja – was ihr aufgrund ihrer Lebensgeschichte ein Alarmzeichen gewesen wäre – keine Kurzhaarperücke getragen, sondern eine, die ihm offenbar dazu diente, seine Mutter zu imitieren, die wie Schneewittchen lange schwarze Haare hat.

Auffallend ist bei dieser intergenerationellen Sequenz nicht nur die Mechanik der Wiederholung, sondern insbesondere der fast totale Ausfall der Einfühlung in die jeweils folgende Generation. Als der Interwiewer die offensichtliche kompensatorische Wiederholung in der Frage der Haartracht anspricht, stößt er auf ein tiefes Nichtverstehen: Die langen Haare bei den Jungs seien doch »niedlich«.

Um zu verstehen, welche Rolle in diesem intergenerationellen Geschehen die Napola spielt, müssen wir uns noch einmal ihre Eigentümlichkeiten als totale pädagogische Institution ins Gedächtnis rufen. Als totale Institution in einem rassistischen Staat hatte sie auch einen »totalen« Zugriff auf die Lebensgestaltung ihrer Schüler. Es ist der Rassismus, der unmittelbar ihre Erziehungspraxis bestimmt. Die Napola-Pädagogik nimmt gezielt die Differenz in Regie; ihr wirkungsvollstes Herrschaftsmittel ist, die Furcht aufzugreifen und zu verwalten, die jeder einzelne vor seiner höchstpersönlichen »Abweichung« hat: die Angst, dem Ideal nicht zu genügen, das ihnen als Identitätsverpflichtung vorgehalten wurde. Dieses Ideal ist freilich prinzipiell nicht zu erreichen – und darauf baut die Erziehung auf. Jedem einzelnen wird das Gefühl gegeben, ein »Unwürdiger« zu sein. Jedem wurden Anforderungen gestellt, die unerfüllbar waren, und jeder konnte scheitern. Jeder einzelne war damit beschäftigt, das Geheimnis seiner Abweichung zu verwahren.

Diese Abweichung ist freilich nicht nur ein »Schönheitsfehler«, ein Makel, sondern mehr. Auf dem Hintergrund der NS-Rassenlehre, die den Napola-Schülern vermittelt wurde, bedeutete die Abweichung vom verpflichtenden Ideal letztendlich tatsächlich »Unwürdigkeit« und war unbewußt mit der Idee verknüpft, nicht zur »Herrenrasse« zu zählen. Auf dem Hintergrund der letztlich binären Logik des nationalsozialistischen Rassedenkens aber heißt das, ein Untermensch zu sein. Auch wenn die Napola-Schüler wenig oder sogar nichts von der Vernichtungspolitik gewußt haben mögen, so war ihnen allen klar, was das Schicksal von Untermenschen nur sein könne: der Tod. Abweichung, das ist ihrem Unbewußten eingeschrieben, bedeutet Tod.

Abweichung als tödliches Stigma zu erleben, ist das vielleicht am tiefsten sitzende psychologische Strukturmerkmal der Napola-Schüler. Und fast alle der von uns Befragten bringen auf die eine oder andere Weise ihre Kinder in bedrohliche Außenseitersituationen.

Robert Teschner hatte als Schüler ein gutes Gespür für die Gefahr des »Andersseins«. Tatsächlich war sie bei ihm – jedenfalls in seiner Selbstwahrnehmung – rassisch vermittelt. Neben der unsicheren Geschlechtsidentität war es, wie wir sahen, sein nicht sehr arisches Äußeres, seine »rassische Komposition«, die ihn ängstigte und ihn zu einer schützenden »Umdefinition« veranlaßte. Sie hat seine Abweichung hinlänglich überdeckt. Anders im Falle der von ihm als »kleine Opposition« bezeichneten Abweichung der Haartracht. Hier ist ihm qualvoll demonstriert worden, was mit dem geschieht, der sich einen Habitus zulegt, der für Zivilität, Individualismus, Weichheit, ja sogar Weiblichkeit steht. Das Abschneiden war nicht der entscheidende Akt, sondern die Drohung, die Ankündigung einer anderen, radikaleren Demütigung. Das Abschneiden als symbolischer Akt verweist auf das Stigma des Ausgestoßenen. Und es wiederholt eine Initiationserfahrung: Beim Eintritt in die Napola waren Robert Teschner zuallererst die Winkel seines Hitlerjungenhemdes abgeschnitten worden, um ihm zu demonstrieren, daß das hier keine Geltung habe.

Die »kleine Opposition« der abweichenden Haartracht ist mit dem anderen wohlverwahrten »Geheimnis« Robert Teschners verknüpft, und die Lehre, die er aus der Affäre ziehen mußte, heißt, in der Sprache des Unbewußten: Lange Haare sind tödlich. Um überleben zu können, braucht »man« kurze Haare. Diese unbewußte Botschaft ist gleichsam »geschlechtsblind«. Robert Teschner wird *allen* seinen Kindern kurze Haare verordnen, ohne Rücksicht darauf, daß zwei von ihnen Mädchen sind. Und er, der in

Sport eine »Flasche« war und die Körpererziehung der Napola immer gehaßt hat, wird alle seine Kinder in Sportvereine geben und professionell, in zwei Fällen bis zur Meisterschaftsreife, trainieren lassen. Was er ihnen auf diesem Wege mitzugeben meint, sind *Überlebensvoraussetzungen*, Dinge, die schlechterdings notwendig sind, um (die Napola) heil zu überstehen. Es ist einfach zu sagen, daß die Klammer nicht mehr gilt. Robert Teschners Unbewußtes behandelt in einigen Punkten Napola und Welt immer noch als ein und dasselbe: Er will für seine Kinder – und so kommentieren diese es auch – nur »das Beste«.

Nur das Beste will auch Sabine: daß ihre Jungs »niedlich« aussehen und daß sie dürfen, was ihr versagt war – lange Haare tragen. Sie fragt nicht, was das heute für Jungen bedeutet. Wie ihr Vater setzt sie sich über die Geschlechtsdifferenz hinweg.

Es ist, als ob die Identitätsfrage sich in das äußere Zeichen der Haartracht zurückgenommen hätte. Wie besetzt dieses narzißtische Signet ist, zeigt mir Sebastian, als ich ihn frage, ob er sich vorstellen könne, die Haare abzuschneiden. »Niemals«, antwortet er mit Entschiedenheit und fügt hinzu: »Ich find das auch so schade, weil ganz viele Mädchen aus der Klasse haben oder hatten lange Haare und sie haben sie jetzt alle, weil es modisch ist, abschneiden lassen. Das finde ich so schade, weil, es sieht echt gut aus, wenn man lange Haare hat.« Auf die Frage des Interviewers, was er daran so schön finde, antwortet Sebastian: »Weiß nicht. Ich möchte halt immer anders sein als die anderen. Ja, das möchte ich einfach. Und ich möchte nicht total anders sein, nicht so rausproppen, so angeberisch. Ich möchte auch nicht besser aussehen als die anderen, es ist am besten, wenn man schlechter aussieht. Das find ich viel besser.« Interviewer: »Findest du besser, wenn man schlechter aussieht?« Sebastian: »Nicht schlecht aussehen, aber nicht so wie die anderen. Besser, das finde ich so angeberisch.«

Es ist nicht nur so, daß Sebastian sich mit sich selber nicht mehr auskennt. Tatsächlich weiß er nicht nur nicht, ob er Junge oder Mädchen ist, sondern auch nicht, ob er nun wirklich anders sein möchte als die anderen. Die Konfusion, die er produziert, indem er reale Wünsche mit ihm aufgepfropften, unverstandenen Meinungen seiner Mutter vermengt, reproduziert im Kern etwas, das er gar nicht kennt; das ihm nicht bewußt vermittelt wurde, das aber in seiner Familie schon einmal da war. Sebastian *möchte* nicht anders sein als die anderen, er *ist* es in einem existentiellen Sinne. Anders zu sein, und auch besser, aber dann doch nicht besser und schon gar nicht angeberisch: das war die verwirrende, für die jungen Zöglinge in ihrer Widersprüchlichkeit nicht faßbare Parole der Napola. Sie hatten ja beides zu lernen: sich gemäß der Maxime »Ihr seid besser!« zu verhalten, aber auch den Spruch »Du bist nichts, dein Volk ist alles« zu beherzigen und dies im preußischen »Mehr sein als scheinen« zu integrieren. Geschafft hat das kaum einer. Nur eines war wirklich gewiß. Die Napola-Schüler waren *anders*. Sebastians wirre Rede spiegelt eine Konfusion der sozialen Selbstverortung, die ebensowenig nur die seine ist wie seine problematische Geschlechtsidentität. Beides hat eine Geschichte, die er nicht kennt. An ihr wirken Personen und Kräfte mit, die sich seinem Horizont entziehen. Sebastian wird an dieser Geschichte wohl sein Leben lang zu tragen haben. Und wir sind nicht sicher, ob er und seine Generation in der Lage sein wird, sie so zu verarbeiten, daß sie nicht selber dem Wiederholungsmechanismus der Vorfahren anheimfallen muß.

Wie drastisch und mechanisch auch immer die Angst vor Abweichung und Außenseitertum in der Familie Teschner zwischen den Generationen weitergegeben wurde, sie hat gleichwohl bei Vater, Tochter und Enkel eine jeweils ganz unterschiedliche Bedeutung. Das läßt sich am Haarmotiv gut zeigen:

1. Für Robert Teschner hat die Haarlänge eine sozusagen subversive Bedeutung: als Merkmal einer anderen Kultur, die mit Weiblichkeit, Zivilität und Bildung assoziiert ist. Diese Welt zu erobern war, wie wir uns erinnern, der Auftrag seiner Mutter und das längere Haar dessen Zeichen; ein doppeldeutiges allerdings: es repräsentiert ein kulturelles Reich der Freiheit und die Abhängigkeit von der Mutter und dem Bündnis mit ihr. Es symbolisiert letzlich die narzißtisch-allmächtige Einheit mit der Mutter.

Die Napola läßt, wie wir sahen, das »kulturrevolutionäre« Motiv – und dessen Träger – nicht »ungeschoren«. In der demütigenden Prozedur, die mit dem Tode droht, wird das wenige Zentimenter zu lange Haar zum Inbegriff des Abnormen, das am Elitemenschen zum Verschwinden gebracht werden muß. Daran ist entscheidend, daß die totale Institution Napola nicht nur das Abnorme austreibt, sondern daß sie es, um es austreiben zu können, systematisch an ihren Zöglingen produziert. Robert Teschner wird in dieser Prozedur zum Träger eines von der Anstalt pervertierten Wunsches, der weiteren institutionell vermittelten Transformationsprozessen unterliegt. Sie sind in ihrer systematischen Bedeutung auf dem Hintergrund der Notwendigkeit zu verstehen, die biologische und entwicklungspsychologische Transformation ihrer Zöglinge in der Adoleszenz »anstaltskonform« zu gestalten. Dabei spielt der ritualisierte Drill der Napola-Erziehung eine besondere Rolle. Er setzt eine pathogene Dynamik in Gang. Mit jeder Unterwerfung unter das Diktat des Drills macht der Napola-Zögling die Erfahrung, daß sein Körper nicht ihm, sondern der Anstalt gehört. Er kann diese desintegrierende Passivisierung durch Phantasien des Einsseins mit der Anstaltsmacht kompensieren, die psychodynamisch an die Stelle der imaginären allmächtigen Einheit mit der Mutter der Kindheit tritt. Was in diesem Arrangement keinen Platz hat, ist der sich entwickelnde neue sexuelle Körper der Adoleszenz. Er kann, je nach psychosexueller Konstitution, schnell zum Inbegriff des anstaltstypischen Abnormen werden. Sein Ausschluß ist in jedem Fall vorprogrammiert. Und alle mit ihm verbundenen Regungen können in der Konfrontation mit dem institutionell festgeschriebenen infantil-narzißtischen Körperbild zur Quelle quälender Abnormitätsgefühle werden, gegen die sich eine massive Abwehr richtet. Diese ist ab ovo institutionskonform.

Auf diesem Hintergrund kann das Motiv des langen Haars bei Robert Teschner zum Bedeutungsträger für alle von der Institution ausgeschlossenen sexuellen Strebungen werden. Auf beiden ruht gleichsam der rassistische Blick der Anstalt, der die langen Haare für ebenso dekadent, abnorm oder feminin erklärt wie die Sexualität, die die Anstalt zugleich verwirft und einer passivisierenden Deformation durchs Drillritual aussetzt.

Es gibt also für Robert Teschner eine »kulturrevolutionäre« und eine sexuelle Bedeutung des Haars, die beide durch die rassistische Struktur gebrochen sind. Während er die erste im Interview selbst thematisiert, bleibt die zweite tief unbewußt und latent. Während die erste in die »kulturrevolutionäre« Lösung Eingang findet, die Robert Teschner für sein Leben wählt, ist die zweite Teil eines durch projektive Identifizierung in der intergenerationellen Übertragung abgewehrten Bedeutungszusammenhangs, dem wir bei den Kindern wiederbegegnen, in der destruktivsten Form bei Sabine.

2. Nahezu alle Napolaner unseres Samples haben ihr Bild des Weiblichen und der Weiblichkeit aus dem gebildet, was die Anstalt als »unmännlichen« und passivisierten Teil an ihnen gleichermaßen erzeugte und zum Verschwinden brachte. Und sie haben als Familienväter das, was sie davon in sich trugen und nicht durch Sublimierung umwandeln konnten, wo immer das möglich war, den weiblichen Mitgliedern ihrer Familie projektiv auferlegt. Die Träger dieses vom rassistischen Blick durchdrungenen »Minderwertigen« sind nun, wie der Urheber der Projektion unbewußt weiß, vom Tode bedroht: sie müssen durch ein Überlebensdiktat, zu dem in unserem Fallbeispiel die kurzen Haare gehören, gerettet werden. Für Sabine heißt

das, daß ihr gerade das Mittel streitig gemacht wird, das sie gegen das ihr auferlegte Abnormitätsgefühl setzen möchte. Das lange Haar bedeutet für sie, im narzißtischen Sinne ganz und weiblich zu sein, das heißt über eine genitale Sexualität zu verfügen. Auch sie gibt den »minderwertigen«, vom rassistischen Blick verfolgten Anteil auf zweierlei Weise projektiv weiter: an ihren Sohn und an die körperlich und geistig behinderten Kinder, mit denen sie als Sozialpädagogin arbeitet. Beide repräsentieren schlechte Teile ihres Selbst, die sie am anderen in altruistischer Weise hegen und pflegen kann.

3. Für Sebastian werden die Haare zum Fetisch, von dem er sich niemals trennen darf, auch wenn er ihm nur Prügel und Verachtung einbringt. Nur so kann er an der magischen Macht der Mutter (die ihr das Haar verleiht) teilhaben und zugleich das tragen, was sie ihm auferlegt hat. »Er kann einfach nichts weitergeben, er ist ein guter Mensch«, sagt seine Mutter von ihm. Für ihn ist die am Abweichenden haftende latente Todesdrohung manifest geworden. Seine Haare wecken bei den Skinheads gleichsam denselben rassistischen Blick, dem sein Großvater in der Anstalt begegnete und die langhaarigen protestierenden Studenten der späten sechziger und siebziger Jahre bei den Repräsentanten der Ordnung.

Das »Unheimliche«, das Peter Teschner so sehr an seinem Vater beschäftigte und das dieser so stark bei der Generation der Protestierenden – der seiner Kinder – wahrnahm, kehrt in der dritten Generation wieder. Gebrochen durch die Geschichte seiner Mutter hat Sebastian Anteil an der seines Großvaters. Für ihn wird der Doppelsinn von Elitarismus und Vulgarität, den seine Haartracht verkörpert, der paradoxe Wunsch nach (geschlechtlicher) Eindeutigkeit und Differenz zum Siegel eines Außenseitertums, das endgültig die von seinem Großvater ausgehende familiäre Konstruktion einer »transzendentalen Unschuld« vollstreckt. Für Sebastian wird die Trias elitär/vulgär/gewalttätig, die Formel, die sein Großvater für die Protestbewegung gefunden hatte und die doch so präzise auf die Napola paßt, zum Lebensschicksal. Er wird durch das scheinbar läppische äußere Zeichen der Haartracht endgültig das *Opfer* von Gewalt, indem er – unfreiwillig – vollzieht, was seiner Mutter und seinem Großvater verweigert wurde. In ihm ist gleichsam offiziell alle virtuelle »Täterpsychologie« getilgt – restlos. Der ihm persönlich verbleibende »Rest« ist eine Störung, die zweifelsfrei als Derivat seiner Mutterbeziehung dechiffrierbar ist. Die Annahme, Sebastians Problem hinge womöglich mit Einflüssen zusammen, die bis in die Geschichte seines Großvaters hineinreichen, gilt als Spekulation, während jedem psychotherapeutischen Blick der enge neurotogene Konnex von Sabine und ihrem Vater offenbar würde. Die Gründe, die die Vorstellung einer über drei Generationen reichenden »Erbfolge« perhorreszibel machen, sind einfach. Sie hängen – jenseits aller Methodenreflexion und wissenschaftlichen Reinheitsgebote – mit dem befremdlichen Faktum zusammen, daß den Menschen nichts teurer zu sein scheint als die Vorstellung der Freiheit. Freiheit aber heißt zuallererst die vom Alp der Geschichte. Sie wäre allerdings erst zu gewinnen. Wahrscheinlich dadurch, daß man sich in die Lage bringt, ihre prägende Macht auch in den Intimbereichen von Biographien anzuerkennen.

Die dritte Generation: Ein Ausblick

Der Schritt, die dritte Generation in unsere Forschung einzubeziehen, hatte für die Forscher etwas von einem Tabubruch. Er rührte, was keiner im Team antizipiert hatte, tiefsitzende Schuldgefühle auf.

Für die Generation der Napola-Schüler und ihre Kinder hatten wir mit Recht davon sprechen können, daß unsere Forschung lediglich die Konsequenz aus der Kombination zweier – nicht gerade extravaganter – Erkenntnisse sei, nämlich der Tatsache, daß Menschen durch ihre Lebensumstände geformt werden und daß Eltern einen prägenden Einfluß auf ihre Kinder haben.

Wie man weiß, sind es oft einfache Perspektivwechsel, die ein Gesamtbild entscheidend verändern können. Die Einbeziehung der dritten Generation in unsere Studie stellt einen solchen Perspektivwechsel dar, auch wenn man mit Gründen argumentieren kann, daß für das Verhältnis dieser Generation zu ihren Eltern prinzipiell dieselbe Logik anzunehmen sei, die dasjenige der ersten und zweiten Generation zueinander bestimmt. Selbst wenn man dem zustimmt, ergab sich jedoch für die Befragungssituation und die in ihr virulent werdenden Übertragungsbeziehungen ein völlig neues Bild. Bezogen auf die erste Generation galt, einen Personenkreis zu untersuchen, der die »vita activa« weitgehend hinter sich gebracht hatte, für den das Forschungsinterview bis zu einem bestimmten Grad die Chance bot, lebensgeschichtlich Ausgeklammertes oder zur fixen Legende Versteinertes selbstreflexiv einzuholen. Für die Forscher bestand die Dynamik der Gesprächssituation vor allem in der Wiederauflage von Vaterbeziehungen.

Die Befragung der zweiten Generation bedeutete, in die Lebensgeschichte von Erwachsenen, häufig Generationsgleichen, zu intervenieren, die sich ausnahmslos bereits vorgängig mit dem Problem auseinandergesetzt hatten, »besondere« Väter zu haben. Unsere Beziehung zu ihnen war meist eine spiegelnde, manchmal mit rivalisierenden Elementen, in jedem Fall jedoch eine »konkretisierende«. An ihnen konnten wir, fast ohne Ausnahme, Elemente unserer eigenen Lebensgeschichte – und ihres Zusammenhangs mit der elterlichen – wiedererkennen, allerdings unter der spezifischen Bedingung, daß *sie* den phantasmatischen Kontext ihrer Herkunft, ihren politischen »Familienroman« an einen konkreten Ort der Realität binden konnten. Mit der Napola ist für die Kinder ihrer Absolventen die Rätselfrage, die alle Angehörigen der »zweiten« Generation in Deutschland teilen, die Frage: Welcher Einfluß aus der NS-Zeit wirkt auf mich, gleichsam örtlich fixiert. Die Existenz eines solchen »Zurechnungsorts« hat psychodynamisch nicht nur Nachteile. Er eignet sich auch dafür, eigene Konflikte in einem vermeintlichen Ursprung zu lokalisieren – und damit der Möglichkeit nach auch exterritorialisieren zu können. Wohl alle Interviewpartner der zweiten Generation haben umgekehrt die ungewohnte, fokussierte Gesprächssituation für die Bearbeitung eigener Probleme nutzen können.

Etwas anderes ist es mit der dritten Generation. Es sind heute noch Kinder, Halbwüchsige, Adoleszente, die man schon deshalb, weil sie sich just in der schwierigen lebensgeschichtlichen Phase befinden, in der ihre Großeltern entscheidende Prägungen erfuhren, vom »Verdacht« eines untergründig wirkenden transgenerationellen Sozialisationsschicksals ausnehmen möchte. Die Rede von der »dritten Generation« hat allerdings nicht nur etwas Alttestamentarisches, sondern auch etwas von einer »Pseudobiologie«. Wem plausibel ist, daß Elternverhalten für die Kinder von konstitutiver Bedeutung ist, der mag trotzdem – und mit einigem Recht – über die Annahme stolpern, dahinter stehe immer noch eine andere, nur selten direkt präsente Instanz, die gleichwohl von prägender Bedeutung für die Ausarbeitung aktueller Lebensentwürfe sein soll. Die Rede von der »dritten Generation« hat einen Beiklang von »Schicksal« – und löst damit fast automatisch den Impuls aus, den »Alp der Geschlechter« zu leugnen. In der Betrachtung der dritten Generation zieht sich die Abwehr gegen die Vorstellung zusammen, aktuelle, noch nicht abgeschlossene Entwicklung, *Potentialität*, könne einer unveränderbaren Vergangenheit unterworfen sein; Unschuld könne im Bann einer Schuldverstrickung stehen, für die am wenigsten der kann, der durch ein spezifisches Forschungssetting plötzlich aus einer Perspektive betrachtet wird, die den Zusammenhang zu jener ominösen Vergangenheit stiftet. An der dritten Generation als »Forschungsobjekt« aktualisiert sich eine vergangene Schuld – und es ist niemand anderes als der Forscher, der *diese* Schuldbeziehung herstellt. Entlastet wird er lediglich dadurch, daß seine Perspektive immer auch, wenn auch häufig uneingestanden, von den Eltern dieser »Napola-Enkel« geteilt wird. Wir haben keinen Angehörigen der zweiten Generation gesprochen, der nicht mit der Phantasie, der Angst zu schaffen gehabt hätte, von ihnen werde an ihre Nachkommen eine ungeklärte, über ihr eigenes Leben hinausweisende Erbschaft weitergegeben. Allein diese Phantasie belegt die – psychische – *Realität* des gefürchteten, verleugneten Einflusses der Napola, gleichgültig, wie er gewertet wird. Einer der positiv mit dem Napola-System identifizierten ehemaligen Schüler hatte mir im Hinblick auf seine Enkel, die von seinen Söhnen ganz nach seinem Vorbild erzogen würden, stolz erklärt, damit sei nun die Napola-Erziehung bereits in der dritten Generation wirksam.

Sebastian ist der Enkel jenes »Ausnahme-Napolaners« Robert Teschner, der mich psychisch am meisten beschäftigt hat. Er ist der Sohn jener Sabine, die mich von den Angehörigen der zweiten Generation schon deshalb am stärksten gerührt hat, weil sie mit allen ihr zur Verfügung stehenden Kräften gegen einen Lebenskonflikt ankämpft, der nicht unwesentlich mit der Geschichte ihres Vaters zusammenhängt. Sebastian ist zum Zeitpunkt des ersten Interviews zwölf Jahre alt. Ich treffe ihn, seine Mutter und seine beiden jüngeren Brüder in einem Restaurant. Es ist nicht das erste Mal, daß ich ihn sehe. Der initiale Kontakt war gut, so daß seine Mutter mir gerne und selbstverständlich die Einwilligung zu einem Gespräch mit ihm gab, und ich das sichere Gefühl hatte, den intelligenten Frühadoleszenten mit meinem Vorhaben nicht zu überfordern.

Nachdem man gemeinsam eine Kleinigkeit gegessen hat, bleiben Sebastian und ich allein im Lokal zurück. Seine Mutter muß seine Brüder mit dem Auto an verschiedene Orte bringen und will nach cirka zwei Stunden wieder zurück sein. Als ich Sebastian frage, worüber wir uns jetzt unterhalten wollten, zeigt er sich gut im Bilde: Er weiß, daß ich an dem Internat interessiert bin, das sein Großvater besucht hat. Auf meine Frage, ob er darüber mit seinem Opa geredet habe, antwortet er: »Nö. Aber früher, da haben wir uns manchmal über Krieg und so unterhalten... Hauptsächlich über den Zweiten Weltkrieg.«

Gemeinsam mit dem Großvater hat er sich dessen alte Fotoalben angeschaut, auch Bilder aus der Napola-Zeit. Sebastian berichtet von den Gesprächen, die sich daran geknüpft haben: »Ich habe ihn gefragt, zum Beispiel wie war das mit Hitler, und er hat mich erst mal ein bißchen aufgeklärt.« Sebastian hat also eine gute Orientierung über den Zusammenhang der Phänomene. Er hält sich allerdings nicht lange beim historischen Nationalsozialismus auf, sondern springt von dieser Erinnerung an die Gespräche mit dem Opa sofort in die Aktualität der »Neonazis« und dessen, was sie, wie er meint, »aufbauen wollen«:

»Also, es ist ja Faschismus: Ausländer raus, Juden; und wir Deutschen sind das beste Land. Das ist alles nicht so ganz richtig.
I: Warum meinst du?
Sebastian: Nein, also, weil zum Beispiel das mit den Ausländern, daß die nicht hier rein dürfen, das find ich Kacke. Einige werden ja auch verfolgt, staatlich verfolgt, und die können dann halt nirgend woanders hin, und dann sind da Deutsche und hier könnt ihr nicht hin oder auch, wenn es ihnen ganz dreckig geht und die wollen jetzt hier nach Deutschland, und dann, daß das verboten ist. Ich denke es immer so von mir. Zum Beispiel, wenn ich jetzt irgendwie größer bin und in meinem Land ist da absolut nichts los, da wird man gejagt und gefoltert, nur weil man anders ist. Und ich möchte nach Deutschland oder... Deutschland ist ein reiches Land. Auch ein gutes Land, wo ganz viele hinwollen. Und auf einmal, daß ich da gar nicht hindarf, weil die Nazis dagegen sind, darf man nicht mehr hin.«

Ich bin beeindruckt, mit welchem Tempo Sebastian das von ihm präzise wahrgenommene »Thema« des Interviews mit seinem eigenen Gesprächsinteresse verbindet. Nicht nur hat er flugs einen Bezug zur Aktualität hergestellt, sondern – und das wird das gesamte Interview beherrschen – eine Wendung auf die eigene Person geschaffen. Die Sequenz »Napola – Nationalsozialismus – Neonazismus« terminiert in der Situation der »staatlich Verfolgten«, die wiederum in eine unmittelbare Identifikation mündet. Am Ende dieser von Sebastian autonom gestalteten Sequenz steht er selbst als einer, der »gejagt und gefoltert (wird), nur weil man anders ist«. Die »Nazis« sind dann diejenigen, die einem die Zuflucht, das Bleiberecht an einem sicheren Ort verweigern.

Sebastian faßt in diesem kurzen Abschnitt das Problem des Außenseiters, des Geächteten und Verfolgten zusammen, über das er sich mit mir wirklich unterhalten will. Dieser Gesprächsrahmen ist insofern hochinteressant, als er eine Reihe von Motiven und Themen in einer Weise verdichtet, die ganz ähnlich sowohl die erste wie die zweite Generation nicht nur seiner Familie, sondern unseres Samples überhaupt beschäftigt haben. Ich fühle mich seltsam berührt, und es kommt mir gleichzeitig wie etwas Bekanntes, allerdings in dieser Direktheit niemals Ausgesprochenes vor, als Sebastian nach dem Interview, sichtlich erleichtert, äußert: »Therapie ist gut.« Ich bin erstaunt über diese Aussage und kann nur vermuten, daß diese seltsame Einschätzung unseres Gesprächs ebenfalls auf eine Vorinformation durch seine Mutter zurückgeht. Aber in gewisser Weise faßt Sebastian damit die schwierige Mischung, die alle unsere Interviews repräsentiert haben, nämlich Gespräche über Politik und Geschichte, über Biographieverläufe und individuelle

Probleme, über Gegenwart und Vergangenheit, schließlich über den *Zusammenhang* all dessen zu sein, in glänzender Weise zusammen. Gerhard Iddel hatte denselben Sachverhalt – ebenfalls nach dem Interview – in die direkte Frage gefaßt, ob er verrückt sei; und Sebastians Mutter hatte mich, gleichsam als Voraussetzung dafür, überhaupt ein Gespräch zu führen, schnell zu der Schutzformel verleitet, »irgendwo« seien wir doch alle verrückt und müßten uns infolgedessen nicht für unsere »Macken« schämen.

Sebastian hat mit der Offenheit seiner zwölf Jahre mir diese »Macken« unverstellt präsentiert. In einer Weise, die mich teilweise hilflos machte, und in einem Rahmen, der mir die Stringenz des Generationenverhältnisses in Deutschland nach dem Zivilisationsbruch des Nationalsozialismus nachdrücklich vor Augen führte. Tatsächlich sind seine Rede und die in ihr präsentierten Probleme durchgehend von drei Faktoren geprägt: seiner persönlichen, ausgesprochen problematischen Situation im sozialen Umfeld; den politischen und weltanschaulichen Maximen seiner Mutter, die als wörtliche Zitate leicht zu identifizieren sind; und schließlich Einschätzungen und Stellungnahmen, die weder zum einen noch zum anderen recht passen wollen, und von denen wir vermuten, daß sie auf Einflußelemente der Großelterngeneration zurückgehen. Auffallend ist hier, daß die väterliche Linie ohne jede Prägnanz bleibt, während über die mütterliche Linie Einflußelemente der Generation der Großeltern deutlich werden.

Diese verschiedenen und widersprüchlichen Einflußelemente verdichten und konfundieren sich vor allem in jenen, das gesamte Interview wie ein roter Faden durchziehenden Sequenzen über das Problem der Gewalt. So konsequent Sebastian das NS-Thema auf seine eigene Problematik gebracht hat, so zielstrebig individualisiert er die Gewaltproblematik auf die Aggression, der er sich selber ausgesetzt fühlt und deren Existenz in sich selber er zu leugnen gezwungen ist. Er versteht sich dabei – und dabei folgt er Selbstverortungen seiner Mutter – als »Linker«, »Grüner«, »Pazifist«, der durch diese weltanschauliche Position schuldlos in eine Art »Dialektik des gewaltsamen Handelns« verstrickt ist:

»Ich bin gegen Gewalt, aber ich kann nicht gegen Gewalt sein. Und ich verüb ja auch Gewalt gegen andere. (I: Du? Wieso?) Ja, nicht so mit 'ner Knarre vorm Gesicht oder so, aber wenn man sich zum Beispiel immer schlägt oder so, ist ja auch Gewalt... Und die anderen kommen dann so und sagen, ja, Scheißlinke oder so und wollen dir gleich aufs Maul hauen. Und dann mußt du ja Gewalt anwenden, daß der dir da nicht sonstwas bricht, und du mußt dich verteidigen oder weglaufen. (I: Ja.) Wenn das halt nicht geht, dann mußt du zurückschlagen. Das ist ja dann auch wieder

Gewalt. (I: Hmhm.) Und deshalb kann man nicht ohne Gewalt leben. Oder man lebt mit Gewalt, aber man möchte, irgendwie, nicht Gewalt, daß man das macht. Also – man ist gegen Gewalt, aber man verübt auch Gewalt gegen andere. (I: Würdest du das auch von dir sagen, daß du das machst?) Ja.«

Auf meine Nachfrage, wann das denn der Fall gewesen sei, kommt zunächst nichts anderes als die Aufzählung der Attacken, denen Sebastian jahrelang passiv ausgesetzt war; und zwar nicht zuletzt deshalb, das ist ihm bewußt, weil er sich »mit Überzeugung« in eine Außenseiterrolle begeben hatte. Über Jahre hinweg hat er sich als »Indianer«[1] gefühlt und ausstaffiert – nicht im Sinne eines begrenzten Spiels, sondern als alltäglich gelebte Form der Identifikation mit einer Minderheit, die Sebastian deshalb einleuchtet, weil sie sich gegen die in ihr Land eingedrungenen Weißen verteidigt hätte. In diesem defensiven Kontext der Gegengewalt ist es Sebastian möglich, eigene Gewaltanteile ins Spiel zu bringen. Als ich nachfrage, was ihm die Indianerrolle bedeutet hatte, sagt er:

»Ich war hauptsächlich gegen die Weißen, und das haben die anderen damals ausgenützt, also eine ganze Klasse gegen einen oder der ganze Kindergarten gegen einen. Na also. Da habe ich abgeräumt. Da standen alle in einer Reihe und hier war das Haus, und da stand ich, Pasi war hinter dem Haus und mein Bruder auch. Hier war so ein Loch, und da haben die so richtig, ich stand hier als einzigster, und dann ist einer gekommen und hat immer voll dem aufgebockt und den habe ich dann richtig ins Gesicht geschlagen, daß er geblutet hat. (I: Du ihm?) Ja, weil ich sauer war. Und dann standen alle so unbeweglich in einer Reihe. Ich habe mein Gummimesser gezogen und bin immer so durch die Reihen gegangen und habe so, bambam, eine mit dem Gummimesser gehauen. Und dann hat der eine einen Wurm zerrissen und meinte, ich hätte das getan. Und ist dann gleich zur Kindergärtnerin gerannt, und sie hat das natürlich sofort ausgenutzt und hat mich zur Sau gemacht.«

Dies ist eine eigenartige Redesequenz: Es hat den Anschein, als gingen hier Realität und (Tag-)Traum ineinander über. Das Laufen durch die unbeweglich, starr dastehenden »Reihen« und die Strafaktion mit dem Gummimesser wirken wie ein Traumszenario. Tatsächlich nimmt diese Erzählung einen kurz vorher geäußerten Kontext wieder auf, in dem Sebastian berichtet, wie er wegen der von ihm konsequent durchgehaltenen Außenseiterrolle des Indianers »total Schiß« hatte: »Und die ganze Sch … der ganze Kindergarten war gegen mich, ich kann mich noch erinnern, da standen alle in einer Reihe. Also hier war so ein Haus, da standen die so in ganz vielen Reihen. Und haben gerufen: ›Indianer raus.‹«

1 Diese Indianeridentifikation ist die unmittelbare Nachfolgerolle zu »Schneewittchen«.

In der späteren Sequenz kommt dann, als Reaktion und Wunsch, die »legitime« Gewalt des Indianers ins Spiel. Dieselbe »Reihe« von Kameraden, die ihm in der »Indianer-raus«-Szene als kompakte, ausstoßende Majorität erschienen sein muß, erscheint in der zweiten als Objekt der »Rache des Indianers«. Sie halten in Sebastians Erzählung gleichsam still und ertragen die »Strafe« wie ein gerechtes Schicksal. Aber so traumhaft, das heißt nach dem Prinzip der Wunscherfüllung, auch diese Szene gestaltet sein mag, letztlich endet sie, nach einer schwer verständlichen Wendung, in einer neuerlichen Situation der Niederlage, in der Sebastian »zur Sau gemacht« wird.

Später hebt er selber den Phantasiecharakter der Szene indirekt hervor, wenn er sagt: »Ich kann, glaub ich, auch nicht richtig schlagen. Auf jeden Fall nicht einen aus meiner Klasse.« Sebastian begründet das damit, daß er »immer den Schmerz von den anderen mitfühlt«. Auf mein skeptisches »Ehrlich?« fährt er fort: »Ja. Auch bei meinem Bruder, ich bin dann so sauer, und aaah, und dann bleibt die Hand so wie angewurzelt mitten in der Luft stehen, aah, ich bin so sauer, aber ich kann ihn dann nicht hauen.« Offenkundig ist das eine dramatisch-szenische Umsetzung des bekannten pädagogischen Klischees (»Du mußt den Schmerz des anderen fühlen!«). Komplementär zu dieser dramatischen Ausgestaltung einer ihm aufgenötigten Erziehungsmaxime wird auch der Fall, in dem die »pazifistischen« Mittel nicht mehr ausreichen, szenisch ausphantasiert:

»I: Wenn andere dich schlagen, dann mußt du doch was dagegen machen.
Sebastian: Ja, also ich renne, ich hau einfach ab, also dafür habe ich meine Beine.
I: Also du bist schneller als die anderen?
Sebastian: Ne, aber dann versuch ich abzuhauen, und wenn das nicht geht, also ich versuche immer abzuhauen. Wenn es dann wirklich nicht mehr geht, und der will mich hauen, dann schlag ich den, dann habe ich ja keine andere Wahl. Und dann schlag ich aber, also wenn das fünf sind, dann schlage ich einen so zusammen, daß die anderen Schiß haben und abhauen.
I: Das ist dir schon gelungen?
Sebastian: Ne, und es soll mir auch nicht gelingen. Also es soll mir schon gelingen, wenn was passiert, aber es soll am besten nicht passieren.«

Denselben Wunsch formuliert Sebastian auch auf der Makroebene: Krieg, die gewaltförmige Auseinandersetzung zwischen Staaten, ist ihm zuwider, aber:

»Ohne Krieg würde es nicht gehen... Also ich kann mir das irgendwie nicht vorstellen. Es wäre natürlich total toll ohne Krieg. Dafür bin ich auch. (I: Aber trotzdem meinst du, es geht nicht ohne?) Ja, viele wollen ja haben, also was andere haben, sie sind eifersüchtig, und deshalb gibt es Kriege. (I: Kannst du dir vorstellen selber an so einem Krieg teilzunehmen?) Ja. Aber das würde ich nicht machen.«

Von der Differenz zwischen Vorstellen und Machen geht das Gespräch noch einmal zurück zum Großvater, mit dem Sebastian häufig über den Krieg geredet hatte. Auf meinen Hinweis, daß der Großvater ja tatsächlich am Krieg teilgenommen habe, wird Sebastian lebendig: »Ja? Richtig? Also als Soldat?«... »Ja, er hat erzählt, daß er immer geflohen ist.« Nicht die Tatsache, daß das auch Sebastians Position ist (»Wenn einer haut, hau ich ab«), ist die Verbindungslinie zur Geschichte des Großvaters, sondern die Auflösung der negativen Verknüpfung von Vorstellen und Machen: Daß der Opa tatsächlich *gemacht* hat, was sich Sebastian zwar vorstellen kann, aber nicht realisieren würde, ist der Springpunkt seines Staunens. Der Familienroman des Außenseiters, der ihm von seiner Mutter und seinem Großvater übermittelt wurde, wird an dieser Stelle brüchig. Wenn sein Großvater »richtig, also als Soldat« am Krieg teilgenommen hat, dann bedeutet das einen Riß in der konsistent ausgearbeiteten kollektiven Opferidentifikation der Familie. Es kommt dann ein anderes Bild zur Geltung als das des ewigen unschuldigen Opfers, des Außenseiters, der immer nur geflohen ist, das Sebastian von Mutter und Großvater vermittelt wurde. Sebastian weicht dieser überraschenden – und für ihn durchaus auch attraktiven – Perspektive mit einer Wendung ins Fiktionale aus:

»Ja, er hat erzählt, daß er immer geflohen ist. Meine Oma hat mir erzählt, die waren im Haus in Berlin und neben denen ist eine Bombe eingeschlagen, und das war schrecklich. Also wie die Menschen, die da drin lebten... Und das gibt's ja auch im Film, und diese Filme kucke ich auch total gerne, denn ich möchte einfach wissen, was da los ist.«

Eine Filmwelt: Sebastian ist mit einem Handlungs- und Aggressionsverbot versehen, das ihn geradezu dazu zwingt, andauernd die Grenzen zwischen Realität und Phantasie zu verwischen. Tatsächlich *lebt* er in diesem Niemandsland, diesem irrealen Terrain, das, wie in der dauerhaft gewordenen Rolle des Indianers, durch den Entzug realer Handlungsmöglichkeiten bestimmt ist. Deswegen ist für ihn ein Großvater, der eben nicht nur geflohen ist, sondern am Krieg teilgenommen, der gehandelt hat, etwas Verwirrendes – und Attraktives. Nur ist zweifellos das Verbot der Mutter, sich mit dieser Seite zu identifizieren, stärker. Sie selber ist ja in einer Außenseiterrolle aufgewachsen, die sie als schicksalhaft erfahren hat und die sich gut mit ihrer pazifistisch-alternativen Weltanschauung amalgamieren konnte. Als sie mir mitteilt, daß Sebastian seit einiger Zeit Karate trainiere, damit er »körperliches Selbstbewußtsein« entwickele, beeilt sie sich hinzuzufügen: »Also, er würd's nie anwenden, geht ja auch nicht... Also mit zurückhauen wollen: Kann er einfach, also kann er nicht.« Für Sebastians Mutter ist die »Gewaltlosigkeit« ebenso ein familiäres, »pseudogenetisches« Schicksal wie das Außenseitertum. Beides ist Teil einer Familienlegende, die im Effekt, zum Beispiel für Sebastian, Verhaltensmöglichkeiten kassiert. Sein ungekonnter Umgang mit (seiner eigenen) Aggressivität steht im Bann dieses Realitätsentzugs. Sie ist Teil und Konsequenz einer familialen Irrealisierungsstrategie, die wir bei Robert Teschner und seinem Sohn Peter en détail studieren konnten.

Im Interview geht es danach noch eine Weile um Filme, in denen Leichen vorkommen, bevor eine reale Tote ins Spiel kommt: die Mutter einer Klassenkameradin, die an Krebs gestorben ist und am Tag des Interviews beerdigt wurde.

Mit dieser realen Toten, die zweifellos die Phantasie vom Tod der eigenen Mutter auslöst, beginnt eine bemerkenswerte Sequenz:

»Echt, seine Mutter verlieren, das ist echt das schlimmste, was man hat. Daß jetzt sie [die Klassenkameradin, d. A.] noch erst zwölf oder dreizehn ist..., das ist echt übel. Deshalb denk ich auch ganz oft, ich hab Aids oder ich habe Krebs, das denk ich ganz oft. (I: Das denkst du oft?) Ja. Ich weiß auch nicht, warum. Weil, zum Beispiel, woran kann man das eigentlich erkennen, daß man Krebs oder Aids oder so was hat, das kriegt man ja nur so durch Körperkontakt oder wenn man mit 'ner Frau schläft oder Blut, am Blut, kann man das ja nur kriegen?«

Die Realität des Todes ist bei Sebastian in einem Phantasieraum untergebracht, der mit Vergiftungs- und Inzestvorstellungen angefüllt ist. Seine Angst, an Lungenkrebs erkrankt zu sein, begründet er damit, möglicherweise »was Schlechtes eingeatmet« zu haben. Aber diese Vorstellung ist von sekundärer Bedeutung gegenüber der Aids-Angst. Eine entscheidende Rolle spielt dabei das Blut. Als der Interviewer, der sich durch die verzweifelt geäußerten Ängste Sebastians bedrängt und hilflos fühlt, zu dem Entlastungsargument greift, er habe gar keine Chance, sich anzustecken, kontert Sebastian: »Vielleicht habe ich ja schon mal mit irgendeinem Blutsbrüderschaft gemacht oder ich weiß es einfach nicht. Vielleicht ist schon irgendwie mal, wenn ich geblutet habe, Blut, oder wenn ein anderer geblutet hat, Blut auf mich oder weiß ich nicht.«

Die Idee, von fremdem, verseuchtem Blut angesteckt zu werden, geht mit der Vorstellung von aggressiven, körperlichen Kontakten einher, in die sich

Sexualphantasien mischen. Immer ist dabei Sebastian in der passiven Rolle des Opfers. Einmal sind es auflauernde Verbrecher: »Da kommt da jemand mit so 'ner Spritze an, wo Blut dran ist, und das Blut ist verseucht irgendwie, und dann so: Gib mir sofort dein Geld, sonst stech ich zu.« Dann sind es Aidskranke, die in zerstörerischer Absicht mit Unschuldigen ungeschützten Geschlechtsverkehr haben. Allerdings glaubt Sebastian an die protektive Wirkung von Kondomen ohnehin nicht. Er enthüllt in seinem Zweifel eine bemerkenswerte »Sexualtheorie«: »Daß so 'n Kondom dann schützt, das glaub ich einfach nicht. (I: Wieso?) Weiß ich nicht. Ist glaub ich immer noch ein Blutkontakt. (I: Also du hast Angst vor dem Blut von anderen irgendwie?) Ja. Also ich würde mit niemandem Bluts..., gerade jetzt, und in den folgenden Jahren, ich würde mit niemandem Blutsbrüderschaft machen, weil es breitet sich immer schneller aus. Und auch jetzt Leute, die Aids haben und grad ein Kind kriegen, Frauen, oh, es ist schrecklich.«

Wie es scheint, enthalten für Sebastian alle engeren menschlichen Kontakte den zerstörerischen Kern der Aggression, als deren prädestiniertes Opfer er sich sieht. Das gehe, so sagt er, bis in seine Träume: »In meinen Träumen werde ich nur gefoltert oder so. Und immer... echt, da wird nur gemordet, da spritzt eigentlich nur das Blut. Und ich weiß auch nicht, woher das kommt.«

Mir fällt Sebastians – selber so traumhaft wirkende, in den irrealisierenden Bereich seiner Lebensgestaltung hineingezogene – Erzählung ein, wie er einen Kameraden blutig geschlagen hat, und ich frage ihn: »Also wenn du da dem einen Typen die Nase blutig gehauen hast, hast du dann da Angst? Sebastian: Ne, also ich blute ja dann nicht. (I: Ja.) Also wenn der blutet, aber ich hau keinem die Nase blutig. Ne, aber wenn das so wäre, dann hätte ich keine Angst. Weil dann wäre ich wirklich stocksauer. (Pause) Haben das eigentlich viele so, daß sie Angst haben vor Aids?«

Ein Stück weit lüftet sich hier der Schleier seiner Aids-Phantasie. Aids ist eine Krankheit der Passiven, der Opfer; derjenigen, deren Blut fließt. Sobald Sebastian sich in einer aktiven, seine eigene (verbotene) Aggressivität agierenden Rolle sieht, verschwindet auch seine Angst vor der möglichen Ansteckung. Der ihm von der »Familienlogik« psychisch zugewiesene Platz ist aber der einer »pazifistischen« Passivität, die in den Vorstellungen seiner Mutter begründet ist – wie wir wissen, nicht zuletzt durch eine Identifikation mit der Geschichte ihres Vaters. Über die ausführlichen Passagen zum Thema Aids und Tod kommt das Gespräch mit Sebastian zurück auf Schule, Internat und den Großvater, den er sich durch meine Information zum ersten Mal als »Soldaten« vorstellen mußte: »Und der Krieg war, ist bestimmt hart für ihn gewesen. Weil mein Opa, der findet's nicht richtig, wenn man irgendwie schlägt oder so und dann hieß es ja: stark, nicht weinen, hart. Echt, ich glaub nicht, daß ihm das so richtig viel Spaß gemacht hat... Aber Krieg war, dann haben die auch schießen gelernt und so. Hätt ich weniger Lust. Würde ich schon alle Waffen irgendwie zertrümmern oder so.«

Ich habe keine Ahnung, warum ich daran die Frage knüpfte: »Hast du auch schon mal geschossen?« Aber die verblüffende Antwort ist ein zustimmendes Nicken und die Erzählung über einen Fremden an der Wohnungstür, der angeblich zu den Nachbarn wollte, und dann zu Sebastian, der mit seinem jüngsten Bruder allein zu Haus war, in die Wohnung. Ihm war das unheimlich, und er hat seinen Bruder in den Keller geschickt, ihm das Luftgewehr zu holen: »Da hab ich erst mal geladen. Da hatt ich erst so richtig Muffe. Erst mal geladen, erst mal zwei Patronen genommen, aber nur mit Luft geladen, weil ach, ich kann das nicht. So schießen, das ist schrecklich. Wenn man auf jemanden schießen müßte, schrecklich.«

Natürlich hat Sebastian nicht geschossen, weil der Fremde sich längst freiwillig entfernt hatte – und es bleibt in seiner Erzählung auch ein wenig unklar, ob er nun nur »Luft« oder doch Blei geladen hatte. Aber es ist deutlich, daß seine *Bereitschaft*, sich zu wehren – gleichgültig, wie realistisch seine Situationseinschätzung war –, mit seinen vorher geschilderten Ängsten und Phantasien zu tun hat: »Ich hab mir erst mal überlegt, was der alles getan hätte oder getan hätte können. (I: Und was ist dir da eingefallen?) Sexuelles. Er hätte uns schlagen können, er hätte uns töten können, er hätte alles mit uns machen können.«

Unverkennbar ist aber auch, daß sein »Schluß« von der Phantasie auf die Realität, der ihn in die »legitime« Rolle dessen versetzt, der, wie die Indianer, lediglich aus Selbstschutz und Notwehr gewaltsam handelt, Sebastian einen gewissen Lustgewinn verschafft, den er freilich selber zu vereiteln gezwungen ist. Auf der einen Seite beschreibt er mir detailliert, wie er im Fall des Falles nach einem sorgsam überlegten »Phasenmodell« der Abschreckung vorgegangen wäre. Er spielt mir szenisch vor, wie der Eindringling nach dem ersten Schuß – »nur mit Luft« – »rumgejault« hätte. Den darauffolgenden Schritt der Eskalation der Gegengewalt (in die Decke schießen – mit Luft auf die Person schießen) läßt er unbeschrieben (»Ich hatte zwei Bleikugeln in der Hand, falls da...«). Aber zugleich muß er für sich die Aura der Gewaltlosigkeit aufrechterhalten – und sich damit aus der phantasierten Rolle des Handelnden, des (legitimierten) »Täters« wieder herauskatapultieren. Über seinen »Luftangriff« sagt er: »Nur mit Luft! Das hätte aber auch nicht viel gebracht, weil der hätte sich bestimmt schlappgelacht, echt, so 'n kleiner Furzer mit dem Gewehr.«

Sebastian fällt sich selbst in seinen Phantasien »in den Arm« und bleibt am Ende, in seinem Selbstbild, als »kleiner Furzer« zurück. Natürlich springt die Ähnlichkeit der Szene zu Robert Teschners Erzählung vom Kriegsende ins Auge. Sebastians »kleiner Furzer mit Gewehr« wirkt geradezu wie die ironische Steigerung des selbst schon hochironischen »historischen Aktschlusses«, in dem Robert Teschner sich selber als halbwüchsigen Soldaten mit leerem Gewehr, im ersten Interview, so beredt dargestellt hatte. Was beide Erzählungen eigentlich miteinander verbindet, ist aber nicht die Ähnlichkeit der Szene – denn sie ist kontingent –, sondern die Ähnlichkeit ihres emotionalen Gehalts für die Akteure. In beiden Szenarien ist ein Dementi enthalten, das das bisher durch die Selbstdarstellung evozierte Bild der Person revidiert: eine Phantasie des Versagens oder Ungenügens der Akteure. Allerdings mit einem bezeichnenden Unterschied. Bei Robert Teschner ist das Bild des letzten NS-Soldaten mit dem verschossenen Pulver wirkliche Ironie, weil für ihn aufgrund seiner Napola-Erziehung etwas anderes vorgesehen war, nämlich aufopferungsvolles und heldenhaft-kämpferisches Verhalten. Bei Sebastian resultiert die Ironie dagegen daraus, daß er etwas tut, was von ihm *nicht* erwartet, ja, was ihm als Verhaltensmöglichkeit *abgesprochen* wird: aggressives Handeln – Handeln, das aber sozusagen nur die Luft bewegt, sich seltsam in nichts auflöst.

Nach einer klassischen Definition ist das Lachen »ein Affekt aus der plötzlichen Verwandlung einer gespannten Erwartung in nichts« (Kant 1956, 190). In diesem Sinne ist Sebastians Aktion »lachhaft«: Das vermeintlich bedrohliche Subjekt, das Objekt seiner »Gegengewalt« werden soll, löst sich plötzlich in nichts auf und entwertet damit nicht nur Sebastians Handlungsbereitschaft, sondern auch seinen Affekt. Für den Zuhörer, der vorher mit phantastischen Aids- und Krebsphantasien konfrontiert wurde, bleibt der Schatten eines Zweifels über der gesamten Erzählung. Hat sich Sebastian – vielleicht, *weil* er mit Aggressivität nicht umgehen kann – nur wichtig gemacht? War der Fremde nicht vielleicht doch nur ein völlig harmloser Passant? Es bleibt im dunkeln. Im Gedächtnis bleibt der Zusammenhang von aggressiv-sexueller Phantasiebildung und einer psychisch erstaunlich hochorganisierten »Wehrbereitschaft«.

Die Ähnlichkeit zu Robert Teschners, wenn man ihm Glauben schenken will, *einzigem* Kriegserlebnis bleibt trotzdem verblüffend. Es ist nicht auszuschließen, daß er es Sebastian erzählt haben könnte: schließlich paßte es ins Bild dessen, was von der eigenen Person als »überlieferungswürdig« im Sinne der Familienlegende erachtet wird. Für die Interpretation spielt die, wie man dann konsequent sagen müßte, »Reduplikation« von »kleiner Furzer mit Gewehr« keine Rolle. Interessant ist aber, daß in Sebastians »Notwehrszene« ein »richtiges«, zwar ein Luft-, aber kein Spielzeuggewehr auftaucht.

Peter Teschner hatte mir im Interview seine kritische Einstellung zur Erziehungspraxis seiner Schwester Sabine mitgeteilt, die ihren Söhnen durch Besuche bei Karl-May-Festspielen ein »falsches Indianerbild« beibringe und ihnen Spielzeugwaffen nicht verbiete. Die Differenz zu seinem eigenen Verhalten als Erzieher formuliert er so:

»Sie erlaubt das und, äh, wir verbieten es nicht zum Beispiel, weil so, wenn der Stratman peng peng peng macht und dann schießt, ist das in Ordnung, solange es ein Stock ist und nichts Fertiges. Solange es also seine Phantasie ist und er irgendwelche Gegenstände zu irgendwelchen anderen Gegenständen erklärt, dann ist das seine Sache. Und töten spielt eine Rolle in der Entwicklung, oder die Auseinandersetzung mit dem Tod. Die halte ich auch für wichtig. Was mich stört ist dieses Fertige, dieses Vorgefertigte, was meiner Meinung nach die Phantasie kaputtmacht.«

Peter Teschner löst hier konsequent die Erziehungsmaximen seines Vaters ein. Dieser war im Interview auf dasselbe Thema des kindlichen »Waffengebrauchs« in einer interessanten Verknüpfung gekommen. Er erzählt von »Hänseleien« auf der Napola, die mit seiner Erythrophobie zu tun haben:

»Und hier passiert es dann manchmal, daß jemand, der eine normale Kindheit hatte im behüteten Haus, dann auch sagt: ›Ach, jetzt wird der rot.‹ Also ich kann das, bring das gar nicht, weil ich genau weiß, wie dem zumute ist. Nun weiß ich aber nicht, ob solche Erlebnisse, ob die nicht mit der eigenen Psyche zu tun haben oder ob das auf dieser Schule, also ich glaube, daß auf der Schule es forciert worden ist. Ich habe mich davon gelöst, und es bedrückt mich nicht mehr, ich bin froh, daß ich das hinter mir habe. Ich würde also meine Kinder nie da hinschicken und würde höchstens es in ihre eigene Wahl stellen und sagen, möchtest du gerne aufs Internat oder nicht. Also zum Beispiel bring ich es heute noch nicht fertig, eine Blume zu schießen auf dem Rummel. Also es, nein, nein… Als meine Kinder, der Junge, anfing, er will eine Pistole haben, sag ich, das kommt überhaupt nicht in die Tüte. Aber der hatte sich selber aus Holz so was gemacht und hat natürlich peng peng gemacht. Das hat mich, ich wußte nachher, das kann man denen nicht austreiben, das ist so eine Zeit, das überlebt sich ja (lacht), es wächst sich aus, aber da wir geschossen haben – nein, es gab auch mal KZ-Leute da in P., und zwar irgendwann Ende vierundvierzig, Anfang fünfundvierzig als die, die mußten da einen Feuerlöschteich ausheben, und es war ziemlich fiese Arbeit, weil da Fels drunter war, es war auf so einem Berg, und das waren so, weiß nicht, vielleicht sechzig Leute oder so. Und einmal in der Woche duschten die, da in unseren Duschräumen. Und da war uns verboten, mit denen zu reden und es wurde uns auch erklärt, es wurde hinterher alles gereinigt und da bliebe nichts von diesen Schweinen da übrig. Aber ich weiß noch, ich habe mich mal mit so einem Schar- oder Oberscharführer von der SS, der die da bewachte, mit einem Freund zusammen am Schießplatz unterhalten. Und uns war eigentlich nicht genau klar, was KZ ist, wer da ist, darüber ist eigentlich nie gesprochen worden. Die waren für uns so eine Art von Häftlingen und die hatten nicht die blaue Kleidung von Zuchthäuslern an, die ich kannte, weil mein Vater da in dem Ndorfschen Zuchthaus auch manchmal zu tun hatte und manchmal die sah, sondern gestreift. Und dieser Mann erzählte mal, nein, nein, er sei ja froh, daß er hier sei, das sei ja..., ich sagte: ›Müßt ihr aber schwer arbeiten.‹ Und ›och‹, sagte er, ›es gibt viel Schlimmeres‹. Aber es war eine Andeutung, aber diese Andeutung, die saß auch in uns fest, also dachte... irgendwo gab's das. Und als das schließlich nachher bekannt wurde, daß das da war, ja da kapierte man nun, was da war. Ein Großonkel von mir lebte in A. und war ein Goldfasan, also so ein politischer Leiter, so hießen die, die machten irgendwelche Veranstaltungen und so, und ich weiß noch, daß der Ende vierundvierzig, als ich bei denen sonntags zu Besuch war, hatte der Zweifel daran, daß wir den Krieg noch gewinnen. (I: Ende vierundvierzig?) Ja, und das hat mich empört. Und da habe ich nach Hause geschrieben im Brief: Ich war bei Onkel Klaus und der hat das und das gesagt, am liebsten würde ich ihn ins KZ bringen. So. Übrigens KZ hatten wir, ich hatte jedenfalls eine Vorstellung davon, und zwar durch den Film ›Ohm Krüger‹. Und da haben die Engländer in Südafrika irgendwann Konzentrationslager. Und da sah man, es war ein Lager, und da war ein Zaun drumrum, und da gab's Wachtürme, *und wer rauswollte, der wurde erschossen*. Und irgendwo lebten die. Also es war für mich mehr so eine Art von Gefangenenlager, das war für mich KZ. Und so war auch die Bedeutung: ›Am liebsten würde ich Onkel Klaus ins KZ bringen.‹ Weil, ich fand das wirklich unglaublich.«

In einer rasenden Assoziationskette geht es von der persönlichen Kränkung, dem, was auf der Napola »forciert« worden sei, zur Kindererziehung und von da, in einem inexplizierten Vergleich seiner Kindheit mit der des Sohnes, über das Schießen zum KZ. Den impliziten Vergleich von Napola und KZ zieht Robert Teschner nicht nur hier, sondern auch an anderer Stelle. In seiner Phantasie überlagert sich die Vorstellung, sie, die Eliteschüler, seien diejenigen, die als Konsequenz ihrer Erziehung auf KZ-Häftlinge hätten schießen sollen, mit dem Schreckbild, wie diese, Insassen einer terroristischen Institution und ihr Opfer zu sein. Diese Vermengung, diese Überlagerung von Phantasie und Realität spielt bei der Kindererziehung im Zusammenhang der Gewaltfrage eine besondere Rolle. Robert Teschner verbietet Peter ebenso »reale« (Spielzeug-)Waffen, wie dieser seinem Sohn. Aber beide wissen, daß sie gegen die Macht der Phantasie letztlich »wehrlos« sind. Sie unterdrücken deshalb das »Realitätszeichen« und lassen der Phantasie freien Lauf: bloß nichts »Vorgefertigtes«, mit dem das Töten im Spiel den Anschein von Realität bekäme. Schon das würde bedrohlich an der festgelegten und über die Generationen vermittelten Rolle rütteln, selber ein Opfer zu sein.

Mindestens bei Peter Teschner ist deutlich, daß er zwar seine eigene Erziehung in wesentlichen Punkten wiederholt, aber mit der eigenen Handlungsweise nicht vollends identifiziert ist. Mit sich selber einig ist er nur in der Kritik an der Schwester. Als ich deren Sohn, Sebastian, frage, ob er sich vorstellen könne, so wie der Großvater auf eine Internatsschule zu gehen, antwortet er: »Ne, das möchte ich mir auch gar nicht vorstellen ... Da würde ich abhauen, ich würde da immer heimlich rausgehen. Das wäre mir auch egal. Aber in der Zeit, in der Nazi-Zeit und so, da wäre ich lieber nicht abgehauen, weil *da setzt du dein Leben aufs Spiel, wenn du da rausgehst.*«

Wer mag ihm *das* erzählt haben? Niemand, natürlich. *Es* ist bei ihm so *angekommen*. In der phantasmatischen Umwandlung durch Sebastian werden Napola und KZ nicht nur einander angenähert, sie verschwimmen miteinander. Die Phantasie von Robert Teschner, die mit der Ambiguität von Täter- und Opferrolle in der Napola-Realität zu tun hat, verschiebt sich auf der Generationenachse. In der Vaterrolle hat Robert Teschner die Erfahrungen auf der Napola »entmischt«: Er hat die Ambiguität »überwunden« und ist das reine Opfer geworden, das, in der Selbststilisierung, sozusagen »nie wirklich« ein Gewehr in der Hand hatte. Wenn schon, dann ein leeres. Diese Opferidentifikation hat sich in der zweiten Generation zum Schicksal verdichtet. Peter Teschner weiß, so sagt er, gar nicht, wie man schlägt – und tut dies das einzige Mal, an das er sich erinnert, gleichsam entpersönlicht, mechanisch: wie eine Windmühle. Auch Sebastian weiß nicht, wie Aggressivität in körperliches Handeln umgesetzt wird. Aber seine Phantasie hat sich Hilfsidentifikationen geschaffen, die die Opferrolle mit dem Modell der Notwehr und der legitimen, der Gegengewalt verbinden. Der »kleine Furzer« steht nicht mehr mit dem Stück Holz als imaginärer Waffe da, sondern mit einem Gewehr, das nicht nur Spielzeug ist.

Wir wollen dieses Bild in seiner Verwandtschaft zur Kriegsszene von Robert Teschner nicht überstrapazieren, aber ebensowenig der Frage, welche Querverbindungen, welche Einflüsse hier eine Rolle spielen könnten, ausweichen. Bei Sebastian hat man den Eindruck, hier verdrehe sich etwas bereits vorher Verdrehtes noch einmal. Schon im Interview habe ich das quälende Gefühl, daß er die ihm familiär verordnete Rolle des Opfers und Außenseiters einfach nicht mehr ertragen kann.

Bei Robert Teschner war die Außenseiterrolle in der Napola, wie wir gesehen haben, in Selbstverortungsbezüge eingebettet, die man als »Überlebenslist« bezeichnen könnte. Sein »geschicktes« Außenseitertum hat ihn davor bewahrt, in der totalen Institution »Opfer« zu werden. Aber er hat die »potentielle Täterseite«, die seinen Sohn so sehr beschäftigt, wohl gespürt. Zum »reinen« Opfer mag oder kann er sich – aus ehrenwerten Gründen – nicht stilisieren, selbst wenn das seinem Wunsch entspricht und in manchen Passagen der Interviews auch so erscheint. Allerdings kann er die Außenseiterrolle mit einer gleichsam charakterologisch substantiierten Qualität zur Rolle des »Gewaltlosen« ausbauen. Diese Qualität ist die »Feigheit«, die er für sich gewissermaßen positiv reklamiert. So hat er es, glauben wir deren Erzählungen, seinen Kindern gegenüber getan. Was immer an pädagogischer Absicht dabei eine Rolle gespielt haben mag, wenn er die ihm auf der Napola zuteil gewordenen Qualifikationen als »Jammerlappen« oder »Flasche« seinen Kindern gegenüber aktiv übernahm und im »Lob der Feigheit« zur positiven Charaktereigenschaft des »Nichttäters« verschmolz, die Botschaft wurde angenommen. Peter Teschner bekennt sich ostentativ zu seiner Feigheit.

In der zweiten Generation avanciert die notgeborene (und legitimatorische) Selbstetikettierung zu einer Lebensmaxime: zu einer Art stillen Widerstandsverhaltens. Sie legiert sich, sowohl bei Peter als auch bei Sabine, mit der pazifistisch-alternativen Parole der Gewaltlosigkeit. Diese, in gewisser Weise repolitisierte Mischung ist der positive Erziehungsstoff für die dritte Generation. Sie wird für Sebastian zum Erziehungsschicksal.

Die zweite Generation hat in dieser Hinsicht eine Katalysatorfunktion. Sie leistet die »Umwandlung« von notgeborenen Verhaltensweisen in Prinzipien, die kausal mit einer Verleugnung verknüpft ist. Die zweite Generation möchte einen Gewaltursprung leugnen. Sie hat das – verständliche – Bedürfnis nach Unschuld. Dieser »unschuldige Ursprung« ist – jedenfalls gilt das für die Familie Teschner – am besten dadurch gesichert, daß eine »Substanz der Unschuld« angenommen wird, die in die familiale Erbfolge eingeht. Diese »Substanz« ist in diesem Fall die Feigheit und das Außenseitertum, also die Attribute des Opfers.

So problematisch dieser Mechanismus auch sein mag: Individualpsychologisch betrachtet, ist es eine spezifische Leistung Robert Teschners, diese »Verwandlung« vorgenommen zu haben. Er hat damit diejenigen Persönlichkeitsanteile, die auf der Napola für ihn unerwünscht, ja gefährlich waren, positiviert. Er hat die Anteile »negativer Identität«, die einmal – im Bereich der psychischen Realität – eine übermächtige Bedrohung darstellten, unter veränderten Zeitumständen zur Basis einer Anpassung umgemodelt. Das ist die Kehrseite der oben diskutierten *Angst* vor dem Außenseitertum: im Umkreis der Angst ist, wie in Hölderlins »Patmos«, auch ihr Remedium angesiedelt.

Nach 1945 hat Robert Teschner mit dem, was in ihm »aufgeplatzt« ist, eine Integrationsleistung vollbracht, die einem lebensgeschichtlichen »reframing« entspricht, wie es ihm ähnlich mit der »Umdeutung« seiner »rassischen Komposition« auf der Napola gelungen war. Die Differenz ist, daß er nun auf adoleszentem Niveau handelt. Seine »Anpassungsleistung« an das neue – wie wir gesehen haben zunächst trotzig abgelehnte – politische System ist zugleich eine wirkliche Übergangsleistung. In diesem Klima des doppelten – geschichtlichen und biographischen – Übergangs hat er sich »selbst gezeugt«.[1]

Er hat ein Stück Adoleszenz nachgeholt und ist ein »erfolgreicher Mann« – mit der Betonung auf beiden Wörtern – geworden. Er hat aus dem in der Napola entwerteten psychischen Rohstoff seines Lebens eine Identität aufbauen können – und er hat dasjenige, was sich nicht in diesen Lebensentwurf hat umsetzen lassen, abgespalten. Freilich kann die psychische Rechnung Robert Teschners nicht restlos aufgehen. Die Negation, der negative Identitätsanteil, kann nicht vollständig in Position umgewandelt werden, jedenfalls nicht in *einem* Leben. Es sind die schlechterdings nicht integrierbaren, wesentlich auf der Napola erworbenen Anteile »negativer Identität«, die er seinen Nachkommen zur Bearbeitung hinterläßt. Das, was in der genannten Rechnung nicht aufgeht, wird das psychische Erbe seiner Kinder. Sie haben damit, jedes auf seine Weise, zu tun. Das für die intergeneratio-

1 Wir erinnern uns, daß seine neue Identität mit einer Lüge – in diesem Zusammenhang eine nicht zu unterschätzende Leistung – begann, die ihn mit einer völlig anderen schulischen Herkunft ausstattete.

nelle Dynamik Entscheidende dabei ist, daß diese wirklich »unverdaulichen« Anteile zu großen Teilen »Napola-Bruchstücke« zu sein scheinen.

Es sind buchstäblich unverdaubare Brocken, die in die gelungene Synthese von Robert Teschners Leben nicht integrierbar sind. Peter und Sabine, die beide mit dem Stoff der gelungenen Synthese aufgezogen worden sind, bleiben diese Brocken gleichsam unbearbeitet überlassen. Es erfolgt hier – so unsere Vermutung – so etwas wie ein »fraktioniertes telescoping«.[1] Ein Stück Geschichte – psychisch als Trauma abgebildet – wird der folgenden Generation als »faktum brutum« übergeben, aber in seinem Ursprung unkenntlich gemacht. Die Kinder von Robert Teschner wissen bei aller Einfühlungsbereitschaft in den Vater nicht, worum es sich eigentlich handelt. Ihr wirklich schwieriges, kaum zu bearbeitendes Erbe ist gewissermaßen das, was einer symbolisierenden Leistung entzogen und deshalb nicht kenntlich ist: psychische Bruchstücke, die selber nicht zu fassen sind, sondern deren Spur man a posteriori studieren kann. Sie führen – wie wir bei Peter Teschner gesehen haben – eine »Zwischenraumexistenz«. Ähnliches gilt für seine Schwester Sabine, wenn sie Tag für Tag eine unermüdliche Betriebsamkeit entfaltet, die ihr buchstäblich kaum Zeit zum Schlafen läßt. Eines der Dinge, die sie antreibt, ist der Wunsch, ihren Kindern einen psychischen Möglichkeitsraum zu schaffen und ihnen psychischen Schmerz zu ersparen.[2] Es scheint ihr – und dabei spielt die Geschlechts*differenz* zu einem Vater, der eine problematische Geschlechts*identität* hat, eine wesentliche Rolle – nicht zuletzt deshalb nicht möglich, weil sie das aufgezwungene

1 Unter »telescoping« verstehen wir in Anlehnung an H. Faimberg (1987) die quasi unmodellierte Weitergabe von psychischen Dispositionen: Die Lebensgeschichte der Eltern wird den Kindern in einer Weise projektiv auferlegt, die sie dazu zwingt, *in* der Geschichte ihrer Eltern zu leben und ihre eigenen Entwicklungsmöglichkeiten der Aufgabe zu opfern, deren Traumata und Beschädigungen zu reparieren. Das entscheidende Moment des »telescoping« ist, daß die diesem Mechanismus Unterworfenen in zwei Realitäten leben.

2 Ein Beispiel dafür ist die Art, wie sie seit jeher die Geburtstage ihrer Kinder behandelt: Nicht nur der jeweilige Jubilar bekommt Geschenke, sondern prinzipiell jeder, einschließlich ihres Mannes. Ihre Begründung, kein Kind könne verstehen, wenn ausschließlich ein anderes Geschenke bekomme, leitet sie aus familiären Erfahrungen ab. Für sich selber nimmt sie in Anspruch, nicht beschenkt werden zu wollen – jedenfalls nicht öffentlich, weil sie sich sonst zu stark unter dem Druck fühle, »sich freuen zu müssen«. Ihr Versuch, für sie schmerzhafte Erfahrungen nicht zu wiederholen, verwandelt sich unterderhand in ein Zwangsritual mit desindividualisierenden Effekten.

Erbe des Außenseitertums, der Gewaltlosigkeit und Feigheit mit Phantasien über Geschlechtseigenschaften und -rollen, oder auch dem Protest dagegen, heillos vermischt.

Für ihre Söhne, insbesondere für Sebastian, resultiert daraus, daß er nur noch im Phantasieraum Zugang zu Gewalt und Aggressivität hat. In der Realität ist er ihr hilfloses Opfer. Die ihm aufgenötigte »Feigheit« als Charaktereigenschaft ermöglicht es nicht mehr, der Gewalt auszuweichen, weil sie kein adäquates Mittel ist, seiner real vorhandenen, aber tabuierten Aggressivität sublimatorischen Ausdruck zu verleihen. Sebastian ist geradezu gezwungen, das »Anderssein« zu *agieren*, das bei anderen gewaltauslösend wirkt. Es ist seine *passive*, in keine gelungene Form gebrachte Aggressivität, die zweifellos einen Beitrag zu seiner notorischen Opferrolle leistet. Sebastian realisiert damit das Erbe einer Kette von psychischen Umsetzungen, Projektionen und Reaktionsbildungen. Er weiß davon nichts. Tatsächlich, so unsere Vermutung, realisiert er einen »Auftrag«, der eine – nicht zu leistende – Kompromißbildung zwischen der Generation seiner Mutter und seines Großvaters zum Ziel hat. Bislang hat es ihm nur den Erfolg eingebracht, eine Opferidentifikation in eine reale Opferrolle übersetzt zu haben.

Kommen wir zurück zu seinen Träumen, in denen bekanntlich das »Blut spritzt«. Freilich ist nicht ausgemacht, ob es wirklich, wie er behauptet, wenn er angibt, im Traum immer nur Opfer zu sein, das seine ist. Der schrecklichste Alptraum, den er mir mitteilt, hat folgenden Wortlaut:

»Das Schlimmste wär, auch für mich, das Allerschlimmste, davon hab ich mal geträumt: Meine Eltern und meine Familie wurde an die Wand gestellt, also meine ganze Familie, alle in einer Reihe, dann standen da irgendwie Militär oder so und dann sollte ich sagen, ja wer erschossen werden sollte. Drei sollten erschossen werden. Von der ganzen Familie sollten drei erschossen werden. Und ich sollte mir die aussuchen, wer. Und dann, dann habe ich mich angeboten und sie meinten, ne, ne, mache ich nicht, dich nicht, drei von den Leuten, da, das ist so schrecklich.«

Es geht mir hier weniger darum, den – vergleichsweise trivialen – Wunscherfüllungsgehalt zu untersuchen, der sich in der Möglichkeit ausdrückt, alle seine familiären Rivalen um die Gunst der Mutter (drei Opfer = Vater und zwei Brüder) auszuschalten, sondern um die szenische Wiederholung der »Reihen«-Konfiguration. Zum dritten Mal tauchen im Interview »aufgereihte« Personen auf. Nach der zweifellos realen »Indianer-raus-Szene« fanden wir das Reihenmotiv in der – wahrscheinlich aus Traum- und Realitätselementen gemischten – »Rache-des-Indianers-Szene«.[1] Nun ist es, in einer explizit als solche gekennzeichneten Traumerzählung, die eigene Familie, die in einer Reihe aufgestellt ist. Hier ist die Reihe die der Opfer, die kein anderer als Sebastian bestimmt. Sein Wort entscheidet über Leben und Tod. Das heißt aber auch, daß er gezwungen ist, Entscheidungen über Individuen zu treffen; zweifellos im Rahmen eines Alptraums ein qualvoller Vorgang. Die Reihenphantasie ist deutlich ein traumatisches Szenario: Es geht um keine einzelnen, sondern um Massen, aber einer bestimmten Ordnung folgende Massen. Sie sind, auf wessen Befehl auch immer, angetreten, Zeugen einer Schmach zu werden – und sie werden, das ist die Traumphantasie, das Opfer der Rache dieser Schmach.

Ebenso geschah es in Robert Teschners zentraler Erniedrigungserfahrung der Haarschneideszene: »Und immer vor versammelter Mannschaft...« Bei seiner Demütigung in der Napola war tatsächlich die versammelte Mannschaft »in Reih und Glied« angetreten. In beiden Szenarien: dem realen von Robert Teschner und den in verschiedenen Realitäts- und Phantasiemodi durchdeklinierten »Reihenszenen« von Sebastian, geht es um ein Ausgeliefertsein an eine von Menschen repräsentierte, aber durch ihre Inszenierung unmenschlich wirkende, anonyme Macht; es geht um die Verwandlung von Lebendigem in Starres und um die unwiderstehliche Macht, die diese formierte Mehrheit auf den Außenseiter, den, der aus der Reihe tanzt, auszuüben vermag. An diesem Punkt ließe sich Sebastians Tagtraum-Phantasie, durch diese bedrohlichen, unbeweglichen Reihen zu laufen und sie gewissermaßen dadurch zu reindividualisieren, daß er jedem einzelnen »mit einem (Gummi-)Messer« ins Gesicht schlägt, wohl buchstäblich in den historischen Phantasiehaushalt seines Großvaters in der Haarschneideszene übertragen: »Ohnmächtig vor Wut« wird er Ähnliches gewünscht haben; nur, nach unserer Vermutung, in einer offeneren, weniger tabuierten und

1 Im zweiten Interview geht es noch einmal um diese Szene, die er, detailgetreu, genauso beschreibt wie beim ersten Mal. Diesmal läßt er allerdings auch noch seinen Bruder, der ihm anfangs beistand, »plötzlich« in die feindliche Reihe wechseln. Sebastian macht mir, auf meine Nachfrage, warum die denn alle stillgehalten hätten, sogar die straffe, breitbeinige, den Körper zu einer Art Dreieck umbildende Haltung der »Reihenmitglieder« vor: «Die standen wie im Schlaf da. Breitbeinig und immer so... Ich weiß nich, ob das ein Traum war oder... Das ist komisch, und dann hab ich immer jeden... aber das war so.« Sebastian weiß also buchstäblich nicht, ob diese Szene der Realität, der Phantasie oder dem Traum angehört.

»verfälschten« Form. Bei Sebastian unterliegt alles Aggressive, selbst noch im Wunschbereich, einer so strengen Zensur, daß er nicht nur nicht weiß, ob es Traum, ob es Realität ist, sondern selbst die einzelnen Motive sind verfälscht, entschärft, »political correct«. Es ist kein Messer, sondern ein Gummimesser, mit ihm wird nicht gestochen, sondern geschlagen.[1] Es ist kein Gewehr, sondern ein Luftgewehr und auch noch »ohne Blei« – oder doch mit Blei? Es bleibt alles »in der Schwebe«, im unklaren. Sebastians Umgang mit diesem Teil seines Lebens unterliegt einer umfassenden Irrealisierung. Diese traumhafte Irrealität enthält immer wieder die eine Phantasie: die des »unschuldigen Tätertums«. Im Traum ist Sebastian nicht der Passive, sondern tritt in einer aktiven Rolle auf. Er hat darüber zu entscheiden, wer Opfer sei. Daß diese Rolle, die, wie gesagt, die Dimension der Wunscherfüllung beinhaltet, nicht nur eine angenehme oder lustvolle ist, versteht sich. Es scheint, als sei Sebastian ein Lustgewinn im Bereich der Aggressivität nicht möglich.

Zwei Jahre nach dem ersten Interview mit Sebastian habe ich ein zweites Gespräch mit ihm. Ich bin erstaunt darüber, wie »komplett« der mittlerweile 14jährige, der mir am Anfang des Interviews mitteilt, er habe keinerlei bewußte Erinnerung an unser erstes Gespräch, außer, daß es um »Faschismus« gegangen sei, ganze Passagen der damaligen Unterhaltung fast identisch redupliziert. Daß er bestimmte Einschätzungen oder Verleugnungen aufrechterhalten hat, die das sorgsam gehütete »Gesamtbild« seiner Familie mit der Tradition der Gewaltlosigkeit stützen, überrascht mich dagegen nicht. Sehr ausführlich geht Sebastian dabei noch einmal auf die Geschichte seines Großvaters ein, auf die er selber den Beginn dieser Tradition zurückführt. Der Ausgangspunkt dieser Gesprächssequenz ist diesmal Auschwitz. Sebastian erzählt mir, wie stark er sich gerade jetzt wieder – im Umfeld des fünfzigsten Jubiläums der Befreiung von Auschwitz-Birkenau und der Aufführung von »Schindlers Liste«[2] – mit »KZ und Faschismus« beschäftigt

1 Den Sinn dieser Umsetzung verrät Sebastian im zweiten Interview: Mit einem Messer zu drohen sei deshalb unsinnig, weil diese Drohung entweder zurückgenommen werden, das heißt in sich zusammenbrechen müsse, oder, würde sie ausgeführt, mit Tod ende. Da dieser Gedanke zu Recht perhorresziert wird, ist derjenige, der mit dem Messer droht, am Ende wieder nur ein nicht ernst zu nehmender »kleiner Furzer«.

2 Interessant ist dabei folgendes: Sebastian, der, wie er sagt, »tausend Bücher« über die KZs und den »Faschismus« gelesen habe, hat, im Gegensatz zu vielen seiner Altersgenossen, den Spielberg-Film nicht angesehen. Genau klarmachen, warum, kann er

habe. Wieder beschäftigt ihn, daß der Großvater ein »Opfer des Systems« war. Sebastian hebt deutlicher als vor zwei Jahren hervor, daß er mit dem Opa über all das gesprochen habe. Und deutlicher als vor zwei Jahren kontert er meine Frage, ob der Großvater auch über seine Soldatenzeit gesprochen habe, mit der – für seine Verhältnisse – fast scharfen Replik: »Mein Opa *war* nicht Soldat.« Die Information, die er in unserem letzten Gespräch mit ambivalenter Neugier aufgenommen hatte, ist der Verleugnung anheimgefallen. Sein Großvater war für Sebastian sowenig Soldat wie dieser es – in seinem Selbstverständnis – wohl wirklich gewesen sein mag. Wie auch immer, Robert Teschner *war* Soldat. Das heißt auch: Er war mit dem staatlich sanktionierten Tötungsauftrag versehen, der gewissermaßen dem sozialisatorischen Erbe der Napola-Erziehung folgte; Zufall, daß er nicht davon Gebrauch gemacht hat. Es war Peter Teschner, der diesen »Zufall« mir gegenüber so hervorhob und für sich »psychologisch substantiierte«, indem er aus der »potentiellen Täterschaft« seines Vaters für sich die Maxime der prinzipiellen Gewaltlosigkeit ableitet. Etwas Ähnliches tut Sebastian mit seiner Verleugnung eines möglichen »Gewaltursprungs« (»Opa war nicht Soldat«) – jedoch mit der Differenz, daß er *nicht mehr weiß*, daß es ein reiner Zufall war, der Robert Teschner von einer Beteiligung an Kriegshandlungen fernhielt. Für ihn ist Robert Teschner »wesensmäßig« kein Soldat. Sebastian macht sich sozusagen »klinisch rein« von allen »Täteranteilen«, selbst in seiner Genealogie.

Am Ende des Gesprächs geht Sebastian noch einen Schritt weiter. Beim Versuch, sich einen utopischen Zustand auszumalen, in dem es keine Gewalt und Trauer gibt, in dem »Glück« möglich würde, bringt er ein seltsames Vexierbild des Nationalsozialismus ins Spiel: einen Hitler mit und ohne Krieg, Gewalt, Vernichtung. Auch der extremste Repräsentant des Gewaltzusammenhangs kann von diesem losgelöst vorgestellt werden. Weiter kann man in der Verleugnung eines »Gewaltursprungs« nicht gehen. Man kann sich dem Eindruck kaum entziehen, hier zeitige die von seinem Großvater ausgehende und von dessen Schulzeit wesentlich bestimmte Familiengeschichte das Resultat eines politischen »Symboldefekts«:

nicht. Aber es wird deutlich, daß es um ein »Bilderverbot« geht: Er könnte mir, auch ohne daß er den Film gesehen hätte, sagen, wie er wäre, nämlich »interessant«. Jedoch in erster Linie für »Faschos und Rechte«, für all jene, die sich noch nicht der Tour de force einer gründlichen Aufarbeitung der Vergangenheit unterzogen hätten, die ihn, Sebastian, kennzeichne.

»Sebastian: Also, ich hab so diesen Begriff Anarchie. Alle sagen Anarchie: Für mich ist Anarchie das, das ist ein System… also es ist ein System, in dem… das kann gar nicht funktionieren, aber das ist so mein Ziel, was ich gerne haben würde. Es gibt Geld, es muß genügend Arbeitsplätze geben. Zum Beispiel, was auch im Dritten Reich war: Hitler, hätte der diesen blödsinnigen Krieg nicht angefangen, dann würde hier von ihm ein Bild hängen. Der hat den Menschen das gegeben, was sie wollten, Arbeitsplätze und ja alles, einfach. Ja und das, also einfach Arbeitsplätze, irgendwie so das Kapital auch an jeden, daß einfach keine Kriege mehr möglich sind, daß keiner das Gefühl haben muß, ich brauch mehr, sonst bin ich pleite, ich brauch mehr, niemand hat die Angst irgendwie, daß er überfallen wird, weil jemand Geld braucht oder so, weil man das so verdrehen oder so, ich weiß nicht, ob das richtig ist oder ob das falsch ist, aber daß eigentlich, daß man glücklich ist, ja. Ich glaub, das kann nicht funktionieren, also das verstehe ich unter diesem Begriff. Einige sagen, das sind keine Gesetze, aber unter dem keine Gesetze stelle ich mir vor: keine Polizei, nichts, also zum Beispiel in meiner Anarchie braucht man einfach keine Polizei, weil es so was nicht gibt, da braucht man igendwie, es gibt keine Trauer oder so.
Interviewer: Keine Trauer?
S: Ja, oder so, natürlich, wenn jemand stirbt oder so, ganz klar, aber da braucht man keine Rache oder… aber einige sagen, mein Haus ist mein Haus, es gibt keine Gesetze mehr, verstehst du, wenn mich irgendwelche Popper nerven, Anarchie, was soll das denn, mein Haus, tut mir leid, und dann baller ich den ab.
I: Aber dann wäre ja, nach dem, was du sagst, das, was Hilter dann gemacht hat oder gewollt hat, gut.
S: Allerdings, klar.
I: Welche Sachen meinst du denn? Du hast gesagt, Krieg war schlecht…
S: Das war das Negative, aber er hat den Leuten zu tun gegeben, er hat ihnen ein gutes Gefühl gegeben, irgendwie, Arbeitsplätze, genug Arbeitsplätze, und es gab ja kaum, also jeder hatte Arbeit, kaum Arbeitslose und so Sportarten und so, die sind alle besser geworden. Also das waren ja echt dann Sieger. Und das also, insofern denke ich schon, ich kann nicht sagen, war ein toller Typ oder so, aber das fand ich gut und das finde ich auch gut.
I: Und was sind dann die schlechten Seiten gewesen?
S: Also sein Rassenwahn da. Deutsche gut, andere schlecht oder arische gut…
I: Und du meinst auch, daß die Deutschen sich da im Grunde besser gefühlt haben, damals?
S: Ja die haben alle so ein Gefühl gekriegt, denk ich mal, also nicht so, wir sind besser, ihr seid schlecht, also, die sind so und so die Besten.«

Epilog

Wir möchten nicht resümieren. Dieses Buch verdient, so meinen wir, keinen anderen Schluß als einen, der so offen bleibt wie die Geschichte, der wir uns in einzelnen Lebensgeschichten zu nähern versucht haben. Die dritte Generation unseres Samples tritt gerade ins Erwachsenenalter ein oder steht kurz davor. Sie wird darüber entscheiden, wie das »letzte« Kapitel auszusehen hat. Sie wird letztlich auch die Perspektive bestimmen, unter der man ihre Eltern und Großeltern eines Tages wahrnehmen wird. Tatsächlich gehört es zur Logik des Generationenverhältnisses, daß erst die *erwachsene* Gestalt einer Generation die Konturen der vorausgehenden ins rechte Licht rückt. In unserer Forschung ist uns deutlich geworden, daß es diese Logik – und nicht der »gute Wille«, die subjektive Intention – ist, die auch über die Möglichkeiten der Darstellung entscheidet. Wenn wir den kritischen Lesern unseres Forschungsberichts Glauben schenken dürfen, dann sind unsere Versuche, die Geschichte der Napola-Schüler aufzuschreiben, »sprechender« ausgefallen als die Porträts ihrer Kinder – obwohl diese uns psychologisch und erlebnismäßig näherstehen; obwohl es ihr Schicksal ist, das uns am stärksten beschäftigt. Ähnlich wird es mit der dritten Generation sein: Erst ihre konturierte postadoleszente Gestalt wird die Besonderheit ihrer Eltern voll ans Licht bringen. Soviel ist klar, wir sind heute mitten im Prozeß der Ausreifung und Veränderung der Generationsgestalten, die auf die der Napola-Absolventen folgen. Insofern hat die vorliegende Untersuchung den Status einer Momentaufnahme. Um sie zu vervollständigen, um aus dem »Schnappschuß« ein wirkliches Porträt zu machen, sind wir auf die Ergänzung durch Erfahrungen und Zeugnisse angewiesen, die unseren Forschungsrahmen transzendieren. Anders formuliert: Das ausstehende letzte Kapitel dieses Buches kann nur aus den Reaktionen derer entstehen, die es angeht.

Dies ist keine leere Deklamation der Autoren. Zu unserem Methodenverständnis gehört konstitutiv die Idee einer Konfrontation unserer Ergebnisse mit den Wahrnehmungen und Sichtweisen unserer Adressaten. Adressaten sind für uns nicht nur diejenigen, die der von uns erforschten Gruppe angehören, sondern all jene, die über Generations- oder Institutionserfahrungen verfügen, die sich mit jenen unseres Samples vergleichen lassen.

Zu unserer Methode gehört mithin konstitutiv das *Wiedererkennen* von Erlebniszusammenhängen; das Wahrnehmen von *Ähnlichkeiten*; der – zunächst ganz »individuelle«, möglicherweise kontroverse – *Vergleich von Erfahrungen* und die Auseinandersetzung darüber. In diesem Verständnis ist das vorliegende Buch ein »Zwischenresümee«: Wir bieten mit seiner Veröffentlichung unseren Lesern ein Spielfeld der historischen Reflexion und Kritik. Natürlich gilt das in erster Linie für diejenigen, die eine Napola besucht haben oder einer »Napola-Familie« entstammen. Aber, was immer auch an der Napola-Sozialisation »spezifisch« ist – und gerade das haben wir versucht, herauszuarbeiten –, mit ihr haben wir gleichsam einen »empirischen«, einen historisch realisierten »Idealtypus«, in dem sich, wie es Max Weber für den Idealtypus als erkenntnisförderndes »Gedankenbild« forderte, die geschichtliche Wirklichkeit verdichtet. Mit dem notwendigen Sinn für Ironie kann man sagen, daß dieses »durch einseitige Steigerung eines oder einiger Gesichtspunkte und durch Zusammenschluß einer Fülle von diffus und diskret, hier mehr, dort weniger, stellenweise gar nicht, vorhandenenen Einzelerscheinungen, die sich jenen einseitig herausgehobenen Gesichtspunkten fügen« (Weber 1968, 191) gewonnene Gedankenbild im Falle unserer Untersuchung bereits eine Gestalt der Realität war.

Wir sind der Überzeugung, daß die Darstellung von gesellschaftlichen »Spitzenphänomenen« einer Epoche den Vergleich mit ihren Normalbedingungen sowohl ermöglicht als auch herausfordert. Das heißt praktisch: Unser Forschungsprojekt wird sich erst durch Einbeziehung der Reaktionen unserer Leser vollenden lassen. Wir sehen keine andere Möglichkeit, als das Schlußkapitel dieses Buches zusammen mit denjenigen zu schreiben, die in der Lage sind, ihre eigenen Erfahrungen auf den von uns vorgelegten Interpretationsansatz zu beziehen. Wir fordern Sie auf, uns Ihre Eindrücke und Kritiken, Ihre Einwände und Ideen mitzuteilen. Wir werden versuchen, mit denen, die an einer Fortschreibung dieses Buches wirklich interessiert sind, in Kontakt zu treten. Es ist unsere Überzeugung, daß aus dem Durcharbeiten der daraus resultierenden Diskussionen der Stoff für ein abschließendes Kapitel zu gewinnen sein wird.

Auswahlbibliographie

Adorno, Theodor W./Frenkel-Brunswik, E./Levinson, D.L./Sanford, R.N., The Authoritarian Personality, New York 1950.

Adorno, Theodor W., Zum Verhältnis von Soziologie und Psychoanalyse (1955), Soziologische Schriften I, in: Ges. Schriften, Bd. 8, Frankfurt am Main 1972.

Adorno, Theodor, W., Erziehung nach Auschwitz, in: Erziehung zur Mündigkeit, Frankfurt am Main 1972.

Adorno, Theodor W., Was bedeutet Aufarbeitung der Vergangenheit?, in: Ges. Schriften, Bd. 10.2, Frankfurt am Main 1974.

Adorno, Theodor W., Studien zum autoritären Charakter (1950), Frankfurt am Main 1973.

Adorno, Theodor W., Schuld und Abwehr. Eine qualitative Analyse zum Gruppenexperiment, in: Ges. Schriften, Bd. 9.2, Frankfurt am Main 1975.

Améry, Jean, Widersprüche, Stuttgart 1980.

Améry, Jean, Jenseits von Schuld und Sühne, Stuttgart 1977.

Améry, Jean, Weiterleben – aber wie?, Stuttgart 1982.

Anders, Günther, Besuch im Hades: Auschwitz und Breslau 1966, München 1985.

Anders, Günther, Hiroshima ist überall, München 1982.

Anders, Günther, Die Antiquiertheit des Menschen, Bd I, München 1956; Bd. II, München 1980.

Antelme, Robert, Das Menschengeschlecht, München 1990.

Anzieu, Didier, Das Haut-Ich, Frankfurt am Main 1991.

Anzieu, Didier, The Group and the Unconscious, London 1984.

Arendt, Hannah, Zur Zeit, München 1989.

Arendt, Hannah, Von der Menschlichkeit in finsteren Zeiten, München 1960.

Arendt, Hannah, Elemente und Ursprünge totaler Herrschaft, Frankfurt am Main 1975, 2 Bde.

Arendt, Hannah, Eichmann in Jerusalem, Leipzig 1990.

Argelander, Hermann, Das Erstinterview in der Psychotherapie, Darmstadt 1987.

Argelander, Hermann, Text, Struktur und Interpretation, in: Psyche 36, 1986.

Armansky, Gerhard, Maschinen des Terrors, Münster 1993.

Arnim, Gabriele von, Das große Schweigen, München 1989.

Assel, Hans-Georg, Die Perversion der politischen Pädagogik im NS, München 1969.

Assmann, Jan und Tonio Hölscher (Hg.), Kultur und Gedächtnis, Frankfurt am Main 1988.

Assmann, Jan, Kollektives Gedächtnis und kulturelle Identität, in: Assmann, Jan und Tonio Hölscher (Hg.), Kultur und Gedächtnis, Frankfurt am Main 1988.
Assmann, Aleida und Dietrich Harth (Hg.), Mnemosyne. Formen und Funktionen der kulturellen Erinnerung, Frankfurt am Main 1991.
Baeumler, Alfred, Bildung und Gemeinschaft, Berlin 1942.
Bar-On, Dan, Die Last des Schweigens, Frankfurt am Main 1993.
Bar-On, Dan, Die Kinder der Holocaust-Täter und ihre Suche nach moralischer Identität, in: Integrative Therapie 3, 1990.
Bataille, Georges, Die psychologische Struktur des Faschismus, München 1978.
Bauman, Zygmunt, Moderne und Ambivalenz, Hamburg 1992.
Bauman, Zygmunt, Dialektik der Ordnung. Die Moderne und der Holocaust, Hamburg 1992.
Benz, Ute und Wolfgang (Hg.), Sozialisiation und Traumatisierung, Frankfurt am Main 1992.
Beradt, Charlotte, Das Dritte Reich des Traums, Frankfurt am Main 1981.
Berger, Peter L., Der Zwang zur Häresie, Freiburg i. Br. 1992.
Bergmann, Martin und Milton Jucovy (Hg.), Generations of the Holocaust, New York 1982.
Bergmann, Werner, Politische Psychologie des Antisemitismus. Kritischer Literaturbericht, in: König, H. (Hg.), Politische Psychologie heute, in: Leviathan, Sonderheft 9, 1988.
Bettelheim, Bruno, Erziehung zum Überleben, Stuttgart 1980.
Bettelheim, Bruno, Themen meines Lebens, Stuttgart 1990.
Bick, Esther, Das Hauterleben in frühen Objektbeziehungen, in: Bott Spillius, Elizabeth (Hg.), Melanie Klein heute. Entwicklungen in Theorie und Praxis, Bd. I, München und Wien 1991.
Bion, Wilfred R., Lernen durch Erfahrung, Frankfurt am Main 1990.
Bion, Wilfred R., Elemente der Psychoanalyse, Frankfurt am Main 1992.
Bion, Wilfred R., Erfahrungen in Gruppen, Frankfurt am Main 1991.
Bion, Wilfred R., Group Dynamics: A Re-view, in: Klein, M. u. a., New directions in Psychoanalysis, London 1955.
Bleger, José, Psycho-Analysis of the psycho-analytic frame, in: International Journal of Psycho-Analysis 48, 1966.
Bloch, Marc, Apologie der Geschichte oder der Beruf des Historikers, Stuttgart 1974.
Blos, Peter, Adoleszenz. Eine psychoanalytische Interpretation, Stuttgart 1983.
Blos, Peter, Sohn und Vater, Diesseits und jenseits des Ödipuskomplexes, Stuttgart 1990.
Bohleber, Werner, Das Phantasma der Nation, in: Psyche 46, 1992.
Bohleber, Werner, Die Dynamik des Fremden, in: Psychoanalytische Beiträge zu Fremdenfeindlichkeit und Rechtsextremismus. Materialien aus dem Sigmund-Freud-Institut, Bd. 14, Münster 1994.
Bohleber, Werner, Nationalismus, Fremdenhaß und Antisemitismus. Psychoanalytische Überlegungen, in: Psyche 46, 1992.
Bohleber, Werner und Jörg Drews, »Gift, das du unbewußt eintrinkst…«, Bielefeld 1991.

Bohleber, Werner und Marianne Leuzinger, Narzißmus und Adoleszenz, in: Die neuen Narzißmustheorien: zurück ins Paradies?, Frankfurt am Main 1983.

Bohleber, Werner und John Kafka (Hg.), Antisemitismus, Bielefeld 1992.

Bohleber, Werner, Das Fortwirken des Nationalsozialismus in der zweiten und dritten Generation nach Auschwitz, in: Babylon. Beiträge zur jüdischen Gegenwart 7, 1990.

Bolterauer, Ludwig, Der Fanatismus. Eine tiefenpsychologische Studie, in: Psyche 29, 1975.

Bonaparte, Marie, Psychologische Ursachen des Antisemitismus, in: Psyche 46, 1992.

Bonß, Wolfgang, Die Einübung des Tatsachenblicks. Zur Struktur und Veränderung empirischer Sozialforschung, Frankfurt am Main 1982.

Bonß, Wolfgang, Empirie und Dechiffrierung von Wirklichkeit. Zur Methodologie bei Adorno, in: Von Friedeburg, Ludwig und Jürgen Habermas (Hg.), Adorno-Konferenz, Frankfurt am Main 1983.

Bonß, Wolfgang und Axel Honneth (Hg.), Sozialforschung als Kritik, Frankfurt am Main 1982.

Bonß, Wolfgang und Norbert Schindler, Kritische Theorie als interdisziplinärer Materialismus, in: Bonß, Wolfgang und Axel Honneth (Hg.), Sozialforschung als Kritik, Frankfurt am Main 1982.

Boothe, Brigitte, Der Patient als Erzähler im der Psychotherapie. Göttingen 1994.

Bott Spillius, Elizabeth (Hg.), Melanie Klein heute. Entwicklungen in Theorie und Praxis, Bd. I und II, München und Wien 1990.

Bourdieu, Pierre u. a., Eine illegitime Kunst, Frankfurt am Main 1981.

Brainin, Elisabeth/Ligeti, Vera/Teicher, Samy, Vom Gedanken zur Tat. Zur Psychoanalyse des Antisemitismus, Frankfurt am Main 1993.

Brede, Karola, Unbewußtes – und sonst gar nichts? Antwort auf Reimut Reiche, in: Psyche 49, 1995.

Brede, Karola, Wagnisse der Anpassung im Arbeitsalltag. Ich, Selbst und soziale Handlung in Fallstudien, Opladen 1995.

Brendler, Konrad und Günter Rexilius (Hg.), Drei Generationen im Schatten der NS-Vergangenheit. Bd. 4/1991 der Schriftenreihe des Fachbereichs Gesellschaftswissenschaften der Bergischen Universität – Gesamthochschule Wuppertal, Wuppertal 1991.

Broszat, Martin, Nach Hitler. Der schwierige Umgang mit unserer Geschichte, München 1988.

Brückner, Peter, Psychologie und Geschichte, Berlin 1982.

Brumlik, Micha, Günther Anders. Zur Existenzialontologie der Emigration, in: Diner (1988).

Buchheim, Hans, Befehl und Gehorsam, in: ders. (Hg.), Anatomie des SS-Staates, Bd. 1, München 1967.

Buchholz, Michael B., Familie in der Moderne: NS-Vergangenheit und ›Vaterlosigkeit‹, in: Forum der Psychoanalyse 5, 1989.

Buchholz, Michael B., Psychohistorie der Moderne: NS-Vergangenheit in der Gegenwart am Beispiel therapeutischer Fallbeschreibungen, in: Busch, Hans-Joachim und Alfred Krovoza (Hg.), Subjektivität und Geschichte, Frankfurt am Main 1988.

Bude, Heinz: Deutsche Karrieren. Lebenskonstruktionen sozialer Aufsteiger aus der Flakhelfer-Generation, Frankfurt am Main 1987.

Bürgin, Dieter, Das Problem der Autonomie in der Spätadoleszenz, in: Psyche 34, 1980.

Busch, Hans-Joachim und Alfred Krovoza (Hg.), Subjektivität und Geschichte, Frankfurt am Main 1989.

Canzler, Peter, Destruktiver Narzißmus und Naziherrschaft, in: Luft, H. und G. Maass (Hg.), Das Erbe Sigmund Freuds in Deutschland – 50 Jahre nach seiner Vertreibung, Wiesbaden 1990.

Chasseguet-Smirgel, Janine, Kreativität und Perversion, Frankfurt am Main 1986.

Chasseguet-Smirgel, Janine, Zwei Bäume im Garten. Zur psychischen Bedeutung der Vater- und Mutterbilder, München 1988.

Chasseguet-Smirgel, Janine, Das Ichideal, Frankfurt am Main 1987.

Cioran, Emil M., Über das reaktionäre Denken, Frankfurt am Main 1990.

Claussen, Detlev, Vom Judenhaß zum Antisemitismus, Darmstadt 1987.

Dasberg, Haim u. a., Society and trauma of war, Assen/Maastricht 1987.

Devereux, Georges, Angst und Methode in den Verhaltenswissenschaften, Frankfurt am Main 1984.

Dicks, Henry V., Licensed Mass Murder. A Socio-psychological study of some SS killers, London 1972.

Diner, Dan (Hg.), Ist der Nationalsozialismus Geschichte?, Frankfurt am Main 1987.

Diner, Dan (Hg.), Zivilisationsbruch. Denken nach Auschwitz, Frankfurt am Main 1988.

Döbert, Rainer und Gertrud Nunner-Winkler, Adoleszenzkrise und Identitätsbildung, Frankfurt am Main 1975.

Döbert, Rainer/Habermas, Jürgen/Nunner-Winkler, Gertrud (Hg.), Entwicklung des Ichs, Köln 1977.

Douglas, Mary, Wie Institutionen denken, Frankfurt am Main 1991.

Douglas, Mary, Ritual, Tabu und Körpersymbolik, Frankfurt am Main 1993.

Eckstaedt, Anita, Nationalsozialismus in der »zweiten Generation«, Frankfurt am Main 1989.

Ehlert, Martin und Beate Lorke, Zur Psychodynamik der traumatischen Reaktion, in: Psyche 42, 1988.

Eisenberg, Götz, Wenn die kasernierten Wünsche Ausgang kriegen. Zur ›unterirdischen Geschichte‹ des Faschismus, in: Psychosozial 28, 1986.

Eissler, Kurt R., Weitere Bemerkungen zur KZ-Psychologie, in: Psyche 22, 1968.

Eissler, Kurt R., Bemerkungen zur Technik der psychoanalytischen Behandlung Pubertierender nebst einigen Problemen der Perversion, in: Psyche 20, 1966.

Eissler, Kurt R., Die Ermordung von wievielen seiner Kinder muß ein Mensch symptomfrei ertragen können, um eine normale Konstitution zu haben?, in: Psyche 17, 1963.

Eissler, Kurt R., Todestrieb, Ambivalenz, Narzißmus, München 1980.

Ekstein, Rudolf, Das Residualtrauma, Psyche 33, 1979.

Elias, Norbert, Studien über die Deutschen. Machtkämpfe und Habitusentwicklung im 19. und 20. Jahrhundert, Frankfurt am Main 1989.

Elias, Norbert, Der Prozeß der Zivilisation, 2 Bde., Frankfurt am Main 1977.

Epstein, Helen, Die Kinder des Holocaust. Gespräche mit Söhnen und Töchtern von Überlebenden, München 1990.
Erdely, Zoltan, Das Selbst, das Sterben und der Tod, unv. Manuskript, 1991.
Erdely, Zoltan, Wie sag ich's meiner Mutter? Das enteignete Selbst, Frankfurt am Main 1989.
Erdheim, Mario, Psychoanalyse und Unbewußtheit in der Kultur, Frankfurt am Main 1988.
Erdheim, Mario, Die gesellschaftliche Produktion von Unbewußtheit, Frankfurt am Main 1984.
Erdheim, Mario, Das Eigene und das Fremde. Über ethnische Identität, in: Psyche 46, 1992.
Erdheim, Mario, Die Repräsentanz des Fremden. Zur Psychogenese der Imagines von Kultur und Familie, in: ders., Psychoanalyse und Unbewußtheit in der Kultur, Frankfurt am Main 1988.
Erdheim, Mario, Aufbruch in die Fremde. Der Antagonismus von Kultur und Familie und seine Bedeutung für die Friedensfähigkeit der Individuen, in: Friedensanalysen, Frankfurt am Main 1989.
Erdheim, Mario, ›Heiße‹ Gesellschaften und ›kaltes‹ Militär, in: ders., Psychoanalyse und Unbewußtheit in der Kultur (1988).
Erikson, Erik H., Einsicht und Verantwortung, Frankfurt am Main 1971.
Erikson, Erik H., Identität und Lebenszyklus, Frankfurt am Main 1989.
Erikson, Erik H., Kindheit und Gesellschaft, Stuttgart 1965.
Erikson, Erik H., Jugend und Krise, München 1988.
Erikson, Erik H., Die Ontogenese der Ritualisierung, in: Psyche 22, 1968.
Faimberg, Haydee, Die Ineinanderrückung (Telescoping) der Generationen. Zur Genealogie gewisser Identifizierungen, Jahrbuch der Psychoanalyse 20, 1987.
Finckh, R., Nach-Wuchs, Gerlingen 1987.
Flaake, Karin, King, Vera (Hg.), Weibliche Adoleszenz. Zur Sozialisation junger Frauen, Frankfurt am Main/New York 1992.
Fliess, Robert, Countertransference and counteridentification, in: Journal of the American Association 1, 1953.
Foucault, Michel, Überwachen und Strafen, Frankfurt am Main 1977.
Foucault, Michel, Wahnsinn und Gesellschaft, Frankfurt am Main 1961.
Frank, Niklas, Mein Vater, München 1987.
Freud, Anna, Probleme der Pubertät, in: Psyche 14, 1960.
Freud, Anna, Das Ich und die Abwehrmechanismen, München o. J.
Freud, Anna, Wege und Irrwege der Kindererziehung, in: Schriften VIII, München 1980.
Freud, Sigmund, Gesammelte Werke, hrsg. von Anna Freud, Band I–XVIII, Frankfurt am Main, im folgenden zitiert als GW.
Freud, Sigmund, Bruchstück einer Hysterie-Analyse, GW V.
Freud, Sigmund, Das Unbehagen in der Kultur, GW XIV.
Freud, Sigmund, Das Unheimliche, GW XII.
Freud, Sigmund, Der Mann Moses und die monotheistische Religion, GW XVI.

Freud, Sigmund, Die Traumdeutung, GW II/III.
Freud, Sigmund, Die »kulturelle« Sexualmoral und die moderne Sexualität, GW VII.
Freud, Sigmund, Erinnern, Wiederholen, Durcharbeiten, GW X.
Freud, Sigmund, Jenseits des Lustprinzips, GW XIII.
Freud, Sigmund, Konstruktionen in der Analyse, GW XVI.
Freud, Sigmund, Massenpsychologie und Ich-Analyse, GW XIII.
Freud, Sigmund, Totem und Tabu, GW IX.
Freud, Sigmund, Trauer und Melancholie, GW X.
Freud, Sigmund, Über infantile Sexualtheorien, GW VII.
Freud, Sigmund, Über Deckerinnerungen, GW I (1899).
Freud, Sigmund, Vorlesungen zur Einführung in die Psychoanalyse, GW XI
Freud, Sigmund, Der Familienroman der Neurotiker, GW VII.
Freud, Sigmund, Zeitgemäßes über Krieg und Tod, GW X.
Freud, Sigmund, Zur Einführung des Narzißmus, GW X.
Freud, Sigmund, Zur Dynamik der Übertragung, GW VIII.
Freymann, Thelma von, Kriegskinder – Nachkriegskinder. Ein Generationenproblem von heute, in: Neue Sammlung 24, 1984.
Fromm, Erich, Über Methode und Aufgabe einer analytischen Sozialpsychologie, in: Fromm, Erich, Analytische Sozialpsychologie, Frankfurt am Main 1972.
Gamm, Hans-Joachim, Führen und Verführen, München 1964.
Gäßler, Karin, Extremtraumatisierung in der Pubertät, Frankfurt am Main 1993.
Gay, Peter, Die Republik der Außenseiter, Geist und Kultur der Weimarer Zeit 1918–1933, Frankfurt am Main 1989.
Geertz, Clifford, Dichte Beschreibung, Frankfurt am Main 1987.
Gekle, Hanna, Nachträglichkeit des Ursprungs. Das Trauma des Wolfsmannes, in: Luzifer Amor 4, Tübingen 1989.
Giordano, Ralph, Die zweite Schuld oder die Last Deutscher zu sein, Hamburg 1987.
Glaser, Hermann, Im Packeis des Unbehagens. Eine persönliche Bilanz des Generationenkonflikts, Berlin 1982.
Goffman, Erving, Verhalten in sozialen Situationen, Gütersloh 1971.
Goffman, Erving, Asyle, Frankfurt am Main 1961.
Greenson, R. R., Technik und Praxis der Psychoanalyse, Stuttgart 1973.
Greiffenhagen, Martin, Jahrgang 1928, München 1988.
Grubrich-Simitis, Ilse, Extremtraumatisierung als kumulatives Trauma, in: Psyche 33, 1979.
Grubrich-Simitis, Ilse, Freuds Moses-Studie als Tagtraum, in: Psyche 44, 1990.
Grubrich-Simitis, Ilse, Vom Konkretismus zur Metaphorik, in: Psyche 38, 1984.
Grunberger, Bela, Narziß und Anubis. Die Psychoanalyse jenseits der Triebtheorie, 2 Bde., München 1988.
Grunberger, Bela, Vom Narzißmus zum Objekt, Frankfurt am Main 1982.
Habermas, Jürgen, Erkenntnis und Interesse, Frankfurt am Main 1968.
Habermas, Jürgen, Theorie des kommunikativen Handelns, 2 Bde., Frankfurt am Main 1981.

Habermas, Jürgen, Bemerkungen zu Alexander Mitscherlichs analytischer Sozialpsychologie, in: Psyche 37, 1983.
Habermas, Jürgen, Der philosophische Diskurs der Moderne. Zwölf Vorlesungen, Frankfurt am Main 1985.
Habermas, Jürgen, Moralbewußtsein und kommunikatives Handeln, Frankfurt am Main 1983.
Haesler, Ludwig, Zur transgenerationalen Transmission von Trauma und Schuld; Freuds Position im »Mann Moses«, in: Luft/Maass (1990).
Halberstadt-Freud, Hendrika C., Reaktivierung einer transgenerationellen Traumatisierung, in: Psyche 49, 1995.
Halbwachs, Maurice, Das Gedächtnis und seine sozialen Bedingungen, Frankfurt am Main 1985.
Hardtmann, Gertrud, Begegnung mit dem Tod. Die Kinder der Täter, in: Psychosozial 15, 1992.
Hardtmann, Gertrud (Hg.), Spuren der Verfolgung, Gerlingen 1992.
Hegel, Georg W. F., Vorlesungen über die Philosophie der Geschichte, Frankfurt am Main 1970.
Heidegger, Martin, Sein und Zeit, Tübingen 1976.
Heimann, Paula, On counter-transference, in: International Journal of Psycho-Analysis 31, 1950.
Heimann, Paula, Dynamics of transference interpretations, in: International Journal of Psychoanalysis 37, 1956, S. 307–310.
Heimann, Paula, Bemerkungen zur Gegenübertragung, in: Psyche 18, 1964, S. 483–493.
Heimannsberg, Barbara und Christoph J. Schmidt (Hg.), Das kollektive Schweigen, Heidelberg 1988.
Heinrich, Klaus, Versuch über die Schwierigkeit, nein zu sagen, Frankfurt am Main 1964.
Heinze, Thomas, Qualitative Sozialforschung, Opladen 1987.
Heitmeyer, Wilhelm u. a., Die Bielefelder Rechtsextremismus-Studie. Erste Langzeituntersuchung zur politischen Sozialisation männlicher Jugendlicher, Weinheim 1993.
Heitmeyer, Wilhelm, Rechtsextremistische Orientierungen bei Jugendlichen. Empirische Ergebnisse und Erklärungsmuster einer Untersuchung zur politischen Sozialisation, 4. Aufl. Weinheim 1992.
Herrmann, Ulrich, »Die Formung des Volksgenossen«. Der »Erziehungsstaat« des Dritten Reiches, Weinheim 1985.
Heuft, Gereon, Bedarf es eines Konzepts der Eigenübertragung, Forum der Psychoanalyse 1990.
Hilberg, Raul, Unerbetene Erinnerung. Der Weg eines Holocaustforschers, Frankfurt am Main 1994.
Hilberg, Raul, Täter, Opfer, Zuschauer. Die Vernichtung der Juden 1933–1945, Frankfurt am Main 1992.
Hilberg, Raul, Die Vernichtung der europäischen Juden, 3 Bde., Frankfurt am Main 1991.
Historikerstreit. Die Dokumentation der Kontroverse um die Einzigartigkeit der nationalsozialistischen Judenvernichtung, München 1987.

Hoffer, Willi, Transference and transference neurosis, in: International Journal of Psychoanalysis 1956.
Hopf, Christel, Eltern-Idealisierung und Autoritarismus. Kritische Überlegungen zu einigen sozialpsychologischen Annahmen, in: Zeitschrift für Sozialisationsforschung und Erziehungssoziologie 12, 1992.
Hopf, Christel, Zur Aktualität der Untersuchungen zur »autoritären Persönlichkeit«, in: Zeitschrift für Sozialisationsforschung und Erziehungssoziologie 7, 1987.
Horkheimer, Max und Theodor W. Adorno, Soziologische Exkurse, Frankfurt 1956.
Horkheimer, Max, Geschichte und Psychologie, in: ders., Kritische Theorie. Eine Dokumentation, hrsg. v. Alfred Schmidt, Bd. 1, Frankfurt am Main 1968.
Horkheimer, Max und Theodor W. Adorno, Dialektik der Aufklärung, Frankfurt am Main 1969.
Hornung, Klaus, Etappen politischer Pädagogik in Deutschland, Bonn 1962.
Höß, Rudolf, Kommandant in Auschwitz, München 1989.
Hubig, Christoph, Analogie und Ähnlichkeit. Probleme einer theoretischen Begründung vergleichenden Denkens, in: Jüttemann (1990).
Inowlocki, Lena, Zum Mitgliedschaftsprozeß Jugendlicher in rechtsextremistischen Gruppen, in: Psychosozial 15, 1992.
Jacobso, Edith, Das Selbst und die Welt der Objekte, Frankfurt am Main 1978.
Jay, Martin, Dialektische Phantasie. Die Geschichte der Frankfurter Schule und des Instituts für Sozialforschung 1923–1950, Frankfurt am Main 1976.
Juelich, Dierk, Die Wiederkehr des Verdrängten – Sozialpsychologische Aspekte zur Identität der Deutschen nach Auschwitz, in: Schreier, Heyl (1992).
Juelich, Dierk (Hg.), Geschichte als Trauma, Frankfurt am Main 1991.
Jung, Thomas und Stefan Müller-Doohm (Hg.), »Wirklichkeit« im Deutungsprozeß, Frankfurt am Main 1993.
Jüttemann, Gerd, Komparative Kasuistik als Strategie psychologischer Forschung, in: Jüttemann (1990).
Jüttemann, Gerd (Hg.), Wegbereiter der Historischen Psychologie, München 1988.
Jüttemann, Gerd (Hg.), Komparative Kasuistik, Heidelberg 1990.
Kafka, Franz, Brief an den Vater, München 1960.
Kant, Immanuel, Kritik der Urteilskraft, Wiesbaden 1956.
Kaplan, Louise, Abschied von der Kindheit, Stuttgart 1988.
Keilson, Hans, Psychotherapie eines aus Bergen-Belsen zurückgekehrten Jungen, in: Psyche 49, 1995.
Keilson, Hans, Jüdische Kriegswaisen und ihre Kinder, in: Tas, Wiesse (1995).
Keilson, Hans, Sequentielle Traumatisierung bei Kindern, Stuttgart 1979.
Kernberg, Otto F., Borderline-Störungen und pathologischer Narzißmus, Frankfurt am Main 1978.
Kestenberg, Judith, Spätfolgen bei verfolgten Kindern, in: Psyche 47, 1993.
Kestenberg, Judith, Kinder von Überlebenden der Naziverfolgungen, in: Psyche 28, 1974.
Kestenberg, Judith, Prägenitale Grundlagen des moralischen und des korrupten Über-Ich, in: Tas, Wiesse (1995).

Kestenberg, Judith, Psychoanalysis of Children of Survivors from the Holocaust, in Journal of the American Psychoanalytic Association 28, 1981.
Khan, Masud M. R., Entfremdung bei Perversionen, Frankfurt am Main 1989.
Khan, Masud M. R., Erfahrungen im Möglichkeitsraum, Frankfurt am Main 1993.
Khan, Masud M. R., Selbsterfahrung in der Therapie, München 1977.
Klein, Melanie, Die Psychoanalyse des Kindes, München, Basel 1971.
Klein, Hillel, Schuld und Verantwortung, in: Psyche 46, 1992.
Klönne, Arno, Jugend im Dritten Reich, Düsseldorf/Köln 1982.
Klose, Werner, Generation im Gleichschritt, Oldenburg 1964.
Kogan, Ilany, Analysis of an Interview with MK – A Daughter of a NAPOLA Student, Manuskript 1992.
Kogan, Ilany, The Cry of Mute Children, London 1995.
Kogan, Ilany, Vermitteltes und reales Trauma in der Psychoanalyse von Kindern von Holocaust-Überlebenden, in: Psyche 44, 1990.
Kogan, Ilany, Die Suche nach dem Selbst, in: Tas, Wiesse (1995).
Kogon, Eugen, Der SS-Staat, München 1993.
Kohut, Heinz, Narzißmus, Frankfurt am Main 1973.
König, Helmut, Geschichte der Enttäuschungen. Diskussion zum ›generativen Rollback in der Bundesrepublik‹, in: Rauschenbach, Brigitte (Hg.), Erinnern, Wiederholen, Durcharbeiten. Zur Psycho-Analyse deutscher Wenden, Berlin 1992.
Körner, Jürgen, Die Bedeutung kasuistischer Darstellungen in der Psychoanalyse, in: Jüttemann (1990).
Koselleck, Reinhart, Kritik und Krise, Frankfurt am Main 1973.
Krahl, Hans-Jürgen, Konstitution und Klassenkampf, Frankfurt am Main 1971.
Krause-Vilmar, Dietfrid, »Das Vergangene ist nicht vergangen.«, in: Heipke, K. (Hg.), Hat Bildung noch Zukunft? Herausforderungen angesichts der gefährdeten Welt, Weinheim 1989.
Kraushaar, Wolfgang, Der Kampf gegen den »Jud-Süß«-Regisseur Veit Harlan, in: Mittelweg 36, 6, 1995.
Kraushaar, Wolfgang, Philosemitismus und Antisemitismus. Zum Konflikt zwischen Horkheimer, Adorno und der Studentenbewegung, in: Schreier, Heyl (1992)
Kreeger, Lionel (Hg.), Die Großgruppe, Stuttgart 1977.
Krecji, Erika und Werner Bohleber (Hg.), Spätadoleszente Konflikte, Göttingen 1982.
Krieck, Ernst, Philosophie der Erziehung, Jena 1930.
Kris, Ernst, The recovery of childhood memories in psychoanalysis, Psychoanal. Study Child, 1956.
Kristeva, Julia, Fremde sind wir uns selbst, Frankfurt am Main 1990.
Krovoza, Alfred und Christian Schneider, Politische Psychologie in der Bundesrepublik: Positionen und methodische Probleme, in: König, Helmut (Hg.), Politische Psychologie heute, Leviathan, Sonderheft 9, 1988.
Lamnek, Siegfried, Qualitative Sozialforschung, Bd. 2: Methoden und Techniken, 2. Aufl., Weinheim 1993.
Laplanche, J. und J.-B. Pontalis, Das Vokabular der Psychoanalyse, Frankfurt a. M. 1973.

Laub, Dori und Stevan M. Weine, Psychotherapeutische Arbeit mit bosnischen Flüchtlingen, in: Psyche 48, 1994.

Laub, Dori/Peskin, Harvey/Auerhahn, Nannette C., Der zweite Holocaust, in: Psyche 49, 1995.

Laufer, Moses und Eglé, Adoleszenz und Entwicklungskrise, Stuttgart 1989.

Leineweber, Bernd/Schneider, Christian/Stillke, Cordelia, Konstruktion und Einfühlung. Zur Kritik der Psychohistorie, in: Sonntag, Michael und Gerd Jüttemann (Hg.), Individuum und Geschichte, Heidelberg 1993.

Leithäuser, Thomas und Birgit Volmerg, Anleitung zur empirischen Hermeneutik. Psychoanalytische Textinterpretation als sozialwissenschaftliches Verfahren, Frankfurt am Main 1979.

Leithäuser Thomas und Birgit Volmerg, Psychoanalyse in der Sozialforschung, Opladen 1988.

Lessing, Helmut, Alle, die leben, machen keinen Krieg, in: ders. (Hg.), Kriegskinder, Frankfurt am Main 1985.

Leuschner, Wolfgang, Wessen Lippen schweigen, der schwätzet mit den Fingern, in: Forum der Psychoanalyse 3, 1987.

Leuzinger-Bohleber, Marianne, Spätadoleszente Entwicklungsprozesse. Chancen und Risiken – Eine Einzelfallskizze, in: Schmied-Kowarzik, W. (Hg.), Einsprüche kritischer Philosophie, Kassel 1992.

Leuzinger-Bohleber, Marianne und Eugen Mahler (Hg.), Phantasie und Realität in der Spätadoleszenz, Opladen 1993.

Leuzinger-Bohleber, Marianne, »Komparative Kasuistik« in der Psychoanalyse?, in: Jüttemann (1990).

Leuzinger-Bohleber, Marianne, Die Gewalt und das Fremde in Grundschulen – einige psychoanalytische Überlegungen, in: Psychoanalytische Beiträge zu Fremdenfeindlichkeit und Rechtsextremismus. Materialien aus dem Sigmund-Freud-Institut, Bd. 14, Münster 1995.

Leuzinger-Bohleber, Marianne, Die Einzelfallstudie als psychoanalytisches Forschungsinstrument, in: Psyche 49, 1995.

Leuzinger-Bohleber und Renate Dumschat, Separation, Autonomie und Trauer, in: Leuzinger- Bohleber, Mahler (Hg.) (1993).

Levi, Primo, Ist das ein Mensch?, München 1993.

Levi, Primo, Die Atempause, München 1994.

Lévi-Strauss, Claude, Das Feld der Anthropologie, in: ders., Strukturale Anthropologie, Bd. 2, Frankfurt am Main 1975.

Lévi-Strauss, Claude, »Primitive« und »Zivilisierte«, Zürich 1972.

Lévi-Strauss, Claude und Jean-Paul Vernant (Hg.), Mythos ohne Illusion, Frankfurt am Main 1984.

Lidz, Theodor, Der gefährdete Mensch, Frankfurt am Main 1976.

Lingelbach, Karl-Christoph, Erziehung und Erziehungstheorie im nationalsozialistischen Deutschland, Frankfurt am Main 1987.

Loewenberg, Peter, Psychodynamik des Antijudaismus, in: Psyche 46, 1992.

Lohmann, Hans-Martin und Lutz Rosenkötter, Psychoanalyse in Hitlerdeutschland. Wie war es wirklich?, in: Psyche 36, 1982.
Lohmann, Hans-Martin (Hg.), Das Unbehagen in der Psychoanalyse, Frankfurt am Main 1983.
Lorenzer, Alfred und Helmut Thomä, Über die zweiphasige Symptomentwicklung bei traumatischen Neurosen, in: Psyche 18, 1965.
Lorenzer, Alfred, Methodologische Probleme der Untersuchung traumatischer Neurosen, in: Psyche 22, 1968.
Lorenzer, Alfred, Zum Begriff der »Traumatischen Neurose«, in: Psyche 20, 1966.
Lorenzer, Alfred, Tiefenhermeneutische Kulturanalyse, in: Kultur-Analysen, Frankfurt am Main 1986.
Lowenfeld, Henry, Zur Psychologie des Faschismus, in: Psyche 31, 1977.
Löwenthal, Leo, Individuum und Terror, in: Schriften, Bd. III, Frankfurt am Main 1982.
Luft, Helmut, Freuds Trauma und Traumalehre 1938/39, in: Luft/Maass (1990).
Maciejewski, Franz, Zur Psychoanalyse des geschichtlich Unheimlichen – Das Beispiel der Sinti und Roma, in: Psyche 48, 1994.
Mannheim, Karl, Das Problem der Generationen, in: Kölner Vierteljahreshefte für Soziologie 7, 1928.
Mannoni, Maud, Der Psychiater, der Patient und die Psychoanalyse, Frankfurt am Main 1983.
Massing, Almuth und U. Beushausen, »Bis ins dritte und vierte Glied«. Auswirkungen des Nationalsozialismus in den Familien, in: Psychosozial 9, 1986.
Massing, Almuth/Reich, Günter/Sperling, Eckhard, Die Mehrgenerationen-Familientherapie, Göttingen 1992.
Mead, George Herbert, Die Genesis der Identität und die soziale Kontrolle, in: ders., Gesammelte Aufsätze, Bd. 1, Frankfurt am Main 1987.
Mehler, Frank, Zur Bedeutung von Adoleszenz-Krisen für die Entwicklung eines politischen Bewußtseins männlicher Jugendlicher. Magisterarbeit, Göttingen 1975.
Meier, Christian, 40 Jahre nach Auschwitz, München 1987.
Mendel, Gerard, Die Revolte gegen den Vater. Eine Einführung in die Soziopsychoanalyse, Frankfurt am Main 1972.
Mendel, Gérard, Die Generationskrise, Frankfurt am Main 1972.
Mentzos, Stavros, Neurotische Konfliktverarbeitung, München 1982.
Mentzos, Stavros, Interpersonelle Abwehr, Frankfurt am Main 1988.
Meyer, Joachim-Ernst (Hg.), Depersonalisation, Darmstadt 1968.
Mitscherlich, Alexander, Auf dem Weg zur vaterlosen Gesellschaft. Ideen zur Sozialpsychologie, München 1963.
Mitscherlich, Alexander und Margarete, Die Unfähigkeit zu trauern. Grundlagen kollektiven Verhaltens, München 1967.
Mitscherlich, Alexander und Fred Mielke, Medizin ohne Menschlichkeit, Frankfurt am Main 1960.
Mitscherlich-Nielsen, Margarete, Erinnerungsarbeit. Zur Psychoanalyse der Unfähigkeit zu trauern, Frankfurt am Main 1987.

Mitscherlich-Nielsen, Margarete, Die Vergangenheit in der Gegenwart, in: Psyche 35, 1981.
Mohr, Reinhard, Zaungäste. Die Generation, die nach der Revolte kam, Frankfurt am Main 1992.
Morgenthaler, Fritz, Homosexualität, Heterosexualität, Perversion, Frankfurt am Main 1987.
Moser, Tilmann, Politik und seelischer Untergrund, Frankfurt am Main 1993.
Moser, Tilmann, Die Unfähigkeit zu trauern: Hält die Diagnose einer Überprüfung stand? Zur psychischen Verarbeitung des Holocaust in der Bundesrepublik, in: Psyche 46, 1992.
Müller-Hohagen, Joachim, Psychotherapeutische Erfahrungen bei der Behandlung von psychischen Störungen in der dritten und vierten Generation, in: Schreier, Helmut und Matthias Heyl (Hg.), Das Echo des Holocaust, Hamburg 1992.
Müller-Hohagen, Joachim, Verleugnet, verdrängt, verschwiegen. Die seelischen Auswirkungen der Nazizeit, München 1988.
Müller-Pozzi, Heinz, Trauma und Neurose, in: Trauma, Konflikt Deckerinnerung, Jahrbuch der Psychoanalyse, Beiheft 8, Stuttgart 1984.
Müncheberg, Hans, Gelobt sei, was hart macht. Aus dem Leben eines Zöglings der NAPOLA Potsdam, Berlin 1991.
Neyraut, Michel, Die Übertragung, Frankfurt am Main 1976.
Niederland, William G., Folgen der Verfolgung, Frankfurt am Main 1980.
Niethammer, Lutz, »Normalisierung« im Westen, in: Diner (1987).
Nolte, Ernst, Lehrstück oder Tragödie?, Köln 1991.
Oevermann, Ulrich u. a., Die Methodologie einer ›objektiven Hermeneutik‹ und ihre allgemeine forschungslogische Bedeutung in den Sozialwissenschaften, in: Soeffner, Hans-Georg (Hg.) (1979).
Otten, Karl, Geplante Illusionen. Eine Analyse des Faschismus, Frankfurt am Main 1989.
Parin, Paul, Das Ich und die Anpassungs-Mechanismen, in: Psyche 31, 1977.
Parin, Paul, Das Ich und die Abwehrmechanismen, in: ders., Der Widerspruch im Subjekt. Ethnopsychoanalytische Studien, Frankfurt am Main 1978.
Picker, H. (Hg.), Hitlers Tischgespräche im Führerhauptquartier 1941/42, Bonn 1951.
Pontalis, Jean Bertrand, Nach Freud, Frankfurt am Main 1974.
Posner, Gerald, Hitler's Children, London 1991.
Racker, H., Übertragung und Gegenübertragung, München 1988.
Rauschenbach, Brigitte, Erinnern, Wiederholen, Durcharbeiten, Berlin 1992.
Reemtsma, Jan Philipp, Terrorratio, in: ders. (1992).
Reemtsma, Jan Philipp, Die »Signatur des Jahrhunderts« – ein kataleptischer Irrtum, in: Mittelweg 36, 2, 1993.
Reemtsma, Jan Philipp, Wer A sagt muß nicht immer und sollte zuweilen nicht B sagen. Kritik zweier Argumente in der »Euthanasie-Debatte«, in: Mittelweg 36, 3, 1994.
Reemtsma, Jan Philipp, u. a. Falun, Berlin 1992.
Reemtsma, Jan Philipp, Versuche, die menschliche Grausamkeit zu verstehen, in: ders. (1992).

Reemtsma, Jan Philipp, Geh nicht hinein! in: ders. (1992).
Reiche, Reimut, Sexuelle Revolution – Erinnerung an einen Mythos, in: Schmid, Thomas (Hg.), Die Früchte der Revolte, Berlin 1988.
Reiche, Reimut, Geschlechterspannung, Frankfurt am Main 1990.
Reik, Theodor, Hören mit dem dritten Ohr, Frankfurt am Main 1983.
Reinke, Ellen, Zwischen Apologetik und Erinnern: Psychoanalyse und ›Vergangenheitsbewältigung‹, in: Psychosozial 15, 1992.
Richter, Horst-Eberhard, Patient Familie, Reinbek 1970.
Richter, Horst-Eberhard, Die Gruppe, Reinbek 1972.
Richter, Horst-Eberhard, Eltern, Kind und Neurose, Reinbek 1969.
Rohde-Dachser, Christa u. a., »Mutter« und »Vater« in psychoanalytischen Fallvignetten. Über einige latente Regeln im Diskurs der Psychoanalyse, in: Psyche 47, 1993.
Rosenfeld, H., Zur Psychopathologie psychotischer Zustände: Die Bedeutung der projektiven Identifizierung für die Ich-Struktur und die Objektbeziehungen des psychotischen Patienten, in: Bott Spillius, Elizabeth (1990).
Rosenkötter, Lutz, Die Idealbildung in der Generationenfolge, in: Psyche 35, 1981.
Rosenkötter, Lutz, Schatten der Zeitgeschichte auf psychoanalytischen Behandlungen, in: Psyche 33, 1979.
Rosenthal, Gabriele und Wolfram Rosenthal (Hg.), Opfer und Täter nach dem »Dritten Reich«. Biographische Verläufe über drei Generationen, in: Psychosozial 15, Heft III, 1992.
Rosenthal, Gabriele, Kollektives Schweigen zu den Nazi-Verbrechen. Bedingungen der Institutionalisierung einer Abwehrhaltung, in: Psychosozial 15, Heft III, 1992.
Rosenthal, Gabriele (Hg.), Die Hitlerjugend-Generation. Biographische Verarbeitung als Vergangenheitsbewältigung, Essen 1986.
Rosenthal, Gabriele, »Als der Krieg kam, hatte ich mit Hitler nichts mehr zu tun« Zur Gegenwärtigkeit des »Dritten Reiches« in erzählten Lebensgeschichten, Opladen 1990.
Rottgardt, Elke, Elternhörigkeit. Nationalsozialismus in der Generation danach, Hamburg 1993.
Sandler, Joseph u. a., Psychisches Trauma, Frankfurt am Main 1987.
Sandler, Joseph, Gegenübertragung und Bereitschaft zur Rollenübertragung, in: Psyche 30, 1976.
Sandler, Joseph, Trauma, strain and development, in: Furst, S. S., Psychic Trauma, 1977.
Schafer, Roy, Generative Empathy in the Treatment Situation, in: Psychoanalytic Quarterly 28, 1959.
Schelsky, Helmut, Die skeptische Generation, Düsseldorf 1957.
Schelsky, Helmut, Wandlungen der deutschen Familie in der Gegenwart, Stuttgart 1955.
Schmidt, Regina, Geschichte und Geschichtsphilosophie im Elitebegriff. Soziologische Modellanalysen von Elitetheorien, Dissertation, Frankfurt am Main 1972.
Schneider, Christian, Zur Artspezifik des Mordes. Zivilisation und menschliche Destruktivität in der Theorie Sigmund Freuds, in: Mittelweg 36, 3, 1994.
Schneider, Christian, Zwischen Philosophie und Wissenschaft. Anmerkungen zum histo-

rischen Stellenwert der Psychoanalyse, in: Jüttemann, Gerd u.a. (Hg.), Die Seele. Ihre Geschichte im Abendland, Weinheim 1991.

Schneider, Christian, Psychoanalyse und Moral. Jenseits derSchuld? Die Unfähigkeit zu trauern in der zweiten Generation, in: Psyche 17, 1993.

Schneider, Michael, Den Kopf verkehrt aufgesetzt oder Die melancholische Linke. Aspekte des Kulturzerfalls in den siebziger Jahren, Darmstadt und Neuwied 1981.

Scholtz, Harald, Erziehung und Unterricht unterm Hakenkreuz, Göttingen 1985.

Scholtz, Harald, NS-Ausleseschulen, Göttingen 1973.

Scholtz, Harald, in: M. Heinemann (Hg.), Erziehung und Schulung im Dritten Reich, Teil 1, Stuttgart 1980.

Schülein, Johann-August, Die Geburt der Eltern, Opladen 1990.

Schütze, Fritz, Zur Hervorlockung und Analyse von Erzählungen, in: Kommunikative Sozialforschung, München 1976.

Schütze, Fritz, Biographieforschung und narratives Interview, in: Neue Praxis 13, 1983.

Sellschopp, Almuth und Beatrix Vogel, Auf-Brüche. Interviews über Werte und Wertewandel im Rückblick auf die nationalsozialistische Zeit, Hamburg 1994.

Sennett, Richard, Verfall und Ende des öffentlichen Lebens. Die Tyrannei der Intimität, Frankfurt am Main 1983.

Sereny, Gitta, Am Abgrund, Wien 1980.

Sichrovsky, Peter, Schuldig geboren, Köln 1987.

Sichrovsky, Peter, Das generative Gedächtnis. Kinder der Opfer und Täter, in: Rauschenbach, Brigitte (Hg.) (1992).

Simenauer, Erich, A Double Helix: Some Determinations of the Self-Perpetuation of Nazism, in: The Psychoan. Study of the Child 33, 1978.

Simenauer, Erich, Die zweite Generation – danach. Die Wiederkehr der Verfolgermentalität in Psychoanalysen, in: Jahrbuch der Psychoanalyse 12, 1981.

Simmel, Ernst, Psychoanalyse und ihre Anwendungen, Frankfurt am Main 1993.

Simmel, Ernst (Hg.), Antisemitismus, Frankfurt am Main 1993.

Soeffner, Hans-Georg (Hg.), Interpretative Verfahren in den Sozial- und Textwissenschaften, Stuttgart 1979.

Soeffner, Hans-Georg, Auslegung des Alltags – der Alltag der Auslegung, Frankfurt am Main 1989.

Sofsky, Wolfgang, Die Ordnung des Terrors, Frankfurt am Main 1993.

Spangenberg, Norbert und Karl-Erich Wolff, Conceptual Grid Evaluation, in: Bock, H. H. (Hg.): Classification and Related Methods of Data Analysis, Amsterdam 1988.

Spangenberg, Norbert/Wolff, Karl-Erich/Schneider, Christian/Stillke, Cordelia/Leineweber, Bernd, Stereotyp und Gegenübertragung in der psychoanalytischen Sozialforschung: eine Technik der methodischen Selbstreflexion mit Hilfe der Formalen Begriffsanalyse, Frankfurt am Main (unveröffentlichtes Manuskript).

Spangenberg, Norbert und Karl-Erich Wolff, Datenreduktion durch die Formale Begriffsanalyse von Repertory Grids, in: Jörn W. Scheer und Ana Catina (Hg.), Einführung in die Repertory Grid-Technik, Bd. 2. Bern/Göttingen/Toronto 1993.

Speer, Albert, Erinnerungen, Berlin 1969.
Spence, Donald P., Deutung als Pseudo-Erklärung, in: Psyche 43, 1989.
Steinert, Heinz, Die Strategien sozialen Handelns, München 1972.
Stierlin, Helm, Eltern und Kinder. Das Drama von Trennung und Versöhnung, Frankfurt am Main 1980.
Stierlin, Helm, Der Dialog zwischen den Generationen über die Nazizeit, in: Heimannsberg, B. und C. Schmidt (Hg.), Das kollektive Schweigen, Heidelberg 1988.
Stierlin, Helm, Delegation und Familie, Frankfurt am Main 1978.
Stierlin, Helm, Von der Psychoanalyse zur Familientherapie, Stuttgart 1975.
Stillke, Cordelia, Beiträge zur Anatomie des Terrors, in: Basler Zeitung Nr. 276, 1994.
Stoffels, Hans, Schicksal der Verfolgten, Heidelberg 1991.
Stork, Joachim (Hg.), Fragen nach dem Vater, Freiburg/München 1974.
Streeck-Fischer, Annette »Geil auf Gewalt«. Psychoanalytische Bemerkungen zu Adoleszenz und Rechtsextremismus, in: Psyche 46, 1992.
Stuart, Hughes H., Geschichte und Psychoanalyse, in: Wehler (1971).
Tas, Louis M. und Jörg Wiesse (Hg.), Ererbte Traumata, Göttingen 1995.
Tas, Louis M., Das »fehlende Glied« zwischen erster und zweiter Generation, in: Tas, Wiesse (1995).
Theweleit, Klaus, Männerphantasien, 2 Bde., Frankfurt am Main 1978.
Todorov, Tzvetan, Angesichts des Äußersten, München 1993.
Tournier, Michel, Der Erlkönig, Frankfurt am Main 1992.
Ueberhorst, Horst, Elite für die Diktatur. Die Nationalpolitischen Erziehungsanstalten 1933–45. Ein Dokumentarbericht, Düsseldorf 1969.
Vogt, Rolf, Innere und äußere Realität in Psychoanalysen, in: Psyche 42, 1988.
Waelder, Robert, Grundzüge des Totalitarismus, in: Psyche 21, 1967.
Wangh, Martin, Vorurteil, Antisemitismus, Narzißmus, in: Psyche 46, 1992.
Weber, Max, Gesammelte Aufsätze zur Wissenschaftslehre, Tübingen 1968.
Wegner, Peter, Zur Bedeutung der Gegenübertragung im psychoanalytischen Erstinterview, in: Psyche 46, 1992.
Wehler, Hans-Ulrich, Entsorgung der deutschen Vergangenheit, München 1988.
Wehler, Hans-Ulrich (Hg.), Geschichte und Psychoanalyse, Köln 1971.
Weiß, E., Die Bedeutung der Psychoanalyse in der biographischen Forschung, in: Röckelein, H. (Hg.), Biographie als Geschichte, Tübingen 1993.
Welzer, Harald (Hg.), Nationalsozialismus und Moderne, Tübingen 1993.
Westernhagen, Dörthe von, Die Kinder der Täter, München 1987.
Wiehl, Reiner, Kultur und Vergessen, in: Assmann/Hölscher (1988).
Wiggershaus, Rolf, Die Frankfurter Schule, München 1986.
Wind, Eddy de, Psychische und soziale Faktoren der Traumatisierung durch Krieg und Verfolgung, in: Psychosozial 28, 1986.
Winnicott, Donald W., Vom Spiel zur Kreativität, Stuttgart 1973.
Winnicott, Donald W., Von der Kinderheilkunde zur Psychoanalyse, Frankfurt am Main 1991.
Zepf, Siegfried (Hg.), Die Erkundung des Irrationalen, Göttingen 1993.

Ziehe, Thomas, Pubertät und Narzißmus, Frankfurt am Main 1975.
Zimbardo, Philipp und F. L. Ruch, Lehrbuch der Psychologie, Berlin 1974.
Zwiebel, Ralf, Der Schlaf des Psychoanalytikers. Die Müdigkeitsreaktion in der Gegenübertragung, Stuttgart 1994